Die Steuergesetzgebung in der Bundesrepublik Deutschland
von 1983 bis 1998

Europäische Hochschulschriften
Publications Universitaires Européennes
European University Studies

Reihe II
Rechtswissenschaft

Série II Series II
Droit
Law

Bd./Vol. 4301

PETER LANG
Frankfurt am Main · Berlin · Bern · Bruxelles · New York · Oxford · Wien

Ulrich Johann

Die Steuergesetzgebung in der Bundesrepublik Deutschland von 1983 bis 1998

Die Zeit der christlich-liberalen Koalition

PETER LANG
Europäischer Verlag der Wissenschaften

Bibliografische Information Der Deutschen Bibliothek
Die Deutsche Bibliothek verzeichnet diese Publikation in der Deutschen Nationalbibliografie; detaillierte bibliografische Daten sind im Internet über <http://dnb.ddb.de> abrufbar.

Zugl.: Augsburg, Univ., Diss., 2005

D 384
ISSN 0531-7312
ISBN 3-631-54174-0

www.peterlang.de

Meinen Eltern

Vorwort

Der Wahlkampf im September 2005, der sich insbesondere auf die Person des Steuerrechtlers Professor Dr. Paul Kirchhof fokussiert hat, zeigt auf eindrucksvolle Weise, auf welchen Widerstand Bemühungen in Deutschland stoßen, das Steuerrecht umfassend zu reformieren. Es erscheint, dass eine Vision über den Zustand eines einfachen und verständlichen Steuerrechts durch die Etikettierung mit Schlagwörtern wie „unsozial“ und „ungerecht“ bereits zu Fall gebracht werden kann, bevor sie überhaupt konkret in Gesetzesform gegossen wird.

In dieser Arbeit sollen die vergangenen Reformbemühungen des deutschen Gesetzgebers auf dem Gebiet des Steuerrechts im Zeitraum von 1983 bis 1998, also der sogenannten „Ära“ Kohl, untersucht werden.

Die Arbeit hat der juristischen Fakultät der Universität Augsburg 2005 als Dissertation vorgelegen. Sie wurde von Prof. Dr. Klaus Offerhaus betreut und begutachtet. Für seine Geduld bei der Fertigstellung dieser Arbeit und die zügige Begutachtung möchte ich mich an dieser Stelle ganz besonders herzlich bedanken. In Dankbarkeit möchte ich auch an den leider schon verstorbenen Prof. Dr. Franz Klein gedenken, der mich in der Vorbereitung mit wichtigen Unterlagen unterstützt hat. Herrn Professor Dr. Wolfgang Jakob danke ich für die Übernahme des Zweitgutachtens.

Herzlichen Dank gilt auch meinem Vater für die kritische Durchsicht der Arbeit und etlichen Verbesserungsvorschlägen sowie meiner Freundin Melanie Pfeiffer für die Übernahme mühsamer Korrekturarbeiten.

Frankfurt, im September 2005 Ulrich Johann

Inhaltsverzeichnis

Abkürzungsverzeichnis

Abs.	Absatz
AO	Abgabenordnung
Art.	Artikel
Bay	Bayern
BB	Betriebs-Berater
BewG	Bewertungsgesetz
BFH	Bundesfinanzhof
BGBl.	Bundesgesetzblatt
BMF	Bundesministerium der Finanzen
BR	Bundesrat
BR-Drs.	Drucksachen des Bundesrates
BRg	Bundesregierung
BR-PlPr.	Plenumsprotokolle des Bundesrates
BStBl.	Bundessteuerblatt
BT-Drs.	Drucksachen des Bundestages
BT-PlPr.	Plenumsprotokolle des Bundestags
BVerfGE	Entscheidungen des Bundesverfassungsgerichts
BW	Baden-Württemberg
DB	Der Betrieb
DDR-IG	Gesetz zum Abbau von Hemmnissen für Investitionen in der DDR
DStR	Deutsches Steuerrecht
DStZ	Deutsche Steuer-Zeitung
DVBl.	Deutsche Verwaltungsblätter
EStDV	Einkommensteuer-Durchführungsverordnung
EStG	Einkommensteuergesetz
EuGH	Europäischer Gerichtshof
FAZ	Frankfurter Allgemeine Zeitung

FR	Finanzrundschau
FS	Festschrift
GesEntw	Gesetzesentwurf
GG	Grundgesetz
GrS	Großer Senat
HGB	Handelsgesetzbuch
HHR	Herrmann-Heuer-Raupach
Hrsg.	Herausgeber
IFSt	Institut für Finanzen und Steuern
InvZulG	Investitionszulagengesetz
KAAG	Gesetz über Kapitalanlage-gesellschaften
KraftStÄndG	Kraftfahrzeugsteueränderungs-gesetz
KStG	Körperschaftsteuergesetz
NJW	Neue Juristische Wochenschrift
PlegeVG	Pflegeversicherungsgesetz
PTNeuOG	Postneuordnungsgesetz
UBGG	Gesetz über Unternehmensbe-teiligungsgesellschaften
UStG	Umsatzsteuergesetz
SolZG	Solidaritätszuschlagsgesetz
StändG	Steueränderungsgesetz
StandOG	Standortsicherungsgesetz
StbJb	Steuerberaterjahrbuch
StBMG	Gesetz zur Bekämpfung des Miss-brauchs und zur Bereinigung des Steuerrechts
StSenkErwG	Steuersenkungs-Erweiterungs-gesetz
StrBG	Straßenbenutzungsgebühren-gesetz
StuW	Steuer und Wirtschaft
StVZO	Straßenverkehrs-Zulassungs-verordnung

UmwBerG	Gesetz zur Bereinigung des Umwandlungsrechts
VAG	Versicherungsaufsichtsgesetz
v.H.	vom Hundert
VStG	Vermögensteuergesetz
WM	Wertpapiermitteilungen
WoBaufördG	Wohnungsbauförderungsgesetz

Literaturverzeichnis

Bareis, Peter, — Das BMF und die Umwertung aller Werte: Tarifabspaltung bei der Einkommensteuer als Weg zu einer Besteuerung nach Gutdünken, in: Betriebs-Berater 1996 I, S. 645

Ders. — Thesen der Einkommensteuer-Kommission zur Steuerfreistellung des Existenzminimums ab 1996 und zur Reform der Einkommensteuer, in: Betriebs-Berater 1994 II, Beilage 24

Becker, Henning — Fiskalstaat Deutschland, München 1995

BMF (Hrsg.) — Gutachten zur Reform der direkten Steuern in der Bundesrepublik Deutschland erstattet vom Wissenschaftlichen Beirat beim BMF, Schriftenreihe des BMF, Heft Nr. 9, 1967

BMF (Hrsg.) — Gutachten zur Einheitsbewertung in der Bundesrepublik Deutschland erstattet vom Wissenschaftlichen Beirat beim BMF, Schriftenreihe des BMF, Heft Nr. 41, 1989

BMF (Hrsg.) — Gutachten zur Reform der Unternehmensbesteuerung erstattet vom Wissenschaftlichen Beirat beim BMF, Schriftenreihe des BMF, Heft Nr. 43, 1990

BMF (Hrsg.) — Gutachten der Kommission zur Verbesserung der steuerlichen Rahmenbedingungen für Investitionen und Arbeitsplätze, Schriftenreihe des BMF, Heft Nr. 46, 1992

BMF (Hrsg.) — Entwurf eines Steuergesetzbuches von Joachim Lang, Schriftenreihe des BMF,
Heft Nr. 49, 1993

BMF (Hrsg.) — Ausarbeitung der endgültigen Regelung für die Umsatzbesteuerung des innergemeinschaftlichen Waren- und Dienstleistungsverkehr und für ein funktionsfähiges Clearing-Verfahren – Gutachten der Ursprungslandkommission, Schriftenreihe des BMF, Heft Nr. 52, 1994

BMF (Hrsg.) — Brühler Empfehlungen zur Reform der Unternehmensbesteuerung, Schriftenreihe des BMF, Heft Nr. 66, 1999

Bordewin, Arno — Zum Entwurf eines Gesetzes zur vordringlichen Regelung von Fragen der Besteuerung von Personengesellschaften, in: Betriebs-Berater 1985, S.1548

Budde, Wolfgang Dieter/ Moxter, Adolf/ Offerhaus Klaus — Handelsbilanzen – Steuerbilanzen, Festschrift für Heinrich Beisse, Düsseldorf 1997

Bühler, Wilhelm/ Kirchhof, Paul und Klein, Franz (Hrsg.) 1994	Steuervereinfachung – Festschrift für Dietrich Meyding, Heidelberg
Deutsche Steuerjuristische Gesellschaft (Hrsg.)	Besteuerung von Einkommen, Band 24, 2001
Drenseck, Walter	Gestaltungsüberlegungen aus Anlass der Neuregelung der Nutzungswertbesteuerung, in: Deutsches Steuerrecht 1986, S. 379
Faltlhauser, Kurt	Alternativen zur steuerlichen Freistellung des Existenzminimums, in: Wirtschaftsdienst 1995, S. 22
Felix, Günther	Das Petersberger Einkommensteuer-Reformangebot, in: Neue Juristische Wochenschrift 1997, S. 848
Franzen, Klaus	Die Steuergesetzgebung der Nachkriegszeit in Westdeutschland (1949-1961)
Friauf, Karl Heinrich	Steuergleichheit, Systemgerechtigkeit und Dispositionssicherheit als Prämissen einer rechtsstaatlichen Einkommensbesteuerung, in: Steuer und Wirtschaft 1985, S. 308
Friebe, Siegfried	Senkung der Lohn- und Einkommensteuer 1986, 1988, in: Deutsche Steuer-Zeitung 1984, S. 491
Ders.	Vorschläge zur Senkung der Lohn- und Einkommensteuer, in: Deutsche Steuer-Zeitung 1984, S. 311
Gaddum, Johann Wilhelm	Für ein einfaches und gerechtes Steuersystem, Entwurf zur Vereinfachung des Einkommensteuergesetzes, vorgelegt am 26. Juni 1978
Giloy, Jörg	Reform der Unternehmensbesteuerung, in: Deutsche Steuer-Zeitung 1989, S. 547
Häfele, Hans-Jörg	Weniger Staat - Gedanken zur Steuerpolitik, in: Hamburger Jahrbuch für Wirtschafts- und Gesellschaftspolitik 1985, S. 84
Herrman, Carl/ Heuer, Gerhard/ Raupach, Arndt	Kommentar zum Einkommen- und Körperschaftsteuergesetz, Steuerreform Band I, 21. Auflage, Köln 2001
Hidien, Jürgen	Die Quadratur der Umsatzsteuer – Zur Kritik der kleinen Gemeindefinanzreform, in: Deutsche Verwaltungsblätter 1998, S. 617
Isensee, Josef	Vom Beruf unserer Zeit für Steuervereinfachung, in: Steuer und Wirtschaft 1994, S. 3

Karl-Bräuer-Institut des Bundes der Steuerzahler (Hrsg.) — Öko-Steuern – Kein geeigneter Weg aus der Beschäftigungsmisere, Heft 87, 1998

Kirchhof, Paul/ Jakob, Wolfgang/ Beermann, Albert — Steuerrechtsprechung - Steuergesetz - Steuerreform, Festschrift für Klaus Offerhaus, Köln 1999

Ders./Offerhaus, Klaus/ Schöberle, Horst — Steuerrecht – Verfassungsrecht – Finanzpolitik, Festschrift für Franz Klein, Köln 1994

Ders. — Bundessteuergesetzbuch: Rückkehr zur ökonomischen Vernunft, in: Betriebs-Berater 2002, Die erste Seite, Heft 30

Klein, Franz — Steuerreform und Wirtschaft, in: Steuer und Wirtschaft 1988, S. 217

Knobbe-Keuk, Brigitte — Wieder ein Tritt für die Finanzverwaltung, in: Betriebs-Berater 1985, S. 820

Dies. — Aktuelle Rechts- und Steuerprobleme der mittelständischen Unternehmen, in: Steuerberater-Jahrbuch 1983/84, S. 73

Dies./Klein, Franz/ Moxter, Adolf — Handelsrecht und Steuerrecht, Festschrift für Georg Döllerer, Düsseldorf 1988

Kreile, Reinhold — Von der Gepräge-Rechtsprechung zur Gepräge-Gesetzgebung, in: Deutsche Steuer-Zeitung 1986, S. 4

Lang, Joachim — Reformentwurf zu Grundvorschriften des Einkommensteuergesetzes, Münsteraner Symposium, Band II, Köln 1985

Ders. — Reform der Unternehmensbesteuerung, in: Steuer und Wirtschaft 1989, S. 3.

Ders, — Reform der Unternehmensbesteuerung auf dem Weg zum Europäischen Binnenmarkt, in: Steuer und Wirtschaft 1990, S. 107

Ders. — Die Steuerrechtsordnung in der Diskussion, Festschrift für Klaus Tipke, Köln 1995

Langkau, Jochem/ Napp, Hans-Georg/ Rahmann, Bernd/ Roloff Otto — Steuerstandort Bundesrepublik Deutschland, Bonn 1989

Mitschke, Joachim — Integration von Steuer- und Sozialleistungssystem – Chancen und Hürden, in: Steuer und Wirtschaft 1994, S. 153

Oepen, Wilhelm	Steuersenkungsgesetz 1986, 1988, in: Deutsche Steuerzeitung 1985, S. 495
Offerhaus, Tom	Die Steuergesetzgebung in der Bundesrepublik Deutschland von 1961 bis 1983
Petersberger Steuer-Reformkommission	Berichte der Regierungskommission zur Steuer- und Rentenreform, in: Neue Juristische Wochenschrift 1997, Beilage zu Heft 13
Raupach, Arndt	Erfahrungen aus der Steuergesetzgebung für die Steuerreform, in: Steuerberaterjahrbuch 1998/1999, S. 7
Raupach, Arndt/ Tipke, Klaus/ Uelner, Adalbert	Niedergang oder Neuordnung des deutschen Einkommensteuerrechts, Münsteraner Symposium anlässlich des fünfzigjährigen Bestehens des Instituts für Steuerrecht der Westfälischen Wilhelms-Universität zu Münster am 01. Oktober, Band I, Köln 1985
Rose, Manfred	Konsumorientierte Neuordnung des Steuersystems, in: Steuer und Wirtschaft 1990, S. 88
Ritter, Wolfgang	Steuerreform – und was nun ?, in: Steuerberater-Jahrbuch 1987/1988, S. 47
Ders.	Abbau der Gewerbesteuer, Ein Beitrag zur überfälligen Reform der Gemeindefinanzen und der Unternehmensbesteuerung, in: Der Betrieb 1983, S. 389
Rupp, Hans Karl	Politische Geschichte der Bundesrepublik Deutschland, München, 3. Aufl. 2000
Sarrazin, Viktor	Die Änderungen des KStG durch das Steuerentlastungsgesetz 1984, in: Finanzrundschau 1984, S. 105
Schmidt, Ludwig	Kommentar zum Einkommensteuergesetz, 11. Auflage, München 1992
Schmidt-Bleibtreu, Bruno/ Klein, Franz	Kommentar zum Grundgesetz, 9. Auflage, Neuwied und Kriftel 1999
Ständige Deputation des Deutschen Juristentages	Verhandlungen des Siebenundfünfzigsten Deutschen Juristentages 1988, Band II – Sitzungsberichte, München 1988 Band I – Gutachten, München 1988
Streck, Michael/ Rainer, Thomas	Briefwechsel zur Abschaffung der mit Steuerreformgesetz 1990 eingeführten Kapitalertragsteuer, in: Steuer und Wirtschaft 1989, S. 280

Sturm, Friedrich	Die Steuerreform 1990 – Die wichtigsten Änderungen des Steuerrechts durch das Steuerreformgesetz 1990 im Überblick, in: Wertpapiermitteilungen 1989 I, Sonderbeilage Nr. 1
Tipke, Klaus 291	Lehren aus der Steuerreform 1990, in: Steuer und Wirtschaft 1989, S.
Ders.	Einkommensteuer-Fundamentalreform, in: Steuer und Wirtschaft 1986, S. 150
Ders./Lang, Joachim	Steuerrecht, 16. Auflage, Köln 1998
Weber-Grellet, Heinrich	Bilanzrecht im Lichte, Bilanzsteuerrecht im Schatten des EuGH, in: Der Betrieb 1986, S. 2089
Zeidler, Wolfgang	Verfassungsrechtliche Fragen zur Besteuerung von Familien- und Alterseinkommen, in: Steuer und Wirtschaft 1985, S. 1

I. Einleitung

1. Ziel, sachliche und zeitliche Grenzen der Untersuchung

„Müssen wir uns nicht einfach damit trösten, dass die Zivilisation ihre Gesetze fordert? Gesetze sind der Preis der Zivilisation; im Urwald gibt es keine (jedenfalls keine geschriebenen Gesetze). Diese Erkenntnisse dürfen uns im Falle des Steuerrechts nicht trösten..........Über die Notwendigkeit der Steuervereinfachung besteht Einmütigkeit. Wo anzusetzen ist, haben schon viele Kritiker des heutigen Steuerdschungels erläutert. Dies müsste aber von unseren Politikern, die Steuervereinfachung ebenfalls sämtlich abstrakt fordern, auch konkret umgesetzt werden. Dazu bedarf es Mut. Der scheint zu fehlen. Ich weiß: Wer Privilegien beseitigt, schafft sich dadurch jedenfalls bei den Privilegierten keine Freunde. Er dient indessen der Steuergerechtigkeit."

Diese Passage aus einer Festgabe aus dem Jahr 1997 stammt aus der Feder des ehemaligen Präsidenten des Bundesfinanzhofes, Prof. Dr. Klaus Offerhaus[1]. Sie erschien im selben Jahr, in dem der letzte Versuch der christlich-liberalen Koalition unter Bundeskanzler Helmut Kohl, eine umfassende Steuerreform zu verabschieden, am Widerstand des Bundesrates scheitern sollte. Damit war klar, dass es auch der bürgerlichen Regierung in ihrer sechzehnjährigen Amtszeit nicht gelungen war, das deutsche Steuerrecht einer solch umfassenden Reform zu unterziehen, die eine solche Kritik überflüssig gemacht hätte[2].

Die vorliegende Arbeit beschäftigt sich mit der deutschen Steuergesetzgebung während der Zeit dieser christlich-liberalen Koalition von 1983 bis 1998, als einer Periode, die landläufig auch als die „Ära Kohl" bezeichnet wird; sie versucht, eine Antwort auf die Frage zu finden, warum auch am Ende der schwarz-gelben Regierung, die im Laufe ihrer Amtszeit schließlich immer wieder große Steuerreformen angekündigt hatte und letztlich auch etliche Steuernovellierungen mit ihrer Mehrheit im Deutschen Bundestag verabschiedet hatte, noch so vernichtende Urteile über den Zustand des Steuerrechts und der Steuergesetzgebung von Kritikern ausgesprochen wurden[3].

---

[1] Nachzulesen in: FS Beisse, 377, 388.

[2] Dafür, dass es sich bei dieser Kritik des Präsidenten des Bundesfinanzhofes nicht um eine Einzelstimme gehandelt hat, vgl. nur den Abschnitt XI „Steuerreform" in der ihm 1999 gewidmeten Festschrift. Kritische Abhandlungen über das bestehende Steuerrecht und mögliche Reformvorschläge sind Legion. Vgl. Becker, Fiskalstaat Deutschland, S. 177, der von einer Chaotisierung des Steuerrechts spricht und die zusammenfassende Vorstellung verschiedenster Reformmodelle, S. 237, oder Isensee, StuW 1994, 1, 1, der schreibt: „Kenner des deutschen Steuerrechts konstatieren einmütig, dass hier Wildwuchs und Willkür herrschen, Hypertrophie der Normen, Änderungshektik ohne Änderungskonzept, Okkupation durch disparate steuerfremde Zwecke, Einweggesetze und Mehrweggesetze." Dabei gab es auch innerhalb der Politik schon zu Beginn der christlich-liberalen Regierungszeit Einsicht in die Notwendigkeit einer grundlegenden Steuerreform, vgl. hierzu z.B. den sog. „Gaddum-Entwurf" des damaligen rheinland-pfälzischen Finanzministers aus dem Jahre 1978.

[3] Diese Klage ist keineswegs neu und wurde seit langer Zeit auch schon vor der Regierung Kohl erhoben.

Zum Zustand der Steuergesetzgebung zu Beginn der christlich-liberalen Regierung siehe unten Kap. II. Bei dieser Zustandsbeschreibung geht es im Übrigen nicht nur um rechtspolitisch Wünschenswertes, wie etwa eine effektive Besteuerung oder einen Abbau etwaiger Missstände. Vielmehr existiert

Die behandelte Ära zeichnet sich betreffend der hier im Mittelpunkt stehenden finanz- und steuerpolitischen Fragen vor allem durch ihre hohe personelle und politische Konstanz aus[4]. Von Bedeutung für das behandelte Thema ist dies vor allem, weil es in den 16 Jahren mit Stoltenberg und Waigel lediglich zwei verschiedene Finanzminister gegeben hatte. Es stellt sich folglich die Frage, ob es, neben der äußeren politischen Konstanz auch, trotz der Fehlschläge bezüglich der Umsetzung einer wirklich umfassenden und grundlegenden Steuerreform, eine inhaltliche Konstanz bei der christlich-liberalen Regierung gab, die sich in der konkreten Steuergesetzgebung in diesen vier Legislaturperioden niedergeschlagen hat, so dass möglicherweise auch von einer spezifisch christlich-liberalen Steuerpolitik gesprochen werden kann.

Die Untersuchung beginnt mit den notwendigen Konsolidierungsbemühungen des zerrütteten Bundeshaushaltes zu Beginn der schwarz-gelben Regierungszeit und den damit einhergehenden ersten zaghaften Steuerinitiativen ab dem Jahre 1983 nach dem Regierungswechsel, die ihren ersten vorläufigen Höhepunkt in der, zumindest selbst so bezeichneten, großen Reform des Steuergesetzes 1990 finden sollten. Daran anschließend folgt der große Einschnitt in diesem Zeitraum, die Deutsche Wiedervereinigung, und den daraus resultierenden steuerpolitischen Vorhaben Anfang der neunziger Jahre, die schließlich im Scheitern des letzten großen Steuerreformprojektes, der sog. „Petersberger Beschlüsse", an der Blockadehaltung der Opposition im Bundesrat münden.

Mit der vorliegenden Arbeit sollen die Bemühungen der Arbeiten von Klaus Franzen, der die Steuergesetzgebung der Nachkriegszeit von 1949-1961 dargestellt hat, sowie von Tom Offerhaus, der sich mit dem Zeitraum von 1961-1983 beschäftigt hat, eine Dokumentation der gesamten Steuergesetzgebungsgeschichte der Bundesrepublik Deutschland zu ermöglichen, vervollständigt werden[5].

Es soll im Rahmen dieser Untersuchung der Weg der einzelnen Steuerreformvorhaben, soweit dies anhand der zur Verfügung stehenden Quellen möglich war, von den ersten lediglich politischen Willensbekundungen bis zu ihrem abschließenden Niederschlag im Bundesgesetzblatt aufgezeichnet werden. Dabei sollen alle relevanten Faktoren, die in den parlamentarischen Verfahren auf die inhaltliche Gestaltung der Steuervorschriften eingewirkt haben, dargestellt werden. In den Debatten vor dem Parlament waren das vor allem der Einfluss der Oppositionsmeinung und Sachverständigenanhörungen in den Finanzausschüssen.

Im Rahmen der Untersuchung wird häufig sehr ausführlich auf die Debatten und Beschlüsse des Finanzausschusses verwiesen. Dies hat vor allem damit zu tun, dass in diesem Gremium die entscheidende parlamentarische und sachliche Auseinandersetzung sowohl mit den angehörten Sachverständigenmeinungen als auch mit der Opposi-

---

auch ein genuin verfassungsrechtlicher Auftrag zur Steuervereinfachung, vgl. hierzu Kirchhof, in: FS Meyding, 3 ff; Isensee, StuW 1994, 3, 6.

[4] Anders in der zeitlich vorangehenden Arbeit „Die Steuergesetzgebung in der Bundesrepublik Deutschland von 1961 bis 1983" von Tom Offerhaus, in der es darum ging, die Steuergesetzgebung während dreier verschiedener Koalitionen darzustellen, vgl. S. 27.

[5] Da die Amtszeit des zum Zeitpunkt der Fertigstellung dieser Arbeit letzten deutschen Bundeskanzlers nach Helmut Kohl, Gerhard Schröder, noch nicht beendet ist, ist der hier behandelte Zeitraum auch die letzte abgeschlossene Periode, die untersucht werden kann.

tion stattgefunden hat und nicht selten auch mit der eigenen Koalition, während sich die Debatten im Parlament doch häufig auf polemische Zuspitzungen beschränkt haben. Da sich im Finanzausschuss auch die parlamentarische Mehrheit der Koalition widerspiegelt, nahmen die Entscheidungen des Finanzausschusses auch die Entscheidungen des Deutschen Bundestages voraus.

Auch den Debatten im Bundesrat wird bei der Darstellung in dieser Arbeit Raum gewährt, insbesondere in der Zeit nach der Deutschen Wiedervereinigung in den neunziger Jahren, als sich die christlich-liberale Regierung erstmals seit dem Regierungsantritt im Jahre 1983 einer Mehrheit von sog. „A-Ländern" gegenübersah. Aus der Verschiebung der Mehrheitsverhältnisse folgte fast zwangsläufig, dass sich die von der schwarz-gelben Parlamentsmehrheit verabschiedeten Steuergesetze immer heftigerem Widerstand ausgesetzt sahen, der schließlich in der gänzlichen Ablehnung der letzten großen Steuerreform durch die oppositionelle SPD im Bundesrat mündete. Insbesondere müssen auch die Ergebnisse der Arbeit der Vermittlungsausschüsse vorgestellt werden. Diese hatten oft die Eigenart, dass sie sich nicht in das bisherige Konzept der Gesetzesvorlage einfügten und deshalb nicht innerhalb eines eigenen Kapitels behandelt werden können[6]. Aus diesem Grund werden solche Vermittlungsergebnisse im Regelfalle in dem betreffenden Abschnitt innerhalb des Reformvorhabens geschildert, der am umstrittensten war und dessen Durchsetzung diesen Kompromissen am meisten geschuldet war.

Als Rückgriff für die Darstellung dienen in der Hauptsache die Primärquellen der politischen Arbeit, wie etwa die Drucksachen und Stenographischen Berichte des Deutschen Bundestages und Bundesrates. Bei der Nutzung und Bewertung dieser Materialien darf jedoch nicht übersehen werden, dass die verwendeten Äußerungen von Politikern oder Gesetzesbegründungen sich in den seltensten Fällen an der reinen „Sach"-lehre orientieren, sondern dass vielmehr jede Aussage auch immer einen hohen politischen Anteil hatte, wie beispielsweise durch Rücksichtnahme auf die öffentliche Wirkung einer Aussage oder Verhandlungstaktik gegenüber dem politischen Gegner.

Die Koalition hat sich in ihrer sechzehnjährigen Amtszeit öfter des Mittels bedient, Regierung und Fraktionen gleichlautende Gesetzesentwürfe in den Deutschen Bundestag einbringen zu lassen, wobei nur in einem Entwurf die entsprechende Begründung abgedruckt war und die andere Vorlage lediglich eine Verweisung beinhaltete. Die Zitierung erfolgt dann in der Weise, dass zu Beginn des Kapitels beide Entwürfe mit ihrer entsprechenden Nummer angegeben werden, während in der inhaltlichen Darstellung die Entwurfsnummer aufgeführt wird, die tatsächlich die Begründung enthält.

Neben den spezifisch internen Einflüssen, die innerhalb des deutschen Parlamentarismus auf Gesetzesinitiativen einwirken, sollen aber auch äußere Faktoren dargestellt werden, wie z.B. die Umsetzung von höchstrichterlicher Rechtsprechung oder europarechtlicher Vorgaben, deren gemeinsames Merkmal oft war, dass die Umsetzung die-

[6] Bestes Beispiel hierfür sind die unzusammenhängenden Änderungen der Bemessungsgrundlage, die im Laufe des Vermittlungsverfahrens zum Jahressteuergesetz 1996 in die Entschlussvorlage aufgenommen wurden. Vgl. unten IX. 3.1.1.

ser Vorgaben der politischen Entscheidung der Parlamentarier entzogen war und sich vielmehr als alternativlose Zwangsläufigkeit darstellte.

Innerhalb der Besprechung der einzelnen Reformvorhaben konnten nicht alle verabschiedeten bzw. verhandelten steuerrechtlichen Maßnahmen einzeln betrachtet werden. Dies würde den Rahmen dieser Arbeit bei Weitem sprengen. Die Darstellung beschränkt sich daher auf die grundsätzlichen Vorhaben einer Gesetzesvorlage und deren Umsetzung. Insbesondere bei den sog. Jahres- bzw. Bereinigungsgesetzen, die eine Vielzahl unübersichtlicher und unzusammenhängender Regelungen enthalten, können oft nur exemplarische Einzelmaßnahmen angegeben werden, die gleichzeitig aber charakteristisch für diese Gesetze waren bzw. denen der Verfasser im Rahmen der steuerrechtlichen Auseinandersetzungen eine hohe Bedeutung beimaß. Ausführlich dargestellt werden die Maßnahmen der großen Steuerreformen Ende der 80er und 90er Jahre, insbesondere der Bereinigung der Steuerbemessungsgrundlage innerhalb der Einkommensteuer, die am steuersystematischen Prinzip der Leistungsfähigkeit ausgerichtet sein sollten.

Grundsätzlich wurden nur verabschiedete und verkündete Gesetze in die Arbeit aufgenommen. Einzige Ausnahme bilden die Steuerreformgesetze 1998 und 1999, die beide am Widerstand der Opposition im Bundesrat scheiterten. Grund für die Aufnahme in diese Arbeit sind Bedeutung und Umfang dieser beiden Steuernovellen. Die Umsetzung der sog. „Petersberger Beschlüsse" war der letzte Versuch der Regierung unter Kanzler Kohl vor ihrer Abwahl im Jahre 1998 eine durchgreifende Steuerreform zu verabschieden. Allein die geplante Absenkung der Steuertarife hätte eine radikale Änderung des bestehenden Steuerrechts bedeutet.

Obgleich keine genuin steuerrechtlichen Materien, werden im Rahmen der Untersuchung auch die Reformen des Investitionszulagengesetzes und des Vermögensbildungsgesetzes etc. behandelt, die klassische staatliche Finanzleistungen zum Inhalt haben. Grund für die Aufnahme in diese Arbeit ist die Tatsache, dass diese Gesetzesänderungen häufig im Rahmen von Steueränderungsgesetzen verabschiedet wurden[7] und dass eine Großzahl von Gesetzen, die eine Gewährung von Geldleistungen zum Inhalt haben, als steuerrechtliche Regelung behandelt werden und nach Art. 108 GG von der Finanzverwaltung ausgeführt werden, wie z.B. die Bergmannsprämie oder die Investitionszulage[8].

Nicht berücksichtigt wurden hingegen Gesetze, deren hauptsächliche Motivation und Regelungsintention nicht auf steuerrechtlichem Gebiet lag, sondern in anderen Sachgebieten und deswegen auch naturgemäß nicht im Mittelpunkt des steuerlichen Interesses und der politischen Auseinandersetzung standen, wie beispielsweise bereits in der zehnten Legislaturperiode das Erste Gesetz zur Änderung des Schwerstbehinder-

[7] Vgl. nur die verschiedensten Reformen des Investitionszulagengesetzes, die beispielsweise durch das Steuerbereinigungsgesetz 1986, Kap III. 4.2.2., durch das Steuerreformgesetz 1990, Kap. V. 3.2.6.1., durch das Steueränderungsgesetz 1991, Kap. VII. 4.1.2. etc. vorgenommen wurden.

[8] Klein, in: Schmidt-Bleibtreu/Klein, Art. 104a GG, Rz. 14; Grund für diesen Umstand ist die Tatsache, dass die Leistungen dieser Gesetze aus dem Aufkommen bestimmter Steuern gewährt werden.

tengesetzes vom 24. Juni 1986[9] oder das Gesetz zur Änderung des Feuerschutzgesetzes vom 13. Februar 1984[10]

2. Zur Systematik

Die Arbeit ist im wesentlichen chronologisch aufgebaut. Dem untersuchten Zeitraum von 1983 bis 1998 wird eine kurze Analyse des Zustandes der Steuergesetzgebung bis zum Jahre 1983 vorangestellt. Im Anschluss wird die Steuergesetzgebung, von den Initiativen der zehnten Legislaturperiode (1983-1987) beginnend, bis zur dreizehnten Legislaturperiode (1994-1998) dargestellt.

Jeder Abschnitt beginnt mit einer kurzen Erörterung der politischen Voraussetzungen, d.h. es wird das Wahlergebnis vorangestellt und der jeweils verantwortliche Bundesfinanzminister benannt[11]. Daneben erfolgt auch eine Auflistung der wichtigsten volkswirtschaftlichen, insbesondere aber der finanzwissenschaftlichen Daten der staatlichen Entwicklung, um die Voraussetzungen für die Steuerarbeit auch unter diesen Aspekten beleuchten zu können[12]. Am Ende jeder Wahlperiode erfolgt ein Rückblick, in dem die wichtigsten Steuerinitiativen zusammengefasst und bewertet werden, anhand der selbstformulierten Ziele der Regierung aber auch der Forderungen von Steuerwissenschaft und –praxis.

Innerhalb der Wahlperioden war es zum Teil erforderlich, auf einen strikt chronologischen Aufbau zu verzichten, um zu Gunsten eines besseren Verständnisses der steuerlichen Zusammenhänge inhaltlich aufeinanderaufbauende Gesetzesinitiativen auch nacheinander darzustellen. Dabei erfolgte jedoch überwiegend keine Kategorisierung nach bestimmten Steuerarten[13], vielmehr wurde versucht, die einzelnen Gesetze nach dem übergeordneten Ziel bzw. der gesetzgeberischen Motivation der Bundesregierung zusammenzufassen. So wurden beispielsweise in der zehnten Legislaturperiode im Steuersenkungserweiterungsgesetz 1986/1988, im Steuerreformgesetz 1990 sowie im Steuerreformänderungsgesetz 1990 eine Vielzahl ganz unterschiedlicher steuerrechtlicher Regelungen verabschiedet, die zusammengefasst den Versuch der Bundesregierung darstellten, eine große Steuerreform zu verabschieden. Auch die größeren Steuerinitiativen nach der Deutschen Wiedervereinigung lassen sich nur schwer bestimmten Steuerarten zuordnen. All diese Steuervorhaben waren jedoch von dem Bemühen der christlich-liberalen Koalition gekennzeichnet, zwischen dem erheblich angewachsenen

9 BGBl. 1986 I, S. 1110; dieses Gesetz enthielt eine Steuerermäßigung auf Kraftfahrzeuge von Gehörlosen.

10 BGBl. 1984 I, S. 241; dieses Gesetz enthielt eine Änderung des Verteilungsschlüssels für das Aufkommen der Feuerschutzsteuer.

11 Selbstverständlich wird mit der Ersetzung von Stoltenberg durch Waigel auch die einzige Kabinettsumbildung bezüglich des Bundesfinanzministeriums innerhalb des untersuchten Zeitraumes dargestellt, die allerdings in der Mitte der Legislaturperiode erfolgte.

12 Dies geschah aus der Erwägung heraus, dass beispielsweise die Förderung der Investitionstätigkeit der Deutschen Wirtschaft zur Bekämpfung der Arbeitslosigkeit eines der Hauptmotive aller größeren Steuerinitiativen der christlich-liberalen Regierung war. Auf der anderen Seite waren viele Steuervorhaben nur durch die Entwicklung der öffentlichen Haushalte erklärbar.

13 Ausnahmen bestehen bei der Kraftfahrzeugsteuer in der elften Legislaturperiode sowie der Umsatz- und Verbrauchsteuern ab der elften Legislaturperiode.

Finanzbedarf der öffentlichen Haushalte und dem Wunsch der Wirtschaft nach einer Unternehmenssteuerreform mit einer deutlichen Steuerentlastung, einen Ausgleich zu finden. Dieser Zielkonflikt und die Lösungsanstrengungen mussten ebenfalls im Zusammenhang dargestellt werden. So konnte es auch zu dem Umstand kommen, dass beispielsweise die umfangreichen Umsatzsteuerreformen aufgrund der Umsetzung von Gemeinschaftsrecht in einem gesonderten Abschnitt behandelt werden, während sich einfache Erhöhungen der Mehrwertsteuer als schlichtes Finanzierungsmittel in anderen Gesetzen wiederfanden, die dann auch anderenorts dargestellt wurden.

Sofern größeren Gesetzesinitiativen Reformvorarbeiten vorausgegangen waren[14], werden diese im Rahmen des konkreten Steuervorhabens behandelt, indem die Reformvorschläge den konkreten Maßnahmen des Gesetzes gegenübergestellt werden. Einzige Ausnahme hiervon bilden die Reformarbeiten für eine große Unternehmenssteuerreform Ende der achtziger Jahre bzw. zu Beginn der neunziger Jahre. Eine zusammenhängende Darstellung schien notwendig, da diese weitreichenden und umfassenden Reformvorschläge sinnvollerweise nur einheitlich behandelt werden konnten, und darüber hinaus eine Umsetzung durch die christlich-liberale Koalition nur in Teilschritten über mehrere Legislaturperioden erfolgte, so dass eine gesonderte Darstellung vorab geboten schien.

[14] So etwa die Bareis-Kommission beim Jahressteuergesetz 1996 oder die Petersberger Steuerreformkommission bei den Steuerreformgesetzen 1998/1999.

II. Der Zustand des Steuerrechts im Jahre 1983

Zu Beginn der 80er Jahre häufte sich die Kritik am Verfall der deutschen Steuerkultur, die häufig auch in Verbindung mit einem Niedergang der Gesetzgebungskultur verbunden wurde[15]. Bemängelt wurden im Rahmen der formalen Steuergesetzgebung sowohl die zunehmende Gesetzesflut als auch die teilweise doch erheblichen Mängel in der Gesetzgebungstechnik[16]. Friauf bezeichnet die gesamte Steuergesetzgebung zu diesem Zeitpunkt als ungeordnet und unübersichtlich: „Das demokratische Gesetzgebungsverfahren hat zu dem chaotischen Zustand unseres Steuerrechts geführt. Eine hektische und unkoordinierte Artikelgesetzgebung dreht gleichzeitig an tausend Zahnrädchen, ohne dass ein Uhrmacher da wäre, der für die Funktion des ganzen Räderwerks einstünde, ja der auch in der Lage wäre, die Wechselwirkung zwischen den einzelnen Rädchen mit ihren einzelnen Zähnen verantwortlich zu überblicken.“ [17]

Im Mittelpunkt der Kritik stand der Verfall der Einkommensteuersystematik. Kritisiert wurde vor allem, dass die eigentlich einfache Grundstruktur der Einkommensteuer durch zahlreiche Sondervorschriften innerhalb der Bemessungsgrundlage nicht mehr erkennbar war. Insbesondere betraf dies den überhand nehmenden Missbrauch des Steuerrechts durch Lenkungsvorschriften für außerfiskalische Zwecke. Das gegenwärtige Einkommensteuerrecht sei, so die Kritiker, weder gerecht noch sei es verständlich oder einfach[18].

Darüber hinaus wurde auch die Entwicklung der Steuertarife kritisiert. Deutschland hatte sich in den Jahrzehnten seit der Gründung der Bundesrepublik Deutschland zu einem Hochsteuerland entwickelt. Die Wurzeln dieser Entwicklung lagen bereits in der Nachkriegsgeschichte und gründeten in der politischen Entscheidung der alliierten Besatzungsmächte, extrem hohe Steuersätze einzuführen, um so die wirtschaftliche Entwicklung der Bundesrepublik kontrollieren und am Boden halten zu können[19]. Zu Beginn einer eigenen bundesrepublikanischen Steuergesetzgebung hatte also die Ausdünnung der Bemessungsgrundlage den Zweck, die aufgrund der hohen Steuersätzen enorme finanzielle Belastung für die Steuerpflichtigen auf einem erträglichen Niveau halten zu können.

Zwar konnte der Einkommensteuersatz bereits im Laufe der 50er Jahre mit 53 v.H. auf ein erträgliches Maß zurückgeführt werden, es erfolgte jedoch keine Abkehr von der politischen Grundsatzentscheidung eines Systems von hohen Steuersätzen mit schmaler Bemessungsgrundlage. Im gesamten Zeitraum von 1949 bis zum Jahre 1983 sank der Spitzensteuersatz nicht unter 53 v.H. und wurde von der sozialliberalen Koalition

---

[15] Vgl. Friauf, StuW 1985, 308 ff; Tipke, Steuer und Wirtschaft 1986, 150, 150; bezeichnend ist auch der Titel eines Symposiums aus dem Jahre 1984 anlässlich des fünfzigjährigen Bestehens des Instituts für Steuerrecht der Westfälischen Wilhelms-Universität, „Niedergang oder Neuordnung des Einkommensteuerrechts“ .

[16] Vgl. die Gliederung des Beitrages von Raupach „Niedergang des deutschen Einkommensteuerrechts, Möglichkeit der Neubesinnung“ zum Münsteraner Symposium, Band II, S. 15.

[17] Nachzulesen in: StuW 1985, 308, 309.

[18] So z.B. Tipke, StuW 1986, 150, 150.

[19] Vgl. zur gesamten Entwicklung der Steuergesetzgebung in der Nachkriegszeit und in den Gründungsjahren der Bundesrepublik Deutschland die Arbeiten von Tom Offerhaus und Klaus Franzen.

im Jahre 1975 sogar wieder auf 56 v.H. erhöht[20]. Kehrseite dieser Entwicklung war die bereits angesprochene Gegenstrategie des deutschen Gesetzgebers einer sich stetig ausdehnenden Beschränkung der steuerrechtlichen Bemessungsgrundlage. Zu dieser sachlich nachvollziehbaren ökonomischen Begründung für eine Ausdünnung der Bemessungsgrundlage trat dann aber in der Folge immer stärker das Bestreben der Parlamentarier vor allem der beiden großen Volksparteien, durch Lenkungsnormen innerhalb der Bemessungsgrundlagen die wirtschaftlichen Überlegungen der Steuerpflichtigen durch eine abgesenkte bzw. erhöhte Steuerbelastung zu beeinflussen. So sollte ein bestimmtes politisch erwünschtes Verhalten, meist arbeitsmarkt- bzw. wirtschaftspolitischer Natur, gefördert werden[21].

Aufgrund der wirtschaftlichen Entwicklung traten dann ab Mitte der siebziger Jahre grundlegende Reformansätze mit einer langfristigen Perspektive zugunsten einer kurzfristig ausgerichteten Wirtschaftspolitik immer stärker in den Hintergrund. Das Steuerrecht hatte sich der Konjunkturpolitik unterzuordnen und diente ausschließlich zur Haushaltskonsolidierung[22]. Neben diesen steuersystematischen Gründen spielte bei der Einkommensteuer weiterhin auch die finanzielle Belastung eine Rolle. Schon zu Beginn der 80er Jahre wurde die Steuerbelastung in Deutschland als eindeutig zu hoch eingeschätzt[23]. Ein besonderes Augenmerk lag dabei auf der Unternehmensbesteuerung, vor allem im Bereich der ertragsunabhängigen Besteuerung[24]. Damit verbunden war die Forderung der Wirtschaft nach Absenkung der im internationalen Vergleich als einmalig empfundenen steuerlichen Sonderbelastungen in Form der Gewerbesteuer[25].

Aufgrund der steuerlichen Harmonisierungsbestrebungen der Europäischen Gemeinschaft hatte in immer größerem Maße auch der Einfluss von europarechtlichen Vorgaben auf die deutsche Steuergesetzgebung zugenommen. Betroffen waren hiervon insbesondere die indirekten Steuern, d.h. die Umsatz- und die speziellen Verbrauchsteuern. Allerdings stieß der europäische Gesetzgeber bei den Bemühungen, eine einheitliche „Globalsteuer auf Unternehmensgewinne“ mit einer gleichen Struktur und einer weitgehend angeglichenen Bemessungsmethode in den Mitgliedstaaten sowie einer synthetischen Globalsteuer auf die Einkünfte von natürlichen Personen herbeizufüh-

---

[20] Vgl. die Übersicht der gesamten bundesrepublikanischen Entwicklung der Einkommensteuersätze bei HHR, Steuerreform Band I, Einführung, R 5.

[21] Vgl. die Liste von Tipke, Münsteraner Symposium Band II, S. 151 ff.

[22] Offerhaus, S. 191.

[23] Dies wurde insbesondere auch von christlich-liberalen Regierung so gesehen, die die hohen Steuersätze als unsozial geißelte, wie der Parlamentarische Staatssekretär beim Bundesministers für Finanzen, Häfele, im Hamburger Jahrbuch für Wirtschafts- und Gesellschaftspolitik von 1985 deutlich machte, vgl. dort, S. 95 ff.

[24] Vgl. ebd., S. 92; für eine umfassende Analyse des steuerlichen Handlungsbedarfes auf dem Gebiet der Unternehmensbesteuerung unter Berücksichtigung betriebs- und volkswirtschaftlicher Aspekte vgl. Langkau/ Napp/ Rahmann, Roloff, Steuerstandort Bundesrepublik Deutschland.

[25] Vgl. Ritter, BB 1983, 389, 389; der Handlungsbedarf bei der Reform der Gemeindefinanzen hatte sich dadurch verschärft, dass auch für die Gemeinden auf der anderen Seite die Gewerbesteuer keine sichere Einkunftsquelle mehr darstellte, weil aufgrund der Eingriffe des Gesetzgebers in den Jahren zuvor ein immer kleinerer Kreis von Steuerpflichtigen die von den Gemeinden benötigten Einnahmen erbringen musste.

ren, schnell an die Grenze der Harmonisierungs- und Integrationswilligkeit bzw. –fähigkeit[26].

[26] Offerhaus, S. 215 ff.

III. Steuergesetzgebung in der zehnten Legislaturperiode (1983-1987)

1. Politische und wirtschaftliche Verhältnisse zu Beginn der zehnten Legislaturperiode

Die zehnten Wahlen zum Deutschen Bundestag im März 1983 standen verfassungsrechtlich unter fragwürdigen Vorzeichen. Die amtierende Regierung bestehend aus Union und Liberalen unter Bundeskanzler Kohl[27], die die erst am 01. Oktober 1982 nach dem Austritt der FDP im September 1982 nur noch als Minderheitskabinett fungierende Regierung unter Helmut Schmidt durch ein konstruktives Misstrauensvotum abgelöst hatte, hielt es für erforderlich, den vollzogenen Regierungswechsel durch Wahlen nachträglich bestätigen zu lassen. Aus diesem Grunde ließ sich die Bundesregierung von ihren eigenen Fraktionen das Misstrauen aussprechen, woraufhin der Bundespräsident im Januar 1983 den Bundestag auflöste und Neuwahlen ausschrieb. Aus diesen Neuwahlen ging die CDU/CSU mit insgesamt 48, 8 v.H. der abgegebenen Stimmen und insgesamt 255 Sitzen im Bundestag als deutlicher Sieger hervor. Die SPD konnte mit 38, 2 v.H. insgesamt 202 Sitze erringen. Zum ersten Mal zog die Partei Die Grünen (damals noch zusammen mit der Alternativen Liste) in den Bundestag mit insgesamt 28 Parlamentariern und 5,6 v.H. der abgegeben Stimmen ein. Die FDP verschlechterte sich im Vergleich zur letzten Legislaturperiode um 3,6 Prozentpunkte von 10,6 v.H. auf 7,0 v.H. der abgegebenen Stimmen und erhielt 35 Sitze im Bundestag. Gemeinsam verfügte die christlich-liberale Koalition über einen deutlichen Vorsprung von 31 Stimmen. Zum Finanzminister wurde Gerhard Stoltenberg[28] von der CDU bestellt.

Die finanzwirtschaftliche Situation zu Beginn der zehnten Legislaturperiode war ausgesprochen schlecht. Der Bund war zum Ende des Jahres 1982 mit 309, 1 Mrd. DM verschuldet, alle öffentlichen Haushalte der Bundesrepublik Deutschland mit insgesamt 614 Mrd. DM. 1972 hatte die Verschuldung des Bundes noch bei 55,3 Mrd. DM gelegen, die Gesamtverschuldung der öffentlichen Hand bei 156,1 Mrd. DM[29]. Insgesamt war die Verschuldung des Bundes in den Jahren von 1972 bis 1982 um 459 v.H. gestiegen[30]. In den Jahren 1981 und 1982 war die Nettokreditaufnahme erstmals mit

---

[27] Helmut Kohl, geb. am 03. April 1930, 1946 Eintritt in die CDU, 1950-1956 Studium der Rechts-, Sozial- und Staatswissenschaften, 1959-1976 Mitglied des Landtages von Rheinland-Pfalz, ab 1963 Vorsitzender der CDU-Landtagsfraktion, 1969-1976 Ministerpräsident von Rheinland-Pfalz, 1973-1998 Parteivorsitzender der CDU, seit 1976 Mitglied des Bundestages, 1976-1982 Vorsitzender der CDU/CSU-Bundestagsfraktion, 1982-1998 Deutscher Bundeskanzler.

[28] Gerhard Stoltenberg, geb. am 29. September 1928, Studium der Geschichte, Sozialwissenschaft und Philosophie, seit 1947 Mitglied der CDU, 1971-1989 Landesvorsitzender der CDU- Schleswig-Holstein, 1954-1957 u. 1971-1982 Mitglied des schleswig-holsteinischen Landtages, 1971-1982 Ministerpräsident des Landes Schleswig-Holstein, 1957-1971 u. 1982-1998 Mitglied des Deutschen Bundestages, 1965-1969 Bundesminister für wissenschaftliche Forschung, 1982-1989 Bundesminister der Finanzen, 1989-1992 Bundesminister der Verteidigung, gest. am 23. November 2001.

[29] Grüner Brief IFSt Nr. 224, Tab. 16.

[30] Grüner Brief IFSt Nr. 224, Tab. 17.

jeweils etwa 37 Mrd. DM deutlich über die zurückliegenden Jahre angewachsen[31]. Die Ausgaben des Staates waren im Zeitraum von 1972 bis 1982 um 135 v.H. gestiegen, während das Bruttosozialprodukt im gleichen Zeitraum nur Zuwachsraten um 93, 9 v.H. verzeichnen konnte. 1982 überstieg die Quote der Staatsausgaben am Bruttosozialprodukt erstmals die 50 v.H.-Hürde[32]. Dabei verschob sich der Anteil der konsumtiven Ausgaben deutlich zuungunsten der investiven Ausgaben. Während diese zwischen 1972 und 1982 um 60,9 v.H. zunahmen, erfuhren die konsumtiven Ausgaben eine Steigerung von 144, 9 v.H.[33]. Die Staatseinnahmen erhöhten sich dagegen um insgesamt 119,3 v.H.. Das Steueraufkommen nahm in dieser Zeitspanne von 197 Mrd. DM um 92, 2 v.H. auf 378, 7 Mrd. DM zu. Die steuerliche Deckungsquote (Deckung der Ausgaben der Gebietskörperschaften durch Steuereinnahmen) fiel dabei allerdings von 80, 1 v.H. im Jahre 1972 auf 66, 9 v.H. im Jahre 1982.

2. Regierungserklärung des Bundeskanzlers vom 04. Mai 1983[34]

„....unsere Steuerpolitik wird verlässliche und überschaubare Bedingungen für die Wirtschaft und für alle Bürger schaffen. Wir wollen mehr Stetigkeit in der Steuerpolitik. Wir werden das Steuersystem Schritt für Schritt umgestalten: Wir wollen private Initiative fördern. Leistung darf nicht länger bestraft werden. Für 1983 sind Steuerrechtsänderungen bereits beschlossen. Darüber hinaus werden wir Steuerentlastungen einleiten. Sie sollen die Leistungsbereitschaft erhöhen, Investitionen und Innovationen anregen und die Wettbewerbsfähigkeit der Wirtschaft stärken.
Mit dem Mehraufkommen aus der zweiten Hälfte der Umsatzsteuererhöhung sollen die Vermögensbildung gefördert werden und steuerliche Erleichterungen zugunsten der gewerblichen, insbesondere der mittelständischen Wirtschaft geschaffen werden.
....Wir wollen eine gerechtere Besteuerung. Deshalb werden wir z.B. die Möglichkeiten für Steuerersparnisse einschränken, die sich aus der Beteiligung an sogenannten Verlustzuweisungsgesellschaften ergeben. Die Progression der Lohn- und Einkommensteuer belastet unsere Bürger um so stärker, je mehr sie leisten. Der Aufschub der Tarifanpassung kommt hinzu. Der Lohn- und Einkommensteuertarif muss also neu gestaltet werden. Aber – um das deutlich zu sagen – Umfang und Zeitpunkt hängen davon ab, dass die öffentlichen Finanzen gesunden und sich die gesamtwirtschaftliche Lage günstig entwickelt..... eine dauerhafte Gesundung der Wirtschaft verlangt auch, dass wir die Subventionen überprüfen, die Wirtschaft von Auflagen und Pflichten entlasten, die mehr kosten, als sie bringen, und die staatlichen Leistungen effektiver einsetzen....“.

---

[31] Grüner Brief IFSt Nr. 224, Tab. 18; ein erheblich dramatischerer Anstieg konnte schon einmal im Jahr 1975 festgestellt werden, als sich die Nettokreditaufnahme um etwa 20 Mrd. DM auf 29,9 Mrd. DM erhöhte.
[32] Grüner Brief IFSt Nr. 224, S. 2, 3.
[33] Grüner Brief IFSt Nr. 224, S. 4.
[34] Vgl. BT-PlPr., X/4, S. 56 (A) ff.

3. Steuerentlastungs- und -senkungsgesetze

Von Beginn ihrer Regierungszeit an machte die christlich-liberale Koalition deutlich, dass sie mit der Steuerpolitik der sozial-liberalen Regierung brechen wollte, die von der aktuellen Regierung als einer der Hauptverursacher der schlechten Entwicklung der öffentlichen Finanzen sowie der schwachen konjunkturellen Situation der deutschen Wirtschaft angesehen wurde. Hauptaugenmerk der neuen Steuerpolitik lag auf einer deutlichen Absenkung der Steuerbelastung sowohl für die Wirtschaft in einem ersten Schritt als auch nachfolgend in einem zweiten Schritt für den gesamten privaten Lohn- und Einkommensteuerbereich.

3.1. Steuerentlastungsgesetz 1984 (Gesetz zur Stärkung der Wettbewerbsfähigkeit der Wirtschaft und zur Einschränkung von steuerlichen Vorteilen) vom 22. Dezember 1983[35]

Das Steuerentlastungsgesetz 1984 war das erste große Steuerreformvorhaben der christlich-liberalen Regierung unter Bundeskanzler Kohl. Es stand ganz unter den Vorzeichen der schlechten konjunkturellen Entwicklung und der großen Probleme der öffentlichen Haushalte in Deutschland. Grundsätzliches Ziel war eine schrittweise Konsolidierung des Bundeshaushalts, ohne die gesamtwirtschaftliche Nachfrage zu gefährden[36]. Der begrenzte finanzielle Spielraum, den die Bundesregierung dabei für steuerliche Entlastungen sah, sollte insbesondere einen „Aufschwung der Investitionstätigkeit als entscheidender Schlüssel für eine neue Wachstumsdynamik und eine grundlegende Verbesserung der Beschäftigungsperspektive" bewirken[37]. Entsprechend diesen Vorgaben beinhaltete das am 02. September 1983 dem Bundestag durch die Bundesregierung zugeleitete Reformpaket eine spürbare Steuerentlastung und zwar nicht im privaten Lohn- und Einkommensteuerbereich, sondern insbesondere im Bereich der Wirtschaft, dort im speziellen beim Mittelstand. Vor allem sollten die ertragsunabhängigen Bestandteile der Unternehmensbesteuerung zurückgeführt, die Bildung von gewerblichem Eigenkapital unterstützt sowie insgesamt die internationale Wettbewerbsfähigkeit deutscher Unternehmen gefördert werden[38].

Mit den verabschiedeten Maßnahmen verband sich die Hoffnung der Bundesregierung, durch die Verbesserung der steuerlichen Rahmenbedingungen eine erhöhte Investitionsbereitschaft der Unternehmen auszulösen, die zu einem dauerhaften Wirtschaftswachstum führen und damit zu einer effektiven Bekämpfung der Arbeitslosigkeit beitragen sollte[39].

Der entscheidende Faktor dieses Steuerkonzeptes, die Verringerung der steuerlichen Belastung der deutschen Wirtschaft, wurde von der Opposition gänzlich abgelehnt. Auf Seiten der SPD dominierten vielmehr Vorstellungen, die Unternehmensbesteue-

---

[35] BGBl. 1983 I, S. 1583.
[36] So der Bundesminister der Finanzen am 07.September 1983 vor dem Deutschen Bundestag, vgl. BT-PlPr. X/18, S. 1177 (A).
[37] Vgl. ebd., S. 1176 (B).
[38] GesEntw BRg, BT-Drs. X/336, S. 1.
[39] GesEntw BRg, BT-Drs. X/336 S. 13.

rung nicht zu senken. Im Gegenteil sollte die Gesamtabgabenbelastung, wie der ehemalige Bundesfinanzminister und damalige finanzpolitische Sprecher der SPD-Bundestagsfraktion, Apel[40], stellvertretend formulierte, durch eine Ergänzungsabgabe für Besserverdienende noch erhöht werden. Zusätzliche finanzielle Mittel, die diese Mehreinnahmen bescheren würden, sollten für konjunkturpolitische Maßnahmen verwendet werden, ohne den Bundeshaushalt durch weitere Neuverschuldungen zu belasten[41]. Der Vorschlag von Konjunkturprogrammen zur Stimulierung der daniederliegenden Konjunktur knüpfte an frühere wirtschafts- und finanzpolitische Programme der SPD an. Steuerliche Entlastungen sollten nach der Vorstellung der Opposition, wenn überhaupt, nur im Bereich der Lohn- und Einkommensteuer durchgeführt werden, um die Binnennachfrage zu stärken[42]. Die Bundesregierung plante zwar ebenso Entlastungen im Bereich der Lohn- und Einkommensbesteuerung, diese sollte jedoch frühestens ab 1986 verwirklicht werden. Sie waren von Finanzminister Stoltenberg deutlich mit dem Vorbehalt der Finanzierbarkeit versehen, da die Konsolidierung des Bundeshaushalts nach Auffassung der Bundesregierung eindeutig Vorrang vor weiteren Steuersenkungen hatte. Vor diesem Hintergrund erwähnte der Finanzminister, wie er in der Bundesratssitzung vom 16. Dezember 1983 betonte, auch eine mögliche Verschiebung weiterer Steuersenkungen auf einen noch späteren Zeitpunkt[43].

Widerstand gegen das Reformpaket kam auch aus den Reihen der oppositionsgeführten Länder im Bundesrat. Der hessische Ministerpräsident Börner[44] warf in der Bundesratssitzung vom 02. September 1983 der Bundesregierung vor, sie betreibe eine Finanz- und Steuerpolitik, die einseitig sozial Schwache benachteilige, während Steuervergünstigungen, die aus dem Steuerentlastungsgesetz 1984 resultieren sollten, zu Lasten von Ländern und Gemeinden, nur Großbetrieben zugute kämen[45]. Außerdem waren die SPD-regierten Länder der Überzeugung, dass die mit dem Entwurf der Bundesregierung verbundenen Mindereinnahmen vor allem die finanziellen Interessen der Länder berührten. Kernstück des Reformpakets war schließlich eine Absenkung der Vermögensteuer, zum einen durch Absenkung des nominellen Steuersatzes, zum anderen aber auch durch erhöhte Freibeträge und Veränderungen der Bemessungsgrundlage. Das Land Nordrhein-Westfalen kritisierte die Bundesregierung bereits zu Beginn des parlamentarischen Verfahrens am 02. September 1983, dass sie sich auf Kosten der Länder als Steuersenkungspartei profiliere. Die Bundesregierung mache es sich sehr leicht, Entlastungen bei der Vermögensteuer vorzuschlagen, in Anbetracht der

[40] Hans Apel, geb. am 25. Februar 1932, Volkswirtschaftsstudium, 1965 - 1987 Mitglied des Deutschen Bundestages, 1974 – 1978 Bundesfinanzminister, 1978 – 1982 Bundesverteidigungsminister.
[41] Vgl. dessen Rede während der ersten Lesung des Gesetzesentwurfs am 7. September 1983, BT-PlPr. X/18, S. 1183 (A).
[42] So der SPD-Abgeordnete Apel während der ersten Beratung des Gesetzesentwurfs vor dem Deutschen Bundestag am 07. September 1983, vgl. BT-PlPr. X/18, S. 1186 (B).
[43] Vgl. BR-PlPr. X/530, S. 474 (D).
[44] Holger Börner, geb. am 07. Februar 1931, Betonfacharbeiter, 1948 Eintritt in die SPD, 1957-1976 Mitglied des Deutschen Bundestages, 1972 Bundesgeschäftsführer der SPD, 1974-1987 Ministerpräsident des Landes Hessen.
[45] BR-PlPr. 83/526 S. 252 (A).

Tatsache, dass das Aufkommen zu 100 v.H. den Ländern zustehe[46], Insgesamt folgte der Bundesrat jedoch der Gesetzesvorlage der Bundesregierung und stimmte am 16. Dezember 1983 dem zuvor vom Bundestag am 09. Dezember 1983 verabschiedeten Gesetz zu. Aus den Anhörungen der Sachverständigen und Verbände im Finanzausschuss lässt sich entnehmen, dass die Wirtschaft als Hauptnutznießer der vorgesehenen Steuerentlastungen, dem Maßnahmenkatalog insgesamt positiv gegenüberstand, obwohl die Entlastungsakzente je nach vertretener Interessengruppe unterschiedlich ausgefallen wären. Einvernehmen bestand jedoch bei den sechs Spitzenverbänden der deutschen Wirtschaft darüber, dass sich die Bundesregierung durch die hohe Anzahl von steuerlichen Entlastungsmaßnahmen mit geringer Entlastung im Einzelfalle statt der Konzentration auf wenige nachhaltige Maßnahmen mit der durch die Umsatzsteuererhöhung gewonnenen finanziellen Manövriermasse verzettelt habe[47].

3.1.1. Maßnahmen auf dem Gebiet des Einkommensteuerrechts

3.1.1.1 Einführung mehrerer Sonderabschreibungsmöglichkeiten zur Investitionsförderung

Der durch das Steuerentlastungsgesetz 1984 erstmals eingeführte § 7g EStG sah eine Sonderabschreibungsmöglichkeit für kleine und mittlere Unternehmen (Einheitswert des Betriebsvermögens bis zu 120 000 DM, Gewerbekapital bis 500 000 DM) vor. Für neue bewegliche Wirtschaftsgüter des Anlagevermögens, die ausschließlich bzw. überwiegend betrieblich genutzt wurden, wurde eine Sonderabschreibung von 10 v.H. der Anschaffungs- oder Herstellungskosten gewährt. Voraussetzung war jedoch, dass die Wirtschaftsgüter mindestens ein Jahr nach ihrer Anschaffung oder Herstellung in einer inländischen Betriebsstätte verblieben. Dadurch sollte vermieden werden, dass die Sonderabschreibung solche Betriebe begünstigte, deren ausschließlicher Geschäftszweck darin bestand, neu angeschaffte Wirtschaftsgüter zu vermieten[48].

Um Investitionen der Unternehmen in Forschung und Entwicklung zu fördern, wurde durch § 51 Abs. 1 Nr. 2 Buchst. u EStG daneben noch eine Sonderabschreibungsmöglichkeit eingeführt. Bei Wirtschaftsgütern des beweglichen Anlagevermögens wurde eine Sonderabschreibung in Höhe von 40 v.H. der Anschaffungs- und Herstellungskosten gewährt, sofern das Wirtschaftsgut ausschließlich den Zwecken von Forschung und Entwicklung diente. Die Förderung für unbewegliche Wirtschaftsgüter war gestaffelt, und zwar nach dem jeweiligen Anteil des Wirtschaftsgutes, das Forschung und Entwicklung nutzte. So konnte ein Wirtschaftsgut, das zu mehr als zwei Dritteln Forschung und Entwicklung diente, mit 15 v.H. abgeschrieben werden, ein Wirtschaftsgut, das nur zu mehr als einem Drittel diesen Zwecken diente, konnte mit 10 v.H. abgeschrieben werden. Diese Abschreibungsmöglichkeiten bestanden neben den normalen Abschreibungsmöglichkeiten des § 7 Abs.1 u. 4 EStG. Von dieser Verbesserung der steuerlichen Rahmenbedingungen für Forschungs- und Entwicklungsinvestitionen

---

[46] So Landesfinanzminister Posser, in seiner Rede während des ersten Durchgangs des Gesetzesentwurfs im Bundesrat, vgl. BR-PlPr. 83/526, S. 263 (A).
[47] Bericht des Finanzausschusses, BT-Drs. X/716, S. 2.
[48] GesEntw BRg, BT-Drs. X/336 S. 26.

erhoffte sich die Bundesregierung eine Aufrechterhaltung des Leistungsstandards und der Wettbewerbsfähigkeit der deutschen Volkswirtschaft, die sie vor allem im technischem Vorsprung und in modernen Herstellungsverfahren begründet sah[49]. Die Opposition warf der Regierung vor, dass das eigentliche Ziel dieser Subvention durch die geplanten Maßnahmen nicht erreicht werden könne. So führte der Abgeordnete Apel (SPD) aus, dass vor allem kleine und mittlere Unternehmen diese Sonderabschreibungsmöglichkeiten nicht nutzen könnten, während sie bei Großunternehmen lediglich Mitnahmeeffekte auslösen würden[50].

3.1.1.2. Erhöhung des Höchstbetrages für den Verlustrücktrag

Auch die Verdoppelung des Verlustrücktrages auf 10 Mio. DM gem. § 10d EStG war Teil des Maßnahmenkatalogs zur Stärkung der Wirtschaft und sollte die Funktion einer schnell wirksamen Liquiditätshilfe übernehmen. Da die Neuregelung bereits für Verluste des Veranlagungszeitraumes 1983 gelten sollte, würde die dadurch bald zu erwartende Steuererstattung zu einer zeitnahen Verbesserung der finanziellen Mittel und der Eigenkapitalausstattung der Unternehmen führen[51]. Die parlamentarischen Debatten zur Erhöhung des Verlustvortrages während der Verabschiedung des Steuerentlastungsgesetzes 1984 zeigten, wie ernst es die christlich-liberale Regierungsmehrheit im Parlament mit der Haushaltskonsolidierung meinte. Denn eine im Finanzausschuss diskutierte weitergehende Entlastung durch eine zeitliche Ausdehnung des Verlustrücktrages konnte trotz einer grundsätzlichen Begrüßung durch die bürgerliche Mehrheit, aus dem Grunde nicht verabschiedet werden, da selbst in den eigenen Reihen für diese Maßnahme kein finanzieller Spielraum im Haushalt gesehen wurde und man sich bei der Regierungsmehrheit der Notwendigkeit der Haushaltskonsolidierung bewusst war[52].

3.1.1.3 Eindämmung der Betätigungsmöglichkeiten sog. „Verlustzuweisungsgesellschaften“

Entsprechend ihrer Regierungserklärung und der allgemeinen Begründung zum eingebrachten Gesetzesentwurf war der Anspruch der Bundesregierung auch darauf gerichtet, Steuervergünstigungen dahingehend zu überprüfen, ob sie gesamtwirtschaftlich noch vertretbar waren und immer noch einer erforderlichen Anpassung der Volkswirtschaft dienten[53]. Ziel dieser Politik waren die sogenannten Verlustzuweisungsgesellschaften, die in der Regierungserklärung als Hauptbeispiel für eine ungerechte Besteuerungspraxis genannt wurden. Aus diesem Grunde wurde in dem neu geschaffenen § 15 Abs. 2 EStG erstmals eine gesetzliche Definition des Gewerbebetriebes im Einkommensteuergesetz aufgenommen.

---

[49] GesEntw BRg, BT-Drs. X/336 S. 27.

[50] Vgl. dessen Rede während der ersten Beratung des Gesetzesentwurfs vor dem Deutschen Bundestag am 07. September 1983, BT-PlPr. X/18, S. 1183 D.

[51] GesEntw BRg, BT-Drs. X/336, S. 26.

[52] Bericht des Finanzausschusses, BT-Drs. X/716, S. 8.

[53] GesEntw BRg, BT-Drs. X/336 S. 14.

Durch Einführung des § 15 Abs. 2 EStG sollte die Klarstellung erfolgen, dass die alleinige Absicht, Steuern zu sparen, noch nicht zur Annahme eines Gewerbebetriebes führte. Davon erhoffte sich die Bundesregierung eine Eindämmung der Betätigung der Verlustzuweisungsgesellschaften. Diese stellten nach Auffassung der Bundesregierung ein Steuersparmodell für hochverdienende Steuerpflichtige dar, welches zu persönlichen Steuerminderungen führte, die mit dem Grundsatz der Besteuerung nach der Leistungsfähigkeit nicht mehr zu vereinbaren waren. Mit der Festschreibung wurde die nach damalig geltendem Recht zwischen dem I. und dem IV. Senat des Bundesfinanzhofes umstrittene Frage[54] geklärt[55], ob die Erzielung von Verlusten, mit der alleinigen Absicht dadurch die Einkommensteuerbelastung zu mindern, als Gewinnerzielungsabsicht gewertet werden konnte. Auswirkungen hatte die gesetzliche Klarstellung für Gesellschafter von Verlustzuweisungsgesellschaften. Sie konnten von nun an nur noch dann als Mitunternehmer eines Gewerbebetriebes angesehen werden, wenn sie für den Zeitraum der Zugehörigkeit zur Gesellschaft die Absicht hatten, den ihnen zuzurechnenden Teil des Betriebsvermögens zu mehren. Die gesetzliche Neuregelung hatte nach Auffassung der Bundesregierung noch eine weitere Funktion. Neben der Aufnahme der Gewerbebetriebsdefinition aus steuersystematischen Gründen erfolgte sie auch aus Gründen der Rechtssicherheit. Bisher war der Begriff des Gewerbebetriebs lediglich in § 1 GewStDV enthalten.

Im ursprünglichen Gesetzesentwurf der Bundesregierung war diese Maßnahme noch durch einen neuen § 11 Abs. 3 EStG flankiert gewesen, der die Berücksichtigung von Finanzierungskosten im Rahmen von Einkünften aus Vermietung und Verpachtung neu regelte. Der Aufwand für die Aufnahme von Finanzmitteln sollte als Werbungskosten nicht mehr in einem Jahr, sondern auf mehrere Jahre verteilt berücksichtigt werden. So wollte man verhindern, dass es durch den Sofortabzug zu hohen negativen Einkünften kam, die die Steuerschuld stark minderten[56].

Die geplante Neuregelung stieß jedoch auf starken Widerstand von mehreren Interessenverbänden in der öffentlichen Anhörung des Finanzausschusses und fand deshalb keinen Eingang in den endgültigen Gesetzestext[57]. Der Arbeitskreis Bauherrenmodell legte sogar ein Gutachten der Professoren Tipke und Lang vor, die feststellten, dass die geplante Rechtsänderung einen verfassungswidrigen Verstoß gegen das Gebot der gleichmäßigen Besteuerung darstelle[58]. Die geplante Neuregelung der Bundesregierung wurde ersetzt durch eine Fassung des Finanzausschusses, die sich an das schon vom Bundesrat nach dem ersten Durchgang vorgeschlagene Abzugsmodell anlehnte, wonach negative Einkünfte aus Vermietung und Verpachtung erst ab dem folgenden Jahr nach der Fertigstellung oder Anschaffung des Objekts bei den Einkommensteuervorauszahlungen berücksichtigt werden konnten. Der Finanzausschuss beabsichtigte mit der zeitlichen Verzögerung der Steuerminderung insbesondere solche Modelle zu

---

[54] Vgl. die beiden Vorlagebeschlüsse vom 17. Februar 1982, I B 24/79 (BStBl. II S. 295) und vom 26. August 1982, IV R 207/79 (BStBl. II S. 771).
[55] GesEntw BRg, BT-Drs. X/336 S. 26.
[56] GesEntw BRg, BT-Drs. X/336 S. 14.
[57] Bericht des Finanzausschusses, BT-Drs. X/716 S. 4.
[58] Bericht des Finanzausschusses, BT-Drs. X/716 S. 5

treffen, bei denen hohe Werbungskosten in der Bauphase in Verbindung mit ihrer sofortigen steuerlichen Berücksichtigung Vermögensbildung im oberen Progressionsbereich ohne oder bei nur minimalem Eigenkapitaleinsatz ermöglichten[59].

Ein wesentlich weitergehendes Alternativkonzept der SPD zur Einschränkung von Steuervergünstigungen bei Verlustzuweisungen fand keine Mehrheit im Finanzausschuss. Neben der Übernahme des § 11 Abs. 3 EStG aus dem alten Gesetzesentwurf der Bundesregierung beinhaltete dieses Konzept drei weitere Elemente. Einmal sollte eine alte Fassung des § 7a EStG wiederhergestellt werden, die vorsah, dass erhöhte Absetzungen oder Sonderabschreibungen bei Wirtschaftsgütern, die zu einem Betriebsvermögen gehörten, im Jahresergebnis nicht zur Entstehung oder Erhöhung eines Verlustes führen durften. Weiterhin sollte die Spekulationsfrist bei der Veräußerung von Gebäuden auf 15 Jahre verlängert werden, wobei allerdings ab dem dritten Jahr vom Veräußerungsgewinn pro Jahr 5 v.H. der Herstellungs- und Anschaffungskosten abgezogen werden konnten. Zuletzt sollte eine Minderung der Vorauszahlungen durch negative Einkünfte aus Vermietung und Verpachtung im Jahr der Fertigstellung oder Anschaffung versagt werden[60]. Die SPD hielt nur eine Kombination aller Elemente für eine wirksame Maßnahme, um gegen Steuervergünstigungen aus Verlustzuweisungsgesellschaften vorzugehen. Insbesondere durch die Verlängerung der Spekulationsfrist erhoffte sich die SPD, die Attraktivität solcher Bauherrenmodelle zu mindern, da sie diese auch in der Möglichkeit der planmäßig steuerfreien Weiterveräußerung von Bauobjekten begründet sah[61]. Obwohl der Oppositionsvorschlag im Ausschuss keine Mehrheit fand, schien auch die Regierungskoalition den Erfolgsaussichten des eigenen Konzepts nicht ganz zu trauen, da sie dem Bundestag mit dem positiven Entschließungsantrag zum Steuerentlastungsgesetz 1984 noch einen weiteren Entschließungsantrag zuleitete, der vorsah, dass die Bundesregierung weitere Maßnahmen zur Eindämmung von Verlustzuweisungsmodellen prüfen und über das Ergebnis dieser Prüfung dem Bundestag bis zum 01. Juli 1984 berichten sollte.

3.1.1.5. Verdoppelung des Freibetrages bei Betriebsveräußerungen und Betriebsaufgabe wg. Alters- oder Betriebsunfähigkeit

Bei der Erhöhung des Freibetrages im Falle von Betriebsveräußerungen und Betriebsaufgaben aufgrund von Alter und Betriebsunfähigkeit ging es nicht um konjunktur- und arbeitsmarktpolitische Ziele, vielmehr sollten durch die Steigerung des Freibetrages von 60 000 DM auf 120 000 DM bei gleichzeitiger Anhebung der Auslaufgrenze von 200 000 DM auf 300 000 DM insbesondere die geringeren Veräußerungsgewinne von Inhabern kleiner und mittlerer Unternehmen entlastet werden. Die aus den gesparten Steuern gewonnenen Finanzmittel konnten dann in stärkerem Maße als bisher auch zur Altersvorsorge der ausscheidenden Betriebsinhaber genutzt werden[62].

---

[59] Bericht des Finanzausschusses, BT-Drs. X/716 S. 12.
[60] Bericht des Finanzausschusses, BT-Drs. X/716 S. 10.
[61] Bericht des Finanzausschusses, BT-Drs. X/716 S. 10.
[62] GesEntw BRg, BT-Drs. X/336, S. 27.

3.1.2. Maßnahmen auf dem Gebiet des Bewertungsrechts

3.1.2.1. Absenkung der Vermögensteuerbelastung des Betriebsvermögens

Zur Stärkung der Eigenkapitalausstattung der Unternehmen und dadurch auch zur Förderung der Investitionsbereitschaft der Betriebe, sah der Entwurf eine Absenkung der Vermögensteuerbelastung durch Änderungen des Bewertungsgesetzes vor. Zugleich wollte die Bundesregierung aber auch das öffentliche Interesse berücksichtigen, dass die Erhebung einer ertragsunabhängigen Steuer auf das Betriebsvermögen nicht zu einer Gefährdung von Arbeitsplätzen führe[63]. Danach wurde durch den Regierungsentwurf gem. § 117a BewG ein Freibetrag von DM 125 000 und ein allgemeiner Abschlag von 25 v.H. auf das Betriebsvermögen eingeführt. Der allgemeine Abschlag von 25 v.H. beim vermögensteuerlichen Ansatz des Betriebsvermögens sollte nach Ansicht der Bundesregierung der besonderen Risikobehaftetheit des betrieblichen Vermögens Rechnung tragen [64]. Der Freibetrag von 125 000 DM entlastete vor allem den Mittelstand. Um eine zusätzliche weitere Hauptveranlagung zum 01. Januar 1984 zu vermeiden, wie noch der ursprüngliche Gesetzesentwurf der Bundesregierung gemäß § 24 VStG beinhaltet hatte[65], war der Finanzausschuss in seinen Beratungen einer Prüfungsbitte des Bundesrates[66] gefolgt. Dieser hatte, angesichts weiterer zusätzlich erforderlicher Hauptveranlagungen, einen erhöhten Verwaltungsaufwand sowohl bei Steuerpflichtigen als auch bei Finanzämtern prognostiziert, der ein kurzfristiges Wirken der Steuerentlastung gefährdet und damit den Erfolg des Gesetzgebungsverfahrens vereitelt hätte[67]. Aus verwaltungstechnischen Gründen wurde daher die Ausnahmeregelung, die die Berücksichtigung der Vergünstigungen aus den neuen Bewertungsansätzen im Einvernehmen mit den obersten Finanzbehörden der Länder in § 124 Abs. 2 BewG neu gefasst hatte, vom Finanzausschuss vorgelegt. Danach wurden die sich aus der Neufassung des § 117a BewG ergebenden Begünstigungen des Betriebsvermögens für die Stichtage 01. Januar 1984 und 01. Januar 1985 wie ein persönlicher Freibetrag gem. § 6 VStG bei der Ermittlung des steuerpflichtigen Vermögens berücksichtigt. Diese Sonderregelung war begrenzt auf die beiden Hauptveranlagungszeiträume[68].

3.1.2.2. Senkung der Grenze für steuerbefreiten Anteilsbesitz

Zum weiteren Abbau der Mehrfachbelastung betrieblichen Vermögens wurde in § 102 BewG die Grenze für den steuerbefreiten Anteilsbesitz von 25 v.H. auf 10 v.H. gesenkt. Um in den Genuss der steuerlichen Freistellung zu gelangen, war es daher von nun an ausreichend, dass eine inländische Kapitalgesellschaft an einer anderen inländischen oder ausländischen Kapitalgesellschaft nur noch mindestens 10 v.H. der Gesellschaftsanteile hielt. Dadurch sollte die konzentrationsfördernde Wirkung der 25 v.H.-Grenze für eine Freistellung beseitigt werden[69].

---

[63] GesEntw BRg, BT-Drs. X/336 S. 22.
[64] GesEntw BRg, BT-Drs. X/336 S.22.
[65] GesEntw BRg, BT-Drs. X/336, S. 25.
[66] Stellungnahme des Bundesrates, BT-Drs. X/336, S. 35.
[67] Stellungnahme des Bundesrates, BT-Drs. X/336, S. 35.
[68] Bericht des Finanzausschusses, BT-Drs. X/716, S. 11.
[69] GesEntw BRg, BT-Drs. X/336, S. 22.

3.1.3. Maßnahmen auf dem Gebiet des Vermögensteuerrechts

3.1.3.1. Absenkung des Vermögensteuersatzes

Neben den Maßnahmen auf dem Gebiet des Bewertungsrechts erfolgte im Rahmen der Rückführung insbesondere der ertragsunabhängigen Besteuerung der Unternehmen auch eine direkte Reform des Vermögensteuergesetzes. So wurde mit Wirkung zum 1. Januar 1984 der Vermögensteuersatz für Körperschaften von 0,7 v.H. auf 0,6 v.H. gesenkt. Von dieser Maßnahme erhoffte sich die christlich-liberale Koalition einen psychologischen Effekt, der vor allem ausländische Investoren anziehen sollte[70], die nach Ansicht der Regierung bei ihrer Investitionsentscheidung sehr stark durch den nominalen Steuersatz beeinflusst wurden. Die Absenkung der Vermögensteuerbelastung war einer der umstrittensten Punkte des Steuerentlastungsgesetzes 1984. Während die bereits oben genannte Erhöhung des Freibetrages im Rahmen der Neuregelung des Bewertungsgesetzes von SPD-Politikern auf Oppositionsseite teilweise noch mitgetragen wurde[71], war der Widerstand gegen die anderen vermögensteuerrechtlichen Maßnahmen der Bundesregierung umso stärker.

Vor allem die SPD-Ministerpräsidenten kritisierten die finanziellen Ausfälle für den Fiskus, insbesondere für die Länderhaushalte, denen eine insgesamt nur geringe Entlastungswirkung für den einzelnen Steuerpflichtigen gegenüberstand. Dies war vor allem vor dem von der Bundesregierung selbst so bezeichneten Misstand angespannter öffentlicher Haushalte ein überzeugendes Argument, mit dem die Regierung auf ihre eigenen politischen Implikationen verwiesen wurde. Auch die kommunalen Spitzenverbände hatten sich bei der öffentlichen Anhörung vor dem Finanzausschuss des Bundestages kritisch zu dem Gesetzesentwurf geäußert, da sie nicht auszugleichende Steuerausfälle befürchteten[72].

Während jedoch bei den vorgenannten Kritikpunkten insgesamt finanzpolitisch erwägenswerte und sachliche Motive die Argumentation bestimmten, wurde die Absenkung des Vermögensteuersatzes bei den Gesetzesberatungen auch deshalb zu einem sehr starken Reizthema, weil die Opposition diese Maßnahme wegen der ausbleibenden Umverteilungswirkung als ein sozial ungerechtes Instrument scharf attackierte. So bezeichnete die Fraktion der Grünen in der ersten Gesetzesberatung des Bundestages am 07. September 1983 den Gesetzesentwurf der Bundesregierung als Ausdruck einer Gesellschaftspolitik, die im Gewande angeblicher Haushaltskonsolidierung offen eine massive Umverteilung des gesellschaftlichen Reichtums betreibe[73]. Auch der Abgeordnete Gobrecht[74] (SPD) sprach in derselben Bundestagssitzung von schwerer verteilungspolitischer Schlagseite, was eindeutig zu einer Umverteilung von unten nach o-

---

[70] GesEntw BRg, BT-Drs. X/336 S. 24.

[71] Vgl. die Rede des Finanzministers von Nordrhein-Westfalen, Posser, bei der zweiten Beratung des Gesetzes im Deutschen Bundesrat am 16. Dezember 1983, BR-PlPr. 1983/530, S. 470 (B).

[72] Bericht des Finanzausschusses BT-Drs. X/716 S. 2.

[73] So der Abgeordnete Kleinert, vgl. BT-PlPr. X/18, S. 1202 (B).

[74] Horst Gobrecht, geb. am 19. November 1936, Steuerberater, 1959 Eintritt in die SPD, 1976 – 1984 Mitglied des Deutschen Bundestages, 1979 Obmann der SPD-Fraktion im Finanzausschuss, 1984 – 1987 Finanzsenator in Hamburg.

ben führen würde [75]. Widerstand kam allerdings auch von Verbandsseite. So bemängelte der Bund der Steuerzahler, dass privates Vermögen künftig aufgrund der Neuregelung der Bewertung im Vergleich zum Betriebsvermögen mit einem höheren Ansatz besteuert werde[76].

Trotz dieser Kritik verabschiedete die Regierungsmehrheit im Parlament den Regierungsentwurf mit den darin vorgesehenen Änderungen der Vermögensteuer.

3.1.3.2. Pauschalierung der Vermögensteuer

Durch die Neufassung des § 12 Abs. 3 VStG wurde die seit 1974 abgeschaffte Möglichkeit der Vermögensteuerpauschalierung wieder eingeführt. Bis zu diesem Zeitpunkt war es im deutschen Vermögensteuerrecht, parallel zum Ertragssteuerrecht gem. § 34c Abs. 5, § 50 Abs. 7 EStG, § 26 Abs. 6 Satz 1 KStG, möglich, die persönliche Vermögensteuerpflicht zu pauschalieren, wenn dies aus volkswirtschaftlichen Gründen zweckmäßig war. Diese Option für den steuerpflichtigen Bürger war durch das Steuerreformgesetz 1974 aufgrund von Zweifeln an der Verfassungsmäßigkeit dieser Steuervorschrift aufgehoben worden. Aufgrund eines Beschlusses des Bundesverfassungsgerichts vom 19. April 1978, der eine solche Pauschalierung der Vermögensteuerschuld für verfassungskonform erklärt hatte, sah sich die Bundesregierung in der Lage, eine aus ihrer Sicht steuerrechtlich sinnvolle Regelung wieder einzuführen, zumal dadurch auch eine Harmonisierung mit dem Ertragssteuerrecht erlangt wurde, in der die Möglichkeit der Pauschalierung weiterhin bestanden hatte[77].

3.1.4. Maßnahmen auf dem Gebiet des Körperschaftsteuerrechts

3.1.4.1. Neuregelung der Abziehbarkeit von Kosten im Zusammenhang mit der Ausgabe von Gesellschaftsanteilen

Mit der Änderung des § 9 KStG bewirkte die Bundesregierung durch einen verminderten Verwaltungsaufwand für Kapitalgesellschaften sowohl einen Beitrag zur Steuervereinfachung als auch in geringem Umfang Steuererleichterungen. Die Neuregelung erlaubte, Kosten im Zusammenhang mit der Ausgabe von Gesellschaftsanteilen voll als Betriebsausgaben abzuziehen. Auslöser für diesen Reformvorstoß der Bundesregierung war eine Änderung der höchstrichterlichen Rechtsprechung.

---

[75] Vgl. BT-PlPr. X/18, S. 1223 (A).

[76] Bericht des Finanzausschusses, BT-Drs. X/716, S. 3.; dies ist die erste Maßnahme der christlich-liberalen Koalition, durch die eine Differenzierung der steuerlichen Behandlung von Privat- und Betriebsvermögen vorgenommen wurde. In der vorliegenden Regierungsvorlage handelte es sich jedoch um einen Einzelfall, der sich bis zu den beiden Legislaturperioden nach der deutschen Wiedervereinigung nicht mehr wiederholte. Nach 1990 zeichnete sich jedoch die Tendenz einer Steuerpolitik der bürgerlichen Regierung ab, die verstärkt einseitig betriebliches Vermögen bzw. Einnahmen entlastete. Es lässt sich allerdings hier schon eine Wertigkeit bei der Bundesregierung erkennen, als sie bei einem begrenzten Haushaltsspielraum der Entlastung des Betriebsvermögens den Vorzug gab und zusätzliche Entlastungen für die Lohn- und private Einkommensteuer bereits in der Regierungserklärung unter einen Finanzierungsvorbehalt gestellt hatte.

[77] GesEntw BRg, BT-Drs. X/336, S. 24.

Nach der ursprünglichen Rechtsprechung des Bundesfinanzhofes, an der sich der Gesetzgeber bei der bisherigen Fassung von § 9 Nr. 1 Buchst. a KStG orientiert hatte, durften die Kosten der Ausgabe von Gesellschaftsanteilen grundsätzlich nicht abgezogen werden, weil sie mit Vermögensmehrungen im Zusammenhang standen, die nicht der Körperschaftsteuer unterlagen. Durch das Urteil des Bundesfinanzhofes vom 21. Dezember 1977 (I R 20/76)[78] war diese Rechtsprechung nun aufgegeben worden. Ohne die Neuregelung hätte sich folgende Rechtslage ergeben: Die Kosten für Kapitalzuführungen, die als Einlagen bei der Gewinnermittlung außer acht blieben, hätten grundsätzlich als Betriebsausgaben abgezogen werden dürfen; lediglich für die Kosten der Ausgabe von Gesellschaftsanteilen im Falle der Gründung oder Kapitalerhöhung wäre der Abzug nach § 9 Nr. 1 KStG ausgeschlossen gewesen. Die Bundesregierung bewertete diese Rechtslage als unbefriedigend[79] und reagierte mit der ersatzlosen Streichung der Nummer 1 des § 9 KStG. Künftig durften folglich alle Einlagekosten bei der Gewinnermittlung berücksichtigt werden.

3.1.4.2. Beseitigung körperschaftsteuerrechtlicher Nachteile bei Vorabausschüttung und verdeckter Gewinnausschüttung

Innerhalb des Steuerentlastungsgesetzes 1984 stellte die Reform der §§ 28, 29 KStG die materiell-rechtlich umfangreichste Änderung dar. Bei der Neufassung dieser Paragraphen standen finanzielle Nachteile für steuerpflichtige Körperschaften im Vordergrund, die daraus entstanden, dass in einem Geschäftsjahr durch die Körperschaft Vorab- und verdeckte Gewinnausschüttungen an die Gesellschafter vorgenommen wurden. Nach der bis dahin geltenden Rechtslage hing die körperschaftsteuerliche Belastung einer Vorabausschüttung davon ab, ob zum Schluss des Vorjahres ausreichendes Eigenkapital vorhanden war, das ungemildert mit Körperschaftsteuer belastet ist. Gem. § 28 Abs. 2 KStG der Neuregelung sollte von nun an bei Vorab- und verdeckten Gewinnausschüttungen nicht mehr das vorangegangene Wirtschaftsjahr bei der Verrechnung des frei verwendbaren Eigenkapitals entscheidend sein, sondern das Wirtschaftsjahr, in dem die Vorabausschüttung erfolgte. Die neue Gesetzeslage verhinderte den Eintritt eines derartigen Liquiditätsentzugs wie nach der bisherigen Rechtslage[80]. In § 29 KStG sollte der Umfang des Begriffs „Eigenkapital“ in Abstimmung mit § 28 KStG neu geregelt werden[81].

3.1.5. Reform des Kraftfahrzeugsteuergesetzes

Ebenfalls unter das umfassende Ziel des Abbaues bzw. der Einschränkung steuerlicher Vorteile fasste die Bundesregierung eine Novelle des Kraftfahrzeugsteuergesetzes[82]. Danach sollten nur noch die Behinderten eine Kraftfahrzeugsteuerbefreiung erhalten, die hilflos, blind oder außergewöhnlich gehbehindert sind. In der Vergangenheit waren bereits Personen in den Genuss dieser Steuerbefreiung gekommen, deren Erwerbsfä-

---

[78] BStBl. 1986 II, S. 346.
[79] GesEntw BRg, BT-Drs. X/336, S. 28.
[80] GesEntw BRg, BT-Drs. X/336, S. 30.
[81] GesEntw BRg, BT-Drs. X/336, S. 30.
[82] GesEntw BRg, BT-Drs. X/336, S. 14.

higkeit um mindestens 80 v.H. gemindert war, was zu einem Anstieg der Begünstigten auf etwa eine Million geführt hatte. Diese Gruppe sollte auch nach der künftigen Rechtslage weiterhin eine Steuerermäßigung von 50 v.H. erhalten[83]. Bei einem Vergleich dieser steuerlichen Maßnahme mit dem Bestreben der Bundesregierung, einen grundsätzlichen und umfassenden „Rückschnitt" steuerlicher aber auch aller sonstiger Investitionen bzw. Vergünstigungen vorzunehmen, fällt auf, dass dies ein eher bescheidener Anfang des hoch gesteckten Ziels gewesen ist. Möglicherweise war die Entscheidung der Bundesregierung auch ein Versuch, Einnahmeausfälle der Länder aufgrund des Vermögensteuergesetzes zu kompensieren.

3.2. Gesetz zur leistungsfördernden Steuersenkung und zur Entlastung der Familie (Steuersenkungsgesetz 1986/1988) vom 26. Juni 1985[84]

Als die Bundesregierung zum Ende des Jahres 1984 am 12. Dezember einen Entwurf für ein Gesetz zur leistungsfördernden Steuersenkung und zur Entlastung der Familie in den Bundesrat einbrachte, war die christlich-liberale Koalition in ihr umfangreichstes und bedeutsamstes Steuerreformvorhaben der 80er Jahre eingetreten, das sich über zwei Legislaturperioden erstrecken sollte.

Ziel dieses Gesetzes war es, den steilen Anstieg der Progression des Einkommensteuertarifs zu mildern. Hiervon sah die Bundesregierung in zunehmendem Maße qualifizierte Arbeitnehmer und Selbstständige betroffen, die infolge ihrer beruflichen Leistung in mittlere und gehobene Einkommen hineingewachsen waren und im Ergebnis zu hoch belastet würden[85]. Als weiteren wesentlichen Eckpunkt enthielt dieses Reformpaket eine deutliche Verbesserung des steuerlichen Familienlastenausgleichs[86].

Nachdem aufgrund der Regierungserklärung des Bundeskanzlers zu Beginn der Legislaturperiode nicht einmal sicher war, ob es überhaupt in dieser Wahlperiode noch zu einer Senkung der Lohn- und Einkommensteuer kommen würde, hatten Vertreter der Regierungskoalition bereits in den Debatten zum Steuerentlastungsgesetz 1984 angekündigt, noch in dieser Wahlperiode eine deutliche Rückführung der Belastung bei der Einkommen- und Lohnsteuer folgen zu lassen, um im Anschluss an die Entlastungen der Wirtschaft auch im privaten Bereich Steuersenkungen durchzuführen[87]. Unklar war jedoch geblieben, wann konkret diese Steuersenkungen durchgeführt werden sollten und vor allem in welchem Umfang. Während sich Vertreter der FDP für eine möglichst frühe und umfangreiche Umsetzung dieser Steuersenkungspläne aussprachen[88], hatte sich der Bundesfinanzminister die Entscheidung offen gehalten und deutlich ge-

---

[83] GesEntw BRg, BT-Drs. X/336, S. 32.
[84] BGBl. 1985 I, S. 1153.
[85] GesEntw BRg, BT-Drs. X/2884 S. 1.
[86] GesEntw BRg, BT-Drs. X/2884 S. 1.
[87] Der Finanzminister hatte in der ersten Lesung des Entwurfs für ein Steuerentlastungsgesetz 1984 am 07. September 1983 angekündigt, dass sich die Bundesregierung im ersten Halbjahr 1984 über die Eckdaten einer Neugestaltung des Lohn- und Einkommensteuertarifs entscheiden würde, BT-PlPr. X/18, S. 1179 (D).
[88] Vgl. die Rede des Abgeordneten Gattermann am 01. März 1985, BT-PlPr. X/124, S. 9151 (D); es existierte ein Präsidiumsbeschluss der FDP, der sich für eine einheitliche Tarifreform zum 01. Januar 1986 aussprach.

macht, dass weitere Steuersenkungen unter dem Vorbehalt der Finanzierung und der weiteren Haushaltskonsolidierung stünden[89]. Unerwartete Hilfe erhielt die FDP von Seiten der bayerischen Staatsregierung, die im Bundesrat ebenfalls eine einheitliche Steuerentlastung zum 01. Januar 1986 gefordert hatte[90].

Letztlich setzte sich jedoch eine Stufenlösung im Regierungslager durch, die mit dem anderenfalls zu erwartenden drastischen Anstieg der Neuverschuldung und der dadurch drohenden Gefahr für die Preisstabilität und Zinshöhe begründet wurde[91]. Schließlich sollten auch die sog. „Besserverdienenden" durch die verzögerte Progressionssenkung einen besonderen Beitrag zur Haushaltskonsolidierung leisten[92]. Allerdings hatte die FDP, die noch nach den Beratungen des Finanzausschusses in der zweiten Beratung der Regierungsvorlage ein einheitliches In-Kraft-Treten der Entlastungswirkungen zum 01. Januar 1986 für richtig gehalten hatte, ihre Vorgabe lediglich aus rein verfahrenstaktischen Gründen aufgegeben. Da nur Bayern eine Unterstützung für ein solches Vorgehen signalisiert hatte, befürchtete die FDP, dass ein einschrittiges Vorgehen im Bundesrat keine Mehrheit finden würde[93].

Nach dem am 21. Februar 1985 dem Bundestag vorgelegten Gesetzesentwurf der Bundesregierung war eine Gesamtentlastung in Höhe von insgesamt 19,4 Mrd. DM geplant. Diese Summe war etwas niedriger als das Entlastungsvolumen des ursprünglichen Bundesregierungsbeschlusses vom 03. Juli 1984, der noch eine Absenkung von insgesamt 20,2 Mrd. DM vorgesehen hatte[94]. Diese Gesamtsumme - die nach Aussagen der Koalition in Anbetracht des bisher größten Nettoentlastungsvolumens „größte Tarifreform in der Finanzgeschichte der Bundesrepublik"[95] - wirkte geradezu moderat im Vergleich zu den Ergebnissen, die in Eigenberechnung teilweise von den Verbänden vorgelegt wurde. So bezifferte beispielsweise der Bund der Steuerzahler den Betrag, der allein für Rückgabe sog. „heimlicher Steuererhöhungen" veranschlagt werde müsse, auf 36 Mrd. DM[96].

Der Bundesrat hatte in seiner ersten Stellungnahme vom 08. Februar 1985 den Gesetzesentwurf der Bundesregierung und die darin enthaltenen Entlastungsmaßnahmen eindeutig begrüßt[97] und machte darüber hinaus noch weitergehende Vorschläge zur Entlastung der Familien[98]. In derselben Stellungnahme wies der Bundesrat die Bundesregierung aber ebenso darauf hin, dass Länder und Gemeinden von Steuerminder-

[89] Siehe Kap. 3.1. dieses Hauptteils.

[90] So Staatsminister Schmidhuber am 14. Juni 1985, BR-PlPr. 1985/552, S. 281 (C); dieser Forderung hatte sich auch ein Teil der angehörten Verbände angeschlossen, vgl. den Bericht des Finanzausschusses, BT-Drs. X/3350, S. 27.

[91] So der Bundesfinanzminister am 14. Juni 1985 in einer direkten Erwiderung auf den bayerischen Staatsminister Schmidhuber, BR-PlPr. 1985/552, S. 285 (C).

[92] So der Ministerialrat Friebe, DStZ 1984, 491, 491.

[93] So der FDP-Abgeordnete Gattermann, vgl. BT-PlPr. X/141, S. 10456 (D).

[94] Friebe, DStZ 1984, 491, 491.

[95] So der Abgeordnete Gattermann (FDP) in der zweiten Beratung der Gesetzesvorlage vor dem Deutschen Bundestag am 24. Mai 1985, vgl. BT-PlPr. X/141, S. 10448 (C).

[96] Bericht des Finanzausschusses, BT-Drs. X/3350, S. 27.

[97] Beschluss BR, BR-Drs. 617/84, S.1.

[98] Vgl. Kap. 3.2.2.

einnahmen aufgrund der Entlastungsmaßnahmen überproportional betroffen waren. Die Bundesregierung wurde deshalb aufgefordert, einen Ausgleichsanspruch für die Einnahmeausfälle anzuerkennen, unverzüglich in gesonderte Verhandlungen über die Einzelheiten dieses Anspruchs einzutreten und ihn in den vorliegenden Gesetzesentwurf aufzunehmen[99]. Letztlich konnte hinsichtlich dieser Ausgleichsforderung der Länder nur ein Kompromiss dergestalt erzielt werden, dass der Anteil der Länder am Aufkommen der Umsatzsteuer von bisher 34,5 v.H. auf nunmehr 35 v.H. erhöht wurde[100].

3.2.1. Maßnahmen zur Entlastung kleinerer und mittlerer Einkommen

Die Steuerentlastung sollte in zwei Stufen wirksam werden. In der ersten Stufe ab 1986 erfolgte eine Entlastung vor allem der Bezieher mittlerer und kleiner Einkommen sowie eine Verbesserung des steuerlichen Familienlastenausgleichs, in einer zweiten Stufe ab 1988 dann nochmals eine deutliche Tarifabsenkung in Höhe von 8,5 Mrd. DM. Der relative Anteil der Entlastungsmaßnahmen am Gesamtaufkommen von Lohn- und Einkommensteuereinnahmen lag demnach bei immerhin 8 v.H., die auch nicht aufkommensneutral durch Gegenfinanzierungsmaßnahmen wieder aufgehoben werden sollten [101].

Zunächst wurden neben einer Erhöhung der Grundfreibeträge um 324 DM/648 DM auf 4 536DM/9 072 DM für Alleinstehende bzw. Verheiratete die Grenzsteuersätze in der Progressionszone des Steuertarifs abgesenkt, der eine weitere wesentlich stärkere Senkung der Grenzsteuersätze im Jahre 1988 folgen sollte. Mit dieser Maßnahme zog die Bundesregierung die Konsequenz aus dem Umstand, dass zum Jahre 1984 bereits 10,5 Millionen Steuerzahler, etwa 4-5 Millionen mehr als noch im Jahre 1974, progressiv besteuert wurden. Nach eigener Schätzung würden bis zum Jahre 1988 weitere drei Millionen Bürger in die Progressionszone hineinwachsen[102]. Bereits in der ersten Beratung im Deutschen Bundestag zu dem geplanten neuen Steuertarif am 01. März 1985 wies Finanzminister Stoltenberg (CDU) darauf hin, dass die genannte Tarifreform aber nur ein Zwischenschritt sein könne in Richtung einer umfassenden Reform hin zu einem linear-progressiven Steuersatz[103].

Für dieses längerfristig angestrebte Ziel waren mehrere Tarifmodelle im Gespräch. Das Bundesfinanzministerium selbst hatte mehrere Tarifvarianten entwickelt, wobei das sogenannte Modell T1, welches im Wesentlichen auch Vorbild des Regierungsentwurfs gewesen war, favorisiert wurde[104]. Daneben waren im Vorfeld des Regierungsentwurfs noch jeweils zwei weitere Tarifentwürfe der Arbeitnehmergruppe der

---

[99] Beschluss BR, BR-Drs. 617/84, S. 2.
[100] Oepen, DStZ 1985, 495, 496.
[101] So Bundesfinanzminister Stoltenberg im ersten Durchgang des Gesetzesentwurf vor dem Bundesrat, vgl. BR-Sitzungen 1985, S. 71.
[102] So Finanzminister Stoltenberg im ersten Durchgang des Gesetzesentwurfs vor dem Bundesrat, vgl. ebd. Dieser sprach in diesem Zusammenhang vom „raschen Marsch der großen Mehrzahl der Arbeitnehmer durch die Progressionszone".
[103] Vgl. BT-PlPr. X/124 S. 9139 (C).
[104] Friebe, DStZ 1984, 311, 311.

CDU/CSU sowie des Karl-Bräuer-Instituts des Bundes der Steuerzahler diskutiert worden. Beide fanden jedoch keinen Eingang in den Gesetzesentwurf der Bundesregierung. Besonders das Tarifmodell der CDU/CSU-Arbeitnehmergruppe, das eine um 800 DM/600 DM erhöhte Anhebung des Grundbetrages vorsah und nur Entlastungen im unteren Einkommensbereich beinhaltete, hätte zu erheblichen Steuermindereinnahmen geführt, die vorrangig für eine Absenkung der Steuerprogression vorgesehen waren[105]. Der Vorschlag des Karl-Bräuer-Instituts sah einen durchgehenden Progressionsverlauf ohne Proportionalzone bei einem angehobenen Grundfreibetrag von 5 000/10 000 DM vor, der jedoch im Vergleich zum damals geltenden Recht teilweise zu einer Mehrbelastung für die Steuerpflichtigen und auch zu unausgewogenen Entlastungsschwerpunkten geführt hätte. Zudem sollte die Geltungsdauer des Tarifs zeitlich auf zwei Jahre befristet werden, was den Gesetzgeber zur regelmäßigen Einkommensteuersenkung anhalten sollte, insbesondere um heimliche Steuererhöhungen zu vermeiden[106]. Im Finanzministerium und in der Bundesregierung wurde diese zeitliche Begrenzung jedoch als Bestreben einer automatischen Indexierung des Einkommensteuertarifs verstanden, was die Handlungsfähigkeit der Finanzpolitik gefährdet und zu einer Aufweichung des Nominalwertprinzips geführt hätte[107].

Die Notwendigkeit einer steuerlichen Entlastung der Arbeitnehmer wurde auch von den Fraktionen von SPD und den Grünen anerkannt, allerdings verfolgten die Oppositionsparteien einen grundsätzlich anderen Weg als der Gesetzesentwurf der Bundesregierung. Der von der SPD-Bundestagsfraktion eingebrachte Entschließungsantrag vom 22. Mai 1985 beruhte auf der Absicht, ausschließlich die Bezieher von Einkommen in der unteren Progressionszone zu entlasten. Dazu sollte der Grundfreibetrag in zwei Schritten auf 4 536 DM in 1986 und auf 5 022 DM in 1988 angehoben werden. Die untere Proportionalzone sollte ebenfalls in zwei Schritten bis 1988 auf insgesamt 21 600 DM erweitert werden, während eine Abflachung der Progression lediglich im unteren und mittleren Teil des Tarifs erfolgen sollte[108]. Einen ähnlichen Antrag hatten auch die Grünen einen Tag später am 23. Mai 1985 in den Bundestag eingebracht. Dieser Entwurf sah neben einer Anhebung des Grundfreibetrages und einer Ausdehnung der Proportionalzone eine lineare Steigerung der Grenzsteuerbelastung vor. Außerdem sollte die Tarifreform aufkommensneutral durchgeführt werden[109] und stand somit ganz unter einem umverteilungspolitischen Vorzeichen. Letztlich konnten sich diese Vorschläge weder im Bundestag noch im federführenden Finanzausschuss durchsetzen. Zwar wurde mit dem System einer verlängerten Proportionalzone bei Absenkung des Tarifs in der unteren Progressionszone eine kurzfristige Entlastung der Steuerzahler verbunden, Hauptkritikpunkt war jedoch, dass viele Arbeitnehmer länger-

---

[105] Vgl. die Darstellung dieses Tarifmodells bei Friebe, DStZ 1984, 311, 314.

[106] Vgl. die Darstellung dieses Tarifmodells bei Friebe, DStZ 1984, 311, 314.

[107] So der Ministerialrat Friebe in einem Kommentar zu diesem Tarifmodell, vgl. DStZ 1984, 311, 314.

[108] GesEntw Fraktion der SPD, BT-Drs. X/3377 S. 1. Ein gleichlautender Antrag war bereits von den Bundesländern Bremen, Hamburg, Hessen und Nordrhein-Westfalen am 06. Februar 1985 im Bundesrat eingebracht worden, vgl. BR-Drs. 617/3/84 S. 3.

[109] GesEntw Fraktion Die Grünen, BT-Drs. X/3403, S. 2; Die Aufkommensneutralität sollte durch eine bedarfsgerechte Verschiebung der oberen Proportionalzone gewährleistet werden.

fristig durch Lohnzuwächse wieder in die Progressionszone hineinrutschen würden, zumal der Progressionsanstieg durch eine angehobene Proportionalzone immer steiler würde.

3.2.2. Maßnahmen auf dem Gebiet der Familienbesteuerung

Ursprünglich lag das Schwergewicht der Pläne der bürgerlichen Bundesregierung für eine Reform der Familienbesteuerung auf der Einführung eines Familiensplittings[110]. Da die Vorarbeiten der Bundesregierung jedoch gezeigt hatten, dass ein solches Splittingverfahren aus finanziellen Gründen kurzfristig nicht zu verwirklichen war, wurde die Einführung eines erheblich erhöhten Kinderfreibetrages[111] auf 2 484 DM beschlossen. Flankiert wurde diese steuerrechtliche Maßnahme durch einen Kindergeldzuschlag, der in Ergänzung zum Kinderfreibetrag gewährt werden sollte, von bis zu 46 DM je Kind und Monat für Eltern, die aufgrund ihrer Einkommenslage den erhöhten Kinderfreibetrag nicht oder nicht voll nutzen konnten[112].

Zuvor hatte der Kinderfreibetrag seit dem Einkommensteuerreformgesetz aus dem Jahr 1974 nur den von der Bundesregierung als symbolisch eingeschätzten Wert von 432 DM betragen. Diese etwa 500-prozentige Erhöhung des Kinderfreibetrages, die aus einem eher symbolischen Wert eine wirkliche steuerliche Entlastung machte, stellte [113] die steuerrechtlich bedeutsamste Entlastung der Familien dar, die die Regierungskoalition durch das Steuersenkungsgesetz 1986/1988 auf dem Gebiet der Familienbesteuerung durchsetzte.

Die Kinderfreibeträge dienten der Verwirklichung des sog. speziellen Familien-Nettoprinzips, d.h. damit wurde dem Umstand Rechnung getragen, dass der Steuerpflichtige, sofern er nicht nur für sein eigenes sondern auch für das Existenzminimum anderer zu sorgen hat, in seiner steuerlichen Leistungsfähigkeit vermindert ist.[114].

Neben dieser steuersystematischen Frage verbarg sich hinter der Neuregelung der Kinderfreibeträge auch ein bestimmtes Gesellschaftsverständnis der christlich-liberalen Koalition. Die Einführung des dualen Systems aus Kindergeld und Kinderfreibeträgen beruhte auf dem Prinzip der Eigenverantwortlichkeit. Familien müssten für ihre Kinder selbst sorgen. Der Staat habe den Familien nur die finanzielle Chance

---

[110] Vgl. die Rede des Bundesministers der Finanzen „Aufgaben der Finanz- und Steuerpolitik", gehalten am 19. Mai 1983 vor der Mitgliederversammlung des Instituts „Finanzen und Steuern", IFSt. Brief 221, 8, 22; wobei eine Durchführung bereits damals schon unter einen Finanzierungsvorbehalt gestellt wurde.

[111] GesEntw BRg, BT-Drs. X/2884, S. 96.

[112] GesEntw BRg, BT-Drs. X/2884, S. 96.

[113] Zweifel mögen angebracht sein, ob der gewählte Betrag der Berücksichtigung des Kinderunterhalts in sachgerechter, d.h. in finanziell ausreichender Weise genügte. Im Finanzausschuss wurde eine weitere Aufstockung erwogen, die allerdings aus finanziellen Gründen abgelehnt wurde, vgl. Bericht des Finanzausschusses, BT-Drs. X/3350, S. 33.

[114] Tipke/Lang, § 9, Rz. 74.

zu geben, dies mit dem selbst Erwirtschafteten auch eigenverantwortlich und selbstständig tun zu können[115].

Die Erhöhung der Kinderfreibeträge war die steuerrechtlich zwischen Opposition und Regierungskoalition umstrittenste Maßnahme dieses Reformpaketes. Erst durch das Einkommensteuergesetz vom 05. August 1974 war das bisher in der Bundesrepublik geltende duale System des Familienlastenausgleichs, d.h. der staatlichen Familienförderung sowohl über steuerliche Grundfreibeträge als auch über Kindergeldzuwendungen, zugunsten eines einheitlichen nach der Kinderzahl gestaffelten Kindergeldes in Stufen von 50-70-100 DM, aufgegeben worden[116]. Als programmatischer Leitsatz insbesondere der SPD hinter diesem einheitlichen Kindergeldsystems diente der auch in den Bundestagsdebatten zum Steuersenkungsgesetz 1986/1988 immer wieder zu hörende Satz: „Jedes Kind muss dem Staat gleich viel wert sein."[117] Die SPD hielt eine Familienförderung über Kinderfreibeträge für unsozial, weil sie aufgrund der in Deutschland geltenden progressiven Steuersätze und der damit einhergehenden degressiven Wirkung die Bezieher höherer Einkommen stärker entlaste als einkommensschwächere Familien[118].
Allerdings waren in den Anhörungen des Finanzausschusses die beigeladenen Sachverständigen Prof. Dr. Tipke und Prof. Dr. Lang der schon in der Regierungsvorlage geäußerten Begründung beigetreten[119], dass die höhere Entlastungswirkung von Freibeträgen in der Bemessungsgrundlage bei einkommensstarken Steuersubjekten die Kehrseite einer progressiven Besteuerung sei. Die Verfassung gebiete aber nach dem Grundsatz der subjektiven Leistungsfähigkeit, Kosten für den Unterhalt von Kindern bereits aus der Bemessungsgrundlage zu eliminieren, weil sie dem Steuerpflichtigen eben nicht zur freien Verfügung stünden[120].

Nach Ansicht der Koalition lag der einzige Schwachpunkt des dualen Systems in der Fülle unterschiedlichster Transfer- und Freibeträge, die überdies auch noch von verschiedenen staatlichen Institutionen gewährt bzw. diesen gegenüber geltend gemacht werden mussten[121]. Allerdings sah man zu diesem Zeitpunkt keine Möglichkeit, ein besseres System vorzulegen[122].

Weitere Maßnahmen zur Verbesserung des Familienlastenausgleichs waren die Erhöhung der Ausbildungsfreibeträge für Kinder über 18 Jahren, die im Haushalt des Steuerpflichtigen untergebracht waren, von 1 200 DM auf 1 800 DM, bei auswärtiger Unterbringung von 2 100 DM auf 3 000 DM, sowie bei Kindern unter 18 Jahre bei aus-

---

[115] So der Abgeordnete v. Wartenberg (CDU) in der ersten Beratung der Gesetzesinitiative vor dem deutschen Bundestag am 01. März 1985, vgl. BT-PlPr. X/124, S. 9146 (B). Ähnlich der Abgeordnete Gattermann (FDP) in derselben Debatte, vgl. BT-PlPr. X/124, S. 9153 (C).
[116] Vgl. hierzu ausführlich Offerhaus, S. 143.
[117] So der SPD-Bundestagsabgeordnete Dr. Spöri in der ersten Beratung zum Steuersenkungsgesetz 1986/1988, vgl. BT-PlPr. X/124 S. 9141 (A).
[118] Bericht des Finanzausschusses BT-Drs. X/3350, S. 35.
[119] GesEntw BRg, BT-Drs. X/2884, S. 96.
[120] Bericht des Finanzausschusses BT-Drs. X/3350, S. 30.
[121] So der Abgeordnete Gattermann (FDP) in seiner Rede bei der zweiten Beratung der Gesetzesinitiative vor dem Deutschen Bundestag am 24. Mai 1985, vgl. BT-PlPr. X/141, S. 10459 (A).
[122] Bericht des Finanzausschusses, BT-Drs. X/3350, S. 33.

wärtiger Unterbringung von 900 DM auf 1 200 DM. Die Kinderbetreuungskostenregelung, die sie seit dem Steuerbereinigungsgesetz 1985 für Alleinstehende galt[123], wurde durch das Steuersenkungsgesetz 1986/1988 auf Fälle einer Behinderung oder einer länger dauernden Krankheit eines oder beider Ehegatten erweitert.

Der Vorschlag des Bundesrates, die Gewährung des Kinderfreibetrages auf Kinder bis zum 18. Lebensjahr zu erweitern, erfuhr im Finanzausschuss zwar Zustimmung[124], konnte aber weder dort, noch in der Bundestagsabstimmung am 24. Mai 1985 eine Mehrheit finden. Dasselbe galt für einen weiteren Vorschlag des Bundesrates, wonach zur Belebung des Ausbildungsmarktes und angesichts einer hohen Zahl von Jugendlichen ohne Ausbildungsplatz durch staatliche Anreize über das Steuerrecht neue Ausbildungsplätze geschaffen werden sollten[125]. Mit einer Neuregelung sollten Aufwendungen für Auszubildende für den Beruf Hauswirtschafter/in bis zu 3 600 DM monatlich als Sonderausgaben abziehbar werden. Nach Auffassung des Finanzausschusses war die arbeitsmarktpolitische Wirkung einer solchen Maßnahme allerdings eher gering und mit dem Bestreben, steuerliche Subventionen abzubauen, nicht vereinbar[126].

Auf Initiative der Koalitionsfraktionen wurde schließlich durch den Finanzausschuss einstimmig eine Verdoppelung des Höchstbetrages beim Realsplitting für Getrenntlebende und Geschiedene vorgenommen. Damit sollten die zwangsläufigen Unterhaltslasten angemessen berücksichtigt werden[127].

3.3. Gesetz zur Verbesserung der Abschreibungsmöglichkeiten für Wirtschaftsgebäude und für moderne Heizungs- und Warmwasseranlagen vom 19. Dezember 1985[128]

Nachdem die Bundesregierung durch das Steuersenkungsgesetz 1986/1988 den zu Beginn der Legislaturperiode eingeschlagenen Kurs einer steuerlichen Entlastung zur konjunkturellen Belebung der Wirtschaft durch die Ausweitung der Entlastungsmaßnahmen auf den gesamten Einkommens- und Lohnbereich verlassen hatte, konzentrierte der am 17. Oktober 1985 in den Deutschen Bundestag eingebrachte Gesetzesentwurf die Förderung wieder ausschließlich auf die Wirtschaft.
Während noch im Steuerentlastungsgesetz 1984 die steuerlichen Bedingungen für Unternehmensinvestitionen insgesamt verbessert wurden, folgte nun eine Regierungsvorlage, deren Inhalt speziell auf eine Branche, nämlich das Baugewerbe, ausgerichtet war. Um die Beschäftigungslage in diesem Wirtschaftssektor zu sichern, beabsichtigte die Bundesregierung, die Rahmenbedingungen für Investitionen in neue Wirtschaftsgebäude dauerhaft und nachhaltig zu stärken[129]. Zu diesem Zweck wurde die Abschreibungsdauer bei Wirtschaftsgebäuden, sofern diese zu einem Betriebsvermögen gehörten und nicht Wohnzwecken dienten, verkürzt und die lineare Gebäudeabschrei-

[123] Vgl. Kap. 4.1.1.2.
[124] Bericht des Finanzausschusses BT-Drs. X/3350 S. 29.
[125] Beschluss des Bundesrates, BR-Drs. 617/84, S. 3.
[126] Bericht des Finanzausschusses, BT-Drs. X/3350, S. 34.
[127] Bericht des Finanzausschusses, BT-Drs. X/3350, S. 34
[128] BGBl. 1985, S. 2434.
[129] GesEntw BRg, BT-Drs. X/4042, S. 1.

bung auf grundsätzlich 4 v.H. sowie die degressive Gebäudeabschreibung z.B. in den ersten 4 Jahren auf 10 v.H. erhöht. Diese Maßnahmen sollten bereits im Veranlagungszeitraum 1985 wirksam werden.

Da die Bundesregierung damit vor allem die zukünftige Investitionsdynamik stärken wollte, wurden die verbesserten Abschreibungsbedingungen ausschließlich auf neue Wirtschaftsgebäude begrenzt. Die Einbeziehung auch des Altbestandes hätte demgegenüber aufgrund zusätzlicher Steuermindereinnahmen haushaltspolitisch negative Folgen gehabt, die den intendierten wachstums- und beschäftigungspolitischen Effekt eher ins Gegenteil verkehren hätten[130], erwartete die Bundesregierung doch schon durch die im Regierungsentwurf vorgesehenen Änderungen allein im Entstehungsjahr Steuermindereinnahmen von etwa 1 Mrd. DM[131].

Grundsätzlich lief die Wirtschaftsförderung durch Steuersubventionierung dem von der Bundesregierung seit ihrem Amtsantritt immer wieder geäußerten und beabsichtigten liberalen Gesellschafts- und Wirtschaftsverständnis entgegen, nach dem auch das ökonomische Leben frei von staatlicher Förderung und Einflussnahme sein sollte. Es erstaunt daher nicht, dass die Regierungsvorlage auch eine ausdrückliche verfassungsrechtliche Rechtfertigung der Verbesserung der Abschreibungsbedingungen enthielt. Offenbar war sich die Bundesregierung bewusst, dass die Gesetzesinitiative mit den eigenen Ansprüchen nicht vereinbar war und fühlte sich zu einer besonderen Begründung genötigt. Nach der Rechtsprechung des Bundesverfassungsgerichts stehe dem Gesetzgeber, so der Regierungsentwurf, auch bei wirtschaftsfördernden Maßnahmen ein weiter Entscheidungsspielraum zu, der in der konkreten Gesetzesvorlage aufgrund der erwartenden Effekte nicht überschritten werde[132].

Neben der üblichen Berlin-Klausel enthielt das Gesetz zur Wahrung des Präferenzvorsprungs auch Änderungen im Zonenrand- und Berlinförderungsgesetz[133]. Der ursprüngliche Gesetzestitel des eingebrachten Entwurfs beschränkte sich lediglich auf die Verbesserung der Abschreibungsbedingungen. Die Ergänzung des Titels war eine logische Konsequenz aus der inhaltlichen Erweiterung durch den federführenden Finanzausschuss, an den der Gesetzentwurf in der 169. Sitzung des Deutschen Bundestages am 25. Oktober 1985 zur Beratung überwiesen worden war.

Dieser hatte beschlossen, dass gleichzeitig mit den Verbesserungen der Abschreibungsbedingungen für Wirtschaftsgebäude aus Gründen des Umweltschutzes auch ein steuerlicher Anreiz geschaffen werden sollte, um den Einbau moderner Heizungs- und Warmwasseranlagen zu fördern. Eine solche Förderung war bereits bei den Anhörungen zu den Gesetzesentwürfen zum selbstgenutzten Wohnungseigentum diskutiert worden, die jedoch vorzeitig abgebrochen wurden[134]. Mit der nun ergänzten Verordnungsermächtigung des § 51 Abs. 1 Nr. 2 Buchst. q EStG zur erhöhten Absetzung von Herstellungskosten und über die Verteilung von Erhaltungsaufwand bei Heizungs- und

[130] GesEntw BRg, BT-Drs. X/4042, S. 5.
[131] GesEntw BRg, BT-Drs. X/4042, S. 1.
[132] GesEntw BRg, BT-Drs. X/4042, S. 5.
[133] GesEntw BRg, BT-Drs. X/4042, S. 5.
[134] Vgl. dazu das Wohneigentumsförderungsgesetz, Kap. 6.7.

Warmwasseranlagen, befand sich die Koalitionsmehrheit im Finanzausschuss in inhaltlicher Übereinstimmung mit der Bundesregierung, die bereits im Sommer des Jahres 1986 der Auffassung zugestimmt hatte, dass insbesondere aus umweltpolitischen Gründen der Einbau neuer Heizungs- und Warmwasseranlagen steuerlich gefördert werden sollte[135].

Daneben übernahm der Finanzausschuss nach längerer Diskussion auch noch einige Anliegen des Bundesrates[136], insbesondere Vorschläge zur Abgrenzung des Wohnbereichs eines Wirtschaftsgebäudes. Die ursprüngliche Regelung des Gesetzesentwurfs der Bundesregierung hatte eine „Alles-oder-Nichts"-Abgrenzung je nach Anteil der Nutzung zu Wohnzwecken beinhaltet[137]. Die neue flexiblere Regelung sah in Anlehnung an die neuere BFH-Rechtsprechung vor, aus den verschieden genutzten Teilen eines Wirtschaftsgebäudes getrennte Wirtschaftsgüter mit unterschiedlichen steuerlichen Folgen zu machen[138], um auf diese Weise insbesondere kleine und mittlere Betriebe zu unterstützen[139].

Die Opposition war allerdings auch mit dieser Änderung nicht zufrieden, da durch die Gesetzesnovelle der bereits beim Steuerentlastungsgesetz 1984 diagnostizierte Missstand noch verschärft wurde, fiel doch die nun vorgenommene weitere Steuerentlastung für die gewerbliche Wirtschaft zusammen mit den seit Beginn der Legislaturperiode angestrengten Sparmaßnahmen. Aufgrund der erwarteten Steuerausfälle lehnte die SPD das Reformvorhaben der Bundesregierung grundsätzlich ab, weil nach Ansicht der Opposition überwiegend Städte und Gemeinden getroffen wurden. Dies verstärke den Zwang zu finanziellen Kompensationen in den öffentlichen Haushalten aufgrund weiterer notwendig werdender Einsparungen. Die SPD bezeichnete die Verbesserungen der Abschreibungsbedingungen als eine „Alibi-Maßnahme, die von der beschäftigungspolitischen Tatenlosigkeit die Bundesregierung ablenken" sollte[140].

Allerdings konnte auch diese inhaltliche Kritik die Koalitionsmehrheit nicht davon abhalten, das Gesetz am 5. Dezember zu verabschieden.

4. Steuerbereinigungsgesetze

4.1. Steuerbereinigungsgesetz 1985 vom 14. Dezember 1984[141]

Das von der Bundesregierung am 19. Juni 1984 als Entwurf in den Bundestag eingebrachte Steuerbereinigungsgesetz 1985 enthielt eine Fülle steuerrechtlicher Änderun-

---

[135] Bericht des Finanzausschusses, BT-Drs. X/4372, S. 8.

[136] Vgl. GesEntw BRg, BT-Drs. X/4042, S. 9; allerdings hatte die Bundesregierung in ihrer Gegenäußerung zur Stellungnahme des Bundesrates angekündigt, den Anregungen des Bundesrates zu folgen und entsprechende Formulierungen im Gesetzgebungsverfahren vorzulegen, ebd. S. 10.

[137] GesEntw BRg, BT-Drs. X/4042, S. 6.

[138] Bericht des Finanzausschusses, BT-Drs. X/4372, S. 8.

[139] So der Parlamentarische Staatssekretär beim Bundesministerium der Finanzen, Häfele, in seiner Rede während der zweiten Beratung des Gesetzesentwurfs vor dem Deutschen Bundestag am 05. Dezember 1985. vgl. BT-PlPr. X/181, S. 13805 (C).

[140] So der Abgeordnete Poß (SPD) in seiner Rede während der zweiten Beratung des Gesetzesentwurfs vor dem Deutschen Bundestag am 5. Dezember 1985, vgl. BT-PlPr. X/181, S. 13806 (A) ff.

[141] BGBl. I 1984, S. 1493.

gen insbesondere auf dem Gebiet des Steuerverfahrensrechts. Vorgesehen waren Änderungen der Abgabenordnung inklusive Nebengesetze, des Außensteuergesetzes, des Einkommensteuergesetzes inkl. Nebengesetze, des Körperschaftsteuergesetzes, des Umwandlungssteuergesetzes, des Zerlegungsgesetzes, des Gewerbesteuergesetzes, des Umsatzsteuergesetzes inklusive Zollrecht, des Kapitalverkehrsteuergesetzes und des Versicherungsteuergesetzes, des Rennwett- und Lotteriesteuergesetzes, des Bewertungsgesetzes, des Branntweinmonopolgesetzes sowie des Biersteuergesetzes[142].

Angestrebtes Hauptziel dieses Regelwerkes war eine deutliche Rechtsbereinigung im formellen Steuerrecht, die zur Vereinfachung und Verbesserung des Steuerverfahrens führen sollte. So wurden durch dieses Gesetz weit mehr als 100 Einzelvorschriften geändert, die keine fiskalische Bedeutung hatten, sondern lediglich steuertechnische Verfahrensnormen darstellten. Nur wenige Regelungen des materiellen Rechts waren vom Steuerbereinigungsgesetz 1985 betroffen. Ein Teil der Veränderungen war notwendig geworden, weil sich die höchstrichterliche Rechtsprechung geändert hatte. Die Bundesregierung hatte im Vorfeld des Gesetzesentwurfs weitere Vorschläge zur Änderung und Vereinfachung des Steuerrechts erwogen, diese jedoch nicht in den Entwurf aufgenommen, da sie mit dem aufgrund der dadurch verursachten Einnahmeverluste bzw. erhöhten Personalaufwendungen selbst gesetzten Ziel der Haushaltskonsolidierung nicht in Einklang gestanden hätten. Im Wesentlichen war das Steuerbereinigungsgesetz 1985 aufkommensneutral ausgestaltet. Kosten in Höhe von etwa jährlich 100 Mio. DM inklusive einmalig 100 Mio. DM verursachte allein die neue Regelung über die einkommensteuerrechtliche Behandlung von Alleinerziehenden[143].

Der Gesetzesentwurf schien allerdings von der Bundesregierung und dem Bundesfinanzministerium etwas zu übereilt und nicht ausreichend genug durchdacht ins parlamentarische Verfahren eingebracht worden zu sein, denn er konnte in ganz entscheidenden Teilen nicht einmal die eigene Koalitionsmehrheit im Finanzausschuss überzeugen. Aufgrund des negativen Ergebnisses der Gesamtbeurteilung der Gesetzesinitiative durch die angehörten Verbände und Interessengruppen beschlossen die Regierungsfraktionen[144], die Gesetzesvorlage in zwei Teile zu trennen und in einem ersten Verfahren nur diejenigen Teile der Gesetzesinitiative zu verabschieden, die aufgrund ihres erkannten Dringlichkeitsbedürfnisses keinen Aufschub duldeten bzw. nahezu selbstverständliche Bereinigungen der Steuergesetze enthielten, ohne den Steuerpflichtigen zusätzlich zu belasten [145]. Über den zweiten Teil sollte weiter beraten werden; er sollte erst in einem späteren Gesetz verabschiedet werden.

4.1.1. Maßnahmen auf dem Gebiet des Einkommensteuerrechts

4.1.1.1. Förderung des Berliner Wohnungsmarktes

Mit einem Zusatz zu § 52 Abs. 21 EStG sollte speziell der Berliner Wohnungsmarkt gefördert werden. Auf Initiative des Finanzausschusses wurde als Satz 4 eingefügt,

[142] Vgl. die Übersicht im Bericht des Finanzausschusses, BT-Drs. X/2370, S. 2.
[143] GesEntw, BT-Drs. X/1636 S. II.
[144] Vgl. Bericht des Finanzausschusses, BT-Drs. X/2370, S. 4.
[145] Bericht des Finanzausschusses, BT-Drs. X/2370, S. 8.

dass Berliner Kommanditgesellschaften in Form einer GmbH & Co. KG, deren Betätigung auf die Errichtung und Verwaltung von Wohnraum beschränkt blieb, die Möglichkeit erhielten, sich auf Antrag bis 1989 steuerlich wie ein Gewerbebetrieb behandeln zu lassen. Hintergrund dieser Gesetzesregelung war die geänderte Rechtsprechung des Großen Senats des Bundesfinanzhofes, der sechs Tage nach der Gesetzesinitiative der Bundesregierung durch Beschluss vom 25. Juni 1984 (GrS 4/82) von seiner bisherigen Rechtsprechung abgewichen war, wonach Gesellschaften in der Rechtsform einer GmbH & Co. KG allein kraft dieser Rechtsform als Gewerbebetrieb zu behandeln seien, auch wenn sich ihre Tätigkeit nur auf Vermietung und Verpachtung beschränkt hatte[146]. Diese Rechtsprechung hatte den Gesellschaften ermöglicht, z.B. die für Gewerbebetriebe möglichen Sonderabschreibungen in Anspruch zu nehmen. Durch die Änderung der Rechtsprechung war dies für die Wohnungsbaugesellschaften in Form einer GmbH & Co. KG nicht mehr gegeben. Die Unionsfraktionen hatten deshalb befürchtet, ohne die Vergünstigung sei die Fertigstellung von 2 480 Sozialwohnungen und weiteren 1 440 steuerbegünstigten Sozialwohnungen in Berlin in Gefahr[147].

4.1.1.2. Einkommensteuerrechtliche Berücksichtigung der Aufwendungen von erwerbstätigen Alleinstehenden für die Betreuung ihrer Kinder

Die Reform der Einkommensbesteuerung alleinerziehender Elternteile war für die Bundesregierung einer der drei wesentlichen Schwerpunkte dieses Gesetzesentwurfs[148]. Durch die gesetzliche Neuregelung konnten Kinderbetreuungskosten ab dem Veranlagungszeitraum 1984, die bei Alleinerziehenden aufgrund ihrer Erwerbstätigkeit notwendig wurden, bis zu einer Höchstgrenze von 4 000 DM als außergewöhnliche Belastung von der Bemessungsgrundlage abgezogen werden. Bei zwei oder mehr Kindern erhöhte sich dieser Betrag um jeweils 2 000 DM. Steuerlich geltend gemacht werden konnte in jedem Falle ein Pauschbetrag von 480 DM. Diese Initiative auf dem Gebiet der Familienbesteuerung ging allerdings nicht auf das familienpolitische Engagement der Bundesregierung zurück, sondern auf ein Urteil des Bundesverfassungsgerichts vom 3. November 1982 (1 BvR 620)[149], demnach Aufwendungen für Dienstleistungen zur Betreuung eines Kindes i.S.d. § 32 Abs. 4 Satz 1 EStG bei Alleinerziehenden als außergewöhnliche Belastungen im Sinne des § 33 EStG berücksichtigt werden mussten.

Die Berücksichtigung der notwendigen Unterhaltspflichten in Form eines Pauschbetrages war im ursprünglichen Gesetzesentwurf der Bundesregierung nicht enthalten gewesen, sondern ging auf die erste Stellungnahme des Bundesrates zurück, der eine Teilpauschalierung zur Verfahrensvereinfachung und zur Sicherung einer Mindestent-

---

[146] BStBl. II 1986, S. 751.

[147] So der Abgeordnete von Schmude nach den Ausschussberatungen während der zweiten Beratung des Gesetzesentwurfs vor dem Deutschen Bundestag am 15. November 1984, vgl. BT-PlPr. X/101, 7377 (B).

[148] GesEntw BRg, BT-Drs. X/1636, S. 55.

[149] BVerfGE 61, 319.

lastung für sinnvoll erachtet hatte[150]. Noch in ihrer Gegenäußerung hatte die Bundesregierung diesen Vorschlag allerdings abgelehnt, weil sie eine Benachteiligung intakter Familien befürchtete, da aufgrund der tatsächlich gegebenen Verhältnisse eine pauschale Berücksichtigung von Kinderbetreuungskosten vielfach eine Freibetragswirkung haben würde[151].

Die Koalition war mit der konkret gefundenen Höhe der Beträge keineswegs zufrieden und signalisierte durchaus Bereitschaft, die steuerlichen Förderung von Alleinerziehenden finanziell noch umfangreicher zu gestalten. Allerdings sprachen zum einen haushaltspolitische Erwägungen gegen eine weitere finanzielle Verbesserung [152], zum anderen hatte die Koalition die Besorgnis, dass jede weitere Erhöhung der Pauschbeträge zu einer Verschärfung der Benachteiligung intakter Ehen führen würde[153].

4.1.2. Weitere Reformen

Weitere Schwerpunkte der Einkommensteuerreform waren die Fortsetzung der Bemühungen um die Vereinfachung des Steuerrechts sowie die Bereinigung der Lohnsteuer[154]. Die vom Finanzausschuss in diesem Zusammenhang vorgenommenen und verabschiedeten Änderungen dienten einerseits vorhabengerecht der Steuervereinfachung, andererseits wurden jedoch auch Steuerprivilegien festgeschrieben bzw. verlängert.

So schaffte der Ausschuss die Kuponsteuer auf festverzinsliche Wertpapiere im Ausländerbesitz ab, die die Koalition in Übereinstimmung mit den angehörten Sachverständigen im Gegensatz zur Opposition aber für kapitalmarktpolitisch sinnwidrig hielt[155]. Weiterhin wurde die sog. „Lifo-Bewertungsmethode“, die der Schmuckindustrie bei der Bewertung von Edelmetallen bisher im Billigkeitswege zugestanden hatte, gesetzlich abgesichert und fortgeführt. Steuerrechtlich bedeutsam war diese Maßnahme insbesondere deshalb, weil die Ausschussmehrheit dies als ersten Schritt einer damals haushaltspolitisch noch nicht möglichen allgemeinen Anpassung des Steuerrechts an das Handelsrecht bewertete[156] und damit schon auf weitergehende Reformpläne verwies. Neben diesen Maßnahmen zur Steuervereinfachung nahm der Finanzausschuss auf der anderen Seite aber auch einen Ausbau der steuerlichen Förderung vor. So sollte etwa wegen der unverändert kritischen Lage im Schiffsbau die bei der Einführung des § 15a EStG gewährte Übergangsfrist um fünf Jahre verlängert werden, allerdings bei gleichzeitiger Absenkung der Verlustabschreibung auf maximal 150 v.H.[157].

---

[150] BT-Drs. X/1636, S. 93.

[151] BT-Drs. X/1636, S. 101.

[152] Die Grünen hatten in den Ausschussberatungen sogar vorgeschlagen, die gesamten 4 000 DM zu pauschalieren, was den Haushalt mit 2,4 Mrd. DM belastet hätte.

[153] So der Abgeordnete Gattermann nach den Beratungen im Finanzausschuss am 15. November 1984 vor dem Deutschen Bundestag, vgl. BT-PlPr. X/101, S. 7382 (C).

[154] GesEntw BRg, BT-Drs. X/1636, S. 56.

[155] Bericht des Finanzausschusses, BT-Drs. X/2370, S. 8.

[156] Bericht des Finanzausschusses, BT-Drs. X/2370, S. 9.

[157] Bericht des Finanzausschusses, BT-Drs. X/2370, S. 9.

Weiterhin wurde die Optionsmöglichkeit bei der Umsatzsteuer um weitere drei Monate verlängert, um den damals angespannten Baumarkt zu entzerren und um eine weniger abrupte Überleitung in normale Verhältnisse zu ermöglichen[158].

Schließlich musste der Finanzausschuss nochmals aufgrund einer Entscheidung des Bundesverfassungsgerichts tätig werden, die nach Einbringung der Gesetzesinitiative ergangen war. Am 6. November 1984 (2 BvL 19, 20/83, 2 BvR 363, 491/83) hatte das Bundesverfassungsgericht verkündet, dass das Investitionsbeihilfegesetz, das die Koalitionsfraktionen erst Ende des Jahres 1982 im Bundestag verabschiedet hatten[159], wegen mangelnder Gesetzgebungskompetenz des Bundes nichtig sei[160]. Als Konsequenz aus dieser Entscheidung sah sich der Finanzausschuss gezwungen, eine gesetzliche Rückabwicklungsregelung zu treffen, der zufolge an alle das aufgrund der nichtigen Vorschrift Geleistete ohne Rücksicht auf die Anfechtung vorangegangener Verwaltungsakte unverzüglich zurück zu zahlen war. Weiterhin wurde der Rechtsweg für eventuelle Streitfälle festgelegt. Darüber hinausgehende Einzelheiten des Verfahrens wurden an die Finanzbehörden von Bund und Ländern verwiesen[161].

4.1.3 Reform der Abgabenordnung

Ein weiterer wichtiger Eckpfeiler zur Bereinigung des formellen Steuerverfahrensrechts war eine Neufassung der Abgabenordnung, mit der der Kritik aus Rechtsprechung und Schrifttum an der Ausgestaltung einzelner Vorschriften des damals bereits seit sechs Jahren bestehenden Verfahrensrechts Rechnung getragen werden sollte. Nach Ansicht der Bundesregierung war das Spannungsverhältnis zwischen den Behörden einerseits und den steuerzahlenden oder vergütungsberechtigten Bürgern anderseits nicht mehr für alle Konfliktbereiche befriedigend geordnet[162].

Aus diesem Grund war eine Neufassung der Befugnisnormen für die Finanzverwaltung vorgesehen, deren bisherige restriktive Auslegung durch die Rechtsprechung in Teilbereichen ein geordnetes Verwaltungsverfahren zu behindern drohte[163]. Allerdings fiel die Reform sowie die Umsetzung der EG-Amtshilfe-Richtlinie der Vertagung durch den Finanzausschuss zum Opfer, der insbesondere in der Neugestaltung der Abgabenordnung einen so sensiblen Bereich sah, dass ihm angesichts der Fülle des zu verarbeitenden Materials eine Verabschiedung in diesem Jahr nicht mehr realisierbar erschien[164].

4.2. Steuerbereinigungsgesetz 1986 vom 19. Dezember 1985[165]

Mit dem Steuerbereinigungsgesetz 1986 knüpfte die christlich-liberale Regierung inhaltlich an die Verabschiedung des Steuerbereinigungsgesetzes 1985 an. Ebenso wie

---

[158] Bericht des Finanzausschusses, BT-Drs. X/2370, S. 9.
[159] Vgl. Offerhaus, S. 207.
[160] BVerfGE 67, S. 256.
[161] Bericht des Finanzausschusses, BT-Drs. X/2370, S. 8.
[162] GesEntw BRg, BT-Drs. X/1636, S. 36.
[163] GesEntw BRg, BT-Drs. X/1636, S. 36.
[164] Bericht des Finanzausschusses, BT-Drs. X/2370, S. 8.
[165] BGBl. I 1985, S. 2436.

das Steuerbereinigungsgesetz 1985 war die für das Jahr 1986 vorgesehene Steuerinitiative gleichen Titels eine Gesetzesreform, in der es überwiegend um technische Verfahrensvorschriften ging und materielles Steuerrecht nur eine untergeordnete Rolle spielte. Erneut versuchte die Bundesregierung, alle erforderlich gewordenen Steuernovellierungen in einem einzigen Jahresgesetz vorzunehmen.

An diesem Vorgehen regte sich jedoch auch Kritik in den eigenen Reihen, da die Praxis der Jahressteuergesetze auch unübersehbare Nachteile hatte. Da die Beratungen insbesondere in der Schlussphase immer hektischer zu werden pflegten, und die Versuchung wachse, dieses oder jenes noch mit aufzunehmen, um nicht ein ganzes Jahr zu verlieren, seien diese Gesetze meist sehr lang und unübersichtlich. Mancher in letzter Minute angeregte Vorschlag könne nicht ausreichend beraten werden. Für die Öffentlichkeit bedeutsame steuerliche Änderungen gingen zudem in der Unordnung der so beschlossenen Regelungen unter[166].

Offensichtlich war diese Kritik vor allem aus den Erfahrungen mit dem Steuerbereinigungsgesetz 1986 begründet, denn bei dem am 06. Dezember 1985 in den Deutschen Bundestag eingebrachten Gesetzesentwurf handelte es sich um ein sogenanntes „Omnibusgesetz“[167]. „Es ist mancher noch draufgesprungen, der gerade so unterwegs war[168].“ Insgesamt wurde während des parlamentarischen Verfahrens des Steuerbereinigungsgesetzes 1986 über neun weitere Gesetzesanträge beraten, deren Inhalt teilweise in das Steuerberatungsgesetz eingearbeitet wurde[169]. Der Umfang der Steuerinitiative belief sich zum Ende der Beratung auf insgesamt 23 Gesetze, in denen rund 150 Einzelvorschriften geändert oder neu eingeführt wurden[170]. Inhaltlich reichten die Reformen von der Änderung des Kraftfahrzeugsteuergesetzes, nämlich der Beseitigung der Geschwindigkeitsbegrenzung als Erfordernis der Kraftfahrzeugsteuerbefreiung für Wohn- und Packwagen für Schausteller, über die Streichung der Kennzeichnungspflicht für Werbegeschenke bis zur gesetzlichen Verankerung der sog. „Geprägerechtsprechung“ des Bundesfinanzhofes.

Der Finanzausschuss führte hierzu in seinem Bericht aus: „Ein Teil des Handlungsbedarfes entstammt selbstgesetzten Zwängen, ein anderer beruht auf den von außen kommenden Anpassungsverpflichtungen. Es kommt die verständliche Erwartung der Bürger hinzu, dass das Steuerrecht als belastendes Verwaltungsrecht in seinem materiell-rechtlichen Teil in hohem Maße klar gesetzlich vorausbestimmt ist und in seinem verfahrensrechtlichen Teil möglichst von Überraschungen frei ist. Die Inanspruchnahme des Steuerrechts über seine einnahmesichernde Funktion hinaus durch nahezu

---

[166] So der Berichterstatter von CDU/CSU im Finanzausschuss, Schulhoff, zum Ende der Beratungen am 12. Dezember vor dem Deutschen Bundestag, vgl. BT-PlPr. X/184, S. 13999, (B).

[167] Diesen Begriff verwendete der Parlamentarische Staatssekretär beim Bundesminister der Finanzen, Häfele, in der zweiten Beratung des Gesetzesentwurfs vor dem Deutschen Bundestag am 12. Dezember 1985, vgl. BT-PlPr. X/184, S. 14006 (A).

[168] Ebd.

[169] Bericht des Finanzausschusses, BT-Drs. X/4513, S. 8.

[170] Diese Anzahl nennt der Vorsitzende des Finanzausschusses, Gattermann (FDP), in der zweiten Beratung der Gesetzesinitiative vor dem Deutschen Bundestag am 12. Dezember, vgl. BT-PlPr. X/184, S. 14002 (A).

alle Politikbereiche dauert unvermindert an. Dies zusammengenommen gerät zunehmend in einen Widerspruch, der nur noch um den Preis erhöhter Gesetzgebungsquantität zu überbrücken ist.[171]"

Am Schluss der parlamentarischen Debatten waren Zeitdruck und Hektik so groß, dass der Bundesrat auf seine Fristeinrede verzichtete, um das Gesetz noch am 20. Dezember 1985 verabschieden zu können. Dies ließ den Parlamentariern die benötigte Zeit, noch bis in den Dezember hinein zu beraten, ohne die Verabschiedung zum Jahresende zu gefährden.

Das Steuerbereinigungsgesetz 1986 wurde nicht als einheitliche Vorlage eines Bundesorgans in das Gesetzgebungsverfahren eingebracht, sondern war im Wesentlichen eine Zusammenfügung mehrerer unterschiedlicher Gesetzesinitiativen durch den federführenden Finanzausschuss[172]. Wesentlicher Kern des Steuerbereinigungsgesetzes 1986 war jedoch die im Steuerbereinigungsgesetz 1985 bewusst abgetrennte Reform der Abgabenordnung[173]. Offensichtlich wollten sich die Koalitionsfraktionen im Finanzausschuss nicht ein weiteres Mal dem Vorwurf einer schlecht gemachten Gesetzesvorlage aussetzen, denn immerhin berieten CDU und FDP zwischen den Beschlussempfehlungen zum Steuerbereinigungsgesetz 1985 am 14. November 1984 und der Beschlussempfehlung für das Steuerbereinigungsgesetz 1986 am 06. Dezember 1985 mehr als ein Jahr über eine zwar verbesserungs- und diskussionswürdige, aber doch immerhin schon bestehende Gesetzesvorlage.

Obwohl das formelle Steuerrecht den Schwerpunkt des Steuerbereinigungsgesetzes 1986 darstellte, darf nicht übersehen werden, dass sich auch in diesem vom Berichterstatter der CDU, Schulhoff[174], als technisch bezeichneten Gesetz[175] eine nicht unerhebliche Anzahl materieller Regelungen verbarg, wie etwa die gesetzliche Verankerung der Geprägerechtsprechung, die Vermögensteuerbefreiung für Werke von Künstlern, die zur Zeit der Anschaffung noch lebten, aber auch einkommensteuerrechtliche Subventionen, etwa im Bereich der Land- und Forstwirtschaft.

4.2.1. Maßnahmen auf dem Gebiet des Einkommensteuerrechts

4.2.1.1. Steuererleichterungen für Land- und Forstwirtschaft

Mit den durch dieses Gesetz eingeführten weitergehenden steuerlichen Förderungen für die deutsche Land- und Forstwirtschaft erlag der Deutsche Bundestag in dieser Legislaturperiode ein weiteres Mal der Versuchung, gezielt durch staatliche Hilfe in das Geschehen von einzelnen Wirtschaftszweigen einzugreifen.

---

[171] Bericht des Finanzausschusses, BT-Drs. X/4513, S. 8.

[172] Vgl. Beschlussempfehlung des Finanzausschusses, BT-Drs. X/4498, S. 2.

[173] Vgl. Kap. 4.1.3. dieses Hauptteils.

[174] Wolfgang Schulhoff, geb. am 14. Dezember 1939, Installateur, Studium der Wirtschaftswissenschaften, Geschäftsführender Gesellschafter der Firma Dipl.-Ing. G. Schulhoff und der Firma Schulhoff Ingenieur Planungsgesellschaft mbH, Honorarprofessor für Volkswirtschaftslehre, 1959 Eintritt in die CDU, 1969 – 1983 Mitglied im Rat der Stadt Düsseldorf, seit 1983 Mitglied des Deutschen Bundestages

[175] Vgl. die Rede des Abgeordneten Schulhoff (CDU/CSU) in der zweiten Beratung des Gesetzes vor dem Deutschen Bundestag am 12. Dezember 1985, BT-PlPr. X/184, S. 13996 (C).

Mit Blick auf Äußerungen von Vertretern der Unionsfraktion zum Steuerbereinigungsgesetz 1986, die das parlamentarische Verfahren begleiteten, konnten die Maßnahmen zur einkommensteuerrechtlichen Entlastung von land- und forstwirtschaftlichen Betrieben eigentlich nur verwundern, wurde doch immer wieder ein Abbau auch steuerlicher Subventionen als erklärtes Ziel des Regierungslagers ausgegeben[176]. Die Bundesregierung rechtfertigte diese „Hilfsmaßnahmen für die Land- und Forstwirtschaft“ vor allem als Spätfolge der Brüsseler Agrarpolitik[177].

In § 14 Abs. 1-3 EStG wurden die Freibeträge für Gewinne aus der Veräußerung oder Aufgabe kleinerer land- und forstwirtschaftlicher Betriebe von 60 000 DM auf 90 000 DM erhöht. Gleichzeitig sollte die Möglichkeit der Inanspruchnahme dieses Freibetrages erleichtert werden. Deshalb wurde die Wirtschaftswertgrenze für „unschädliche“ außerlandwirtschaftliche Einkünfte von 18 000 DM/36 000 DM (Alleinstehende/Verheiratete) auf 24 000DM/48 000 DM angehoben. Neu geregelt wurde auch die Abfindung für weichende Erben. Durch Änderung des § 14 Abs. 4 EStG wurde ermöglicht, dass der Freibetrag von 60 000 DM bei Veräußerung oder Entnahme land- und forstwirtschaftlicher Grundstücke zur Abfindung weichender Erben künftig für jeden Erben und nicht nur, wie bisher, für alle weichenden Erben gemeinsam galt.
Durch die Neuschaffung von § 14a Abs. 5 EStG wurde ein auf die Jahre 1986-1988 begrenzter Freibetrag von 90 000 DM für die Veräußerungsgewinne von land- und forstwirtschaftlichem Grundvermögen eingeführt, sofern der Erlös zur Schuldentilgung diente.

Welches Ausmaß die Steuersubventionen durch das Steuerbereinigungsgesetz 1986 für die Land- und Forstwirtschaft erreicht hatten, zeigt ein Kommentar des Berichterstatters Schulhof (CDU), der bekannte, dass die Regierung mit der Ausweitung des § 14a EStG an die Grenze des steuersystematisch und vom Gleichheitssatz her gerade noch Vertretbaren gegangen sei[178].

4.2.1.2. Verankerung der Gepräge-Rechtsprechung

Eines der umstrittensten Vorhaben der Regierung in der ersten Legislaturperiode, und zwar weniger zwischen den politischen Lagern innerhalb des Bundestages als vielmehr zwischen der Finanzverwaltung, verkörpert durch das Finanzministerium, einerseits und der Fachwelt[179] andererseits, war die gesetzliche Verankerung der sog. „Gepräge-Rechtsprechung“ des Bundesfinanzhofes. Die christlich-liberale Regierung war schon einmal aufgrund der Änderung der Gepräge-Rechtsprechung durch den Beschluss des

[176] So der CDU-Abgeordnete Schulhoff, der davon sprach, dass man bei diesem Gesetz noch mit der „Gartenschere“ hantiert habe, in Zukunft aber mit „Beil und Säge“ an steuerliche Subventionen herangehen müsse, vgl. BT-PlPr. X/184, S. 13997 (C) ff.
[177] So der Abgeordnete Schulhoff (CDU), vgl. BT-PlPr. X/184, S. 13998, (C).
[178] Vgl. BT-PlPr. X/184, S. 13998, (D).
[179] Vgl. die scharfe Kritik von Knobbe-Keuk in einem am 25. April 1985 im „Blick durch die Wirtschaft“ der FAZ erschienenen Artikel mit dem Titel „Wieder ein Tritt für die Finanzrechtsprechung - Die Finanzverwaltung demoralisiert das oberste Steuergericht“. In diesem Artikel bezeichnet sie den Gesetzesentwurf der Finanzverwaltung als Wegelagerei und spricht von einer Desavouierung der rechtsprechenden Gewalt; abgedruckt in: BB 1985 , 820.

Großen Senats des Bundesfinanzhofes vom 25. Juni 1984 tätig geworden[180]. Während sie jedoch bei der Gesetzesänderung von 1984 zur Förderung des Berliner Wohnungsmarktes Steuerpflichtigen die Vorteile der alten Rechtslage sicherte, sollten mit der Änderung des § 15 Abs. 3 EStG den Steuerpflichtigen nun die Vorteile der neuen Rechtsprechung entzogen werden.

Da nach der neuen Rechtsprechung des Großen Senats des Bundesfinanzhofes die Gesellschafter einer vermögensverwaltenden GmbH & Co. KG selbst dann keine gewerblichen Einkünfte erzielten, wenn die GmbH der KG das Gepräge gab, drohten dem Fiskus aufgrund der nun eintretenden Steuerfreiheit späterer Veräußerungs- und Aufgabegewinne Steuerausfälle. Deshalb sollte gesetzlich klargestellt werden, dass auch die Gesellschaften dieser Rechtsform steuerlich als Gewerbebetrieb einzustufen waren, womit insbesondere die Verlustzuweisungsgesellschaften getroffen werden sollten.

Bereits am 10. April 1985 hatte die Bundesregierung über den Entwurf eines Gesetzes zur vordringlichen Regelung von Fragen der Besteuerung von Personengesellschaften beschlossen[181] und diesen am 19. Juli 1985 dem Bundestag zur Entscheidung zugeleitet[182].
Neben der rückwirkend geltenden gesetzlichen Festschreibung der Geprägerechtsprechung in einem neu zu schaffenden dritten Absatz des § 15 EStG sowie der gesetzlichen Festschreibung der Betriebsaufspaltung enthielt die Vorlage außerdem eine Ergänzung des § 15 Abs. 1 Nr. 2 EStG, die vorsah, dass auch solche Tätigkeitsvergütungen dem Gewinn der Personengesellschaft hinzuzurechnen waren, die dem Gesellschafter oder seinem Rechtsnachfolger in Form von Pensionszahlungen nach seinem Ausscheiden aus der Gesellschaft gezahlt wurden[183].

Der Entwurf rief einen Sturm der Entrüstung hervor. Neben dem Vorwurf des Verstoßes gegen das Rückwirkungsverbot wurde insbesondere die gesetzgeberische Praxis beanstandet, missliebige Entscheidungen der Rechtsprechung durch Gesetzesänderungen zu korrigieren[184]. Zur zusätzlichen Verschärfung der Situation sorgte eine Stellungnahme Stoltenbergs, die er als Verfahrensbeteiligter vor dem Großen Senat des Bundesfinanzhofes abgegeben hatte[185]. In dieser Stellungnahme, so die Kritiker des Gesetzesentwurfs, hatte sich der Finanzminister eindeutig gegen die Gepräge-Rechtsprechung des Bundesfinanzhofes ausgesprochen. Wenn der aktuelle Gesetzesentwurf nun die gesetzliche Verankerung dieses aufgegebenen Rechtsprechungsgrundsatzes fordere, so sei dies widersprüchlich[186].

Die Kritik hatte offensichtlich auch in der CDU-Bundestagsfraktion für große Verwirrung gesorgt. Aufgrund der Vorwürfe, die gegen den Finanzminister geäußert wurden,

---

[180] Vgl. Kap. 4.1.1.1.
[181] Kreile, DStZ 1986, 4, 4.
[182] GesEntw BRg, BT-Drs. X/3663.
[183] GesEntw BRg, BT-Drs. X/3663, S. 4.
[184] Vgl. nur Knobbe-Keuk, BB 1985 I, 820, 820.
[185] Der volle Wortlaut der Stellungnahme ist in den BMF-Finanznachrichten NR. 20/1985 vom 20. Juni 1985 veröffentlicht worden.
[186] So Knobbe-Keuk, BB 1985, 820.

hatte es sogar eine offizielle Anfrage des Abgeordneten Kreile (CDU)[187] gegeben, welche Veranlassung die Bundesregierung habe, trotz ihrer grundsätzlichen Bedenken gegen die Aufrechterhaltung der Gepräge-Rechtsprechung, einen Gesetzesentwurf ins Parlament einzubringen, der die Verankerung eben jenes Grundsatzes vorsähe[188]. Obwohl das Finanzministerium dieser Kritik auf das Entschiedenste entgegentrat[189], schienen die Argumente zumindest auf die Abgeordneten der Regierungskoalition nachhaltige Wirkung gehabt zu haben, denn sie wurden von den entsprechenden Arbeitsgruppen der CDU und FDP intensiv vor der abschließenden Beratung und Beschlussfassung im Finanzausschuss erörtert. Am 30. September 1985 schließlich führten die Abgeordneten ein Gespräch mit Vertretern der Länder sowie der Steuerabteilung des Finanzministeriums und den Steuerrechtlern, die das Gesetz besonders scharf kritisiert hatten[190]. Aufgrund dieser Beratungen erfuhr der Gesetzesentwurf der Bundesregierung schließlich wesentliche Änderungen. So wurde auf die Rückwirkung der gesetzlichen Regelung ebenso verzichtet wie auf die gesetzliche Festschreibung der Betriebsaufspaltung[191].

Die sachlichen Argumente der Kritiker müssen die Abgeordneten des Regierungslagers überzeugt haben, denn politischer Widerstand gegen das Gesetzesvorhaben war ansonsten nicht zu erwarten gewesen, da die Opposition bisher keinerlei Anstoß an der gesetzlichen Verankerung der Geprägerechtsprechung genommen hatte. Sowohl im Ausschuss als auch in der anschließenden Parlamentsdebatte gehörte diese gesetzliche Neuregelung nicht zu den Kritikpunkten[192]. DIE GRÜNEN begrüßten sogar ausdrücklich dieses Vorhaben der Bundesregierung, da es um die Ausschöpfung vorhandener Steuerquellen gehe[193].

4.2.1.3. Sonstige Einkommensteuerreformen

Vom Ausschuss nachträglich in die Gesetzesvorlage aufgenommen wurde eine Regierungsvorlage[194], die eine Entleiherhaftung mit Exkulpationsmöglichkeit für die Lohnsteuer von Leiharbeitern vorsah[195].

Im Rahmen einer Abgrenzung zwischen der beschränkten und der unbeschränkten Steuerpflicht sollten Unbilligkeiten für die im Ausland lebenden Deutschen beseitigt

[187] Reinhold Kreile, geb. am 01. Dezember 1929, Studium der Rechtswissenschaften, Volkswirtschaft und Musik, seit 1958 Rechtsanwalt, seit 1965 Fachanwalt für Steuerrecht, von 1969 bis 1990 Mitglied des Deutschen Bundestages, seit 1983 Professor an der Hochschule für Fernsehen und Film, seit 1990 Vorstand und Generaldirektor der GEMA.

[188] BT-Drs. X/3489, S. 15.

[189] Vgl. die Erwiderungen des Ministerialrates Bordewin auf die Ausführungen von Knobbe-Keuk, in: BB 1985 II, 1548.

[190] Kreile, DStZ 1986, 4, 6.

[191] Bericht des Finanzausschusses, BT-Drs. X/4513, S. 22.

[192] Vgl. Beschreibung des Oppositionsverhalten im Bericht des Finanzausschusses, BT-Drs. X/4513, S. 12 sowie die parlamentarische Debatte in der 2. Beratung zum Gesetzesentwurf BT-PlPr. X/184, 13996 (B)- 14011(B).

[193] Bericht des Finanzausschusses, BT-Drs. X/4513, S. 13.

[194] GesEntw BRg, BT-Drs. X/4119, S. 1.

[195] Bericht des Finanzausschusses, BT-Drs. X/4513, S. 9.

sowie Umgehungspraktiken entgegengewirkt werden. Weiterhin wurden Vorruhestandsbezüge einkommensteuerfrei gestellt, außerdem die Kennzeichnungspflicht bei betrieblichen Geschenken bis 50 DM wieder abgeschafft. Im Rahmen der Ausbildungsförderung wurden der Ausbildungs-abzugsbetrag um fünf Jahre verlängert und die Nichtanrechnung von Nebenverdiensten außerhalb der Ausbildungszeit auf die Ausbildungsfreibeträge erweitert. Erstmals wurde für das Jahr 1986 die Ausschlussfrist für den Lohnsteuer-Jahresausgleich auf zwei Jahre verlängert. Weiterhin wurde die Ermächtigung zu Sonderabschreibungen für Schiffe und Luftfahrzeuge verlängert sowie die mit dem Steuerbereinigungsgesetz 1985 eingeführte Lifo-Methode auch auf Rhodium und Kupfer ausgedehnt[196].

4.2.2. Reform des Investitionszulagengesetzes

Durch die teilweise Neufassung des Investitionszulagengesetzes erlebte das Steuerbereinigungsgesetz einen weiteren subventionsrechtlichen Sündenfall. Die ursprüngliche Initiative ging auf einen eigenständigen Entwurf der Bundesregierung vom 21. November 1985 zurück[197], der in modifizierter Form vom Finanzausschuss in das Steuerbereinigungsgesetz 1986 eingearbeitet wurde[198].

Zielsetzung der ursprünglichen Regierungsvorlage war die Verbesserung der Wirksamkeit des regionalpolitischen Förderinstrumentariums insbesondere durch die verstärkte Förderung von Forschungs- und Entwicklungsinvestitionen in den Fördergebieten bei gleichzeitiger Begrenzung auf besonders kapitalintensive Vorhaben[199]. Zu diesem Zweck sah die Regierungsvorlage eine Aufhebung des Verbots der Kumulation von Regionalzulage nach § 1 InvZulG und Forschungszulage gemäß § 4 InvZulG vor. Gleichzeitig sollten die förderfähigen Investitionskosten abgesenkt werden sowie eine Frist zur Antragstellung vor Beginn des Investitionsvorhabens eingeführt werden[200].

Während die Maßnahmen der Regierungsvorlage noch eine Umstrukturierung der Investitionszulage darstellten, von der zwar gezielt die Regionalförderung profitierte, das Fördervolumen insgesamt aber verkleinert wurde, handelte es sich bei der Reform der Investitionszulage für Investitionen in der Eisen- und Stahlindustrie, die auf eine Initiative der SPD-Fraktion zurückging[201], um eine echte Ausdehnung des Investitionsvolumens, indem auch Anzahlungen auf die Herstellungskosten in den Förderungskatalog der §§ 1 Abs. 4, 5 Nr. 2 InvZulG aufgenommen wurden[202].

Der Finanzausschuss übernahm die Erweiterung der Investitionszulage Stahl, allerdings mit einer zeitlichen Befristung, nach deren Ablauf die Förderung nicht mehr gelten sollte[203]. Welche Gründe die Koalitionsmehrheit bewogen hatten, die sich schließlich immer wieder für eine Rückfuhr von Subventionen und außersteuerlich motivier-

---

[196] Bericht des Finanzausschusses, BT-Drs. X/4513, S. 8.
[197] GesEntw BRg, BT-Drs. X/4297, S. 1.
[198] Bericht des Finanzausschusses, BT-Drs. X/4513, S. 10.
[199] GesEntw BRg, BT-Drs. X/4297, S. 1.
[200] GesEntw BRg, BT-Drs. X/4297, S. 1.
[201] GesEntw Fraktion der SPD, BT-Drs. X/4235, 1.
[202] GesEntw Fraktion der SPD, BT-Drs. X/4235, S. 1.
[203] Bericht des Finanzausschusses, BT-Drs. X/4513, S. 29.

ter Hilfen in Steuergesetzen ausgesprochen hatte[204], im Finanzausschuss für eine Erweiterung der Investitionszulage zu stimmen, bleibt unklar. Der Berichterstatter der CDU, Schulhof, sprach lediglich davon, dass die Ausweitung hinsichtlich ihres engen Anwendungsbereiches und der zeitlichen Befristung vertretbar sei[205]. Die Novellierung sei eine Abschlussgeste an die Stahlindustrie, deren geplante Investitionsvorhaben zur Strukturanpassung durch die Verzögerung aufgrund der EG-Bürokratie bzw. Lieferengpässen keinen Schaden erleiden sollten. Ansonsten sei zu begrüßen, dass der „Unsinn der Subventionitis in diesem Bereich" ein Ende finde[206].

Auch mit der Gesetzesbegründung im Bericht des Finanzausschusses wird auf diese Gründe verwiesen, ohne jedoch näher zu erläutern, warum die Verzögerung zusätzlicher Hilfen eine weitergehende Subventionierung begründet oder warum ausgerechnet in dem betroffenen Zeitraum außergewöhnliche Lieferschwierigkeiten bestanden hätten[207].

4.2.3. Reform der Abgabenordnung

Bei der Reform der Abgabenordnung inklusive der Umsetzung der EG-Amtshilfe-Richtlinie, die bereits den Kern des Steuerbereinigungsgesetzes 1985 gebildet hatten, ging es im Wesentlichen um einen Ausgleich des Spannungsverhältnisses zwischen der Notwendigkeit der Gleichmäßigkeit der Besteuerung und einer international zugriffsfähigen Finanzverwaltung einerseits sowie den Grundrechten des Bürgers andererseits[208].

Auf dieser Trennlinie bewegten sich auch die Meinungsverschiedenheiten zwischen Regierung und Opposition, die jedoch deutlich geringer waren als bei „materiellen" Gesetzesvorhaben in dieser Legislaturperiode. Während die Opposition zur Sicherung der Besteuerung für umfassendere und weitreichendere Eingriffs- und Kontrollmöglichkeiten der Finanzverwaltung plädierte, war die Koalition eher auf eine Mäßigung staatlicher Eingriffsbefugnisse bedacht.

Die wesentlichsten Änderungen innerhalb der Abgabenordnung waren die Sicherung der Gemeinnützigkeit von Amateursportvereinen, die auch Veranstaltungen mit bezahlten Sportlern durchführten, § 67a AO; die Möglichkeit für gemeinnützige Stiftungen u.a. bis zu 25 v.H. der Überschüsse eines Jahres einer Rücklage zuzuführen, § 58 AO; die gesetzliche Regelung der Kontrollmitteilungen nach dem sog. „Bayerischen Verfahren", § 93a AO; die Anhebung der Buchführungspflichtgrenzen nach dem Umsatz auf 500 000 DM und nach dem Betriebsvermögen auf 125 000 DM, § 141 AO;

---

[204] Zuletzt in dieser aktuellen Debatte der CDU-Abgeordnete Schulhof, der das Stahl-Investitionszulagengesetz geradezu für einen Beispielsfall hielt, dass Hilfen, bei denen es auf wirtschaftspolitische Flexibilität ankomme, nicht über Steuergesetze abgewickelt werden sollten, vgl. BT-PlPr. X/184, S. 13998 (D).

[205] Vgl. dessen Rede bei der zweiten Beratung der Gesetzesinitiative vor dem Deutschen Bundestag am 12. Dezember 1985, BT-PlPr. X/184, S. 13998 (D).

[206] So in seiner Rede während der zweiten Beratung des Gesetzesentwurfs vor dem Deutschen Bundestag am 12. Dezember 1985, vgl. BT-PlPr. X/184, S. 14002 (D).

[207] Bericht des Finanzausschusses, BT-Drs. X/4513, S. 29.

[208] So die Beschreibung des Parlamentarischen Staatssekretärs im Finanzministerium, Häfele, vgl. BT-PlPr. X/184, S. 14006 (B).

bei den Verspätungszuschlägen bloße Ermächtigungen zu Verwaltungsvorschriften im Interesse einer Vereinheitlichung der Praxis; die Wiederzulassung der schlichten Änderung von Steuerbescheiden in beiderseitigem Einvernehmen, § 172 AO und die Umwandlung der verbindlichen Zusage nach Betriebsprüfung von einer „Kann-“ in eine „Sollvorschrift“, § 204 AO[209].

Einer der umstrittensten Punkte innerhalb der Neuregelung der Abgabenordnung war die Frage der Einführung des Instituts einer verbindlichen Auskunft. Obgleich die Koalitionsfraktionen dieses Institut auch noch während der zweiten Beratung der Gesetzesinitiative am 12. Dezember 1985 vor dem Deutschen Bundestag ausdrücklich befürwortet hatten[210], fand der Vorschlag schließlich doch keinen Eingang in die endgültige Beschlussvorlage. Die Regierungsfraktionen verzichteten auf dieses Institut, weil sie die Verabschiedung des Steuerbereinigungsgesetzes 1986 noch zum Ende des Jahres nicht durch ein Vermittlungsverfahren gefährden wollten[211], das wahrscheinlich wurde, weil die Länder, die sich in Übereinstimmung mit der SPD im Bundestag befanden, Widerstand signalisiert hatten[212]. Zudem hätte dies bedeutet, dass das erklärte Ziel eines Jahressteuergesetzes nicht mehr hätte erreicht werden können.

Ein weiterer Streitpunkt war die Umsetzung der EG-Richtlinie über gegenseitige Amtshilfe in das nationale Recht. Während sich die Koalitionsmehrheit im Finanzausschuss bewusst für eine Beschränkung der Umsetzung der Richtlinie auf den nur unbedingt notwendigen Umfang aussprach[213], ging der SPD die Umsetzung nicht weit genug[214].

4.2.4. Sonstige Reformen

Im Rahmen des Umsatzsteuergesetzes wurden insbesondere Konsequenzen aus der Rechtsprechung des Europäischen Gerichtshofes und der Erweiterung der Gemeinschaft um Spanien und Portugal gezogen. Im Kapitalverkehr wurden durch die EG-Richtlinien bedingte Befreiungen gewährt. Auch im Bewertungsrecht wurden die Konsequenzen aus der Änderung der Geprägerechtsprechung gezogen. Schließlich wurde die Branntweinsteuer und Biersteuer straf- und ordnungswidrigkeitsrechtlich überarbeitet[215].

---

[209] So die Übersicht im Bericht des Finanzausschusses, vgl. BT-Drs. X/4513, S. 9.

[210] Vgl. nur die Rede des Abgeordneten Gattermann (FDP)während der zweiten Beratung des Gesetzesentwurfs vor dem Deutschen Bundestag am 12. Dezember 1985, vgl. BT-PlPr. X/184, 14004, (A).

[211] So der Berichterstatter des Finanzausschusses, Schulhoff (CDU/CSU), in der zweiten und dritten Beratung des Entwurfs eines Steuerbereinigungsgesetzes 1986 vor dem Deutschen Bundestag am 12. Dezember 1995, vgl. BT-PlPr. X/184, S. 13997, (B).

[212] So der Abgeordnete Schlatter in seiner Rede während der zweiten Beratung des Gesetzesentwurfs vor dem Deutschen Bundestag am 12. Dezember 1985, vgl. BT-PlPr. X/184, S. 1401 (D).

[213] Bericht des Finanzausschusses, BT-Drs. X/184, S. 9.

[214] Vgl. hierzu die Rede des SPD-Abgeordneten Schlatter bei der zweiten Beratung der Gesetzesinitiative vor dem Deutschen Bundestag am 12. Dezember 1985, BT-PlPr. X/184, S. 14001 (D).

[215] Bericht des Finanzausschusses, BT-Drs. X/4513, S. 10.

5. Steuerliche Förderung von Vermögensbeteiligungen von Arbeitnehmern

Die Verbesserung und Bildung von Produktivvermögen in Arbeitnehmerhand war eine der zentralen wirtschafts- und gesellschaftspolitischen Anliegen der christlich-liberalen Koalition, die in dieser Legislaturperiode im Bundestag durchgesetzt worden war[216].

5.1. Gesetz zur Förderung der Vermögensbeteiligung der Arbeitnehmer durch Kapitalbeteiligungen (Vermögensbeteiligungsgesetz) vom 22. Dezember 1983[217]

Die Bedeutung, die die Bundesregierung der Förderung von Beteiligungen von Arbeitnehmern am Produktivvermögen beimaß, wurde an den zeitlichen Vorgaben deutlich, mit der diese Thematik von der Koalition behandelt wurde. Zeitgleich mit dem Gesetzesentwurf des Steuerentlastungsgesetzes 1984 brachte die Bundesregierung am 02. September 1983 bereits zu Beginn der Legislaturperiode den Entwurf eines Vermögensbeteiligungsgesetzes in den Deutschen Bundestag ein[218].

Durch dieses Gesetz sollten gezielt wirtschaftliche Anreize geschaffen werden, damit sich Arbeitnehmer als breite Schicht am Produktivkapital der Wirtschaft beteiligen konnten. Wenn eine immer größere Anzahl von Arbeitnehmern persönliches Eigentum am Produktivvermögen besitze, diene dies, so die Bundesregierung, der Festigung einer auf privatem Eigentum beruhenden Wirtschaftsordnung, fördere aber gleichzeitig auch die Verbesserung der Kapitalausstattung und der Investitionsfähigkeit der Unternehmen[219].

Verbunden damit war die Hoffnung, dass eine Beteiligung der Arbeitnehmer eine wachstums- und beschäftigungsorientierte Lohnpolitik wirksam ergänzen würde, was letztendlich zu einer weiteren Belebung von wirtschaftlichem Wachstum und Beschäftigung führen würde[220]. Bereits im Jahreswirtschaftsbericht von 1983 hatte die Bundesregierung hierzu ein Konzept entwickelt, auf dem der aktuelle Gesetzesentwurf beruhte. Neben einer Erhöhung des Förderbetrages für die in Kapitalbeteiligungen und Darlehensforderungen gegen den Arbeitgeber angelegten vermögenswirksamen Leistungen und einer Ausdehnung des Anlagekataloges auf weitere Formen der Kapitalbeteiligung enthielt der Entwurf auch zwei steuerrechtliche Maßnahmen. Zum einen wurde der Adressatenkreis für die Steuerermäßigung gem. § 14 VermBG für erbrachte vermögenswirksame Leistungen von Unternehmen mit bis zu 50 Beschäftigten auf Unternehmen mit bis zu 60 Beschäftigten erweitert, zum anderen wurde im Einkommensteuergesetz der § 19a EStG neu geschaffen. Dieser regelte, dass Vorteile, die dem Arbeitnehmer aus den im Katalog des VermBG enthaltenen, zugewandten Vermögensbeteiligungen erwuchsen, steuerfrei wurden, sofern sie bei Einhaltung einer bestimmten Sperrfrist den halben Wert der Vermögensbeteiligungen und 300 DM jähr-

---

[216] Vgl. den Vortrag von Bundesfinanzminister Stoltenberg am 19. Mai 1983 vor dem Institut für Finanzen und Steuern, abgedruckt in: Grüner Brief IFSt Nr. 221, S. 20.
[217] BGBl. 1983, S. 1592.
[218] GesEntw BRg, BT-Drs. X/337.
[219] GesEntw BRg, BT-Drs. X/337, S.1
[220] GesEntw BRg, BT-Drs. X/337, S. 1.

lich nicht überstiegen. Die alte Regelung des Kapitalerhöhungsgesetzes, die eine steuerliche Begünstigung von Belegschaftsaktien vorsah, war in den neuen § 19a EStG übernommen worden.

In den parlamentarischen Debatten zum Vermögensbeteiligungsgesetz, das gleichzeitig mit dem Steuerentlastungsgesetz 1984 und dem Haushalt für das Jahr 1984 verhandelt wurde, hatte dieser Gesetzesentwurf, insbesondere was die steuerrechtlichen Maßnahmen anbetraf, weniger Aufmerksamkeit bekommen und war auch für die Opposition viel weniger ein Reizthema als beispielsweise das Steuerentlastungsgesetz 1984. Dies war vor allem darin begründet, dass die Förderung der Beteiligung der Arbeitnehmer am Produktivvermögen der Gesellschaft natürlich auch ein Anliegen der SPD war, weil damit die klassische SPD-Klientel bedient wurde. So begründete die SPD ihre Enthaltung zu diesem Gesetzesentwurf im federführenden Ausschuss für Arbeit und Soziales damit, dass man dem vermögenspolitischen Anliegen des Gesetzesentwurfs einer gerechteren Verteilung des Produktivvermögens grundsätzlich zustimme, mit der ungenügenden Reichweite einiger Regelungen und deren Tauglichkeit zur Erreichung des von der Regierung gesetzten Ziels jedoch nicht einverstanden sei[221].

5.2. Gesetz zur Förderung der Vermögensbildung der Arbeitnehmer durch Kapitalbeteiligungen (Zweites Vermögensbeteiligungsgesetz) vom 19. Dezember 1986[222].

Als die Bundesregierung ihren Gesetzesentwurf am 08. September 1986 in den Bundestag einbrachte, existierten bereits entsprechende Gesetzesinitiativen zur Reform des Vermögensbildungsgesetzes durch den Bundesrat vom 05. Juli 1985[223] und der Bundestagsfraktion der SPD vom 29. Januar 1986[224], die jedoch keine abweichenden Regelungen für die Änderungen des Einkommensteuerrechts enthielten.

Der aktuelle Gesetzesentwurf sollte die Förderung der Vermögensbildung der Arbeitnehmer durch Kapitalbeteiligungen fortsetzen, die bereits 1983 begonnen worden war[225]. Schon im Gesetzesentwurf zum ersten Vermögensbeteiligungsgesetz hatte die Bundesregierung angekündigt, noch in der laufenden Legislaturperiode einen weiteren Gesetzesentwurf zur Vermögensbildung der Arbeitnehmer in den Bundestag einzubringen, da der eigene Gesetzesentwurf zur Erreichung des angestrebten Zieles für nicht ausreichend erachtet wurde, gleichzeitig aber das Gesetzgebungsverfahren zum damaligen Zeitpunkt durch die erforderlichen Beratungen nicht weiter verzögert werden sollte [226].

Steuerrechtlich relevant in dem neuen Reformkatalog des aktuellen Vermögensbildungsgesetzes war die Anhebung des Lohnsteuerfreibetrages von 300 DM auf 500

---

[221] Bericht des Ausschusses für Arbeit und Soziales, BT-Drs. X/733, S. 3.
[222] BGBl. 1986 I, S. 2595.
[223] GesEntw BR, BR-Drs. 229/85.
[224] GesEntw SPD-Fraktion, BT-Drs. X/4747.
[225] Vgl. Kap. 5.1.
[226] GesEntw BRg, BT-Drs. X/337, S.2.

DM in § 19a EStG. Weiterhin wurde der Katalog steuerbegünstigter Vermögensanlagen in § 19a EStG entsprechend der Erweiterung des Anlagekatalogs im Vermögensbildungsgesetzes, die durch dieses Gesetz herbeigeführt wurde, ergänzt.

6. Sonstige Steuerreformgesetze

6.1. Gesetz zur Änderung des Parteiengesetzes und anderer Gesetze vom 22. Dezember 1983[227]

Bereits zu Beginn der zehnten Legislaturperiode waren die Koalitionsfraktionen der Meinung, dass die politischen Parteien in Deutschland zunehmend außerstande waren, ihren im Grundgesetz festgelegten Auftrag im bisherigen finanziellen Rahmen zu erfüllen. Nach der offiziellen Gesetzesbegründung brachten sie deshalb am 21. Juni 1983 den Entwurf eines Gesetzes zur Neuordnung der Parteienfinanzierung in den Deutschen Bundestag ein, der im Wesentlichen die Vorschläge einer vom Bundespräsidenten bereits am 4. März 1982 eingesetzten unabhängigen Sachverständigenkommission umsetzte und eine Neutarierung der Parteienfinanzierung zwischen Eigenfinanzierung und staatlicher Leistung vorsah. Die Neuausrichtung sollte auch der nach wie vor angespannten haushalts- und finanzpolitischen Gesamtlage gerecht werden[228].

Neben umfangreichen Änderungen des Parteiengesetzes wurde mit der Vorlage auch neu geregelt, wie Mitgliedsbeiträge und Spenden an politische Parteien im Körperschaft- und Einkommensteuerrecht künftig steuerlich abziehbar sein sollten[229]. Insbesondere die Debatte um die Neuregelung der steuerlichen Parteienfinanzierung war geprägt von der vorangegangenen sog. „Flick-Affäre", die von der Opposition mit den beiden Regierungsparteien verbunden wurde[230] und letztlich auch eigentlicher Anlass der Gesetzesinitiative gewesen war.

Die Koalition hingegen verteidigte von Beginn der parlamentarischen Debatte an die steuerliche Begünstigung von Zuwendungen an Parteien insbesondere mit dem absoluten Vorrang der Finanzierung der Parteien durch die Bürger. Der Abgeordnete Schäuble (CDU)[231] warnte bereits bei der Eröffnung der Aussprache über den Gesetzesentwurf während der 17. Sitzung am 24. Juni 1983, dass die Parteienfinanzierung allerdings nicht allein durch Mitgliedsbeiträge geschehen könne, weil ansonsten aufgrund der dann zu erwartenden Beitragshöhen der Ausschluss sozial Schwächerer aus der Parteiarbeit zu befürchten sei[232].

---

[227] BGBl. 1983 I, S. 1577.

[228] GesEntw BRg, BT-Drs. X/183, S. 1.

[229] GesEntw BRg, BT-Drs. X/183, S. 7.

[230] Vgl. nur die Reden der Abgeordneten Schmude (SPD) und Schily (Die Grünen) während der zweiten Beratung des Gesetzesentwurfs vor dem Deutschen Bundestag am 01. Dezember 1983, vgl. BT-PlPr. X/40, S. 2117 (D) ff. u. S. 2722 (B) ff.

[231] Wolfgang Schäuble, geb. am 18. September 1942, 1961 – 1964 Studium der Rechts- und Wirtschaftswissenschaften, seit 1965 Mitglied der CDU, seit 1972 Mitglied des Bundestages, 1984 – 1989 Bundesminister für besondere Aufgaben und Chef des Bundeskanzleramtes, 1989 Bundesminister des Inneren, 1990 Verhandlungsführer der BRD zum Einigungsvertrag, 1991 – 2000 Vorsitzender der CDU/CSU Bundestagsfraktion, 1998 – 2000 Parteivorsitzender der CDU.

[232] Vgl. BT-PlPr. X/17, S. 1148 (A) ff.

Nachdem der Innenausschuss, dem die Fraktionsvorlage in der 17. Sitzung des Deutschen Bundestages am 24. Juni 1983 federführend überwiesen worden war, bereits mehrere Sitzungen intensiv beraten hatte, wurde in der 10. Sitzung am 26. Oktober eine Anhörung angesetzt, die ursprünglich intern sein sollte, aber auf Antrag der Fraktion DIE GRÜNEN und der SPD öffentlich durchgeführt wurde. Zu dieser Anhörung wurden mehrere Verfassungsrechtler geladen, die sich auch zu spezifisch verfassungsrechtlichen Problemen der steuerlichen Neuregelung äußern sollten[233].

Insgesamt standen bei diesem Reformentwurf weniger spezifisch steuerrechtliche Probleme im Vordergrund als vielmehr, welche Finanzierung der verfassungsrechtlichen Stellung der Parteien gerecht würde. Auch der Innenausschuss stand vor dem Problem, die beiden Gegenpole, deren Beachtung das Bundesverfassungsgericht bei einer steuerbasierten Parteienfinanzierung aufgestellt hatte, nämlich das Recht des Bürgers auf politische Teilhabe am Willensbildungsprozess sowie der Grundsatz der Parteien auf Chancengleichheit[234], zu einem verfassungsmäßigen Ausgleich zu bringen.

Als Ausgangspunkt der Neuregelung für die steuerliche Berücksichtigung von Beiträgen und Spenden wurde in § 34 EStG eine Begünstigung durch einen 50-v.H.-Abzug von der Steuerschuld bis zu einer Höhe von 1 200 DM/2 400 DM festgeschrieben.

Im Zentrum der parlamentarischen Auseinandersetzung stand jedoch die Neuregelung des § 10b EStG, die auch den Kern der verfassungsrechtlichen Diskussion bildete. Dieser besagte, dass Mitgliedsbeiträge und Spenden an politische Parteien, die über den Betrag von 1 200 DM/2 400 DM hinausgingen, nunmehr wie Zuwendungen an gemeinnützige Einrichtungen zu behandeln waren, mit der Folge, dass Spenden und Mitgliedsbeiträge bis zur Höhe von insgesamt 5 v.H. des Gesamtbetrages der Einkünfte bzw. des Einkommens oder 2 v.T. der Summe der gesamten Umsätze und der im Kalenderjahr aufgewendeten Löhne und Gehälter steuerlich abziehbar wurden.

Bedenken an der steuerlichen Gleichstellung von Parteien und gemeinnützigen Einrichtungen kamen jedoch nicht nur aus den Reihen der Opposition, sondern auch aus den eigenen Reihen der Regierungsfraktionen. Der Innenausschuss war sich bewusst, dass die Regelung alleine nicht den Anforderungen der Rechtsprechung des Bundesverfassungsgerichts genügen würde, weil sie einen Spendenrahmen von ganz erheblicher Dimension zuließ[235]. Die Bedenken, dass die Reform eine erhebliche Einflussnahme auf die Wettbewerbslage der Parteien sowie auf das gleiche Teilhaberecht der Bürger ermögliche, waren bereits von der Sachverständigenkommission geäußert worden. Gleichwohl hatte die Kommission die Gleichstellung vorgeschlagen, weil sie nach der bisherigen Gesetzeslage, nach der Beiträge an politische Parteien steuerlich

---

[233] Bericht des Innenausschusses, BT-Drs. X/697, S. 1.

[234] Bericht des Innenausschusses, BT-Drs. X/697, S. 7; der Sachverständige Prof. v. Arnim wies darauf hin, dass das Bundesverfassungsgericht die Aspekte der Chancengleichheit der Parteien und der Gleichheit der Bürger in der politischen Teilhabe formal streng getrennt habe. Während bei der Parteiengleichheit weniger strenge Maßstäbe angelegt werden müssten, weil eine Volkspartei wenige Großspender durch viele Kleinspender ausgleichen könne, sei dies bei der Frage der Teilhabegleichheit nicht der Fall.

[235] Bericht des Innenausschusses, BT-Drs. X/697, S. 8.

nicht zu berücksichtigen waren , von einer Benachteiligung der politischen Parteien gegenüber anderen förderungswürdigen Institutionen ausgegangen war[236].

Allerdings hatte bereits die Sachverständigenkommission zur verfassungsrechtlichen Absicherung der Neuregelung gewisse Vorkehrungen in ihren Vorschlag aufgenommen, die sich teilweise auch im späteren Gesetzentwurf wiederfanden. So sollten Großspenden von über 20 000 DM einer Publizitätspflicht unterworfen werden, so dass der Erhalt der Steuervergünstigung vom Nachweis der Veröffentlichung der Spende im Rechenschaftsbericht der begünstigten Partei abhängig war.

Das entscheidende Korrektiv für die Verfassungskonformität war jedoch erst nach den Ausschussberatungen mit der Einfügung eines sog. „Chancenausgleiches“ für die Parteien gefunden worden, wonach ein unterschiedlich hohes Beitrags- und Spendenaufkommen korrigiert werden konnte. Obwohl der Staat grundsätzlich zum Ausgleich weder verpflichtet noch berechtigt sei, habe er, so der Finanzausschuss, sofern von offizieller Seite mit steuerrechtlichen Mitteln in den Parteienwettbewerb eingegriffen und die vorgegebene Wettbewerbslage beeinflusst werde, zusätzliche Maßnahmen zu ergreifen, um die ursprüngliche Wettbewerbslage sicherzustellen[237].

Mit der Gleichstellung von politischen Parteien mit gemeinnützigen Institutionen hatte sich der Innenausschuss auch bewusst und gewollt vom ursprünglichen Konzept des Fraktionsentwurfes verabschiedet, das noch eine steuerliche Einordnung von Spenden und Mitgliedsbeiträgen als Spenden und Werbungskosten vorgesehen hatte. Mit der Neueinfügung des Absatzes 6 in § 4 EStG wurde dies sogar ausdrücklich per Gesetz ausgeschlossen[238].

Von den steuerlichen Vergünstigungen ausdrücklich ausgenommen waren die sogenannten „Rathausparteien“, also Parteien, die ausschließlich auf kommunaler Ebene tätig waren. In den verfassungsrechtlichen Anhörungen war von verschiedenen Sachverständigen die Auffassung geäußert worden, dass auch diese Parteien einen Anspruch auf Chancengleichheit hätten, der sich insbesondere in der gleichartigen steuerlichen Vergünstigung der ihnen zugewandten Spenden äußern müsse. Der Innenausschuss hatte diese Bedenken zwar zur Kenntnis genommen, sah sich jedoch nicht in der Lage, im Rahmen der Beratungen zu diesem Gesetzesentwurf eine Regelung für den kommunalen Bereich zu treffen, die den im kommunalen Bereich bestehenden Erfordernissen gerecht würde. Zudem sollte nicht einer anstehenden Entscheidung des Bundesverfassungsgericht zu diesem Thema vorgegriffen werden, bei der die Bundesregierung eine gegenteilige Auffassung vertreten hatte[239].

Obgleich die Opposition zu Beginn des parlamentarischen Verfahrens vor dem Hintergrund der Flick-Affäre einen großen politischen Wirbel um die geplanten Neuregelungen gemacht hatte, konnte nach einigen Änderungen und nach den Ausschussberatun-

[236] Bericht des Innenausschusses, BT-Drs. X/697, S. 8.
[237] Bericht des Innenausschusses, BT-Drs. X/697, S. 8.
[238] Bericht des Innenausschusses, BT-Drs. X/697, S. 9.
[239] Bericht des Innenausschusses, BT-Drs. X/697, S. 8.

gen[240] zumindest der überwiegenden Teil der SPD-Abgeordneten für die Gesetzesinitiative gewonnen werden, so dass der Deutsche Bundestag am 01. Dezember 1983 den Gesetzesentwurf mit großer Mehrheit verabschiedete.

Nur DIE GRÜNEN blieben in Opposition zu dem Gesetzesvorhaben. Der Grünen-Abgeordnete Schily[241] legte den Finger in die Wunde, indem er ausführte, dass durch die Einführung des Chancenausgleichs zwar die Gleichheit der Parteien untereinander hergestellt sei, dass allerdings damit die Gleichheit der Bürger an der Teilhabe am politischen Willensbildungsprozess immer noch nicht gewahrt sei[242].

6.2. Erstes Gesetz zur Änderung des Umsatzsteuergesetzes vom 29. Juni 1984[243]

Durch die Verordnung Nr. 855/84 des Rates der Europäischen Gemeinschaften vom 31. März 1984 wurden die positiven deutschen Währungsausgleichsbeträge für landwirtschaftliche Erzeugnisse um 5 Prozentpunkte durch eine Änderung des Umrechnungskurses (eine ECU entsprach bisher 2,51457 DM, ab dem 01. Januar 1985 entsprach eine ECU 2,38516 DM) abgebaut. Diese Maßnahme war notwendig geworden, um die Einheit des Marktes wieder herzustellen und eine ernsthafte Krise der Gemeinschaft zu überwinden. Dies führte unmittelbar als Konsequenz aus der entsprechenden Senkung der Stützungspreise, die das Niveau der landwirtschaftlichen Erzeugerpreise bestimmten, zu einem Rückgang des landwirtschaftlichen Einkommens in der Bundesrepublik Deutschland[244].

Um diese Verluste auszugleichen, brachte die Bundesregierung am 23. Mai 1984, ermächtigt durch Art. 3 der Verordnung Nr. 855/84, einen Gesetzesentwurf in den Bundestag ein, mit dem der deutschen Landwirtschaft eine Sonderbeihilfe durch eine Anhebung der Umsatzsteuersätze für bestimmte landwirtschaftliche Erzeugnisse gewährt werden sollte[245]. So wurde der Umsatzsteuersatz von Ausfuhrlieferungen und im Außengebiet bewirkten Lieferungen von Getränken und alkoholischen Flüssigkeiten im Zeitraum vom 01. Juli 1984 bis zum 31. Dezember 1988 von bisher 8 v.H. auf 13 v.H., vom 01. Januar 1989 bis zum 31. Dezember 1991 von bisher 8 v.H. auf 11 v.H. angehoben. Gleichzeitig wurde durch die neue Vorschrift des § 24a UStG festgelegt, dass den Landwirten für eben jene Umsätze eine Umsatzsteuerkürzung in Höhe von 5 v.H. für die Zeit vom 01. Juli 1984 bis 31. Dezember 1988 und in Höhe von 3 v.H. für die Zeit vom 01. Januar 1989 bis 31. Dezember 1991 zukommen sollte. Damit wurde er-

---

[240] Wichtigste Änderung war ein gemeinsamer nachträglicher Änderungsantrag der Koalitionsfraktionen und der SPD-Fraktion, die eine Sanktion bei Verstoß gegen die Publizitätspflicht vorsah, vgl. BT-Drs. X/702.

[241] Otto Schily, geb. am 20. Juli 1932, Studium der Rechtswissenschaften, Rechtsanwalt, 1980 Gründungsmitglied der Grünen, seit 1983 Mitglied des Deutschen Bundestages (mit Unterbrechungen), seit 1989 Mitglied der SPD, seit 1998 Bundesminister des Inneren.

[242] BT-PlPr. X/40, S. 2723 (C); ein großer Teil der Ablehnung resultierte sicherlich auch daraus, dass das Gesamtkonzept der Neuregelung überwiegend auf der privaten Finanzierung und nicht auf staatlichen Leistungen ruhte, was naturgemäß kleine Parteien schlechter stellt, da diese über einen deutlich geringeren Mitglieder- und Sympathisantenkreis verfügen als die großen Volksparteien.

[243] BGBl. 1984 I, S. 796.

[244] GesEntw BRg, BT-Drs. X/1483, S. 28.

[245] GesEntw BRg, BT-Drs. X/1483, S. 5.

reicht, dass Land- und Forstwirte die für diese Umsätze geschuldete Steuer in Höhe des Kürzungsbetrages nicht an das Finanzamt abführen mussten.

6.3. Gesetz zur Änderung des Einkommensteuergesetzes und des Körperschaftsteuergesetzes vom 25. Juli 1984[246]

Am 27. März 1984 brachten alle Fraktionen des Bundestages einen Entwurf in den Bundestag ein, der sowohl im Einkommen- als auch im Körperschaftsteuerrecht eine gesetzliche Festschreibung der Nichtabziehbarkeit von Geldstrafen bzw. –bußen als Betriebsausgaben oder Werbungskosten vorsah. Bereits am 22. Februar 1984 hatten die Bundestagsfraktionen einen Gesetzesentwurf zu dieser Thematik im Bundestag eingebracht, der jedoch lediglich das Einkommensteuergesetz betraf[247]. Dieser wurde in der Bundestagsitzung vom 29. März 1984 wieder zurück genommen, um sich dem interfraktionellen Gesetzesentwurf anzuschließen[248]. Am 13. April 1984 brachte auch die Bundesregierung einen Gesetzesentwurf mit gleichem Inhalt in den Bundestag ein.

Die gemeinsame Initiative aller Fraktionen und der Bundesregierung war aufgrund zweier Beschlüsse des Großen Senats des Bundesfinanzhofes vom 21. November 1983 (Grs 2/82 und 3/82) notwendig geworden[249]. In Abkehr von der bisherigen höchstrichterlichen Rechtsprechung hatte der Bundesfinanzhof entschieden, dass die aufgrund von betrieblich veranlassten Zuwiderhandlungen festgesetzten Geldbußen und bestimmte Geldstrafen als Betriebsausgaben abgesetzt werden konnten. Die durch diese Änderung der Rechtsprechung bewirkten Steuerausfälle wurden auf mehrere hundert Millionen DM geschätzt[250]. Neben den finanziellen Einbußen für die öffentlichen Haushalte befürchteten die Fraktionen auch, dass eine solche Rechtsprechung zu einer widersprüchlichen Rechtsordnung führe, die der Geldbuße bzw. dem Ordnungsgeld jeglichen spürbaren Sanktionscharakter nehme, wenn der Betroffene die finanzielle Belastung über das Steuerrecht mildern könne, weshalb die Nichtberücksichtigung staatlicher monetärer Sanktionen, sei es als Werbungskosten oder Betriebsausgaben, im Einkommen- und Körperschaftsteuerrecht gesetzlich festgeschrieben wurde.

Verfassungsrechtlich problematisch erschien der Gesetzesentwurf unter dem Gesichtspunkt der Rückwirkung, weil er die Nichtabziehbarkeit solcher Kosten auch für diejenigen Veranlagungszeiträume festschrieb, die vor dem Veranlagungszeitraum des Gesetzeserlass lagen. Auch der Finanzausschuss sah dieses Problem, berief sich aber auf die Rechtsprechung des Bundesverfassungsgerichts, dass sogar eine echte Rückwirkung zulässig sei, wenn der Bürger zu dem Zeitpunkt auf den die neue Gesetzeslage vorverlegt wird, bereits mit einer solchen Rechtsfolge rechnen musste. Hierfür erachtete der Finanzausschuss die Tatsache für ausreichend, dass im Zeitpunkt des Aufkommens von Zweifeln innerhalb des Bundesfinanzhofes an seiner bisherigen Rechtsprechung am 14. Januar 1984 das Bundministerium der Finanzen in einer Pressemittei-

[246] BGBl. 1984, I, S. 1006.
[247] GesEntw Fraktionen von CDU/CSU, FDP, SPD und Die Grünen, BT-Drs. X/1029.
[248] BT-PlPr 10/61, S. 4283 (D).
[249] BStBl. 1994 II, S. 160; BStBl. 1994 II, S. 166.
[250] GesEntw Fraktionen von CDU/CSU, FDP, SPD und Die Grünen, BT-Drs. X/1189 S. 1.

lung mitgeteilt hatte, an der bisherigen Rechtsauffassung festzuhalten und erforderlichenfalls eine entsprechende Gesetzesinitiative einzubringen[251].

6.4. Gesetz über steuerliche Maßnahmen zur Förderung des schadstoffarmen PKW vom 22. Mai 1985[252]

Bereits zu Beginn ihrer Amtszeit war die Regierung Kohl von der Notwendigkeit überzeugt, für eine nachhaltige Minderung von Stickoxid- und Kohlenwasserstoffemissionen einzutreten, denen eine Mitverursachung für Schäden an der Natur und der menschlichen Gesundheit zugeschrieben wurde. Mit einem Verursachungsbeitrag von 55 v.H. der gesamten Stickoxid- und 36 v.H. der Kohlenwasserstoffemissionen in der Bundesrepublik Deutschland durch den Abgasausstoß von Kraftfahrzeugen war die Hauptursache für diese Entwicklung schnell gefunden[253].

Grundlegendes Ziel war die Einführung des in Amerika und Japan bereits angewendeten Drei-Wege-Katalysators, mit dem die Abgasemissionen um 90 v.H. gesenkt werden konnten. Allerdings wollte die Bundesregierung keinen direkten Zwang auf die Kraftfahrzeughalter ausüben, weshalb durch diesen dem Deutschen Bundestag am 28. November 1983 zugeleiteten Gesetzesentwurf ausschließlich steuerliche Anreize geschaffen werden sollten, um die freiwillige Anschaffung schadstoffarmer PKW bzw. die Umrüstung von Altfahrzeugen zu fördern. Dies sollte der erste Teil eines am 19. September 1983 von der Bundesregierung beschlossenen Konzeptes zur Einführung eines schadstoffarmen PKW sein, der ab dem Jahr 1988/89 die mit der EG abgestimmte verbindliche Einführung folgen sollte[254].

Als Anreiz zur umweltfreundlichen Umrüstung der Fahrzeuge sollte die Mineralölsteuer für unverbleiten Ottokraftstoff für die Zeit vom 01. April 1985 bis zum 31. Dezember 1991 um zwei Pfennige je Liter gesenkt werden, während die Mineralölsteuer für andere Leichtöle für denselben Zeitraum um zwei Pfennige je Liter angehoben wurde[255]. Aufgrund der Wirkungslosigkeit des Drei-Wege-Katalysators ohne entsprechenden Kraftstoff war die Einführung von unverbleitem Ottokraftstoff unerlässlich, weswegen dieser Mineralölsteuervorsprung von 4 Pfennigen zu Förderungszwecken eingeführt wurde[256].

Allerdings ging diese Initiative nicht auf die Bundesregierung zurück, denn bereits am 15. September 1983, also schon über ein Jahr früher als der Beschluss der Bundesregierung, war dem Finanzausschuss ein ähnlicher Gesetzesentwurf des Bundesrates in der 22. Sitzung des Deutschen Bundestages zur Beratung überwiesen worden[257], der sich allerdings ausschließlich auf die flächendeckende Einführung bleifreien Benzins beschränkte[258].

---

[251] Bericht des Finanzausschusses, BT-Drs. X/1634 S. 9.
[252] BGBl. 1985 I, S. 784.
[253] GesEntw BRg, BT-Drs. X/2532, S. 1.
[254] GesEntw BRg, BT-Drs. X/2532, S. 7.
[255] GesEntw BRg, BT-Drs. X/2523, S. 2.
[256] GesEntw BRg, BT-Drs. X/2523, S. 7.
[257] Bericht des Finanzausschusses, BT-Drs. X/2942, S. 6.
[258] Bericht des Finanzausschusses, BT-Drs. X/2942, S. 7.

Entgegen der vom Bundesrat sowohl in seiner Stellungnahme vom 16. November 1984 als auch in dem früheren Entwurf aus dem Jahre 1983 geäußerten Ansicht, dass eine Spreizung von 4 Pfennigen nicht mehr ausreichend war, um die Nachfrage nach unverbleitem Benzin zu steigern[259], blieb der Finanzausschuss bei dem ursprünglichen Konzept, das auch die Bundesregierung vertrat. Die Mehrheit des Ausschusses hatte sich die Bedenken von Mineralölindustrie und -handel zu eigen gemacht, die vor den Gefahren eines verbilligten Angebots für bleifreies Benzin warnten, zumal die aufgezeigten Missbrauchsmöglichkeiten auch die längerfristige Steuerneutralität in Frage gestellt hätten. Schließlich stelle bereits die Gleichstellung bleifreien Benzins einen Beitrag zum Umweltschutz dar, da bereits 20 v.H. der aktuell zugelassenen Personenkraftwagen auch bleifreiverträglich seien und damit bereits eine Umweltverträglichkeit gegeben war[260].

Dass sich die Gesetzesinitiative so ungewöhnlich lange im parlamentarischen Verfahren befand, war dem Umstand zuzurechnen, dass der Finanzausschuss beschlossen hatte, ein im ursprünglichen Entwurf der Bundesregierung ebenfalls enthaltenes System von temporären Kraftfahrzeugsteuerbefreiungen beschränkt auf optimal schadstoffarme Personenkraftwagen bis nach der EG-Tagung der Umweltschutzminister am 07. März 1985 zurückzustellen[261]. So konnte der Bundestag am 14. März 1985 nach den Ausschussberatungen erst über den ersten Teil des Regierungskonzepts entscheiden. Obwohl größere inhaltliche Differenzen mit der Opposition nicht zu erkennen waren, konnte diese schon deshalb dem Gesetz formell nicht zustimmen, weil ein zusammengehörendes Konzept mutwillig auseinandergerissen werde, was nur als Einheit zu beurteilen sei[262]. Am 19. April 1985 konnte der Bundestag dann aber auch über den zweiten Teil der Regierungsvorlage entscheiden.

Inhaltlich wurden teilweise befristete Steuerbefreiungen von bis zu sechs Jahren und 10 Monaten gewährt. Des Weiteren sah das Gesetz auch die Gewährung eines vergünstigten Steuersatzes von nur 13,20 DM je 100 ccm Hubraum vor. Um Steuerausfälle der Länder, denen das Aufkommen an der Kraftfahrzeugsteuer zustand, zu kompensieren, wurden die Steuersätze, für nicht schadstoffarme PKW ab dem 01. Januar 1986 von 14,40 DM auf 18,80 DM je 100 ccm Hubraum angehoben. Für nicht schadstoffarme PKW, die ab dem 01. Januar 1986 erstmalig zugelassen wurden, betrug der Steuersatz 21,60 DM je 100 ccm Hubraum.

Die EG-Kommission hatte mit Schreiben vom 3. April 1985 mitgeteilt, dass sie gegen die von der Bundesregierung ausgearbeiteten Kfz-Steuererleichterungspläne keine Einwände hatte.
Diese Zustimmung ging auf das zwischenzeitlich abgehaltene Treffen des Brüsseler Umweltministerrates vom 20. und 21. März 1985 zurück, bei dem als politische Übereinkunft festgelegt wurde, dass alle Neuwagen nach Hubraum und Grenzwerten in

---

[259] Stellungnahme des Bundesrates, BT-Drs. X/2523, S. 12.
[260] Bericht des Finanzausschusses, BT-Drs. X/2942, S. 11.
[261] Bericht des Finanzausschusses, BT-Drs. X/2942, S. 11.
[262] Bericht des Finanzausschusses, BT-Drs. X/2942, S. 12.

Stufen gestaffelt bis spätestens 1994 den strengen amerikanischen Normen vergleichbaren Abgaswerten zu entsprechen hätten.
In einem festgesetzten Rahmen sollte es den Mitgliedsstaaten der EG darüber hinaus freistehen, durch eine steuerliche Begünstigung die Einführung des umweltfreundlichen Kraftfahrzeuges zu fördern. Weiterhin musste die Kommission entsprechend dieser Übereinkunft den nationalstaatlichen Sonderregelungen zustimmen[263]. Den in den Gesprächen festgelegten Rahmen sah die Kommission bei der von der Bundesregierung gewählten Kraftfahrzeugsteueränderung gewahrt[264].
Dies konnte jedoch die SPD nicht davon abhalten, den Regierungsentwurf weiterhin abzulehnen. Als Begründung wurde auf die umweltpolitische Wirkungslosigkeit des Gesetzes verwiesen. Letztendlich gehe es um ein Geschäft für die Staatskasse und eine Benachteiligung der einkommensschwächeren Bevölkerungsgruppen, verbunden mit großen Verwaltungserschwernissen[265].

Dies hinderte die Koalitionsmehrheit im Bundestag aber nicht daran, der Beschlussvorlage der Bundesregierung am 19. April 1985 zuzustimmen. Am 26. April 1985 folgte die Zustimmung durch den Bundesrat.

6.5. Gesetz zur Änderung des Forstschädenausgleichsgesetzes vom 26. August 1985[266]

Am 03. Mai 1984 brachte der Bundesrat einen Gesetzesentwurf in den Bundestag ein, der eine Änderung des Forstschädenausgleichsgesetzes herbeiführte[267]. Dieses war 1969 in Kraft getreten und beinhaltete im Wesentlichen die Ermächtigung für die Bundesregierung, eine durch Naturkatastrophen eingetretene Störung des Holzmarktes bedingt durch ein Überangebot an Bruchholz per Rechtsverordnung zu stützen, indem der Holzeinschlag sowie der Import bestimmter Hölzer beschränkt wurde. Um die Eingriffsmöglichkeiten der Bundesregierung auf den Holzmarkt für die betroffenen Forstwirte auszugleichen, sah die Initiative gleichzeitig die Möglichkeit steuerlicher Erleichterungen vor.
Die Initiative zur Änderung des Forstschädenausgleichsgesetzes des Bundesrates ging von einem Antrag der Bayerischen Staatsregierung vom 21. November 1983 im Bundesrat aus[268]. Vor allem aufgrund der Schneebruchkalamität des Winters 1981/82 litt die süddeutsche Holzwirtschaft unter den schweren Schäden der Naturereignisse. In der Stellungnahme der Bundesregierung zum Gesetzesentwurf des Bundesrates begrüßte diese zwar den Gesetzesentwurf, betonte aber, dass eine Verschärfung der Eingriffsbefugnisse in den Holzmarkt nur bei gleichzeitiger Verbesserung der steuerlichen Ausgleichsmaßnahmen erfolgen könne[269].

---

[263] Bericht des Finanzausschusses, BT-Drs. X/3205, S. 8.
[264] Bericht des Finanzausschusses, BT-Drs. X/3205, S. 9.
[265] Bericht des Finanzausschusses, BT-Drs. X/3205, S. 10.
[266] BGBl. 1985 I, S. 1753.
[267] GesEntw BRg, BT-Drs. X/1394.
[268] BR-Drs. 504/83.
[269] Stellungnahme des Bundesrates, BT-Drs. X/1394, Anlage I, S. 9.

Der federführende Ausschuss für Ernährung, Landwirtschaft und Forsten folgte dem Vorschlag der Bundesregierung und empfahl dem Bundestag in seinem Bericht vom 26. April 1985[270], die Möglichkeit zur Bildung steuerfreier Einlagen für betroffene Forstwirte zu verbessern. Der Bundestag folgte der Beschlussempfehlung des Ausschusses am 13. Juni 1985 und nahm das Gesetz einstimmig an. Der Bundesrat erteilte am 05. Juli 1985 ebenfalls einstimmig seine Zustimmung zu dem neuen Gesetz.

6.6. Gesetz zur Durchführung der Vierten, Siebenten und Achten Richtlinie des Rates der Europäischen Gemeinschaft zur Koordinierung des Gesellschaftsrechts (Bilanzrichtlinien-Gesetz) vom 19. September 1985[271]

Die Verabschiedung des neuen Bilanzrichtlinien-Gesetzes am 06. Dezember 1985 durch den Deutschen Bundestag war notwendig geworden, um drei Richtlinien der Europäischen Gemeinschaft zur Koordinierung des Gesellschaftsrechts in das deutsche Recht umzusetzen. Ursprünglich sollte es nur eine Gesetzesinitiative zur Umsetzung der Vierten Richtlinie geben[272], die von der Bundesregierung bereits zu Beginn ihrer Amtszeit am 26. August 1983 vorgelegt worden war. Zu diesem Zeitpunkt war die Anpassungsfrist für die Vierte Richtlinie des Rates der Europäischen Gemeinschaft zur Koordinierung des Gesellschaftsrechts vom 25. Juli 1978 bereits am 01. August 1980 abgelaufen.
Der Entwurf stammte überwiegend noch aus der sozialliberalen Regierungszeit[273]. Eine Regierungsvorlage zur Umsetzung der Siebenten und Achten Richtlinie vom 13. Juni 1983 und vom 10. April 1984, die in der Zwischenzeit vom Rat der Europäischen Gemeinschaft erlassen worden waren, wurde dem Bundestag erst am 03. Juni 1985 vorgelegt[274].

Durch den federführenden Rechtsausschuss, dem die Gesetzesentwürfe am 29. September 1983 und am 13. Juni 1985 vom Deutschen Bundestag überwiesen worden waren, folgte dann die Zusammenlegung in ein einheitliches Gesetzeswerk[275]. Dass der Rechtsausschuss am 12. Oktober 1983 eigens einen Unterausschuss zur Vorbereitung gebildet und diesen mit der Durchführung der Umsetzung der Vierten, Siebenten und Achten Richtlinie beauftragt hatte, macht den Umfang der Reformarbeiten deutlich. Der Unterausschuss hatte die beiden Gesetzesentwürfe in einem Sitzungsmarathon von 23 Sitzungen, zuletzt am 07. November 1985, vorbereitet. Am 29. März 1985 hatte der Unterausschuss einen eigenen Teilentwurf zur Umsetzung der Vierten Richtlinie vorgelegt. Dieser war Gegenstand einer öffentlichen Anhörung von Vertretern der Spitzenverbände der deutschen Wirtschaft sowie weiterer Sachverständiger. Aufgrund des Anhörungsergebnisses fühlte sich der Unterausschuss in seiner Arbeit bestätigt und legte am 01. August 1985 einen eigenen Gesamtentwurf vor, der erneut Gegenstand

[270] Bericht des Ausschusses für Ernährung, Landwirtschaft und Forsten, BT-Drs. X/3271, S. 12.
[271] BGBl. 1985 I, S. 2335.
[272] GesEntw BRg, BT-Drs. X/317, S. 1.
[273] Vgl. BT-Drs. IX/1878 und den damals aktuellen Entwurf, BT-Drs. X/317, S. 1, der sich sogar ausdrücklich auf den alten Entwurf bezieht.
[274] GesEntw BRg, BT-Drs. X/3440, S. 1.
[275] Bericht des Rechtsausschusses, BT-Drs. X/4268, S. 2.

einer Sachverständigenanhörung war, diesmal allerdings in zwei weiteren Unterausschusssitzungen. Der Gesamtentwurf des Unterausschusses, der im Wesentlichen die Ergebnisse des sog. „Helmrich-Papiers" übernahm[276], wurde dann im Rechtsausschuss erneut beraten[277].

Mit den einzelnen Richtlinien des Rates der Europäischen Gemeinschaft sollte das europäische Gesellschaftsrecht der einzelnen Mitgliedsstaaten vereinheitlicht werden. Inhalt der Vierten Richtlinie waren Vorschriften zur Koordinierung der einzelstaatlichen Vorschriften über Form und Inhalt der Jahresabschlüsse und Lageberichte von Aktiengesellschaften, Kommanditgesellschaften auf Aktien und Gesellschaften mit beschränkter Haftung sowie über die Offenlegung und Prüfung dieser Unterlagen. Die Siebente Richtlinie enthielt Vorschriften über die Vereinheitlichung der Konzernrechnungslegung von Aktiengesellschaften, Kommanditgesellschaften auf Aktien sowie Gesellschaften mit beschränkter Haftung. Die Achte Richtlinie des Rates der Europäischen Union schließlich vollendete das europäische Bemühen um eine Koordination des europäischen Gesellschaftsrechts mit Vorschriften über die Zulassung der mit der Pflichtprüfung der Rechnungslegungsunterlagen beauftragten Personen.

Die Bundesregierung war aufgrund der zum Zeitpunkt der Einbringung des Entwurfs bereits seit fast drei Jahren verstrichenen Umsetzungsfrist der Vierten Richtlinie unter Zugzwang gesetzt, möglichst schnell eine Gesetzesinitiative in den Deutschen Bundestag einzubringen[278]. Aus diesem Grund schien die Vorlage, die noch aus der sozialliberalen Regierungszeit stammte, inhaltlich nicht überdacht und etwas eilfertig in den Bundestag eingebracht worden zu sein, denn der Entwurf wurde im federführenden Rechtsausschuss von der eigenen Koalition in wesentlichen Punkten abgeändert.

Einigkeit zwischen der Regierungsinitiative und dem Entwurf des Rechtsausschusses bestand darin, die Umsetzung der Vierten und Siebenten Richtlinie in einem neuen dritten Buch des Handelsgesetzbuches durchzuführen. Ferner sollte der Grundsatz der Maßgeblichkeit der Handelsbilanz für die Steuerbilanz beibehalten werden und die Umsetzung der Vierten Richtlinie steuerneutral erfolgen[279]. Änderungen erfolgten aber insbesondere im Aufbau des neu eingefügten Dritten Buches des Handelsgesetzbuches. Während im Regierungsentwurf noch eine starke Hervorhebung von rechtsformunabhängigen Regelungen vorgesehen war, gliederte sich der Ausschussentwurf in drei Abschnitte. Im ersten Abschnitt wurden alle Rechnungslegungsvorschriften aufgenommen, die für Einzelkaufleute und Personenhandelsgesellschaften abschließend und darüber hinaus für alle anderen Kaufleute gelten sollten. Der zweite Abschnitt enthielt alle die Vorschriften, die aufgrund der Vierten und Siebenten Richtlinie für Kapitalgesellschaften gelten sollten und in einem dritten Abschnitt schließlich waren alle Vorschriften, die abweichend oder ergänzend von den Vorschriften der europäischen Richtlinie für Genossenschaften gelten sollten, aufgeführt.

---

[276] Benannt nach dem damaligen Berichterstatter der CDU, Helmrich, der die inhaltlichen Arbeiten im Ausschuss maßgeblich geprägt hat, vgl. Beisse, in: FS Döllerer, S. 25.

[277] Bericht des Rechtsauschusses, BT-Drs. X/4268 S. 86.

[278] GesEntw BRg, BT-Drs. X/317, S. 1; letztlich war die gesamte Initiative doch noch weitere zwei Jahre im parlamentarischen Verfahren.

[279] Bericht des Rechtsausschusses, BT-Drs. X/4268, S. 88.

Eine Umsetzung der Richtlinien nur für Kapitalgesellschaften im jeweiligen Spezialgesetz, also im Aktiengesetz und im GmbH-Gesetz, wurde, obwohl damit nur bereits fast gleichlautende Vorschriften zu ändern gewesen wären, abgelehnt. Es bestand die Gefahr, dass ähnlich wie bei der Reform des Aktienrechts 1965 darüber Streitigkeiten entstehen würden, welche der neuen Vorschriften rechtsformspezifischen Charakter hätten[280].

Insgesamt wurden in dem Gesetzesentwurf des Rechtsausschusses nur die Vorschriften der Richtlinie umgesetzt. Weitergehende Anforderungen an die Bilanzaufstellungen von Unternehmen, wie sie etwa noch der Regierungsentwurf enthielt, wurden von der Mehrheit des Ausschusses abgelehnt, da diese als Benachteiligung der im deutschen Hoheitsbereich tätigen Unternehmen verstanden wurden. Anderenfalls bestünde ein Schutzgefälle zwischen den einzelnen Mitgliedsstaaten der Gemeinschaft, das den freien Kapitalverkehr und die Niederlassungsfreiheit im Gemeinschaftsgebiet behindere. Zudem wies man darauf hin, dass die deutsche Rechtsauffassung stets auch Gegenstand und Vorbild der Verhandlung über diese Richtlinien gewesen war und weitgehend Eingang in die europäischen Vorschriften gefunden hatte[281].

In einem wesentlichen Punkt ist die nationale Umsetzung der europäischen Vorgaben allerdings hinter der Vierten Richtlinie zurückgeblieben. In Art. 2 III der 4. EG-Richtlinie war die Umsetzung des international vorherrschenden Rechnungslegungsgrundsatzes des „True and Fair View" gefordert worden, der jedoch mit dem im deutschen Bilanzrecht vorherrschenden Vorsichtsprinzip kollidierte, wonach die Bilanz aus Gläubigerschutzgründen eher einen negativeren Wert eines Unternehmens widerspiegelte als dessen tatsächliche Lage.

Während die vorausgegangen Regierungsentwürfe den Grundsatz des „True and Fair View" als bilanzrechtliche Grundsatznorm in § 237 Abs. 2 HGB allen Kaufleuten vorschreiben wollten, entschied sich die Mehrheit im Rechtsausschuss für die Vorschrift des § 264 Abs. 2 HGB, die den internationalen Bilanzierungsgrundsatz nur für einen Anhang des Jahresabschlusses von Kapitalgesellschaften vorsah und überhaupt keine Auswirkung auf die Grundsätze ordnungsgemäßer Bilanzierung für Einzelkaufleute und Personenhandelsgesellschaften hatte, die noch vom Vorsichtsprinzip geprägt waren[282].

---

280 Helmrich, in: FS Döllerer, S. 219 ff.

281 Bericht des Rechtsausschusses, BT-Drs. X/4268 S. 87; vgl. auch Helmrich, in: FS Döllerer, S. 219 ff.

282 So die heute überwiegend herrschende Meinung in der Literatur, vgl. Tipke/Lang, § 9, Rn. 10, Fn. 6. Eine umfangreiche Untersuchung mit Darstellung aller vertretenen Meinungen findet sich bei Beisse, in: FS Döllerer, S. 25, 27 ff. Diese Meinung wurde offensichtlich auch im Ausschuss geteilt, vgl. Helmrich, in: FS Döllerer, S. 219, 223. Mittlerweile scheint die Entwicklung in der europäischen Rechtsprechung den historischen Gesetzgeber allerdings zu überholen. So wird die sogenannte „Tomberger-Entscheidung" des EuGH, DB 1996, 1400, teilweise als Paradigmenwechsel im deutschen Bilanzrecht gewertet, der das Vorsichtsprinzip durch das Prinzip der Bilanzwahrheit ersetzen wird. Vgl. Weber-Grellet, DB 1986, S. 2089, 2090. Lang spricht sogar von einer Bedrohung des deutschen Bilanzprinzips der Vorsicht durch die Rechtsprechung des EuGH, vgl. Tipke/Lang, § 9, Rn. 310.

Großer Streitpunkt während des parlamentarischen Verfahrens unter den Parteien war die bilanzrechtliche Behandlung der GmbH & Co. KG. Die SPD forderte in Übereinstimmung mit ihrem Regierungsentwurf vom 27. Februar 1982[283], diese gesellschaftsrechtliche Konstruktion den Bilanzierungsregeln der Kapitalgesellschaften zu unterwerfen.
Weder der neue Regierungsentwurf von 1983 noch die Mehrheit im Rechtsausschuss folgte jedoch dieser Ansicht. Eine offene Handelsgesellschaft oder Kommanditgesellschaft verliere nicht dadurch ihre Eigenschaft als Personenhandelsgesellschaft, dass ein persönlich haftender Gesellschafter keine natürliche Person bzw. dessen Haftung beschränkt sei[284]. Während bei der CDU und FDP also eher formaljuristische Argumente die Diskussion bestimmten, war die SPD der Auffassung, eine Gleichstellung der GmbH & Co. KG sei aus Sinn und Zweck der Vierten Richtlinie geboten, die alle Rechtsformen erfasse, die Gesellschafter, Gläubigern und Dritten Sicherheit nur durch ihr Gesellschaftsvermögen gewähre[285].

Obwohl die SPD in der dritten Beratung zum Bilanzrichtliniengesetz nochmals insgesamt neun Änderungsanträge in den deutschen Bundestag einbrachte[286], ist das Gesetz am 05. Dezember 1985 trotz einzelner Meinungsverschiedenheiten nach dritter Beratung bei drei Gegenstimmen nahezu einstimmig angenommen worden. Auch die Opposition, obwohl in einigen Punkten des neuen Bilanzrichtliniengesetzes doch abweichend, begrüßte das neue Gesetzeswerk[287]. Allerdings zwang, wie der Berichterstatter der SPD, Stiegler[288], in seiner Rede vortrug, die im Gesetz vorgesehene bilanzierungsrechtliche Behandlung der GmbH & Co. KG, die SPD-Fraktion sich bei der Abstimmung zum Bilanzrichtliniengesetz ihrer Stimmen teilweise zu enthalten. Insgesamt überwog aber auch bei der SPD die Zustimmung. Letztlich wurde das neue Gesetz von allen im Bundestag befindlichen Parteien, außer der Fraktion der Grünen[289], als großer Fortschritt gelobt, und zwar nicht nur in seiner Endform, sondern gerade auch in seiner Entstehung und in der konstruktiven Art und Weise, wie es in mühevoller Arbeit in den Sitzungen des Unterausschusses entstanden war[290]. Die insgesamt sehr sachlich wirkende Atmosphäre, die bei der Entstehung dieses Gesetzes unter den Parteien vorherrschte, mag aber auch darauf zurückzuführen sein , dass das neue Gesetz von der

---

283 BT-Drs. IX/1878, S. 1.

284 Helmrich, in: FS Döllerer, S. 219 ff.

285 So Stiegler in seiner Rede bei der dritten Beratung zum Bilanzrichtliniengesetz, vgl. BT-PlPr. X/181, S. 13740 (D).

286 BT-Drs. X/4423-4430.

287 Vgl. die Rede des SPD-Berichterstatters der SPD im Rechtsausschuss, Stiegler, in der dritten Beratung des Bilanzrichtliniengesetzes BT-PlPr X/181, S. 13735 (D).

288 Ludwig Stiegler, geb. am 09. April 1944, Studium der Rechtswissenschaften und Politischen Wissenschaft, Rechtsanwalt, Mitglied der SPD seit 1964, 1963 bis 1972 Mitglied der IG Bergbau und Energie, seit 1972 Mitglied der ÖTV, seit 1980 Mitglied des Deutschen Bundestages, 2002 Vorsitzender der SPD-Bundestagsfraktion.

289 Vgl. die Rede des Grünen-Abgeordneten Müller in der dritten Beratung des Bilanzrichtliniengesetzes, vgl. BT-PlPr. X/181, S. 13744 (B).

290 Vgl. auch die weiteren Redebeiträge der Berichterstatter der einzelnen Parteien im Rechtsausschuss, Helmrich (CDU), Kleinert (FDP), in der dritten Beratung zum Bilanzrichtliniengesetz BT-PlPr X/181 S. 13733 (C) – 13735 (D); S. 13741 (C) – 13744 (B).

Öffentlichkeit praktisch nicht wahrgenommen wurde, wie Stiegler in seiner Rede erwähnte und so ausgesprochen wenig Zündstoff zur politischen Profilierung geboten hatte. Selbst unter den Abgeordneten war das Interesse an dem neuen Gesetz eher gering[291].

6.7. Gesetz zur Neuregelung der steuerrechtlichen Förderung des selbstgenutzten Wohneigentums (Wohneigentumsförderungsgesetz) vom 15. Juli 1986[292]

Als die Bundesregierung am 08. Juli 1985 ihren Gesetzesentwurf zur Förderung des Wohneigentums in den Deutschen Bundestag einbrachte, war die Problematik der steuerlichen Förderung des selbstgenutzten Wohneigentums keinesfalls neu in dieser Legislaturperiode.
Bereits am 22. November des vorangegangenen Jahres hatte die SPD-Bundestagsfraktion, die ein großes Interesse an einer Neuregelung der steuerlichen Wohneigentumsförderung hatte, einen Gesetzesentwurf zu diesem Thema vorgelegt[293]. Am 06. März 1985 hatte das SPD- geführte Nordrhein-Westfalen eine Initiative im Bundesrat eingebracht, die eine Entschließung des Bundesrates herbeiführen sollte, die Bundesregierung aufzufordern, selbst einen Gesetzesentwurf zur Neuregelung der Besteuerung des selbstgenutzten Wohneigentums vorzulegen[294].

Die Bundesregierung kam der Entscheidung des Bundesrates zuvor, indem sie bereits am 12. April 1985 dem Bundesrat einen Gesetzesentwurf zuleitete, der vorsah, die bisher geltende Nutzungswertbesteuerung von selbstgenutztem Wohneigentum abzuschaffen und die steuerrechtliche Förderung neu zu regeln[295].

Eine Reform der Wohneigentumsförderung war ursprünglich von der Bundesregierung weder geplant gewesen[296], noch stellte sie ein Kernanliegen christlich-liberaler Steuerpolitik dar. Es erscheint so, als habe sich die Bundesregierung dieses Thema von der Opposition aufdrängen lassen[297]. Trotzdem betonte auch die Regierung in Übereinstimmung mit ihren vor der Legislaturperiode geäußerten grundsätzlichen steuerpolitischen Zielen, dass sie auch bei diesem Gesetzesvorhaben speziell die Förderung von Familien im Auge habe und nannte die Reform eine wichtige Weichenstellung im Hinblick auf weniger Staat und weniger Bürokratie[298]. Gleichzeitig sollte mit der För-

---

[291] So Stiegler (SPD) in seiner Rede während der Dritten Beratung des Bilanzrichtliniengesetzes, vgl. BT-PlPr. X/181, S. 13735 (D).
[292] BGBl. 1986 I, S. 730.
[293] GesEntw Fraktion der SPD, BT-Drs. X/2404.
[294] GesEntw BR, BR-Drs. 112/85, S. 1.
[295] GesEntw BRg, BT-Drs X/3633, S. 1.
[296] Ein entsprechender Kabinettsbeschluss war erst drei Tage vor der ersten Beratung des SPD-Gesetzesentwurfs vor dem Deutschen Bundestag am 29. März 1985 gefasst worden. So der Abgeordnete Schulhof in seiner Rede, vgl. BT-PlPr. X/130, S. 9649 (B).
[297] In der Rede des Bundesfinanzministers vom 19. Mai 1983 vor dem Institut „Finanzen und Steuern", die im übrigen sehr umfangreich die steuerpolitischen Ziele der christlich-liberalen Regierung beschreibt, findet sich kein Hinweis auf eine solche Maßnahme, vgl. Institut FSt. Brief 221.
[298] Vgl. die Rede des Parlamentarischen Staatssekretärs beim Bundesminister der Finanzen, Häfele, in der ersten Beratung zum Gesetzentwurf der Bundesregierung, BT-PlPr 10/156, 11666 (C).

derung des Wohneigentums neben der Alters- und Sozialrente, der Betriebsrente und dem Privatsparen die vierte Säule der Lebens- und Altersvorsorge gestärkt werden[299].

Die Frage der Neuregelung der steuerlichen Förderung des selbstgenutzten Wohneigentums ist im parlamentarischen Verfahren eingehend behandelt worden. Insgesamt befand sich die Thematik von der Einbringung des Gesetzesentwurfs bis zur endgültigen Zustimmung des Bundesrates am 18. April 1986 anderthalb Jahre im Gesetzgebungsverfahren, wobei allein die Beratungen des federführenden Finanzausschusses von der ersten Überweisung der Oppositionsvorlage in der 130. Sitzung des Deutschen Bundestages am 29. März 1985 bis zur endgültigen Beschlussfassung dieses Gremiums am 17. März 1986 etwa ein Jahr dauerten.

Sowohl der Gesetzesvorlage der Bundesregierung als auch der der SPD war die Entscheidung für eine Privatgutlösung gemeinsam, d.h. die einkommensteuerrechtliche Irrelevanz des selbstbewohnten Wohneigentums durch die vorgesehene Abschaffung der bis dahin geltenden Investitionsgutlösung gem. § 7b EStG, die eine Besteuerung des Nutzungswertes des selbstbewohnten Wohneigentums als fiktiven Kapitalertrag beinhaltet hatte[300].
Diese Entscheidung wurde im Finanzausschuss sowohl von der Mehrheit der anwesenden Verbände als auch der Sachverständigen nahezu einhellig begrüßt. Lediglich der Deutsche Mieterbund und ein Sachverständiger sahen in der Privatgutlösung eine Diskriminierung des Wohnens zur Miete bzw. eine Ungleichbehandlung zwischen selbstgenutztem Wohnraum und allen anderen Vermögensanlagen, die darin liege, dass der Ertrag des selbstgenutzten Wohneigentums, nämlich die gesparte Miete, steuerfrei bleibe[301].

Gegen eine Mehrheit der angehörten Verbände und Sachverständigen konnte sich die Bundesregierung im Ausschuss mit ihrem Vorhaben durchsetzen, dass eine steuerrechtliche Förderung selbstgenutzten Wohneigentums in Zukunft über Abzüge von der Bemessungsgrundlage zu erfolgen habe. In den Anhörungen vor dem Ausschuss sprach sich eine Mehrheit der Verbände für einen Abzug von der Steuerschuld aus. Dies trage sozialpolitischen Erfordernissen Rechnung, weil ein solcher Abzug progressionsunabhängig und damit auch unabhängig vom Einkommen entlaste, was vor allem unteren und mittleren Einkommensschichten zugute komme, die in diesem Zusammenhang jedoch besonders förderungswürdig seien[302]. Auch das Oppositionsmodell sah keinen Abzug von der Bemessungsgrundlage vor, sondern ebenfalls einen einkommensunabhängigen Eigenheimabzugsbetrag[303].

Die Mehrheit im Ausschuss rechtfertigte den neuen Abzugsbetrag mit der gleichen Argumentation wie bei den Kinderfreibeträgen. Die aus Freibeträgen resultierenden unterschiedlichen Entlastungen seien zwangsläufige Folgen eines progressiven Steuersystems. Ob dieses steuersystematische Argument der Regierungskoalition zutreffend

---

[299] Vgl. ebd.
[300] Bericht des Finanzausschusses, BT-Drs. X/5208, S. 28.
[301] Bericht des Finanzausschusses, BT-Drs. X/5208, S. 31.
[302] Bericht des Finanzausschusses, BT-Drs. X/5208, S. 32.
[303] GesEntw Fraktion der SPD, BT-Drs. X/2404, S.1.

war, wurde damals schon von Steuerexperten in Frage gestellt. Anders als bei der Frage des Kinderunterhalts, der dem Steuerpflichtigen zwangsläufig erwachse und deren Aufwendungen er sich nicht entziehen könne, sei die Frage der Schaffung von Wohneigentum gerade nicht zwangsläufig. Kinderfreibeträge entsprächen einer Durchsetzung des subjektiven Nettoprinzips, während es sich bei der Wohneigentumsförderung um eine Subvention handele, die eben nicht notwendigerweise gewährt werden müsste. Aus diesem Grunde verstoße die Kopplung der Subventionshöhe an das Einkommen durch einen progressionswirksamen Abzug von der Bemessungsgrundlage gegen das Leistungsfähigkeitsprinzip und sei somit verfassungswidrig[304].

Konkret sah der neue § 10e EStG vor, dass Aufwendungen zur Bildung des Wohneigentums in der Bau- oder Anschaffungsphase anfielen, acht Jahre lang jeweils bis zu 5 v.H. des förderungsfähigen Höchstbetrages wie Sonderausgaben abgezogen werden konnten. Eine Unterscheidung in Alt- und Neubauten wurde nicht vorgenommen.

Teilweise Eingang in das Gesetzeswerk fand ein Vorschlag des Oppositionsentwurfs, die Grundstückskosten in die Bemessungsgrundlage einzubeziehen und deren Höchstgrenze auf 225 000 DM bzw. 150 000 DM bei Altbauten zu begrenzen[305]. Da die Bundesregierung immer wieder die Unveränderlichkeit der wesentlichen Eckdaten des Regierungsentwurfs bekräftigt hatte, um einen Vertrauensschutz für mögliche finanzielle Dispositionen der Steuerpflichtigen zu schaffen, wurde von dem Förderhöchstbetrag nicht abgewichen. Um auf die Opposition zuzugehen, wurde aber im federführenden Finanzausschuss eine Regelung in das Gesetz übernommen, die eine hälftige Übernahme der Grundstückskosten in die Bemessungsgrundlage vorsah. Aufgrund der von der Regierungskoalition erwarteten Steuerausfälle bei der vollen Einbeziehung der Grundstückskosten in die Bemessungsgrundlage wurde von einer solchen umfassenden Einbeziehung abgesehen, weil es mit der Politik der Haushaltskonsolidierung nicht vereinbar gewesen wäre[306].

Im Finanzausschuss war ohnehin bereits eine intensive Debatte zwischen Regierungs- und Oppositionsfraktionen über die finanziellen Auswirkungen der Regierungsvorlage entbrannt. Während sich die Berechnungen der Koalitionsmehrheit im Finanzausschuss auf etwa 80 Mio. DM im ersten Jahr beliefen, die sich nach acht Jahren auf 600 Mio. DM kumulieren sollten sowie weiteren 40 Mio. DM jährlich, die aus der im Finanzausschuss vorgenommenen Einbeziehung der Land- und Forstwirte, Gewerbetreibenden und Freiberuflern mit Wohnungen im Betriebsvermögen in die Neuregelung (steuerneutrale Überführung der Wohnungen ins Privatvermögen) resultierte[307], hatte die Opposition die dem von der Bundesregierung erwarteten Steuerausfall zugrundeliegenden Annahmen als unrealistisch kritisiert und nahm für sich in Anspruch, finanziell günstiger zu sein als die Regierungsvorlage[308]. Infolge dessen konnte es im Aus-

---

304 Drenseck, DStR 1986, 379, 380.

305 GesEntw SPD-Fraktion, BT-Drs. X/2404, S. 2.

306 Vgl. die Rede des FDP-Abgeordneten Gattermann während der zweiten Beratung zum Gesetzesentwurf vor dem Deutschen Bundestag am 21. März 1986, vgl. BT-PlPr 10/208, S. 15988 (D) ff.

307 Bericht des Finanzausschusses, BT-Drs. X/5208, S. 4.

308 Bericht des Finanzausschusses, BT-Drs. X/5208, S. 38.

schuss zu keiner einvernehmlichen Auffassung über die haushaltsmäßigen Konsequenzen beider Gesetzesvorlagen kommen.

Aus Gründen der schwierigen Lage der Bauwirtschaft kam aus dem Bundesrat die Anregung, das Inkrafttreten des Gesetzes auf den 01. Januar 1986 vorzuziehen, was stimulierend auf die siechende Baukonjunktur wirken sollte[309]. Obwohl diese Auffassung auch von einigen im Finanzausschuss angehörten Verbänden geteilt wurde[310], konnten sich weder die Bundesregierung noch der Ausschuss dazu durchringen, die gesetzliche Neuregelung vorzuziehen, da von einer solchen Maßnahme keinerlei nennenswerte Anreize für die Baukonjunktur erwartet wurde[311].

Eine Unterscheidung von Alt- und Neubauten sollte im Gegensatz zum Oppositionsvorschlag[312] nicht erfolgen, da die Gleichstellung nach Ansicht der Regierungskoalition ein wesentlicher Schritt zur Vermögensbildung als wichtigem Bestandteil der Alterssicherung war. Die Förderung von gebrauchtem Wohnraum helfe vor allem jungen Familien schon früh, Eigentum zu erwerben[313]. Unterstützt wurde diese Ansicht von einer knappen Mehrheit der angehörten Sachverständigen im Finanzausschuss. Dabei wurde darauf hingewiesen, dass die Preise für bereits genutzte Wohnungen oft deutlich unter denen neuer Wohnungen lägen, weshalb der Erwerb dieser Wohnungen für Familien mit durchschnittlichem Einkommen oft die einzige Möglichkeit sei, überhaupt Wohneigentum zu bilden[314].

6.8 Gesetz über Unternehmensbeteiligungsgesellschaften (UBGG) vom 17. Dezember 1986[315]

Der am 12. Dezember 1985 in den Bundestag eingebrachte Regierungsentwurf sollte den ordnungspolitischen Rahmen für die Gründung und den Aufbau von Unternehmensbeteiligungsgesellschaften schaffen, die nicht börsenorientierten Unternehmen eine Finanzierung in den gängigen Beteiligungsformen anbieten konnten, ohne aber über das Beteiligungsgeschäft hinausgehende unternehmenspolitische Ziele zu verfolgen[316].

Die Schaffung eines Ordnungsrahmens für Unternehmensbeteiligungsgesellschaften war von der Bundesregierung bereits im Jahreswirtschaftsbericht 1983 und im Gesetzesentwurf zur Förderung von Arbeitnehmerbeteiligungen am Produktivvermögen angekündigt worden. Das Gesetz über Unternehmensbeteiligungsgesellschaften sollte die flankierende Maßnahme einer Ergänzung des Vermögensbeteiligungsgesetzes bilden

[309] Stellungnahme des Bundesrates, BT-Drs. X/3633, S. 20, 22.
[310] Bericht der Berichterstatter im Finanzausschuss, BT-Drs. X/5208, S. 28, 31.
[311] Gegenäußerung der Bundesregierung zu der Stellungnahme des Bundesrates, BT-Drs. X/3633, 23, 23; Bericht des Finanzausschusses, BT-Drs. X/5208, 28, 37.
[312] Dieser sah eine differenzierte Form der Förderung von Altbauten vor, die auf zwei Drittel des Förderhöchstbetrages von Neubauten beschränkt werden sollte, vgl. GesEntw Fraktion der SPD, BT-Drs. X/2404, S. 2.
[313] So der Abgeordnete Schulhoff (CDU) in seiner Rede während der ersten Beratung der Regierungsvorlage vor dem Deutschen Bundestag am 12. September 1985, vgl. BT-PlPr. X/156, S. 11671 (C).
[314] Bericht des Finanzausschusses, BT-Drs. X/5208, S. 32.
[315] BGBl. 1986 I, S. 2488.
[316] GesEntw BRg, BT-Drs. X/4551, S. 1.

und im Wesentlichen der Kapitalausstattung der Unternehmen dienen[317]. Zielsetzung des Gesetzes war es, mittelständischen Unternehmen den indirekten Zugang zu den organisierten Eigenkapitalmärkten zu erschließen und damit ihre Außenfinanzierungsmöglichkeiten zu verbessern sowie einem breiten Anlegerpublikum die Möglichkeit zu verschaffen, sich an mittelständischen Unternehmen zu beteiligen[318].

Aus diesem Grund wurden in dem Gesetzesentwurf auch zwei Steuererleichterungen für Vermögensbeteiligungsgesellschaften eingeführt, nämlich sowohl eine Befreiung von der Vermögensteuer als auch von der Gewerbesteuer. Diese Steuervergünstigungen waren nach Ansicht der Bundesregierung erforderlich, damit sich die Beteiligungsgesellschaften einem breiten Anlegerpublikum öffnen konnten, um somit das notwendige Eigenkapital zu requirieren. Für dieses Ziel sollten Erwerber von Aktien einer Unternehmensbeteiligungsgesellschaft steuerlich so zu stellen sein wie der Privatanleger, der sich direkt an einem börsenorientierten Unternehmen beteiligte[319].

Die Einbettung dieser Steuererleichterungen in den gesetzlichen Rahmen eines Organisationsgesetzes gewährleistete, dass nur solche Beteiligungsgesellschaften steuerlich gefördert wurden, die den klar umrissenen Zweck der Mittelstandsförderung durch Eigenkapitalbeschaffung erfüllten[320].
Weitergehende Steuerbefreiungen, die von den Ländern in der Bundesratsstellungnahme vom 24. Mai 1985 gefordert worden waren, hielt die Bundesregierung hingegen für eine wettbewerbsverzerrende Subventionierung. Der Gesetzesentwurf sollte grundsätzlich nur solche steuerlichen Belastungen der Finanzierung ausschließen, die sich zwangsläufig aus der organisatorischen Zwischenschaltung einer Kapitalgesellschaft ergaben[321].

Im federführenden Finanzausschuss jedoch, dem der Gesetzesentwurf am 30. Januar 1986 übertragen worden war, wurde gegen die Stimmen der SPD-Fraktion, die dem Gesetzesentwurf insgesamt aber positiv gegenüberstand, noch eine weitere Steuererleichterung eingeführt. Durch Schaffung eines neuen § 4 Nr. 8j UStG wurde die Beteiligungsform des stillen Gesellschafters einschließlich der Unterbeteiligung von der Umsatzsteuer befreit, was in der öffentlichen Anhörung am 16. April 1986 von einigen Verbänden gefordert worden war[322]. Auslöser für die Erweiterung des Gesetzesentwurfs war ein Urteil des Bundesfinanzhofes vom 27. Mai 1982 (V R 110 u. 111/81)[323], nach dem bei Eingehen einer stillen Beteiligung ein Leistungsaustausch zwischen dem betreffenden Unternehmen und dem Gesellschafter dergestalt angenommen werden konnte, dass die Gewinnausschüttung das umsatzsteuerliche Entgelt darstellte. Auch diese Steuererleichterung war also keine Subventionierung von Unternehmensbeteiligungsgesellschaften, sondern ebenfalls zwangsläufige Folge der organisatorischen Zwischenschaltung einer Kapitalgesellschaft. Die Ausschussmehrheit war der Auffas-

---

[317] GesEntw BRg, BT-Drs. X/337, S. 2.
[318] GesEntw BRg, BT-Drs. X/4551, S. 1.
[319] GesEntw BRg, BT-Drs. X/4551, S. 13.
[320] GesEntw BRg, BT-Drs. X/4551, S. 14.
[321] Gegenäußerung der Bundesregierung zur Stellungnahme des Bundesrates, BT-Drs. X/4551, S. 45.
[322] Bericht des Finanzausschusses, BT-Drs. X/6193, S. 18.
[323] BFH, BStBl. II 1982, S. 678.

sung, dass die Kapitalbeschaffung durch die Aufnahme stiller Beteiligungen gegenüber der Kapitalbeschaffung durch die Ausgabe von Gesellschaftsanteilen oder durch Kreditaufnahme nicht durch eine Umsatzsteuerbelastung der Gewinnausgabe benachteiligt werden sollte[324].

Von den Verbänden verlangte weitergehende Steuerbefreiungen, wie etwa die generelle Befreiung der Unternehmensbeteiligungsgesellschaften von der Körperschaftsteuer auf Veräußerungsgewinne[325], konnten jedoch ebenso wie die vom Bundesrat vorgeschlagenen weiteren Steuererleichterungen keine Mehrheit im Ausschuss finden.
Am 23. Oktober 1986 verabschiedet der Bundestag die Gesetzesvorlage. Am 25. November 1986 brachte das Land Hessen noch im zweiten Durchgang des Gesetzes vor dem Bundesrat einen Antrag ein, den Vermittlungsausschuss anzurufen[326], u.a. auch aufgrund einer steuerrechtlichen Ungleichbehandlung von Unternehmensbeteiligungsgesellschaften zu mittelständischen Beteiligungsgesellschaften der Länder bei der Vermögen- und Gewerbesteuer. Der Bundesrat folgte jedoch am 28. November 1986 dem Vorschlag der Ausschüsse für Finanzen und Wirtschaft und erteilte seine Zustimmung zu dem Gesetz[327].

---

324 Bericht des Finanzausschusses, BT-Drs. X/6193, S.20.
325 Bericht des Finanzausschusses, BT-Drs. X/6193, S. 18; teilweise war die Steuerfreiheit in den Vorschlägen an bestimmte forderungswürdige Zwecke geknüpft, wie z.B. die Re-Investition.
326 Antrag BR, BR-Drs. 503/2/86.
327 Beschluss BR, BR-Drs. 503/86.

IV. Rückblick auf die zehnte Legislaturperiode

Die Steuergesetzgebung in der Bundesrepublik Deutschland während der ersten Legislaturperiode der bürgerlichen Regierung unter Bundeskanzler Kohl war geprägt von einer deutlichen Abkehr von den Maßstäben und Zielen der vorangegangenen sozialliberalen Koalition. Auch in den grundlegenden Fragen der Besteuerung schien es eine vom Bundeskanzler in seiner ersten Regierungserklärung geforderte „geistig-moralische Wende" zu geben, die sich in den ersten großen Steuerinitiativen der christlich-liberalen Regierung widerspiegelte, denen ein von der Regierung immer wieder eingefordertes, grundsätzlich anderes Gesellschaftsverständnis zugrunde lag. Die Besteuerung sollte nicht mehr zu einer immer weiter ausufernden Staatsfinanzierung dienen, die dann mit diesen Mitteln dirigistisch in die Gestaltung der Gesellschaft eingriff, sondern durch die Absenkung der Steuerlast, insbesondere durch eine Neugestaltung des Einkommensteuertarifs, sollte einer Zivilgesellschaft die finanziellen Mittel belassen werden, die sie zur Eigeninitiative benötigte.

Parallel hierzu folgte auch ein Wechsel in der Haushaltspolitik, indem durch einen strikten Sparkurs die fiskalischen Freiräume geschaffen werden sollten, um weitere Steuersenkungen ohne Neuverschuldung vorzunehmen.
Finanzminister Stoltenberg formulierte die neuen finanzpolitischen Direktiven nach der Machtübernahme in der Rückschau in seiner Biographie: „Die Rückführung des überhöhten Staatsanteils durch konsequente Ausgabendisziplin, die Senkung der Steuer- und Abgabenquote durch Veränderungen bei zu kostspieligen Leistungsgesetzen, Privatisierung und Deregulierung sollten die Wachstumskräfte stärken und den Spielraum für private Initiative und die Anerkennung beruflicher Leistung wieder erweitern[328]."

Dabei war es zu Beginn der ersten Regierungsperiode unter Bundeskanzler Kohl keineswegs selbstverständlich, dass sich der neue steuerpolitische Kurs eines Mittelweges zwischen steuerlichen Entlastungen und Haushaltskonsolidierung des Finanzministers durchsetzen würde. So kam Widerstand auch aus den eigenen Reihen, insbesondere durch den neuen Familienminister Geißler[329]. Dieser hatte sich noch in den Koalitionsvereinbarungen mit der Einführung eines Solidarbeitrages für Besserverdienende in Form einer Abgabe in Höhe von 5 v.H. der Steuerschuld durchgesetzt, die allerdings vom Bundesverfassungsgericht sofort aufgehoben wurde. Auf der anderen Seite existierte innerhalb der CDU im Jahre 1983 noch das sog. „Albrecht-Papier"[330], in dem noch wesentlich weitergehende Steuersenkungen für die Wirtschaft vorgesehen waren, die allerdings auch zusätzliche Belastungen für die öffentlichen Haushalte bedeutet und die Konsolidierungsbemühungen der Regierung konterkariert hätten.

---

[328] Zitiert nach Rupp, S. 246.

[329] Heiner Geißler, geb. am 03. März 1930, Studium der Rechtswissenschaften, 1965 – 1967 erstmals Mitglied im Deutschen Bundestag, 1967 – 1977 Minister für Soziales, Gesundheit und Sport des Landes Rheinland-Pfalz, 1982 – 1985 Bundesminister für Jugend, Familie und Gesundheit, 1980 – 2002 Mitglied im Deutschen Bundestag, 1977 – 1989 Generalsekretär der CDU, 1989 – 2000 Mitglied des Bundesvorstandes der CDU, 1991 – 1998 stellvertretender Vorsitzender der CDU/CSU-Bundestagsfraktion.

[330] Benannt nach dem damaligen Ministerpräsidenten des Landes Schleswig-Holstein, Ernst Albrecht.

Bei der Bewertung der Steuergesetzgebung darf jedoch nicht übersehen werden, dass die grundsätzlich geforderte und verkündete Abkehr vom Staatsinterventionismus und die damit einhergehende Steuersenkungspolitik nur in ausgesprochen langsamen Schritten voran ging. Die hohe Staatsverschuldung stellte Forderungen nach einer nachhaltigen und deutlichen Absenkung der finanziellen Belastungen der Bürger, die zwar sachlich wünschenswert waren, unter den Vorbehalt ihrer Auswirkungen auf den Haushalt. Auch im Regierungslager selbst wurde immer wieder betont, dass die in dieser Legislaturperiode begonnenen Schritte nur ein kleiner Anfang sein könnten und dass weitere Entlastungen von Bürgern und Wirtschaft dringend folgen müssten.

Vollständig überzeugt schien jedoch auch die Bundesregierung von dem selbst aufgestellten Postulat der Selbstgestaltungsfähigkeit einer Gesellschaft nicht zu sein, da sie immer wieder mit den Mitteln des Steuerrechts versuchte, bestimmte von ihr als wünschenswert bezeichnete gesellschaftspolitische Ziele zu verwirklichen. So erschien es der Bundesregierung erstrebenswert, z.B. die Bildung von Produktivvermögen der Arbeitnehmerschaft sowie den Erwerb von Wohneigentum steuerlich zu fördern; aber auch die Subventionierung der Wirtschaft durch die Einfügung der Sonderabschreibungen des § 7g EStG wurde gezielt vorgenommen. Weiterhin wurde einer der umfangreichsten Bereiche der steuerlichen Subventionierung, nämlich die Land- und Forstwirtschaft, durch das Steuerbereinigungsgesetz 1986 weiter ausgebaut[331].

Mit der Abschaffung der Besteuerung des selbstgenutzten Wohneigentums und der Beibehaltung einer progressionsabhängigen Förderung war ein dauerhafter Streitpunkt zwischen der christlich-liberalen Koalition und der sozialdemokratischen Opposition geschaffen worden, der sich auch noch durch die folgenden Legislaturperioden ziehen sollte.

Ein äußerst weit reichender Vorschlag zur Reform der Unternehmensbesteuerung, der sich allerdings weniger fiskalisch, sondern vielmehr dogmatisch auf die Grundprinzipien der unterschiedlichen Rechtsformbesteuerung ausgewirkt hätte, hatte allerdings noch nicht einmal Eingang in die Regierungsvorlage gefunden. So war im Vorfeld des Steuerentlastungsgesetzes 1984 die Besteuerung von Personengesellschaften nach dem Körperschaftsteuergesetz erwogen worden, sofern diese atypisch strukturiert waren, d.h. der Fortbestand vom Wechsel der Gesellschafter unabhängig war und ihr Vermögen den Mitgliedern erst nach der Auflösung zustand[332].
Obwohl im Bundesfinanzministerium argumentiert wurde, es handele sich bei dieser Neuerung lediglich um eine gesetzliche Klarstellung, wurde mit Rücksicht auf zwei Vorlagebeschlüsse an den Großen Senat des Bundesfinanzhofes, die das Problem der steuerlichen Behandlung von Publikumspersonengesellschaften zum Inhalt hatten, entschieden, auf das Vorhaben zu verzichten. Erst sollte die Entscheidung des Großen Senats abgewartet werden, weil angenommen wurde, der Bundesfinanzhof werde auch zur Frage der Besteuerung von Publikumspersonengesellschaften Stellung nehmen[333].

[331] Vgl. Kapitel 4.2.1.1.
[332] Vgl. Sarrazin, FR 1984, 105, 105.
[333] Vgl. Sarrazin, FR 1984, 105, 105; Im Übrigen war das Verfahren, das eine gesetzliche Neuerung, insbesondere mit diesem Inhalt als Klarstellung trotz eines laufenden BFH-Verfahrens in die steuerrechtliche Diskussion bringen sollte, als Unsitte und grobe Stilwidrigkeit bezeichnet worden, vgl.

Auffällig an der Regierungsvorlage zum Steuerentlastungsgesetz 1984 war - zieht man deren Umfang in Betracht, und zwar nicht gemessen am finanziellen Entlastungsvolumen, das mit 20 Mio. DM im Vergleich zu der in der nächsten Legislaturperiode folgenden Steuerreform ausgesprochen gering war, sondern am Stellenwert, den diese Vorlage als erste größere Steuerinitiative für Regierung und Koalition hatte und in den Debatten auch von der Opposition entsprechend attackiert worden war -, dass sie das Gesetzgebungsverfahren praktisch unverändert überstanden hatte. Bei späteren Gesetzesinitiativen sollte der Einfluss insbesondere des Finanzausschusses deutlich zunehmen.

Neben dem Steuerentlastungsgesetz 1984, das vor allem die Wirtschaft entlasten sollte, war das Steuersenkungsgesetz 1986/1988, das den Beginn einer deutlichen Entlastung des privaten Lohn- und Einkommensteuerbereichs darstellen sollte, das bedeutsamste steuerliche Reformvorhaben in der ersten Legislaturperiode.

Bei der Reform des Einkommensteuertarifs bekam die christlich-liberale Regierung erneut in aller Deutlichkeit die Fesseln der fiskalisch verfehlten Steuer- und Haushaltspolitik der sozial-liberalen Koalition aus den siebziger Jahren zu spüren, die vor allem in einem maroden Haushalt bestand. Dabei war es die FDP, die zumindest eine Teilverantwortung für diese Hinterlassenschaften hatte. Indem sie sich für eine möglichst zeitige Umsetzung der Tarifreform aussprach, wollte sie ihr Mitwirken an der Zunahme der Staatsverschuldung nun völlig ignorieren. Mit diesem Anliegen konnte sich der kleinere Koalitionspartner innerhalb der Regierung jedoch nicht durchsetzen. Bereits in seiner Regierungserklärung hatte Bundeskanzler Kohl deutlich gemacht, dass die Entlastung der Wirtschaft eindeutige Priorität habe und eine darüber hinausgehende steuerliche Entlastung im privaten Lohn- und Einkommensteuerbereich ausdrücklich unter dem Vorbehalt einer ausreichend gesicherten Finanzierung stünde. Dabei war zum Zeitpunkt der Regierungserklärung noch nicht einmal sicher, dass eine Entlastung überhaupt noch in dieser Legislaturperiode erfolgen würde.

Neben dem Eintritt in eine große Tarifreform, die allerdings erst in der nächsten Legislaturperiode ihren Abschluss finden sollte, war diese Steuerinitiative vor allem deswegen bedeutsam, weil sie durch die Einführung von deutlich erhöhten Kinderfreibeträgen mit einem der „heiligsten" steuerpolitischen Dogmen der deutschen Sozialdemokratie aus der Zeit der sozial-liberalen Koalition brach. Mit der Verwirklichung des sog. „subjektiven Nettoprinzips" wurde die christlich-liberale Koalition gleichzeitig aber auch einer der größten Forderungen aus der Steuerrechtswissenschaft gerecht[334].

Mit dem Steuerreformgesetz 1986/1988 sollte nach der Vorstellung der Bundesregierung der Auftakt für eine große umfassende Steuerreform gebildet werden, die in der nächsten Legislaturperiode ihre Vollendung finden sollte. Eine solche Reform war auch insbesondere von Seiten der Steuerrechtswissenschaft immer wieder gefordert

---

Knobbe-Keuk, StbJb 1983/84, 73, 85. Zumal auch berechtigte Zweifel bestanden, dass es sich bei dieser nun aufgegebenen Regelung tatsächlich lediglich um eine Klarstellung einer ohnehin schon bestehenden Rechtslage handelte, Knobbe-Keuk, StbJb 1983/84, 73, 86.

[334] Vgl. nur Raupach, in Münsteraner Symposium, Band II, S. 116; Söhn, in: FS Klein, S. 422 m.w.N.; Zeitler, StuW 1985, 1, 3.

worden[335]. Allerdings gingen die Auffassungen über den konkreten Inhalt weit auseinander.
Innerhalb des Bundesfinanzministeriums glaubte man nicht an die Möglichkeit einer grundlegenden Neuordnung des Einkommensteuerrechts in naher Zukunft, vielmehr war man der Ansicht, auf eine zwar wünschenswerte radikale Reform auch verzichten zu können, ohne damit eine sinnvolle Weiterentwicklung zu verhindern[336]. Da man als wichtigsten Ausgangspunkt für diese Weiterentwicklung eine deutliche Absenkung der Tarifbelastung ansah, die man für die Fülle der Sondervorschriften innerhalb der Bemessungsgrundlage für hauptsächlich verantwortlich hielt[337], lag das Steuerreformgesetz 1986/1988 mit einer entlastenden Tarifkorrektur, die einen Spielraum für eine spätere Bereinigung der Bemessungsgrundlage bringen sollte, genau auf dieser Linie.

Zu einer gänzlich anderen Analyse gelangten die wissenschaftlichen Kritiker des damals geltenden Einkommensteuerrechts. Eine Reform in kleinen Schritten wurde abgelehnt, vielmehr könne angesichts des Zustands, in der sich die Einkommensteuer befinde[338], ausschließlich eine Fundamentalreform helfen[339], hieß es.

Mit dem Bilanzrichtlinien-Gesetz machte sich zum ersten Mal während der Regierungszeit von Bundeskanzler Kohl in erheblichem Maße der Einfluss der europäischen Richtliniengesetzgebung auf das nationale Steuer- und Bewertungsrecht bemerkbar[340].

[335] Vgl. hierzu nur die beiden Bände des Münsteraner Symposium, welches anlässlich des fünfzigjährigen Bestehens des Instituts für Steuerrecht der Westfälischen Wilhelms-Universität zu Münster am 01. Oktober 1984 abgehalten wurde, die den bezeichnenden Titel tragen „Niedergang oder Neuordnung des deutschen Einkommensteuerrecht" (Band I) sowie „Reformentwurf zu Grundvorschriften des Einkommensteuergesetzes" (Band II).
[336] So der Ministerialdirektor Uelner in seiner Rede während des Münsteraner Symposiums, Band II, 175, 191.
[337] Ebd.
[338] Zur Kritik am Zustand der Einkommensteuer vgl. schon Kap. II.
[339] Vgl. Tipke, StuW 1986, 150, 151; vgl. auch das erste Kapitel „Die Aufgabe der Neuordnung" des Beitrags von Prof. Lang zum Münsteraner Symposium „Reformentwurf zu Grundvorschriften des Einkommensteuergesetzes" (Band II).
[340] Vgl. das Bilanzrichtliniengesetz, Kap. 4.6. Immerhin könnte in der Umsetzung der Bilanzrichtlinie der Anfang von der Ablösung einiger traditioneller deutscher Bilanzierungsgrundsätze durch internationale Bilanzierungsstandards liegen.

V. Steuergesetzgebung in der elften Legislaturperiode (1987-1990)

1. Politische und wirtschaftliche Verhältnisse zu Beginn der elften Legislaturperiode

Die elften Wahlen zum Deutschen Bundestag verliefen für die christlich-liberale Regierungskoalition insgesamt durchwachsen. Zwar konnte sich die Union mit 44,3 v.H. der Stimmen als stärkste Fraktion im Parlament behaupten, verlor jedoch über 4 Prozentpunkte zur vorangegangen Wahl. Die FDP konnte ihr Ergebnis um 2, 1 Prozentpunkte auf 9,1 v.H. der abgegebenen Stimmen steigern. Der Vorsprung beider Fraktionen wuchs jedoch trotzdem auf über 40 Sitze im Bundestag an, da die GRÜNEN sich zwar auf 8,3 v.H. verbessern konnten, allerdings auch die SPD über einen Prozentpunkt im Vergleich zur Wahl von 1983 einbüßte. Finanzminister Stoltenberg (CDU) wurde jedoch schon während der laufenden Legislaturperiode am 21. April 1989 durch den damaligen CSU-Vorsitzenden Waigel[341] ersetzt. Begründet war dieser Ministerwechsel allerdings nicht in der schlechten Finanzpolitik Stoltenbergs[342], sondern vielmehr durch den Imageverlust, den dieser durch die Barschelaffäre erlitten hatte. Durch den von Barschel ausgelösten Skandal, der als politischer Ziehsohn Stoltenbergs galt, wurde die schleswig-holsteinische CDU und damit die „Hausmacht“ Stoltenbergs innerhalb der Union erheblich geschwächt.

Ebenfalls in die elfte Legislaturperiode fielen die immer stärker werdenden Reformbestrebungen der Bürgerbewegung in der DDR, die schließlich in dem Fall der Berliner Mauer im Jahre 1989 und die Deutsche Wiedervereinigung am 03. Oktober 1990 mündeten.

Die finanzwirtschaftliche Situation zu Beginn der elften Legislaturperiode hatte sich insgesamt leicht verbessert. Der Bund war zum Ende des Jahres 1987 zwar immer noch mit 440,5 Mrd. DM verschuldet, die öffentlichen Haushalte der Bundesrepublik Deutschland mit insgesamt 848,8 Mrd. DM[343].
In den Jahren nach dem Regierungswechsel war jedoch eine Trendwende bei der Neuverschuldung zu erkennen. In den Jahren 1983, 1984 und 1985 konnte die jährliche Neuverschuldung insgesamt gesenkt werden. 1985 sank sie auf 22,4 Mrd. DM und damit wieder unter das Niveau von 1978[344]. Diese Wende hielt jedoch nur bis zum

---

[341] Theo Waigel, geb. am 22. April 1939, 1959 – 1963 Studium der Rechts- und Staatswissenschaften, 1969 – 1970 Persönlicher Referent des Staatssekretärs im Bayerischen Staatsministeriums der Finanzen und 1970 – 1972 des Bayerischen Staatsministers für Wirtschaft und Verkehr, 1973 – 1988 Vorsitzender der Grundsatzkommission der CSU, 1988 – 1999 Vorsitzender der CSU, Mitglied der CSU, seit 1972 Mitglied des Deutschen Bundestages, 1978 – 1980 Obmann der CDU/CSU-Fraktion im Ausschuss für Wirtschaft, ab 1980 Vorsitzender der Arbeitsgruppe Wirtschaft und wirtschaftspolitischer Sprecher der CDU/CSU-Fraktion, 1982 – 1989 Vorsitzender CSU-Landesgruppe, 1989 – 1998 Bundesminister der Finanzen.

[342] So selbstverständlich der Vorwurf der Opposition, vgl. die Rede der SPD-Abgeordneten Matthäus-Maier am 27. April 1989 vor dem Deutschen Bundestag, vgl. BT-PlPr. XI/140, S. 10339 (D). Gleichzeitig wurde dem scheidenden Finanzminister jedoch auch Respekt gezollt und der bei aller Auseinandersetzung in der Sache stets faire Umgang des ehemaligen Ministers gelobt, vgl. S. 10340 (A).

[343] Grüner Brief IFSt. Nr. 287, Tab. 16.

[344] Grüner Brief IFSt, Nr. 287, Tab. 18.

Jahre 1986. Im Jahr 1987 war die Nettokreditaufnahme des Bundes im Vergleich zum Vorjahr wiederum um etwa 20 v.H. gewachsen[345].
Die Steuereinnahmen der Gebietskörperschaften insgesamt waren von 396,6 Mrd. DM bei Antritt der Regierung Kohl im Jahre 1983 auf 468, 7 Mrd. DM am Ende der zehnten Legislaturperiode 1987 angewachsen[346]. Zwar waren auch die Ausgaben der Gebietskörperschaften von 570, 1 Mrd. DM auf 649, 8 Mrd. DM angewachsen, gleichzeitig war aber auch die steuerliche Deckungsquote von 69, 6 v.H. auf 72,1 v.H. gestiegen[347].

2. Regierungserklärung des Bundeskanzlers vom 18. März 1987[348]

In steuerpolitischer Hinsicht beschäftigte sich die Regierungserklärung des Bundeskanzlers ausschließlich mit der Vollendung der bereits in der vergangenen Legislaturperiode begonnenen umfassenden Steuerreform. Kernstück der Reform sollte ein neuer linear-progressiver Einkommensteuertarif sein:
„Er ist sozial ausgewogen, mittelstandsfreundlich und leistungsgerecht. Das Schwergewicht der Entlastung liegt bei den unteren und mittleren Einkommen sowie den Familien. Allein durch die beträchtliche Anhebung des Grundfreibetrages erreichen wir, dass eine halbe Million Bürger zusätzlich keine Steuern mehr zahlen. Gleichzeitig verbessern wir mit der Begradigung des Tarifverlaufs und der geringeren Belastung des einbehaltenen Gewinns die Ertragskraft, die Eigenkapitalbildung und die Investitionsfähigkeit der Unternehmen. Dabei wird den besonderen Problemen des Mittelstandes Rechnung getragen."

Daneben sollte auch die steuerliche Bemessungsgrundlage von Ausnahmetatbeständen bereinigt werden. Obwohl die Entlastungswirkung durch diese Maßnahmen geschmälert wurde, kündigte der Bundeskanzler ein in der Geschichte der Bundesrepublik Deutschland einmaliges Nettoentlastungsvolumen aller Reformstufen von insgesamt rund 45 Mrd. DM an, von denen gegen die ursprünglichen Pläne 5 Mrd. DM auf den Beginn des Jahres 1988 vorgezogen werden sollten, um die Wirkung der bereits beschlossenen Steuersenkungen zu stärken.

3. Große Steuerreformgesetze und damit im Zusammenhang stehende Finanzierungsgesetze

3.1. Gesetz zur Änderung des Einkommensteuergesetzes (Steuersenkungs-Erweiterungsgesetz 1988 – StSenkErwG -) vom 14. Juli 1987[349]

Hatten sich bei den Beratungen von Regierung und Koalition zum Steuersenkungsgesetz 1986/1988 noch die „Haushaltskonsolidierer" durchgesetzt[350], konnten sich in den Koalitionsverhandlungen zu Beginn der elften Legislaturperiode diejenigen behaupten,

---

[345] Grüner Brief IFSt. Nr. 287, Tab. 18.
[346] Grüner Brief IFSt. Nr. 287, Tab. 14.
[347] Grüner Brief IFSt. Nr. 287, Tab. 9.
[348] Vgl. BT-PlPr. XI/4, S. 51 (B) ff.
[349] BGBl. 1997 I, S. 1629.
[350] Vgl. in der zehnten Legislaturperiode, Kap. III. 3.2.

die eine Steuersenkungspolitik auch auf Kosten der fiskalischen Sicherheit befürworteten. Bereits in der Regierungserklärung vom 18. März 1987 hatte Bundeskanzler Kohl angekündigt, einen Teil des geplanten Entlastungsvolumens, das ursprünglich für eine große Reform des Einkommensteuertarifs erst zum Jahr 1990 geplant war, auf den 01. Januar 1988 vorzuziehen[351]. Dieser Tag war bereits Stichtag für die zweite Stufe des Steuerentlastungsgesetzes 1986/1988.

Umgehend brachte die Bundesregierung am 15. Mai 1987 einen Gesetzesentwurf in den Bundestag ein, den sie zuvor schon am 03. April 1987 dem Bundesrat zugeleitet hatte, wonach der ursprüngliche Entlastungsrahmen der zweiten Stufe des Steuersenkungsgesetzes 1986/1988 von rund 8,5 Mrd. DM um weitere 5,2 Mrd. DM auf insgesamt rund 13,7 Mrd. DM erhöht wurde[352].

Allerdings gab die Bundesregierung für dieses Vorhaben auch ihr mittel- und langfristiges Ziel einer stetigen Haushaltskonsolidierung auf. Hatte sich die Regierung noch im Jahre 1986 eines Rückgangs der öffentliche Neuverschuldung auf 2,2 v.H. gerühmt, musste sie in den parlamentarischen Debatten zum Steuersenkungserweiterungsgesetz 1988 ein erneutes Ansteigen der öffentlichen Neuverschuldung auf 2, 8 v.H. eingestehen[353], das zum Teil auch auf die Steuerausfälle des Steuersenkungserweiterungsgesetz zurückzuführen war. Gleichzeitig betonte der Finanzminister aber, bereits für das Jahr 1988 könne die nominale Neuverschuldung wieder auf 2, 4 v.H. gesenkt werden[354]. Dies schien jedoch eher Wunschdenken gewesen zu sein, um die interessierte Öffentlichkeit zu beruhigen, denn tatsächlich musste sich die Bundesregierung gut ein Jahr später bei den Debatten zum Steuerreformgesetz 1990 selbst korrigieren, und mit einer für das Jahr 1988 prognostizierten Neuverschuldung von 3 v.H.[355] doch erheblich von dem zuvor verkündeten Wert abweichen[356].

Vom Regierungspartner FDP, der sich auch schon in den Debatten zum Steuersenkungsgesetz 1986/1988 für eine möglichst frühe und umfassende Umsetzung der Steuersenkungspläne ausgesprochen hatte, wurde die Gesetzesinitiative uneingeschränkt begrüßt[357].

---

[351] Vgl. Kap. V 2.

[352] GesEntw BRg, BT-Drs. XI/285, S. 2.

[353] So der Bundesminister der Finanzen in seiner Rede bei der zweiten Beratung des Gesetzesentwurfs vor dem Deutschen Bundestag am 26. Juni 1987, vgl. BT-PlPr. XI/21, S. 1405 (C).

[354] Vgl. ebd., S. 1405 (D).

[355] So der Bundesminister der Finanzen in seiner Rede bei der zweiten Beratung der Regierungsvorlage des Steuerreformgesetzes 1990 vor dem Deutschen Bundestag am 23. Juni 1988, vgl. BT-PlPr. XI/87, S. 5855 (D).

[356] Interessanterweise gab der Finanzminister als Begründung für die deutlich erhöhte Neuverschuldung neben einem durch Wechselkursschwankungen bedingten Bundesbankgewinn auch die einnahmesenkenden Folgen des Steuerreformgesetzes 1990 an, was in den Debatten zum Steuersenkungserweiterungsgesetz 1988 bereits anvisiert gewesen war.

[357] So gehöre eine Verminderung der Staatsquote mit durchgreifenden Steuerentlastungen zu den wesentlichen Zielen der Politik der FDP, führte der Abgeordnete Rind aus, vgl. dessen Rede am 26. Juni 1987 vor dem Deutschen Bundestag, BT-PlPr. XI/21, S. 1398 (B); weiterhin werde man die Bundesregierung bei der Durchsetzung ihrer Pläne nicht im Stich lassen und auch die unpopulären Maßnahmen mittragen, BT-Drs. X/21, S. 1400 (A).

Begründet wurde der Gesetzesentwurf hauptsächlich mit der Absicht einer nachhaltigen Stärkung der Binnennachfrage[358]. Weiterhin diente der Bundesregierung eine Vereinbarung der sechs großen Industrieländer vom 22. Februar 1987 in Paris, nach der die Verpflichtung zu einer ausgewogeneren internationale wirtschaftlichen Entwicklung eingegangen wurde, als Legitimation für die Initiative[359].

Die Regierungsvorlage sah eine weitere Anhebung des Grundfreibetrages um 216 DM/ 432 DM (Ledige/Verheiratete) sowie eine verstärkte Abflachung der Progression vor. Da die christlich-liberale Koalition, wie in der Regierungsvorlage bereits angekündigt, jedoch auch die Familien gezielt fördern wollte, enthielt die Initiative darüber hinaus weitere Freibetragserhöhungen. So wurde der Haushaltsfreibetrag für Alleinstehende mit Kindern um 216 DM sowie der Freibetrag für Eltern mit Kindern in der Berufsausbildung um 600 DM, auf 1 800 DM bei auswärtiger Unterbringung eines noch nicht 18 Jahre alten Kindes, auf 2 400 DM bei häuslicher Unterbringung eines über 18 Jahre alten Kindes sowie auf 4 200 DM bei auswärtiger Unterbringung eines über 18 Jahre alten Kindes, angehoben[360].

Daneben erfolgte durch das Steuersenkungs-Erweiterungsgesetz 1988 aber auch eine gezielte steuerliche Förderung der mittelständischen Betriebe. Die Sonderabschreibung für neu angeschaffte Wirtschaftsgüter gem. § 7g EStG, die erst durch das Steuerentlastungsgesetz 1984 ins Einkommensteuergesetz eingeführt worden war, sollte von 10 v.H. der Anschaffungs- oder Herstellungskosten auf 20 v.H. erhöht werden, wodurch die Eigenkapitalausstattung und Liquidität insbesondere kleinerer und mittlerer Betriebe verbessert werden sollte[361]. Um den Betrieben eine flexiblere Handhabung der verbesserten Abschreibungsbedingungen zu gewähren, sollte der Zeitraum der Förderung über das Jahr der Anschaffung hinaus auf zwei weitere Jahre ausgedehnt werden, auf die der Steuerpflichtige die Abschreibung nach seinem Belieben verteilen konnte[362]. Diese wirtschaftsfreundliche Abschreibungsverbesserung wurde von der Koalitionsmehrheit im Finanzausschuss noch mal um weitere zwei Jahre auf insgesamt fünf Jahre erweitert[363], um den begünstigten Betrieben die Möglichkeit zu geben, die Sonderabschreibungen auf ertragsstärkere Jahre zu legen[364].

Gleichzeitig war diese Maßnahme ein politischer Kompromiss, der aus einem Vorschlag der SPD hervorgegangen war[365], der bereits am 19. Februar 1987 in Form eines eigenen Gesetzesentwurfs in den Deutschen Bundestag eingebracht worden war und eine steuerstundende Investitionsrücklage zum Inhalt hatte[366]. Hinter der Erweiterung des § 7g EStG stand der Gedanke der erhöhten Attraktivität der Vorschrift, denn diese war entgegen der Erwartungen der Gesetzesbegründung des Steuerentlastungsgesetzes

358 So Bundesfinanzminister Stoltenberg, vgl. BT-PlPr XI/12, 699 (D).
359 GesEntw BRg, BT-Drs. XI/285, S. 45.
360 GesEntw BRg, BT-Drs. XI/285, S. 48.
361 GesEntw BRg, BT-Drs. XI/285, S. 48.
362 GesEntw BRg, BT-Drs. XI/285, S. 48.
363 Bericht des Finanzausschusses, BT-Drs. XI/547, S. 5.
364 Bericht des Finanzausschusses, BT-Drs. XI/547, S. 5.
365 Bericht des Finanzausschusses, BT-Drs. XI/547, S. 5.
366 GesEntw Fraktion der SPD, BT-Drs. XI/16, S. 2.

1984 in der Vergangenheit kaum in Anspruch genommen worden[367]. Abschließend wurde der Kreis der Begünstigten durch die Verdoppelung des Einheitswertes von bisher 120 000 DM auf 240 000 DM vergrößert.

Wie beim Steuersenkungsgesetz 1986/1988 waren zum großen Teil die Haushalte von Ländern und Kommunen finanziell durch die Steuerausfälle betroffen, weshalb sich auch beim Bundesrat anfänglicher Widerstand gegen den erneuten Vorstoß der christlich-liberalen Regierung auf dem Gebiet der Lohn- und Einkommensteuer bildete. Die Länder verbanden ihre Stellungnahme nach dem ersten Durchgang des Gesetzes im Deutschen Bundesrat am 15. Mai 1987 mit der Aufforderung an die Bundesregierung, Vorschläge zur Deckung der durch die Regierungsvorlage eintretenden Steuerausfälle zu machen und für die bei Ländern und Gemeinden überproportional auftretende Belastung von 13, 7 Mrd. DM eine angemessene Ausgleichsregelung zu finden[368].

Bei dieser Kritik an den finanziellen Auswirkungen der Steuerausfälle auf die Länderhaushalte ging es ausschließlich um spezielle Länderinteressen, während steuerpolitische Erwägungen auch für die SPD-geführten Bundesländer bei der Debatte im Bundesrat eher eine untergeordnete Rolle spielten[369]. Keineswegs erfolgte die Kritik aus einem parteitaktischen Kalkül heraus, da auch CDU-geführte Länder ihre Ablehnung gegenüber der vorgesehenen Nettoentlastung durch die Initiative zur Verabschiedung der Stellungnahme deutlich gemacht hatten[370]. Immerhin trug der Ministerpräsident des Landes Niedersachsen diesen Konflikt innerhalb der CDU in die Öffentlichkeit des Bundesrates, indem er das Problem der Steuerausfälle in seiner Rede thematisierte und Finanzminister Stoltenberg vor einer „sehr ernsten Lage“ warnte[371].

Im Ergebnis waren aber auch die CDU-geführten Länder im Bundesrat nicht bereit, das Steuersenkungserweiterungsgesetz 1988 aufgrund dieser Bedenken scheitern zu lassen. Ministerpräsident Albrecht sah seine Zweifel beruhigt, weil es, obwohl keine der Forderungen des Bundesrates seitens der Bundesregierung oder des Parlaments erfüllt worden war, zwischen der Bundesregierung und anderen Ländern Gespräche gegeben hatte. Diese sollten sicherstellen, dass die Länderforderung nach einer Finanzierung der Steuerausfälle erfüllt werde[372], was zu diesem Zeitpunkt jedoch lediglich eine Option auf die Zukunft darstellte, denn über die einzelnen Entscheidungen und

---

[367] Bericht des Finanzausschusses, BT-Drs. XI/547, S. 5.

[368] Stellungnahme des Bundesrates, BT-Drs. XI/285, S. 51.

[369] So der saarländische Landesminister Kasper (SPD) in seiner Rede vor dem Bundesrat, vgl. BR-PlPr. 1987/576, S. 129 (B); vgl. auch den ersten Teil der Rede des hessischen Senators Gobrecht (SPD), BR-PlPr. 1987/576, S. 127 (A).

[370] Antragsteller für die Erweiterung der Stellungnahme um eben jene Aufforderung an die Bundesregierung war das Land Niedersachsen, so der Ministerpräsident Albrecht in seiner Rede vor dem Deutschen Bundesrat am 15. Mai 1987, vgl. BR-PlPr. 1987/576, S. 126 (C); Allerdings scheint die Lage noch nicht so ernst gewesen zu sein, dass man mit dem Antrag einiger SPD-geführter Länder vom 13. Mai 1987 die Regierungsvorlage zumindest auch aus haushaltspolitischen Gründen, vgl. BR-Drs. 130/2/87, ganz abgelehnt hätte.

[371] So geschehen in seiner Rede am 15. Mai 1987, vgl. BR-PlPr. 1987/576, S. 126 (D).

[372] Vgl. seine Rede im 2. Durchgang des Gesetzes vor dem Deutschen Bundesrat am 10. Juli 1987, BR-PlPr. 1987/579, S. 216 (B).

Details sollte erst im Herbst des Jahres 1987 gesprochen werden[373]. Daraufhin stimmte schließlich auch der Bundesrat am 10. Juli für das Gesetz, das am 26. Juni bereits vom Parlament verabschiedet worden war.

3.2. Steuerreformgesetz 1990 vom 25. Juli 1988[374]

Im Jahre 1988 erfolgte das bisher bedeutsamste Steuerreformvorhaben der Bundesregierung seit dem Regierungsantritt im Jahre 1983. Der Gesetzesentwurf des Steuerreformgesetzes 1990, der am 02. Mai 1988 von der Bundesregierung in den Bundestag eingebracht wurde, stellte die dritte und abschließende Reformstufe des Steuersenkungsgesetzes 1986/1988 dar. Die dreistufige Steuerreform stand im Mittelpunkt einer mittelfristig angelegten Wirtschafts- und Finanzpolitik der Bundesregierung für ein dauerhaftes, inflationsfreies Wirtschaftswachstum und für mehr Beschäftigung[375].

Die Bedeutung des eingebrachten Gesetzeswerks ließ sich schon an den umfangreichen Arbeiten in den parlamentarischen Ausschüssen ersehen, denn neben dem federführenden Finanzausschuss waren noch zehn weitere Ausschüsse an der Beratung beteiligt; nämlich der Rechtsausschuss, der Ausschuss für Wirtschaft, der Ausschuss für Ernährung, Landwirtschaft und Forsten, der Ausschuss für Arbeit und Sozialordnung, der Ausschuss für Jugend, Familie, Frauen und Gesundheit, der Ausschuss für Verkehr, der Ausschuss für Raumordnung, Bauwesen und Städtebau, der Ausschuss für innerdeutsche Beziehungen, der Ausschuss für Forschung und Technologie sowie der Ausschuss für Umwelt, Naturschutz und Reaktorsicherheit[376].
Allein der Finanzausschuss beriet die Vorlage in insgesamt sechs Sitzungen und führte drei in verschiedene Aspekte des Gesetzesentwurfs gegliederte, öffentliche Anhörungen mit immerhin über 160 Verbänden, Institutionen und Sachverständigen[377] an sechs Terminen durch, wovon die Anhörung am 06. Juni 1988 sich allein mit möglichen verfassungsrechtlichen Implikationen des Gesetzesentwurfs beschäftigte[378]. Im Rahmen der Sachverständigenanhörungen wurde sogar ein Massenhearing in der Bonner Beethovenhalle „durchgepeitscht"[379].

In Teilbereichen des Gesetzesentwurfs hatte die Bundesregierung einen zu hohen Reformeifer an den Tag gelegt. So nahm der federführende Finanzausschuss komplette Teile aus dem Entwurf heraus und verschob deren Verabschiedung auf einen späteren Zeitpunkt, weil man diese Fragen im Ausschuss nicht abschließend behandeln konnte und die Materie einer noch eingehenderen Prüfung unterziehen wollte. Die Ausklammerung umfasste unter anderem Regelungen über die umgekehrte Maßgeblichkeit, das begrenzte Realsplitting, die Gesellschafter-Fremdfinanzierung, den Beginn der Festsetzungsfrist bei der Schenkungsteuer bei Schenkungen durch juristische Personen,

---

[373] So der Ministerpräsident Albrecht in seiner Rede, vgl. ebd.
[374] BGBl. 1988 I, S. 1093.
[375] GesEntw BRg., BT-Drs. XI/2226, S. 1.
[376] Bericht des Finanzausschusses, BT-Drs. XI/2536, 2.
[377] Vgl. Auflistung im Bericht des Finanzausschusses, BT-Drs. XI/2536, 10.
[378] Bericht des Finanzausschusses, BT-Drs. XI/2536, 10.
[379] Tipke, StuW 1989, 291, 293; was nicht notwendigerweise für die Sorgfältigkeit und Qualität dieser Anhörungen spricht.

etc.[380]. Signifikant waren auch die umfangreichen Änderungen, die der Gesetzesentwurf im Ausschuss, sowohl als Ergebnis der öffentlichen Anhörungen als auch aufgrund von Anträgen des Bundesrates, erfahren hatte. Insgesamt umfassten die geänderten Teile 48 Spiegelstriche[381]. Mit der Behauptung, es sei keine andere Vorlage bekannt, die so sehr die Handschrift des Parlaments erkennen ließe, wurde diese Masse an Änderungen jedoch in ein anderes Licht gesetzt[382].

Die Koalition betrieb das parlamentarische Verfahren mit ausgesprochener Eile. Bereits am 19. April 1988 hatten die Fraktionen von CDU/CSU und FDP einen gleichlautenden Gesetzesentwurf in den Deutschen Bundestag eingebracht[383], womit die parlamentarische Behandlung des Reformentwurfes in den Ausschüssen beschleunigt in die Wege geleitet und ein Gesetzesbeschluss noch vor der Sommerpause sichergestellt werden sollte. Die Opposition kritisierte dieses Vorgehen als „Durchpeitschen" des Gesetzesentwurfs[384]. Die weitgehenden Änderungen der von der Steuerreform betroffenen Steuergesetze erforderten einen größeren Beratungszeitraum als die veranschlagten zwei Monate, wobei man der Regierung vorwarf, sie wolle sich schnellstmöglichst einer steuerpolitischen Hypothek entledigen[385].

Von der Regierung wurde die Verabschiedung des Gesetzes noch vor der parlamentarischen Sommerpause damit gerechtfertigt, dass Bürgern wie Unternehmen, aber auch Steuerberatern und Steuerrechtsverlagen ausreichend Vorlaufzeit zur Vorbereitung auf die neue Rechtslage zur Verfügung gestellt werden müsse, damit nicht wie nach bisheriger gesetzgeberischer Praxis den Betroffenen Rechtsänderungen in immer kürzeren Fristen zugemutet würden[386].
Insgesamt befand sich die Vorlage von der Einbringung bis zum endgültigen Bundestagsbeschluss am 24. Juni 1988 nur gut zwei Monate im Bundestag. Dies entsprach in etwa dem Zeitraum des Steuersenkungserweiterungsgesetzes 1988, das jedoch vom Gesamtumfang, insbesondere was die inhaltliche Reichweite der einzelnen Maßnahmen anging, wesentlich überschaubarer gewesen war.

Selbst die Arbeit des Finanzausschusses vom Überweisungsbeschluss des Bundestages vom 05. Mai 1988 bis zum abschließenden Bericht vom 21. Juni 1988 war lediglich zehn Tage länger, als der Zeitraum vom 20. Mai 1987 bis zum 24. Juni 1987 in dem

[380] Bericht des Finanzausschusses, BT-DRs. XI/2536, 44.
[381] Beschlussempfehlung des Finanzausschusses, BT-Drs. XI/2529, 5-7; vgl. auch Sturm, WM 1989, Sonderbeil. Nr. 1, 4; Sturm bezeichnet es als bis dato äußerst selten, dass ein Gesetzesentwurf im Laufe der parlamentarischen Beratungen so stark verändert wurde, wie das Steuerreformgesetz 1990, WM 1989, Sonderbeil. Nr. 1, 37.
[382] Vgl. So der Vorsitzende des Finanzausschusses, Gattermann (FDP), in seiner Rede bei der zweiten Beratung des Gesetzesentwurfs vor dem deutschen Bundestag am 23. Juni 1988, BT-PlPr. XI/87, S. 5843, (D).
[383] GesEntw Fraktionen CDU/CSU und FDP BT-Drs. XI/2157.
[384] Vgl. die Rede des Abgeordneten Apel (SPD) während der ersten Beratung am 21. April 1988, vgl. BT-PlPr. XI/74, S. 4945 (C).
[385] So der Abgeordnete Apel (SPD) während der ersten Beratung des Gesetzesentwurfs am 21. April 1988 , vgl. BT-PlPr. XI/74, S. 4945, (D).
[386] So der FPD-Abgeordnete Gattermann in seiner Rede während der ersten Beratung am 21. April 1988, vgl. BT-PlPr. XI/74, S. 4951, (D).

der Finanzausschuss ein Jahr zuvor das Steuersenkungserweiterungsgesetz 1988 bearbeitet hatte. Geht man davon aus, dass die entscheidende parlamentarische Arbeit im Rahmen einer Gesetzesinitiative in den Fachausschüssen statt fand, so ist der Zeitraum der Beratungen ein Beleg dafür, dass das Steuerreformgesetz 1990 tatsächlich mit großer Eile behandelt wurde. Der am Umfang des Reformpaketes gemessen ohnehin nur bescheiden längere Verhandlungszeitraum wirkt umso geringer, wenn man zusätzlich noch die erheblichen Veränderungen in Rechnung stellt, die während des parlamentarischen Verfahrens Eingang in die Regierungsvorlage fanden.

Nachdem in den beiden ersten Reformstufen des Steuersenkungsgesetzes die Steuerpflichtigen in Deutschland um nahezu 25 Mrd. DM bei der Einkommensteuer entlastet wurden, erfolgte durch das Steuerreformgesetz 1990 eine Absenkung sowohl der Einkommen- als auch der Körperschaftsteuerbelastung um weitere 37 Mrd. DM. Gleichzeitig wurden jedoch im Steuerreformgesetz 1990 auch Steuervergünstigungen und Sonderregelungen in Höhe von rund 18 Mrd. DM abgeschafft, so dass sich die Nettosteuerentlastung nur auf rund 19 Mrd. DM belief. Das Gesetzeswerk folgte damit, wie bereits in den vorangegangenen Regierungserklärungen angekündigt worden war, einem zweigleisigen System. Durch erhöhte Freibeträge und einen korrigierten Tarif wurde einerseits die nominelle Belastung abgesenkt, gleichzeitig wurde die Bemessungsgrundlage durch einnahmeerhöhende Maßnahmen wie etwa den Abbau steuerlicher Sondervorteile breiter gestaltet[387]. Regierung und Koalitionsparteien waren sich bewusst, dass die angestrebte Verbreiterung der Bemessungsgrundlage die Sonderinteressen steuerlich privilegierter Minderheiten und zahlreicher Verbände berührte. Diese hatten jedoch hinter den Interessen aller Bürger und dem Gemeinwohl zurückzutreten[388].

Bei diesem Gesetzesvorhaben wurde mit der Einbeziehung der Körperschaftsteuer in die Steuerreform, insbesondere mit der Absenkung des Tarifs, zum ersten Mal auch in größerem Umfang die gesamte Wirtschaft berücksichtigt und nicht nur Private und Personengesellschaften[389].

Die Opposition war von Beginn an auf schärfstem Konfrontationskurs gegen das Reformpaket[390], konnte jedoch aufgrund der Mehrheitsverhältnisse nicht verhindern, dass der Bundestag der Beschlussvorlage am 23. Juni 1988 mit der Koalitionsmehrheit von CDU und FDP zustimmte. Auch der Bundesrat verweigerte seine Zustimmung am 08.

---

[387] Vgl. hierzu auch die Rede von Bundesfinanzminister Stoltenberg bei der Ersten Beratung des Gesetzesentwurfs am 21. April 1988. Dieser bezeichnet „niedrigere Tarife und weniger Ausnahmen" als wesentliches Motto dieser Konzeption, vgl. BT-PlPr. XI/74, 4932 (B).

[388] So Bundesfinanzminister Stoltenberg in der gleichen Rede, vgl. BT-PlPr. XI/74, 4932 (B).

[389] Diese Aussage ist nicht ganz korrekt, da die Sonderabschreibungen z.B. des § 7g EStG über 8 Abs. 1 KStG auch für Körperschaften galten. Zum ersten Mal jedoch wurde der Steuersatz des Körperschaftsteuergesetzes gesenkt.

[390] Vgl. nur die Rede des finanzpolitischen Sprechers der SPD-Fraktion, Apel, während der zweiten Beratung des Gesetzesentwurfs vor dem Deutschen Bundestag am 23. Juni 1988, in der er ausführte: „Das Steuerpaket sollte ein Jahrhundertwerk werden, das Markenzeichen, das Gütesiegel der Arbeit der Koalition. Geworden ist daraus ein Stück aus dem Tollhaus, ein Machwerk voller Ungerechtigkeiten und der brutalen Umverteilung von oben nach unten. Sie stehen heute (.....) vor dem Scherbenhaufen ihrer Steuerpolitik. Vgl. BT-PlPr. XI/87, S. 5837 (B).

Juli 1988 nicht, obwohl auch die Unions-geführten Ländern dem konkreten Ergebnis der Steuerreform 1990 nicht uneingeschränkt positiv gegenüberstanden[391].

Die Koalition rühmte sich, mit einem Nettovolumen von insgesamt 42 Mrd. DM durch die Steuerreform 1986/1988-1990 die höchste Steuerentlastung der Nachkriegszeit vorgenommen zu haben[392].

3.2.1. Maßnahmen auf dem Gebiet des Lohn- und Einkommensteuerrechts

3.2.1.1 Tarifreform

Die Einführung eines linear-gradlinigen Tarifs war eines der zentralen Anliegen der christlich-liberalen Bundesregierung. Diese mittelfristig geplante Umstellung war von Vertretern der Bundesregierung bei früheren Reformvorhaben bzw. Regierungserklärungen immer wieder angekündigt worden[393]. Die bisher bestehende steile Progression galt als leistungshemmend und wachstumsfeindlich, so dass die Einführung des neuen Tarifs die bis dahin einschneidendste steuerpolitische Maßnahme der Bundesregierung darstellte[394].

Erneut wurde nach dem Steuerreformgesetz 1986/1988 der Einkommensteuertarif gesenkt, allerdings nicht nur die Steuersätze sondern auch die betreffenden Einkommensgrenzen, und zwar über den gesamten Einkommensbereich. Die Grundfreibeträge wurden nochmals von 4 752/9 504 DM um 864 DM/1 728 DM auf 5 616 DM/11 232 DM (Alleinstehende/Verheiratete) angehoben. Der Eingangssteuersatz, der für Einkommensteile über dem Grundfreibetrag bis 8 150 DM/16 300 DM (bisher 18 000 DM/36 000 DM) gelten sollte, wurde von 22 v.H. auf 19 v.H. gesenkt[395]. Der Spitzensteuersatz wurde von 56 v.H. auf 53 v.H. gesenkt, wobei allerdings der Beginn der oberen Zone proportionaler Besteuerung von bisher 130 000/260 000 DM auf 120 000 DM/240 000 DM vorverlegt wurde[396].

Kernstück der Tarifreform war jedoch die Beseitigung des sog. „Mittelstandsbauches", wie der für die bisherige Progressionsgestaltung kennzeichnende nach oben gewölbten, leistungsfeindliche Verlauf der Grenzsteuersatzkurve bezeichnet wurde[397].
Argumentiert wurde, dass die bisherige Steuerprogression bereits bei mittleren Einkommen zu Grenzbelastungen zwischen 40 v.H. und 50 v.H. führe, was Arbeit und Leistung, die Übernahme unternehmerischen Risikos und das Erwirtschaften zusätzli-

---

[391] Vgl. die Rede des baden-württembergischen Ministerpräsidenten, Späth (CDU), in der Abstimmungssitzung des Bundesrates am 08. Juli 1988, der ausführte, dass die Steuerreform „tragbar" sei und „weiter führt", vgl. BR-PlPr. 1988/591, S. 232 (B).
[392] So der CDU/CSU-Fraktionsvorsitzende, Dregger, in seiner Rede während der zweiten Beratung des Gesetzesentwurfs vor dem Deutschen Bundestag am 23. Juni 1988, vgl. BT-PlPr. XI/87, 5832 (A).
[393] Vgl. die Regierungserklärung des Bundeskanzlers zu Beginn der elften Legislaturperiode; Vgl. auch die Rede des Bundesfinanzministers während der ersten Beratung des Steuersenkungsgesetz 1986/1988 am 01. März 1985, vgl. BT-PlPr. X/124, S. 9139 (C).
[394] So Sturm, WM 1989, Sonderbeil. Nr. 1, 7.
[395] GesEntw BRg, BT-Drs. XI/2157, S. 119.
[396] GesEntw BRg, BT-Drs. XI/2157, S. 119.
[397] Sturm, WM 1989, Sonderbeil. Nr.1, 7.

chen steuerbelastenden Verdienstes wenig lohnend erscheinen lasse[398]. Aus diesem Grunde war für die Bundesregierung ein leistungsfreundlicher Steuertarif auch eine wesentliche Grundlage für die Finanzierung des Sozialstaates[399].

Die Tarifreform wurde von den Oppositionsparteien sowohl in den Sitzungen des Finanzausschusses als auch im parlamentarischen Plenum aufgrund der ihrer Meinung nach damit verbundenen ungerechten und einseitigen Bevorzugung von Spitzenverdienern nachhaltig abgelehnt[400]. Die Koalitionsfraktionen hielten dieser Kritik die wirtschafts- und arbeitsplatzfördernde Wirkung ihrer Tarifreform entgegen. Neun von zehn Betrieben in Deutschland würden in der Rechtsform eines Einzelunternehmens oder einer Personengesellschaft betrieben. Diesen käme die Beseitigung des Mittelstandsbauches und die Absenkung des Spitzensteuersatzes zugute, so dass die Tarifentlastung die mittelständischen Unternehmen und deren Investitionsfähigkeit stärke, was mit Blick auf den internationalen Wettbewerb letztlich unumgänglich sei[401]. Dem Vorwurf der Klientelpolitik nur für Spitzenverdiener begegneten die Koalitionsfraktionen mit dem Einwand, dass auch weite Teile der Arbeitnehmerschaft, z.B. Facharbeiter, von der Tarifreform begünstigt würden. Schließlich profitierten selbst Bezieher niedriger Einkommen von der Aufstockung des Grundfreibetrages sowie der Absenkung des Eingangssteuersatzes, da allein dadurch rd. 500 000 Bezieher von Kleinsteinkommen komplett aus der Besteuerung entlassen würden[402].

Eines der Hauptargumente der Bundesregierung zur Verteidigung ihres Tarifs, insbesondere gegen den Vorwurf der sozialen Unausgewogenheit und dem Oppositionstarif, der eine deutliche Konzentration der Entlastung insbesondere in der unteren Tarifzone vorsah, bestand in dem nicht nur für eine kurzfristige Entlastung sorgenden Verlauf. Vielmehr führe die Tarifgestaltung zu einer Berücksichtigung von mittel- und längerfristigen Auswirkungen etwa durch wachsende Löhne und Gehälter, beruflichen Aufstieg oder unternehmerischen Erfolg[403].

3.2.1.2 Reform der Familienbesteuerung

Eines der Kernanliegen der christlich-liberalen Regierungskoalition war die stetige Verbesserung der Familienbesteuerung durch finanzielle Entlastungen und einer verfassungsgemäßen Berücksichtigung der besonderen Belastungen im Besteuerungssystem. Aus diesem Grunde wurden auch im Steuerreformgesetz 1990 wieder Steuerentlastungen zugunsten von Familien gewährt. Die Reform der Familienbesteuerung war

---

[398] GesEntw BRg. BT-Drs. XI/2157, S. 119.
[399] GesEntw BRg. BT-Drs. XI/2157, S. 119.
[400] Bericht des Finanzausschusses, BT-Drs. XI/2536, S. 54; vgl. nur die Rede des finanzpolitischen Sprechers der SPD-Fraktion, Apel, während der zweiten Beratung des Gesetzesentwurfs am 23. Juni 1988 vor dem Deutschen Bundestag, BT-PlPr. XI/87, S. 5837 (D).
[401] Bericht des Finanzausschusses, BT-Drs. XI/2536, S. 54.
[402] Bericht des Finanzausschusses, BT-Drs. XI/2536, S. 54.
[403] GesEntw BRg, BT-Drs. XI/2157, S. 120; Bundesfinanzminister Stoltenberg bezeichnete den drastischen Anstieg der Tarifprogression als das Grundübel des damaligen Steuersystems, da die Betroffenen nach momentanen Entlastungen in kurzer Zeit wieder in eine unerträglich hohe Belastung hineinwüchsen, vgl. dessen Rede während der zweiten Beratung des Gesetzesentwurfs vor dem Deutschen Bundestag am 23. Juni 1988, BT-PlPr. XI/87, S. 5852 (A).

erneut von einer Anhebung der Kinderfreibeträge geprägt, weshalb sich Regierungskoalition und Opposition wie schon beim Steuerentlastungsgesetz 1986/1988 mit den gleichen steuersystematischen Positionen gegenüber standen. Aus diesem Grunde wurden auch in der politischen Diskussion lediglich altbekannte Argumente ausgetauscht[404].

Da die Koalition bereits den Kinderfreibetrag des Steuersenkungsgesetzes 1986/1988 für in dieser Höhe nicht ausreichend hielt und lediglich aus Rücksichtnahme auf eine Haushaltskonsolidierung auf eine weitere Erhöhung verzichtet hatte[405], war es eine logische Konsequenz, den Kinderfreibetrag erneut mit dem Steuerreformgesetz 1990 von 2 484 DM auf 3 024 DM anzuheben. Daneben wurde noch der Haushaltsfreibetrag für Alleinstehende, zu deren Haushalt mindestens ein Kind gehört, von 4 752 DM auf 5 616 DM, sowie der Höchstbetrag für den Abzug von Unterhaltsaufwendungen für bedürftige Angehörige von 2 484 DM/4 500 DM auf 3 024 DM/5 400 DM angehoben[406].

Daneben wurde mit dem Pflegepauschbetrag in Höhe von 1 800 DM durch das Steuerreformgesetz 1990 ein gänzlich neuer Pauschbetrag eingeführt, der der besonderen Belastung aufgrund häuslicher Pflege von Schwerpflegebedürftigen Rechnung tragen sollte[407]. Als Konsequenz aus der Einführung des neuen Pflegebetrages wurde gleichzeitig der steuerliche Höchstbetrag für die Beschäftigung einer Haushaltshilfe im Pflegefall von bisher 1 200 DM auf 1 800 DM angehoben, da beiden steuerlichen Entlastungen ähnliche Sachverhalte zugrunde lagen[408].

Trotz der Anhebung familienbezogener Abzugsbeträge und der Einführung eines neuen Pflegepauschbetrages gab es in der Familienbesteuerung, vor allem was die Berücksichtigung der aufgrund der besonderen Belastungen geminderten wirtschaftlichen Leistungsfähigkeit betraf, nach Ansicht der Koalition immer noch Defizite[409]. Warum allerdings das Entlastungsvolumen nicht stärker auf die Verwirklichung des subjektiven Familien-Nettoprinzips konzentriert wurde, blieb unklar. Die Bundesregierung rühmte sich, dass aufgrund der familienbezogenen Abzugsbeträge in Verbindung mit der allgemeinen Tarifsenkung immerhin die Hälfte des Entlastungsvolumens der dreistufigen Steuerreform auf die Familien entfiel, obwohl diese tatsächlich nur ein Drittel der Gesamtzahl aller Steuerpflichtigen ausmachten[410].

---

[404] Vgl. nur den Bericht des Finanzausschusses, BT-Drs. XI/2536, S. 53.
[405] Vgl. in der zehnten Legislaturperiode, Kap. V. 3.2.2.
[406] GesEntw BRg, BT-Drs. XI/2157, S. 120.
[407] GesEntw BRg, BT-Drs. XI/2157, S. 121.
[408] GesEntw BRg, BT-Drs. XI/2157, S. 121.
[409] GesEntw BRg, BT-Drs. XI/2157, S. 120; der Abgeordnete Gattermann führte nach den Beratungen des Finanzausschusses vor dem Deutschen Bundestag am 23. Juni 1988 aus, dass im Bereich der Familienbesteuerung aus fiskalischen Gründen noch einiges zu wünschen übrig geblieben sei, vgl. BT-PlPr. XI/87, S. 5845 (D).
[410] GesEntw BRg, BT-Drs. XI/2157, S. 121.

3.2.1.3. Korrektur der Bemessungsgrundlage

Spiegelbildlich zu der Absenkung der Steuertarife sollte durch das Steuerreformgesetz 1990 auch eine Verbreiterung der steuerrechtlichen Bemessungsgrundlage erfolgen, wobei vor allem die Ausrichtung am Leistungsfähigkeitsgrundsatz im Vordergrund stand, die zu einem alle gesellschaftlichen Gruppen gleichermaßen treffenden Abbau von Subventionen und Sondervergünstigungen führen sollte.

Im Bereich der Arbeitnehmerbesteuerung war die Einführung eines allgemeinen Pauschbetrages in Höhe von 2 000 DM gem. §§ 9, 9a, 19 Abs. 3 u. 4 EStG vorgesehen, der an die Stelle des bisherigen Werbungskostenpauschbetrages in Höhe von 564 DM, des Arbeitnehmer-Freibetrages von 480 DM sowie des Weihnachtsfreibetrages von 600 DM treten sollte[411].
Begründet wurde dies mit einer bedeutenden Vereinfachung des Besteuerungsverfahrens. Auf diese Weise würden 75 v.H. der Arbeitnehmer von einer gesonderten Ermittlung ihrer Werbungskosten befreit, was in der Folge sowohl eine Entlastung der Finanzämter als auch aufgrund der Vermeidung von Rechtsstreitigkeiten eine Entlastung der Finanzgerichte bedeuten würde[412].

Mit dieser Maßnahme setzten sich Regierung und Koalition gegen erhebliche verfassungsrechtliche Bedenken auch seitens der eigenen Bundesratsmehrheit durch. Zwar standen die Ministerpräsidenten der CDU der vorgesehenen Vereinheitlichung zu einem allgemeinen Pauschbetrag positiv gegenüber, sie hatten jedoch gegen die konkrete Höhe von 2 000 DM steuersystematische und verfassungsrechtliche Bedenken. Etwa die Hälfte der Arbeitnehmer, so der Bundesrat, hätten jährliche Aufwendungen in Höhe von nicht einmal 600 DM, so dass die geplante Anhebung des nunmehr einheitlichen Pauschbetrages für diese Gruppe von Arbeitnehmern die Wirkung eines Steuerfreibetrages in Höhe von etwa 1 400 DM bis 1 500 DM hätte. Darin sah der Bundesrat eine so erhebliche Verletzung der individuellen Steuergerechtigkeit, die auch unter dem Gesichtspunkt der Steuervereinfachung nicht mehr zu rechtfertigen sei[413].

Neben diesen Vorwürfen wurde in den Anhörungen der Sachverständigen noch weitere Kritik geübt. Argumentiert wurde, dass die Beibehaltung verschiedener Pausch- und Freibeträge notwendig sei, um den im Gegensatz zu Selbstständigen geringeren steuerlichen Gestaltungsmöglichkeiten von Arbeitnehmern Rechnung zu tragen[414]. Was dieses Argument anbetraf, so hatte es im Bundesfinanzministerium offensichtlich einen Sinneswandel gegeben, dem auch die Koalition in den Ausschussberatungen gefolgt war. Noch im Jahre 1984 hatte der Ministerialdirektor im Bundesministerium der Finanzen, Uelner, den Weihnachtsfreibetrag gegen den Vorwurf des Verstoßes gegen das Leistungsfähigkeitsprinzip damit verteidigt, dass dieser Freibetrag den wirtschaftlichen Nachteil ausgleiche, den ein Arbeitnehmer dadurch erleide, dass er besonders zeitnah besteuert werde[415].

---

[411] GesEntw BRg. BT-Drs. XI/2157, S. 143.
[412] GesEntw BRg, BT-Drs. XI/2157, S. 143.
[413] Stellungnahme BR, BT-Drs. XI/2226, S. 9.
[414] Bericht des Finanzausschusses, BT-Drs. XI/2536, S. 18.
[415] Vgl. Münsteraner Symposium Band II, 175, 180.

Im Gegensatz zur Zulässigkeit der Einführung eines Pauschbetrages für Aufwendungen für ein häusliches Arbeitszimmer[416] konnten sich die verfassungsrechtlichen Bedenken gegen den neuen Arbeitnehmerfreibetrag im Finanzausschuss jedoch nicht durchsetzen. Ein Arbeitnehmerpauschbetrag sei jedenfalls dann gerechtfertigt, so wurde ausgeführt, wenn der hierfür angesetzte Betrag für den typischen Arbeitnehmer zutreffe[417], wobei sich die Koalitionsmehrheit auf eine während der Ausschussberatungen vorgelegte Berechnung stützte[418].

Nicht gefolgt ist die Ausschussmehrheit jedoch der Gesetzesvorlage bezüglich der Dreizehntelung der Lohnsteuertabellen. Die Regierungsfraktionen machte sich die in den Anhörungen auch von der Opposition geäußerten Bedenken, dass die sog. Dreizehntelung in solchen Fällen zu ungerechten Ergebnissen führe, in denen tatsächlich überhaupt kein dreizehntes bzw. nur ein Teil eines dreizehnten Monatsgehaltes ausgezahlt werde, zu eigen[419].

Eine der umstrittensten Neuregelungen innerhalb des Gesetzeswerks bezüglich der Besteuerung von Einkünften aus nichtselbstständiger Arbeit war die einheitliche Begrenzung der Steuerbefreiung von Lohnzuschlägen für Sonntags-, Feiertags- und Nachtarbeit. Mit der Neufassung des § 3b EStG sollte die Steuerfreiheit der Lohnzuschläge nach dem ursprünglichen Gesetzesentwurf für alle Bereiche einheitlich begrenzt werden, wobei die Steuerfreiheit der Zuschläge grundsätzlich unangetastet bleiben sollte[420]. Die Lohnzuschläge für Sonntagsarbeit blieben zu 50 v.H. des Grundlohns steuerfrei, Lohnzuschläge für Feiertagsarbeit zu 125 v.H. Bei der Nachtarbeit wurde aus Gründen der Rechtsvereinfachung die bisherige Unterscheidung zwischen regelmäßiger und gelegentlicher Nachtarbeit aufgegeben und eine Begrenzung von einheitlich 25 v.H. festgeschrieben[421].

In den Anhörungen des Ausschusses begrüßten die Sachverständigen diese Initiative als ersten Schritt zum Abbau der Steuerfreiheit, teilweise erschien ihnen dies sogar als nicht ausreichend[422], denn aus steuerrechtlicher und finanzwissenschaftlicher Sicht seien die besonderen Umstände bei der Erzielung von Einkünften irrelevant. Entscheidend für die steuerliche Behandlung von Einkünften sei allein deren Höhe, nicht dagegen die Umstände, unter denen die Einkünfte erzielt würden[423].

Auch die Mehrheit im Finanzausschuss bekräftigte diesen Grundsatz und wertete die Steuerfreiheit der Lohnzuschläge als Verstoß gegen den Gleichheitssatz[424]. Trotzdem veränderte der Finanzausschuss die Gesetzesvorlage und negierte damit insbesondere die Aussage der Sachverständigen, dass es für die steuerliche Beurteilung lediglich auf die Höhe der erzielten Einkünfte ankomme.

---

[416] Siehe dazu gleich in diesem Kapitel.
[417] Bericht des Finanzausschusses, BT-Drs. XI/2536, S. 50.
[418] Bericht des Finanzausschusses, BT-Drs. XI/2536, S. 50.
[419] Bericht des Finanzausschusses, BT-Drs. XI/2536, S. 51.
[420] Sturm, WM 1989, Sonderbeil. Nr. 1, 11.
[421] GesEntw BRg, BT-Drs. XI/2157, S. 138.
[422] Bericht des Finanzausschusses, BT-Drs. XI/2536, S. 14.
[423] Bericht des Finanzausschusses, BT-Drs. XI/2536, S. 14.
[424] Bericht des Finanzausschusses, BT-Drs. XI/2536, S. 46.

Die Koalitionsmehrheit fügte einen im ursprünglichen Gesetzesentwurf nicht enthaltenen neuen Absatz 3 in § 3b EStG ein[425], nach dem solche Zuschläge in erweitertem Umfang steuerfrei blieben, die für Arbeit zu besonders ungünstigen Zeiten sowie zur Aufrechterhaltung produktionsbedingter Schichtabläufe am Sonntag gezahlt würden[426]. Im Ergebnis sah die veränderte Ausschussvorlage für Arbeitnehmer, die mehr als 50 v.H. ihrer Tätigkeit im Rahmen einer sogenannten „Dauernachtschicht" von 0.00 bis 4.00 Uhr verrichteten, vor, die Steuerfreiheit der Lohnzuschläge von 25 v.H. auf 40 v.H. zu erhöhen. Als Sonn- und Feiertagsarbeit sollte weiterhin auch die Zeit von 0.00 bis 4.00 Uhr des darauffolgenden Tages anerkannt werden[427]. Damit folgte der Finanzausschuss den Vorschlägen des Bundesrates, der sich in seiner ersten Stellungnahme zu dem Gesetzesentwurf der Bundesregierung dafür ausgesprochen hatte, denjenigen Arbeitnehmern eine höhere steuerliche Entlastung zu belassen, die durch ihre Arbeit in der „Kernnachtzeit" in besonderem Maße belastet waren[428].

Diese Argumentation machte sich auch die SPD-Fraktion im Finanzausschuss zu eigen, die darüber hinaus befürchtete, dass die Abschaffung der Steuerfreiheit von Lohnzuschlägen zusammen mit anderen in diesem Gesetzesentwurf enthaltenen Kürzungen anderer Arbeitnehmervergünstigungen zu einer steigenden Steuerbelastung der Arbeitnehmer führen würde[429].

Die ebenfalls von der Bundesregierung geplante pauschalierte Berücksichtigung von Werbungskosten für das häusliche Arbeitszimmer in Höhe von 800 DM[430] wurde im federführenden Finanzausschuss aus der Gesetzesvorlage gekippt. Mit dem neuen Pauschbetrag wollte die Bundesregierung den Erfahrungen der Praxis gerecht werden, dass die Ermittlung der genauen Aufwendungen für ein derartiges Arbeitszimmer ausgesprochen schwierig sei. Der Pauschbetrag sollte sowohl der Steuervereinfachung dienen, als auch einer sachgerechten Begrenzung des Werbungskostenabzuges[431]. In den Anhörungen wurden von den Sachverständigen teilweise verfassungsrechtliche Bedenken gegen die Neuregelung geäußert. Diese gründeten sich vor allem darauf, dass die im Gesetzentwurf der Bundesregierung vorgesehene Pauschalierung auf Arbeitnehmer beschränkt bleibe und die übrigen Einkunftsarten nicht erfasst würden[432].

Einstimmig ist der Ausschuss bei seinen Beratungen diesen Bedenken der Sachverständigen gefolgt und verzichtete auf die Pauschalierung. Auch ein Votum des Bundesrates, zunächst noch zu prüfen, ob die ursprünglich vorgesehene Regelung über den Bereich der Arbeitnehmer hinaus auf andere Berufsgruppen und Einkunftsarten ausgedehnt werden könnte[433], blieb erfolglos. Die Prüfung hatte ergeben, dass eine solche Ausdehnung zu erheblichen Abgrenzungsschwierigkeiten geführt hätte, so dass ent-

---

[425] Bericht des Finanzausschusses, BT-Drs. XI/2536, S. 76.
[426] Bericht des Finanzausschusses, BT-Drs. XI/2536, S. 46.
[427] Bericht des Finanzausschusses, BT-Drs. XI/2536, S. 46.
[428] Stellungnahme des Bundesrates, BT-Drs. XI/2226, S. 6.
[429] Bericht des Finanzausschusses, BT-Drs. XI/2536, S. 46.
[430] GesEntw BR, BT-Drs. XI/2157, S. 142.
[431] GesEntw BRg, BT-Drs. XI/2157, S. 142.
[432] Bericht des Finanzausschusses, BT-Drs. XI/2536, 29.
[433] Stellungnahme des Bundesrates, BT-Drs. XI/2226, S. 9.

sprechend dem weiteren Votum des Bundesrates auf eine Pauschalierungsregelung für das häusliche Arbeitszimmer gänzlich verzichtet wurde[434].

Einer der Schwerpunkte der Ausschussberatungen im Hinblick auf die Arbeitnehmerbesteuerung betraf die in der Regierungsvorlage vorgesehene Einschränkung der Steuerfreiheit von Belegschaftsrabatten[435]. Der ursprüngliche Gesetzesentwurf der Regierungsfraktionen sah in § 8 Abs. 3 EStG vor, dass bei Waren oder Dienstleistungen, die ein Arbeitnehmer aufgrund seines Arbeitsverhältnisses erhielt, ein Abschlag in Höhe von 3 v.H. des marktüblichen Endpreises vorgenommen werden sollte. Die Differenz zwischen dem vergünstigten Preis und dem vom Arbeitnehmer tatsächlich gezahlten Entgelt sei zu versteuern, soweit die Vorteile einen Freibetrag von jährlich 2 400 DM überstiegen.

Die bisherige Steuerfreiheit von Belegschaftsrabatten sei, so die Begründung des Gesetzesentwurfs, mit dem Grundsatz der Besteuerung nach der Leistungsfähigkeit nicht mehr zu vereinen, was insbesondere in den Fällen gelte, bei denen der gewährte Preisvorteil im Vergleich zu dem ausgezahlten Barlohn ein erhebliches Gewicht habe[436]. Mit dem Freibetrag werde der Umstand berücksichtigt, dass eine vollständige und richtige steuerliche Erfassung der Preisvorteile schwierig sei, so dass die Besteuerung durch den Freibetrag auf diejenigen Fälle begrenzt bleiben solle, bei denen der Verwaltungsaufwand im Verhältnis zum steuerlichen Ergebnis vertretbar sei[437].

In den Anhörungen wurde dem Regierungsentwurf entgegengehalten, durch die partielle Steuerfreiheit von Belegschaftsrabatten werde die Neuregelung dem grundsätzlichen Ziel des Steuerreformgesetzes 1990 nicht gerecht, nämlich der Sicherstellung einer möglichst gleichmäßigen Besteuerung aller Einkünfte[438]. Der Freibetrag von 2 400 DM sei viel zu hoch, was daran liege, dass er einseitig die Arbeitnehmer in der Automobilindustrie als Zielgruppe im Auge habe[439].
Diese Schieflage wurde in den Ausschussberatungen teilweise verschärft, da die Ausschussmehrheit den Vorstellungen des Bundesrates, welche dieser in seiner ersten Stellungnahme geäußert hatte, teilweise entgegen gekommen war. Das Konzept des Bundesrates sah einen noch höheren Abschlagssatz von 5 v.H. vor[440], in der Ausschussvorlage wurde er auf 4 v.H. abgesenkt. Dieser Kompromiss zwischen den Regierungsvorstellungen und dem Bundesratskonzept wurde als ein ausreichendes Entgegenkommen auch gegenüber der Opposition verstanden, die eine Besteuerung von Belegschaftsrabatten grundsätzlich abgelehnt hatte[441].

In den Beratungen im Finanzausschuss kritisierten die Sachverständigen, dass das Reformvorhaben der Bundesregierung teilweise bei dem an für sich gerechtfertigten Versuch, die Bemessungsgrundlage zu verbreitern, auch vor solchen Regelungen nicht

---

[434] Bericht des Finanzausschusses, BT-Drs. XI/2536, S. 48.
[435] Bericht des Finanzausschusses, BT-Drs. XI/2536, S. 48.
[436] GesEntw BRg, BT-Drs. XI/2157, S. 142.
[437] GesEntw BRg BT-Drs. XI/2157, S. 142.
[438] Bericht des Finanzausschusses, BT-Drs. XI/2536, S. 15.
[439] Bericht des Finanzausschusses, BT-Drs. XI/2536, S. 15.
[440] Stellungnahme des Bundesrates, BT-Drs. XI/2226, S. 9.
[441] Bericht des Finanzausschusses, BT-Drs. XI/2536, S. 48.

Halt machen würde, die dem sog. „Netto-Prinzip" entsprächen und es sich demnach nicht um Steuervergünstigungen handele[442]. So stand insbesondere die den gewerblichen Bereich betreffende Frage einer Begrenzung des Betriebsausgabenabzuges für Bewirtungskosten auf dem Prüfstand.
Der ursprüngliche Gesetzesentwurf sah eine Beschränkung des Betriebsausgabenabzuges in Höhe von 80 v.H. der entstandenen Bewirtungskosten vor, womit dem Umstand Rechnung getragen werden sollte, dass durch die Bewirtung in jedem Falle auch die Lebensführung der daran teilnehmenden Personen berührt war[443].
Im Gegenzug sollten die bestehenden Nachweispflichten erleichtert werden. So sollte eine Bewirtung in Gaststätten dann als Betriebsausgabe anerkannt werden, wenn eine Rechnung eingereicht werde . Der Nachweis von Ort, Tag und Höhe der Aufwendungen musste auf dem amtlichen Vordruck nicht mehr angegeben werden, weil sich alle Angaben aus der Rechnung selbst ergaben[444].

Trotz der in den Anhörungen geübten Kritik[445] übernahm der Finanzausschuss die Begrenzung und verschärfte sie sogar nochmals gegenüber der ursprünglichen Gesetzesvorlage. Diese sah nämlich in § 4 Abs. 5 Satz 1 Nr. 2 EStG eine Abzugsbeschränkung nur für die Bewirtung von Personen vor, die nicht Arbeitnehmer des Steuerpflichtigen waren. Mit einer Erweiterung der Begrenzung auch auf den Anteil der Bewirtungskosten, die auf die Arbeitnehmer des Steuerpflichtigen entfielen, sollte eine Gleichbehandlung von Arbeitnehmern und Geschäftsfreunden des Steuerpflichtigen einerseits sowie von Einzelunternehmen und Personengesellschaften und Kapitalgesellschaften andererseits erzielt werden[446]. Zudem verband der Ausschuss mit der Erweiterung des Regelungsbereiches auch die Hoffnung auf eine Verwaltungsvereinfachung, da der bewirtende Unternehmer nun den Anteil seiner Arbeitnehmer an den Bewirtungskosten nicht mehr herausrechnen musste[447].

Ebenfalls gewerbliche Einkünfte betraf die in einem neuen Absatz 4 des § 5 EStG vorgesehene Beschränkung der steuerlichen Abziehbarkeit von Jubiläumszuwendungen. Die Gesetzesänderung sollte sicherstellen, dass Rückstellungen nur dann steuerlich berücksichtigt werden konnten, wenn der Berechtigte in jedem Fall der Beendigung des Dienstverhältnisses vor Erreichen des Jubiläums bereits am Bilanzstichtag einen Anspruch auf die Zuwendung besaß[448].

Grundlage war die Überlegung, dass der steuerliche Gewinn nicht durch Rückstellungen für Verpflichtungen gemindert werden sollte, deren – unter Umständen erst in sehr ferner Zukunft liegende – Verwirklichung im Einzelfalle zweifelhaft war und die sich deshalb wirtschaftlich nicht den vorangegangenen Wirtschaftsjahren zuordnen ließen[449].

---

[442] So Prof. Lang, vgl. Bericht des Finanzausschusses, BT-Drs. XI/2536, S. 14.
[443] GesEntw BRg, BT-Drs. XI/2157, S. 139.
[444] GesEntw BRg. BT-Drs. XI/2157, S. 139.
[445] Bericht des Finanzausschusses, BT-Drs. XI/2536, S. 14.
[446] Bericht des Finanzausschusses, BT-Drs. XI/2536, S. 46.
[447] Bericht des Finanzausschusses, BT-Drs. XI/2536, S. 46.
[448] GesEntw BRg, BT-Drs. XI/2157, S. 140.
[449] GesEntw BRg, BT-Drs. XI/2157, S. 140.

In den Sachverständigenanhörungen des Finanzausschusses wurden die geäußerten Bedenken an der Neuregelung damit begründet, dass die Rückstellungen handelsrechtlich geboten seien und deshalb ein Auseinanderfallen von Handelsbilanz und Steuerbilanz drohe[450].

Auch der Rechtsauschuss hatte dem federführenden Finanzausschuss eine von der ursprünglichen Gesetzesvorlage abweichende Neuregelung vorgeschlagen[451], die schließlich in Übereinstimmung mit einer BFH-Rechtsprechung vom Finanzausschuss übernommen wurde und die striktere Begrenzung im Gesetzesentwurf verdrängte[452]. In Anlehnung an die Regelung für Pensionsrückstellungen sollten Jubiläumsrückstellungen zumindest dann möglich sein, wenn von einem bestimmten Grad der Konkretisierung der Verpflichtung ausgegangen werden konnte[453].
Ein für die Bildung einer Rückstellung ausreichender Grad der Konkretisierung sollte nach der geänderten Ausschussvorlage dadurch gesichert werden, dass Rückstellungen künftig nur noch für mindestens 15-jährige Dienstjubiläen gebildet werden durften und der Arbeitnehmer durch eine mindestens zehnjährige Betriebszugehörigkeit bereits eine langjährige Betriebstreue gezeigt hatte[454].

Erst in den Beratungen des Finanzausschusses war gegen die Stimmen der Oppositionsfraktionen außerdem noch eine Neufassung des § 10d EStG in der Beschlussvorlage beschlossen worden[455], die eine Aufhebung der bisherigen Begrenzung des Verlustvortrages auf fünf Jahre beinhaltete. Die Ergänzung der Vorlage war nach Auffassung der Ausschussmehrheit aufgrund der in dem Gesetzesentwurf enthaltenen Regelung zur steuerlichen Behandlung des sog. Mantelkaufs[456] erforderlich geworden. Die Koalitionsfraktionen sahen in der vorgenommenen Einschränkung der steuerlichen Geltendmachung von Mantelkäufen ein faktisch eintretendes Verlustausgleichsverbot, das von den Unternehmen leichter zu verkraften sei, wenn die bisher geltenden Verlustausgleichsmöglichkeiten deutlich verbessert würden[457].

Aufgeworfen worden war die Frage der Aufhebung der Begrenzung der Verlustvortragsmöglichkeiten während der Anhörungen des Finanzausschusses vom DIHT im Zusammenhang mit der Neuregelung des Mantelkaufs. Zwar sei dieses Problem grundsätzlich diskussionswürdig, so der DIHT, jedoch nur in Verbindung mit der in der Bundesrepublik Deutschland im internationalen Bereich zu beschränkten Möglichkeit des Verlustvortrages. Ließe man einen unbeschränkten Verlustvortrag zu, so werde auch die deutsche Wirtschaft über die vorgesehenen Einschränkungen beim Mantelkauf mit sich reden lassen[458].

---

[450] Bericht des Finanzausschusses, BT-Drs. XI/2536, S. 15.
[451] Bericht des Finanzausschusses, BT-Drs. XI/2536, S. 31.
[452] Bericht des Finanzausschusses, BT-Drs. XI/2536, S. 47.
[453] Bericht des Finanzausschusses, BT-Drs. XI/2536, S. 47.
[454] Bericht des Finanzausschusses, BT-Drs. XI/2536, S. 47.
[455] Bericht des Finanzausschusses, BT-Drs. XI/2536, S. 52.
[456] Siehe dazu im Einzelnen Kap. 3.2.3.2. dieses Hauptteils.
[457] Bericht des Finanzausschusses, BT-Drs. XI/2536, S. 52.
[458] Bericht des Finanzausschusses, BT-Drs. XI/1536, S. 22.

3.2.1.4 Sonstige einnahmeerhöhende Maßnahmen

Entsprechend der verfolgten Linie der Regierungsvorlage, die Bemessungsgrundlage von nicht gerechtfertigten Steuersubventionen zu befreien, wurden einige weitere Pausch- und Abzugsbeträge ersatzlos gestrichen.
So wurde beispielsweise der Sonderausgabenpauschbetrag in Höhe von 270/540 DM beseitigt, da er aufgrund der häufig wesentlich geringeren tatsächlichen Sonderausgaben Freibetragswirkung habe und die damit verbundene Mitnahmewirkung mit der Gleichmäßigkeit der Besteuerung nicht zu vereinen sei[459], ebenso wie der bisher bestehende Freibetrag für die freien Berufe in Höhe von 1 200 DM[460]. Weiterhin wurde der Sonderausgabenabzug von Aufwendungen für hauswirtschaftliche Aus- und Weiterbildungsverhältnisse abgeschafft, weil er nach Ansicht der Bundesregierung nicht einer angemessenen Förderung der beruflichen Aus- und Weiterbildung bzw. der Fortbildung im nicht ausgeübten Beruf diene[461]. Schließlich wurden der Altersfreibetrag aufgehoben sowie die Steuerermäßigung für außerordentliche Einkünfte eingeschränkt[462].

Zunächst hatte der Gesetzesentwurf auch eine Einschränkung der steuerlichen Förderung von Land- und Forstwirtschaft vorgesehen, wie beispielsweise die Kürzung des Vorwegabzuges, worauf der Finanzausschuss allerdings verzichtete[463]. Darüber hinaus wurde die steuerliche Förderung sogar nochmals erweitert, obwohl bereits bei früheren Steuerinitiativen betont worden war, dass die Subventionierung der Land- und Forstwirtschaft nicht weiter ausgedehnt werden könnte[464]. Die Initiative für diese Maßnahmen war allerdings vom Bundesrat ausgegangen. So wurde die Möglichkeit, bei der Veräußerung von Grund und Boden einen Freibetrag von 90 000 DM geltend zu machen, zeitlich verlängert. Zudem sahen die Vorschläge eine Gleitregelung für die landwirtschaftlichen Freibeträge nach § 14a EStG vor, damit diese nicht so abrupt endeten, sowie eine unbefristete Steuerfreistellung für Gewinne aus der Entnahme von Grund und Boden des land- und forstwirtschaftlichen Betriebsvermögens eingeführt[465]. Begründet wurden diese Vergünstigungen mit der nach wie vor unbefriedigenden Ertragsentwicklung sowie der erheblichen Verschuldung der Land- und Forstwirtschaft. Hinzu komme der erhebliche Anpassungsdruck an die Neuorientierung der EG-Agrarpolitik[466].

3.2.1.5. Einführung einer kleinen Kapitalertragsteuer auf Zinseinkünfte

Eines der dringlichsten steuerrechtlichen Probleme dieser Zeit war die Frage der gleichmäßigen Besteuerung von Zinseinkünften. Noch im September 1988 hatte sich

[459] GesEntw BRg, BT-Drs. XI/2157, S. 145.
[460] GesEntw BRg, BT-Drs. XI/2157, S. 146.
[461] GesEntw BRg, BT-Drs. XI/2157, S. 144.
[462] Bericht des Finanzausschusses, BT-Drs. XI/2536, S. 4.
[463] Bericht des Finanzausschusses, BT-Drs. XI/2536, S. 51.
[464] Vgl. die Aussagen des Abgeordneten Gattermann bei den Beratungen zum Steuerbereinigungsgesetz 1986, in der zehnten Legislaturperiode, Kap. III. 4.2.1.1.
[465] Bericht des Finanzausschusses, BT-Drs. XI/2536, S. 52.
[466] Bericht des Finanzausschusses, BT-Drs. XI/2536, S. 52.

die steuerrechtliche Abteilung des Deutschen Juristentages intensiv mit diesem Themenkomplex auseinandergesetzt und eine Beschlussfassung zur Sicherstellung der gleichmäßigen Erfassung aller Einkünfte insbesondere im Hinblick auf Zinseinkünfte verabschiedet[467].

Auch die Bundesregierung war sich des grundsätzlichen Problems bewusst, dass bei der Besteuerung von Zinsen die Einkünfte durch das Finanzamt nur ausgesprochen unvollständig erfasst wurden. Aus diesem Grund versteuerten viele Bürger ihre Zinseinkünfte rechtswidrigerweise nicht[468]. Im Gegensatz dazu stand die Ungleichbehandlung bei der Lohnsteuer, die als Quellensteuer den sog. „gläsernen Arbeitnehmer" schuf. Diesen Gegensatz sah auch die Bundesregierung, als sie die Einführung einer Kapitalertragsteuer auf Zinseinkünfte damit begründete, dass der aus dem verfassungsrechtlichen Gleichbehandlungsgebot abgeleitete Grundsatz der Gleichmäßigkeit der Besteuerung auch eine möglichst gleichmäßige Behandlung der Einkunftsarten und Steuerpflichtigen gebiete[469]. Die anderen Steuerpflichtigen zugemuteten Belastungen im Rahmen der Beseitigung von Steuervergünstigungen innerhalb der Bemessungsgrundlage, die ebenfalls einer gleichmäßigen Besteuerung dienten, müssten für Bürger mit Kapitaleinkünften durch ein Äquivalent ergänzt werden, indem diese Einkünfte in Zukunft ebenfalls umfassender erfasst würden[470].

Kernbestimmung der neuen Kapitalertragsteuer war die Vorschrift des § 43 EStG, derzufolge die Besteuerung der Zinseinkünfte durch Ausdehnung der bereits geltenden Kapitalertragsteuer auf sonstige inländische Zinseinkünfte aller Art erweitert wurde. Mit dieser Maßnahme erhoffte sich die Bundesregierung neben der Verbesserung der Steuergerechtigkeit auch einen wirtschafts- und beschäftigungspolitischen Effekt. Durch die verbesserte Erfassung von Zinseinkünften sollte die steuerliche Benachteiligung von Anlagen in arbeitsschaffendes Unternehmenskapital gegenüber der reinen Finanzanlage gemildert und somit ein Beitrag geleistet werden zu der von der Bundesregierung schon in früheren Steuervorhaben angestrebten Stärkung des unternehmerischen Eigenkapitals[471].

Allerdings erfolgte die Reform zur vollständigeren Erfassung von Kapitaleinkünften durch die Bundesregierung von Anfang an nur halbherzig. Zwar sei für sechs Millionen Mitbürger, die sich an Risikokapital, insbesondere an Investitionsfonds und Aktien beteiligten, selbstverständlich, so der Bundesfinanzminister in seiner Eröffnungsrede während der ersten Beratung des Gesetzesentwurfs vor dem Deutschen Bundestag am

---

[467] Vgl. die Thesen zum Referat von Prof. Isensee, Verhandlungen des 57. Deutschen Juristentages, Band II-Sitzungsberichte, N 65 und die Beschlussfassung, N 212; die Beschlussfassung im September, also etwa zwei Monate nach Verkündung des Steuerreformgesetzes 1990, zeigt jedoch schon, dass die Steuerjuristen das Problem durch das Steuergesetz keineswegs als gelöst betrachtet hatten; im Rahmen der öffentlichen Anhörung vor dem Finanzausschuss nannte ein Sachverständiger die mangelhafte Erfassung von Kapitaleinkünften neben der steuerlichen Behandlung der Landwirtschaft eine der wichtigsten Fragen der Steuerpolitik, vgl. Bericht des Finanzausschusses, BT-Drs. XI/2536, S. 19.

[468] So die Begründung des Gesetzesentwurfs der Bundesregierung, GesEntw BRg, BT-Drs. XI/2226, S. 117.

[469] GesEntw BRg, BT-Drs. XI/2226, S. 117.

[470] GesEntw BRg, BT-Drs. XI/2226, S. 117.

[471] Vgl. GesEntw BRg, BT-Drs. XI/2226, S. 118.

21. April 1988, dass auf die Dividenden eine Kapitalertragsteuer in Höhe von 25 v.H. erhoben werde, es könne aber bei der neuen Kapitalertragsteuer lediglich ein Steuersatz von 10 v.H. festgesetzt werden, weil, so Stoltenberg vage, auf die Kapitalmarktbewegungen zu achten sei[472].

Der von der bisherigen Kapitalertragsteuer abweichende, wesentlich niedrigere Steuersatz blieb nicht die einzige inkonsequente Umsetzung der neuen Steuer in der Gesetzesvorlage.
Von Anfang an waren nämlich Erträge aus Spareinlagen mit gesetzlicher Kündigungsfrist, die nach Angaben der Bundesregierung etwa zwei Drittel aller Spareinlagen ausmachten[473], aus Vereinfachungsgründen ausgenommen worden[474], sofern keine von der Normalverzinsung abweichende Zinsvereinbarung getroffen werde.

Das Bestreben, Zinseinkünfte aus der neu geschaffenen Besteuerung wieder herauszunehmen, wurde im Finanzausschuss weitergeführt, obwohl die angehörten Sachverständigen, sofern sie sich zu dieser Thematik geäußert hatten, alle davor warnten, weitere Ausnahmen einzuführen. Bereits die bisherigen Ausnahmen der Regierungsvorlage seien unter dem Gesichtspunkt der Gleichmäßigkeit allenfalls als gerade noch tolerabel zu bezeichnen[475]. Allerdings ließ sich die Koalitionsmehrheit dadurch nicht davon abhalten, Zinsen bei Girokonten (Sichteinlagen) mit einem Zinssatz von bis zu 0,5 v.H., Zinsen aus Sparguthaben, wenn der Bausparer im Sparjahr eine Wohnungsbauprämie oder eine Arbeitnehmer-Sparzulage erhalten hatte, sowie Kapitalerträge bis 10 DM und Stückzinsen, bei denen eine neue Regelung für die Anrechnung der Kapitalertragsteuer festgelegt worden war, aus der neuen Kapitalertragsteuerpflicht herauszunehmen[476].

Mit diesen Einschränkungen versuchte der Finanzausschuss, den aus der Sicht der Regierungskoalition bestehenden „Pferdefuß" der neuen Kapitalertragsteuer zu beseitigen. Dieser bestand vor allem aus dem gesteigerten Verwaltungsaufwand, der sich durch die neue Kapitalertragsteuer bei Banken, Versicherungen und der Finanzverwaltung ergab. Der Mehraufwand nach dem ursprünglichen Konzept hätte einen so erheblichen Umfange erreicht, dass er durch die mit der Einführung dieser Steuererhebungsform verbundenen fiskalischen Ziele nicht mehr zu rechtfertigen gewesen wäre[477]. Nach den vorgenommenen Veränderungen sollten Aufwand und Ertrag nun jedoch in einem vernünftigen Verhältnis zueinander stehen[478].

Um einen Ausgleich zwischen Steuergerechtigkeit und einer finanz- und aufwandsschonenden Kapitalertragsbesteuerung zu schaffen, wurde auch der Teil des sog. „Bankenerlasses" festgeschrieben, der vorsah, dass im Rahmen von Betriebsprüfungen

---

472 Vgl. BT-PlPr. XI/74, S. 4934 (D).
473 GesEntw BRg, BT-Drs. XI/2226, S. 118.
474 GesEntw BRg, BT-Drs. XI/2226, S. 161
475 Bericht des Finanzausschusses, BT-Drs. XI/2536, S. 19.
476 Bericht des Finanzausschusses, BT-Drs. X/2536, S. 55.
477 Vgl. die Rede des Ausschussvorsitzenden Gattermann (FDP) nach den Verhandlungen im Finanzausschuss während der zweiten Beratung der Gesetzesvorlage vor dem Deutschen Bundestag am 23. Juni 1988, BT-PlPr. XI/87, S. 5845 (B).
478 Vgl. ebd.

bei Kreditinstituten keine Kontrollmitteilungen über Konten und Depots ausgeschrieben werden sollten. Grund für diese Festschreibung waren Zweifel an der Rechtmäßigkeit des Erlasses, der den Zweck hatte, das Vertrauensverhältnis zwischen Kunden und Bank zu schützen[479]. Ähnlich wie bei der Höhe des Steuersatzes und der Einführung weiterer Ausnahmeregelungen wurde von CDU/CSU und FDP befürchtet, eine zu strikte Erfassung aller Kapitaleinkünfte könne sich negativ auf den Kapitalmarkt in Deutschland auswirken, so dass bewusst einer inkonsequenten Lösung der Besteuerung von Kapitalerträgen der Vorzug gegeben wurde.
Damit hatte sich die Bundesregierung auch gegen den Vorschlag des Juristentages gewandt, der sich, wie auch die Opposition, in erster Linie dafür aussprach, den Steueranspruch auf private Zinseinkünfte durch das Instrument der Kontrollmitteilung zu sichern[480].

Schließlich wurde eine Regelung zur Steueramnestie eingeführt, die Steuerhinterziehern den Weg zurück in die Steuerehrlichkeit erleichtern sollte.

3.2.1.6. Einführung der umgekehrten Maßgeblichkeit

Nach den steuerpolitischen Vorstellungen der Bundesregierung sollte dem § 5 Abs. 1 EStG ein neuer Satz angefügt werden, der bestimmen sollte, dass steuerrechtliche Ansatz- oder Bewertungsvorschriften in Übereinstimmung mit der handelsrechtlichen Jahresbilanz auszuüben seien[481].

Neben der Verdeutlichung des allgemeinen Grundsatzes der Maßgeblichkeit der Handelsbilanz für die Steuerbilanz bei Bilanzierungs- oder Bewertungswahlrechten sollte mit diesem Satz vor allem die Geltung der sog. umgekehrten Maßgeblichkeit festgeschrieben werden[482]. Das Bedürfnis nach der Einführung dieses Grundsatzes resultierte aus dem immer wieder auftretenden Problem, dass die Bilanzierungsvorschriften des HGB ein anderes Ziel verfolgten, als die Bilanz für eine Besteuerung nach dem Prinzip der Leistungsfähigkeit im Steuerrecht eigentlich ausdrücken musste.
Auslöser dieser Gesetzesinitiative war die Rechtsprechung des Bundesfinanzhofes, der mit Urteil vom 24. April 1985 (I R 65/80) entschieden hatte, dass es keinen allgemeinen Grundsatz gebe, wonach Steuervergünstigungen nur dann in Anspruch genommen werden könnten, wenn auch in der Handelsbilanz entsprechend bilanziert werde[483]. Hierin sah die Bundesregierung die Gefahr, dass Abschreibungsvergünstigungen bei Kapitalgesellschaften entgegen dem Gesetzeszweck nicht der Stärkung der Unternehmenssubstanz dienten sondern vielmehr der Gewinnausschüttung[484]. In der Folge war diesem Problem durch das Bilanzrichtliniengesetz begegnet worden. Durch den neu eingefügten Absatz 3 in § 6 EStG wurde der Grundsatz des uneingeschränkten Wertzusammenhangs aufgelockert, womit Steuerpflichtige fortan verpflichtet gewesen wa-

---

479 GesEntw BRg, BT-Drs. XI/2157, S. 194.
480 Vgl. Beschlüsse der Steuerrechtlichen Abteilung, Verhandlungen des 57. Deutschen Juristentages, Band II-Sitzungsberichte, N 213.
481 GesEntw BRg, BT-Drs. XI/2157, S. 5.
482 GesEntw BRg, BT-Drs. XI/2157, S. 139.
483 BFH, BStBl. 1986 II, S. 324.
484 GesEntw BRg, BT-Drs. XI/2157, S. 139.

ren, bei Zuschreibungen in der Handelsbilanz entsprechende Korrekturen in der steuerrechtlichen Gewinnermittlung zu machen[485]. Da im Gegensatz zu den Abschreibungsvergünstigungen eine entsprechende gesetzliche Regelung bei der Bildung steuerfreier Rücklagen nicht getroffen wurde, war teilweise davon ausgegangen worden, dass es einen allgemeinen Grundsatz der umgekehrten Maßgeblichkeit nach dem Willen des Gesetzgebers eben nicht geben sollte.

Durch die ersatzlose Streichung des § 6 Abs. 3 EStG sollte dieser Rechtsunsicherheit an der Geltung des Grundsatzes der umgekehrten Maßgeblichkeit entgegengewirkt werden. Übrig bleiben sollte nur noch der allgemeine Grundsatz der umgekehrten Maßgeblichkeit und zwar für Abschreibungsvergünstigungen und steuerfreie Rücklagen[486].

Die allgemeine Festschreibung des Prinzips der umgekehrten Maßgeblichkeit ist sowohl beim Rechtsausschuss als auch bei den Anhörungen der Sachverständigen im Finanzausschuss auf Kritik gestoßen. Der Rechtsausschuss plädierte mit der Begründung, dass die Auswirkungen des Maßgeblichkeitsgrundsatzes und des Prinzips der sog. „Maßgeblichkeit"[487] auf die Handelsbilanz empirisch noch nicht hinreichend untersucht seien, [488] auf eine Verschiebung dieses Gesetzesvorhabens auf einen späteren Zeitpunkt

Für eine Abkopplung der beabsichtigten Regelung sprachen sich auch einige Sachverständige aus, weil sie glaubten, dass kein abschließendes Urteil über die beabsichtigte Neuregelung möglich sei. Aufgrund der Beeinträchtigung der betriebswirtschaftlichen und handelsrechtlichen Aussagefähigkeit der Bilanz sei es verfrüht, eine so weitreichende Regelung zu treffen[489].
Der federführende Finanzausschuss ist der Empfehlung von Rechtsausschuss und Sachverständigen gefolgt und nahm die umfassende Regelung der umgekehrten Maßgeblichkeit wegen fehlender Entscheidungsreife aus dem Gesetzesentwurf heraus [490].

3.2.2. Befreiung der Privat- und Hobbyflieger von der Mineralölsteuer

Eine der umstrittensten Maßnahmen, die nicht zuletzt bei der Opposition große Empörung hervorrief, war die Befreiung der Privat- und Hobbyflieger von der Mineralölsteuer[491]. Dies ist umso erstaunlicher, als die Entlastung mit einem Ausfallvolumen in Höhe von 25 Mio. DM innerhalb des Gesamtvolumens der reinen Nettoentlastung von etwa 20 Mrd. DM finanziell eigentlich keine große Rolle spielte. Die SPD sah in der Bekämpfung dieser Steuerbefreiung auch eine Prestigeangelegenheit, weil sie hinter der Befreiung persönliche Motive des damaligen CSU-Ministerpräsidenten von

[485] Vgl. in der zehnten Legislaturperiode, Kap. III. 6.6.
[486] GesEntw BRg, BT-Drs. XI/2157, S. 139.
[487] M.E. ein Redaktionsversehen; es muss heißen des Prinzips der sog. „Umgekehrten Maßgeblichkeit".
[488] Bericht des Finanzausschusses, BT-Drs. XI/2536, S. 30.
[489] Bericht des Finanzausschusses, BT-Drs. XI/2536, S. 15.
[490] Bericht des Finanzausschusses, BT-Drs. XI/2536, S. 47.
[491] Die SPD-Abgeordnete Matthäus-Maier sprach im nachhinein sogar von einer „Flugbenzinaffäre", vgl. BT-PlPr. XI/55, S. 4592 (A).

Bayern, Franz-Josef Strauß[492], vermutete[493]. Am 06. September 1988 brachte die SPD-Fraktion sogar einen eigenen Gesetzesentwurf in den Bundestag ein, der eine Aufhebung der gerade erst durch das Steuerreformgesetz 1990 eingeführten Befreiung der Hobby- und Privatflieger von der Mineralölsteuer vorsah[494].

Die Regierungskoalition bezeichnete die vorgesehene Steuerbefreiung lediglich als einen tragbaren Kompromiss[495]. Problematisch war vor allem, dass etwa 96 v.H. des Flugbenzins, nämlich das gewerblich genutzte, ebenfalls nicht besteuert wurde. Eine auch von der Koalition beabsichtigte Erfassung des gesamten Flugbenzins hätte teilweise im Widerspruch zu internationalen Abkommen gestanden und war damit nicht durchsetzbar. Aus der Sicht der Koalition bedeutete dies eine nicht hinzunehmende Ungleichbehandlung, so dass man sich für das geringere Übel entschied und eine Gleichstellung in der Weise erreichte, dass auch die Hobby- und Sportflieger von der Mineralölbesteuerung zu befreien waren[496].

Diese Begründung des CDU/CSU-Fraktionsvorsitzenden, Dregger[497], in seiner Rede am 23. Juni 1988, in der eine gewisse sachlich motivierte Zwangsläufigkeit für die letztendliche Entscheidung der christlich-liberalen Mehrheit im Finanzausschuss anklang, verdeckte, wie sehr diese Entscheidung nicht nur von der Opposition angegriffen wurde, sondern auch die Koalition spaltete. Am gleichen Tage gaben über 30 Abgeordnete sowohl von CDU/CSU als auch der FDP schriftliche Erklärungen gem. § 31 GO BT ab, in denen die Befreiung der Privat- und Hobbyflieger von der Mineralölsteuer abgelehnt wurde[498]. Sowohl die Gründe gegen die Befreiung als diejenigen, aufgrund derer die Abgeordneten letztlich zustimmten, waren sehr unterschiedlich. Einer der Hauptgründe bestand darin, die insgesamt als positiv eingestufte Steuerreform 1990 nicht aufgrund einer eher kleinen steuerpolitischen Maßnahme scheitern zu lassen[499]. Noch einen Schritt weiter ging die Aussage Dr. Blanck (CDU), die von der Zustimmung zu diesem Einzelpunkt nicht nur die Zukunft der Steuerreform abhängig

---

492 Franz-Josef Strauss, geb. am 06. September 1915, 1935-1939 Studium der Altphilologie, Geschichte und Volkswirtschaft, 1946 – 1949 Landrat in Schongau, 1946 – 1948 Mitglied des CSU-Landesvorstandes, 1949 – 1952 Generalsekretär der CSU, 1949 – 1978 Mitglied des Deutschen Bundestages, 1953 – 1955 Bundesminister für besondere Aufgaben, 1955/56 Bundesminister für Atomfragen, 1956 – 1962 Bundesverteidigungsminister, 1961 – 1988 Vorsitzender der CSU, 1966 – 1969 Bundesminister für Finanzen, 1978 – 1988 Bayerischer Ministerpräsident, gest. am 03.Oktober 1988.

493 So der SPD-Fraktionsvorsitzende Apel in der zweiten Beratung des Gesetzesentwurfs am 23. Juni 1988, vgl. BT-PlPr XI/87, S. 5840 (A).

494 GesEntw Fraktion der SPD, BT-Drs. XI/2864.

495 So der Fraktionsvorsitzende der CDU/CSU-Bundestagsfraktion, Dregger, in seiner Rede vor dem Deutschen Bundestag am 23. Juni 1988, vgl. BT-PlPr. XI/87, S. 5835 (B).

496 So der Fraktionsvorsitzende der CDU/CSU-Bundestagsfraktion, Dregger, in seiner Rede am 23. Juni 1988, vgl. BT-PlPr. XI/87, S. 5835 (B).

497 Alfred Dregger, geb. am 10. Dezember 1920, 1946 - 1949 Studium der Rechts- und Staatswissenschaften, 1956 – 1970 Bürgermeister von Fulda, 1965 – 1970 Präsident bzw. Vizepräsident des Deutschen Städtetages, 1962 – 1972 Mitglied des hessischen Landtages, 1967 – 1982 CDU-Landesvorsitzender von Hessen, Mitglied des Bundestages 1972 – 1998, 1982 – 1991 Vorsitzender der CDU-Bundestagsfraktion, gest. am 29. Juni 2002.

498 Vgl. BT-PlPr. XI/87, S. 5993 ff.

499 Ebd.

machte, sondern sogar den Bestand der Koalition[500]. Ein anderer Abgeordneter hingegen stufte diese möglichen Entwicklungen als weniger wichtig ein und warnte statt dessen vor einem Glaubwürdigkeitsverlust der Steuerreform in den Augen der Öffentlichkeit[501].

3.2.3. Maßnahmen auf dem Gebiet des Körperschaftsteuerrechts

3.2.3.1. Tarifreform

Der Körperschaftsteuersatz für einbehaltene Gewinne wurde von 56 v.H. auf 50 v.H. abgesenkt[502]. Einen Unterschied von 3 Prozentpunkten zum Spitzensteuersatz bei der Einkommensteuer hielt die Bundesregierung insgesamt für sachgerecht. Insbesondere sei die Tatsache zu berücksichtigen, dass die Gesellschafter von Personenunternehmen durch den niedrigeren Durchschnittssteuersatz, der aufgrund des Grundfreibetrages sowie der Proportional- und Progressionszone stets unter dem Grenzsteuersatz der Körperschaftsteuer liege, begünstigt würden[503].

3.2.3.2. Maßnahmen zur gleichmäßigeren Besteuerung

Auch die erstmalige Absenkung des Körperschaftsteuertarifs sollte nach der Vorstellung der Regierung mit einem Abbau steuerlicher Sonderregelungen und ergänzenden Maßnahmen zur gleichmäßigeren Besteuerung einhergehen[504].

Mit Blick auf den Grundsatz der Einmalbesteuerung war die zentrale Maßnahme bei der spezifisch körperschaftsteuerrechtlichen Bemessungsgrundlage die Frage der Gesellschafter-Fremdfinanzierung[505].

Der Finanzausschuss stellte die Regelungen zur steuerlichen Behandlung von Gesellschafter-Fremdfinanzierungen allerdings zurück und nahm sie schließlich nach eingehender Beratung in Übereinstimmung mit den Darlegungen in den Sachverständigenanhörungen und dem Votum des Rechtsausschusses aus der Beschlussvorlage heraus[506]. Zwar folgten die Ausschussmitglieder dem vorgetragenen Ansinnen der deutschen Wirtschaft nicht, dass sich das Problem bei Auslandsbeziehungen eher im internationalen Bereich als über die Höhe der Kapitalertragsteuer lösen lasse[507], sondern waren sich mit der Bundesregierung darüber einig, dass eine gesetzliche Regelung der Gesellschafter-Fremdfinanzierung erforderlich sei[508]. Allerdings war der Ausschussmehrheit der von der Bundesregierung gewählte Weg der sog. „kleinen Lösung", mit der nur solches Fremdkapital erfasst wurde, das gegen gewinn- oder umsatzabhängige Vergütung gewährt wurde, nicht ausreichend genug. Statt dessen wurde argumentierte

[500] So der CDU-Abgeordnete Blanck, ebd., S. 5993 (C).
[501] So der CDU-Abgeordnete Jung, ebd., S. 5994 (C).
[502] GesEntw BRg, BT-Drs. XI/2157, S. 121.
[503] GesEntw BRg, BT-Drs. XI/2157, S. 173.
[504] GesEntw BRg, BT-Drs. XI/2157, S. 121.
[505] GesEntw BRg, BT-Drs. XI/2157, S. 171.
[506] Bericht des Finanzausschusses, BT-Drs. XI/2536, S. 58.
[507] Bericht des Finanzausschusses, BT-Drs. XI/2536, S. 22.
[508] Bericht des Finanzausschusses, BT-Drs. XI/2536, S. 57.

man, dass vielmehr die umfassende Bedeutung dieser Frage für den Wettbewerb und das Steueraufkommen eine umfassende sog. „große Lösung" unter Einbeziehung auch gewinn- und umsatzunabhängiger Vergütungen erforderlich mache [509].

Der ursprüngliche Gesetzesentwurf enthielt auch eine Beschränkung der steuerlichen Vorteile des Mantelkaufs, wonach eine verlustbehaftete Kapitalgesellschaft ausschließlich zu dem Zweck übertragen wurde, um die Verluste mit Gewinnen eines anderen Unternehmens gem. § 10d EStG zu verrechnen[510]. Nach dem neu eingefügten Absatz 4 in § 8 KStG war ein Verlustabzug nach § 10d EStG nur dann zulässig, wenn bei der geltend machenden Körperschaft nicht nur rechtliche, sondern auch wirtschaftliche Identität mit derjenigen Körperschaft vorlag, die den Verlust tatsächlich erlitten hatte. Was unter wirtschaftlicher Identität zu verstehen war, definierte Satz 2 negativ. Keine wirtschaftliche Identität lag demnach vor, wenn die Hälfte der Anteile an einer Kapitalgesellschaft übertragen wurde und die Kapitalgesellschaft ihren Betrieb mit überwiegend neuem Kapital aufgenommen hatte. Notwendig war die Gesetzesänderung deshalb geworden, weil der Bundesfinanzhof mit Urteil vom 29. Oktober 1986 (I R 202/82)[511] seine ursprüngliche Rechtsprechung aufgegeben hatte, wonach künftig für einen Verlustabzug nicht nur rechtliche sondern eben auch wirtschaftliche Identität erforderlich sei[512].

Der Ausschuss übernahm die Regelung des Regierungsentwurfs mit der einzigen Einschränkung, dass die Neufassung nicht wie ursprünglich geplant ab dem 22. März 1988 wirksam werden sollte, sondern erst nach dem Tag der dritten Lesung des Gesetzesentwurfs im Deutschen Bundestag am 24. Juni 1988[513]. Diese Änderung erschien aufgrund von Gesichtpunkten des Vertrauensschutzes gegenüber den Steuerpflichtigen geboten, was zwar verfassungsrechtlich nicht zwingend erforderlich war, da bereits durch den Kabinettsbeschluss vom 28. März 1988 kein schützenswertes Vertrauen mehr in die bestehende Rechtslage bestand. Angesichts der Tragweite der Änderungen hielt der Finanzausschuss aber nicht zuletzt mit Blick auf die Komplexität der bei einem Firmenverkauf auftretenden Fragen und dem sich daraus ergebenden Zeitbedarf für die Abwicklung bereits eingeleiteter Verkäufe eine spätere als die ursprünglich vorgesehene Inkrafttretensregelung für angemessen[514].
Die Opposition war gegen die Verschiebung des Inkrafttretens der Beschränkung der steuerlichen Geltendmachung von Mantelkäufen. Sie machte sich dabei die Argumentation zu eigen, die auch von der Bundesregierung im Ausschuss gegen den Standpunkt der eigenen Regierungsfraktionen vorgebracht worden war[515]. Der Wirtschaft und den beratenden Berufen sei der Zeitpunkt des Inkrafttretens der neuen Vorschrift

509 Bericht des Finanzausschusses, BT-Drs. XI/2536, S. 58.
510 Tipke/Lang, § 11, Rz. 39.
511 BFH, BStBl. 1987 II, S. 308.
512 GesEntw BRg. BT-Drs. XI/2157, S. 171.
513 Bericht des Finanzausschusses, BT-Drs. XI/2536, S. 52.
514 Bericht des Finanzausschusses, BT-Drs. XI/2536, S. 52; der Wortlaut des Ausschussberichts sprach nicht von einer Gebotenheit der Verschiebung der Inkrafttretensregelung, sondern bezeichnete diese Verschiebung lediglich „vertretbar". Dies klingt so, als hätte der Ausschuss die Neuregelung rechtfertigen müssen.
515 Bericht des Finanzausschusses, BT-Drs. XI/2536, S. 52.

aufgrund der entsprechenden Erklärung des Bundesfinanzministeriums vom 22. März 1988 bekannt gewesen und man habe sich längst auf die Rechtsänderung einstellen können. Mit der „Fristverlängerung“ werde die Möglichkeit des steuersparenden Mantelkaufs wieder eröffnet, denn nach Auffassung der Opposition reichte der Zeitraum zwischen der Entscheidung des Finanzausschusses vom 16. Juni 1988, die Inkrafttretensregelung zu verschieben, und dem jetzt beschlossenen Zeitpunkt der Geltung der neuen Regelung am 24. Juni 1988 nicht aus, um Mantelkäufe zu tätigen, die nicht ohnehin schon bei der Beschlussfassung im Finanzausschuss unterschriftsreif gewesen waren[516].

Schließlich griff die Bundesregierung im Rahmen der Herstellung einer gleichmäßigeren Besteuerung den Vorschlag einer unabhängigen Sachverständigenkommission aus dem Jahre 1985 auf, der eine Einschränkung der Steuerbefreiungen für gemeinnützige Wohnungs- und Siedlungsunternehmen vorsah. Entsprechend diesem Vorschlag musste die Einschränkung auch für Unternehmen gelten, die als Organe der staatlichen Wohnungspolitik anerkannt waren. Hiervon erhoffte sich die Bundesregierung die Beseitigung von Wettbewerbsvorteilen gegenüber bisher nicht steuerbefreiten Wohnungsunternehmen[517]. Die einzige Ausnahme wurde für solche Wohnungsbaugenossenschaften und –vereine gemacht, die sich darauf beschränkten, an ihre eigenen Mitglieder zu vermieten. Begründet wurde dies mit dem genossenschaftsrechtlichen Fördergedanken der Wahrnehmung einer wirtschaftlichen Hilfsfunktion für ihre Mitglieder wahrnähmen. Da der Nutzungswert der Wohnung im eigenen Hause nicht mehr besteuert würde, wäre es nicht überzeugend, nur deshalb eine Steuer auf das Einkommen zu erheben, weil sich mehrere Interessenten zu einer Wohnungsbaugenossenschaft zusammen geschlossen hätten[518].

3.2.4. Maßnahmen auf dem Gebiet der Umsatzsteuer

Eine Maßnahme zur Steuervereinfachung war die Änderung der Umsatzsteuer insbesondere für kleine Unternehmen. Danach sollte die Nichterhebungsgrenze der Umsatzsteuer auf 25 000 DM angehoben werden[519].

Gleichzeitig sollte jedoch die Sonderregelung des Steuerabzugsbetrages gemäß § 19 Abs. 3 UStG für Kleinunternehmen gänzlich gestrichen werden. Die Bundesregierung sah in dieser Vorschrift eine systemwidrige Regelung, die sich gesamtwirtschaftlich nicht bewährt hatte, weil sie sich als Subvention auswirke. Eine Unterstützung nach dem „Gießkannenprinzip“ sei jedoch keine sinnvolle Wirtschaftsförderung[520]. Zudem habe diese Sonderregelung zu ungewöhnlichen unternehmerischen Gestaltungen geführt, wie etwa die Gründung von Kleinunternehmen durch Betriebsaufspaltung unter Angehörigen, die nur aus dem Grunde gewählt worden waren, um in den Genuss der Steuervergünstigung zu gelangen[521].

---

[516] Bericht des Finanzausschusses, BT-Drs. XI/2536, S. 52.
[517] GesEntw BRg, BT-Drs. XI/2157, S. 122.
[518] GesEntw BRg, BT-Drs. XI/2157, S. 122.
[519] GesEntw BRg, BT-Drs. XI/2157, S. 122.
[520] GesEntw BRg, BT-Drs. XI/2157, S. 122.
[521] GesEntw BRg, BT-Drs. XI/2157, S. 122.

3.2.5. Maßnahmen zur Förderung der Vermögensbildung

Die Bundesregierung maß der Vermögensbildung durch verstärkte Beteiligung der Arbeitnehmer am Kapital der Wirtschaft nach wie vor eine hohe gesellschafts- und wirtschaftspolitische Bedeutung bei[522]. Aus diesem Grunde sollte die durch die beiden Vermögensbeteiligungsgesetze der vergangenen Legislaturperiode begonnene Neuausrichtung[523] noch konsequenter auf Vermögensbeteiligungen von Arbeitnehmern konzentriert werden[524]. Die Ausrichtung der Förderung auf Vermögensbeteiligungen erfolgte ausschließlich über eine Rückführung traditioneller Formen der Vermögensbildung, so dass ein Fördervorsprung entstand. In Zukunft sollte deshalb die Förderung des Geldsparens in Form des Spar- und Lebensversicherungsvertrags bzw. des Kontosparens gänzlich entfallen, das seine Notwendigkeit nach der Auffassung der Bundesregierung infolge gestiegener und steigender Masseneinkommen und einer deutlich gewachsenen Sparfähig- und Sparwilligkeit auch bei Beziehern kleiner und mittlerer Einkommen zum damaligen Zeitpunkt weitgehend verloren hatte[525]. Gleichzeitig sah das Steuerreformgesetz 1990 den zwar grundsätzlichen Erhalt der Förderung des Bausparens und ähnlicher Sparformen zur Verstetigung der Wohnungsbautätigkeit mit erhöhtem Förderungshöchstbetrag von 936 DM vor, allerdings bei einem nur noch abgesenkten Sparzulagensatz von 10v.H. [526]. Weiterhin erfolgte eine haushaltspolitisch vertretbare Anhebung der Einkommensgrenzen auf 27 000 DM/54 000 DM.

Auf Betreiben des Finanzausschusses erfolgte jedoch noch eine weitere Absenkung des Zulagensatzes für Vermögensbeteiligungen von 23 v.H. auf 20 v.H. Bei einem immer noch doppelt so hohen Zulagensatz wie beim Bausparen wurde die Anreizwirkung für ausreichend erachtet[527].

3.2.6. Rückführung der Wirtschaftsförderung

Mit dem Steuerreformgesetz 1990 machte die christlich-liberale Regierung nach langer Zeit Ernst mit der bereits bei Regierungsantritt geäußerten Ankündigung[528], sich von langjährigen Subventionen zu trennen.

3.2.6.1. Aufhebung des Investitionszulagengesetzes

Mit der Entscheidung, das Investitionszulagengesetz aufzuheben, zog die Bundesregierung die Konsequenz aus der langjährigen Förderung und den dabei gewonnenen Erfahrungen, die weitere Subventionen von regional-, forschungs- und energiebezogenen Investitionen durch das Investitionszulagengesetz als nicht mehr geboten erscheinen ließen[529]. Einen erweiterten finanziellen Spielraum der Unternehmen für Investitionen war nach Meinung der Bundesregierung durch die Maßnahmen im Steuerreformgesetz

---

522 GesEntw BRg, BT-Drs. XI/2157, S. 122.
523 Vgl. in der zehnten Legislaturperiode Kap. III. 5.
524 GesEntw BRg, BT-Drs. XI/2157, S. 122.
525 GesEntw BRg, BT-Drs. XI/2157, S. 203.
526 GesEntw BRg, BT-Drs. XI/2157, S. 122.
527 Bericht des Finanzausschusses, BT-Drs. XI/2536, S. 61.
528 Vgl. die Regierungserklärung zu Beginn der zehnten Legislaturperiode, Kap. III. 2.
529 GesEntw BRg, BT-Drs. XI/2157, S. 123.

1990 geschaffen worden, insbesondere trage die deutliche Tarifsenkung zu einer Stärkung die Ertragskraft der Unternehmen bei[530]. Die Aufhebung der Investitionszulage wurde in den Sachverständigenanhörungen von den Wirtschaftsverbänden als angemessener Beitrag zur Teilfinanzierung der Steuerentlastungen überwiegend positiv aufgenommen[531]. Zwar habe auch der Wegfall regionalwirtschaftliche Nachteile, diese seien jedoch gegen die durch die Steuerreform erhofften gesamtwirtschaftlichen Vorteile abzuwägen, die schließlich auch den regionalen Fördergebieten zugute kämen[532]. Dies wurde selbst von einigen regionalen Industrie- und Handelskammern so gesehen[533].

Allerdings erschien der Mehrheit der christlich-liberalen Koalition ein ausnahmsloser Wegfall der Investitionszulagenförderung bereits zum 31. Dezember 1989 im Hinblick auf dadurch entstehende Härten nicht sachgerecht, so dass alle bis zum 01. April 1989 begonnenen Investitionsmaßnahmen noch bis einschließlich 31. Dezember 1990 begünstigt werden sollten[534]. Von der grundsätzlich restriktiven Linie der Bundesregierung gegenüber der Investitionszulagenförderung wollte die Ausschussmehrheit jedoch nicht abweichen, so dass sich der weitergehende Vorschlag des Bundesrates, der naturgemäß ein hohes Interesse insbesondere an der regionalen Investitionszulage hatte, die Begünstigungen generell ohne Einschränkungen aufgrund der Planungssicherheit der Betriebe noch bis zum 01. Januar 1991 weiterlaufen zu lassen[535], nicht durchsetzen konnte. Der Ausschuss hielt diese weitergehenden Regelungen weder für geboten noch für haushaltspolitisch vertretbar[536].

Gleichzeitig mit der Aufhebung des Investitionszulagengesetzes sollte im Bereich der Regionalförderung die bisher zweigleisige Förderung durch Investitionszulage und Zuschüsse ab 1990 auf eine einheitliche Förderung durch Mittel der sog. Gemeinschaftsaufgabe „Verbesserung der regionalen Wirtschaftsstruktur" konzentriert werden[537]. Gleichzeitig erfuhren diese Mittel eine Aufstockung um weitere 500 Mio. DM[538].

3.2.6.2. Einschränkung der Berlinförderung

Die Rückführung der regionalen Wirtschaftsförderung im Bundesgebiet durch die Aufhebung des Investitionszulagengesetzes machte für die Bundesregierung auch ein Handeln auf dem Gebiet der Berlinförderung erforderlich[539]. Die Einschränkung der steuerlichen Berlinförderung sollte jedoch unter grundsätzlicher Wahrung des Fördervorsprungs sowie unter Berücksichtigung der besonderen Lage Berlins erfolgen[540].

---

530 GesEntw BRg, BT-Drs. XI/2157, S. 123.
531 Bericht des Finanzausschusses, BT-Drs. XI/2536, S. 24.
532 Bericht des Finanzausschusses, BT-Drs. XI/2536, S. 25.
533 Bericht des Finanzausschusses, BT-Drs. XI/2536, S. 25.
534 Bericht des Finanzausschusses, BT-Drs. XI/2536, S. 58.
535 Stellungnahme des Bundesrates, BT-Drs. XI/2226, S. 25.
536 Bericht des Finanzausschusses, BT-Drs. XI/2536, S. 58.
537 GesEntw BRg, BT-Drs. XI/2157, S. 123.
538 GesEntw BRg, BT-Drs. XI/2157, S. 122.
539 GesEntw BRg, BT-Drs. XI/2157, S. 123.
540 GesEntw BRg, BT-Drs. XI/2157, S. 122.

Unter Beachtung dieser Maßgaben hielt die Bundesregierung eine Zurücknahme der Berlinförderung in einem Volumen von rd. 800 Mio. DM für angemessen[541]. Insbesondere die Einschränkung der Investitionszulage nach § 19 BerlinFG sowie der umsatzsteuerlichen Herstellerpräferenz nach §§ 1 und 1a BerlinFG erschien notwendig[542].

Trotz der Beteuerung, dass aus Gründen der Gleichmäßigkeit der Besteuerung Berlin aus dem Subventionsabbau nicht ausgeklammert werden könne[543], wurden auch die Einschränkungen der Berlinförderung von der eigenen Koalition im Ausschuss, ähnlich wie bei der Investitionszulagenförderung, wieder aufgeweicht, indem die Umsatzsteuerpräferenzen bei Zigaretten und Rauchtabak aufkommensneutral umgeschichtet wurden[544].

Ganz wohl schien dem Ausschuss die Einschränkung der Berlinförderung ohnehin nicht gewesen sein, denn es fällt auf, dass er sehr bemüht war, die Begrenzung mit einer umfangreichen Begründung zu rechtfertigen[545]. Außerdem verwies der Finanzausschuss auch darauf, dass die Regierungsvorlage neben der Absenkung schließlich auch eine Verbesserung der Berlinförderung enthalte, etwa die Einbeziehung nachträglicher Herstellungskosten in die Investitionszulage und die Ausdehnung der erhöhten Investitionszulage für das verarbeitende Gewerbe auf Wirtschaftsgüter der Verwaltung und des Vertriebs. Weiterhin wurde aufgrund der vorgesehenen Verbesserung der Zonenrandförderung die Höchstgrenze für die Grundzulage nach § 19 BerlinFG von 7 500 DM auf immerhin 22 500 DM erhöht, um den bisherigen Präferenzabstand wieder herzustellen[546]. Diese Maßnahmen waren nicht etwa erst während der Ausschussberatungen in die Gesetzesvorlage aufgenommen worden, vielmehr befanden sie sich von Anfang an in der Regierungsvorlage, obwohl in der allgemeinen Begründung des Gesetzesentwurfs lediglich von einer maßvollen Einschränkung der Berlinförderung die Rede gewesen war, nicht aber davon, dass Tatbestände auch erweitert werden sollten[547].

3.2.7. Anträge der Opposition

Die Oppositionsfraktionen von SPD und DIE GRÜNEN brachten jeweils eigene Entschließungsanträge in die Ausschussberatungen ein. Der SPD-Antrag umfasste in einer 13-Punkte-Liste noch einmal alle Kritikpunkte, die bereits während des parlamentari-

---

541 GesEntw BRg, BT-Drs. XI/2157, S. 122.

542 GesEntw BRg, BT-Drs. XI/2157, S. 123.

543 Bericht des Finanzausschusses, BT-Drs. XI/2536, S. 59.

544 Bericht des Finanzausschusses, BT-Drs. XI/2536, S. 92.

545 Vgl. Bericht des Finanzausschusses, BT-Drs. XI/2536, S. 59; eigentlich hätte auch ein Hinweis der bürgerlichen Ausschussmehrheit auf das immer wieder verkündete Ziel des Subventionsabbaus genügt, der eben auch vor Berlin nicht halt machen konnte. Statt dessen argumentiert der Ausschuss mit dem Präferenzgefälle, das nicht nur „nach oben" gelten könne, sondern eben auch bei einer wie in diesem Gesetz geschehenen Verringerung der Regionalförderung gelten müsse. Unter diesem Gesichtspunkt könne auch, so der Ausschuss, nicht von einem Sonderopfer der Stadt Berlin zur Finanzierung der Steuerreform gesprochen werden. Schließlich würden durch das Gesetz auch Teile der Berlinförderung verbessert.

546 Bericht des Finanzausschusses, BT-Drs. XI/2536, S. 93.

547 GesEntw BRg, BT-Drs. XI/2157, S. 123.

schen Verfahrens geäußert worden waren[548]. Als zusammenfassende Kritik wurde formuliert, der Gesetzesentwurf sei ungerecht und familienfeindlich, wirtschaftspolitisch verfehlt und nicht solide finanziert. Das Steuerpaket 1990 überfordere die öffentlichen Haushalte und zerrütte die Staatsfinanzen, was unweigerlich zu Steuererhöhungen führen würde. So müssten die Steuerpflichtigen, nach Rechnung der SPD, im Jahr 1989 22 Mrd. DM Mehrbelastung tragen und damit das Steuerpaket 1990 vorfinanzieren[549].

Als steuerliches Gegenkonzept zur Regierungsvorlage schlug die SPD vor, den Grundfreibetrag von 4 752 DM/9 0504 DM um 2 000 DM/4 000 DM auf 6 750 DM/13 500 DM zu erhöhen bei gleichzeitiger Absenkung des Eingangssteuersatzes von 22 v.H. auf 19 v.H. Die Steuersenkungen sollten sich also vor allem auf kleine und mittlere Einkommen beschränken[550]. Der Familienlastenausgleich sollte vom System der Kinderfreibeträge auf ein reines, erhöhtes Kindergeldsystem umgestellt werden[551]. Zur Finanzierung der Kindergelderhöhungen sollte der steuerliche Vorteil im Rahmen des Ehegattensplittings begrenzt werden, wobei offen blieb, wie eine solche Begrenzung im Detail ausgestaltet werden sollte[552].

Auch die SPD plante zur Wirtschaftsbelebung, einen Anreiz für Unternehmen zu schaffen, wieder verstärkt zu investieren. Zu diesem Zweck sollte eine steuerfreie Investitionsrücklage in Höhe von 50 000 DM eingeführt werden. Vage in Aussicht gestellt, allerdings ohne weitere inhaltliche Konkretisierung, wurde eine investitionsfördernde Reform des deutschen Körperschaftsteuerrechts[553]. Vorgesehen war der gänzliche Verzicht auf eine Quellenbesteuerung von Kapitalerträgen. Vielmehr sollte der Sparerfreibetrag für Zinserträge auf 3 000/6 000 DM verzehnfacht werden, und zur Besteuerung hoher Kapitalerträge sollte das von den USA bereits praktizierte Mitteilungsverfahren eingeführt werden[554].

Ebenso wie der Regierungsentwurf sah das Konzept der Opposition vor, durch den Abbau von Subventionen und nicht gerechtfertigter Steuerprivilegien die Bemessungsgrundlage für die Besteuerung zu verbreitern, um so die Steuermindereinnahmen auf ein Nettovolumen zu begrenzen, das für die öffentlichen Haushalte zu verkraften sei[555]. Ansatzpunkte, welche Steuerprivilegien oder Subvention abgebaut werden könnten, waren in diesem Entwurf jedoch nicht vorhanden.

In eine ähnliche Richtung, teilweise jedoch ungleich radikaler, gingen auch die Vorschläge der GRÜNEN. So sollte der Grundfreibetrag auf 10 000 DM erhöht werden bei gleichzeitiger Anhebung des Spitzensteuersatzes auf 60 v.H.[556]. Des Weiteren sah der Entschließungsantrag der GRÜNEN die gänzliche Abschaffung des Ehegatten-

[548] Bericht des Finanzausschusses, BT-Drs. XI/2536, S. 67.
[549] Bericht des Finanzausschusses, BT-Drs. XI/2536, S. 69.
[550] Bericht des Finanzausschusses, BT-Drs. XI/2536, S. 69.
[551] Bericht des Finanzausschusses, BT-Drs. XI/2536, S. 69.
[552] Bericht des Finanzausschusses, BT-Drs. XI/2536, S. 70.
[553] Bericht des Finanzausschusses, BT-Drs. XI/2536, S. 70.
[554] Bericht des Finanzausschusses, BT-Drs. XI/2536, S. 70.
[555] Bericht des Finanzausschusses, BT-Drs. XI/2536, S. 70.
[556] Bericht des Finanzausschusses, BT-Drs. XI/2536, S. 72.

splittings vor, der über die reine Finanzierungsfunktion hinaus auch noch eine gesellschaftspolitische Dimension zugeschrieben wurde wegen der diskriminierenden Wirkung des Ehegattensplittings gegenüber nichtehelichen Lebensgemeinschaften, Alleinerziehenden und erwerbstätigen Frauen[557]. Die Kinderfreibeträge sollten, ebenso wie von der SPD vorgeschlagen, zugunsten eines stark erhöhten Kindergeldes abgeschafft werden[558].

Ein eigenständiger, ökologischer Steuervorschlag wurde im Konzept der GRÜNEN in Form des einheitlichen Verkehrsgeldes gemacht, das an die Stelle des verkehrsmittelabhängigen Werbungskostenabzuges treten sollte[559].
Völlig im Ungewissen blieb das Konzept bei der Frage der Beschäftigungsförderung durch steuerpolitische Maßnahmen. Das Steuersystem sollte lediglich dahingehend umgestellt werden, dass es keinen Anreiz zur Wegrationalisierung von Arbeitsplätzen biete und die Schaffung von Arbeitsplätzen fördere. Darüber hinaus sollte eine Ergänzungsmaßnahme zur Finanzierung arbeitszeitverkürzender und beschäftigungswirksamer Maßnahmen eingeführt werden[560].

3.3. Gesetz über Maßnahmen zur Entlastung der öffentlichen Haushalte (Haushaltsbegleitgesetz 1989) vom 20. Dezember 1988[561] sowie das Verbrauchsteueränderungsgesetz vom 20. Dezember 1988[562]

Am 26. September 1988 hatte die Bundesregierung zwei Gesetzesentwürfe in den Bundestag eingebracht, die beide eine Entlastung der öffentlichen Haushalte ab dem Jahre 1989 vorsahen. Diese Finanzierungsmaßnahmen waren nach Ansicht der Bundesregierung für den Bund notwendig geworden, um einen Ausgleich für die Übertragung weiterer Geldmittel an die Europäische Gemeinschaft zu schaffen sowie für Hilfen zur Förderung der Investitionsfähigkeit finanzschwacher Länder[563]. Die zusätzlichen Geldmittel für die EG betrugen im Jahre 1988 4 Mrd. DM, im Jahre 1989 5 Mrd. DM und im Jahre 1992 9 Mrd. DM[564].
Der Entwurf des Verbrauchsteueränderungsgesetzes sah eine Erhöhung der Mineralölsteuer für Benzin und Heizöl, die Einführung einer Steuer für Erdgas und Flüssiggas zur Verwendung als Heizstoff sowie eine Erhöhung der Tabaksteuer vor[565]. Durch die begrenzte Anhebung von indirekten Steuern hoffte die Bundesregierung ihrem langfristigem Ziel in der langfristigen Finanz- und Haushaltspolitik, nämlich der nachhaltigen Rückführung der Neuverschuldung, näher zu kommen. Dies war durch Haushaltsdisziplin alleine nicht zu erreichen[566].

---

[557] Bericht des Finanzausschusses, BT-Drs. XI/2536, S. 73.
[558] Bericht des Finanzausschusses, BT-Drs. XI/2536, S. 72.
[559] Bericht des Finanzausschusses, BT-Drs. XI/2536, S. 72.
[560] Bericht des Finanzausschusses, BT-Drs. XI/2536, S. 72
[561] BGBl. 1988 I, S. 2262.
[562] BGBl. 1988 I, S. 2270
[563] GesEntw BReg, BT-Drs. XI/2969, S. 1.
[564] GesEntw BReg, BT-Drs. XI/2970, S. 10.
[565] GesEntw BReg, BT-Drs. XI/2970, S. 1.
[566] GesEntw BReg, BT-Drs. XI/2970, S. 1.

Bereits während der Debatten zum Steuerreformgesetz 1990 hatten Koalitionsvertreter die nun durchgeführten Steuererhöhungen angekündigt[567]. Schon zu diesem Zeitpunkt hatte die Opposition der Bundesregierung vorgeworfen, sie verschleiere die Ziele ihrer Finanzpolitik. Letztlich diene die Erhöhung der Verbrauchsteuern der Finanzierung der Steuerreform 1990, von der ohnehin nur gehobene Einkommen profitieren würden, während die Masse der Normalverdiener die Absenkung der Lohn- und Einkommensteuer durch die von der Regierung nun vorgenommene Erhöhung der Verbrauchsteuern zu tragen habe[568]. Die Koalitionsfraktionen verteidigten im Finanzausschuss die Verbrauchsteuererhöhungen mit dem Hinweis, dass die Entlastungen des Steuerreformgesetzes 1990 ein Mehrfaches der neuen Verbrauchsteuerbelastungen ausmachten. Schließlich führten die Steuererhöhungen zu einem ausgewogeneren Verhältnis zwischen direkten und indirekten Steuern, was einer leistungsfreundlicheren Ausgestaltung des Steuersystems diene[569].

Der Finanzausschuss löste schließlich auch teilweise einen der größten Streitpunkte des Steuerreformgesetzes 1990 innerhalb der Koalition. Auf Vorschlag des Bundesrates wurde die Mineralölsteuerbefreiung an die Genehmigungspflicht der Luftverkehrsunternehmen nach dem Luftverkehrsgesetz geknüpft[570]. Immer noch nicht zufrieden mit dieser Regelung war die SPD, die einen eigenen Gesetzesentwurf eingebracht hatte, welcher eine umfassende Korrektur der Steuerbefreiung der Luftfahrtbetriebsstoffe vorsah. Der gesamte gewerbliche Luftverkehr sollte, mit Ausnahme des angesichts der internationalen Wettbewerbssituation anders zu beurteilenden Linienverkehrs, der Mineralölsteuerpflicht unterworfen werden. Dieser Vorstoß scheiterte jedoch am Widerstand der Koalitionsfraktionen[571].

Daneben nahm der Finanzausschuss teilweise noch kleinere Tarifkorrekturen im Rahmen der Steuersätze auf schweres Heizöl und Ergas sowohl nach oben als auch nach unten vor, die im Wesentlichen wettbewerbspolitischen Erwägungen der deutschen Energiewirtschaft geschuldet waren, sich aber insgesamt weitgehend wieder ausglichen[572].

Auch das Haushaltsbegleitgesetz enthielt einige steuerrechtliche Novellierungen.

Beim Kraftfahrzeugsteuergesetz fiel die zeitlich befristete Steuerbefreiung für nach dem 31. Dezember 1988 als schadstoffarm oder bedingt schadstoffarm der Stufe C anzuerkennende PKW mit Dieselmotor weg. Weiterhin wurden die allgemeinen Kraftfahrzeugsteuersätze für alle PKW mit Selbstzündungsmotor (Diesel) um 8,40 DM je angefangene 100 cm^3 Hubraum erhöht. Die Erhöhung der Kraftfahrzeugsteuer für Dieselmotoren war als Ausgleichsmaßnahme für die Erhöhung der Mineralölsteuer erforderlich geworden. Da sich die Erhöhung der Mineralölsteuer auf einen Richtlinienvor-

[567] Vgl. die Rede des Abgeordneten Dregger (CDU) am 23. Juni 1988 vor dem Deutschen Bundestag, vgl. BT-PlPr. XI/87, S. 5832 (C).
[568] So der Abgeordnete Apel (SPD) am 23. Juni 1988 vor dem Deutschen Bundestag, vgl. BT-PlPr. XI/87, S. 5839 (B).
[569] Bericht des Finanzausschusses, BT-Drs. XI/3399, S. 19.
[570] Bericht des Finanzausschusses, BT-Drs. XI/3399, S. 20.
[571] Bericht des Finanzausschusses, BT-Drs. XI/3399, S. 21.
[572] Bericht des Finanzausschusses, BT-Drs. XI/3399, S. 19 ff.

schlag der EG zur Harmonisierung der Verbrauchsteuern gründete, war für eine Erhöhung der Mineralölsteuer von Dieselmotoren aufgrund der internationalen Steuersätze kein Spielraum mehr, statt dessen hätten eher Steuersenkungen in diesem Bereich vorgenommen werden müssen. Dies hätte aber, ohne die hier beschriebene Ausgleichsmaßnahme bei der Kraftfahrzeugsteuer, zu erheblichen Steuervorteilen für Halter dieser Fahrzeuge geführt. Das Ergebnis wären Nachfrageverlagerungen gewesen, die zu erheblichen Störungen des Wettbewerbs auf dem Markt für PKW hätten führen können[573].

Zum 01. Januar 1991 trat außerdem eine Änderung des Berechnungsverfahrens in Fällen der tageweisen Besteuerung und des Wechsels des Steuersatzes innerhalb des Entrichtungszeitraumes in Kraft.

Im Bereich des Versicherungsteuergesetzes wurde der Regelsteuersatz für Schadensversicherungen von 5 v.H. auf 7 v.H. angehoben. Der neue Steuersatz war auf Versicherungsentgelte anzuwenden, die ab dem 01. Januar 1989, bei Reiseversicherungen ab dem 01. Juli 1989, fällig wurden.

Die Masse der steuerrechtlichen Vorschriften im Haushaltsbegleitgesetz war jedoch erst während der Beratungen des federführenden Haushaltsausschusses in den Entwurf aufgenommen worden und zwar auf Initiative des mitberatenden Finanzausschusses, der seinerseits im Wesentlichen den Anregungen und Prüfungsbitten des Bundesrates entsprach. Diese Änderungen waren unterschiedlichster Natur. So wurden etwa in den Ausschussberatungen mehrere Regelungen zur Kraftfahrzeugsteuerbefreiung getroffen. Ein Großteil der Änderungen ging auf die durch das Steuerreformgesetz 1990 eingeführte Kapitalertragsteuer zurück. Allerdings wurden auch völlig sachfremde steuerliche Neuerungen verabschiedet. So wurde z.B. die Übergangsregelung, nach der die Personenbeförderung mit Schiffen nur dem ermäßigtem Umsatzsteuersatz (7 v.H.) unterlag, über den 31. Dezember 1988 hinaus bis zum 31. Dezember 1992 verlängert. Weiterhin erfolgte eine Anpassung des Zonenrandförderungsgesetzes an die langjährige Verwaltungspraxis, im Zonenrandgebiet automatisch zu unterstellen, dass dort wirtschaftliche Nachteile vorhanden gewesen waren[574].
Sowohl die SPD als auch DIE GRÜNEN lehnten die Beschlussvorlage ab. Ihre Kritik beinhaltete jene Vorwürfe, die auch gegen das Verbrauchsteuergesetz geäußert wurden, dass nämlich die Steuererhöhungen ausschließlich der Finanzierung der Steuerausfälle des Steuerreformgesetzes 1990 dienten[575].

Gegen den Widerstand der Opposition konnten jedoch beide Beschlussvorlagen am 24. November 1990 im Deutschen Bundestag verabschiedet werden.

---

[573] GesEntw BReg, BT-Drs. XI/2969, S. 10.
[574] Bericht des Haushaltsausschusses, BT-Drs. XI/3306, S. 2.
[575] Bericht des Haushaltsausschusses, BT-Drs. XI/3306, S. 21.

3.4. Gesetz zur Änderung des Steuerreformgesetzes 1990 sowie zur Förderung des Mietwohnungsbaues und von Arbeitsplätzen in Privathaushalten vom 30. Juni 1989[576]

Nicht einmal ein ganzes Jahr nach Verkündung der von der Koalition selbst so bezeichneten „Jahrhundertsteuerreform“ sah sich die Bundesregierung bereits wieder gezwungen, mit der Abschaffung der kleinen Kapitalertragsteuer eines der Hauptanliegen des Steuerreformgesetzes 1990 wieder zurückzunehmen.

Mit der Vorlage, die am 05. Juni 1989 in den Deutschen Bundestag eingebracht wurde, reagierte die Bundesregierung auf die Erfahrungen bei der Gesetzesanwendung seit Inkrafttreten. Offensichtlich hatte die christlich-liberale Koalition die Wirkungen der Kapitalertragsteuer falsch eingeschätzt. Die im Zusammenhang mit der Einführung der Kapitalertragsteuer hervorgehobene positive Handschrift des Parlaments, mit dem Ergebnis, dass Verwaltungsaufwand und Ertrag der Kapitalertragsteuer nach den Arbeiten des Finanzausschusses in einem positiven Verhältnis zueinander stehen würden [577], schien keine zutreffende Analyse gewesen zu sein. Die begrenzte Korrektur des Steuerreformgesetzes 1990 gründete nämlich vor allem auf den Belangen der Beteiligten, die vom Besteuerungsverfahren der Kapitalertragsteuer betroffen waren. Die Einführung der Kapitalertragsteuer hatte bei Steuerpflichtigen, Finanzämtern und der Kreditwirtschaft zu einem erheblichen Verwaltungsaufwand geführt, der insbesondere diejenigen traf, die mit ihren Kapitalerträgen nicht steuerpflichtig waren[578].

Ausdrücklich berief sich die Bundesregierung auf einen Hinweis der Deutschen Bundesbank, die vor der enormen Belastung des deutschen Kapitalmarktes durch die Kapitalertragsteuer gewarnt hatte. So war der Export von langfristig gebundenem Kapital ins Ausland von 23 Mrd. DM im Jahre 1987 auf 87 Mrd. DM innerhalb eines Jahres angestiegen. Dieser Betrag stellte insgesamt 44 v.H. der Geldvermögensbildung inländischer Privatanleger dar, während gleichzeitig Finanzanlagen von Ausländern in der Bundesrepublik zurück gegangen waren[579].

Allerdings verdoppelte die Bundesregierung mit der Abschaffung der kleinen Kapitalertragsteuer gleichzeitig auch den Sparer-Freibetrag auf 600 DM/1200 DM (Alleinstehende/Verheiratete). Diese Maßnahme führte die Bundesregierung auf die allgemeine Einkommens- und Vermögensentwicklung zurück, die seit Einführung des Sparer-Freibetrages zu einer beträchtlichen Zunahme der Geldvermögen breiter Bevölkerungsschichten geführt hatte[580]. Die grundsätzliche Steuerpflicht von Kapitalerträgen sollte jedoch beibehalten werden, so dass die Hinweis- und Erklärungspflichten nicht geändert wurden[581].

Da die kleine Kapitalertragsteuer nach den Vorstellungen des Finanzministeriums bereits ab dem 01. Juli 1989 nicht mehr erhoben werden sollte, wurde die Vorlage dem

[576] BGBl. 1989 I, S. 1267.
[577] Vgl. Kap. 3.2.1.5. dieses Hauptteils.
[578] GesEntw BRg, BT-Drs. XI/4688, S. 9.
[579] GesEntw BRg, BT-Drs. XI/4688, S. 9.
[580] GesEntw BRg, BT-Drs. XI/4688, S. 9.
[581] GesEntw BRg, BT-Drs. XI/4688, S. 9.

Bundesrat als besonders eilbedürftig gem. Art. 76 Abs. 2 Satz 3 GG am 11. Mai 1989 übergeben.

Am 12. Mai 1989 wurde der Gesetzesentwurf der Regierungsfraktionen, am 14. Juni 1989 der Gesetzesentwurf der Bundesregierung, vom Plenum des Deutschen Bundestages an den federführenden Finanzausschuss überwiesen.
In den beiden öffentlichen Anhörungen vom 31. Mai und 01. Juni 1989 bemängelten sowohl Sachverständige als auch Verbände , dass die Abschaffung der kleinen Kapitalertragsteuer der Steuerhinterziehung von Zinserträgen Tür und Tor öffne. Sie führe dazu, dass es zwei Klassen von Steuerpflichtigen geben werde, wobei erneut auf die Einkünfte aus nichtselbstständiger Arbeit verwiesen wurde, die einer konsequenten Quellenbesteuerung ohne große Dispositionsmöglichkeiten unterlägen. Im Ergebnis leide die Steuermoral unter einer Abschaffung der kleinen Kapitalertragsteuer erheblich[582].

Trotz dieser massiven Kritik, die auf das auch von der christlich-liberalen Koalition immer wieder beabsichtigte Ziel einer gleichmäßigen Besteuerung gerichtet war, passierte die Regierungsvorlage den Finanzausschuss mit einer ausgesprochen dürftigen Begründung, die der noch in den Debatten zum Steuerreformgesetz 1990 gelobten „Handschrift des Parlaments“[583] Hohn sprach. In der Ausschussempfehlung hieß es lapidar, die Ausschussmehrheit halte die im Gesetzesentwurf vorgesehenen Maßnahmen für notwendig, weil sich einige wenige Regelungen des Steuerreformgesetzes in der Praxis als problematisch herausgestellt hätten, ohne dass aber der Gesamterfolg dieser umfassenden Reform beeinträchtigt werde[584]. Als Folge der Abschaffung musste auch die Einkommensteuerpflicht für Erträge aus langlaufenden Lebensversicherungen, die erst mit Einführung der Quellensteuer durch das Steuerreformgesetz 1990 statuiert worden war, wieder abgeschafft werden[585].

Neben der Kapitalertragsteuerreform enthielt der Gesetzesentwurf auch Änderungen der Abschreibebedingungen für Mietwohnungen, eine Neuregelung der Besteuerung betrieblicher Veräußerungsgewinne sowie insbesondere eine steuerliche Berücksichtigung der Kosten für hauswirtschaftliche Beschäftigungsverhältnisse[586].

Eine ähnliche Maßnahme zur Schaffung von Arbeitsplätzen im häuslichen Bereich war bereits im Rahmen des Steuersenkungsgesetzes 1986/1988 geplant gewesen und damals nur deshalb gescheitert, weil der Finanzausschuss davon ausging, dass diese Maßnahme nicht zu einem nennenswerten Beschäftigungsanstieg führen würde und auch dem selbstgesteckten Ziel des Abbaus von Steuersubventionen entgegen gelaufen wäre[587].
Die nun verabschiedete steuerliche Förderung erfolgte wiederum über einen neu geschaffenen Sonderausgabenabzug in § 10 Abs. 1 Nr. 8 EStG, der Aufwendungen in

[582] Bericht des Finanzausschusses, BT-Drs. XI/4803, S. 4.
[583] Vgl. Kap. 3.2.1.5. dieses Hauptteils.
[584] Bericht des Finanzausschusses, BT-Drs. XI/4803, S. 9.
[585] GesEntw BRg, BT-Drs. XI/4688, S. 9.
[586] GesEntw BRg, BT-Drs. XI/4688, S. 1.
[587] Vgl. in der zehnten Legislaturperiode, Kap. III. 4.2.1.

Höhe von jährlich insgesamt 12 000 DM für ein häusliches Arbeitsverhältnis für abziehbar erklärte. Dass damit die Trennung zwischen steuerlich abziehbaren Aufwendungen einerseits und Aufwendungen für den privaten Bereich andererseits durchbrochen wurde, hielt die Bundesregierung aus arbeitsmarktpolitischen, volkswirtschaftlichen und sozialpolitischen Gründen für gerechtfertigt[588]. Zum einen, weil die Gewährung des Sonderausgabenabzuges an die Schaffung eines vollwertig sozialversicherungspflichtigen Arbeitsplatzes geknüpft war und der Sonderausgabenabzug zum anderen voraussetzte, dass bei Familien und Alleinstehenden mindestens eine dauerhaft hilfsbedürftige Person bzw. jüngere Kinder zum Haushalt gehörte[589]. Hierdurch sollten auch gesellschaftliche, soziale und gesundheitliche Nachteile für Frauen abgebaut werden[590].

Der Sonderabzug für häusliche Arbeitsverhältnisse war eine der steuerlichen Maßnahmen, die während des parlamentarischen Verfahrens besonders ausführlich diskutiert wurden[591]. Die SPD sprach in diesem Zusammenhang, wie schon bei früheren Gesetzesinitiativen, von der Einführung eines sog. „Dienstmädchenprivilegs"[592]. Der Sonderabzug stelle eine Steuervergünstigung für eine kleine, in gehobenen Einkommensschichten lebende Bevölkerungsgruppe dar, die weder arbeitsmarkt- noch sozialpolitisch zu rechtfertigen sei[593].

Die zentrale Motivation des neuen Sonderabzuges, der über die bisherigen Abzugsmöglichkeiten des § 33 EStG hinaus ging, war arbeitsmarktpolitischer Natur[594], wodurch auch der steuerrechtlich eigentlich systemfremde Sonderabzug legitimiert werden sollte. Die Koalitionsfraktionen brachten diese Zielrichtung auf den Punkt, indem sie ausführten, dass jede Chance zur Verbesserung der Situation auf dem Arbeitsmarkt ergriffen werden müsse[595]. Allerdings gingen die Ansichten über den zu erwartenden beschäftigungswirksamen Effekt der neuen Vorschrift weit auseinander. Während die Bundesregierung im Finanzausschuss ausgeführt hatte, dass von dieser Maßnahme unter Zugrundelegung einer Haushaltszahl von 500 000 potentiellen Arbeitgebern mit rund 100 000 neuen Beschäftigungsverhältnissen gerechnet werden könne, glaubte die Bundesanstalt für Arbeit nicht einmal daran, dass sich die bisherige Anzahl von rund 33 000 sozialversicherungspflichtigen häuslichen Beschäftigungsverhältnissen auch nur um 50 v.H. steigern lasse[596].

Die weiterhin vorgesehenen verbesserten Abschreibungsbedingungen sollten einer zu der Zeit stark gestiegenen Nachfrage nach Mietwohnungen Rechnung tragen[597]. Kon-

---

[588] GesEntw BReg, BT-Drs. XI/4688, 10.
[589] GesEntw BReg, BT-Drs. XI/4688, 12.
[590] GesEntw BReg, BT-Drs. XI/4688, 10.
[591] Bericht des Finanzausschusses, BT-Drs. XI/4803, S. 11.
[592] Vgl. die Rede der finanzpolitischen Sprecherin der SPD, Matthäus-Maier, während der zweiten Beratung des Gesetzesentwurfs vor dem Deutschen Bundestag am 16. Juni 1989, vgl. BT-PlPr. XI/150, S. 11217 (D).
[593] Bericht des Finanzausschusses, BT-Drs. XI/4803, S. 11.
[594] GesEntw BRg, BT-Drs. XI/4688, S. 12.
[595] Bericht des Finanzausschusses, BT-Drs. XI/4803, S. 11.
[596] Bericht des Finanzausschusses, BT-Drs. XI/4803, S. 11.
[597] GesEntw BReg, BT-Drs. XI/4688, S. 1.

kret sah der Entwurf vor, neben der in § 7 Abs. 5 EStG geregelten, normalen Abschreibungsdauer von 50 Jahren eine verkürzte Abschreibungsdauer von 40 Jahren bei zur Vermietung vorgesehenen oder genutzten Wohngebäuden einzuführen[598].

Die Verbesserung der Abschreibungsbedingungen machte nach Ansicht des Finanzausschusses auch eine Verbesserung der Berlinförderung notwendig, obwohl diese erst durch das Steuerreformgesetz 1990 eingeschränkt worden war. Im Einvernehmen mit der SPD erhöhten die Koalitionsfraktionen die Abschreibungssätze des § 14a BerlinFG und erweiterten dessen Anwendungsbereich, um den verbesserten degressiven Abschreibungsbedingungen im Mietwohnungsbau gerecht zu werden. Anderenfalls stünde zu befürchten, dass der Präferenzvorsprung Berlins verloren ginge und privates Kapital für den Mietwohnungsbau von Berlin ins Bundesgebiet fließe[599].

Mit der Neuregelung der Besteuerung betrieblicher Veräußerungsgewinne schließlich sollte insbesondere im Hinblick auf den EG-Binnenmarkt in noch stärkerem Maße Rücksicht auf den Erhalt und die Belange des gewerblichen Mittelstandes genommen werden[600]. Nach der Neufassung des § 34 EStG erhöhten sich die außerordentlichen Einkünfte, die mit der Hälfte des durchschnittlichen Steuersatzes besteuert werden konnten, auf einen Höchstbetrag von 30 Mio. DM. Hiermit sollten im Interesse der Erhaltung mittelständischer Betriebe vor allem die bei Aufgabe und Veräußerung zusammengeballt anfallenden Gewinne aus stillen Reserven berücksichtigt werden[601].

Mit der Erweiterung des steuerfreien Werbungskostenersatzes bei Werkzeuggeld, typischer Berufsbekleidung und Sammelbeförderung von Arbeitnehmern zwischen Wohnung und Arbeitsstätte mit einem vom Arbeitgeber gestellten Fahrzeug hatte der Finanzausschuss auch einige eigene Neuregelungen in den Entwurf eingebracht[602]. Der Ausschuss hatte damit auf die Abgrenzungsschwierigkeiten reagiert, die sich seiner Auffassung nach aus den bei der Umsetzung der mit dem Steuerreformgesetz 1990 getroffenen Regelungen des steuerfreien Werbungskostenersatzes in die Praxis, d.h. bei der Erarbeitung der Lohnsteuer-Richtlinien, ergeben hätten. Eine „puristische" Umsetzung der mit dem Steuerreformgesetz beschlossenen Lösung hätte zu Härten bei den Arbeitnehmern geführt, die die Ausschussmehrheit vermeiden wollte[603].

4. Steuerliche Förderung von Zuwendungen an politische Parteien

Auch in der elften Legislaturperiode führte die Bundesregierung ihre Bemühungen fort, zu einer rechtmäßigen und sachgerechten Lösung der steuerlichen Behandlung der Finanzierung politischer Parteien durch private Zuwendungen zu gelangen. Dabei setzte die christlich-liberale Koalition zum einen eigene Erkenntnisse um, etwa bei der steuerlichen Behandlung von unabhängigen Wählergruppen, deren gewachsener Bedeutung Rechnung getragen werden sollte und deren Einbeziehung bereits bei früheren

598 GesEntw BReg, BT-Drs. XI/4688, S. 11.
599 Bericht des Finanzausschusses, BT-Drs. XI/4803, S. 10
600 GesEntw BReg, BT-Drs. XI/4688, S. 9.
601 GesEntw BRg, BT-Drs. XI/4688, S. 9
602 Beschlussempfehlung des Finanzausschusses, BT-Drs.XI/4775, S. 2.
603 Beschlussempfehlung des Finanzausschusses, BT-Drs. XI/4803, S. 10.

Gesetzesinitiativen gefordert worden war. Zum anderen wurde die Bundesregierung aber auch vom Bundesverfassungsgericht zu einer rechtmäßigen Lösung förmlich getrieben.

4.1. Gesetz zur steuerlichen Begünstigung von Zuwendungen an unabhängige Wählervereinigungen vom 25. Juli 1988[604]

Am 24. November 1987 war von der Bundesregierung ein Gesetzesentwurf in den Bundestag eingebracht worden[605], um der gewachsenen Bedeutung freier Wählergemeinschaften an der politischen Willensbildung des Volkes insbesondere auf lokaler Ebene Rechnung zu tragen[606]. Durch eine Erweiterung des § 34g EStG, nach dem für Beiträge und Spenden an politische Parteien eine Steuerermäßigung in Höhe von 50 v.H. der Ausgaben höchstens aber von 600 DM/ 1 200 DM gewährt wurde, auf Zuwendungen an unabhängige Wählervereinigungen wurden diese Zusammenschlüsse, was die steuerliche Behandlung von Spenden und Beiträgen anbelangt, gleich gestellt.

Ursprünglich war in dem Gesetzesentwurf der Bundesregierung eine eigenständige Regelung für unabhängige Wählervereinigungen in Form eines neuen Abs. 3 im § 9 EStG sowie zweier neuer Sätze innerhalb des § 9 Nr. 2 KStG, die jeweils die Möglichkeit der steuerlichen Geltendmachung von Beiträgen und Spenden an unabhängige Wählervereinigungen in Höhe von 500 DM (im Einkommensteuerrecht bei Zusammenveranlagung in Höhe von 1 000 DM) beinhaltete, vorgesehen[607]. Bei der Bemessung der Höhe der Abziehbarkeit hatte sich die Bundesregierung von der Erwägung leiten lassen, dass die sachlichen und personellen Kosten unabhängiger Wählervereinigungen aufgrund der üblichen Fokussierung ihrer Aufgaben und Tätigkeiten auf den örtlichen Bereich begrenzt blieben[608].

Allerdings hatte bereits der Bundesrat in seiner Stellungnahme zu dem Regierungsentwurf Zweifel an der verfassungsrechtlichen Rechtmäßigkeit der vorgeschlagenen Neuregelung geäußert. In der Diskrepanz zwischen dem Höchstbetrag für die Berücksichtigung von Zuwendungen an politische Parteien von derzeit 100 000 DM[609] und dem geplanten Höchstbetrag von 500 DM bzw. 1 000 DM sah der Bundesrat eine sachlich nicht zu rechtfertigende Ungleichbehandlung[610]. Weiterhin monierte der Bundesrat, dass nur Wählervereinigungen in der Rechtsform des eingetragenen Vereins von der Neuregelung erfasst würden, sowie das Fehlen einer umfassenden Neuregelung der steuerlichen Behandlung von Zuwendungen an politische Parteien, die nach einem Urteil des Bundesverfassungsgerichts[611] notwendig geworden war[612].

---

[604] BGBl. 1988, S. 1185.
[605] GesEntw BReg, BT-Drs. XI/1316.
[606] GesEntw BReg, BT-Drs. XI/1316, S. 4.
[607] GesEntw, BReg, BT-Drs. XI/1316, 3.
[608] GesEntw, BReg, BT-Drs. XI/1316, S. 4.
[609] Dieser Betrag beruhte nicht auf einer gesetzlichen Regelung sondern auf der Rechtsprechung des Bundesverfassungsgerichts, siehe dazu gleich.
[610] Stellungnahme BR, BT-Drs. XI/1316, S. 6.
[611] Siehe dazu gleich im nächsten Kapitel.
[612] Stellungnahme BR, BT-Drs. XI/1316, Anlage 2, 6, 7.

Der federführende Finanzausschuss folgte daraufhin der Prüfungsbitte des Bundesrates und änderte den Gesetzesentwurf dahin gehend, dass durch die oben bereits genannte Erweiterung des § 34g EStG Mitgliedsbeiträge und Spenden an unabhängige Wählervereinigungen als Abzug von der Steuerschuld und nicht als Sonderausgabe behandelt wurden[613].

Letztendlich kam die Bundesregierung mit der Einbringung der Gesetzesinitiative einem Beschluss des Bundesverfassungsgerichts vom 21. Juni 1988 (2 BvR 638/84) zuvor, nach dem der Ausschluss der Zuwendungen an kommunale Wählervereinigungen von den Steuervergünstigungen der 10b und 34g EStG ab dem Veranlagungszeitraum 1984 nicht mit dem Grundgesetz vereinbar gewesen war[614].

Da jedoch bereits am 23. Juni abschließend über das Gesetz im Deutschen Bundestag debattiert worden war und keine Änderungen der Beschlussvorlage vorgenommen werden konnten, erfolgte die Anordnung der Rückwirkung erst während der Ausschussberatungen zum Haushaltsbegleitgesetz 1989[615].

4.2. Fünftes Gesetz zur Änderung des Parteiengesetzes und anderer Gesetze vom 22. Dezember 1988[616]

Nachdem die Regierungsfraktionen die steuerliche Behandlung von Zuwendungen an unabhängige Wählergruppen erst ein halbes Jahr zuvor neugeregelt hatten, nahm die Regelungshektik bezüglich der Finanzierung der politischen Arbeit durch den neu eingebrachten Gesetzesentwurf der Koalition weiter zu. Mit der Einbringung eines interfraktionellen Gesetzesentwurfs[617] zur Novellierung des Parteiengesetzes am 08. Juni 1988 sowohl durch die Koalition als auch durch die SPD wurden steuerrechtliche Vorschriften des Einkommen- und Körperschaftsteuergesetzes korrigiert, die der Bundestag erst durch die Reform vom 22. Dezember 1983 geändert hatte[618]. Durch die erneute Initiative wurde eine ab 1989 für alle Steuerpflichtigen geltende Begrenzung der steuerlichen Berücksichtigung von Zuwendungen an Parteien in Höhe von 60 000 DM festgelegt.

Diese Neuregelung war aufgrund eines Urteils des Bundesverfassungsgerichts vom 14. Juli 1986 (2 BvE 2/84, 2 BvR 443/84) erforderlich geworden, in dem einzelne Bestimmungen des § 10b EStG und des § 9 KStG als unvereinbar mit Art. 3 Abs. 1 GG erklärt worden waren[619]. Damit hatte sich die Hoffnung des federführenden Finanzausschusses aus dem Jahre 1983 nicht erfüllt, dass die damals neugeregelte Vorschrift des § 10b EStG den Ansprüchen des Bundesverfassungsgerichts an die steuerliche Behandlung der privaten Parteienfinanzierung aufgrund der flankierenden gesetzlichen Regelungen einer Berichtspflicht und des Chancenausgleichs genügen würde[620].

---

[613] Bericht des Finanzausschusses, BT-Drs. XI/2554, 7.
[614] BVerfGE 78, 350.
[615] Bericht des Haushaltsausschusses, BT-Drs. XI/3306, S. 19.
[616] BGBl. 1988 I, S. 2615.
[617] BT-Drs. XI/2421; mit Ausnahme der Fraktion der Grünen.
[618] Vgl. Kap. III. 6.1.
[619] BVerfGE 73, 40.
[620] Vgl. Kap. III. 6.1.

Erneut sahen sich die Parlamentarier mit der „Scherensituation“ konfrontiert, die sich aus der Rechtsprechung des Bundesverfassungsgerichts ergab, nämlich die Verhinderung der Abhängigkeit von Spenden einerseits und der Vermeidung der unzulässigen Staatsnähe andererseits[621].

Die alte Regelung, die die Höhe von abziehbaren Zuwendungen an politische Parteien in einem Prozentsatz der Einkünfte festlegte, führte dazu, dass Steuerpflichtige mit einem hohem Einkommen auch Zuwendungen in wesentlich größerem Umfange geltend machen konnten als etwa der Bezieher eines niedrigen Einkommens. Das Recht des Bürgers auf gleiche Teilhabe an der politischen Willensbildung, so das Bundesverfassungsgericht, äußere sich nicht nur in Wahlen, sondern auch in der Einflussnahme auf den Prozess der Willensbildung. Dieses Gleichheitsrecht sei zu beachten, wenn die finanzielle Unterstützung politischer Parteien steuerlich begünstigt werde. Erlasse der Gesetzgeber Bestimmungen dieser Art, so dürfe das Recht des Einzelnen auf gleiche Teilhabe an der politischen Willensbildung nicht in der Weise beeinträchtigt werden, dass bestimmten Bürgern eine größere Einflussnahme gewährt werde als anderen[622].

Mit der von den Fraktionen gewählten Obergrenze von 60 000 DM für die steuerliche Geltendmachung von Spenden und Mitgliederbeiträgen blieb man unter der vom Bundesverfassungsgericht in seiner Entscheidung festgelegten zulässigen Höchstgrenze von 100 000 DM. Der Gesetzesentwurf schwieg darüber, welche Überlegungen ausgerechnet zu diesem Betrag geführt hatten[623].

Aus verfassungsrechtlichen Gründen hatte der federführende Innenausschuss, dem die Sache am 13. Oktober zur Beratung überwiesen worden war, die Höchstgrenze für die Abziehbarkeit von Spenden und Mitgliedsbeiträgen bei zusammenveranlagten Ehegatten auf 120 000 DM erhöht[624]. Auf Anraten des mitberatenden Finanzausschusses und des Bundesministeriums der Finanzen wurde in den Ausschussberatungen weiterhin die Realisierung von Steuervergünstigungen aus der Bindung an die gesetzliche Berichtspflicht herausgenommen. Damit sollte aber lediglich die praktische Abwicklung von Steuererstattungsanträgen erleichtert, nicht jedoch der materielle Inhalt der Berichtspflicht geändert werden[625].
Aufgrund der interfraktionellen Initiative war die gesamte parlamentarische Debatte von großer Einigkeit geprägt. Einzig die Fraktion der GRÜNEN, die bereits die Verfassungsmäßigkeit der alten Regelung aus dem Jahre 1983 angezweifelt hatte, wandte sich gegen den Gesetzesentwurf[626].

Am 09. Dezember 1988 stimmte der Bundestag mit großer Mehrheit dem Gesetzesentwurf zu.

---

[621] So der SPD-Abgeordnete Bernrath in der zweiten Beratung des Gesetzesentwurfs vor dem Deutschen Bundestag am 09.Dezember 1988, vgl. BT-PlPr. XI/117, S. 8596 (A).
[622] BVerfGE 73, 40, 71.
[623] Vgl. die Gesetzesbegründung in BT-Drs. XI/2421, S. 7.
[624] Bericht des Innenausschusses, BT-Drs. XI/3697, S. 4.
[625] Bericht des Innenausschusses, BT-Drs. XI/3697, S. 3.
[626] Vgl. Bericht des Innenausschusses, BT-Drs. XI/3697, S. 2; allerdings erfolgte diese Ablehnung nicht mehr aufgrund der Regelung über die Steuervergünstigungen von Spenden und Mitgliedsbeiträgen.

5. Reformen des Kraftfahrzeugsteuergesetzes

In der elften Legislaturperiode nahm die Gesetzgebungstätigkeit des Deutschen Bundestages auf dem Gebiet der Kraftfahrzeugsteuer deutlich zu. Dies hatte mehrere Ursachen. Zum einen sollte an die Gesetzgebung der zehnten Legislaturperiode angeknüpft werden, in der versucht wurde, über die Besteuerung bestimmte umweltschutzpolitische Ziele durchzusetzen. Die zweite Ursache lag außerhalb des Einflussbereiches der Bundesregierung und war vor allem in der fortschreitenden europäischen Integration und der geographischen Mittellage der Bundesrepublik Deutschlands begründet. Allerdings ging es nicht um die Umsetzung europarechtlicher Vorgaben, die selbstverständlich auch eine Rolle spielten, sondern vielmehr um das Versäumnis der Europäischen Gemeinschaft, eine internationale Lösung für den grenzüberschreitenden LKW-Transit zu finden.

5.1. Gesetz zur Verbesserung der steuerlichen Förderung schadstoffarmer PKW vom 22. Dezember 1989[627]

Mit der Einbringung der Initiative für ein Gesetz zur Verbesserung der steuerlichen Förderung schadstoffarmer PKW am 01. Oktober 1989 in den Deutschen Bundestag wollte die Bundesregierung nach dem Gesetz über steuerliche Maßnahmen zur Förderung des schadstoffarmen Personenkraftwagens vom 22. Mai 1985 einen weiteren Versuch unternehmen, die Entscheidung der Bürger zur Schadstoffreduzierung bei Kraftfahrzeugen durch steuerliche Anreize zu unterstützen[628]. Obwohl die Bundesregierung bereits das erste Gesetz als erfolgreichen Versuch ansah, umweltpolitische Ziele über die Steuergesetzgebung zu betreiben, zeigte die statistische Entwicklung schadstoffarmer PKW, dass die Wirksamkeit der bisherigen Maßnahmen zu überdenken und die Förderung neu zu strukturieren war. So fuhren zwar beachtliche 96,7 v.H. der neu zugelassenen PKW bereits schadstoffreduziert, allerdings erachtete die Bundesregierung den Altbestand von knapp 19 Mio. nicht schadstoffreduzierter PKW bei einem Gesamtbestand von knapp 30 Mio. PKW immer noch als zu hoch[629].

Aus dieser Feststellung folgte fast zwangsläufig die Erkenntnis, dass der Schwerpunkt der steuerlichen Förderung auf der nachträglichen Schadstoffreduzierung bereits angeschaffter PKW erfolgen musste. Um die Nachrüstung von Katalysatoren zu verstärken, wurde die Auszahlung eines Förderungsbetrages durch das Finanzamt neu eingeführt, der in seiner Höhe je nach erreichtem Schadstoffgrenzwert variierte[630].

Zur weiteren Verbesserung der steuerlichen Begünstigung schadstoffarmer PKW und zur schnelleren Einführung moderner Technologien erfolgte daneben ab dem 01. Januar 1990 eine Förderung jedes neu zuzulassenden PKW bis 2,0 l Hubraum mit einer befristeten Steuerbefreiung, sofern das Fahrzeug die Anforderungen der Anlage XXIII zu § 47 StVZO oder gleichrangiger EG-Normen erfüllte[631]. Die bisher maßgebliche

[627] BGBl. 1989 I, S. 2436.
[628] GesEntw BRg, BT-Drs. XI/5289, S. 8.
[629] GesEntw BRg, BT-Drs. XI/5289, S. 8.
[630] GesEntw BRg, BT-Drs. XI/5289, S. 9.
[631] GesEntw BRg, BT-Drs. XI/5289, S. 8.

Einstufung als „schadstoffarm“ bzw. „bedingt schadstoffarm“ als Förderungskriterium sollte nicht mehr ausreichend sein. Künftig gewannen die Einhaltung bestimmter Grenzwerte für Schadstoffemissionen sowie das Vorhandensein von funktionsfähigen Katalysatoren an Bedeutung[632]. Die Höhe der Steuerbefreiung war nach der Größe des Hubraumes gestaffelt und reichte von 680 DM bis 1 100 DM[633]. Zeitlich begrenzt wurde die Steuerbefreiung für neu zugelassene PKW bis zum 31. Januar 1991. Die Bundesregierung ging dabei von der Annahme aus, dass etwa ab diesem Zeitpunkt der besondere Förderungszweck entfallen sei, weil ab diesem Zeitpunkt ohnehin nur noch PKW mit einem geregelten Drei-Wege-Katalysator angeboten würden[634].

Die Bundesregierung wähnte sich mit ihrem Gesetzesentwurf in Übereinstimmung mit den umweltpolitischen Zielsetzungen der Europäischen Gemeinschaft auf der Höhe der jeweils neusten wissenschaftlichen Fortschritte bei der Bekämpfung der Luftverschmutzung durch Abgase aus Kraftfahrzeugmotoren[635].

Trotz einiger Bedenken gegen den Gesetzesentwurf und unterschiedlicher Vorstellungen über die Erreichung der umweltpolitischen Zielsetzungen[636] widersetzte sich die SPD dem Regierungsentwurf nicht[637]. Entgegen dem Willen der SPD-Fraktion[638] wurden Nutzfahrzeuge von den steuerlichen Fördermaßnahmen ausdrücklich ausgeklammert. Die auch in diesem Bereich notwendige Verminderung der Schadstoffemissionen sollte nach Ansicht der Bundesregierung vorrangig über technische Vorgaben erreicht werden. Die steuerrechtliche Förderung schadstoffarmer Nutzfahrzeuge hätte den Einsatz von erheblichen Haushaltsmitteln zur Folge gehabt. Nach dem Verursacherprinzip hätten diese Finanzmittel von den Haltern nicht schadstoffreduzierter Nutzfahrzeuge aufgebracht werden müssen. Eine solche Steuererhöhung hielt die Bundesregierung jedoch aus verkehrspolitischen Gesichtspunkten nicht für sinnvoll[639]. Im Finanzausschuss wurden auf die Prüfungsbitte des Bundesrates, der in seiner ersten Stellungnahme vom 20. Oktober 1989 den Gesetzesentwurf aus umweltpolitischen Gesichtspunkten begrüßt, aber einige Mängel gerügt hatte, noch kleinere Änderungen des Gesetzesentwurfs vorgenommen[640]. Insbesondere machte der Bundesrat darauf aufmerksam, dass die Länder aufgrund dieses Gesetzes erhebliche Steuerausfälle zu tragen hatten, die eine adäquate Ausgleichsregelung erforderlich machen würden[641].

Mit einem weiteren wesentlichen Anliegen konnte sich der Bundesrat hingegen nur zum Teil durchsetzen. So verabschiedete der Finanzausschuss lediglich eine Aufforderung an die Bundesregierung, Vorschläge zu unterbreiten, wie PKW mit Dieselmotor

---

[632] GesEntw BRg, BT-Drs. XI/5289, S. 11.
[633] GesEntw BRg, BT-Drs. XI/5289, S. 9.
[634] GesEntw BRg, BT-Drs. XI/5289, S. 12.
[635] GesEntw BRg, BT-Drs. XI/5289, S. 8.
[636] Die SPD-Fraktion bevorzugte eine ordnungspolitische Lösung mit einem Verbot nicht schadstoffarmer PKW, vgl. Bericht des Finanzausschusses, BT-Drs. XI/5676, S. 14.
[637] In der abschließenden Sitzung des Finanzausschusses stimmte die SPD für den Gesetzesentwurf, die Grünen waren nicht anwesend, vgl. Bericht des Finanzausschusses, BT-Drs. XI/5676, S. 13.
[638] Bericht des Finanzausschusses, BT-Drs. XI/5676, S. 14.
[639] GesEntw BRg, BT-Drs. XI/5289, S. 9
[640] Bericht des Finanzausschusses, BT-Drs. XI/5676, S. 14.
[641] Bericht des Finanzausschusses, BT-Drs. XI/5676, S. 13.

in die steuerliche Förderung einzubeziehen seien[642]. Der Regierungsentwurf hatte auf eine Förderung von Fahrzeugen mit Dieselmotor verzichtet, weil diese bereits ab dem 01. Januar 1989 nicht mehr zusätzlich durch befristete Steuerbefreiungen gefördert wurden[643].

5.2. Gesetz über Gebühren für die Benutzung von Bundesfernstraßen mit schweren Lastfahrzeugen (Straßenbenutzungsgebührengesetz – StrBG) vom 30.April 1990[644]

Mit diesem Gesetz erhoffte sich die Bundesregierung, ein großes verkehrspolitisches Problem zu lösen, das sich zum einen aus der spezifisch hohen Kraftfahrzeugsteuerbelastung in Deutschland ergab, zum anderen aus der europäischen Mittellage Deutschlands, die zu einem erheblichen Transitaufkommen insbesondere beim Güterverkehr führte. Verschärft wurde die Lage zusätzlich durch ein Ausbleiben einer gesamteuropäischen Lösung der Kraftfahrzeugbesteuerung trotz anhaltender anders lautender politischer Willensbekundungen.

In dieser Situation sollte der Konflikt des steuerlich zu hoch belasteten Güterkraftverkehrsgewerbes auf der einen Seite und des Umweltschutzes auf der anderen Seite durch Beteiligung der Straßennutzer an den Wegekosten gelöst werden. Aus diesem Grund beinhaltete die am 01. Februar 1990 in den Deutschen Bundestag eingebrachte Regierungsvorlage eine Absenkung der Kraftfahrzeugssteuerbelastung für schwere Nutzfahrzeuge mit Anhänger auf ein mittleres europäisches Niveau in der Zeit ab 01. Juli 1990 bis 31. Dezember 1993, um die Wettbewerbsbedingungen zwischen deutschen und ausländischen Güterkraftverkehrsunternehmen anzugleichen[645]. Für die Bundesregierung war die Kraftfahrzeugsteuer wettbewerbsverzerrend, da sie für die Unternehmen fixe, nicht fahrgebietsabhängige Kosten bedeutete[646].

Durch die gleichzeitige Einführung einer Straßenbenutzungsgebühr für schwere Lastfahrzeuge unter Beteiligung auch gebietsfremder LKW sollte die Abgabenbelastung und damit der Beitrag zu den Wegekosten für inländische Fahrzeuge im Wesentlichen unverändert bleiben, während das ausländischen Fernverkehrgewerbe über die Gebühr an den Nutzungskosten beteiligt wurde.

Alternativen zu dieser steuerpolitischen Maßnahme gab es für die Bundesregierung nicht. Der lediglich einseitige Verzicht auf die Kraftfahrzeugsteuer bei unzureichender Anlastung der Wegekosten hätte neben den damit verbundenen unausgeglichenen Steuerausfällen die ohnehin schon bestehende Überbelastung der Straßen verstärkt und wäre Umweltschutzinteressen zuwider gelaufen[647]. Idealerweise wäre eine Lösung dieses Problems auf europäischer Ebene erfolgt, was auch von Bundesregierung und

---

[642] Bericht des Finanzausschusses, BT-Drs. XI/5676, S. 3.
[643] GesEntw BRg, BT-Drs. XI/5289, S. 9.
[644] BGBl. 1990 I, S. 826.
[645] GesEntw BRg, BT-Drs. XI/6336, S. 10.
[646] GesEntw BRg, BT-Drs. XI/6336, S. 10.
[647] GesEntw BRg, BT-Drs. XI/6336, S. 1.

Koalition erwogen worden war[648]. Letztlich wurde diese Möglichkeit aber verworfen, weil sie angesichts der zu diesem Zeitpunkt bereits zwanzig Jahre andauernden erfolglosen Diskussion innerhalb der Europäischen Gemeinschaft über eine internationale Regelung nicht als realistische Option erschien.

Die Interessengegensätze zwischen den Mitgliedsstaaten waren zu groß, als dass bald mit einer Einigung zu rechnen gewesen wäre[649]. In der Hoffnung jedoch, dass eine europäische Lösung in nicht allzu ferner Zukunft zu erwarten sei, nämlich bis Ende 1992, wurde das Gesetz bis zum 31. Dezember 1993 befristet, um für die Umsetzung der europäischen Vorgaben in nationales Recht noch ein weiteres Jahr zur Verfügung zu haben[650]. Dabei verstand die Regierungskoalition das neue Straßenbenutzungsgebührengesetz durchaus als Druckmittel, wurde doch schon während der Verabschiedung der Gesetzesvorlage die Warnung an die europäischen Nachbarn ausgesprochen, dass nur echte Harmonisierungsfortschritte bei den fiskalischen Belastungen den Gesetzgeber in Bonn davon abhalten könnten, das Gesetz über den Zeitpunkt seines automatischen Außerkrafttretens zu verlängern[651].

Trotzdem wurde auch auf Seiten der Koalition ausdrücklich darauf hingewiesen , dass es sich bei der jetzt gefundenen Lösung nur um einen Notbehelf handelte. Vor allem die FDP machte deutlich, dass sie dem neuen Gesetz skeptisch gegenüberstand. Auf der einen Seite befürchtete sie eine Klage beim Europäischen Gerichtshof gegen das neue Gesetz wegen Diskriminierung des ausländischen Güterkraftverkehrsgewerbes, zum anderen lehnte sie den erhöhten bürokratischen Aufwand durch die Initiative ab und vermutete eine trotz aller Bemühungen nicht aufkommens- und belastungsneutrale Ausgestaltung[652]. Gleichwohl hatte der federführende Verkehrsausschuss seine Beschlussvorlage an den Deutschen Bundestag mit der Empfehlung versehen, die Bundesregierung aufzufordern, bei der künftigen Gestaltung der Sätze von Kraftfahrzeugsteuer und -Gebühr so zu verfahren, dass aus dem Aufkommen von deutschen Güterverkehrsunternehmen keine Mehreinnahmen entstehen[653]. Diese Aufforderung entsprach einer Zusage, die dem Güterverkehrsgewerbe bei Beginn des Gesetzgebungsverfahrens von der Regierungskoalition gemacht worden war. Bei inländischen Unternehmen sollte lediglich eine Umschichtung der Belastung erfolgen und nur ausländische Unternehmen durch die echte Mehrbelastung getroffen werden[654].

---

648 Allerdings sah die Koalition die Einführung von Straßennutzungsgebühren als erforderliche Etappe an, um endlich Fortschritte auf EG-Ebene bei der Harmonisierung der fiskalischen Belastung des Verkehrsgewerbes zu erzielen, deren bisherige Verhinderung man einzelnen europäischen Nachbarn vorwarf. So der CDU/CSU-Abgeordnete Fischer in seiner Rede am 29. März 1990 vor dem Deutschen Bundestag, vgl. BT-PlPr. XI/204, S. 15895 (D).

649 GesEntw BRg, BT-Drs. XI/6336, S. 2.

650 GesEntw BRg, BT-Drs. XI/6336, S. 20.

651 So der CDU/CSU-Abgeordnete Fischer in seiner Rede am 29. März 1990 vor dem Deutschen Bundestag, vgl. BT-PlPr. XI/204, S. 15896 (A).

652 Vgl. die Rede des FDP-Abgeordneten Gries während der zweiten Beratung des Gesetzesentwurfs vor dem Deutschen Bundestag am 29. März 1990, vgl. BT-PlPr. XI/204, S. 15896 (B) ff.

653 Bericht des Finanzausschusses, vgl. BT-Drs. XI/6720, S. 2.

654 So der Abgeordnete Fischer (CDU/CSU) in seiner Rede am 29. März vor dem Deutschen Bundestag, vgl. BT-PlPr. XI/204, S. 15895 (C).

Gleichzeitig hatte der Finanzausschuss beschlossen, dass der Bundesanteil nach der Verteilung der Gebühren nach ihrem anteiligen Einnahmeverlust am Kraftfahrzeugsteueraufkommen nur zweckgebunden für Unterhaltsmaßnahmen an Bundesautobahnen und außerörtlichen Bundesstraßen verwendet werden dürfe[655].

Ein weiterer neuralgischer Punkt der Gesetzesvorlage, der allerdings nicht innerhalb der gewohnten Parteilinien verlief, war ein Problem, das das Selbstverständnis der liberalen Parlamentarier betraf. Die Beschlussvorlage enthielt nämlich eine Ermächtigung für die Regierung, die Gebührensätze per Verordnung zu ändern[656]. Einzelne Parlamentarier der FDP hatte sich aus diesem Grunde entschlossen, dem Gesetzesentwurf ihre Zustimmung zu verweigern, weil eine solche Verordnungsermächtigung als unvereinbar mit seinem Parlamentsverständnis verstanden wurde. Es sei ein historisch einmaliger Vorgang in der Geschichte der Bundesrepublik, dass das Königsrecht des Parlaments, nämlich die Festsetzung von Steuern, per Rechtsverordnung der Bundesregierung übertragen werden solle[657].
Allerdings blieb es bei diesem symbolischen Akt einzelner Abgeordneter, denn die FDP-Fraktion wollte trotz aller Zweifel an diesem Gesetz nicht gegen die Regierungskoalition stimmen[658]. Rein rechnerisch wäre die Unterstützung der FDP allerdings trotz der erforderlichen Zwei-Drittel-Mehrheit im Deutschen Bundestag nicht notwendig gewesen, da die SPD die Gesetzesvorlage ebenfalls unterstützte[659] und der Bundestag somit am 29. März 1990 der Beschlussvorlage mit großer Mehrheit zustimmte.

5.3. Gesetz zur Änderung des Kraftfahrzeugsteuergesetzes und des Straßenverkehrgesetzes vom 15. Dezember 1990[660]

Mit den steuerrechtlichen Bestandteilen des am 30. Oktober 1990 vom Deutschen Bundestag verabschiedeten Gesetzes zur Änderung des Kraftfahrzeugsteuergesetzes und des Straßenverkehrgesetzes reagierte das Parlament auf die Kritik, die auf europäischer Ebene am Gesetz zur Verbesserung schadstoffarmer PKW vom 22. Dezember 1989 geäußert worden war. Das Gesetz aus dem Jahre 1989 hatte die am 18. Juli des gleichen Jahres vom Ministerrat der Europäischen Gemeinschaften beschlossene sog. „Kleinwagenrichtlinie" als Förderungsgrundlage nur für die nachträgliche Ausstattung von PKW mit Katalysatoren berücksichtigt. Die Kommission der Europäischen Gemeinschaft hatte in einer Stellungnahme die Auffassung vertreten, dass die Bundesrepublik Deutschland verpflichtet sei, die in dem Gesetz vorgesehenen steuerlichen Förderungsmaßnahmen so zu gestalten, dass auch bei neuen PKW mit weniger als 1,4 l

---

[655] Bericht des Finanzausschusses, BT-Drs. XI/6720, S. 18.
[656] GesEntw BRg, BT-Drs. XI/6336, S. 20.
[657] Vgl. die Rede des FDP-Abgeordneten und Vorsitzenden des Finanzausschusses, Gatterman, vor dem Deutschen Bundestag am 29. März 1990, vgl. BT-PlPr. XI/204, S. 15903 (C).
[658] Vgl. die Rede des FDP-Abgeordneten Gries während der zweiten Beratung des Gesetzesentwurfs vor dem Deutschen Bundestag am 29. März 1990, vgl. BT-PlPr. XI/204, S. 15897 (B).
[659] Tatsächlich hielt sich die SPD sogar für den eigentlichen „spiritus rector" dieses Gesetzes. Vgl. die Rede des SPD-Abgeordneten Kretkowski während der zweiten Beratung des Gesetzesentwurfs vor dem Deutschen Bundestag am 29. März 1990, BT-PlPr. XI/204, S. 15898 (C).
[660] BGBl. 1990 I, S. 2804.

Hubraum die in der Richtlinie festgelegten europäischen Normen als Fördergrundlage ausreichen sollten[661].

Deshalb sah die am 28. September 1990 in den Deutschen Bundestag eingebrachte Regierungsinitiative die Gleichstellung dieser PKW bei der steuerlichen Förderung vor[662]. Aus dem selben Grund wurde die Gewährung der vollen steuerlichen Förderung auch bei PKW, die den Vorschriften der Anlage XXIII zur StVZO entsprachen, künftig von der Ausstattung mit geregeltem Dreiwege-Katalysator abhängig gemacht[663].

Obwohl für die Bundesregierung aufgrund der EG-rechtlichen Bindungen wenig Spielraum bestand, kam es während des parlamentarischen Verfahrens zu Uneinigkeiten zwischen Koalition und Opposition, wenngleich es bei diesem Streit weniger um spezifisch steuerrechtliche Fragen ging. Die SPD hatte die Änderungen im Finanzausschuss abgelehnt, da sie eine Anlehnung der Grenzwerte an die US-Normen bevorzugte und es für nicht einsichtig hielt, dass die Europäische Gemeinschaft einerseits schwächere Grenzwerte festlegte und die europäische Automobilindustrie andererseits Fahrzeuge, die die strengeren, amerikanischen Normen erfüllten, in die USA exportierte.

Auch die Koalitionsfraktionen hegten durchaus Sympathie für die Ansicht der Opposition, hielten aber aufgrund bestehender europarechtlicher Zwänge am ursprünglichen Konzept fest, während die SPD für eine Vorreiterrolle der Bundesrepublik in Europa plädierte und dafür notfalls auch eine Klage vor dem Europäischen Gerichtshof in Kauf nehmen wollte[664]. Allerdings konnte sich die SPD mit dieser Auffassung nicht durchsetzen, weil die Mehrheit im Finanzausschuss ein solches Vorgehen für nicht geeignet hielt, um gegen nicht genehmes EG-Recht vorzugehen[665].

Am 09. November 1990 erteilte auch der Bundesrat seine Zustimmung zu diesem Gesetz.

5.4. Gesetz zur steuerlichen Förderung besonders schadstoffarmer PKW mit Diesel-Motor vom 19. Dezember 1990[666]

Mit dem Gesetzesentwurf zur steuerlichen Förderung besonders schadstoffarmer PKW mit Dieselmotor reagierte die Bundesregierung auf die Prüfungsbitte des Deutschen Bundestages vom 14. November 1989, mit der sie aufgefordert worden war, Vorschläge für eine Wiedereinbeziehung dieser Fahrzeuge in die steuerliche Förderung vorzulegen[667]. Der neue steuerliche Anreiz sollte ebenfalls so ausgestaltet sein, dass sich die Nutzer für die beste verfügbare Technik entschieden[668].

---

[661] GesEntw BRg, BT-Drs. XI/8003, S. 5.
[662] GesEntw BRg, BT-Drs. XI/8003, S. 5.
[663] GesEntw BRg, BT-Drs. XI/8003, S. 5.
[664] Bericht des Finanzausschusses, BT-Drs. XI/8319, S. 8.
[665] Bericht des Finanzausschusses, BT-Drs. XI/8319, S. 8.
[666] BGBl. 1990 I, S. 2906.
[667] Vgl. Kap. 5.1. dieses Hauptteils.
[668] GesEntw BRg, BT-Drs. XI/8004, S. 4.

Um einen Gleichlauf der Förderwirkung mit den steuerlichen Vorschriften bei Fahrzeugen mit Vergasermotor zu erreichen, die bereits zum 31. Juli 1991 wieder ausliefen, wurde der Förderzeitraum für Fahrzeuge mit Dieselmotor auf den 31. Juli 1992 verlängert. Damit war der Zeitraum der Förderung zwar etwas länger, was die Bundesregierung jedoch mit der später eintretenden Anreizwirkung der neuen Maßnahmen rechtfertigte, um dadurch Hersteller zur Entwicklung förderungswürdiger Modelle zu veranlassen[669].
Während der Beratungen im Finanzausschuss wurde die steuerliche Förderung durch die Koalition und die SPD einstimmig auf PKW ausgedehnt, die bereits 1989 zugelassen worden waren, sowie auf die nachträgliche Ausstattung, sofern diese zur Einhaltung der erforderlichen Grenzwerte führte[670].

Daneben kam es zu ähnlichen inhaltlichen Auseinandersetzungen wie schon beim Gesetz zur Änderung des Kraftfahrzeugsteuergesetzes und des Straßenverkehrsgesetzes, wobei erneut das unakzeptable EG-Recht im Mittelpunkt stand. Auch hier konnte sich die SPD nicht durchsetzen[671].

Am 30. Oktober wurde die Beschlussvorlage vom Bundestag verabschiedet, am 09. November erfolgte die Zustimmung des Bundesrates.

6. Sonstige Steuerreformgesetze

6.1. Gesetz zur Änderung des Arbeitsförderungsgesetzes und zur Förderung eines gleitenden Übergangs älterer Arbeitnehmer in den Ruhestand vom 20. Dezember 1988[672]

Am 27. September 1988 brachten die Fraktionen von CDU/CSU und FDP einen Gesetzesentwurf in den Deutschen Bundestag ein, der sich hauptsächlich mit Fragen der Arbeitsmarktpolitik beschäftigte, insbesondere mit Regelungen über den Eintritt von Arbeitnehmern in den Ruhestand[673]. Ausgangspunkt dieses Gesetzesentwurfs war die Überprüfung und Konsolidierung bestimmter Leistungen der Arbeits- und Bildungsförderung, um einen maßgeblichen Beitrag der Arbeitsmarktpolitik zum Abbau der Arbeitslosigkeit zu gewährleisten[674]. Daneben sollte älteren Arbeitnehmern die Möglichkeit eröffnet werden, vom Arbeitsleben in den Ruhestand überzugehen, wovon sich die Koalition beschäftigungswirksame Impulse versprach[675]. Neben einer Fülle von Neuregelungen im sozial- und arbeitsrechtlichen Bereich enthielt der Koalitionsentwurf zur wirksamen Umsetzung der Maßnahme auch eine Änderung des Einkommensteuergesetzes. Durch die Neueinfügung einer Nummer 28 in § 3 EStG sollte die Hälfte des älteren Teilzeitbeschäftigten zu ihrem Teilzeitlohn gezahlten Aufstockungsbetrages von der Einkommensteuer befreit werden[676].

---

[669] GesEntw BRg, BT-Drs. XI/8004, S. 5.
[670] Bericht des Finanzausschusses, BT-Drs. XI/8320, S. 7.
[671] Bericht des Finanzausschusses, BT-Drs. XI/8320, S. 7.
[672] BGBl. 1988 I, S. 2343.
[673] GesEntw Fraktion der CDU/CSU; Fraktion der FDP, BT-Drs. XI/2990.
[674] GesEntw Fraktion der CDU/CSU; Fraktion der FDP, BT-Drs. XI/2990, S. 1
[675] GesEntw Fraktion der CDU/CSU; Fraktion der FDP, BT-Drs. XI/2990, S. 1.
[676] GesEntw Fraktion der CDU/CSU; Fraktion der FDP, BT-Drs. XI/2990, S. 28.

Diese Regelungen wurden im Ausschuss noch deutlich modifiziert. Auf Initiative des vom federführenden Ausschuss für Arbeit und Sozialordnung mitangehörten Finanzausschusses wurde die Steuerbefreiung auf den vollen Aufstockungsbetrag erweitert, jedoch mit der Einschränkung versehen, dass dieser Betrag voll und ganz dem Progressionsvorbehalt unterworfen werde[677]. Allerdings hielt der Finanzausschuss eine Erweiterung der Steuerbefreiung nur deshalb für vertretbar, weil dadurch die Anwendung des Altersteilzeitgesetzes erheblich erleichtert wurde und sie keine Dauerregelung darstellte[678].

6.2. Gesetz zur Verbesserung der Rahmenbedingungen der Finanzmärkte (Finanzmarktförderungsgesetz) vom 22. Februar 1990[679]

Das Finanzmarktförderungsgesetz bestand ursprünglich aus zwei getrennten Gesetzesinitiativen. Zum einen aus dem Entwurf der Bundesregierung für ein Investment-Richtlinie-Gesetz und zum anderen aus dem Entwurf eines Gesetzes zur Aufhebung des Kapitalverkehrsteuergesetzes, der vom Bundesrat eingebracht wurde[680]. Beide Teile des Gesetzes wurden erst im federführenden Finanzausschuss zu einem Gesetzesentwurf zusammen gefügt[681].

Das am 19. Oktober 1989 in den Deutschen Bundestag eingebrachte Investment-Richtlinie-Gesetz der Bundesregierung diente der Umsetzung der Richtlinie des Rates der Europäischen Gemeinschaft vom 20. Dezember 1985 zur Koordinierung der Vorschriften über gemeinsame Anlagen in Wertpapieren[682].

Über die reine Umsetzung hinaus sollte noch eine Stärkung des Finanzplatzes Deutschland und die Sicherung der Wettbewerbsfähigkeit der deutschen Investmentfonds durch eine Anpassung des Gesetzes über Kapitalanlagegesellschaften sowie des Auslandinvestment-Gesetzes an die aufgrund der Entwicklung der Finanzmärkte entstandenen Erfordernisse erreicht werden[683]. Für diese Zielsetzung sah das Gesetz auch mehrere steuerliche Regelungen vor, unter anderem eine Erweiterung der Begünstigung nach § 19a EStG auf ausländische Investmentanteile.

Aus steuerrechtlicher Sicht wesentlich interessanter war der Gesetzesentwurf des Bundesrates vom 06. Juni 1989, der die Aufhebung des Kapitalverkehrsteuergesetzes mit der Vollendung des EG-Binnenmarktes zum Beginn des Jahres 1993 vorsah. In seiner Stellungnahme vom 22. September 1989 zum Investment-Richtlinie-Gesetz forderte der Bundesrat erneut eine über die reine Umsetzung der Richtlinie hinausgehende Förderung der in zunehmenden Wettbewerb stehenden deutschen Investmentbranche[684].

---

[677] Bericht des Ausschusses für Arbeit und Sozialordnung, BT-DRs. XI/3603, III.) Stellungnahme der mitberatenden Ausschüsse, 3.

[678] Bericht des Ausschusses für Arbeit und Sozialordnung, BT-Drs. XI/3603, III.) Stellungnahme der mitberatenden Ausschüsse, S. 3.

[679] BGBl. 1990 I, S. 266.

[680] GesEntw BR, BT-Drs. XI/4711.

[681] Bericht des Finanzausschusses, BT-Drs. XI/6262, S. 2.

[682] GesEntw BRg, BT-Drs. XI/5411, S. 1.

[683] GesEntw BRg, BT-Drs. XI/5411, S. 1.

[684] Stellungnahme des Bundesrates, BT-Drs. XI/5411, Anlage 2, S. 43.

Der Bundesrat erachtete das Kapitalverkehrsteuergesetz mit der Börsenumsatz- und Gesellschaftsteuer als Hindernis für die Mobilität des Finanzkapitals in einer modernen Volkswirtschaft und deshalb als Störfaktor für den Wirtschaftsablauf. Neben ordnungspolitischen Gründen sei von der Abschaffung des Kapitalverkehrsteuergesetzes außerdem eine nachhaltige Stärkung des Eigenkapitals der Unternehmen zu erwarten, wovon sich der Bundesrat volkswirtschaftliche positive Auswirkungen versprach[685].

Gegen den Widerstand der SPD-Fraktion im Finanzausschuss konnte die Regierungskoalition bei der Zusammenlegung der beiden Gesetzesentwürfe durchsetzen, dass über die Vorschläge des Bundesrates hinaus auch noch die Wechselsteuer durch das neue Gesetz gestrichen wurde und beide Maßnahmen auf den Beginn des Jahres 1992 bzw. 1991 vorverlegt wurden[686]. Die SPD enthielt sich bei der Abschaffung der Kapitalverkehrsteuergesetze der Stimme, weil keine ausreichende Beratungszeit zur Verfügung gestanden hatte. Es bestünde kein Bedürfnis, die Abschaffung einer Steuer zum Jahr 1991 bzw. 1992 bereits Ende 1989 zu verabschieden[687]. Letztlich ging es der SPD aber darum, die Steuern in ihrer Gesamtheit zu erhalten und zur Verbesserung der Konkurrenzfähigkeit des deutschen Kapitalmarktes lediglich über Ausnahmevorschriften für bestimmte Geschäfte nachzudenken[688].

Insgesamt ergaben sich aus der Abschaffung der Steuern ab dem Jahre 1992 Steuerausfälle für den Bund in Höhe von rd. 800 Mio. DM jährlich[689].

6.3. Zweites Gesetz zur Änderung des Umsatzsteuergesetzes vom 30. März 1990[690]

Am 27. Dezember 1989 brachte die Bundesregierung einen Gesetzesentwurf zur Änderung des Umsatzsteuergesetzes in den Deutschen Bundestag ein[691]. Maßgeblicher Inhalt des Gesetzesentwurfs war die dreistufige Einbeziehung der Deutschen Post TELEKOM in die Umsatzsteuer. Zum 01. Juli 1990 statuierte das Gesetz die Umsatzsteuerpflicht für die Überlassung und Instandhaltung von Endstelleneinrichtungen, zum 01. Januar 1993 folgten alle weiteren Wettbewerbsdienste und schließlich zum Stichtag 01. Januar 1996 alle weiteren restlichen Tätigkeiten, insbesondere die Fernsprechumsätze[692].

Diese Gesetzesinitiative der Bundesregierung war notwendig geworden, da die Mitgliedstaaten der EG nach der 6. EG-Richtlinie zur Harmonisierung der Umsatzsteuern vom 17. Mai 1977[693] gehalten waren, das staatliche Fernmeldewesen der Umsatzsteuer zu unterwerfen. Eine diesbezügliche Übergangsregelung, auf die auch die bundesdeutsche Nichtbesteuerung der Fernmeldeumsätze beruhte, drohte in Kürze auszulaufen.

[685] GesEntw BR, BT-Drs. XI/4711, S. 1.
[686] Bericht des Finanzausschusses, BT-Drs. XI/6262, S. 29.
[687] Bericht des Finanzausschusses, BT-Drs. XI/6262, S. 29.
[688] Bericht des Finanzausschusses, BT-Drs. XI/6262, S. 30.
[689] Bericht des Finanzausschusses, BT-Drs. XI/6262, S. 3.
[690] BGBl. 1990 I, S. 597.
[691] GesEntw BRg, BT-Drs. XI/6174.
[692] GesEntw BRg, BT-Drs. XI/6174, S. 1.
[693] Abl. EG Nr. L 145, S. 1.

Dieser Situation wollte die Bundesregierung zuvorkommen[694]. Außerdem sollte mit der Einbeziehung der Fernmeldeleistungen der Deutschen Post TELEKOM dem am 01. Juli 1989 in Kraft getretenen Poststrukturgesetz Rechnung getragen werden, das eine weitgehende Liberalisierung der Telekommunikationsmärkte vorsah. Zu diesem Zweck sollten in steuerlicher Hinsicht gleiche Wettbewerbsverhältnisse geschaffen werden[695].

Im Hinblick auf gemeinschaftsrechtliche Vorgaben hätte die Deutsche Post TELEKOM auch sofort in vollem Umfange der Umsatzsteuer unterworfen werden können. Dies hätte jedoch Gebührenerhöhungen aufgrund der bestehenden Ablieferungsregelungen zur Folge gehabt[696]. Aufgrund der finanzwirtschaftlichen Übergangsbestimmungen des Postverfassungsgesetzes war seitens der Deutsche Post TELEKOM eine jährliche Zahlung (1989: 5, 5 Mrd. DM) an den Bund zu leisten[697]. Insgesamt rechnete die Bundesregierung nach Abschluss der dritten Stufe mit Steuermehreinnahmen von 1 020 Mio. DM jährlich, von denen etwa 663 Mio. DM auf den Bund entfallen würden[698].

Vom federführenden Finanzausschuss war der Entwurf mit einer weiteren Koalitionsvorlage verbunden worden[699]. Im Vorgriff auf eine zu erwartende Gemeinschaftsregelung für die Besteuerung von Gebrauchtgegenständen, Kunstgegenständen, Antiquitäten und Sammlungsstücken hatten die Koalitionsfraktionen bereits am 6. Dezember 1989 eine Gesetzesinitiative in den Deutschen Bundestag eingebracht, die die Einführung einer Differenzbesteuerung für Umsätze aus den Verkäufen von gebrauchten Kraftfahrzeugen vorsah, bei der nur der Unterschied zwischen dem Verkaufspreis und dem Einkaufspreis der Umsatzsteuer unterworfen wurde[700]. Durch diese Maßnahme sollte die Benachteiligung des gewerblichen Gebrauchtwagenhandels gegenüber dem Verkauf von Privat an Privat beseitigt werden[701], die darin lag, dass der Gebrauchtwagenhändler beim Erwerb eines PKW von einer Privatperson keinen Vorsteuerabzug geltend machen konnte, weil die Privatperson keine gesonderte Umsatzsteuer in ihrer Rechnung auswies[702].

6.4. Gesetz zur Durchführung versicherungsrechtlicher Richtlinien des Rates der Europäischen Gemeinschaft (Zweites Durchführungsgesetz/EWG zum VAG) vom 28. Juni 1990[703]

Die am 01. Februar 1990 in den deutschen Bundestag eingebrachte Gesetzesvorlage setzte im Wesentlichen drei Richtlinien des Rates der EG in innerdeutsches Recht

---

[694] GesEntw BRg, BT-Drs. XI/6174, S. 5.
[695] GesEntw BRg, BT-Drs. XI/6174, S. 1.
[696] GesEntw BRg, BT-Drs. XI/6174, S, 2.
[697] GesEntw BRg, BT-Drs. XI/6174, S. 5.
[698] GesEntw BRg, BT-Drs. XI/6174, S. 5.
[699] Bericht des Finanzausschusses, BT-Drs. XI/6420, S. 2.
[700] GesEntw Fraktionen von CDU/CSU und FDP, BT-Drs. 5977, S. 1.
[701] GesEntw Fraktionen von CDU/CSU und FDP, BT-Drs. 5977, S. 1.
[702] GesEntw Fraktionen von CDU/CSU und FDP, BT-Drs. 5977, S. 3.
[703] BStBl. 1990 I, S. 1249.

um[704]: die sog. Rechtsschutzversicherungs-Richtlinie, Richtlinie 87/344/EWG des Rates vom 22. Juni 1987 zur Koordinierung der Rechts- und Verwaltungsvorschriften für die Rechtsschutzversicherung[705], die sog. Kreditversicherungs-Richtlinie, Richtlinie 87/343/EWG des Rates vom 22. Juni 1987 zur Änderung hinsichtlich der Kreditversicherung und der Kautionsversicherung der Ersten Richtlinie 73/239/EWG zur Koordinierung der Rechts- und Verwaltungsvorschriften betreffend die Aufnahme und Ausübung der Tätigkeiten der Direktversicherung (mit Ausnahme der Lebensversicherung)[706] sowie die sog. zweite Schadensversicherungs-Richtlinie, Richtlinie 88/357/EWG des Rates vom 22. Juni 1988 zur Koordinierung der Rechts- und Verwaltungsvorschriften für die Direktversicherung (mit Ausnahme der Lebensversicherung) und zur Erleichterung der tatsächlichen Ausübung des freien Dienstleistungsverkehrs sowie zur Änderung der Richtlinie 73/239/EWG[707].

Auf steuerrechtlichem Gebiet wurde durch die Umsetzung der Richtlinien in nationales Recht, insbesondere was die zweite Schadensversicherungs-Richtlinie anbetraf, auch eine Änderung des Versicherungsteuergesetzes notwendig[708]. Um Wettbewerbsverzerrungen bei den Versicherungsleistungen zu vermeiden, die aufgrund abweichender Versicherungsteuersätze und anderer Entgelte innerhalb der EG-Mitgliedstaaten entstanden, war zur Erleichterung des Dienstleistungsverkehrs in der Richtlinie vorgesehen, dass sich die steuerliche Belastung der Versicherungsprämien ausschließlich nach den Vorschriften des Mitgliedsstaates richten sollte, in dem das versicherte Risiko belegen war[709].

Eine zentrale Änderung erfuhr aus diesem Grunde § 1 VersStG, der in seiner bis dahin gültigen Fassung den Anforderungen der Richtlinie nicht mehr entsprach, weil sich die Besteuerung lediglich danach richtete, ob der Versicherungsnehmer zum Zeitpunkt der Zahlung des Versicherungsentgelts im Inland ansässig war bzw. ob der versicherte Gegenstand zur Zeit der Begründung des Versicherungsverhältnisses im Inland belegen war[710].

Leichte Korrekturen erhielt die Regierungsvorlage während der Beratungen im federführenden Finanzausschuss, dem der Gesetzesentwurf zu eng am deutschen Text der 2. Schadensversicherungsrichtlinie angelehnt war.[711] Insbesondere bei der Definition der Belegenheit des Risikos waren nach Auffassung des Finanzausschusses Änderungen und Klarstellungen notwendig, um Doppelbesteuerungen zu vermeiden und gleiche Wettbewerbsbedingungen im steuerlichen Bereich zu erreichen[712].

Dies war vor allem darin begründet, dass der deutsche Text der Richtlinie teilweise erheblich von der Fassung in anderen EG-Sprachen abwich (z.B. „Gebäude“ statt „un-

---

[704] GesEntw BRg, BT-Drs. XI/6341, S. 18.
[705] Abl. EG Nr. L 185, S. 77.
[706] Abl. EG Nr. L 185, S. 72.
[707] Abl. EG Nr. L 172, S. 1.
[708] GesEntw BRg, BT-Drs. XI/6341, S. 40.
[709] GesEntw BRg, BT-Drs. XI/6341, S. 40.
[710] GesEntw BRg, BT-Drs. XI/6341, S. 41.
[711] Bericht des Finanzausschusses, BT-Drs. XI/7230, S. 25.
[712] Bericht des Finanzausschusses, BT-Drs. XI/7230, S. 24.

bewegliche Sache"). Hinzu kam aber auch die Verwendung rechtstechnischer Begriffe, die im deutschen Rechtsbereich eine feststehende Bedeutung hatten (z.B. „juristische Person" bzw. Niederlassung), die aber erkennbar von der Regelungsintention nicht erfasst bzw. begrenzt werden sollten[713]. Damit folgte der Finanzausschuss einer Bitte des Bundesrates, der die Bundesregierung in einer ersten Stellungnahme aufgefordert hatte, zu prüfen, ob die aus der Schadensersatzrichtlinie übernommenen Begriffe im Versicherungsteuergesetz definiert werden müssten[714], wozu auch die Bundesregierung in der darauf erfolgten Gegenäußerung prinzipielle Bereitschaft signalisiert hatte[715].

Schließlich waren nach der Neufassung des Entwurfs nur noch Beiträge für solche Versicherungsprodukte als Sonderausgaben nach § 10 Abs. 2 Nr. 2 EStG abziehbar, die der Kontrolle durch die inländischen Aufsichtsbehörden unterlagen[716]. Dies geschah nach Ansicht des Finanzausschusses vor allem aus Verbraucherschutzerwägungen.

Über den Gesetzesentwurf herrschte zwischen den Parteien Einigkeit im Bundestag[717]. Am 22. Juni 1990 erteilte auch der Bundesrat seine Zustimmung.

6.5. Gesetz zur steuerlichen Förderung von Kunst, Kultur und Stiftungen sowie Änderungen steuerrechtlicher Vorschriften (Kultur- und Stiftungsförderungsgesetz) vom 13. Dezember 1990[718]

Hauptanliegen des am 11. September 1990 von den Koalitionsfraktionen ins Parlament eingebrachten Gesetzesentwurfs zur steuerlichen Förderung von Kunst, Kultur und Stiftungen war eine weitere Verbesserung der steuerlichen Rahmenbedingungen für Kunst und Kultur[719]. CDU und FDP waren der Überzeugung, dass durch private Stiftungen zugunsten von Kunst und Kultur sowie von Wissenschaft und Forschung gesellschaftliche Freiräume geschaffen und gesichert würden und dass sie flexibele und unkonventionelle Impulse für gemeinschaftswichtige Aufgaben gäben[720].

Durch größere Anreize zur Gründung neuer bzw. Unterstützung bereits bestehender Stiftungen sollte dazu das Engagement der Bürger und der Wirtschaft für Kunst und Kultur verbessert werden[721].

Die Stiftungsförderung erfolgte über zwei Maßnahmen. Zum einen schuf das Gesetz die Möglichkeit, den Abzug von Großspenden für wissenschaftliche oder kulturelle Zwecke, insbesondere Stiftungsdotationen, über einen Zeitraum von mehreren Jahren zu realisieren. Zum anderen sollten Erben und Vermächtnisnehmer von der Erb-

---

[713] Bericht des Finanzausschusses, BT-Drs. XI/7230, S. 22.
[714] Stellungnahme des Bundesrates, BT-Drs. XI/6341, S. 46.
[715] Gegenäußerung der Bundesregierung, BT-Drs. XI/6341, S. 48.
[716] Bericht des Finanzausschusses, BT-Drs. XI/7230, S. 21.
[717] Vgl. Bericht des Finanzausschusses, BT-Drs. XI/7230, S. 2; die Fraktion Die Grünen war in den Ausschussberatungen abwesend.
[718] BGBl. 1990 I, S. 2775.
[719] GesEntw Fraktionen von CDU/CSU und FDP, BT-Drs. XI/7833, S. 1.
[720] GesEntw Koalitionen von CDU/CSU und FDP, BT-Drs. XI/7833, S. 7.
[721] GesEntw Koalitionen von CDU/CSU und FDP, BT-Drs. XI/7833, S. 1.

schaftsteuer unter der Voraussetzung befreit werden, dass das Erworbene innerhalb eines Jahres einer gemeinnützigen Stiftung, die wissenschaftlichen oder kulturellen Zwecken diente, zugeführt wurde.

Neben der Stiftungsförderung enthielt die Gesetzesvorlage zur Erweiterung des Freiraumes für künstlerisches und kulturelles Engagement ein Bündel von sachlich nicht zusammenhängenden Einzelmaßnahmen[722].

So wurde der Übungsleiterfreibetrag auf Nebentätigkeiten im künstlerischen Bereich ausgedehnt; Kunstgegenstände, die über Ausstellungen der Öffentlichkeit zugänglich gemacht wurden, sollten von der Vermögensteuer befreit werden; das Anfallen von Vermögen- und Erbschaftsteuer sollte im Einzelfall durch Überlassung besonders wertvoller Kunstgegenstände beglichen werden können; das sog. Buchwertprivileg sollte auf solche Sachentnahmen aus dem Betriebsvermögen ausgedehnt werden, die für kulturelle Zwecke getätigt wurden; ein begrenzter Sonderausgabenabzug des Schulgeldes für private Schulen sollte eingeführt werden sowie die Ausdehnung der Abziehbarkeit von Spenden auf anerkanntermaßen besonders förderungswürdige gemeinnützige Zwecke bei der Gewerbesteuer[723].

Insgesamt war die Gesetzesvorlage der Regierungskoalition, gerade was die Kunst- und Kulturförderung anbetraf, in wesentlichen Punkten inhaltsgleich mit einem Regierungsentwurf, den die Bundesregierung am 18. Juli 1990 in den Deutschen Bundestag eingebracht hatte[724]. Der Finanzausschuss erklärte die Regierungsvorlage für erledigt und übernahm im Grundsatz den neuen Koalitionsentwurf, der jedoch in einer Reihe von Punkten ergänzt und modifiziert wurde[725].
So nahm die Koalitionsmehrheit bei der Frage der steuerlichen Verteilung von Spenden über einen Zeitraum von mehreren Jahren eine Absenkung des Mindestbetrages pro Einzelspende von 100 000 DM auf 50 000 DM vor, um das mögliche Spendenvolumen insbesondere für Stiftungen noch weiter zu erhöhen[726]. Ein weitergehender Vorschlag der SPD-Fraktion, die Spendenverteilung bei allen Einzelzuwendungen zuzulassen, die für sich genommen den zulässigen Spendenhöchstbetrag überstiegen, konnte sich gegen die Koalitionsmehrheit im Finanzausschuss dagegen nicht durchsetzen[727]. Der Mindestbetrag von 50 000 DM sei ein akzeptabler Kompromiss, anderenfalls sei mit einer erheblichen zusätzlichen Verwaltungserschwernis zu rechnen[728].

Ebenfalls nicht durchsetzten konnte sich die SPD-Fraktion mit ihrem Ersuchen, den geplanten Sonderausgabenabzug für das Schulgeld für Schulen in privater Trägerschaft aus der Gesetzesvorlage zu entfernen, weil dieser in ihren Augen eine Privilegierung Besserverdienender darstellte[729]. Begründet wurde die Ablehnung damit, dass insbesondere vor dem Hintergrund der beiden Beschlüsse des Bundesverfassungsge-

[722] GesEntw Koalitionen von CDU/CSU und FDP, BT-Drs. XI/7833, S. 2.
[723] GesEntw Koalitionen von CDU/CSU und FDP, BT-Drs. XI/7833, S. 2.
[724] GesEntw BRg, BT-Drs. XI/7548.
[725] Bericht des Finanzausschusses, BT-Drs. XI/8346, S. 18.
[726] Bericht des Finanzausschusses, BT-Drs. XI/8346, S. 19.
[727] Bericht des Finanzausschusses, BT-Drs. XI/8346, S. 19.
[728] Bericht des Finanzausschusses, BT-Drs. XI/8346, S. 19.
[729] Bericht des Finanzausschusses, BT-Drs. XI/8346, S. 19.

richts vom 29. Mai 1990 (1 BvL 20, 26, 184 und 4/86)[730] und 12. Juni 1990 (1 BvL 72/86)[731], die einen verfassungsrechtlichen Handlungsbedarf beim allgemeinen Familienlastenausgleich festgestellt hatten[732], keine weiteren speziellen Steuervergünstigungen für eine kleine Zahl von Betroffenen beschlossen werden konnten[733], solange noch kein verfassungskonformer Familienlastenausgleich geschaffen worden war.
Der Entwurf hatte auf eine Einzelbegründung dieser Maßnahme, insbesondere über die Frage der Förderungswürdigkeit von Privatschulen, verzichtet[734]. Die Beibehaltung der Maßnahme in der Vorlage rechtfertigte die Ausschussmehrheit damit, dass die Gesetzesänderung lediglich die Aufhebung von im Einzelnen unterschiedlichen Ländererlassen sei, die einen Sonderausgabenabzug des privaten Schulgeldes für zulässig erklärt hatten[735].

Ausgedehnt wurde weiterhin die Abziehbarkeit von Spenden bei der Gewerbesteuer auf Zuwendungen für mildtätige, kirchliche, religiöse und für als besonders förderungswürdig anerkannte gemeinnützige Zwecke[736].

Das Gesetz wurde mit der christlich-liberalen Mehrheit am 31. Oktober im Deutschen Bundestag verabschiedet.

6.6. Gesetz zur Änderung des Gesetzes über Bausparkassen vom 13. Dezember 1990[737]

Ziel dieses am 30. Oktober 1990 vom Deutschen Bundestag verabschiedeten Gesetzesentwurfs zur Änderung des Gesetzes über Bausparkassen war die Anpassung des Sparkassenrechts an die veränderten tatsächlichen und rechtlichen Rahmenbedingungen insbesondere im Hinblick auf die anderen europäischen Staaten. Zentrales Anliegen hierbei war vor allem die Schaffung gesetzlicher Möglichkeiten für eine Geschäftstätigkeit der Bausparkassen auch im Ausland[738].

Der ursprüngliche Gesetzesentwurf der Bundesregierung, den diese am 09. Oktober 1990 in den Deutschen Bundestag eingebracht hatte, enthielt noch keine Vorschriften mit spezifisch steuerrechtlichem Bezug. Erst der Finanzausschuss, dem die Gesetzesinitiative am 24. Oktober 1990 vom Bundestag zur federführenden Beratung überwiesen worden war, erweiterte die Vorlage um eine steuerrechtliche Regelung.

---

[730] BVerfGE, 82, 60.
[731] BVerfGE, 82, 198.
[732] Das Bundesverfassungsgericht hatte den existierenden Familienlastenausgleich wegen der unzureichenden Höhe der Kinderfreibeträge für verfassungswidrig erklärt, da die tatsächlich erforderlichen Unterhaltsleistungen für Kinder nicht ausreichend berücksichtigt worden waren, BVerfGE 82, 198, 201.
[733] Bericht des Finanzausschusses, BT-Drs. XI/8346, S. 19.
[734] Vgl. GesEntw BRg, BT-Drs. XI/7833, S. 8; in der Einzelbegründung dieser Maßnahme werden lediglich die einzelnen Tatbestandsmerkmale näher erläutert.
[735] Bericht des Finanzausschusses, BT-Drs. XI/8346, S. 19.
[736] Bericht des Finanzausschusses, BT-Drs. XI/8346, S. 3.
[737] BGBl. 1990 I, S. 2408.
[738] GesEntw BRg, BT-Drs. XI/8089, S. 8.

Zur Unterstützung einer dauerhaften Sicherstellung des Bausparkassensystems ermöglichte § 21a EStG, den der Ausschuss mit den Stimmen sowohl der Koalitionsfraktionen als auch der SPD-Fraktion verabschiedet hatte, dass Bausparkassen bestimmte erzielte Mehrerträge bis zu ihrer Verwendung ohne ertragssteuerliche Belastung in eine gewinnmindernde Rücklage einstellen konnten.
Die Einmütigkeit zwischen Koalition und der größten Oppositionsfraktion darf freilich nicht darüber hinwegtäuschen, dass es auch kritischen Stimmen gegen die Einführung der Steuerbefreiung gab. Bedenken, die gegen die Steuerfreiheit in den Ausschussberatungen vor allem aus subventionspolitischer Sicht bestanden, wurden jedoch nicht weiter verfolgt[739].

6.7. Gesetz über Wertpapier-Verkaufsprojekte und zur Änderung von Vorschriften über Wertpapiere vom 13. Dezember 1990[740]

Der Regierungsentwurf, der am 01. Februar 1990 in den Deutschen Bundestag eingebracht wurde, enthielt hauptsächlich die Umsetzung der Richtlinie zur Koordinierung der Bedingung für die Erstellung, Kontrolle und Verbreitung des Prospekts, der im Falle öffentlicher Angebote von Wertpapieren veröffentlicht werden sollte, die der Rat der Europäischen Gemeinschaft am 17. April 1989 erlassen hatte[741]. Ziel der Richtlinie war die Verbesserung des Anlegerschutzes in der Gemeinschaft durch Information des Publikums über die angebotenen Wertpapiere und deren Emittenten[742]. Darüber hinaus sollte im Artikel 2 des Gesetzesentwurfs weiterhin die Ausgabe bestimmter Schuldverschreibungen geregelt werden sowie deren Förderung im Rahmen der Vermögensbildung[743]. Als wesentlichste steuerliche Regelung enthielt das Gesetz die Beschränkung der nach § 19a EStG begünstigten Gewinnschuldverschreibungen auf solche des Arbeitgebers.

6.8. Fünftes Gesetz zur Änderung des Steuerberatungsgesetzes vom 13. Dezember 1990[744]

Der Europäische Einigungsprozess machte auch Änderungen des nationalen Steuerberaterwesens erforderlich. Der Gesetzesentwurf zur Änderung des Steuerberatungsgesetzes war Teil der gesetzgeberischen Maßnahmen zur Umsetzung der Richtlinie des Rates der EG, Richtlinie 89/298/EWG vom 21. Dezember 1988, über eine allgemeine Regelung zur Anerkennung von Hochschuldiplomen, die eine mindestens dreijährige Berufsausbildung abschlossen[745]. Wesentlichste Vorschrift zur Integration dieses Gesetzesentwurfs war die Möglichkeit der Bestellung von Staatsangehörigen anderer Mitgliedstaaten, sofern sie ein Hochschuldiplom im Sinne der Richtlinie und ihre beruflichen Kenntnisse mit Ablegung einer Eignungsprüfung nachgewiesen hatten.

---

[739] Bericht des Finanzausschusses, BT-Drs. XI/8322, S. 15.
[740] BGBl. 1990 I, S. 2749.
[741] Abl. EG L. 124, S. 8 ff.
[742] GesEntw BRg, BT-Drs. XI/6340, S. 10.
[743] GesEntw BRg, BT-Drs. XI/6340, S. 11.
[744] BGBl. 1990 I, S. 2756.
[745] GesEntw BRg, BT-Drs. XI/7665, S. 1.

Das am 30. Oktober 1990 vom Deutschen Bundestag beschlossene Gesetz enthielt ferner einige Änderungen und Ergänzungen, deren Notwendigkeit sich aus den Erfahrungen der Praxis bei der Anwendung des Steuerberatungsgesetzes und im Zusammenhang mit der Verwirklichung der Einheit Deutschlands ergeben hatte.

Im ursprünglichen Regierungsentwurf bestand die zentrale Änderung darin, der Steuerberaterkammer eine Satzungskompetenz zur autonomen Selbstverwaltung einzuräumen. Mit der Verabschiedung dieser Kompetenz wollte die Bundesregierung dem Bundesverfassungsgericht zuvorkommen, das mit Beschluss vom 14 Juli 1987 (1 BvR 537/81, 195/87) für die Standesrichtlinien der Rechtsanwälte entschieden hatte, dass diese aufgrund einer fehlenden Ermächtigungsgrundlage nicht in einem ordentlichen Rechtsetzungsverfahren erlassen worden waren und nur noch für eine Übergangszeit als Auslegungshilfe herangezogen werden konnten[746]. Obwohl das Standesrecht der Steuerberater in weitaus stärkerem Maße als das der Rechtsanwälte gesetzlich geregelt war, sah die Bundesregierung immer noch ein Bedürfnis, ergänzende Standesrichtlinien verbindlich festzulegen [747].

Die Satzungskompetenz wurde jedoch vom Finanzausschuss einstimmig aus der Gesetzesvorlage gekippt und zurückgestellt. Damit folgte der Ausschuss dem mitangehörten Rechtsausschuss, der erhebliche verfassungsrechtliche Bedenken gegen die vorgesehene Regelung gehabt und darauf hingewiesen hatte, dass bei der Satzungskompetenz die verfassungsrechtlich gebotenen Bestimmtheit nicht gegeben war und zusätzlich der im Gesetzesentwurf vorgesehene Genehmigungsvorbehalt durch den Bundesminister der Finanzen insoweit bedenklich war, als es sich bei den steuerberatenden Berufen um freie Berufe handele[748].

7. Steuerliche Maßnahmen des Jahres 1990 zur Wiederherstellung der Einheit Deutschlands

In das Ende der elften Legislaturperiode fielen auch die Auflösungserscheinungen des politischen Systems der DDR, die schließlich in der deutschen Wiedervereinigung mündeten. Allerdings begann die Bundesregierung bereits zuvor durch die Gewährung bestimmter Steuervergünstigungen sowie den Erlass von Übergangsvorschriften die Investitionstätigkeit insbesondere westdeutscher Unternehmen in der DDR zu fördern.

7.1. Gesetz zum Abbau von Hemmnissen bei Investitionen in der Deutschen Demokratischen Republik einschließlich Berlin (Ost) (DDR-IG) vom 26. Juni 1990[749]

Durch dieses am 31. Mai 1990 vom Deutschen Bundestag verabschiedete Gesetz sollten – noch für die Phase der Zweistaatlichkeit – die Steuerbedingungen für Investitio-

[746] BVerfGE 76, 171.
[747] GesEntw BRg, BT-Drs. XI/7665, S. 7.
[748] Bericht des Finanzausschusses, BT-Drs. XI/8343, S. 15.
[749] BGBl. 1990 I, S. 1143.

nen in der ehemaligen DDR verbessert werden. Ziel war der Aufbau einer leistungsstarken und wachstumsfreundlichen Wirtschaftsstruktur auf dem Gebiet der DDR[750].

Neben der sich abzeichnenden Liberalisierung und der Öffnung der Grenzen sollte das am 22. Mai 1990 in den Deutschen Bundestag eingebrachte DDR-Investitionsgesetz ein weiterer Schritt sein, die Bereitschaft der westdeutschen Wirtschaft zu Investition im anderen Teil Deutschlands zu beschleunigen[751]. Um dies zu erreichen, sollte bei der Überführung von Wirtschaftsgütern in Kapitalgesellschaften in der DDR und bei Anlaufverlusten dieser Gesellschaften die Bildung einer steuerfreien Rücklage möglich sein. Weiterhin sollten Verluste aus Betriebsstätten in der damaligen DDR bei der inländischen Besteuerung so berücksichtigt werden, als wenn sie unter ein fiktives Abkommen zur Vermeidung der Doppelbesteuerung fallen würden[752].

Bei Einführung der steuerfreien Rücklage ging die Bundesregierung von der Überlegung aus, dass es bei der Übertragung von betrieblich genutzten Wirtschaftsgütern im Wege der Sacheinlage zu einer Realisierung der stillen Reserven kam und zwar durch den Wertansatz der im Betriebsvermögen gehaltenen Beteiligung. Die mit dieser Gewinnverwirklichung verbundene Besteuerung wurde als mögliches Hemmnis für die Investitionsbereitschaft der deutschen Wirtschaft gesehen[753].

In Übereinstimmung mit der im deutschen Steuerrecht üblichen Praxis enthielt der Regierungsentwurf auch eine sog. Aktivitätsklausel, die den Erhalt von steuerlichen Vergünstigungen für Kapitalgesellschaften bei Geschäftstätigkeiten im Ausland auf bestimmte gewerbliche Tätigkeiten beschränkte[754]. Im ursprünglichen Gesetzestext sollte diese Beschränkung durch einen Verweis auf § 2a EStG hergestellt werden.

Dem Bundesrat war die Vorschrift des § 2a EStG jedoch zu eng gefasst. So wäre nach dieser Regelung z.B. auch die Errichtung bzw. der Betrieb von Anlagen, die dem Fremdenverkehr oder der Vermietung oder Verpachtung von Wirtschaftsgütern einschließlich der Überlassung von Rechten, Plänen, Mustern, Verfahren, Erfahrungen und Kenntnissen dienten, von den Vergünstigungen ausgeschlossen gewesen[755]. Zwar entspräche die von der Bundesregierung gewählte Einschränkung den bisherigen Regelungen im Auslandsinvestitionsgesetz, so argumentierte der Bundesrat, diese seien jedoch bei Investitionen in der DDR nicht gerechtfertigt, insbesondere weil auch der Fremdenverkehr sowie die Überlassung von Rechten, Erfahrungen und Kenntnissen für die wirtschaftliche Entwicklung in der DDR wichtig sei[756].

Nach der bisherigen Rechtslage waren Verluste einer Kapitalgesellschaft mit Sitz in der DDR für einen in der Bundesrepublik Deutschland unbeschränkt steuerpflichtigen Anteilseigner nur dann erfolgswirksam zu berücksichtigen gewesen, wenn der Verlust zu einer Teilwertabschreibung geführt hatte. Durch die neue Regelung im DDR-IG

---

[750] GesEntw BRg, BT-Drs. XI/7207, S. 1.
[751] GesEntw BRg, BT-Drs. XI/7207, S. 6.
[752] GesEntw BRg, BT-Drs. XI/7207, S. 1.
[753] GesEntw BRg, BT-Drs. XI/7207, S. 7.
[754] GesEntw BRg, BT-Drs. XI/7207, S. 7.
[755] Stellungnahme des Bundesrates, BT-Drs. XI/7207, S. 9.
[756] Stellungnahme des Bundesrates, BT-Drs. XI/7207, S. 9.

wurde festgeschrieben, dass Verluste einer Kapitalgesellschaft durch Rücklagenbildung erfolgswirksam berücksichtigt werden konnten, wenn die Verluste in zeitlichem Zusammenhang mit dem Anteilserwerb standen[757]. Die zeitliche Koppelung ergab sich aus der steuerpolitischen Zielsetzung des Gesetzesentwurfs als einer Finanzierungshilfe beim Anteilserwerb und nur Anlaufverluste zu berücksichtigen[758].

Ebenfalls auf die Initiative des Bundesrates ging die auf fünf Jahre erhöhte Frist zur steuerfreien Auflösung der Rücklage bei der Überführung von Wirtschaftsgütern zurück. Bei einer gewinnerhöhenden und damit besteuerungsrelevanten Auflösung bereits nach drei Jahren, wie im ursprünglichen Gesetzesentwurf noch vorgesehen, befürchtete der Bundesrat eine zu geringe Anreizwirkung für die Überführung von Wirtschaftsgütern[759].

Die Änderungswünsche des Bundesrates, denen die Bundesregierung inhaltlich zugestimmt hatte[760], wurden in einem Gesetzesentwurf, den die Regierungsfraktionen am 08. Mai 1990 in den Deutschen Bundestag eingebracht hatten[761], bereits berücksichtigt, so dass der Regierungsentwurf im Finanzausschuss einstimmig mit Ausnahme der Fraktion der GRÜNEN für erledigt erklärt wurde[762]. Obwohl der Ausschuss dem inhaltlich aktuelleren Gesetzesentwurf der Fraktionen von CDU/CSU und FDP im Wesentlichen folgte, wurden noch weitergehende Änderungen zur Stärkung des Investitionsanreizes vorgenommen[763].
So hielt der Ausschuss eine noch weitere Ausdehnung der Aktivitätsklausel für erforderlich, um die Investitionsförderung auf eine breitere Basis zu stellen[764]. Dafür sollten als erstes auch land- und forstwirtschaftliche Tätigkeiten sowie die Tätigkeiten einer sog. Landesholding mit Sitz in der DDR steuerlich begünstigt werden[765].

Weiterhin wurde die Möglichkeit der Rücklagenbildung in der Weise erweitert, dass auch die Überführung von Wirtschaftsgütern in eine Erwerbs- und Wirtschaftsgenossenschaft in der DDR und die Beteiligung an dieser förderungswürdig wurden[766]. Diese Maßnahme wurde innerhalb des Ausschusses intensiv beraten und war keine Selbstverständlichkeit[767].
Das Hauptargument gegen die Erweiterung war die fehlende Überprüfbarkeit des Wertes von Sacheinlagen im Genossenschaftsrecht, so dass der Gläubigerschutz beeinträchtigt werden konnte[768]. Letztlich überwogen im Ausschuss aber pragmatische Gründe für eine Einführung, dass nämlich die Bestimmungen des Gesetzesentwurfs

---

757 GesEntw BRg, BT-Drs. XI/7207, S. 8.
758 GesEntw BRg, BT-Drs. XI/7207, S. 8.
759 Stellungnahme des Bundesrates, BT-Drs. XI/7207, S. 10.
760 GesEntw BRg, BT-Drs. XI/7207, S. 11.
761 GesEntw Koalitionen von CDU/CSU und FDP, BT-Drs. XI/7073.
762 Bericht des Finanzausschusses, BT-Drs. XI/7294, S. 2.
763 Bericht des Finanzausschusses, BT-Drs. XI/7294, S. 13.
764 Bericht des Finanzausschusses, BT-Drs. XI/7294, S. 13.
765 Bericht des Finanzausschusses, BT-Drs. XI/7294, S. 13.
766 Bericht des Finanzausschusses, BT-Drs. XI/7294, S. 13.
767 Bericht des Finanzausschusses, BT-Drs. XI/7294, S. 13.
768 Bericht des Finanzausschusses, BT-Drs. XI/7294, S. 13.

keine dauerhafte Geltung erhalten würden, da sie mit Vollendung der deutschen Einheit hinfällig wurden[769].

Mit der Erweiterung der Förderung stiegen auch die erwarteten Steuermindereinnahmen. Diese beliefen sich beim Regierungsentwurf für das Entstehungsjahr 1990 noch auf 525 Mio. DM[770], während die erwarteten Steuerausfälle bei der Ausschussvorlage auf 705 Mio. DM angewachsen waren[771].

Im Ausschuss herrschte zwischen den Parteien weitgehend Einigkeit. Einzig die Fraktion der GRÜNEN stand dem Gesetzesentwurf ablehnend gegenüber, weil sie sich für eine gezieltere ökologische Ausrichtung der Investitionsförderung aussprach[772].
Da die Änderungswünsche des Bundesrates bereits im Gesetzesentwurf berücksichtigt wurden, gab es keinen Grund dem Gesetz in der Sitzung vom 22. Juni 1990 die Zustimmung zu verweigern.

7.2. Gesetz zu dem Vertrag vom 18. Mai 1990 über die Schaffung einer Währungs-, Wirtschafts- und Sozialunion zwischen der Bundesrepublik Deutschland und der Deutschen Demokratischen Republik vom 29. Juni 1990[773]

Der sich im Verlauf des Jahres 1990 immer stärker abzeichnende Prozess einer Aufhebung der staatlichen Teilung von Ost- und Westdeutschland machte eine strukturelle Anpassung insbesondere der sozialistischen, ostdeutschen Verhältnisse an die liberale Rechtsordnung der Bundesrepublik erforderlich. Der Staatsvertrag vom 18. Mai 1990 über die Schaffung einer Währungs-, Wirtschafts- und Sozialunion stellte einen ersten gemeinsamen Schritt der beiden Deutschen Staaten zur Herstellung der Deutschen Einheit dar[774]. In diesem Vertrag hatte sich die DDR grundsätzlich verpflichtet, ihr Steuerrecht in Anlehnung an das bewährte Steuerrecht der Bundesrepublik Deutschland zu regeln[775]. Um sich an diese Entwicklungen und an das Zusammenwachsen beider deutscher Staaten anzupassen, waren aber darüber hinaus noch einige Änderungen des Steuerrechts erforderlich[776].

Während des parlamentarischen Verfahrens zum Vertragsgesetz herrschte zwischen den Fraktionen weitgehend Einigkeit über die zu verabschiedenden Maßnahmen. Die Zustimmung der SPD erfolgte aufgrund der von der Regierung gemachten Zugeständnisse während der Ausschussberatungen, die aber überwiegend den Sozial- und Wirtschaftsbereich betrafen. Am 21. Juni 1990 wurde das Vertragsgesetz vom Bundestag verabschiedet und nur einen Tag später erfolgte die Zustimmung des Bundesrates.

---

[769] Bericht des Finanzausschusses, BT-Drs. XI/7294, S. 13.
[770] GesEntw BRg, BT-Drs. XI/7107, S. 2.
[771] Bericht des Finanzausschusses, BT-Drs. XI/7294, S. 3.
[772] Bericht des Finanzausschusses, BT-Drs. XI/7294, S. 14.
[773] BGBl. 1990 II, S. 518.
[774] Denkschrift zum Vertrag über die Schaffung einer Währungs-, Wirtschafts- und Sozialunion zwischen der Bundesrepublik Deutschland und der Deutschen Demokratischen Republik, BT-Drs. XI/7171, S. 98.
[775] Von der DDR neu zu erlassende Rechtsvorschriften, BT-Drs. XI/7171, Anlage IV, S. 85.
[776] GesEntw BRg, BT-Drs. XI/7171, S. 29.

7.2.1. Umsatzsteuer

Um aus Wettbewerbsgründen möglichst gleiche steuerliche Bedingungen zu haben, hatte die DDR auch ihre Umsatzbesteuerung ab der Währungsunion entsprechend dem Umsatzsteuerrecht der Bundesrepublik Deutschland geregelt. Eine gesonderte bundesrepublikanische Umsatzsteuerregelung wurde aber trotzdem notwendig, da die Steuerhoheit bei den Vertragsparteien verbleiben und ein umsatzsteuerlicher Grenzausgleich wie bisher auch in Zukunft nicht stattfinden sollte. Dies erforderte Anpassungen für den innerdeutschen Waren- und Dienstleistungsverkehr in den jeweiligen Umsatzsteuergesetzen der Vertragsparteien[777]. Die wichtigste materiell-rechtliche Regelung in diesem Zusammenhang war die Neueinfügung des § 26a UStG, wonach die Umsatzsteuer der DDR grundsätzlich als Vorsteuer abgezogen werden konnte.

Neben diesen Anpassungsvorschriften gab es aber auch schon konkrete Bestimmungen zur Belebung der Wirtschaft in der DDR. So wurde in § 26 UStG für eine bestimmte Übergangszeit eine Ermächtigung zum Erlass allgemeiner Verwaltungsvorschriften festgeschrieben, durch die der Absatz von Erzeugnissen aus der DDR im Erhebungsgebiet durch einen zeitlich abgestuften Umsatzsteuerkürzungsanspruch begünstigt werden konnte. Mit dieser Maßnahme sollte dazu beigetragen werden, die Wettbewerbsfähigkeit von ostdeutschen Erzeugnissen in der Umstellungsphase zu sichern[778].

7.2.2. Einkommensteuer

Auch bei der Einkommensteuer nahm die Bundesregierung gezielte Maßnahmen zur steuerlichen Förderung vor, um private Investitionen, insbesondere im städtebaulichen Bereich, in das Gebiet der DDR zu lenken. So wurde beispielsweise durch eine Ergänzung des § 7 Absatz 5 EStG in der Bundesrepublik unbeschränkt Steuerpflichtigen die Möglichkeit eröffnet, bei im Inland zu berücksichtigenden Verlusten aus einer Tätigkeit in der DDR die degressive AfA bei Gebäuden in Anspruch zu nehmen.

Weiterhin wurde in § 7h Abs. 4 EStG die steuerliche Förderung in Form der erhöhten Sonderabschreibungen für die ordnungsgemäße Erhaltung von Gebäuden in Sanierungs- und städtebaulichen Entwicklungsgebieten auf solche Gebäude ausgedehnt, die sich auf dem Gebiet der DDR befanden. Die Bundesregierung sah in dieser Förderung ein bewährtes Mittel zur Erhaltung von Bausubstanz und hoffte so, privates Kapital für die Gebäudesanierung und Bestanderhaltung im Westen zu mobilisieren und in die DDR fließen zu lassen[779].

Ebenso sollte durch den § 7i Abs. 4 EStG die Wiederherstellung von Baudenkmälern in der DDR durch private Investoren aus Westdeutschland unterstützt werden[780].

Auf Initiative des Finanzausschusses nahm der eigens gebildete Ausschuss „Deutsche Einheit“ bei der Einkommensbesteuerung noch einige Änderungen vor. Danach entfiel z.B. der ursprünglich noch vorgesehene Ausschluss des § 10f EStG, wonach Steuerbe-

---

[777] GesEntw BRg, BT-Drs. XI/7171, S. 30.
[778] GesEntw BRg, BT-Drs. XI/7171, S. 32.
[779] GesEntw BRg, BT-Drs. XI/7171, S. 33.
[780] GesEntw BRg, BT-Drs. XI/7171, S. 33.

günstigungen für in der DDR gelegene, zu eigenen Wohnzwecken genutzte Baudenkmäler bzw. Gebäude in Sanierungsgebieten, die westdeutschen Steuerpflichtigen gehörten, gewährt wurden. In Anbetracht der geringen praktischen Bedeutung und der Geltung der Änderung lediglich für eine Übergangsfrist erschien dem Finanzausschuss ein Ausschluss dieser Bestimmung nicht erforderlich[781].

Darüber hinaus enthielt der Staatsvertrag steuerliche Übergangsvorschriften für den Zeitraum, bis die DDR ein der Bundesrepublik vergleichbares Steuerrecht eingeführt hatte. So wurden das Erbschaft- und Vermögensteuergesetz, aber auch das Kraftfahrzeugsteuergesetz sowie das Grunderwerbsteuer- und Kapitalverkehrsteuergesetz geändert[782].

---

[781] Bericht des Ausschusses Deutsche Einheit, BT-Drs. XI/7412, Anlage 7, S. 73.
[782] GesEntw BRg, BT-Drs. XI/7171, S. 35.

VI. Rückblick auf die elfte Legislaturperiode

Die elfte Legislaturperiode stand ganz im Zeichen der einzigen, geglückten großen Steuerreform der Bundesregierung aus CDU/CSU und FDP, die sich in drei Schritten vollzog und mit dem Steuerreformgesetz 1990 ihren Abschluss fand. Sie war geprägt durch das Bemühen der Bundesregierung, einen systematischen Ansatz in ihre Steuerpolitik zu bringen. Während in der zehnten Legislaturperiode häufig noch kurzfristige Maßnahmen ergriffen worden waren, um den Steuerpflichtigen, insbesondere der Wirtschaft, schnelle Entlastungen zuteil werden zu lassen, wurde in der elften Legislaturperiode deutlich, dass die Bundesregierung einen klaren steuersystematischen Ansatz zumindest als Ideal verfolgt hatte. Angestrebt wurde die deutliche Absenkung der nominellen Steuersätze bei gleichzeitiger Verbreiterung der Bemessungsgrundlage, also einer Bereinigung der Vorschriften zur Bestimmung der steuerlichen Bemessungsgrundlage von Steuersubventionen und Lenkungsnormen. Im Vordergrund sollte das Prinzip der Besteuerung nach der Leistungsfähigkeit stehen.

Dass die Ansichten zum Steuerreformgesetz 1990 trotz dieses systematischen Ansatzes der Koalition weit auseinander gingen, Lob insgesamt verhalten ausfiel und sich im Wesentlichen auf die Neugestaltung des Einkommensteuertarifs beschränkte, liegt daran, dass auf Seiten der christlich-liberalen Bundesregierung bei der Bereinigung der Bemessungsgrundlage ausschließlich fiskalische Motive zugrundegelegt wurden. Von Anfang an hatte sich die Bundesregierung für ein bestimmtes Nettoentlastungsvolumen entschieden, anhand dessen die finanzielle Quantität einer Reform der Bemessungsgrundlage bestimmt werden konnte. Aufgrund dieser Sichtweise war es nicht mehr möglich, zu einer durchgehenden Überprüfung der Bemessungsgrundlage zu gelangen[783]. Dass es insbesondere im Bundesfinanzministerium nicht um eine systemgerechte Aufarbeitung der Bemessungsgrundlage gegangen war, sondern vielmehr um eine rein fiskalische Operation zur Mittelbeschaffung für die Tarifentlastung, wurde auch dadurch deutlich, dass sich die Bundesregierung insbesondere im Hinblick auf die Bundestagswahl lange Zeit nicht festlegen wollte, welche Steuervergünstigungen einer großen Reform zum Opfer fallen sollten[784].

Im Zentrum des Interesses der Bundesregierung stand aber einzig und allein die Neugestaltung des Einkommensteuertarifs zu einem geradlinig linearen Progressionsverlauf. Dies hatte der Leiter der Steuerabteilung im Bundesfinanzministerium, Uelner, bereits 1984 als wichtigstes Ziel der Bundesregierung angegeben, was aber zum damaligen Zeitpunkt noch nicht finanzierbar gewesen war[785].

---

[783] Tipke, StuW 1990, 291, 293.

[784] Der Leiter der Steuerabteilung des Bundesfinanzministeriums, Uelner, hatte dazu auf dem 57. Deutschen Juristentag ausgeführt: „Wir haben bei der Vorbereitung des Steuerreformgesetzes 1990 rund 150 Steuervergünstigungen analysiert und bewertet. Das war übrigens ein Vorgang, der zu den wenigen Vorgängen in Bonn gehört, die vertraulich geblieben sind. Von diesen Untersuchungen von Steuervergünstigungen sind dann nur wenige – relativ wenige – in die endgültige politische Entscheidung gegangen – nachdem vorher politische Filterarbeit oberhalb meiner Ebene geleistet worden ist." Band II, Sitzungsbericht N, München 1988, S. 138.

[785] So geschehen auf dem Münsteraner Symposium 1984, vgl. Band II, S. 192.

Der Verengung des Blickwinkels der Bundesregierung ausschließlich auf die Neugestaltung des Einkommenstarifs war auch eine weitere steuerliche Entlastung der Unternehmen zum Opfer gefallen. Diese hatten während der Reformdebatten zum Steuerreformgesetz 1990 immer wieder betont, dass eine reine Tarifreform kein Ersatz für spezifisch betriebliche Steuerentlastungen, etwa bei der Gewerbesteuer, sei[786].

Wie weit Anspruch und Wirklichkeit beim Steuerreformgesetz 1990 auseinander fielen, zeigen auch die Beschlüsse des 57. Deutschen Juristentages, die etwa zeitgleich mit der Verabschiedung des Steuerreformgesetzes 1990 getroffen worden waren. Wäre es der Bundesregierung mit der Reform der Einkommensteuer auch nur halbwegs gelungen, die Forderungen der Steuerjuristen zu erfüllen, wäre eine Beschlussempfehlung wie sie der Juristentag getroffen hatte, überflüssig gewesen.

Der Vorwurf der SPD, im Rahmen des Steuerreformgesetzes 1990 hätten ausschließlich die Arbeitnehmer die Gegenfinanzierung des Entlastungsvolumens durch die umfassende Korrektur der Bemessungsgrundlage zu tragen gehabt, erscheint unzutreffend. Zwar gingen in diesem Zusammenhang die Meinungen darüber auseinander, ob etwa die Steuerfreiheit von Schichtzuschlägen politisch notwendig oder auch gewünscht wurde, offenkundig ist jedoch die Tatsache, dass es sich bei diesen Befreiungen um Steuervergünstigungen handelt, die sich nicht am Prinzip der Besteuerung nach der Leistungsfähigkeit orientieren. Zudem war dem Großteil der Arbeitnehmerschaft durch den neu eingeführten Arbeitnehmerpauschbetrag ein nicht zu gering einzuschätzendes „Steuergeschenk“[787] gemacht worden, das nach Angaben des Bundesrates für die Hälfte der Arbeitnehmer eine echte, nicht am Leistungsfähigkeitsgedanken orientierte Steuersubvention von bis zu 1 400 DM bedeutete, also ein Pauschbetrag, der für die Hälfte der Begünstigten eine Steuerverschonung beinhaltete, die mehr als doppelt so hoch war wie der Anteil der tatsächlich entstandenen Ausgaben.

Die Verzerrung der finanziellen Auswirkungen und Begründungen des Steuerreformpaketes 1990 und Äußerungen prominenter SPD-Abgeordneter während der parlamentarischen Debatten lassen begründete Zweifel aufkommen, ob die größere der beiden Oppositionsparteien an einer ernsthaften Auseinandersetzung über die Zweckmäßigkeit des von der christlich-liberalen Regierung betriebenen Reformkurses wirklich interessiert war. Die fast schon klassenkämpferischen Parolen, wie etwa die Aussagen des finanzpolitischen Sprechers der SPD, Apel, bei dem Steuerpaket handele es sich um „ein Machwerk voller Ungerechtigkeiten und der brutalen Umverteilung von unten nach oben“[788], machen deutlich, dass auf Seiten der Opposition auch der Versuch unternommen wurde, die Regierungsvorlage zu diskreditieren, ohne sich sachlich mit ihr auseinander zu setzen. In der Folge kam lediglich die Wiederholung der bereits bei den Debatten um das Steuersenkungsgesetz 1986/1988 und um das Steuersenkungserwei-

---

[786] So Ritter, StbJb 1987/1988, S. 47, 50.

[787] Um im Jargon der politischen Debatten des Steuerreformgesetzes zu bleiben. Gerade die Opposition wurde nicht müde, der Regierung vorzuwerfen, sie mache Steuergeschenke, wobei diese dann, in den Augen der Opposition gerade nicht an die Arbeitnehmerschaft gerichtet waren, sondern an die sog. „Spitzenverdiener“.

[788] Vgl. dessen Rede während der zweiten Beratung der Regierungsvorlage vor dem Deutschen Bundestag am 23. Juni 1988, BT-PlPr. XI/87, S. 5837 (B).

terungsgesetz 1988 vorgebrachten Argumente, insbesondere was die Kernmaßnahmen der Steuerreform anging, nämlich die Tarifstruktur inklusive der Bereinigung der Bemessungsgrundlage und der Familienbesteuerung[789].

Über die wesentliche Grundkonzeption der Steuerreform 1990 herrschte unter den Koalitionsfraktionen weitgehend Einigkeit. Der systematische Ansatz des Bundesfinanzministeriums bei dieser Gesetzesinitiative, nämlich die Linearisierung des Tarifs sowie eine deutliche Verbreiterung der Bemessungsgrundlage, wurde von liberaler Seite in den öffentlichen Debatten ausdrücklich begrüßt und unterstützt[790]. Die Einigkeit bezüglich des Abschlusses von steuerrechtlichen Sonderregelungen darf jedoch nicht darüber hinwegtäuschen, dass auch im Regierungslager von Beginn an versucht wurde, einen konsequenten Subventionsabbaukurs, den man mit der Rückführung der Investitionszulage teilweise eingeschlagen hatte, in bestimmten Bereichen zu verhindern.

So hatte der Bundesrat auf Initiative des CSU-geführten Bundeslandes Bayern[791] einen Gesetzesentwurf zum Abbau steuerlicher Härten verabschiedet[792], der schließlich auch Eingang in das Steuerreformgesetz 1990 gefunden hatte[793]. Obwohl im Regierungslager insbesondere im Bereich der Landwirtschaft schon in der vorrangegangenen Legislaturperiode angekündigt worden war, eine weitere Ausweitung der Subventionierung nicht mehr vornehmen zu können[794], war die christlich-liberale Koalition jedoch wesentliche Erfolge beim Subventionsabbau schuldig geblieben. Vielmehr wurde sogar noch eine Ausweitung vorgenommen.
Begründet wurde dies mit der prekären Einkommenssituation von Land- und Forstwirtschaft und der Schwierigkeiten bei der Anpassung an die EG-Entwicklung. Gerade die CSU war sich über die daraus resultierende Ungleichbehandlung bewusst, z.B. gegenüber Freiberuflern, deren Freibeträge abgeschafft worden waren[795].

Selbstverständlich war aber auch das Steuerreformgesetz 1990 in einzelnen Details bei den Koalitionsparteien umstritten. Die FDP bezeichnete die Steuerbefreiung für Flugbenzin sowie die Rabattregelung für Jahreswagen als die für sie unerfreulichsten Entscheidungen[796]. Indem sie die Verantwortlichkeit während der parlamentarische De-

---

[789] Ebd., vgl. den weiteren Verlauf der Rede des Abgeordneten Apel (SPD).
[790] Vgl. etwa die Rede des FDP-Abgeordneten Gattermann, der die Verbreiterung der Bemessungsgrundlage durch den Abbau von Sonderregelungen als Mittel zu mehr Gerechtigkeit im Steuerrecht bezeichnete, vgl. BT-PlPr. XI/87, S. 5845 (C); bzw. die Rede des FDP-Abgeordneten Solms, der den Tarif der Steuerreform 1990 sogar als Vorzeigestück der Reform bezeichnete, vgl. BT-PlPr. XI/87, S.5866 (D).
[791] Antrag Bay, BR-Drs. 113/1987.
[792] Beschluss, BR-Drs. 113/1987.
[793] Vgl. Kap. 3.2.1.3 des vorangegangenen Hauptteils.
[794] Vgl. insbesondere die Aussage des Abgeordneten Gattermann (FDP) während der Beratungen zum Steuerbereinigungsgesetz 1986 in der zehnten Legislaturperiode, der deutlich aussprach, dass bei der Subventionierung der Land- und Forstwirtschaft die Grenze des Vertretbaren erreicht sei, Kap. III. 4.2.1.1.
[795] Dies bekannte der CSU-Abgeordnete Glos in seiner Rede während der zweiten Beratung der Regierungsvorlage vor dem Deutschen Bundestag am 23. Juni 1988, vgl. BT-PlPr. XI/87, S. 5861 (D).
[796] So der Abgeordnete Solms in seiner Rede bei der zweiten Beratung der Gesetzesvorlage vor dem Deutschen Bundestag am 23. Juni 1988, vgl. BT-PlPr. XI/87, S. 5867 (D).

batte den Unionsministerpräsidenten für Bayern und Baden-Württemberg, Strauß und Späth[797], öffentlich zuwies, nährten sie bei der Frage der Besteuerung den von der Opposition geäußerten Verdacht, bestimmte Entscheidungen innerhalb des Reformpaketes seien nur der Befriedigung egoistischer Interessen eines minimalen Kreises von Berechtigten geschuldet und nicht durch sachliche Gründe gerechtfertigt.

Letztlich wollte die FDP die Steuerreform aber nicht an diesen „Kröten" scheitern lassen, die als Teil eines politischen Kompromisses verstanden wurden. Obwohl man sich als vertragstreuer Partner zu diesen Vereinbarungen bekennen wollte[798], erachtete die FDP diese Punkte als so wichtig, dass sie in gegen den Koalitionspartner gerichteten inhaltlichen Kontroversen während der parlamentarischen Debatten thematisiert wurden.

Dies ist umso bemerkenswerter, da die öffentliche Wirkung der Koalitions- und Regierungsarbeit zumindest in der Selbsteinschätzung der FDP alles andere als gut war. Der FDP-Abgeordnete Gattermann gab unumwunden zu, dass die Arbeit beim Zustandekommen der abschließenden Beschlussvorlage von einem „monatelangen Knirschen im Gebälk" und einem „monatelangen Streiten und Gezerre auch in den eigenen Reihen" begleitet war[799]. In der Folge beschwor er die eigenen Reihen, die Diskrepanz zwischen guter, solider Regierungsarbeit und einer „saumäßigen Selbstdarstellung" zu überwinden[800]. Jeder weitere Disput innerhalb der bürgerlichen Fraktionen musste solchen Negativeinschätzungen der Koalitionsarbeit natürlich Vorschub leisten.

Eine unrühmliche Rolle in der Steuergesetzgebung der elften Legislaturperiode spielte die sog. „kleine Kapitalertragsteuer". Abgesehen von der Frage, welche Auswirkungen eine Steuerpolitik auf Steuerpflichtige und Finanzverwaltung hatte, blieb nach der Abschaffung im Jahre 1989 weiterhin das Problem einer verfassungsmäßigen Besteuerung von Zinsen. Denn die Bundesregierung hatte bei der Einführung der Quellenbesteuerung richtigerweise die Frage der Gleichmäßigkeit der Besteuerung als zentrales Motiv genannt[801].

Zurecht hatten die Sachverständigen während der Anhörungen im Finanzausschuss auf die verfassungsrechtlichen Implikationen hingewiesen, die entstünden, wenn es zu einer faktischen Steuerbefreiung von Kapitalerträgen komme, insbesondere im Hinblick auf die gesetzliche Verankerung des Bankenerlasses[802].
Erstaunlicherweise verlor die Bundesregierung während der Beratungen über die Abschaffung der kleinen Kapitalertragsteuer kein einziges Wort darüber, wie eine gerechte Erfassung aller Zinseinkünfte in Zukunft anzustreben sei, zumal auch deutlich ge-

---

[797] Lothar Späth, geb. 16. November 1937, Ausbildung im Verwaltungsdienst, 1967 Bürgermeister der Stadt Bietigheim, 1970 bis 1974 Geschäftsführer der Neuen Heimat Baden-Württemberg, 1972 –1978 Vorsitzender der CDU-Landtagsfraktion, 1978 – 1991 Ministerpräsident von Baden-Württemberg, seit 1991 Vorstandsvorsitzender der Jenoptik AG.
[798] Siehe Fn. 798.
[799] Vgl. dessen Rede bei der zweiten Beratung der Gesetzesvorlage vor dem Deutschen Bundestag am 23. Juni 1988, vgl. BT-PlPr. XI/87, S. 5843 (D).
[800] Ebd.
[801] Vgl. Kap. 3.2.1.5. des vorangegangenen Hauptteils.
[802] Bericht des Finanzausschusses, BT-Drs. XI/4803, S. 4.

macht wurde, dass es weder am Bankenerlass noch an der Ablehnung eines Kontrollmitteilungsverfahrens irgendwelche Zweifel gebe[803]. Auch schienen der Bundesregierung die sich aus der Abschaffung der Quellensteuer ergebenden Probleme einer gleichmäßigen Besteuerung nicht bewusst gewesen zu sein[804].
Einzig der FDP-Abgeordnete Gattermann bekannte in seiner Rede während der zweiten Beratung des Gesetzesentwurfs vor dem Deutschen Bundestag, dass der Zielkonflikt zwischen Steuergerechtigkeit und rechtsstaatlich gebotener Gleichbehandlung auf der einen Seite und liberalen Kapitalmarktbedingungen und Datenschutz auf der anderen Seite ungelöst blieb[805].

Welche problematischen Auswirkungen gerade die Argumentation des Bundesfinanzministers Waigel bei der Abschaffung der kleinen Kapitalertragsteuer auf das Bewusstsein und die Steuermoral hatte, zeigt exemplarisch ein offener Briefwechsel[806] aus dem Jahre 1989 zwischen zwei Fachanwälten aus Köln und dem Bundesfinanzministerium, in dem schwere Vorwürfe erhoben worden waren. Den Mandanten sei eine Steuerpflicht von Zinserträgen nicht mehr vernünftig nahe zubringen, wenn gleichzeitig die gerade erst eingeführte Sicherstellung der Besteuerung wieder abgeschafft werde, um einer Kapitalflucht entgegen zu wirken. Der Sinn jeglicher Strafandrohung für Steuerhinterziehung würde hinfällig, wenn der Gesetzgeber aufgrund einer möglichen Kapitalflucht faktisch auf eine Besteuerung verzichte, weil darin der konkludent erklärte Wille zum Ausdruck komme, man sei aus volkswirtschaftlichen Gründen an der Sicherstellung der Besteuerung nicht interessiert[807].

Bei aller wissenschaftlicher Kritik an der nicht immer durchgehaltenen Systematik des Steuerreformgesetzes 1990 lässt sich jedoch nicht abstreiten, dass insbesondere diese Steuerreform inklusive der Vorstufen der Steuersenkungsgesetze 1986 und 1988 einen empirisch feststellbaren Beitrag zu der langandauernden Wachstumsperiode der Jahre 1982-1992 beigetragen hatte, also immerhin zu einer durchschnittlichen Wachstumsrate des Bruttoinlandsproduktes im früheren Bundesgebiet von 2, 9 v.H. sowie einer Steigerung der Arbeitsplätze um über drei Millionen[808].

Gleichfalls hatte sich mit dieser Serie von Steuerreformen die auch von der Bundesregierung angeführte fiskalische Annahme bestätigt, dass deutliche Nettoentlastungen im Rahmen von Steuersenkungen letztlich zu einem erhöhten Steueraufkommen füh-

---

803 So der Bundesfinanzminister Waigel in seiner Rede während der zweiten Beratung des Gesetzesentwurfs vor dem Deutschen Bundestag am 16. Juni 1989, vgl. BT-PlPr. XI/150, S. 11213 (B).

804 Weder im Gesetzesentwurf noch im Bericht des Finanzausschusses finden sich irgendwelche Anhaltspunkte, die zumindest Rückschlüsse auf eine Abwägung der Bundesregierung bzw. der Koalitionsfraktionen schließen ließen, vgl. Kapitel 3.4. des vorangegangenen Hauptteils.

805 Vgl. BT-PlPr. XI/150, S. 11222 (D).

806 Damals veröffentlicht im Handelsblatt; gesamter Briefwechsel abgedruckt in: StuW 1989, 280 ff.

807 Ebenda; als Motivation für die Abfassung dieses Briefwechsels nannten die beiden Anwälte die jederzeit nachlesbare Dokumentation, „welche Organe des Rechts in Missachtung der Grundwerte der Steuergerechtigkeit Gesetze schaffen und wieder abschaffen, wie es das politische Belieben gerade gebietet."

808 Zeitler, in: FS Klein, 271, 272.

ren[809]. Möglich geworden war aber diese deutliche Nettoentlastung erst durch die konsequente Politik der Bundesregierung, die öffentlichen Ausgaben zu begrenzen und die gefährlich hohen Haushaltsdefizite aus der sozial-liberalen Regierungszeit zu verringern[810].

Positiv für die Steuerpolitik der gesamten 80er Jahre unter Bundesfinanzminister Stoltenberg, insbesondere im Vergleich mit der rot-grünen Steuerpolitik nach 1998 und abgeschwächt auch noch mit der Steuerpolitik nach der Deutschen Wiedervereinigung, lässt sich allerdings feststellen, dass diese von einer vergleichsweise hohen Solidität geprägt war. So hatte der Bundesfinanzminister bereits recht früh in der zehnten Legislaturperiode nach dem Amtsantritt der Regierung Kohl sein steuerpolitisches Programm über mehrere Legislaturperioden skizziert, insbesondere was die Tarifreform und die Familienbesteuerung im Rahmen der Einkommensteuer betrifft, und schließlich auch umgesetzt[811].

Die steuerlichen Maßnahmen gegen Ende der elften Legislaturperiode waren die ersten noch überschaubaren Versuche, zwar noch zum Zeitpunkt der Zweistaatlichkeit von BRD und DDR, aber sich schon abzeichnender Wiedervereinigung, Kapital aus Westdeutschland als Investitionskapital nach Ostdeutschland zu kanalisieren, um den angestrebten Aufbau einer freien Wirtschaft im Beitrittsgebiet zu fördern.

---

[809] Trotz der enormen Nettoentlastung von immerhin rd. 40 Mrd. DM lag das Steueraufkommen der öffentlichen Haushalte im Jahr 1990 um 45 v.H. über dem Niveau im Jahre des erstmaligen Antritts der Regierung Kohl 1982, vgl. Zeitler, in: FS Klein, 271, 272.

[810] Klein, StuW 1988, 217, 217; Der Umfang der öffentlichen Defizite wurde von 4, 9 v.H. des Bruttosozialproduktes im Jahr 1981 auf 2, 2 v.H. im Jahre 1986 zurückgeführt. Die Staatsquote sank von knapp 50 v.H. auf 46, 5 v.H. Im Zeitraum von 1983 bis 1986 betrug der durchschnittliche Ausgabenzuwachs im Jahresdurchschnitt 2, 2 v.H., was dem bei weitem niedrigsten Wachstum über einen Mehrjahreszeitraum in der Finanzgeschichte der Bundesrepublik Deutschland entspricht.

[811] Vgl. die Rede des Bundesfinanzministers vor dem Institut „Finanzen und Steuern“ am 19. Mai 1983, Institut FSt. Brief 221.

VII. Steuergesetzgebung in der zwölften Legislaturperiode (1990-1994)

1. Politische und wirtschaftliche Verhältnisse zu Beginn der zwölften Legislaturperiode

Der erste gesamtdeutsche Wahlkampf des Jahres 1990 stand ganz im Zeichen der Deutschen Wiedervereinigung. Amtsinhaber Kohl hatte im Vorfeld vehement für die Beendigung der Teilung und eine rasche Einstaatlichkeit gestritten. Das Bild der in Aussicht gestellten „blühenden Landschaften" wurde zum geflügelten Wort. Diese Entwicklung, so hatte der Bundeskanzler auch während des Wahlkampfes versprochen, werde ohne Steuererhöhungen möglich sein.
Polarisiert wurde der Wahlkampf durch die Positionen des sozialdemokratischen Herausforderers, dem saarländischen Ministerpräsidenten Lafontaine[812]. Dieser nahm in der Auseinandersetzung um die Deutsche Einheit eine deutliche Gegenposition ein und warnte vor den gewaltigen Finanzierungsproblemen einer verfrühten Wiedervereinigung der beiden deutschen Teilstaaten. Eine solche Haltung musste es in der nationalen Euphorie nach dem Mauerfall im Jahre 1989 jedoch ausgesprochen schwer haben.

So endeten die ersten gesamtdeutschen Wahlen mit einem klaren Erfolg des bürgerlichen Regierungslagers, obwohl die Union nur zwei Jahre zuvor in den Umfrageergebnissen in ein historisches Tief gefallen war. CDU/CSU erhielten insgesamt zwar nur 43, 8 v.H. der abgegebenen Stimmen, verschlechterten sich damit allerdings nur leicht gegenüber dem Ergebnis des Jahres 1987 und gewannen 319 Sitze im Deutschen Bundestag. Allerdings konnte der kleinere Koalitionspartner FDP mit 11 v.H. der abgegebenen Stimmen gegenüber der Bundestagswahl von 1987 deutlich zulegen und 79 Mandate im Parlament erringen. Zurückzuführen war dies auf die enorme Popularität des aus Halle stammenden FDP-Außenministers Hans-Dietrich Genscher[813], die dieser bei der politischen Organisation des Einigungsprozesses erlangt hatte. Zusammen verfügte die Regierungskoalition über 398 der 662 Sitze im zwölften Deutschen Bundestag.
Die SPD erlitt Einbrüche und kam nur noch auf 33, 5 v.H. der abgegebenen Stimmen, was lediglich zu 239 Sitzen im Parlament führte. Bündnis 90/Die Grünen konnten 8 Sitze erringen.

Erstmals vertreten im Deutschen Bundestag war die PDS, die 17 Sitze erlangte. Die Opposition kam damit zusammen auf nur 264 Sitze, womit die Regierungskoalition über einen enormen Stimmenvorsprung von 134 Mandaten verfügte. Zum Bundeskanzler wurde erneut Helmut Kohl (CDU) gewählt. Finanzminister wurde Theo Waigel (CSU).

---

[812] Oskar Lafontaine, geb. am 16. September 1943, 1962 – 1969 Studium der Physik, 1966 Eintritt in die SPD, 1976 – 1985 Oberbürgermeister der Stadt Saarbrücken, 1979 – 1999 Mitglied des Bundesvorstandes der SPD, 1985 – 1998 Saarländischer Ministerpräsident, 1995 – 1999 Vorsitzender der SPD, 1998/99 Bundesminister für Finanzen.

[813] Hans-Dietrich Genscher, geb. am 21. März 1927, 1946 – 1949 Studium der Rechtswissenschaft, 1952 Übersiedlung nach Westdeutschland und Eintritt in die FDP, 1956 – 1959 Wissenschaftlicher Assistent der FDP-Bundestagsfraktion, 1965 – 1998 Mitglied des Deutschen Bundestages, 1969 – 1974 Bundesminister des Inneren, 1974 – 1992 Bundesminister des Auswärtigen, 1974 – 1985 Bundesvorsitzender der FDP.

Von großer Bedeutung für die Steuergesetzgebung für diese und die kommende Regierungsperiode sollte die Tatsache werden, dass im Verlauf dieser Legislaturperiode mit den Landtagswahlen in Rheinland-Pfalz zum ersten Mal seit dem Amtsantritt der christlich-liberalen Koalition die Mehrheitsverhältnisse im Bundesrat zugunsten der Opposition wechselten.

Die finanzwirtschaftliche Situation hatte sich zu Beginn der zwölften Legislaturperiode eindeutig verbessert. Der bürgerlichen Regierung war es gelungen, die Staatsquote vom Rekordniveau von 50, 1 v.H. bei Antritt im Jahre 1982 um fast 5 Prozentpunkte auf 45, 3 v.H. abzusenken[814]. Die Steuereinnahmen waren seit Regierungsantritt 1983 von 396, 6 Mrd. DM auf 567, 3 Mrd. DM angewachsen[815]. Allerdings stiegen auch die Ausgaben der Gebietskörperschaften von 570,1 Mrd. DM auf 701, 1 Mrd. DM an.

2. Regierungserklärung des Bundeskanzlers vom 30. Januar 1991[816]

„.....Meine Damen und Herren, in der Steuerpolitik verfolgt die Koalition aus CDU/CSU und FDP seit ihrem Amtsantritt ein klares Reformkonzept. In meiner Regierungserklärung vom 04. Mai 1983 habe ich gesagt, dass es darum geht, eine gerechte Besteuerung zu verwirklichen, Leistungsbereitschaft zu erhöhen, private Initiative zu fördern und die Wettbewerbsfähigkeit der Wirtschaft zu stärken. Mit der dreistufigen Steuerreform 1986/88/90 sind wir auf diesem Weg ein gutes Stück vorangekommen. Jeder kann das auf seiner Lohn- oder Gehaltsabrechnung für das vergangene Jahr sehr wohl erkennen. Mit der jetzt vereinbarten weiteren Verbesserung des Familienlastenausgleichs und der Reform der Unternehmensbesteuerung setzen wir den erfolgreichen Kurs in den kommenden Jahren fort. Das gilt auch für andere Bereiche, etwa die steuerliche Förderung von Kunst, Kultur und Stiftungen.
Meine Damen und Herren, über zehn Jahre hinweg wird damit Schritt für Schritt ein in sich geschlossenes steuerpolitisches Gesamtkonzept verwirklicht, ein Konzept, das Wachstum und Beschäftigung für jedermann erkennbar fördert und das zusätzliche Chancen für die Bewältigung kommender Herausforderungen eröffnet.Angesichts der Aufgaben in den neuen Bundesländern und an der Schwelle zum europäischen Binnenmarkt Ende 1992 müssen Unternehmen im Wettbewerb der Standorte wissen, welche Investitionsbedingungen künftig für sie gelten. Deswegen werden wir rechtzeitig zum Beginn des europäischen Binnenmarktes alle notwendigen gesetzgeberischen Entscheidungen zur Steuerreform abgeschlossen haben.
.....Auch zur Förderung von Investitionen in den neuen Bundesländern sind bereits wichtige Weichenstellungen erfolgt. Diese Politik haben wir mit den Koalitionsvereinbarungen nochmals verstärkt. So werden wir die Investitionszulage durch Sonderabschreibungen in Höhe der bisherigen Zonenrandförderung ergänzen. Bei der Einkommensteuer haben wir einen zusätzlichen Freibetrag eingeführt. Im Vorgriff auf die Unternehmenssteuerreform verzichten wir darauf, in den neuen Ländern die Gewerbekapital- und Vermögensteuer zu erheben.

[814] IFSt, Grüner Brief Nr. 328.
[815] IFSt, Grüner Brief, Nr. 328, S. 30.
[816] BT-PlPr. XII/5, S. 72 (B).

......Deshalb können staatliche Hilfen, die ihre ursprüngliche Berechtigung verloren haben und die für viele in der alten Bundesrepublik zur Gewohnheit geworden sind, nicht auf Dauer fortgesetzt werden. Dies gilt insbesondere für die Zonenrandförderung. Teilungsbedingte Subventionen sollen - unter Berücksichtigung berechtigter Interessen der Betroffenen – bis Ende 1994 stufenweise abgebaut werden

.........Wir wollen die Familien noch stärker als bisher steuerlich entlasten; ihre Förderung durch Kindergeld wollen wir ausbauen. An diesem dualen System des Familienlastenausgleichs halten wir fest. Die Kinderfreibeträge werden wir schrittweise so erhöhen, dass das Existenzminimum für Familien mit Kindern nicht mehr besteuert wird.........“

3. Regierungserklärung des Bundesministers der Finanzen zur Finanzpolitik im wiedervereinigten Deutschland am 21. Februar 1991[817]

Hatte sich der Bundeskanzler in seiner ersten Regierungserklärung noch sehr vage zu konkreten Steuerplänen der Bundesregierung geäußert, insbesondere über die durch die Wahlkampfversprechungen im Raum stehende Frage einer möglichen Steuererhöhung, lag es nun am Bundesfinanzminister die Öffentlichkeit zu informieren, dass die abgegebenen Zusagen der Regierung nicht eingehalten werden würden. Die finanziellen Herausforderungen durch die Wiedervereinigung waren nach Ansicht der Bundesregierung ohne Steuererhöhungen nicht zu bewältigen. Gleichzeitig wies der Finanzminister jedoch darauf hin, dass die notwendigen Steuererhöhungen Wachstum, Investitionen und Beschäftigung nicht gefährden würden sowie von allen Bevölkerungsgruppen getragen werden müssten. Alternativen zu Steuererhöhungen sah der Finanzminister angesichts der in den letzten Jahren bereits vorgenommenen Haushaltsentlastungen sowie der gestiegenen finanziellen internationalen Verpflichtungen nicht.

4. Steuerreformgesetze zur Bewältigung der Deutschen Einheit sowie zur Umsetzung der Unternehmenssteuerreform

4.1 Vorbereitungen für eine Unternehmenssteuerreform

Seit Beginn der Regierungszeit der christlich-liberalen Regierung stand eine Reform der Besteuerung von Unternehmen als eines der Hauptziele auf der Tagesordnung. Bereits zu Beginn der zehnten Legislaturperiode hatte Bundesfinanzminister Stoltenberg ausdrücklich davor gewarnt, die Wirtschaft weiteren Steuerbelastungen auszusetzen. Im Gegenteil müssten die Unternehmen, insbesondere die des Mittelstandes, von einer zu hohen Steuerbelastung befreit werden. Zum damaligen Zeitpunkt lag das Augenmerk vor allem auf der ertragsunabhängigen Besteuerung, die aufgrund ihrer Substanzbelastung für die Unternehmen als besonders schädlich verstanden wurden[818].
Nachdem diese kurzfristigen Maßnahmen zur Entlastung der Unternehmen zu Beginn der zehnten Legislaturperiode mit dem Steuerentlastungsgesetz 1984 durchgesetzt worden waren, lag das Augenmerk der Bundesregierung in der Folge auf dem privaten Lohn- und Einkommensteuerbereich, im besonderen auf einer Tarifreform sowie einer

[817] Vgl. BT-PlPr. XII/9, S. 340 (A).
[818] Vgl. dazu die vermögensteuerrechtlichen Debatten zum Steuerentlastungsgesetz 1984 in der zehnten Legislaturperiode, Kap. III. 3.1.

Neuregelung des Familienlastenausgleichs, die man unter den gegebenen haushaltspolitischen Zwängen als vorrangig ansah[819]. Mit dem Steuerreformgesetz 1990 kam allerdings die Debatte um eine Reform der Unternehmensbesteuerung erneut in Gang. Noch während des parlamentarischen Verfahrens zur Verabschiedung des Steuerreformgesetzes 1990 im Jahre 1988 hatte Bundesfinanzminister Stoltenberg angekündigt, dass man sich nach der Neugestaltung des privaten Lohn- und Einkommensteuerbereichs, die man für weitgehend vollzogen hielt, nun auf Seiten von Regierung und Koalition auf die Reform der Unternehmensbesteuerung konzentrieren würde, die man als das am meisten drängende Problem ansah und für die nächste Legislaturperiode angekündigt hatte[820].

Eine mögliche Unternehmenssteuerreform musste grundsätzlich drei betriebswirtschaftliche Vorgaben gewährleisten. Die zukünftige Besteuerung musste Standortneutralität (national – international) und Rechtsformneutralität garantieren, sowie zu einer deutlich stärkeren Akzentuierung der Ertragskraftbesteuerung führen. Unternehmerische Investitionsentscheidungen durften also so wenig wie möglich durch die Besteuerung beeinflusst werden[821]. Der steuerpolitische Handlungsbedarf bei der Unternehmensbesteuerung ergab sich vor allem aus der zunehmenden Internationalisierung des Wirtschaftslebens. Der europäische Binnenmarkt, die voranschreitende weltwirtschaftliche Integration der Unternehmen sowie die verbesserten Kommunikationsmöglichkeiten hatten in den 80er Jahren die Flexibilität der Investoren vergrößert, was zu einer Verschärfung des Standortwettbewerbs geführt hatte[822].

Der eigentlichen Reform der Unternehmensbesteuerung gingen einige fachspezifische Gutachten voraus, bereits 1989 wurde die Debatte durch ein Gutachten des wissenschaftlichen Beirats, das dem Bundesministerium der Finanzen vorgelegt wurde, angestoßen. In diesem Gutachten zu einem Teilaspekt der Unternehmensbesteuerung wurde eine Abschaffung der vor allem das Betriebsvermögen belastenden Vermögensteu-

[819] Der Bundesminister der Finanzen führte während der ersten Beratung des Steuersenkungsgesetzes 1986/1988 vor dem Deutschen Bundestag am 01. März 1985 aus, dass die Unternehmensbesteuerung in der Bundesrepublik Deutschland im internationalen Vergleich zweifelsfrei zu hoch sei, es aber erst bei künftigen Entscheidungen zu prüfen sei, ob und wie nach dem Steuerentlastungsgesetz 1984 weitere Maßnahmen ergriffen werden sollten, vgl. BT-PlPr. X/124, S. 9139 (D).

[820] So der FDP-Abgeordnete Solms, vgl. BT-PlPr. XI/87, S. 5867 (D); offenbar waren mit der Steuerreform 1990 die Probleme der Unternehmensbesteuerung nicht gelöst, obwohl die christlich-liberale Regierung immer wieder auch bei späteren Gesetzesvorhaben betont hatte, dass eine Reform des Einkommensteuertarifs direkt auch der deutschen Wirtschaft aufgrund ihrer mittelständischen Prägung und der Personengesellschaft als vorherrschender Rechtsform zugute kommen sollte. Jedenfalls hatte die Steuerreform nicht die Situation der „überkomplizierten Hochbesteuerung" gelöst. Die Reform des Einkommensteuertarifs hatte eine zu große Streuwirkung, um gezielt als unternehmenspolitische Maßnahme zu wirken. Die Absenkung des Thesaurierungssatzes im Rahmen der Körperschaftsteuer hat den Belastungsunterschied zwischen Personenunternehmen und Körperschaften noch verstärkt, vgl. Lang, StuW 1989, 3, 5; Insgesamt waren die Unternehmen am Entlastungsvolumen der Steuerreform 1990 nur mit 14 Prozent beteiligt, vgl. Ritter, StbJb. 1987/88, 47, 48. Der wissenschaftliche Beirat wies weiterhin auf die Verteuerung des Energieeinsatzes in den Betrieben durch die 1989 durchgeführte Erhöhung der Verbrauchsteuern hin.

[821] So der Ministerialrat Giloy, vgl. DStZ 1989, 547, 549.

[822] Zeitler, in: FS Klein, 271, 276; Umstände, die gemein hin auch als „Globalisierung" beschrieben wurden.

er empfohlen[823]. Am 16. Februar 1990 legte der Beirat dann ein umfassendes Gutachten für eine Unternehmenssteuerreform vor[824].
Nur etwa zwei Wochen vorher, am 30. Januar 1990, hatte sich die unabhängige Sachverständigenkommission zur Verbesserung der steuerlichen Bedingungen für Investitionen und Arbeitsplätze, die im Dezember 1989 vom neuen Bundesfinanzminister Waigel einberufen worden war, konstituiert[825]. Die Reformarbeiten beider Gremien waren im wesentlichen von der Annahme geprägt, dass der Standortfaktor „Besteuerung" für die Wettbewerbsfähigkeit deutscher Unternehmen sowie der Investitionsentscheidungen sowohl nationaler als auch internationaler Unternehmen von immer größerer Bedeutung wurde. Insbesondere im Vergleich zu anderen Industrienationen, die bereits Unternehmenssteuerreformen durchgeführt hatten, sei das deutsche Steuerrecht nach der Ansicht beider Gremien nicht mehr konkurrenzfähig.

Der wissenschaftliche Beirat stellte jedoch ausdrücklich in Frage, ob die Beeinträchtigung der internationalen Wettbewerbsfähigkeit der deutschen Unternehmen wirklich mit der Höhe der steuerlichen Belastungen zu tun hatte, womit die Frage verbunden wurde, wie es tatsächlich um die relative Steuerbelastung des in der Bundesrepublik investierten Kapitals stand. Jede mögliche Antwort auf diese Frage habe zu berücksichtigen, so wurde ausgeführt, dass sich steuerliche Belastungsunterschiede sowohl durch das Niveau als auch durch die Struktur der Unternehmensbesteuerung ergeben könnten. Günstige, weitgehend verzerrungsfreie Steuerstrukturen könnten die Belastung der Volkswirtschaft selbst dann in Grenzen halten, wenn sie mit relativ hohen Steuerzahlungen einhergingen[826].

Die Reformarbeiten wurden von den aktuellen politischen Ereignissen um die deutsche Wiedervereinigung begleitet. Während eine Nettoentlastung für die Unternehmen ursprünglich den Ausgangspunkt der Überlegungen darstellte, wurde dies wegen der neuen Belastungen für die öffentlichen Haushalte aufgrund der entstandenen Finanzierungsverpflichtungen durch den Aufbau der neuen Bundesländer erheblich erschwert.
Allerdings wurden die Konsequenzen, die sich aus dieser politischen Entwicklung ergaben, unterschiedlich interpretiert. Während der Schwerpunkt der Reform nach der Analyse des wissenschaftlichen Beirats aufgrund der finanziellen Herausforderungen ausschließlich auf einer Strukturbereinigung liegen konnte[827], sprach sich die Kommission gerade vor dem Hintergrund der Deutschen Wiedervereinigung für Steuerentlastungen aus.
Die durch den wirtschaftlichen Aufbau der ehemaligen DDR entstandene finanzielle Mehrbelastung und die damit verbundene Strapazierung des Staatshaushaltes wurde dabei von der Kommission durchaus zur Kenntnis genommen. Nach ihrer Ansicht verstärkte diese Situation allerdings nur noch den ohnehin schon bestehenden Druck, eine steuerliche Entlastung der Unternehmen vorzunehmen. Diese ausgesprochen wirtschaftsliberale Auffassung, mit der zur Bewältigung der wirtschaftlichen Probleme im

[823] Schriftenreihe des BMF, Heft Nr. 41, S. 49.
[824] Schriftenreihe des BMF, Heft Nr. 43.
[825] Schriftenreihe des BMF Heft Nr. 46, S. 3.
[826] Schriftenreihe des BMF, Heft Nr. 43, S. 9.
[827] Schriftenreihe des BMF, Heft Nr. 46, Rz. 118.

Grundansatz eine andere Aufgabenzuweisung vorgenommen wurde[828], stützte die Kommission auf die Annahme, dass die Anforderungen, die der Wiederaufbau an die deutsche Wirtschaft stellte, nur dann bewältigt werden konnten, wenn es gelang, das Wirtschaftswachstum zu stärken. Hierfür wurde insbesondere die Senkung der Steuerbelastung als unerlässlich angesehen[829].

Zu diesen klaren Schlußfolgerungen hatte auch beigetragen, daß die Kommission von Beginn an mit einem eindeutigen politischen Auftrag versehen worden war, der eigentlich kein anderes Ergebnis zuließ. Dieser lautete:
„Zu den wichtigen Zielen der Bundesregierung gehört eine durchgreifende Verbesserung des Steuersystems mit dem Ziel, die Rahmenbedingungen für den Wirtschaftsstandort Bundesrepublik Deutschland zu verbessern und damit ein hohes Beschäftigungsniveau zu sichern. In der kommenden Gesetzgebungsperiode soll der nächste Schritt auf diesem Weg getan werden. Dabei muss es vorrangig um eine Verbesserung der steuerlichen Bedingungen für Investitionen gehen, damit die Bundesrepublik Deutschland im verschärften internationalen Wettbewerb um Innovationen, Produktion und Arbeitsplätze bestehen kann. Dieser Schritt muss zugleich die EG-Steuerharmonisierung, die Auswirkungen auf die Haushalte von Bund, Länder und Gemeinden sowie die Belange des Mittelstandes berücksichtigen. Auch die steuerpolitische Linie der Entlastung niedriger Einkommen und der besseren steuerlichen Berücksichtigung der Unterhaltsaufwendungen für Kinder soll weiter geführt werden."

Die unabhängige Sachverständigenkommission sollte zur Vorbereitung der notwendigen Entscheidungen Optionen aufzeigen, wie bestehende Mängel bei der Besteuerung der Unternehmen in der Bundesrepublik behoben werden könnten. Insbesondere sollte sie Möglichkeiten prüfen:

1. Die Investitionstätigkeit anzuregen und damit zur Schaffung von Arbeitsplätzen über eine Senkung der Belastung von Unternehmensgewinnen mit Körperschaftsteuer oder Einkommensteuer beizutragen. Dabei sind auch Alternativen zu einer Absenkung der Körperschaftsteuer- und Einkommensteuersätze zu prüfen,

2. die ertragsunabhängige Besteuerung zu vermindern,

---

[828] Die Kommission ging davon aus, dass die Wirtschaft durch Steuersenkungen in die Lage versetzt werden müsste, den Herausforderungen der Wiedervereinigung gerecht zu werden, während der wissenschaftliche Beirat die Steuereinnahmen gesichert sehen wollte, um die Anforderungen durch staatliche Leistungen bewältigen zu können.

[829] Schriftenreihe des BMF, Heft Nr.46, Rz. 18; an dieser Stelle sei allerdings auch schon darauf hingewiesen, dass die Umstände, unter denen eine zukünftige Unternehmenssteuerreform verabschiedet werden würde, sich durch die Deutsche Wiedervereinigung nicht nur verschlechterten, sondern im Gegenteil dadurch teilweise auch Handlungszwänge begründet wurden, um politisch nicht unstreitige Steuervorhaben auf gesamtdeutscher Ebene durchzusetzen. So vertrat die Bundesregierung die Abschaffung der Gewerbekapitalsteuer auch in Westdeutschland vor allem mit einem verfassungsrechtlichen Gleichheitsproblem, das eine Aufrechterhaltung der Nichterhebung ausschließlich in den neuen Bundesländern zur Folge gehabt hätte. Da aber auch eine gesamtdeutsche Einführung wegen der damit einhergehenden erheblichen steuerlichen Mehrbelastung der ostdeutschen Wirtschaft aufgrund der immer noch anhaltenden Wachstumsschwäche nicht in Frage kam, konnte die Bundesregierung die gesamtdeutsche Abschaffung als Handlungszwang begründen. Vgl. hierzu Kap. IX. 3.3.

3. sowie die Gewerbesteuer ganz oder teilweise abzubauen und/oder strukturell zu verbessern. Hierbei müssen ein angemessener finanzieller Ausgleich für die Gemeinden, ihr Interesse an der Ansiedlung von Betrieben und die Erfordernisse der kommunalen Selbstverwaltung berücksichtigt werden[830].

Mit diesem Auftrag hatte der neue Bundesfinanzminister Waigel die entscheidenden Eckpunkte einer möglichen Steuerreform bereits politisch vorgegeben. Die Aufgabe der Kommission bezog sich nur noch auf die Erarbeitung von Lösungsvorschlägen, während die Zielrichtung bereits klar war.

Einen viel größeren Spielraum hatte der wissenschaftliche Beirat, der ohne konkret definierten politischen Auftrag seine Arbeit aufnahm. Dementsprechend größer war die Bandbreite der diskutierten Vorschläge, aber damit verbunden auch ein Verlust an Deutlichkeit und Bestimmbarkeit der systematischen Marschrichtung einer zukünftigen Steuerreform. Während bei den Ergebnissen der Kommission ausschließlich eine Anregung der Investitionsbereitschaft der Unternehmen durch indirekte Investitionsentlastungen über eine Senkung der Besteuerung eine Rolle spielte, diskutierte der wissenschaftliche Beirat auch Konzepte der direkten Investitionsförderung, wobei steuerfreie Zulagen auf gewerbliche Investitionen favorisiert wurden[831]. Der Beirat erwog dabei auch ausdrücklich verteilungspolitische Aspekte.

Von zentraler Bedeutung war die Frage, inwieweit eine Finanzierung der Unternehmen durch Eigenkapitalbildung im bestehenden Steuersystem benachteiligt wurde, insbesondere durch eine im internationalen Vergleich übermäßig hohe steuerliche Belastung, die zur Behinderung der Investitionstätigkeit führe. Hierzu vertrat der wissenschaftliche Beirat die Ansicht, dass bereits viel gewonnen wäre, wenn eine steuerliche Gleichbehandlung von Eigen- und Fremdkapital erreicht würde[832].

Im Mittelpunkt der Disskussion stand weiterhin eine Reform der Gewerbesteuer. Nach kontroverser Auseinandersetzung und sorgfältiger Prüfung der Argumente entschied sich der Beirat, seinen Vorschlag aus dem Jahre 1982 aufzugreifen und die Einführung einer Wertabschöpfungssteuer zu befürworten[833]. Den großen Vorteil gegenüber der bestehenden Gewerbesteuer sah der Beirat darin, dass durch eine Erweiterung des Kreises der Steuerpflichtigen auf freie Berufe und Behörden, Aufkommensneutralität vorausgesetzt, eine Verringerung der individuellen Steuerlast der gewerblichen Gewinne erreicht werden könnte[834].
Bei der ertragsunabhängigen Belastung durch die Gewerbekapitalsteuer sah der Beirat trotz aller Kritik an dieser Komponente der Gewerbesteuer[835] keinen Handlungsbedarf. Ausdrücklich wurde die Wertabschöpfungssteuer als gute Gemeindesteuer bewertet,

[830] Schriftenreihe des BMF, Heft Nr. 46, Rz. 1-3.
[831] Beirat, Schriftenreihe des BMF, Heft Nr. 43, S. 47.
[832] Beirat, Schriftenreihe des BMF, Heft Nr. 43, S. 25.
[833] Beirat, Schriftenreihe des BMF, Heft Nr. 43, S. 48.
[834] Beirat, Schriftenreihe des BMF, Heft Nr. 43, S. 43; dieses Konzept erlebte durch die Steuerreformpläne der rot-grünen Koalition in jüngster Zeit eine unerwartete Renaissance, vgl. dazu Kap. XII.; es ist aber auch heute noch außerordentlich umstritten.
[835] Der Beirat selbst hat die Verschärfung der Belastung betrieblichen Vermögens durch die Gewerbekapitalsteuer als einen Mangel des bestehenden Gewerbesteuersystems angeführt.

weil sie aufgrund des hohen Anteils gewinnunabhängiger Komponenten eine geringe Konjunkturempfindlichkeit aufwies[836].

Die Kommission hingegen sah entsprechend ihrem politischen Auftrag die Abschaffung der Gewerbekapitalsteuer und die Halbierung der Steuermesszahl für die Gewerbeertragsteuer auf 2,5 v.H. vor. Gleichzeitig sollte die Bemessungsgrundlage für die verbliebene Gewerbeertragsteuer durch Hinzurechnung aller Zinsaufwendungen erweitert werden[837]. Die Kommission bezifferte den Entlastungsbetrag für die gewerbliche Wirtschaft, der gleichzeitig Steuermindereinnahmen für die Kommunen bedeutete, auf 11,1 Mrd. DM. Zum Ausgleich dieser finanziellen Einbußen schlug die Kommission mehrere Kompensierungsmaßnahmen vor. Zum einen sollte die Gewerbesteuerumlage gänzlich abgeschafft werden, wodurch Bund und Länder im Finanzausgleich an den Mindereinnahmen beteiligt würden. Zudem vertrage sich der Äquivalenzgedanke einer kommunalen Steuer nicht mit einer Umlage an übergeordnete Gebietskörperschaften[838]. Zum anderen sollte der Gemeindeanteil an der Einkommensteuer von damals 15 v.H. auf 17 v.H. angehoben werden. Mit dem Äquivalenzgedanken wurde schließlich auch noch eine Erhöhung der Grundsteuer um 20 v.H. durch eine zeitnähere und einfachere Immobilienbewertung empfohlen. Diese Einnahmeverbesserung der Gemeinden von etwa 1,7 Mrd. DM durch eine Umschichtung zu Lasten der Wohnbevölkerung hielt die Kommission für erforderlich, weil die Einwohner ebenfalls einen starken Anteil an der Inanspruchnahme von Gemeindeleistungen hatten[839].

Wie schwierig die Situation in Bezug auf eine Neuregelung der Gewerbesteuer unter Berücksichtigung der unterschiedlichen Interessenlagen von Kommunen und Gewerbetreibenden war, zeigt die Selbsteinschätzung der Kommission bezüglich des eigenen Reformvorschlags. Innerhalb der Kommission herrschte die Auffassung vor, mit der vorgeschlagenen Lösung nur einen teilweise befriedigenden Kompromiss gefunden zu haben. Der eigene Vorschlag ließ gerade, was die Wettbewerbsneutralität zwischen unterschiedlichen Rechtsformen der Unternehmen (z.B. wegen unterschiedlicher steuerlicher Berücksichtigung des „Unternehmerlohns“) und zwischen verschiedenen Formen des Produktionsmitteleinsatzes betraf, ebenso Wünsche nach einer Verbesserung offen, wie in Bezug auf die angemessene Berücksichtigung bestimmter Infrastrukturleistungen der Gemeinde[840]. Offensichtlich war auch bei diesen Reformarbeiten der politische Druck so groß, einen halbwegs tragfähigen Reformvorschlag zu finden, dass keine wirklich dauerhafte Lösung einer Strukturreform der Gemeindefinanzen gefunden werden konnte. Die Kommission sah sich jedenfalls innerhalb der Kürze der Zeit nicht in der Lage, den Interessenkonflikt befriedigend zu lösen[841].

Im Bereich der ertragsunabhängigen Besteuerung sahen die Kommissionsvorschläge die Abschaffung der Vermögensteuer sowie der Einheitsbewertung vor, um das Eigenkapital der Unternehmen nicht zu belasten. Abstand nahm die Kommission dabei

---

[836] Beirat, Schriftenreihe des BMF, Heft Nr. 43, S. 43.
[837] Schriftenreihe des BMF, Heft Nr. 46, Rz. 19. ff.
[838] Schriftenreihe des BMF, Heft Nr. 46, Rz. 308.
[839] Schriftenreihe des BMF, Heft Nr. 46, Rz. 309.
[840] Schriftenreihe des BMF, Heft Nr. 46, Rz. 26.
[841] Schriftenreihe des BMF, Heft Nr. 46, Rz. 26.

von der Möglichkeit eine Reststeuer auf privates Vermögen zu erheben, weil dies eine umfassende Vereinfachung verhindert hätte[842]. Damit befand sich die Kommission in Übereinstimmung mit den Vorschlägen des wissenschaftlichen Beirats, der aufgrund des nachteiligen Effekts auf die Eigenkapitalbildung ebenfalls eine gänzliche Abschaffung der Vermögensteuer forderte[843].

Ausdrücklich beibehalten wollte die Kommission Erbschaft- und Schenkungsteuer. Teilweise wurden durch die vorgenommenen Änderungen sogar Mehreinnahmen erwartet, beispielsweise durch die Vorschläge, die Einheitswerte bei Grundstücken durch die Verkehrswerte zu ersetzen[844]. Der Verzicht auf die Einnahmen aus einer Restvermögensteuer auf Privatvermögen sollte durch diese Veränderungen bei der Erbschaft- und Schenkungsteuer ausgeglichen werden[845]. Dieser umverteilungspolitische Ansatz brachte die Kommission bei ihrem eigentlichen Ziel, finanzielle Entlastungen für die Wirtschaft zu verwirklichen, in Bedrängnis, stellte sie doch richtigerweise fest, dass durch die Aufgabe der Einheitsbewertung die Liquiditätsbelastung bei der Unternehmensnachfolge durch die Erbschaftsteuer verschärft würde. Aus diesem Grund sprach sich die Kommission bei Einzelunternehmern und Personengesellschaften dafür aus, im Rahmen der erbschaftsteuerrechtlichen Bewertung die Steuerbilanzwerte für maßgeblich zu erklären.

Ein weiteres wesentliches Kernstück der Reformarbeiten bildete die Neugestaltung der Steuertarife. Der Kommissionsvorschlag beinhaltete, die gesamte steuerliche Grenzbelastung der Unternehmen auf höchstens 50 v.H. zu begrenzen. Eine Senkung der Steuersätze sei wirkungsvoller als die Gewährung von Sondervergünstigungen[846]. Trotz dieser Feststellung fiel der konkret vorgeschlagene, einheitliche Tarif von 46 v.H. für Einkommen- und Körperschaftsteuer auf einbehaltene Gewinne im Vergleich zu späteren Reformvorschlägen noch vergleichsweise moderat aus.

Einigkeit bestand zwischen der Kommission und dem wissenschaftlichen Beirat, dass die erst mit dem Steuerreformgesetz 1990 eingeführte Spreizung zwischen Körperschaftsteuertarif und Einkommensteuertarif aus Gründen der Rechtsformneutralität wieder aufgegeben werden müsse. Steuerlich bedingte Wettbewerbsverzerrungen zwischen Körperschaften und Personenvereinigungen sowie Einflüsse des Steuerrechts auf die Gewinnverwendung könnten nur bei gleich hohen Steuersätzen vermieden werden[847].

Deutlich ablehnend stand die Kommission der unmittelbaren steuerlichen Entlastung gewerblicher Investitionen gegenüber, die vom Beirat vorgeschlagen wurde. Unmittelbare Entlastungsmaßnahmen wie Investitionszulagen, Investitionszuschüsse oder Abschreibungsvergünstigungen sollten nur in zeitlich und regional begrenzten Fällen zur Förderung der dringendsten Investitionen eingesetzt werden[848]. Nur durch eine deutli-

[842] Schriftenreihe des BMF, Heft Nr. 46, Rz. 27.ff.
[843] Beirat, Schriftenreihe des BMF, Heft Nr. 43, S. 30.
[844] Schriftenreihe des BMF, Heft Nr. 46, Rz. 31.
[845] Schriftenreihe des BMF, Heft Nr. 46, Rz. 28.
[846] Schriftenreihe des BMF, Heft Nr. 46, Rz. 369.
[847] Schriftenreihe des BMF, Heft Nr. 46, Rz. 370.
[848] Schriftenreihe des BMF, Heft Nr. 46, Rz. 381.

che und nachhaltige Senkung der Grenzsteuersätze würden längerfristig wirkende und günstige Rahmenbedingungen geschaffen, so wurde argumentiert, da sie die Investitionsfähigkeit und die Kraft zur Eigenkapitalbildung insbesondere für mittelständische Unternehmen stärke[849].

In den Empfehlungen des Beirats fanden sich keine konkreten Vorschläge über eine Neugestaltung des Einkommen- und Körperschaftsteuertarifs. Zwar erkannte auch der Beirat eine positive Wirkung durch eine Absenkung der Steuertarife auf das Wirtschaftswachstum an[850], wies jedoch darauf hin, dass bei einer Senkung der Steuersätze die positiven Anreizwirkungen von unmittelbaren Investitionsvergünstigungen geringer ausfielen[851].

Zur teilweisen Gegenfinanzierung der Entlastungen sah die Expertenkommission den Abbau von Steuervergünstigungen bei der Bemessungsgrundlage vor. Konkret sollte die degressive AfA nach § 7 Abs. 2 EStG für bewegliche Wirtschaftsgüter des Anlagevermögens von 30 v.H. auf 25 v.H. sowie die degressive AfA für Betriebsgebäude nach § 7 Abs. 5 EStG auf die lineare AfA von 4 v.H. zurückgeführt werden. Die Abschreibungsvergünstigung nach § 7g EStG sollte gänzlich entfallen. Die Kommission verwies ausdrücklich auf den volkswirtschaftlichen Schaden, der entstehen würde, sollten die gemachten Vorschläge nicht zusammen umgesetzt werden[852]. Der Abbau von Steuervergünstigungen sei daher nur dann vertretbar, wenn er im Zusammenhang mit den vorgeschlagenen Entlastungsmaßnahmen erfolge. Allerdings war sich die Kommission bewusst, dass die Umsetzung ihrer Vorschläge angesichts einer teilweise wenig sachbezogenen Diskussion in der Öffentlichkeit den politischen Mut der am Gesetzgebungsverfahren Beteiligten erforderte[853].

Keinen Fürsprecher im Rahmen der Reformdebatte konnte die insbesondere im wissenschaftlichen Schrifttum diskutierte Frage einer grundlegenden systematischen Neuordnung der Unternehmensbesteuerung gewinnen. Beispiel hierfür war die vor allem von Prof. Dr. Lang geforderte Einführung einer allgemeinen Betriebssteuer[854]. Im Rahmen dieser Vorschläge ging es weniger um konkrete finanzielle Entlastungsfragen der gewerblichen Wirtschaft[855], als vielmehr um eine Strukturreform, die die sich insbesondere aus der im deutschen Steuerrecht gegebenen rechtsformabhängigen Besteuerung ergebenden Probleme lösen sollte[856]. Nach dem Wesen der Betriebssteuer sollte das Anrechnungsverfahren auf alle Betriebe ohne Rücksicht auf die Rechtsform ausgedehnt werden. Betriebsgewinne unterlagen danach zunächst einer proportionalen Betriebssteuer, die deutlich unter dem Spitzensatz des Einkommensteuertarifs liegen

---

849 Schriftenreihe des BMF, Heft Nr. 46, Rz. 383.
850 Beirat, Schriftenreihe des BMF, Heft Nr. 43, S. 20 ff.
851 Beirat, Schriftenreihe des BMF, Heft Nr. 43, S. 22.
852 Schriftenreihe des BMF, Heft Nr. 46, Rz. Vor 532.
853 Schriftenreihe des BMF, Heft Nr. 46, Vorwort S. 4.
854 StuW 1989, S. 3.
855 Lang räumt der Frage der Finanzierung der Neuordnung der Unternehmensbesteuerung keinen breiten Raum ein und setzte wohl nur eine Aufkommensneutralität für eine mögliche Reform als wünschenswertes Kriterium voraus, vgl. StuW 1989, 3, 17. In seinem Aufsatz aus dem Jahre 1990 leitet Lang seinen Beitrag mit folgender Problemstellung ein: „Reform der Unternehmensbesteuerung als gruppenunabhängige Strukturreform und nicht Entlastungsreform, vgl. StuW 1990, 107, 107.
856 Vgl. StuW 1989, 3, 6 ff.

sollte. Nur soweit der Gewinn entnommen wurde, sollte er zur progressiven Einkommensteuer herangezogen werden, auf welche die Betriebssteuer angerechnet werden könne.

Die Konzeption einer solchen Betriebssteuer war nicht neu. Bereits im Jahr 1971 hatte sich die Steuerreformkommission mit ihr auseinandergesetzt und sie abgelehnt. Inhaltlich schloss sich die Kommission im Jahr 1990 an, indem sie argumentierte, dass die Einführung einer Betriebssteuer zu einer Schedulen-Besteuerung führen würde[857], was als Rückschritt in der Rechtsentwicklung angesehen wurde. Hinzu kämen schwerwiegende steuertechnische Probleme. Durch Sondervorschriften müsste sichergestellt werden, dass der im Betrieb verbleibende Gewinn ebenso wie der ausgeschüttete oder entnommene Gewinn unabhängig von der Rechtsform und der handelsrechtlichen Grundlage gleichbehandelt würde. Mit der Einführung der Betriebssteuer stünde der Gesetzgeber vor der Wahl, entweder alle Gewerbe unabhängig ihrer Größe der Buchführungspflicht zu unterwerfen oder aber den Anwendungsbereich einer neu eingeführten Betriebssteuer von Anfang an auf Unternehmen mit ordnungsgemäßer Buchführung zu beschränken[858].

Außer zu speziellen Fragen der Unternehmensbesteuerung äußerte sich die Sachverständigenkommission auch zur Verbesserung der Altersvorsorge bei Selbstständigen und zur steuerlichen Entlastung von Familien mit Kindern und Beziehern niedriger Einkommen.

Bei der Bemessung des zeitlichen Rahmens für die Umsetzung der Steuerreformvorschläge orientierte sich die Kommission am Europäischen Binnenmarkt, der zum 1. Januar 1993 verwirklicht werden sollte, weil sich der internationale Wettbewerbsdruck auf die deutsche Wirtschaft ab diesem Zeitpunkt noch weiter verstärken würde. Aus diesem Grund sollten die Änderungsmaßnahmen in einem einheitlichen Gesetz zu Beginn der nächsten Legislaturperiode 1991 beschlossen werden. Vor dem Hintergrund der finanziellen Herausforderung durch die deutsche Einheit sei allenfalls an eine zweistufige Lösung bis 1993 zu denken[859].

4.2. Gesetz zur Förderung von Investitionen und Schaffung von Arbeitsplätzen im Beitrittsgebiet sowie zur Änderung steuerrechtlicher und anderer Vorschriften (Steueränderungsgesetz 1991 – StÄndG 1991) vom 24. Juni 1991[860]

Das Steueränderungsgesetz 1991 war das erste große Steuergesetz im wiedervereinigten Deutschland zu Beginn der zwölften Legislaturperiode. Mit dieser Gesetzesinitiative wollte die Bundesregierung vor allem die steuerlichen Bedingungen für private Investitionen zur Sicherung bestehender und zur Schaffung neuer Arbeitsplätze in den

[857] Diese Erkenntnis hinderte die Regierungsfraktionen, die ebenfalls Mitglieder in die Kommission entsandt hatten, später im parlamentarischen Verfahren allerdings nicht daran, einen gesonderten Spitzensteuersatz für gewerbliche Einkünfte einzuführen.
[858] Schriftenreihe des BMF, Heft Nr. 46, Rz. 387.
[859] Schriftenreihe des BMF, Heft Nr. 46, Rz. 47 ff.
[860] BStBl. 1991 I, S. 1322.

neuen Bundesländern verbessern[861]. Parallel dazu sollte auch die bisherige Investitions- und Wirtschaftsförderung im alten Bundesgebiet angepasst werden[862].
Zur Beschleunigung des Gesetzgebungsverfahrens bediente sich die Regierung erneut des schon beim Steuerreformgesetz 1990 genutzten Verfahrens, die Koalitionsfraktionen von CDU/CSU und FDP etwa zeitgleich mit dem Regierungsentwurf der Bundesregierung, der zunächst dem Bundesrat zugeleitet wurde[863], am 11. März 1991 einen eigenen Koalitionsentwurf in den Deutschen Bundestag einbringen zu lassen[864].

Bei dieser Gesetzesinitiative konnte sich die Koalition zum ersten Mal seit dem Regierungsantritt von Bundeskanzler Kohl im Jahre 1983 nicht mehr auf eine schwarz-gelbe Mehrheit im Bundesrat stützen, denn diese Mehrheit war seit der Landtagswahl in Rheinland-Pfalz im Frühjahr 1991 verloren gegangen.

4.2.1. Fördermaßnahmen im Beitrittsgebiet

Die Ausweitung von steuerlichen Fördermaßnahmen in den neuen Bundesländern sollte der Erleichterung und Beschleunigung des wirtschaftlichen Anpassungsprozesses dienen[865]. Eine investitionsfördernde Entlastungswirkung sollte mit dem Verzicht auf die Erhebung der Gewerbekapitalsteuer und der Vermögensteuer erreicht werden.[866]. Des Weiteren wurde bei der Gewerbeertragsteuer ein Staffeltarif für mittelständische Personenunternehmen eingeführt. Die Aussetzung der Gewerbekapital- und der Vermögensteuer war bei den parlamentarischen Debatten einer der umstrittensten Punkte dieses Gesetzeswerkes.

In den Ausschussberatungen bezeichnete die SPD die Begrenzung der Maßnahmen auf das Beitrittsgebiet aufgrund eines Verstoßes gegen Art. 3 GG als verfassungswidrig, zumal nach Ansicht der Partei davon ohnehin keinerlei nennenswerte bzw. lediglich fragwürdige Effekte auf die Investitionsbereitschaft und –fähigkeit im Beitrittsgebiet erwartet werden konnten[867]. Nach der entsprechenden Ankündigung in der Regierungserklärung[868] befürchtete die Opposition insbesondere, dass die Aussetzung dieser beiden Steuern nur der Beginn der gänzlichen Abschaffung sein würde. Die SPD hielt zumindest die Vermögensteuer aus gesellschaftspolitischen Gründen für unverzichtbar[869].

Die Ausschussmehrheit der Koalitionsfraktionen bestand jedoch auf dieser Maßnahme mit dem Hinweis, dass der Verzicht auf die Erhebung der nach ihrer Auffassung problematischen Gewerbekapitalsteuer nur ein erster Schritt zur Verringerung der ertragsunabhängigen Besteuerung sein könne, der letztlich in eine Beseitigung der Gewerbe-

---

[861] GesEntw BRg, BT-Drs. XII/402, S. 1.
[862] GesEntw BRg, BT-Drs. XII/402, S. 1.
[863] GesEntw BRg, BR-Drs. 141/91.
[864] GesEntw Fraktionen von CDU/CSU und FDP, BT-Drs. XII/219.
[865] GesEntw BRg, BT-Drs. XII/402, S. 1.
[866] GesEntw BRg, BT-Drs. XII/219, S. 21.
[867] Bericht des Finanzausschuss, BT-Drs. XII/562, S. 65.
[868] Vgl. Kap. 2. dieses Hauptteils; die Aussetzung der beiden Steuern im Beitrittsgebiet stelle lediglich ein Vorgriff auf eine umfassende Unternehmenssteuerreform dar.
[869] Vgl. die Rede von Matthäus-Maier in der zweiten Beratung des Gesetzesentwurf am 14. Mai 1991, PlPr. XII/25, S. 1668 (c).

kapitalsteuer im ganzen Bundesgebiet münden würde[870]. Allerdings hatte es innerhalb der Koalition bereits einen Meinungsumschwung gegeben, was die mittelfristigen Reformpläne beider Steuern betraf, denn eine wirklich umfassende Absenkung der ertragsunabhängigen Besteuerung strebte zum damaligen Zeitpunkt auch die Regierungskoalition offenbar nicht mehr an. Ausdrücklich stellte auch die schwarz-gelbe Mehrheit in den Beratungen klar, dass die Abschaffung der Vermögensteuer, obwohl auch diese zu einem erheblichen Teil ertragsunabhängig war, keine Präjudizwirkung für eine Abschaffung der Vermögensteuer in der gesamten Bundesrepublik habe[871]. Im Widerspruch zu der noch in der Regierungserklärung bekundeten Absicht wurde dies auch von den Vertretern der Koalition in den parlamentarischen Debatten bekräftigt[872]. Nunmehr sollte nach Ansicht der Regierungsfraktionen lediglich die im Beitrittsgebiet für die Jahre 1991 und 1992 ausgesetzte Vermögensteuer von einer reformierten Vermögensteuer abgelöst werden[873].

Vor allem aufgrund der steuerlichen Fördermaßnahmen für das Beitrittsgebiet rief der Bundesrat am 07. Juni 1991 den Vermittlungsausschuss an[874], nachdem der Bundestag bereits am 14. Mai 1991 das Gesetz gegen die Stimmen der Opposition verabschiedet hatte.

Sofern die Nichterhebung von Gewerbekapital- und Vermögensteuer nur einen Vorgriff auf eine umfassende Streichung dieser Steuern darstelle, könne, so die Argumentation des Bundesrates, die nur um wenige Jahre vorverlegte Teilabschaffung im Beitrittsgebiet kein Motiv darstellen, größere unternehmerische Aktivitäten in das Beitrittsgebiet zu verlegen[875]. Im Vermittlungsausschuss einigten sich die Vertreter von Bundestag und Bundesrat schließlich darauf, dass grundsätzlich beide Steuergesetze in Gesamtdeutschland volle Anwendung finden sollten, jedoch wegen der zu erwartendenden enormen Verwaltungsschwierigkeiten in den neuen Ländern erst nach einer auf zwei Jahre befristeten Aussetzung[876].

Neben der begrenzten Aussetzung der Vermögen- und Gewerbekapitalsteuer und der Einführung des Staffeltarifs enthielt die ursprüngliche Gesetzesinitiative den Entwurf eines Gesetzes über Sonderabschreibungen im Beitrittsgebiet unter Einbeziehung von Berlin (West), der inhaltlich weitestgehend an § 3 des Zonenrandförderungsgesetzes angelehnt war, wobei die Sonderabschreibungen vom 01. Januar 1991 bis zum 31. Dezember 1994 befristet gelten sollten[877]. Die Sonderabschreibungen betrugen 50 v.H. der Anschaffungs- oder Herstellungskosten eines Wirtschaftsgutes, die bis vier Jahre nach Anschaffung bzw. Herstellung in Anspruch genommen werden konnten.

Zusätzlich sollte die durch den Einigungsvertrag Bundesrecht gewordene, vom Ministerpräsident der DDR am 04. Juli 1990 beschlossene Investitionszulagenverordnung

---

870 Bericht des Finanzausschusses, BT-Drs. XII/562, S. 65.
871 Bericht des Finanzausschusses, BT-Drs. XII/562, S. 65.
872 So der CDU-Abgeordnete Faltlhauser, vgl. BT-PlPr. XII/25, S. 1664 (D).
873 Bericht des Finanzausschusses, BT-Drs. XII/562, S. 66.
874 Beschluss BR, BR- Drs. 307/91.
875 Beschluss BR, BR-Drs. 307/91, S. 17.
876 So der Berichterstatter für den Bundestag, Struck (SPD), vgl. BT-Drs. XII/33, S. 2593 (A).
877 GesEntw BRg, BT- Drs. XII/402, S. 21.

verbessert werden. Die vorgesehene konstitutive Neufassung eines Investitionszulagengesetzes sollte die Investitionszulage zusätzlich zu der neu geschaffenen Sonderabschreibung gewähren. Als zusätzlicher Anreiz für eine verstärkte und langfristige Investitionstätigkeit sollte die Investitionsfrist für die 12 v.H.-igen Investitionszulage sowie die Frist für den Investitionsbeginn bei der 8 v.H.-igen um jeweils 6 Monate hinausgeschoben werden.
Die Opposition sprach sich während der parlamentarischen Debatten immer gegen die Einführung von Sonderabschreibungen aus, da diese eine Gewinnsituation voraussetzten und aus diesem Grund gerade ertragsschwache Betriebe, wie sie typischerweise in Ostdeutschland zu finden seien, davon nicht profitieren würden. Statt dessen plädierte sie für eine deutlich angehobene und verbesserte Investitionszulage[878], womit sie im Vermittlungsausschuss zumindest insoweit Erfolg hatte, als die Frist für den Investitionsbeginn um weitere 6 Monate hinausgeschoben wurde[879].

Um ein Hindernis für die Übersiedlung von Fachkräften ins Beitrittsgebiet zu beseitigen, sollte die durch diese Gesetzesvorlage erst verbesserte Vorschrift des 10e EStG[880] ab 1991 für ein weiteres, in den neuen Bundesländern gelegenes Objekt erweitert werden, auch nach Objektverbrauch, unter der Voraussetzung, dass dort eine Erwerbstätigkeit aufgenommen wird[881].

Aus Rücksicht auf die Notwendigkeit weiterer Strukturanpassungen wurde im Beitrittsgebiet ein befristeter Tariffreibetrag eingeführt, der die Bereitschaft der dort wohnenden Menschen fördern sollte, auch weiterhin ihre Lebensinteressen in ihrer Heimat zu verwirklichen[882].

4.2.2. Anpassung der westdeutschen Investitions- und Wirtschaftsförderung

Gleichzeitig mit den steuerlichen Fördermaßnahmen im Beitrittsgebiet sollten auch die alten westdeutschen Vergünstigungen, wie etwa das Berlin- und das Zonenrandförderungsgesetz, abgebaut werden. Die sogenannte Zonenrandförderung hatte mit dem Wegfall der innerdeutschen Grenzen bzw. der Öffnung der Grenze zur CSFR ihre Berechtigung verloren. Während einige Maßnahmen bereits zum 01. Januar 1991 abschafft wurden, sollte ein Großteil der Vergünstigungen stufenweise bis 1994 abgebaut sein, um den bisherigen Empfängern genügend Zeit zu geben, sich an die neue Situation anzupassen[883]. Eine der wichtigsten Einschränkungen der Zonenrandförderung war die Begrenzung der Sonderabschreibungen für betriebliche Investitionen ab 1992 auf jährlich höchstens 20 Mill. DM. Der Abbau der Zonenrandförderung sollte gleichzeitig aber auch der Wirtschaftsförderung in den neuen Bundesländern dienen. Die Schaffung eines spürbaren Fördervorsprungs sollte die Investitionstätigkeit der dort ansässigen Unternehmen anregen[884].

---

[878] Vgl. Bericht des Finanzausschusses, BT-Drs. XII/562, S. 67.
[879] So der Berichterstatter für den Bundestag, Struck (SPD), vgl. BT-Drs. XII/33, S. 2593 (A).
[880] Vgl. Kap. 4.2.4 dieses Hauptteils.
[881] GesEntw BRg, BT-Drs. XII/219, S. 22.
[882] GesEntw BRg, BT-Drs. XII/219, S. 21.
[883] GesEntw BRg, BT-Drs. XII/402, S. 23.
[884] GesEntw BRg, BT-Drs. XII/402, S. 23.

Mit diesem Argument wurde auch die Reform der Berlinförderung begründet. Die Neugestaltung sollte ebenfalls zugunsten des Investitionsklimas im Beitrittsgebiet wirken, diesmal allerdings mit umgekehrten Vorzeichen. Ziel des Abbaus der Berlinförderung war, den Fördervorsprung des Westteils der Stadt gegenüber Berlin-Ost und den neuen Ländern abzubauen und zwar unter Vermeidung sozialer Härten und struktureller Brüche in der Wirtschaft[885].

Wiederum unterschied die Regierungsvorlage zwischen Maßnahmen, die bereits zum 01. Juli 1991 entfallen konnten, wie insbesondere die sog. Abnehmerpräferenz nach § 2 BerlinFG, die Vergünstigung bei der Abzinsung von Pensionsrückstellungen nach § 13a BerlinFG sowie die Steuerermäßigungen für Darlehen. Vergünstigungen für Wohnungsbaumaßnahmen nach dem BerlinFG, die erhöhten Absetzungen für betriebliche Investitionen nach § 14 BerlinFG sowie die Investitionszulage gemäß § 19 BerlinFG wurden hingegen nur noch dann gewährt, wenn der Steuerpflichtige bereits vor dem 30. Juni 1991 mit seinen Investitionen begonnen hatte[886]. Um sozialen Aspekten Rechnung zu tragen, insbesondere bei der Arbeitnehmerzulage gemäß §§ 28 und 29 BerlinFG, sollten andere Fördermaßnahmen schrittweise bis spätestens 1994 auslaufen[887]. Allerdings wurde der Abbau des BerlinFG dadurch gemildert, dass die Förderung betrieblicher Investitionen im Beitrittsgebiet auch auf den Westteil Berlins ausgedehnt wurde, um eine differenzierte steuerliche Behandlung zwischen dem Beitrittsgebiet und dem Westteil der Stadt zu vermeiden[888]. Berlin verlor also keineswegs seine Sonderrolle, als einzige „westdeutsche" Stadt mit erheblichen steuerlichen Vergünstigungen ausgestattet zu sein.

4.2.3. Korrektur des Familienlastenausgleichs

Neben den steuerlichen Vergünstigungen mit dem Ziel der Standortverbesserung und Investitionsförderung im Beitrittsgebiet enthielt das Reformpaket auch umfangreiche familienpolitische Steuermaßnahmen. So wurden für die Jahre 1983 bis 1985 in den noch offenen Steuerfällen die Kinderfreibeträge für das erste Kind um 2 000 DM auf 2 432 DM und beim zweiten Kind um 1 400 DM auf 1 832 DM angehoben. Hierbei handelte es sich jedoch nicht um von der Koalition aus eigenem Antrieb gewährte Steuererleichterungen, vielmehr war die Bundesregierung aufgrund mehrerer Beschlüsse des Bundesverfassungsgerichts vom 29. Mai 1990 (1 BvL 20, 26, 184 und 4/86)[889] und vom 12. Juni 1990 (1 BvL 72/86)[890] gezwungen worden, diese Gesetzesänderungen einzubringen. Das Bundesverfassungsgericht hatte den Familienlastenausgleich für die Jahre 1983 bis 1985 für verfassungswidrig erklärt, weil der damalige Kinderfreibetrag den für das Existenzminimum erforderlichen Einkommensbetrag nicht in vollem Umfange von der Besteuerung freigestellt hatte.
Die Bundesregierung hatte zusätzlich erwogen, auch bereits bestandskräftige Steuerbescheide zu berichtigen. Nach eingehender Prüfung wurde dies jedoch verworfen und

[885] GesEntw BRg, BT-Drs. XII/219, S. 23.
[886] GesEntw BRg, BT-Drs. XII/219, S. 23.
[887] GesEntw BRg, BT-Drs. XII/219, S. 23.
[888] GesEntw BRg, BT-Drs. XII/219, S. 23.
[889] BVerfGE 82, 60.
[890] BVerfGE 82, 198.

den Bundesverfassungsgerichtsbeschlüssen nur in dem nach § 79 Abs. 2 S. 1 BverfGG bestimmten Umfang Rechnung getragen. Rechtssicherheit und Rechtsfrieden sollten nach Ansicht der Bundesregierung den Vorrang vor der größtmöglichen Gerechtigkeit im Einzelfall behalten[891]. Die SPD wies in den Beratungen des federführenden Finanzausschusses darauf hin, dass die Korrektur lediglich der nicht bestandskräftigen Steuerbescheide eine grobe Ungerechtigkeit für diejenigen Steuerpflichtigen darstelle, die im Vertrauen auf die Rechtmäßigkeit staatlichen Handelns keine Rechtsmittel eingelegt hätten und nun leer ausgingen[892]. Die Ausschussmehrheit begründete ihre Entscheidung mit dem Hinweis auf das finanziell Machbare, wies jedoch auch auf angekündigte, zukünftige Verbesserungen des Familienlastenausgleichs hin[893]. Obwohl das Bundesverfassungsgericht dem Gesetzgeber die Wahl zwischen Kindergeld oder Freibetrag zur Berücksichtigung des Existenzminimums des Kindes freigestellt hatte, entschied sich der Gesetzentwurf aus systematischen Gründen für die Freibetragslösung[894]. Damit verfolgte die christlich-liberale Koalition auch weiterhin konsequent ihren familienpolitischen Kurs, existenznotwendige Belastungen im Steuerrecht durch Freibeträge zu berücksichtigen. Von Bedeutung war in diesem Zusammenhang weiterhin die im Regierungsentwurf ursprünglich nicht vorgesehene Erhöhung der Altersgrenze für die allgemeine Berücksichtigung von Kindern bei der Lohn- und Einkommensteuer von 16 auf 18 Jahre. Der Finanzausschuss hatte einstimmig ein Petitum des Bundesrates[895] übernommen[896], in der Hoffnung eine Vereinfachung und Entlastung des Lohnsteuer-Ermäßigungsverfahrens zu erreichen[897].

4.2.4. Förderung der Wohneigentumsbildung

Zur Verbesserung der Förderung des Erwerbs privaten Wohneigentums sah der Gesetzesentwurf der Bundesregierung die Anhebung der Höchstbeträge in § 10e EStG für selbstgenutztes Wohneigentum von damals 15 000 DM auf 16 500 DM vor. Abgelehnt wurde im Ausschuss ein Antrag der SPD-Fraktion, die Förderung des selbstgenutzten Wohneigentums, die in der bisherigen Ausgestaltung als progressionsabhängiger Abzug von der Bemessungsgrundlage wirkte, in einen progressionsunabhängigen Abzug von der Steuerschuld umzuwandeln. Begründet wurde dieser Antrag mit der schon bei Einführung dieser Förderung im Jahre 1986 sowie bei der Erhöhung der Kinderfreibeträge von der SPD kritisierten Wirkung, dass den Beziehern höherer Einkommen aufgrund der Progression durch eine Freibetragsregelung eine stärkere Entlastungswirkung gewährt werde[898].

Während jedoch die Berücksichtigung des sog. subjektiven Nettoprinzips eine Freibetragsregelung innerhalb der Bemessungsgrundlage steuersystematisch zwingend erforderlich machte, war diese Situation im Rahmen der Eigentumswohnungsförderung als

[891] GesEntw BRg, BT-Drs. XII/219, S. 23.
[892] Bericht Finanzausschusses, BT-Drs. XII/562, S. 63.
[893] Bericht Finanzausschusses, BT-Drs. XII/562, S. 63.
[894] GesEntw BRg, BT-Drs. XII/219, S. 23.
[895] Vgl. dazu die Stellungnahme des Bundesrates, BT-Drs. XII/402, Anlage 2, S. 7.
[896] Bericht des Finanzausschusses, BT-Drs. XII/562, 65.
[897] Bericht des Finanzausschusses, BT-Drs. XII/562, 69.
[898] Bericht des Finanzausschusses, BT-Drs. XII/562, 64.

echte Steuervergünstigung eine gänzlich andere[899]. Die erhöhte Entlastungswirkung einer Freibetragsregelung konnte von der Koalition in diesem Zusammenhang nicht als zwangsläufige Kehrseite eines progressionsabhängigen Steuersatzes begründet werden, weil eine Berücksichtigung von Baukosten innerhalb der Bemessungsgrundlage steuerrechtlich nicht zwingend erforderlich war. Grundsätzlich bevorzugte auch die christlich-liberale Ausschussmehrheit eine Förderung mittels eines progressionsunabhängigen Abzuges von der Steuerschuld. Wohnungsbaupolitiker der Koalitionsfraktionen hatten dies gefordert[900]. Letztlich erschien jedoch eine Umstellung aus zwei Gründen als nicht realisierbar. Zum einen hätte man – Aufkommensneutralität der Reform vorausgesetzt – schon bei mittleren bis leicht gehobenen Einkommen mit einer Reduzierung der Förderungswirkung beginnen müssen, d.h. bei Einkommensschichten, die mit der derzeitigen staatlichen Förderung gerade noch eigenen Wohnraum bilden konnten. Dies wollte die Ausschussmehrheit nicht durch einen Entzug staatlicher Hilfe gefährden[901]. Darüber hinaus habe die Steuersenkungspolitik der Regierungskoalition in den vergangen Jahren, so wurde argumentiert, etwa durch Erhöhung der Kinderfreibeträge sowie der Absenkung des Steuertarifs, dazu geführt, dass sich die Steuerschuld in vielen Fällen erheblich verringert habe bzw. gänzlich entfallen sei, so dass ein Abzug von der Steuerschuld nur wenig Entlastung bringen würde bzw. gänzlich ins Leere ginge[902].

Mit der gleichen Begründung, nämlich dem unterschiedlichen Entlastungseffekt aufgrund der progressionsabhängigen Wirkung eines Freibetrages, wurde die Umstellung der Wohneigentumsförderung auch noch einmal Gegenstand im Vermittlungsausschuss[903], den der Bundesrat angerufen hatte. Allerdings konnten sich auch im Vermittlungsausschuss trotz der geänderten Mehrheitsverhältnisse die Anhänger eines einkommensneutralen Fördertatbestandes in Form eines Abzuges von der Steuerschuld nicht durchsetzen[904].

4.2.5. Sonstiges

Daneben wurden zum Ausgleich für die besonderen Belastungen durch die vorgesehene Mineralölsteuererhöhung[905] die Kilometerpauschbeträge für die Fahrten zwischen der Wohnung und der Arbeitsstätte bis 1992 auf insgesamt 0,65 DM angehoben.

---

[899] Zum Subventionscharakter des § 10e EStG, vgl. Schmidt, § 10e, 1.).
[900] Bericht des Finanzausschusses, BT-Drs. XII/562, 64.
[901] Bericht des Finanzausschusses, BT-Drs. XII/562, 64.
[902] Bericht des Finanzausschusses, BT-Drs. XII/562, S. 64.
[903] Beschluss BR, BR-Drs. 307/91, S. 11.
[904] Beschlussempfehlung des Vermittlungsausschusses, BT-Drs. XII/768.
[905] Siehe dazu das Solidaritätsgesetz, Kap. 4.3. dieses Hauptteils.

4.3. Gesetz zur Einführung eines befristeten Solidaritätszuschlages und zur Änderung von Verbrauchsteuer- und anderen Gesetzen (Solidaritätszuschlaggesetz) vom 24. Juni 1991 –SolZG -[906]

Gleichzeitig mit dem Steueränderungsgesetz 1991 verabschiedete der Deutsche Bundestag am 14. Mai 1991 zum erstenmal ein Gesetz zur Einführung eines befristeten Solidaritätszuschlages und zur Änderung von Verbrauchsteuer- und anderen Gesetzen. Auch bei diesem Steuergesetz folgte das Regierungslager erneut dem mittlerweile charakteristischen Konzept, dass gleichlautende Gesetzesentwürfe von Regierung und Fraktion etwa zeitgleich in Bundesrat und Bundestag eingebracht wurden[907].

Im Mittelpunkt der Steuerinitiative stand die Einführung eines auf ein Jahr befristeten Solidaritätszuschlages. Der Solidaritätszuschlag war als Sonderabgabe zur Einkommen- und Körperschaftsteuer gemäß Art. 106 Abs. 1 Nr. 6 GG ausgestaltet, dem in Höhe von 7,5 v.H. der jeweils anfallenden Einkommen- und Körperschaftsteuer linear alle Einkommen unterworfen werden sollten[908]. Die Erschließung neuer staatlicher Einnahmequellen war für die Bundesregierung notwendig geworden, weil die veränderte Weltlage im Mittleren Osten, Südost- und Osteuropa und schließlich auch in den neuen Bundesländern zur Finanzierung von unerwarteten Aufgaben zwang[909]. Allein durch den Solidaritätszuschlag erhoffte sich die Bundesregierung Mehreinnahmen in Höhe von 11, 3 Mrd. DM im Jahr 1991 und weiteren 10, 7 Mrd. DM im Jahr 1992.

Die SPD kritisierte den gesamten Gesetzesentwurf weniger aufgrund von inhaltlichen Gesichtspunkten, sondern vielmehr weil sie der Bundesregierung eine bewusste Täuschung der Wähler vorwarf, da man vor der Bundestagswahl im Jahre 1990 die Bürger mit dem Versprechen geködert habe, dass die deutsche Einheit keine Steuererhöhungen erfordern würde, obwohl bereits im Wahlkampf klar gewesen sei, dass die Wiedervereinigung, wie die SPD selbst immer wieder betont hatte, ohne Steuererhöhungen nicht zu finanzieren sei [910].

Der Widerspruch zwischen Wahlversprechen und den jetzt durchgeführten Steuererhöhungen setzte das Regierungslager erheblich unter Druck. Vertreter der Koalition machten von Beginn des parlamentarischen Verfahrens an deutlich, dass es unerlässlich sei, die Erhebung des Solidaritätszuschlages auf ein Jahr zu begrenzen, um so den nur temporären Charakter dieser Sonderabgabe zu unterstreichen.

„....Wichtig ist, dass der Solidaritätszuschlag auf ein Jahr begrenzt ist. Es ist ein Element dieser langfristigen Finanzpolitik, dass die Leistungskraft derjenigen, die die Leistung in der Wirtschaft zu erbringen haben, nämlich von Unternehmern und Arbeitnehmern, nicht durch zusätzliche Steuerbelastungen eingeschränkt wird. Daran wird sich nichts ändern. Der Solidaritätszuschlag darf auf keinen Fall verlängert werden. Es muss Vertrauen bestehen, dass die Entlastung des Leistungsprozesses fortge-

---

[906] BGBl. 1991 I, S. 1318.

[907] Eine Praxis, die die christlich-liberale Koalition und Bundesregierung von nun an bei allen größeren Steuergesetzen verfolgte.

[908] GesEntw BRg, BT-Drs. XII/220, S. 8.

[909] GesEntw BRg, BT-Drs. XII/ 220, S. 1.

[910] Vgl. die Rede der finanzpolitischen Sprecherin der SPD-Fraktion, Matthäus-Maier, BT-PlPr. XII/25, S. 1665 (D).

setzt wird......". So wies der Vorsitzende der FDP-Bundestagsfraktion, Solms[911], während der zweiten Beratung des Gesetzesentwurfs vor dem Deutschen Bundestag am 14. Mai 1991 auf die Absichten im Regierungslager hin, die Sonderabgabe auf keinen Fall über den vorgesehenen Zeitraum fortzusetzen[912].

Im Gesetzesentwurf selbst hieß es hierzu, dass ein geringer, auf einen kurzen Zeitraum befristeter Zuschlag auf Einkommen- und Körperschaftsteuer zur Lösung vorübergehender dringender Finanzprobleme besonders geeignet sei und aufgrund der bereits erfolgten deutlichen finanziellen Entlastungen im Rahmen des Steuerreformgesetzes 1990 vertretbar sei[913]. Im Anschluss daran hieß es in der Gesetzesbegründung lapidar in einem Satz, dass durch den Solidaritätszuschlag eine Beeinträchtigung von Leistungswillen und Investitionstätigkeit nicht zu erwarten sei, obwohl sowohl Regierung als auch Koalition schließlich immer wieder Steuersenkungen propagiert hatten, um damit ein starkes Wirtschaftswachstum zu erreichen[914].

Ein besonderes Problem des Solidaritätsgesetzes bildete aus verfassungsrechtlichen Erwägungen der Erhebungszeitraum des Solidaritätszuschlages, der vom 1. Juli 1991 bis zum 30. Juni 1992 reichte. Die vorgesehene Rückwirkung war deshalb auch ein wesentlicher Bestandteil in den Diskussionen im Finanzausschuss, dem das Gesetz nach der ersten Beratung im Deutschen Bundestag am 25. April 1991 überwiesen worden war, sowie in den dort durchgeführten Sachverständigenanhörungen[915]. Die Anknüpfung des Solidaritätszuschlages an die Jahressteuer führte zwar zur formellen Begrenzung der Sonderabgabe auf ein Jahr, faktisch jedoch zur Besteuerung von zwei Veranlagungszeiträumen, was auch von der Opposition im Ausschuss kritisiert worden war[916].

Die Ausschussmehrheit hielt die steuertechnische Anknüpfung des Solidaritätszuschlages aufgrund der Rechtsprechung des Bundesverfassungsgerichts zur Zulässigkeit der unechten Rückwirkung für rechtmäßig. Damit wurde auch die Einbeziehung von Einkünften, die vor der Verabschiedung des Solidaritätszuschlagsgesetzes erwirtschaftet wurden, als unbedenklich eingestuft[917]. Um den Vorwurf der echten Rückwirkung zu vermeiden, nahm der Ausschuss allerdings diejenigen Steuerpflichtigen aus dem Solidaritätszuschlag aus, deren Steuerpflicht bereits vor dem Tag der zweiten und dritten Lesung des Gesetzesentwurfs am 14. Mai geendet hatte[918].

Der Bundesrat hatte gegen das vom Bundestag am 14. Mai 1991 verabschiedete Gesetz den Vermittlungsausschuss angerufen, um eine Erhebungsgrenze für den Solidaritätszuschlag zur besseren sozialen Ausgestaltung einzuführen. Diese sollte bei

---

[911] Hermann Otto Solms, geb. am 24. November 1940, Studium der Wirtschaftswissenschaften und Landwirtschaft, 1970 – 1973 Tätigkeit als wissenschaftlicher Mitarbeiter an der Universität Giessen, 1973 – 1976 Persönlicher Referent der Bundestagsvizepräsidentin Lieselotte Funcke, 1976 – 1984 unternehmerische Tätigkeit, 1971 Eintritt in die FDP, 1987 – 1999 Bundesschatzmeister der FDP, seit 1980 Mitglied des Deutschen Bundestages, 1991 – 1998 Vorsitzender der FDP-Bundestagsfraktion.

[912] Vgl. BT-PlPr. XII/25, 1676, (C).

[913] GesEntw BRg, BT-Drs. XII/403, S. 6.

[914] GesEntw BRg, BT-Drs. XII/403, S. 6.

[915] Bericht des Finanzausschusses, BT-Drs. XII/561, S. 14 u. 15.

[916] Bericht des Finanzausschusses, BT-Drs. XII/561, S. 13.

[917] Bericht des Finanzausschusses, BT-Drs. XII/561, S. 15.

[918] Bericht des Finanzausschusses, BT-Drs. XII/561, S. 15.

60 000DM/120 000 DM (Ledige/Verheiratete) liegen. Damit gleichzeitig das erwartete Ertragsvolumen für die öffentlichen Haushalte sichergestellt wurde, sollte der Erhebungszeitraum nicht nur zwei Jahre betragen, sondern auf vier Jahre erweitert werden[919]. Damit übernahm der Bundesrat auch die Vorstellungen und Argumente, die von der Opposition bereits mehrfach im parlamentarischen Verfahren vor dem Deutschen Bundestag vorgebracht worden waren und argumentierte dementsprechend, dass der Solidaritätszuschlag nicht sozial gerecht sei. Der Gedanke der Solidarität gebiete, dass in erster Linie einkommensstarke Personen den Aufbau in den neuen Bundesländern zu schultern hätten[920].

Obwohl es sich bei dem Solidaritätsgesetz nicht um ein Zustimmungsgesetz handelte, ein möglicher Einspruch des Bundesrates vom Bundestag also mit der Koalitionsmehrheit hätte überstimmt werden können, bauten die oppositionellen Länder auf die Verknüpfung von Solidaritätsgesetz und Steueränderungsgesetz 1991, die gleichzeitig das parlamentarische Verfahren durchlaufen hatten. Mit dem Zustimmungserfordernis beim Steueränderungsgesetz 1991 setzte die Bundesratsmehrheit die Bundesregierung regelrecht unter Druck. Der nordrhein-westfälische Finanzminister Schleußer sah die beiden Gesetze als so eng miteinander verknüpft an, dass ein Kompromiss im Vermittlungsausschuss nur zu finden sei, wenn dort über beide Gesetze beraten würde[921].

Koalitionspolitiker und Regierungsvertreter reagierten auf den Vorwurf der sozialen Unausgewogenheit der Ausgestaltung des Solidaritätszuschlages und beriefen sich auf das Prinzip der Besteuerung nach der Leistungsfähigkeit[922]. Mit dieser Argumentation konnte sich die christlich-liberale Regierung offensichtlich auch im Vermittlungsausschuss durchsetzen, denn entgegen dem Bemühen des Bundesrates, das Solidaritätsgesetz zum Gegenstand des Vermittlungsverfahrens zu machen, empfahl der Vermittlungsausschuss im Ergebnis keinerlei Änderungen bezüglich des Solidaritätszuschlages, der dann schließlich auch in der vom Bundestag beschlossenen Form vom Bundesrat am 21. Juni 1991 verabschiedet wurde.

Neben dem neu geschaffenen Solidaritätszuschlag sollten auch Mineralöl-, Tabak- und Versicherungsteuer zur Finanzierung der durch die neuen Aufgaben entstehenden Deckungslücken herangezogen werden, wobei allerdings diese Steuererhöhungen unter Hinweis auf die Vorschläge der EG-Kommission vom 06. November 1989[923] und vom 14. Februar 1991[924] teilweise als Steuerharmonisierung innerhalb der EG „legitimiert" werden konnten. Verwiesen wurde auf die von der EG-Kommission vorgeschlagenen Zielsteuersätze. Die vorgesehene Erhöhung des Steuersatzes für Dieselkraftstoff auf 54 Pf/l. befinde sich exakt in der vorgegebenen Bandbreite von rd. 50 bis 55 Pf/l, hieß es zur Begründung[925].

---

919 Beschluss des Bundesrates, BR-Drs. 308/91, S. 4.
920 Vgl. Bericht des Finanzausschusses, BT-Drs. XII/561, S. 15 sowie die Rede der finanzpolitischen Sprecherin der SPD-Fraktion, Matthäus Maier, BT-PlPr. XII/25, S. 1667 (C).
921 BR-PlPr. 631, S. 220 (A).
922 Zuletzt der Parlamentarische Staatssekretär beim Bundesminister der Finanzen, Grünewald, in der Debatte im Deutschen Bundesrat am 07. Juni 1991, vgl. BR-PlPr. 631, S. 226 (C).
923 Abl. EG Nr. C 16, S. 10.
924 KOM (91) 43.
925 GesEntw BRg, BR-Drs. XII/403, S. 6.

Schließlich wurde auch der Regelsteuersatz bei der Versicherungsteuer von 7 v.H. auf 10 v.H. erhöht[926].

Insgesamt erhoffte sich die Bundesregierung durch den Gesetzesentwurf für die Rechnungsjahre bis 1994 Mehreinnahmen von über 81 Mrd. DM[927].

4.4. Gesetz zur Entlastung der Familien und zur Verbesserung der Rahmenbedingungen für Investitionen und Arbeitsplätze (Steueränderungsgesetz 1992 – StÄndG 1992) vom 25.Februar 1992[928]

Unter einem ähnlichen Titel wie das Steueränderungsgesetz 1991, inhaltlich lediglich erweitert um die Förderung der Familie, legte die Bundesregierung dem Bundesrat am 06. September 1991, nicht Mal drei Monate nach der Verkündung des Steueränderungsgesetzes 1991 bereits das Steueränderungsgesetz 1992 zu einer ersten Stellungnahme vor[929]. Am 03. September 1991 war bereits die Einbringung eines gleichlautenden Gesetzesentwurfs der Koalition im Deutschen Bundestag erfolgt[930].

Die Bundesregierung erklärte ihre erneute Gesetzgebungstätigkeit damit, dass die Situation der öffentlichen Haushalte nach wie vor nicht zufriedenstellend sei. Angesichts der finanziellen Herausforderungen durch die deutsche Einheit und zusätzliche internationale Aufgaben gehe es vorrangig um eine Verbesserung der Steuerstruktur. Tatsächlich verbarg sich hinter der „Verbesserung der Steuerstruktur" eine Mehrwertsteuererhöhung von einem ganzen Prozentpunkt.

Neben der Verbesserung des Familienlastenausgleichs bestand ein weiteres Ziel des Gesetzesentwurfs darin, den Standort Deutschland auf die Anforderungen des europäischen Binnenmarktes vorzubereiten[931]. Während es beim Steueränderungsgesetz 1991 noch im Wesentlichen darum ging, durch eine spezielle betriebliche Besteuerung der ostdeutschen Unternehmen der besonderen betriebs- und volkswirtschaftlichen Ausgangssituation nach vier Jahrzehnten sozialistischer Planwirtschaft Rechnung zu tragen, wurde mit dem Steueränderungsgesetz 1992 die bereits zum Ende der vorhergegangenen Legislaturperiode angekündigte, umfassende Reform der Unternehmensbesteuerung für das gesamte Bundesgebiet begonnen.

Von Beginn des parlamentarischen Verfahrens an stand die Verabschiedung der Regierungsvorlage unter großem Zeitdruck, sollten die Gesetzesänderungen doch schon für das Jahr 1992 gelten. Die Hektik, mit der diese Initiative durch das Parlament getrieben wurde, war sogar von Koalitionsvertretern unumwunden zugegeben worden. So führte Berichterstatter Buwitt[932] (CDU/CSU) zu den Beratungen im Finanzausschuss während der 55. Sitzung am 08. November 1991 über die endgültigen Regelun-

[926] GesEntw BRg, BT-Drs. XII/220, S. 6.
[927] GesEntw BRg, BT-Drs. XII/220, S. 6.
[928] BGBl. 1992 I, S. 297.
[929] GesEntw BRg, BR-Drs. 522/91.
[930] GesEntw Fraktionen von CDU/CSU und FDP, BT-Drs. XII/1108.
[931] GesEntw BRg, BR-Drs. 522/91, S. 35.
[932] Dankward Buwitt, geb. am 06. Juli 1939, Industriekaufmann, 1968 Eintritt in die CDU, 1971 – 1991 Mitglied des Abgeordnetenhauses Berlin, 1984 – 1991 Fraktionsvorsitzender, seit 1990 Mitglied des Deutschen Bundestages.

gen aus, dass diese „in allerdings kürzester Zeit beraten und formuliert werden mussten. Insgesamt standen uns für Beratungen nur fünf Wochen zur Verfügung. Die Beratungen stellen mit Sicherheit keine Glanzleistung im Gesetzgebungsverfahren dar. Der Verlauf ist nur mit einer leider notwendigen Eile zu entschuldigen[933]."

4.4.1. Erhöhung des Kinderfreibetrages

Wie schon beim Steueränderungsgesetz 1991 standen erneut die Kinderfreibeträge im Mittelpunkt einer Gesetzesinitiative zur Verbesserung des Familienlastenausgleichs. Während es jedoch beim Steueränderungsgesetz 1991 um die verfassungsgemäße Berücksichtigung notwendiger Unterhaltslasten für Kinder in der Vergangenheit ging, sollte nunmehr eine rechtmäßige Lösung für die Zukunft verabschiedet werden.

Zur Verbesserung des Familienlastenausgleichs wurde deshalb der Kinderfreibetrag mit Wirkung ab 1992 auf 4 104 DM angehoben. Obwohl sich die Bundesregierung aufgrund der besonderen Stellung der Familie eine daraus resultierende nachhaltige Förderung stets, wie auch in diesem Entwurf[934], zur Aufgabe gemacht hatte und als eines ihrer wichtigsten Ziele bezeichnet hatte, handelte das christlich-liberale Regierungslager nicht aus eigenem Entschluss, sondern erneut aufgrund der bereits im Zusammenhang mit dem Steueränderungsgesetz 1991 erwähnten Beschlüsse des Bundesverfassungsgerichts vom 29. Mai und 12. Juni 1990[935].

4.4.2. Verbesserung der betriebssteuerlichen Rahmenbedingungen

Der zweite Schwerpunkt des Gesetzesentwurfs, die Verbesserung der steuerlichen Rahmenbedingungen für Investitionen und Arbeitsplätze, war während des gesamten Gesetzgebungsverfahrens besonders umstritten. Entsprechend den Vorgaben der Unternehmenssteuerkommission [936] wurden die Reformmaßnahmen von der Bundesregierung vor allem mit dem erhöhten Druck auf die Industrie- und Dienstleistungsstandorte im Wettbewerb um private Investitionen aufgrund des europäischen Binnenmarktes zum 01. Januar gerechtfertigt. Folgerichtig sollte aus diesem Grund die betriebliche Belastung mit ertragsunabhängigen Steuern reduziert werden, die nach Ansicht der Bundesregierung zu diesem Zeitpunkt im europäischen Vergleich deutlich zu hoch waren[937], womit sich die während des Steueränderungsgesetzes 1991 geäußerten Befürchtungen der Opposition[938] zu bestätigen schienen. Nach den Vorstellungen der Bundesregierung sollte der ertragsunabhängige Teil der Gewerbesteuer im Steueränderungsgesetz 1992 gänzlich entfallen und die Belastung des betrieblichen Vermögens mit Vermögensteuer deutlich reduziert werden[939]. Damit begann die Bundesre-

---

933 Vgl. BT-PlPr. XII/55, S. 4598 (C).
934 GesEntw BRg, BR-Drs. 522/91, S. 35.
935 Vgl. Kapitel 1.2.3. dieses Hauptteils.
936 Vgl. dazu Kap. 4.1. dieses Hauptteils.
937 GesEntw BRg, BR-Drs. 522/91, S. 35.
938 Vgl. Kap. 4.1.1. dieses Hauptteils.
939 Als Begründung wurden die altbekannten Argumente angeführt, die bereits von der Unternehmenssteuerkommission und bei vorangegangenen Gesetzesvorhaben, z.B. bereits beim Steuerentlastungsgesetz 1984, vgl. in der zehnten Legislaturperiode, Kap. III. 3.1., ausgetauscht wurden, vgl. GesEntw BRg, BR-Drs. 522/1991, S. 35, insbesondere die Substanzbelastung in ertragsschwächeren Jahren.

gierung die als am dringlichsten eingeschätzten Vorgaben der Unternehmenssteuerkommission umzusetzen[940].

Die steuerlichen Maßnahmen, die seit dem Steueränderungsgesetz 1991 bereits für das Beitrittsgebiet galten, nämlich die Aufhebung der Gewerbekapitalsteuer sowie die Staffelung der Messzahlen bei der Gewerbeertragssteuer, die über den Freibetrag von 36 000 DM hinausgingen, sollten ab dem Jahre 1993 auf das gesamte Bundesgebiet erweitert werden. Weiterhin war die Begünstigung von inländischem Betriebskapital bei der Vermögensteuer durch eine Erhöhung des Freibetrages für das Betriebsvermögen von 125 000 DM auf 500 000 DM sowie durch eine Verdoppelung des Bewertungsabschlages für das Betriebsvermögen von 25 v.H. auf 50 v.H. vorgesehen[941].

Waren sich Regierungsfraktionen und Opposition über die inhaltlichen Maßnahmen zur Reform der betrieblichen Besteuerung uneins, so waren zumindest einige Vertreter der oppositionellen SPD ebenso wie die Regierungskoalition davon überzeugt, dass die erste Stufe der Unternehmenssteuerreform aufgrund der Haushaltssituation und der weiterhin zu erwartenden Aufgaben zur Förderung des Aufschwungs in den neuen Bundesländern zu diesem Zeitpunkt lediglich aufkommensneutral ausgestaltet sein könnte[942]. Deshalb sah auch die ursprüngliche Regierungsvorlage Maßnahmen zur Gegenfinanzierung vor[943], womit sie in einem ganz wesentlichen Punkt im Widerspruch zu den Vorschlägen der Kommission, die eine deutliche Nettoentlastung als zentrale Forderung vorgesehen hatte[944].

Trotz einer gewissen Übereinstimmung zwischen Regierung und Opposition scheiterte die Abschaffung der Gewerbekapitalsteuer jedoch am Widerstand im Bundesrat. Ebenso wie die SPD-Fraktion im Bundestag[945] lehnte die Mehrheit der Bundesländer die Reform der Unternehmensbesteuerung ab. Zur Begründung der Position der A-Länder führte der saarländische Ministerpräsident Lafontaine in der 637. Sitzung des Deutschen Bundesrates am 29. November 1991 aus, dass die Unternehmenssteuerreform aus ökonomischen Gründen nicht akzeptabel sei, weil von einer Abschaffung bzw. Senkung der Gewerbekapital- und Vermögensteuer keine investitionsfördernde Wirkung ausgehe. In der gegenwärtigen finanziellen Situation der öffentlichen Haushalte sei in Anbetracht der hohen Staatsverschuldung kein Spielraum für eine reale Senkung der Unternehmensteuer[946].

Aus diesem Grunde rief der Bundesrat am 29. November den Vermittlungsausschuss an. Dieser legte allerdings erst am 10. Februar 1992 seine Ergebnisse vor. Für die

---

[940] Vgl. Kap. 4.1. dieses Hauptteils

[941] GesEntw BRg, BR-Drs. 522/91, S. 36.

[942] So etwa der FDP-Abgeordnete Rind während der zweiten Beratung der Regierungsvorlage vor dem Deutschen Bundestag am 8. November 1991, vgl. BT-PlPr. XII/55, S. 4600 (D). Für die SPD formulierte der saarländische Ministerpräsident Lafontaine während der Beratung des verabschiedeten Gesetzes vor dem Bundesrat am 29. November 1991, dass zur Zeit keine Spielräume für reale Unternehmenssteuersenkungen bestünden, vgl. BR-PlPr. 1991/637, S. 521 (C).

[943] Vor allem durch die Anhebung der Mehrwertsteuer und dem Abbau von Steuervergünstigungen, vgl. BR-Drs. 522/91, S. 2.

[944] Siehe Kapitel 4.1. dieses Hauptteils.

[945] Vgl. Bericht des Finanzausschusses, BT-Drs. XII/1506, S. 155.

[946] BR-PlPr. 1991/637, S. 521 (C).

Bundesregierung blieb danach von der ursprünglich geplanten gänzlichen Abschaffung der Gewerbekapitalsteuer nur noch eine bis 1994 begrenzte Verlängerung der Nichterhebung im Beitrittsgebiet übrig. Die Reform der betrieblichen Vermögensteuer wurde auf die Übernahme der Steuerbilanzwerte in die Vermögensaufstellung sowie die Anhebung des Grundfreibetrages reduziert.

Daraus ergab sich eine so deutliche Reduzierung des geplanten Entlastungsvolumens, dass auch auf die ursprünglich geplanten Gegenfinanzierungsmaßnahmen verzichtet werden musste, da sich die betriebliche Steuerbelastung anderenfalls sogar erhöht hätte.

Die Verzögerung der Verabschiedung des Steueränderungsgesetzes durch die Anrufung des Vermittlungsausschusses brachte die Steuerpolitik von Bundesregierung und Koalition in große Bedrängnis, war man doch mit dem parlamentarischen Verfahren bereits im Jahre 1992 angelangt. Vertreter der Koalition appellierten an beide Legislativorgane, das Gesetz zu verabschieden. Eine Ablehnung sei in Anbetracht der in in diesem Falle drohenden nachteiligen Folgen für die von den Gesetzesänderungen betroffenen Steuerpflichtigen nicht zu verantworten[947].

4.4.3. Erhöhung der Mehrwertsteuer

Will man der Bundesregierung nicht mit der Opposition den Vorwurf der Steuerlüge machen, so bleibt festzustellen, dass die finanzwirtschaftlichen Analysen der Bundesregierung über die Kosten der Wiedervereinigung und der Angleichung der wirtschaftlichen Verhältnisse im Beitrittsgebiet offenbar nicht besonders sorgfältig waren. Anders lässt sich die erneute Erhöhung der Steuerbelastung trotz der ausdrücklich bekundeten Absicht der Bundesregierung, die Einheit ohne Steuererhöhungen zu finanzieren, nicht erklären.

Mit der Zielrichtung[948], die Einnahmebasis von Bund und Ländern zur Bewältigung der erheblich gestiegenen, zusätzlichen nationalen wie internationalen Anforderungen zu stärken, wurde der allgemeine Umsatzsteuersatz ab 1993 um einen Prozentpunkt von 14 auf 15 v.H. angehoben. Gleichzeitig sollte eine Mehrwertsteuererhöhung auch der Verbesserung der Steuerstruktur dienen: die Anpassung des Verhältnisses von direkter und indirekter Besteuerung sollte Nachteile für Wachstum und Beschäftigung vermeiden[949]. Gleichzeitig diene die Mehrwertsteueranhebung auch der Harmonisierung der Umsatzbesteuerung innerhalb der europäischen Gemeinschaft: Die Bundesrepublik Deutschland liege auch mit dem erhöhten Steuersatz immer noch im unteren Drittel der EG-Staaten[950].

Ebenso wie der Solidaritätszuschlag des Jahressteuergesetzes 1991 widersprach die Erhöhung der Mehrwertsteuer der eigentlichen Absicht der Bundesregierung, die Steu-

[947] So der Berichterstatter im Bundestag und Vorsitzender des Finanzausschusses, Gattermann, in seinem Bericht über das Vermittlungsergebnis vor dem Deutschen Bundestag am 13. Februar 1992, vgl. BT-PlPr. XII/76, S. 6275.
[948] GesEntw BRg, BR-Drs. 522/91, S. 37.
[949] GesEntw BRg, BR-Drs. 522/91, S. 37.
[950] GesEntw BRg, BT-Drs. 522,1991, S. 37.

erlast der Bürger zu senken. Um allerdings einen möglichen Vorwurf der Opposition, man täusche unredlicherweise über Steuererhöhungsabsichten, bereits im Vorfeld zu verhindern, hatte insbesondere die FDP bereits bei den Debatten zum Steueränderungsgesetz 1991 betont, dass eine Mehrwertsteuererhöhung zur Finanzierung einer familiengerechten und wettbewerbsfreundlichen Besteuerung nicht ausgeschlossen sei[951]. Allerdings galt diese Ankündigung ausdrücklich nur für den Fall, dass der Solidaritätszuschlag bereits wieder weggefallen war[952].

Erstmals seit dem Regierungsantritt im Jahr 1983 befürchtete die christlich-liberale Bundesregierung durch die mit diesem Gesetzesentwurf verbundene Anhebung des allgemeinen Umsatzsteuersatzes eine Steigerung des Niveaus der Verbraucherpreise bei voller Umwälzung der Mehrbelastung um 0,5 v.H.[953]. Gleichzeitig ging die Bundesregierung jedoch durch die Verbesserungen des Familienlastenausgleichs von einer Erhöhung des durchschnittlich verfügbaren Einkommens aus und hoffte aufgrund der Verminderung ertragsunabhängiger Steuern auf einen positiven Effekt auf die Einzelpreise[954].

Obwohl die parlamentarische Opposition eine Mehrwertsteuererhöhung immer wieder nachhaltig abgelehnt hatte[955], im Finanzausschuss sogar einen eigenen Entschließungsantrag eingebracht hatte, die aus ihrer Sicht unsoziale Mehrwertsteuererhöhung durch eine Sonderabgabe für die Bezieher hoher Einkommen zu ersetzen[956], fiel die Erhöhung dem Kompromiss des Vermittlungsausschusses nicht zum Opfer[957]. Allerdings verständigten sich die Vertreter von Bundestag und Bundesrat darauf, das erhöhte Mehraufkommen ausschließlich dem Fonds „Deutsche Einheit" zuzuführen. Das Vermittlungsergebnis wurde von der SPD-Fraktion gerade aufgrund der immer noch vorhandenen Mehrwertsteuererhöhung mit den bereits geäußerten Argumenten auf das Entschiedenste abgelehnt[958]. Doch diesmal gelang es der Bundesregierung, für das Ergebnis des Vermittlungsverfahrens auch im Bundesrat eine Mehrheit zu finden, der am 14. Februar ebenfalls seine Zustimmung erteilte, nachdem der Bundestag das Gesetz einen Tag zuvor bereits mit der Parlamentsmehrheit verabschiedet hatte.

---

[951] Vgl. die Rede des Fraktionsvorsitzenden Solms während der zweiten Beratung des Gesetzesentwurfs zu einem Steueränderungsgesetz 1991 im Deutschen Bundestag am 14. Mai 1991, BT-PlPr. XII/25, S. 1676 (D).
[952] Vgl. ebd.
[953] GesEntw BRg, BR-Drs. 522/91, S. 50; zumindest die Preisdämpfung durch die Absenkung der ertragsunabhängigen Besteuerung konnte nicht eintreten, da sie im Vermittlungsausschuss aus der Gesetzesvorlage genommen worden war.
[954] GesEntw BRg, BR-Drs. 522/91, S. 50.
[955] Vgl. das Oppositionsverhalten in den Debatten des Finanzausschusses, vgl. BT-Drs. XII/1506, S. 162. Die SPD sah in der Mehrwertsteuererhöhung eine Finanzierung der Unternehmenssteuersenkungen in Milliardenhöhe für Großbetriebe und Besitzer großer Vermögen durch die Gesamtheit der Bürger. So die finanzpolitische Sprecherin der SPD, Matthäus-Maier, in ihrer Rede während der zweiten Beratung der Regierungsvorlage vor dem Deutschen Bundestag am 8. November 1991, BT-PlPr. XII/55, S. 4590 (B).
[956] Bericht des Finanzausschusses, BT-Drs. XII/1506, S. 197.
[957] Der FDP-Abgeordnete Rind hatte noch in der zweiten Beratung der Regierungsvorlage vor dem Deutschen Bundestag am 8. November 1991 der finanzpolitischen Sprecherin der SPD-Fraktion, Mätthäus-Maier, ein Vermittlungsverfahren vorausgesagt und ihr die Wette angeboten, dass es am Ende bei der Mehrwertsteuererhöhung bleiben werde, vgl. BT-PlPr. XII/55, S. 4600 (B).
[958] Vgl. z.B. die Rede des SPD-Abgeordneten Struck, vgl. BT-PlPr. XII/76, S. 6279 (C).

4.4.4. Verbesserung der steuerlichen Förderung selbstgenutzten Wohneigentums

Für die Bundesregierung bestand bei der Einbringung des ursprünglichen Gesetzesentwurfs keine Notwendigkeit, die steuerliche Förderung des selbstgenutzten Wohneigentums zu verbessern. Erst auf Initiative des Finanzausschusses wurde der Gesetzesentwurf der Bundesregierung um ein umfangreiches Paket erweitert[959].

Allerdings hatte bereits der Bundesrat in seiner ersten Stellungnahme zu der Regierungsvorlage eine grundlegende Neugestaltung der Förderung der Wohneigentumsbildung hin zu einem Steuerabzugsmodell verlangt. Begründet wurde dieser steuerrechtliche Vorstoß des Bundesrats mit dem bekannten Argument, dass das bisherige System des Abzuges von der Bemessungsgrundlage aufgrund der progressiven Entlastungswirkung Bezieher höherer Einkommen begünstige. Diese führe insbesondere dazu, dass dieses Fördersystem im Beitrittsgebiet aufgrund der geringen Einkommen kaum eine nennenswerte Wirkung erzielen könne[960]. Damit griff der Bundesrat ein Hauptanliegen der Opposition im Bundestag bei der Gestaltung der steuerlichen Wohneigentumsförderung auf, das bereits beim Steueränderungsgesetz 1991 heftig diskutiert worden war[961].

Folgte der Ausschuss in der Analyse der Reformbedürftigkeit des Förderungssystems zwar den Überlegungen des Bundesrates, so kam er bei den daraus resultierenden Änderungsmaßnahmen zu völlig unterschiedlichen Ergebnissen.
Noch in den Beratungen des Finanzausschusses zum Steueränderungsgesetz 1991 hatten sich die Koalitionsparteien grundsätzlich positiv zu einer Umgestaltung der steuerlichen Förderung des selbstgenutzten Wohneigentums geäußert. Den Vorschlag der SPD, die Förderung in der Zukunft über einen einkommens- und progressionsunabhängigen Abzug von der Steuerschuld vorzunehmen[962], war lediglich aufgrund von Detailerwägungen, nicht jedoch aufgrund grundsätzlicher Bedenken für undurchführbar erklärt worden[963]. Von diesem Sinneswandel schien bei den Regierungsfraktionen nur etwa ein Jahr später nichts mehr übrig geblieben zu sein.

Stattdessen wurde die Progressionswirkung der steuerlichen Förderung u.a. durch die vom Finanzausschuss vorgenommene Anhebung des höchstmöglichen Abzugsbetrages nach § 10e EStG um einen Prozentpunkt von 16 500 DM auf 19 800 DM in den ersten vier Jahren noch weiter verstärkt[964].
Zentraler Punkt der Initiative war allerdings nicht nur die Beibehaltung der von der Opposition auch diesmal wieder als ungerecht kritisierten[965] Abzugsbeträge von der Bemessungsgrundlage, vielmehr wurde diese Förderform noch ausgebaut. Eine degressive Ausgestaltung des § 10e EStG sollte nach der Vorstellung des Finanzausschusses der hohen Anfangsbelastung beim Erwerb von Wohneigentum Rechnung tragen, während die neugeschaffene Möglichkeit der Inanspruchnahme nicht ausge-

---

959 Bericht des Finanzausschusses, BT-Drs. XII/1506, S. 157.
960 Stellungnahme des Bundesrates, BT-Drs. XII/1368, S. 12.
961 Vgl. Kap. VII 4.1.4.
962 Vgl. Kap. VII 4.1.4.
963 Vgl. Kap. VII 4.1.4.
964 Bericht des Finanzausschusses, BT-Drs. XII/1506, 157.
965 Bericht des Finanzausschusses, BT-Drs. XII/1506, 158.

schöpfter Abzugsbeträge in Folgejahren die Förderung insgesamt flexibler gestalten sollte[966]. Die Ausschussmehrheit äußerte sich nicht dezidiert dazu, warum innerhalb nur etwa eines Jahres eine erneute Verbesserung der Wohneigentumsförderung notwendig geworden war[967], und warum man sich trotz grundsätzlicher Gesprächsbereitschaft bei den Beratungen zum Steueränderungsgesetz 1991 nicht auf das Steuerabzugsmodell der Opposition einigen konnte[968].

Auch die Regierungsfraktionen schienen diesmal jedoch vom Subventionscharakter ihres Fördersystems auszugehen, verstanden sie doch die Einführung einer Fördergrenze bei Gesamteinkünften über 120 000 DM/240 000 DM (Alleinstehende/Verheiratete) durchaus als Beitrag zum Abbau von Steuersubventionen[969].

4.5. Gesetz über Maßnahmen zur Bewältigung der finanziellen Erblasten im Zusammenhang mit der Herstellung der Einheit Deutschlands, zur langfristigen Sicherung des Aufbaus in den neuen Ländern, zur Neuordnung des bundesstaatlichen Finanzausgleichs und zur Entlastung der öffentlichen Haushalte (Gesetz zur Umsetzung des Föderalen Konsolidierungsprogramms – FKPG) vom 23. Juni 1993[970]

Die anhaltend schlechte Entwicklung der öffentlichen Haushalte sowie ein unverändert hoher Finanzbedarf für die Förderung der ostdeutschen Länder machte diese Regierungsinitiative, die erneut eine Verbesserung staatlicher Einnahmen zum Inhalt hatte, erforderlich.

Der Verabschiedung dieses Gesetzes war eine Reihe überparteilicher Treffen zwischen den beiden großen Volksparteien vorausgegangen. Eine Klausurtagung des Bundeskanzlers mit den Regierungschefs der Länder sowie den Partei- und Fraktionsvorsitzenden vom 11. bis 13. März 1993, die Tagung der Arbeitsgruppe des Bundesministers der Finanzen und der vier Länderfinanzminister unter Beteiligung von Vertretern der Bundestagsfraktionen der CDU/CSU, FDP und SPD sowie das Solidarpaktgespräch am 23. April 1993 im Bundeskanzleramt zwischen den Bundesministern Waigel und Bohl[971] sowie den Ministerpräsidenten Biedenkopf[972] und Scharping[973 974].

---

966 Bericht des Finanzausschusses, BT-Drs. XII/1506, 158.

967 Bericht des Finanzausschusses, BT-Drs. XII/1506, 158.

968 Die Koalition verwies im Ausschuss auf ihr Modell, von welchem sie schnell wirkende Verbesserungen der Wohneigentumsförderung erhoffte. Die fehlende bzw. geringe Förderwirkung sollte über Nachholungsmöglichkeiten beseitigt werden. Vgl. Bericht des Finanzausschusses, BT-Drs. XII/1506, S. 158. Es fehlte allerdings eine gezielte Auseinandersetzung mit den steuersystematischen Vorwürfen gegen das Modell der Abziehbarkeit von der Bemessungsgrundlage.

969 Bericht des Finanzausschusses, BT-Drs. XII/1506, S. 171.

970 BGBl. 1993 I, S. 944.

971 Friedrich Bohl, geb. am 05. März 1945, 1964-1969 Studium der Rechtswissenschaften, 1972 Zweite juristische Staatsprüfung, 1972-1999 zugelassener Rechtsanwalt, 1980-2002 Mitglied des Bundestages, 1984-1989 Parlamentarischer Geschäftsführer der CDU/CSU-Bundestagsfraktion, 1989-1991 1. Parlamentarischer Geschäftsführer, 1991-1998 Bundesminister für besondere Aufgaben und Chef des Bundeskanzleramtes, 1998 Chef des Presse- und Informationsdienstes der Bundesregierung.

972 Kurt Biedenkopf, geb. am 28 Januar 1930, 1950-1954 Studium der Rechtswissenschaft und Nationalökonomie, 1964-1970 Ordinarius an der Ruhr-Universität Bochum, 1971-1973 Ordentlicher Geschäftsführer der Henkel GmbH, 1977-1990 Rechtsanwalt, seit 1966 Mitglied der CDU, 1973-1977 Generalsekretär der CDU, 1986/87 Vorsitzender des CDU-Landesverbandes Nordrhein-Westfalen, 1980-1988 Mitglied des Landtages von

Wesentliche Ziele, die nach eigener Aussage der Bundesregierung mit dem am 20. April 1993 in den Deutschen Bundestag eingebrachten Gesetzesentwurf verwirklicht werden sollten, waren ein Abbau von Steuervergünstigungen, die Rückführung steuerlicher Sonderregelungen sowie maßvolle Steuererhöhungen im Rahmen der Vermögen- und Versicherungsteuer[975]. Diese Maßnahmen zur staatlichen Einnahmeerhöhung waren für die Bundesregierung zur Lösung der von ihr selbst als wichtigste wirtschafts- und finanzpolitischen Aufgabe bezeichneten Anpassung von Staat und Wirtschaft an die veränderten Bedingungen und Aufgaben nach der Herstellung der Einheit weiterhin dringend geboten[976].

Grundlegend war vor allem, dass die langsame Angleichung Ostdeutschlands an westdeutsche Verhältnisse, auch was die Bewältigung der sozialistischen Erblast der ehemaligen DDR anbetraf, dauerhaft finanziert werden sollte. Darüber hinaus musste eine gerechte Verteilung der daraus resultierenden Belastungen auf die öffentlichen Haushalte gesichert sein, bei gleichzeitiger Beachtung der Konsolidierung der öffentlichen Finanzen als Grundlage einer gesunden gesamtwirtschaftlichen Entwicklung[977].

Die von der Bundesregierung beabsichtigte Anpassung der innerdeutschen Verhältnisse machte Transferleistungen in Höhe von 100 Mrd. DM erforderlich[978].
Erschwerend hinzu kam eine erheblich verschlechterte konjunkturelle Lage, denn die Bundesregierung sah sich gezwungen, ihre Wachstumsprognose für das Jahr 1993 von ursprünglich 1 v.H. Zuwachs für das Bruttoinlandsprodukt in Westdeutschland auf 0 bis –1 v.H. zu korrigieren. Selbst unter Berücksichtigung eines möglicherweise zu erwartenden stärkeren Wirtschaftswachstums in Ostdeutschland wurde im günstigsten Falle von einer wirtschaftlichen Stagnation ausgegangen[979]. Die verminderte Leistungsfähigkeit der Gesellschaft zwang die Bundesregierung, auch die staatlichen Leistungen und sozialen Standards dieser Entwicklung anzupassen, wozu auch der Abbau von Steuervergünstigungen sowie begrenzte Steuererhöhungen gehörten[980].

Daneben enthielt die Beschlussvorlage der Bundesregierung eine Anhebung des existenzsichernden Grundfreibetrages.

Während die überparteilichen Treffen der Gesetzesvorlage im Bundestag eine breite Mehrheit sicherten, führten die Maßnahmen dieses Gesetzes zu erheblichen Meinungsverschiedenheiten innerhalb der Koalition, da sich die FDP gegen die Richtung

---

Nordrhein-Westfalen, Fraktionsvorsitzender, 1976-1980 u. 1987-1990 Mitglied des Bundestages, seit 1990 Mitglied des Landtages von Sachsen, 1990-2002 Ministerpräsident des Freistaates Sachsen.

[973] Rudolf Scharping, geb. am 02. Dezember 1947, 1966 Eintritt in die SPD, 1966-1974 Studium der Politikwissenschaft, Soziologie und Rechtswissenschaften, 1974-1991 Mitglied des Stadtrates von Lahnstein, 1985-1991 Vorsitzender der SPD-Landtagsfraktion/Rheinland-Pfalz, 1991-1994 Ministerpräsident des Landes Rheinland-Pfalz, 1993-1995 Vorsitzender der SPD, seit 1994 Mitglied des Deutschen Bundestages, 1994-1998 SPD-Fraktionsvorsitzender, 1998-2002 Bundesminister der Verteidigung.

[974] Bericht des Finanzausschusses, BT-Drs. XII/4801, S. 144.

[975] GesEntw BRg, BT-Drs. XII/4748, S. 4.

[976] GesEntw BRg, BT-Drs. XII/4748, S. 1.

[977] GesEntw BRg, BT-Drs. XII/4748, S. 1.

[978] GesEntw BRg, BT-Drs. XII/4748, S. 1; der Gesetzesentwurf sah etwa 40 Mrd. DM für die Erblastfinanzierung vor, sowie 60 Mrd. DM für den Finanzausgleich für die neuen Länder.

[979] GesEntw BRg, BT-Drs. XII/4748, S. 2.

[980] GesEntw BRg, BT-Drs. XII/4748, S. 2.

der Regierungsvorlage wandte, und sich erstmals innerhalb des Regierungslagers verstärkt unterschiedliche Auffassungen über die richtige staatliche Finanz- und Haushaltspolitik ihre Bahn brachen.

4.5.1. Maßnahmen im Einkommensteuergesetz

4.5.1.1. Aufhebung von Steuervergünstigungen/Sonderregelungen

Bei den im Einkommensteuergesetz vorgesehenen Einnahmeerhöhungen zur Finanzierung der Transferleistungen nach Ostdeutschland handelte es sich um ein Bündel völlig unzusammenhängender Einzelmaßnahmen, die allein den fiskalischen Interessen des Staates genügen sollten. Die erst durch das Steueränderungsgesetz 1991 neugefasste steuerliche Wohneigentumsförderung nach § 10e EStG sollte für Altbauten reduziert werden, um Neubauten einen weiteren Fördervorsprung zu gewähren[981]. Durch die geänderte Fassung des § 10e Abs. 1 Satz 4 EStG wurde die Höchstbemessungsgrundlage beim Erwerb von Altbauten auf 150 000 DM beschränkt[982].

Weiterhin wurden ab 1994 die Vomhundertsätze für die Bestimmung des Ertragsanteils lebenslänglicher Leibrenten (Ertragsanteilsätze) um bis zu 3 v.H.-Punkte entsprechend der weiter gestiegenen Lebenserwartung angehoben. Die bisherigen Sätze für die Bestimmung des Ertragsanteils lebenslänglicher Leibrenten gingen auf die Tabellen des Haushaltsstrukturgesetz von 1981 zurück, die ihrerseits die voraussichtliche Laufzeit der Renten auf der Grundlage der Allgemeinen Deutschen Sterbetafel von 1970/72 berechnet hatten[983]. Nach der Sterbetafel 1986/88 ergab sich jedoch, dass die mittlere Lebenserwartung gestiegen und somit von einer längeren voraussichtlichen Laufzeit dieser Renten auszugehen war. Als Konsequenz verteilte sich der Kapitalwert der Renten auf längere Laufzeiten, so dass der in den Rentenbezügen enthaltene Kapitalanteil abnahm, während der Ertragsteil zunahm[984]. Aufgrund der nicht vorhandenen Risikobehaftetheit von Bausparbeiträgen als reinen Sparbeiträgen im Gegensatz zu Lebens-, Kranken- und Unfallversicherungsbeiträgen sollte darüber hinaus für diese der Sonderausgabenabzug gestrichen werden[985]. Aus Gründen der allgemeinen Belastungsgerechtigkeit wurde auch die Steuer- und Abgabenfreiheit der Bergmannsprämien abgeschafft[986], ebenso wie die im Inland erfolgten Ausschüttungen ausländischer Fonds zukünftig in den Zinsabschlag mit einbezogen wurden.

Neben dem Abbau dieser materiellen steuerlichen Vergünstigungen enthielt die Regierungsvorlage auch die Aufhebung einiger verfahrensrechtlicher Begünstigungen. Die Bundesregierung folgte einer Forderung des Bundesrechnungshofes sowie der obersten Finanzbehörden der Länder, die Gewährung der fünftägigen Schonfrist für Scheck- und Barzahler nach § 240 Abs. 3 AO aufzuheben. In dieser Schonfrist sah die Bundes-

---

[981] GesEntw BRg, BT-Drs. XII/4401, S. 51.
[982] GesEntw BRg, BT-Drs. XII/4401, S. 99.
[983] GesEntw BRg, BT-Drs. XII/4401, S. 99.
[984] GesEntw BRg, BT-Drs. XII/4401, S. 99.
[985] GesEntw BRg, BT-Drs. XII/4401, S. 51.
[986] GesEntw BRg, BT-Drs. XII/4401, S. 51.

regierung eine nicht zu rechtfertigende Privilegierung, weil im Gegensatz zu Banküberweisungen bei Scheck- und Barzahlungen kein Laufzeitrisiko bestünde[987].

4.5.1.2. Anhebung des steuerfreien Existenzminimums

Wie schon bei der Umsetzung des speziellen Familien-Nettoprinzips durch Erhöhung der Kinderfreibeträge ergriff die Bundesregierung bei der Verwirklichung des allgemeinen subjektiven Nettoprinzips erst aufgrund von Vorgaben aus Karlsruhe die Initiative. Die Anpassung der steuerfreien Grundfreibeträge an das Existenzminimum erfolgte nämlich nicht auf eigenen Beschluss der christlich-liberalen Koalition, sondern war der Versuch einer Umsetzung der verfassungsrechtlichen Vorgaben des Beschlusses des Bundesverfassungsgerichts vom 25. September 1992 (2 BvL 5, 8, 14/91), mit Wirkung ab Veranlagungszeitraum 1993 sicherzustellen, dass bei der Einkommensbesteuerung dem Steuerpflichtigen die Erwerbsbezüge belassen werden, die zur Deckung seines am Sozialhilferecht orientierten Existenzminimums benötigt (§ 32 EStG) würden[988].

Diese Initiative war im ursprünglichen Regierungsentwurf und damit auch in der überparteilichen Absprache nicht enthalten, sondern war Teil des Entwurfes eines Steuerbereinigungsgesetzes 1993 und war bereits am 03. September dem Bundesrat als besonders eilbedürftig überwiesen worden[989]. Die Erhöhung der Grundfreibeträge war vom federführenden Finanzausschuss in die Beratungen des Haushaltsausschusses zu diesem Gesetzesentwurf eingebracht worden[990]. Da die Erhöhung der Grundfreibeträge nicht Gegenstand des FKP-Kompromisses war, verwundert es nicht, dass diese Maßnahme die einzige Frage im Rahmen der Debatten im federführenden Haushaltsausschuss war, die inhaltlich kontrovers diskutiert wurde[991].

Die Opposition kritisierte das Verfahren aufgrund genereller Erwägungen, weil eine wesentliche Frage des deutschen Einkommensteuerrechts im Schnelldurchgang durch das Gesetzgebungsverfahren gepeitscht würde und weder der Bundesrat Gelegenheit gehabt hätte, sich in einer ersten Stellungnahme zu diesem Problem zu äußern, noch für die Fachausschüsse Zeit für eine ausreichende Beratung zu Verfügung gestanden hatte[992]. Erst auf Druck des Haushaltsausschusses waren die Koalitionsfraktionen im Finanzausschuss bereit, eine öffentliche Anhörung zu diesem Thema durchzuführen, die sie vorher, trotz eines Antrages der SPD, abgelehnt hatten[993].

Allerdings blieb es nicht bei diesen formellen Auseinandersetzungen. Auch über die Frage der konkreten Höhe des steuerfreien Existenzminimums herrschte Uneinigkeit in den parlamentarischen Beratungen. Die Vorlage sah bis zur endgültigen Regelung des steuerfreien Existenzminimums eine Übergangslösung in Form einer dreistufige Anhebung vor. Im Jahre 1993 sollte das Existenzminimum 10 500 DM/21 000 DM

---

[987] GesEntw BRg, BT-Drs. XII/4401, S. 50.
[988] BVerfGE 87, 153.
[989] GesEntw BRg, BR-Drs. 612/93, S. 1.
[990] Bericht des Haushaltsausschusses, BT-Drs. XII/4801, S. 146.
[991] Bericht des Haushaltsausschusses, BT-Drs. XII/4801, S. 146.
[992] Bericht des Haushaltsausschusses, BT-Drs. XII/4801, S. 146.
[993] Bericht des Haushaltsausschusses, BT-Drs. XII/4801, S. 146.

(Alleinstehende/Verheiratete) betragen und dann in den zwei darauffolgenden Jahren jeweils um 500 DM auf 11 000 DM/22 000 DM im Jahre 1994 bzw. auf 11 500 DM/23 000 DM im Jahre 1995 erhöht werden[994].
Der SPD war der Auffassung, dass der von der Bundesregierung angestrebte Betrag zur Deckung des lebensnotwendigen Existenzminimums nicht ausreichend sei[995]. Die SPD berief sich auf den Beschluss des Bundesverfassungsgerichts, der als Maßstab für das steuerfreie Existenzminimum die Höhe der Sozialleistungen für maßgeblich erklärt hatte.
Tatsächlich bewegte sich der nun gesetzlich festgeschriebene Betrag von 10 500 DM unter dem nach der bisherigen Verwaltungsregelung bereits steuerfrei zu stellenden Existenzminimum von 12 000 DM.

Die Koalition rechtfertigte diesen Betrag mit den im FKP zusätzlich vorgenommenen Rechtsänderungen. So sollte an die Stelle eines Mehrbedarfszuschlages für Erwerbstätige grundsätzlich ein Freibetrag beim Arbeitseinkommen treten, der insoweit bei der Sozialhilfe nicht angerechnet würde[996]. Argumentiert wurde dabei, dass es das Bundesverfassungsgericht dem Gesetzgeber angesichts des extremen Preisgefälles auf dem Wohnungsmarkt nicht verwehrt habe, bei der Bemessung des Existenzminimums nicht von einem Durchschnittswert auszugehen, sondern von einem unteren Wert, sofern zugleich zur ergänzenden Deckung des Bedarfs nach dem Einzelfalle weitere Sozialleistungen, wie etwa Wohngeld, zur Verfügung gestellt würden[997].

4.5.2. Maßnahmen bei einheitswertabhängigen Steuern

Bundesregierung und Vertreter der christlich-liberalen Koalition hatten noch zu Beginn dieser Legislaturperiode erklärt, dass sie Substanzsteuern, insbesondere auch der Vermögensteuer, kritisch gegenüber stünden und sie eigentlich, wie erst bei den vorangegangenen Gesetzgebungsvorhaben geäußert worden war, aufgrund ihrer Leistungs- und Investitionsfeindlichkeit zurückführen wollten[998].
Die aktuelle Vorlage der Bundesregierung sah hingegen sogar eine Anhebung des Vermögensteuersatzes ab dem 01. Januar 1995 um 0, 5 v.H. für Grundvermögen und sonstiges Vermögen unter Ausklammerung der im Privatbesitz gehaltenen Beteiligungswerte (z.B. Aktien, GmbH-Anteile) vor. Gleichzeitig sollte allerdings der persönliche Freibetrag von 70 000 DM auf 120 000 DM erhöht werden, um kleinere Vermögen zu schonen[999].

Bei der Erhöhung der Vermögensteuer verschoben sich die gewohnten Fronten zwischen Regierungslager und Opposition. Kennzeichnend für die Position der SPD waren Vorstellungen über eine noch wesentlich weitergehende Verschärfung der Besteu-

---

994 Bericht des Haushaltsausschusses, BT-Drs. XII/4801, S. 149.
995 Bericht des Haushaltsausschusses, BT-Drs. XII/4801, S. 146.
996 Bericht des Haushaltsausschusses, BT-Drs. XII/4801, S. 149.
997 Bericht des Haushaltsausschusses, BT-Drs. XII/4801, S. 150.
998 Vgl. z.B. die Debatten beim Steueränderungsgesetz 1991, Kap. 4.2.1. dieses Hauptteils, und beim Steueränderungsgesetz 1992, Kap. 4.4.2. dieses Hauptteils.
999 GesEntw BRg, BT-Drs. XII/4748, S. 50.

erung insbesondere betrieblicher Vermögen[1000], während aus den Reihen der FDP offene Kritik an dem geplanten Vorhaben kam, vor allem unter Hinweis auf den Widerspruch, dass sich die christlich liberale Regierung noch in ihrer Regierungserklärung für eine gänzliche Abschaffung der Vermögensteuer ausgesprochen hatte[1001].

Die Neuregelung der Vermögensteuer stellte die Bundesregierung vor ein erhebliches Problem. Auf der einen Seite mussten neue bzw. ertragreichere Einkunftsquellen erschlossen werden, während auf der anderen Seite die Anhebung der Besteuerungsbelastung nicht so stark sein durfte, dass kleinere Vermögen über ein verträgliches Maß hinaus belastet würden. Aus diesem Grund entschied sich die Bundesregierung für eine bei anderen Gelegenheiten immer wieder abgelehnte Kombination aus einer Erhöhung der nominellen Besteuerungssätze bei gleichzeitiger Verringerung der Bemessungsgrundlage.

4.5.3. Versicherungsteuergesetz

Ein weiterer strittiger Punkt innerhalb der Koalition war die zweischrittige Anhebung der Steuer auf das Versicherungsentgelt (Prämie/Beitrag) zum 01. Juli 1993 um zwei Prozentpunkte auf 12 v.H. und zum 01. Januar 1995 um weitere drei Prozentpunkte auf 15 v.H. Ausgenommen hiervon waren ausdrücklich Lebensversicherungen und Feuerversicherungen, betroffen waren dagegen insbesondere Auto- und Hausbesitzer[1002].

Es war keine Fundamentalkritik, die die FDP veranlasste, auch gegen die Erhöhung der Versicherungsteuer zu opponieren. Es war lediglich das Zusammenspiel aller geplanten Steuererhöhungsmaßnahmen, die die liberale Fraktion zu dem Schluss kommen ließ, dass das „Arsenal" der Einnahmeverbesserungen bis an die Grenze des Erträglichen ausgeschöpft sei[1003].

4.5.4. Solidaritätszuschlagsgesetz 1995

Eine der bedeutsamsten steuererhöhenden Maßnahmen des Gesetzesentwurfs war die Wiedereinführung des Solidaritätszuschlages, der bereits schon einmal durch das Steueränderungsgesetz 1991 befristet eingeführt worden und im Jahre 1992 wieder ausgelaufen war[1004]. Die aktuelle Initiative griff in ihrer Begründung zur Einführung der Sonderabgabe auf die Argumentation des Jahres 1991 zurück.

Die nach wie vor nicht gelösten ökonomischen Altlasten Ostdeutschlands machten aus Sicht der Bundesregierung die erneute Einführung eines solidarischen Opfers aller Bevölkerungsgruppen unausweichlich[1005], das in einer mittelfristig zu überprüfenden

---

[1000] Vgl. hierzu die Rede des Abgeordneten der SPD, Dressler, BT-PlPr. XII/161, S. 13741 (C). Der Forderungskatalog umfasste im Rahmen der betrieblichen Vermögensbesteuerung die Rückgängigmachung der Steuerbilanzwerte, eine Reduzierung der Freibeträge von 500 000 DM auf 120 000 DM sowie die Abschaffung des Bewertungsabschlags in Höhe von 25 v.H. auf Betriebsvermögen.

[1001] Vgl. die Rede des Abgeordneten Gattermann (FDP), BT-PlPr. XII/161, S. 13762 (C).

[1002] GesEntw BRg, BT-Drs. XII/4748, S. 50.

[1003] So der Abgeordnete Gattermann in seiner Rede während der zweiten Beratung des Gesetzesentwurfs vor dem Deutschen Bundestag am 27. Mai 1993, vgl. BT-PlPr. XII/161, S. 13762 (C).

[1004] Vgl. Kapitel 4.3 dieses Hauptteils

[1005] GesEntw BRg, BT-Drs. XII/4748, S. 51.

Sonderabgabe in Höhe von 7, 5 v.H. zur Lohn-, Einkommen- und Körperschaftsteuer ab dem 01. Januar 1995 nach dem Vorbild des Solidaritätszuschlages 1991/1992 bestehen sollte[1006]. Die Einbeziehung aller Steuerpflichtigen ohne Einkommensgrenzen war für die Regierung, im Gegensatz zur Opposition, die wie schon im Jahre 1991 die Einführung einer sozialen Komponente befürwortete[1007], Ausdruck der Steuergerechtigkeit, weil dadurch eine Belastung entsprechend der Leistungsfähigkeit garantiert werde[1008].

Im Gegensatz zur Bundesregierung war die christlich-liberale Mehrheit im Haushaltsausschuss allerdings dem Vorschlag des Finanzausschusses gefolgt, eine soziale Korrektur des Solidaritätszuschlages vorzunehmen. Danach sollte bei der Erhebung eine sog. Nullzone eingeführt werden, welche für Ehegatten, die nach den §§ 26, 26b EStG zusammen veranlagt wurden, sowie bei verwitweten und geschiedenen Personen in den Fällen des § 32a Abs. 5 und 6 EStG 2 664 DM betrug, sowie 1 332 DM bei anderen Steuerpflichtigen. Diese Beträge entsprachen einer „Nullzone" von rund 200 DM bzw. 100 DM[1009].
Daneben wurde noch eine sogenannte „Gleitregelung" in das Solidaritätszuschlagsgesetz aufgenommen, nach der der volle Solidaritätszuschlag in Höhe von 7,5 v.H. der Bemessungsgrundlage erst erhoben wurde, wenn er bei zusammenveranlagten Ehegatten bzw. diesen gleichgestellten Personen höher als 20 v.H. des 2 664 DM übersteigenden Teils der Bemessungsgrundlage war, bzw. höher als 20 v.H. des 1 332 DM übersteigenden Teils der Bemessungsgrundlage bei anderen Personen war[1010].

Die Einführung des Solidaritätszuschlages war eine der wenigen steuerrechtlich bedeutsamen, auch in der Öffentlichkeit diskutierten Entscheidungen der christlich-liberalen Regierung, die von der Opposition, abgesehen vom Fehlen einer sozialen Komponente, nicht bzw. kaum kritisiert wurden[1011]. Die SPD machte sich in der Öffentlichkeit für eine Einführung bereits ab 1994 stark und plädierte mit der Einführung einer Arbeitsmarktabgabe ebenfalls für eine zusätzliche Sonderabgabe[1012].
Zwar könne man sich in einer wirtschaftlichen Rezession etwas Besseres wünschen als die Einführung des Solidaritätszuschlages, so Vertreter der SPD, allerdings könne angesichts der strukturellen staatlichen Haushaltsdefizite auf diese Maßnahme nicht ver-

---

[1006] GesEntw BRg, BT-Drs. XII/4748, S. 51.
[1007] Bericht des Haushaltsausschusses, BT-Drs. XII/4801, S. 145.
[1008] GesEntw BRg, BT-Drs. XII/4748, S. 51.
[1009] Stellungnahme des Finanzausschusses, BT-Drs. XII/4801, Anlage 2, S. 169.
[1010] Stellungnahme des Finanzausschusses, BT-Drs. XII/4801, Anlage 2, S. 169.
[1011] Natürlich gab es noch weitere Regierungsvorlagen, die Unterstützung seitens der Opposition fanden. Allerdings handelte es sich dabei in der Regel um Entscheidungen, wie etwa die Umsetzung europäischer Richtlinien im Rahmen des Bilanzrichtliniengesetzes, bei denen aufgrund der europäischen Vorgaben ohnehin nur wenig politischer Spielraum bestand und deshalb weitestgehend Einigkeit zwischen beiden Lagern herrschte. Hinzu kommt, dass diese Gesetze insbesondere wegen der Spezialität der geregelten Materie wenig Außenwirkung hatten, wie in den Debatten auch von den „Fach"-Abgeordneten resignierend zur Kenntnis genommen worden war.
[1012] So der SPD-Bundestagsabgeordnete Wieczorek in seiner Rede bei der zweiten Beratung des Gesetzesentwurfs, vgl. PlPr. XII/161, S. 13721 (A); dies war auch die Haltung der SPD-Fraktion in den Ausschussberatungen, in denen man sich neben einer Arbeitsmarktabgabe für Selbstständige, Beamte, Minister und Abgeordnete weiterhin für eine zusätzliche Ergänzungsabgabe für Höherverdienende stark machte. Vgl. hierzu den Bericht des Haushaltsauschusses, BT-Drs. 4801, S. 145.

zichtet werden, um einen volkswirtschaftlich unverantwortlichen weiteren Anstieg der Staatsverschuldung zu verhindern[1013].

Obwohl die Sonderabgabe aus dem Gesetz des Jahres 1991 Vorbild der erneuten Initiative war, wich der neue Solidaritätszuschlag davon in einem ganz wesentlichen Punkt ab. Offenbar war das Bundesfinanzministerium nicht von einer baldigen Haushaltskonsolidierung und einem damit verbundenen abgesenkten Einnahmebedürfnis überzeugt, denn die Regierungsvorlage sah keine zeitliche Limitierung des Solidaritätszuschlages vor. Die Koalitionsfraktionen waren sich in diesem Zusammenhang durchaus bewusst, dass die Einführung des Solidaritätszuschlages dem grundsätzlich bei jeder größeren Steuerreform geäußerten Ziel der Bundesregierung und der Koalition widersprach, die Steuer- und Abgabenbelastung der Steuerpflichtigen, insbesondere der Wirtschaft, mittel- und langfristig abzusenken. Aus diesem Grund wurde auch von Seiten der Koalition immer wieder die feste Absicht betont, der Solidaritätszuschlag dürfe kein Dauerfinanzierungselement des Staates werden[1014].

Was die zeitliche Geltung anbetraf, so waren sich Oppositions- und Regierungsfraktionen erneut darüber einig, dass der Solidaritätszuschlag als Sonderabgabe aus verfassungsrechtlichen Gründen nur vorübergehender Natur sein durfte[1015]. Allerdings hielt die SPD im Gegensatz zu den Fraktionen von CDU/CSU und FDP eine konkrete Befristung zum gegenwärtigen Zeitpunkt für nicht sinnvoll[1016]. Auch bei der Koalition war jedoch die Überzeugung einer zeitlichen Begrenzung angesichts des Finanzbedarfs nicht sonderlich ausgeprägt, denn trotz intensiver Beratungen sowohl im Finanzausschuss als auch im federführenden Haushaltsausschuss[1017] und einer eigenen Mehrheit konnte sich die Koalition nicht zu einer festen zeitlichen Befristung des Solidaritätszuschlages durchringen. So kam auch die Koalition über unverbindliche Willensbekundungen und eine gemeinsame Absichtserklärung, den Solidaritätszuschlag spätestens drei Jahre nach seinem Inkrafttreten auf seine Notwendigkeit hin zu überprüfen, nicht hinaus[1018].
Erneut war die Einigkeit zwischen CDU/CSU und SPD größer als innerhalb der Koalitionsfraktionen. Vertreter der FDP äußerten während der parlamentarischen Debatten Bedenken gegen die unbefristete Einführung und warnten indirekt auch den großen Koalitionspartner vor einer dauerhaften Vereinnahmung des Solidaritätszuschlages durch den „Moloch Staat"[1019].

[1013] Vgl. ebd.
[1014] So der CSU-Landesgruppenvorsitzende, Glos, in seiner Rede während der zweiten Beratung des Gesetzesentwurfs vor dem Deutschen Bundestag am 27. Mai 1993, vgl. BT-PlPr. XII/161, S. 13716 (A).
[1015] Bericht des Haushaltsausschusses, BT-Drs. XII/4801, S. 145.
[1016] Bericht des Haushaltsausschusses, BT-Drs. XII/4801, S. 145.
[1017] Bericht des Haushaltsausschusses, BT-Drs. XII/4801, S. 145.
[1018] Bericht des Haushaltsausschusses, BT-Drs. XII/4801, S. 145.
[1019] So der Abgeordnete Graf Lambsdorf (FDP) in seiner Rede während der zweiten Beratung des Gesetzesentwurfs vor dem Deutschen Bundestag am 27. Mai 1993, vgl. BT-PlPr. XII/161, S. 13723 (D).

4.6. Gesetz zur Verbesserung der steuerlichen Bedingungen zur Sicherung des Wirtschaftsstandortes Deutschland im Europäischen Binnenmarkt (Standortsicherungsgesetz – StandOG) vom 13. September 1993[1020]

Zeitgleich mit der Regierungsvorlage für ein Gesetz zur Umsetzung des Föderalen Konsolidierungsprogramms debattierte der Deutsche Bundestag auch über eine Gesetzesinitiative für ein Standortsicherungsgesetz, welche von der Bundesregierung am 05. März 1993 ins Parlament eingebracht worden war.
Mit dem Standortsicherungsgesetz sollte die zweite Stufe der Reform der Unternehmensbesteuerung verwirklicht werden. Nachdem es in der ersten Stufe (Steueränderungsgesetz 1992) um die Senkung der ertragsunabhängigen Steuern (Vermögen- und Gewerbekapitalsteuer) ab 1993 ging, stand eine Senkung der Ertragssteuersätze, die schwerpunktmäßig ab 1994 wirksam werden sollte, im Mittelpunkt der zweiten Stufe [1021].

Begründet wurde die Notwendigkeit diese Reform der Unternehmensbesteuerung wie schon zuvor: Für die Bundesregierung stand die deutsche Wirtschaft nach wie vor in zunehmenden Maße durch den internationalen Wettbewerb unter Druck. Zielsetzung dieses Reformpaketes war daher wiederum die gezielte Verbesserung der steuerlichen Rahmenbedingungen, um das gesamtwirtschaftliche Wachstum durch eine Stärkung der Investitionstätigkeit, insbesondere in den neuen Ländern, zu fördern. Auf diese Weise sollte vorrangig die internationale Wettbewerbsfähigkeit der deutschen Wirtschaft erhalten und die Attraktivität des Wirtschaftsstandortes Deutschland gesichert werden [1022].

Sowohl bei der Körperschaftsteuer, die in allen wichtigen Industrieländern seit 1980 gesenkt worden war, als auch bei der Einkommensteuer sah die Bundesregierung ein schlechtes Abschneiden im internationalen Vergleich, was vor allem durch die in Deutschland einmalige Gewerbesteuersituation weiter verschärft würde[1023].
Erneut erfolgte jedoch keine Nettoentlastung für die Wirtschaft, d.h. die Reformen wurden aufkommensneutral durchgeführt, was auf die gestiegenen Belastungen der öffentlichen Haushalte durch die deutsche Wiedervereinigung zurückzuführen war, wobei Vertreter der Regierungskoalition, wie etwa der Fraktionsvorsitzende der CSU-Bundestagsfraktion, Glos[1024], während der parlamentarischen Beratungen darauf hinwiesen, dass das mittel- bzw. längerfristige Ziel einer umfassenden Nettosteuersenkung für die Unternehmen nicht aus den Augen verloren werden dürfe[1025].

Das Standortsicherungsgesetz wurde vom Bundestag parallel zum Gesetz zur Umsetzung des Föderalen Regierungsprogramms am 27. Mai 1993 verabschiedet. Aber nicht nur formell sondern auch inhaltlich sollte das Standortsicherungsgesetz das FKP-

---

[1020] BGBl. 1993 I, S. 1569.
[1021] GesEntw BRg, BT-Drs. XII/4487, S. 1.
[1022] GesEntw BRg, BT-Drs. XII/4487, S. 1.
[1023] GesEntw BRg, BT-Drs. XII/4487, S. 23.
[1024] Michael Glos, geb. 14. Dezember 1944, Müllermeister, Inhaber eines Getreidemühlen- und Landwirtschaftsbetriebes, Mitglied des Bundestages seit 1976, Vorsitzender der CSU-Landesgruppe.
[1025] So geschehen in der 2. Beratung des Gesetzesentwurfs im Deutschen Bundestag am 27. Mai 1993; vgl. BT-PlPr. XII/161, S. 13716 (B).

Gesetz ergänzen. Der Bundesfinanzminister führte hierzu in der zweiten Beratung des Gesetzesentwurfs am 27. Mai vor dem Deutschen Bundestag aus, dass die Verabschiedung des Standortsicherungsgesetzes zur Geschäftsgrundlage des FKP-Kompromisses gehöre. Die Einführung einer von den Ländern geforderten hohen Steuerkomponente sei überhaupt nur unter der Voraussetzung in die Vereinbarung aufgenommen worden, dass es zu einer parallelen Steuerentlastung für betriebliche Investitionen komme[1026].

Von besonderer Bedeutung war das Standortsicherungsgesetz für die FDP, für die die steuerliche Entlastung insbesondere der Betriebe eine entscheidende Rolle spielte. Nach Auffassung der FDP wurden durch die Verabschiedung der Gesetzesvorlage einige Versäumnisse beim FKP nachgebessert, die insbesondere in den weiteren steuerlichen Belastungen der Wirtschaft bestanden hätten[1027]. Die FDP bedauerte und kritisierte, dass im Unterschied zum Gesetz zur Umsetzung des Föderalen Konsolidierungsprogramms im Vorfeld des Standortsicherungsgesetzes keine verbindliche überparteiliche Vereinbarung über die möglichen Eckpunkte eines solchen Gesetzes erfolgt war[1028].

Da es an einer verbindlichen Festlegung besagter Eckdaten fehlte, war auch der Widerstand gegen dieses Gesetzesvorhaben auf Seiten der Opposition wesentlich ausgeprägter als beim Gesetz zur Umsetzung des föderalen Regierungsprogramms.

Die SPD-Bundestagsfraktion stand dem Gesetzesentwurf insgesamt ablehnend gegenüber, weil sie die Entlastungen für nicht ausreichend finanziert hielt und im Gegensatz zur Bundesregierung somit nicht von einer Aufkommensneutralität ausging. Insbesondere sei es verfehlt, so die SPD, dauerhafte Steuermindereinnahmen durch die im Gesetzesentwurf vorgesehenen Abschreibungsverschlechterungen finanzieren zu wollen, weil diese nur eine vorübergehende Steuerbelastung bedeuten würden[1029]. Dies wurde allerdings auch von den Regierungsfraktionen nicht bestritten[1030].
Widersprüchlich zum Verhalten der Opposition im Bundestag waren die Aussagen des Ministerpräsidenten des Saarlandes, Lafontaine, der in den Beratungen des Bundesrates den Vorschlag erwägenswert hielt, die Gegenfinanzierung auszusetzen und diese vorzunehmen, wenn die Konjunktur wieder angesprungen sei, also auf einen Selbstfinanzierungseffekt zu hoffen[1031].

Ähnlich wie beim Gesetz zur Umsetzung des Föderalen Konsolidierungsprogramms kam auch bei diesem Reformvorhaben der Bundesregierung erneut Widerstand aus den eigenen Reihen. Diesmal war es jedoch nicht die FDP-Bundestagsfraktion, die die

---

[1026] BT-PlPr. XII/161, S. 13738 (C).
[1027] So der Abgeordnete Graf Lambsdorff in seiner Rede während der zweiten Beratung des Gesetzesentwurfs vor dem Deutschen Bundestag am 27. Mai 1993, vgl. BT-PlPr. XII/161, 13723 (D).
[1028] Vgl. die Rede des Abgeordneten Gattermann (FDP), BT-PlPr. XII/161, S. 13763 (B).
[1029] Bericht des Finanzausschusses, BT-Drs. XII/5016, S. 77.
[1030] Vgl. den Fraktionsvorsitzenden der CSU-Bundestagsfraktion, Glos, in der 2. Beratung des Gesetzesentwurfs vor dem Deutschen Bundestag am 27. Mai 1993, vgl. BT-PlPr. XII/ 161, S. 13716, (B); dieser sprach sich für dauerhafte Steuersenkungen für die Unternehmen aus, weil Abschreibungsveränderungen nur von vorübergehender Wirkung seien.
[1031] Vgl. BR-PlPr. 658, S. 256 (C).

Verabschiedung des Standortsicherungsgesetzes förmlich eingefordert hatte[1032], sondern vielmehr waren es die Bundesländer und zwar auch die Unions-geführten, die gegen das Gesetz opponierten. Die Länder hatten insbesondere wegen der Gegenfinanzierungsmaßnahmen im Bundesrat am 18.Juni 1993 aus konjunkturpolitischen Gründen beantragt, den Vermittlungsausschuss anzurufen [1033], nachdem das Gesetz bereits mit der Koalitionsmehrheit am 27. Mai 1993 im Parlament verabschiedet worden war.

Endgültig stimmte der Bundesrat dann am 09. Juli 1993 dem Gesetzesvorhaben zu, nachdem im Bundesrat ein Kompromiss gefunden werden konnte.

4.6.1. Senkung der Körperschaftsteuer

Als Ergebnis des eben erwähnten Kompromisses des Vermittlungsausschusses wurde der Körperschaftsteuersatz für einbehaltene Gewinne von 50 v.H. auf 45 v.H. abgesenkt. Nach der ursprünglichen Regierungsvorlage sollte der Körperschaftsteuersatz für einbehaltene Gewinne sogar auf künftig 44 v.H. herabgesetzt werden. Darüber hinaus sah der Gesetzesentwurf auch eine Senkung der Körperschaftsteuersätze für ausgeschüttete Gewinne von 36 v.H. auf 30 v.H. vor.
Die grundsätzliche Entscheidung der Bundesregierung für eine Absenkung beider Körperschaftsteuersätze geschah aus der Überlegung, dass im Europäischen Binnenmarkt auch der Standort Deutschland für Kapitalanleger verbessert werden sollte, da dieser von der alleinigen Rückführung der Körperschaftsteuersätze für einbehaltene Gewinne nur sehr begrenzt profitieren würden[1034].

Erst im Vermittlungsausschuss kam eine Einigung über die endgültige Gesetzesfassung zustande, die insbesondere mit der Absenkung der Einkommensteuerbelastung für gewerbliche Einkünfte zusammenhing[1035]. Bereits in seiner ersten Stellungnahme vom 12. Februar 1993 hatte sich der Bundesrat für eine deutlich geringere Absenkung des Körperschaftsteuersatzes ausgesprochen, um damit auf die vom Bundesrat abgelehnten Änderungen im Rahmen der Einkommensteuer gänzlich verzichten zu können[1036].

4.6.2. Senkung des Einkommensteuersatzes für gewerbliche Einkünfte

Grundlegendes steuerpolitisches Ziel der Bundesregierung war die umfassende Herabsetzung des Steuersatzes für alle Einkünfte im Rahmen der Einkommensteuer, was auch in diesem Gesetzesentwurf als zukünftiges Vorhaben neben einer umfassenden Neuregelung der Gewerbesteuer formuliert wurde[1037]. Diese weitgreifende Reform erschien der Bundesregierung jedoch mit Blick auf die aktuelle haushaltspolitische

[1032] Vgl. ebd., der Abgeordnete Gattermann appellierte in seiner Rede an den Bundesrat, dass FKP sowie das Standortsicherungsgesetz als eine Einheit zu betrachten und am weiteren Schicksal des Standortsicherungsgesetzes die Fähigkeit von Bundestag und Bundesrat feststellen wollte, wenigstens ansatzweise die Zukunft gestalten zu wollen, vgl. BT-PlPr. XII/161, S. 13763 (B).
[1033] Siehe dazu ausführlich Kap. 4.5.5. dieses Hauptteils.
[1034] GesEntw BRg, BT-Drs. XII/4487, S. 25.
[1035] Vgl. dazu Kap. 4.6.2. dieses Hauptteils.
[1036] Stellungnahme des Bundesrates, BT-Drs. XII/4487, S. 51.
[1037] GesEntw BRg, BT-Drs. XII/4487, S. 25.

Lage nicht möglich[1038]. Aus diesem Grund konzentrierten sich die Bemühungen der Bundesregierung entsprechend dem im Gesetzesentwurf formulierten Ziel einer Wirtschafts- und Wachstumsbelebung auf die Einführung eines abgesenkten Einkommenssteuersatzes von 44 v.H. auf Einkünfte aus Gewerbebetrieben, deren arbeitsplatzschaffende Investitionen eine Schlüsselstellung für die Beschäftigungsentwicklung in Deutschland einnahmen[1039].

Die Spreizung der Steuersätze innerhalb der einzelnen Einkunftsarten der Einkommensteuer rechtfertigte die Bundesregierung zum einem mit dem bereits erwähnten arbeitsmarktpolitischen Argument, zum anderen aber auch damit, dass gewerbliche Einkünfte zusätzlich noch mit der Gewerbeertragsteuer belastet wurden[1040]. Ob diese Argumente nach Auffassung der Bundesregierung auch möglichen verfassungsrechtlichen bzw. steuersystematischen Bedenken, wie etwa dem Verstoß gegen den Grundsatz der synthetischen Gesamteinkommensteuer, entgegengehalten werden konnten, darüber schwieg der Entwurf[1041]. Aus genau diesen Gründen wurde die Vorlage jedoch im Finanzausschuss nicht nur von der Opposition sondern auch von Verfassungsrechtlern kritisiert[1042]. Es hieß, dass eine Vorzugsbehandlung von gewerblichen Einkünften gegen Art. 3 GG verstoße, weil keine hinreichenden Gründe für ihre Privilegierung vorlägen[1043].

Für die Koalition war die Tarifbegrenzung hingegen aufgrund der von der verfassungsrechtlichen Rechtsprechung anerkannten Möglichkeit des Gesetzgebers gerechtfertigt, auch wirtschaftslenkende Maßnahmen zu treffen. Darüber hinaus würde durch die Spreizung des Tarifs keine Ungleichheit hergestellt, vielmehr würden bestehende Ungleichbehandlungen abgebaut, die aus der bereits erwähnten Doppelbelastung mit der Gewerbesteuer resultierten[1044].

Letztlich erkannten aber auch die Regierungsfraktionen an, dass der von ihnen gewählte Weg nur die zweitbeste Lösung darstellte, wobei die optimale Lösung, nämlich die Abschaffung der Gewerbesteuer bei angemessenem finanziellen Ausgleich der Gemeinden, zur Zeit nicht realisierbar war[1045]. Bundesregierung und Koalition befanden sich in der Zwickmühle: Zwar konnten sie die Belastungen für gewerbliche Einkünfte insgesamt zurückführen, mussten jedoch entweder eine Spreizung der Tarife von Körperschaft- und Einkommensteuer in Kauf nehmen oder aber eine Spreizung innerhalb der Einkunftsarten der Einkommensteuer hinnehmen[1046].

[1038] GesEntw BRg, BT-Drs. XII/4487, S. 25.
[1039] GesEntw BRg, BT-Drs. XII/4487, S. 25.
[1040] GesEntw BRg, BT-Drs. XII/4487, S. 25.
[1041] Sowohl in der allgemeinen als auch in der besonderen Begründung dieser Gesetzesänderung hielt die Bundesregierung weder verfassungsrechtliche Implikationen dieser Regelung noch mögliche steuersystematische Einwände für erwähnenswert; vgl. GesEntw BRg, BT-Drs. XII/4487, S. 25 u. 34.
[1042] Bericht des Finanzausschusses, BT-Drs. XII/5016, S. 78.
[1043] Bericht des Finanzausschusses, BT-Drs. XII/5016, S. 78.
[1044] Bericht des Finanzausschusses, BT-Drs. XII/5016, S. 79.
[1045] Bericht des Finanzausschusses, BT-Drs. XII/5016, S. 78.
[1046] Bericht des Finanzausschusses, BT-Drs. XII/5016, S. 79.

Allerdings konnte sich im Vermittlungsausschuss zwischen Bundestag und Bundesrat lediglich der Vorschlag, den Spitzensteuersatz für gewerbliche Einkünfte in Höhe von 47 v.H. festzulegen, durchsetzen[1047].
Der Bundesrat hatte sich in seiner ersten Stellungnahme für eine deutlich geringere Senkung des Körperschaftsteuersatzes ausgesprochen, um auf eine Tarifänderung im Rahmen der Einkommensteuer gänzlich zu verzichten[1048]. Keinesfalls wollte der Bundesrat Sondertarife innerhalb der Einkommensteuer einführen, die dem synthetischen Charakter der Steuer zuwiderliefen, und andere Bewertungsmaßstäbe als das Leistungsfähigkeitsprinzip in die Einkommensteuer brächten. Es dürfe keine „guten“ gewerblichen Einkünfte geben und sonstige „schlechte“, so hieß es, sondern alle Einkünfte müssten nach dem Kriterium der Leistungsfähigkeit gleich behandelt werden[1049].

Der Bundesfinanzhof jedenfalls hielt die Tarifspreizung bei gewerblichen Einkünften für verfassungswidrig und legte diese Frage im Februar 1999 dem Bundesverfassungsgericht zur Klärung vor[1050].

4.6.3. Zusätzliche Entlastungen des Mittelstandes

Die steuerrechtliche Mittelstandskomponente des Reformpaketes wollte die Bundesregierung mit Hilfe von mehreren Maßnahmen verwirklichen[1051]. Zum einen ging es um die Einführung der Möglichkeit einer sog. Ansparabschreibung für bilanzierende kleine und mittlere Betriebe. Diese Steuerstundung sollte es den Unternehmen erlauben, Investitionen mit verringertem Kreditbedarf vorzunehmen, was vor allem mittelständischen Unternehmen mit einem unregelmäßigem Investitionsrhythmus zugute kommen sollte[1052]. Darüber hinaus handelte es sich um einen bewussten Ausgleich für kleinere gewinnschwächere Betriebe, die nicht in den Nutzen der gewerblichen Tarifbegrenzung kommen würden[1053]. Das Inkrafttreten der Ansparabschreibung wurde im Vermittlungsausschuss auf den 01. Januar 1995 verschoben[1054].

Zum anderen sollte nach den ursprünglichen Vorstellungen des Bundesfinanzministeriums bei der Erbschaftsteuer ein Freibetrag von 500 000 DM sowie ein genereller Bewertungsabschlag von 25 v.H. auf das den Freibetrag übersteigende Betriebsvermögen eingeführt werden. Damit wollte die Bundesregierung auf die teilweise existenzgefährdende Wirkung der Erbschaftsteuer reagieren, um Erben insbesondere kleinerer und mittlerer Betriebe die Fortführung des Betriebes unbelastet von einer Erbschaftsteuerbelastung zu erleichtern[1055].

1047 Beschlussempfehlung des Vermittlungsausschusses, BT-Drs. XII/5341.
1048 Stellungnahme des Bundesrates, BT-Drs. XII/4487, S. 51.
1049 Stellungnahme des Bundesrates, BT-Drs. XII/4487, S. 52.
1050 BFH (X R 171/96) BStBl. II 1999, 450; Das Problem besteht mittlerweile allerdings nicht mehr, weil die Tarifspreizung durch die rot-grüne Koalition durch das Steuersenkungsgesetz vom 23.Oktober 2000 wieder aufgegeben wurde.
1051 GesEntw BRg, BT-Drs. XII/4487, S. 1.
1052 GesEntw BRg, BT-Drs. XII/4487, S. 25.
1053 Bericht des Finanzausschusses, BT-Drs. XII/5016, S. 79.
1054 Beschlussempfehlung des Vermittlungsausschusses, BT-Drs. XII/5341.
1055 GesEntw BRg, BT-Drs. XII/4487, S. 25.

Die Opposition, die der Begünstigung des Betriebsvermögens kritisch gegenüber stand, griff vor allem die Ungleichbehandlung von Privat- und Betriebsvermögen an, die nach ihrer Meinung durch diesen Gesetzesentwurf weiter verstärkt werden würde und einen Verstoß gegen Art. 3 GG darstelle, der nach dem Zweck von Erbschaft- und Vermögensteuer keine Rechtfertigung finde[1056]. Die Bundesregierung begründete die Begünstigung des Betriebsvermögens erneut mit dem Gedanken der erhöhten Sozialpflichtigkeit (Erhaltung von Arbeitsplätzen) und einem erhöhten Risiko dieses Vermögens[1057].

Im Vermittlungsausschuss schließlich konnte sich die Auffassung der Opposition zumindest teilweise durchsetzen und der Bewertungsabschlag für Betriebsvermögen wurde als Kompromiss aus dem Gesetz gekippt.

4.6.4. Verlängerung von Steuervergünstigungen für die neuen Länder

Um den Aufholprozess in Richtung einer modernen und wettbewerbsfähigen Gesellschaft in den neuen Bundesländern zu beschleunigen, war nach Auffassung der Bundesregierung eine dauerhafte Unterstützung der Investitionsfähigkeit ostdeutscher Betriebe sowie die Aufrechterhaltung des grundsätzlich befristeten Fördergefälles zu Westdeutschland unerlässlich[1058].

Aus diesem Grund sah der ursprüngliche Gesetzesentwurf als spezielle Wirtschaftsförderung im Beitrittsgebiet eine Verlängerung der betrieblichen Sonderabschreibungen nach dem Gebietsfördergesetz sowie eine Verlängerung der Aussetzung der Erhebung der Gewerbekapital- und der Vermögensteuer bis einschließlich 1995 vor. Die generelle Verlängerung der Sonderabschreibungen im Gebietsfördergesetz wurde im Finanzausschuss teilweise eingeschränkt. So wurden Altbauten des Betriebsvermögens von den Sonderabschreibungen nach dem Gebietsfördergesetz ausgenommen, sofern diese nicht eigenbetrieblichen Zwecken dienten. Damit sollten Gestaltungsmöglichkeiten verhindert werden, bei denen Altbauten ins Betriebsvermögen verlagert wurden, ohne dass das Gebäude jemals saniert oder modernisiert wurde[1059].
Zum Teil wurden jedoch auch Gesetzesänderungen in das Reformpaket aufgenommen, die nach dem grundlegenden Anliegen des Regierungsentwurfs einer ausschließlichen Wirtschaftsförderung der neuen Bundesländer systemfremd waren und dem erklärten Ansinnen der Bundesregierung einer grundsätzlichen Rückführung von Subventionen widersprachen. So erfolgte im Ausschuss einstimmig der Beschluss, die Sonderabschreibungen nach dem Fördergebietsgesetz für private Baumaßnahmen um zwei weitere Jahre zu verlängern, die darüber hinaus auch noch auf den Westteil von Berlin ausgedehnt wurden.Die bisherige Förderung des privaten Wohnungsbaus und der Wohnungsmodernisierung in den neuen Ländern, so die Begründung des federführenden Finanzausschusses, sei aufgrund der ungeklärten Eigentumsverhältnisse und Ver-

[1056] Bericht des Finanzausschusses, BT-Drs. XII/5016, S. 83.
[1057] GesEntw BRg, BT-Drs. XII/4487, S. 25.
[1058] GesEntw BRg, BT-Drs. XII/4487, S. 25.
[1059] Bericht des Finanzausschusses, BT-Drs. XII/5016, S. 82.

waltungsverzögerungen bisher ins Leere gelaufen, weshalb die Maßnahmen für die Jahre bis Ende 1996 verlängert würden[1060].

Die nachträgliche Einbeziehung von Berlin (West) in die Förderung nach dem Fördergebietsgesetz hingegen wurde lediglich mit einer notwendigen Unterstützung des Wohnungsbaues und der Wohnungsmodernisierung begründet[1061]. Warum dieses Erfordernis gegeben war, war dem Bericht des Finanzausschusses nicht zu entnehmen. Allerdings schien diese Förderung noch anders begründet gewesen zu sein, denn der Finanzausschuss erklärte, dass die Erweiterung der Förderung auf Berlin-West durch die Zusage des Berliner Senats motiviert worden sei, im Verlauf der parlamentarischen Beratung des Entwurfs keine weiteren Forderungen zugunsten Westberlins zu stellen[1062].

Die Bundesregierung hatte Berlin-West zunächst aufgrund einer Übereinkunft mit der EG-Kommission bewusst aus der Förderung nach dem Fördergebietsgesetz ausgeklammert, wonach ein Abbau der Fördermaßnahmen stufenweise bis zum Jahre 1994 zu erfolgen hatte[1063]. Die Initiative zur Änderung des Gesetzesentwurfs ging vom Bundesrat aus, der in seiner ersten Stellungnahme zu dem Gesetz den Ausschluss von Berlin-West aus dem Fördergebiet für nicht gerechtfertigt hielt[1064]. Ein drastischer und kurzfristiger Abbau der Berlinförderung führe zu einem massiven Arbeitsplatzverlust. Die Überlegungen der EG-Kommission, Berlin bedürfe aufgrund seiner Standortvorteile als Hauptstadt und der sich öffnenden Märkte in Mittel- und Osteuropa als Impulse für die Wirtschaft nur für eine kurze Übergangsphase der besonderen Förderung , hätten sich als falsch erwiesen, wobei der Bundesrat dies vor allem mit der steigenden Arbeitslosenquote in Berlin begründete[1065].

4.6.5. Gegenfinanzierung der Unternehmensentlastungen

Da die tariflichen Entlastungen für die Unternehmen nur aufkommensneutral erfolgen sollten, enthielt die Regierungsvorlage auch Maßnahmen zur Gegenfinanzierung in Form der Verbreiterung der Bemessungsgrundlage für gewerbliche Einkünfte.
Die Bundesregierung war der Ansicht, dass durch die Senkung des Einkommensteuersatzes auf gewerbliche Einkünfte unternehmerisches Handeln insgesamt wieder lohnender würde, was eine Anregung der Investitionstätigkeit zur Folge habe. Der Weg der mittelbaren Investitionsförderung sei der unmittelbaren Investitionsförderung vorzuziehen, mache es aber ökonomisch sinnvoll, die Senkung der Gewinnsteuersätze mit einer begrenzten Rückführung von Abschreibungsmöglichkeiten zu verbinden[1066].

So wurde die degressive Abschreibung für bewegliche Güter des Anlagevermögens von 30 v.H. auf 25 v.H. zurückgeführt. Die degressive Abschreibung für Betriebsgebäude wurde von 10 v.H. auf 7 v.H. gesenkt. Der Abschreibungszeitraum wurde bei-

---

[1060] Bericht des Finanzausschusses, BT-Drs. XII/5016, S. 104.
[1061] Bericht des Finanzausschusses, BT-Drs. XII/5016, S. 104.
[1062] Bericht des Finanzausschusses, BT-Drs. XII/5016, S. 82.
[1063] GesEntw BRg, BT-Drs. XII/4487, S. 43.
[1064] Stellungnahme des Bundesrates, BT-Drs. XII/4487, S. 49.
[1065] Stellungnahme des Bundesrates, BT-Drs. XII/4487, S. 49.
[1066] GesEntw BRg, BT-Drs. XII/4487, S. 25.

behalten, so dass die Absenkung lediglich die Anfangsjahre der Investition betraf. Für beide Maßnahmen galt der 31. Dezember 1993 als Stichtag für Anschaffung und Herstellung bzw. Kaufvertrag und Bauantrag[1067].

Diese Form der Gegenfinanzierung war von Anfang an umstritten. Vertreter der Opposition hielten sie für wenig konjunkturfördernd, weil Abschreibungsverschlechterungen gerade denjenigen träfen, der investieren wolle[1068]. Selbst in den Regierungsparteien wurde bei dieser Frage auf konjunkturpolitisch unaufhebbare Widersprüche verwiesen[1069].

Aus diesem Grund wurde dann auch durch ein von einer christlich-liberalen Koalition regiertes Bundesland, nämlich Baden-Württemberg, der Antrag auf Einsetzung eines Vermittlungsausschusses betrieben[1070]. Zwar wurde die Absenkung sowohl des gewerblichen einkommen- als auch des körperschaftsteuerrechtlichen Spitzensteuersatzes grundsätzlich begrüßt, allerdings lasse die gegenwärtige Rezession eine Verschlechterung der Abschreibungsbedingungen konjunkturpolitisch nicht zu, da die Unternehmen, die investierten, ansonsten trotz Senkung des Steuersatzes unter dem Strich letztlich weniger Geld zur Verfügung hätten[1071].
Im Vermittlungsausschuss schließlich wurde auf die Einschränkung der degressiven Abschreibungen auf bewegliche Wirtschaftsgüter gänzlich verzichtet und durch eine über einen Zeitraum von 25 Jahren mögliche lineare Abschreibung in Höhe von 4 v.H. ersetzt[1072].

Neben den öffentlichkeitswirksamen Maßnahmen einer groß angelegten Unternehmenssteuerreform wollte die Bundesregierung mit diesem Gesetzesentwurf auch das dringende Problem der sog. „Gesellschafterfremdfinanzierung" lösen. Seit der Einführung des Anrechnungsverfahrens im deutschen Steuerrecht bestand die Gefahr, dass Kapitalgesellschaften von bestimmten Anteilseignern, die nach dem deutschen Körperschaftsteuergesetz nicht anrechnungsberechtigt waren, in hohem Maße über Darlehen fremdfinanziert würden, um einer definitiven Besteuerung durch die Kapitalertragsteuer zu entgehen[1073].

Aus diesem Grund sah der Gesetzesentwurf der Bundesregierung auch eine neue Regelung zur steuerlichen Einschränkung der Gesellschafterfremdfinanzierung im Rahmen des Körperschaftsteuergesetzes vor[1074]. In den Jahren zuvor war eine derartige gesetzliche Verankerung gescheitert, zuletzt während der Beratungen des Steuerreformgesetzes 1990, so dass das Problem durch Verwaltungsanweisungen gelöst wur-

---

1067 GesEntw BRg, BT-Drs. XII/4487, S. 26.
1068 So der Ministerpräsident des Saarlandes, Lafontaine (SPD), im 2. Durchgang der Gesetzesvorlage im Bundesrat, vgl. BR-PlPr. 658, S. 256 (C).
1069 So der baden-württembergische Landesminister Spöri (CDU), ebenfalls im 2. Durchgang der Gesetzesvorlage im Bundesrat, vgl. BR-PlPr. 658, S. 257 (B).
1070 Antrag BW, BR-Drs. 365/5/93.
1071 Vgl. die Rede des Landesministers Spöri im 2. Durchgang der Gesetzesvorlage im deutschen Bundesrat, BR-PlPr. 658, S. 258, (C).
1072 Bericht des Vermittlungsausschusses, BT-Drs. XII/5341.
1073 GesEntw BRg, BT-Drs. XII/4487, S. 36.
1074 GesEntw BRg, BT-Drs. XII/4487, S. 36.

de[1075]. Erneuter Handlungsbedarf entstand dann im Jahre 1992 aufgrund eines Urteils des Bundesfinanzhofes, dass derartige Anweisungen keine Rechtsgrundlage hätten. Nach Auffassung des Bundesfinanzhofes gab es keinerlei Bestimmung, wonach eine Kapitalgesellschaft über das gezeichnete Kapital hinaus eine bestimmte Eigenkapitalquote ausweisen müsse. Zwar sei die steuerliche Ungleichbehandlung zwischen Gesellschaftern, die Fremd- oder aber Eigenkapital gäben, unbefriedigend, könne aber allein deswegen nicht als missbräuchlich dargestellt werden[1076].

Durch einen neu einzufügenden § 8a KStG stand es dem Gesellschafter einer Kapitalgesellschaft weiterhin grundsätzlich frei, seine Gesellschaft mit Fremd- oder Eigenkapital zu finanzieren[1077]. Allerdings sollte die Vergütung des Gesellschafters bei einer unangemessenen Finanzierung durch Überlassung von Fremdkapital wie eine verdeckte Gewinnausschüttung behandelt werden, wobei die gesetzliche Regelung des § 8a KStG jedoch ausschließlich auf die Vergütungsseite beschränkt blieb, so dass das zur Verfügung gestellte Kapital weiterhin als Verbindlichkeit behandelt wurde[1078].

Die Komplexität der damit angegangenen Problematik zeigt sich daran, dass im Finanzausschuss ausschließlich zu diesem Problemkreis eine eigene Arbeitsgruppe bestehend aus Wissenschaftlern, Vertretern der Wirtschaftsverbände und des Instituts der Wirtschaftsprüfer sowie des Bundesfinanzministers selbst gebildet wurde[1079]. Im Gegensatz zum ursprünglichen Entwurf, der bei gewinn- und umsatzabhängigen Vergütungen überhaupt keine „safe haven"-Regelung vorsah, sollte es nach der Vorstellung des Finanzausschusses eine Relation von Eigenkapital zu Fremdkapital von 1:0,5 geben[1080]. Nach dem ursprünglichen Gesetzesentwurf waren alle gewinn- und umsatzabhängigen Vergütungen als verdeckte Gewinnausschüttungen anzusehen unabhängig vom Verhältnis des Eigen- und des Fremdkapitalanteils. Weitere Voraussetzungen waren nicht erforderlich[1081].

Wesentlich freundlicher, was die Finanzierung durch Fremdkapitalgewährung eines Gesellschafters anbetraf, war der Ausschussentwurf auch in der Relation zwischen Eigen- und Fremdkapital bei einer gewinn-/umsatzunabhängigen Vergütung des Gesellschafters. Während der Regierungsentwurf einen „save haven" von 1:1 vorsah[1082], galt unter der Ausschussvorlage nun ein Verhältnis von 1:3. Durch dieses Verhältnis sollte der geringen Eigenkapitalquote der deutschen Wirtschaft Rechnung getragen werden[1083].

4.6.6. Sonstige Maßnahmen

Nicht im ursprünglichen Gesetzesentwurf enthalten war eine Regelung zur Einkommensteuerbefreiung von Zuschüssen des Arbeitgebers zu Aufwendungen des Arbeit-

---

1075 Vgl. Bericht des Finanzausschusses, BT-Drs. XIII/5016, S. 83.
1076 BFH (I R 127/90), BStBl. 1992 II, S. 532.
1077 GesEntw BRg, BT-Drs. 4487, S. 36.
1078 GesEntw BRg, BT-Drs. 4487, S. 36.
1079 Bericht des Finanzausschusses, BT-Drs. XII/5016, S. 83.
1080 Bericht des Finanzausschusses, BT-Drs. XII/5016, S. 84.
1081 GesEntw BRg, BT-Drs. XII/5016, S. 37.
1082 GesEntw BRg, BT-Drs. XII/4487, S. 37.
1083 Bericht des Finanzausschusses, BT-Drs. XII/5016, S. 92.

nehmers für Fahrten zwischen Wohnung und Arbeitsstätte mit öffentlichen Verkehrsmitteln. Diese Befreiung entsprach dem Inhalt zweier Gesetzesentwürfe der SPD-Fraktion sowie des Bundesrates, die sich zum Zeitpunkt der Ausschussberatungen selbst noch im parlamentarischen Verfahren befunden hatten[1084].

Weiterhin wurde eine Verlängerung der Sonderabschreibungen für Schiffe und Luftfahrzeuge für weitere fünf Jahre vorbehaltlich der Genehmigung durch die EG-Kommission sowie die Verlängerung der Übergangsregelung zu § 15a EStG (Begrenzung der Verlustverrechnung beim Kommanditisten) bei Schiffen um weitere fünf Jahre und die Sicherstellung der Körperschaft-, Gewerbesteuer- und Vermögensteuerbefreiung der Gesamthafenbetriebe verabschiedet.

Ebenfalls nicht in der Regierungsvorlage enthalten war die Beschränkung der sofortigen Geltendmachung von Verlusten ehemals gemeinnütziger Wohnungsunternehmen, die durch beträchtliche Abschreibungsvolumina aufgrund der bei der Überführung in die Steuerpflicht nach dem Steuerreformgesetz 1990 vorgeschriebenen Teilwertabschreibung des Wohnungsbestandes entstanden waren. Die diesbezüglichen Beratungen im Ausschuss waren sehr ausführlich[1085]. Einigkeit bestand darüber, dass steuerliche Gestaltungsmodelle zu verhindern waren, die den Wohnungsunternehmen die Möglichkeit eröffneten, im Rahmen von Organkreisen Gewinne anderer Bereiche als dem Wohnungsbau mit den Abschreibungsverlusten des Wohnungsbereiches zu verrechnen[1086]. Gemeinsames Ziel aller Parteien war, die durch die Verlustverrechnung im Organkreis entstandene Liquidität dem Wohnungsbau wieder als Kapital zuzuführen[1087]. Zu diesem Zweck hatte der Ausschuss schließlich die Einführung einer Investitionsklausel beschlossen, nach der eine einschränkende Verlustverrechnungsregel dann nicht zur Geltung kommen sollte, soweit Investitionen in zum Anlagevermögen des betreffenden Wohnungsbauunternehmens gehörende abnutzbare unbewegliche Wirtschaftsgüter getätigt wurden[1088]. Die SPD-Fraktion lehnte diese Maßnahme im Ausschuss ab, weil sie aufgrund eines möglichen Verstoßes gegen den Grundsatz der einheitlichen Besteuerung des gesamten Unternehmensergebnisses schwerwiegende verfassungsrechtliche und steuersystematische Bedenken hatte. Allerdings enthielt sie sich lediglich der Stimme, weil ihr der Ausschussvorschlag immer noch besser erschien als ein zu diesem Thema existierender Gesetzesentwurf des Bundesministeriums der Finanzen[1089].

5. Reformen der Umsatz- und Verbrauchsbesteuerung

Vor allem im Bereich der Verbrauchsbesteuerung machte sich in der zwölften Legislaturperiode der wachsende Einfluss der fortschreitenden europäischen Integration auf das nationale Steuerwesen immer stärker bemerkbar. Grundlegende Reformen der

[1084] Bericht des Finanzausschusses, BT-Drs. XII/.5016, S. 77.
[1085] Bericht des Finanzausschusses, BT-Drs. XII/5016, S. 81.
[1086] Bericht des Finanzausschusses, BT-Drs. XII/5016, S. 81.
[1087] Bericht des Finanzausschusses, BT-Drs. XII/5016, S. 82.
[1088] Bericht des Finanzausschusses, BT-Drs. XII/5016, S. 82.
[1089] Bericht des Finanzausschusses, BT-Drs. XII/5016, S. 82.

Umsatz- und Verbrauchsbesteuerung beruhten mittlerweile fast ausschließlich auf europäischen Vorgaben.

5.1. Gesetz zur Anpassung des Umsatzsteuergesetzes und anderer Rechtsvorschriften an den EG-Binnenmarkt (Umsatzsteuer-Binnenmarktgesetz) vom 25.August 1992[1090]

Die Einführung des europäischen Binnenmarktes zum 01. Januar 1993 zwang alle Mitgliedstaaten zur Harmonisierung Reformen ihrer nationalen Steuersysteme, insbesondere der Mehrwertsteuer, durchzuführen. Unterschiedliche nationale Umsatzsteuersysteme stellten im zusammenwachsenden Europa ein nicht zu unterschätzendes Hemmnis für einen grenzüberschreitenden Warenverkehr dar. Das grundsätzliche Bestreben der wirtschaftlichen Integration Europas nach dem EG-Vertrag bestand jedoch darin, einen gemeinsamen Binnenmarkt zu schaffen, d.h. einen Raum ohne Binnengrenzen, in dem der freie Verkehr von Waren, Personen, Dienstleistungen und Kapital gesichert sein sollte[1091].

Im Anschluss an das sog. „Weißbuch“ der Kommission zur Vollendung des Binnenmarktgesetzes wurde mit der Binnenmarktkonzeption auch die Vorstellung von einer Beseitigung der Steuergrenzen verbunden[1092]. Eine gänzliche Beseitigung nationaler Regelungen war jedoch zwischen den Staaten der Gemeinschaft ausgeschlossen, da die Steuerhoheit noch nicht vergemeinschaftet war und eine Realisierung eines EU-weiten Umsatzsteuergesetzes aus diesem Grund ausschied[1093].

Besondere Bedeutung für ein einheitliches Steuerrecht der europäischen Gemeinschaft kam der sog. 6. Richtlinie 77/388 EWG vom 17. Mai 1977 zum gemeinsamen Mehrwertsteuersystem zu[1094]. Die Richtlinie enthielt detaillierte Angaben zum Gegenstand der Steuer (Steuerbarkeit), zu Befreiungen, zur Bemessungsgrundlage sowie zum Vorsteuerabzug. Lediglich die einzelnen nationalen Steuersätze konnten durch die Richtlinie nicht harmonisiert werden[1095].

Die Gesetzesinitiative der Bundesregierung, die am 27. April 1992 dem deutschen Bundestag zugeleitet wurde[1096], war erforderlich geworden, um die Richtlinie 91/680/EWG des Rates vom 16. Dezember 1991 zur Ergänzung des gemeinsamen Mehrwertsteuersystems und zur Änderung der Richtlinie 77/388/EWG[1097] in nationales deutsches Recht umzusetzen, insbesondere durch Änderung und Ergänzung des Umsatzsteuergesetzes sowie durch die Abschaffung kleinerer Verbrauchsteuern[1098].

Wesentlicher Kern der Anpassung der bundesdeutschen Umsatzsteuer war eine Regelung, die eine Belastung des innergemeinschaftlichen Warenverkehrs mit der Umsatz-

---

[1090] BGBl. 1992 I, S. 1548.
[1091] Tipke/Lang, § 14, Rz. 10; Art. 99 EGV sieht eine Harmonisierung der Rechtsvorschriften über die Umsatzsteuern vor.
[1092] KOM (85) 310 endg.
[1093] Tipke/Lang, § 14, Rz. 10.
[1094] Abl. EG 1977 Nr. L 145, 1.
[1095] Tipke/Lang, § 14, Rz. 7.
[1096] GesEntw BRg, BT-Drs. XII/2463.
[1097] Abl. EG 1991 Nr. L 376 S. 1.
[1098] GesEntw BRg, BT-Drs. XII/2463, S. 1.

steuer erst im Bestimmungsland vorsah[1099]. Soweit bei einer innergemeinschaftlichen Lieferung eine Besteuerung in einem anderen EG-Mitgliedsstaat erfolgte, wurde die Lieferung von der Steuer im Inland befreit[1100].

Bei den Verhandlungen über die künftige Umsatzbesteuerung innerhalb des europäischen Binnenmarktes war von deutscher Seite noch die Forderung erhoben worden, die Belastung des Endverbrauchers nach dem sog. „Ursprungslandprinzip“ vorzunehmen[1101]. In einem wirklichen Binnenmarkt müsse es genauso einfach sein, von Köln nach Paris zu liefern wie von Köln nach München[1102]. Diese Argumentation beruhte jedoch auf einer Fehlinterpretation. Tatsächlich muss es in einem wirklichen Binnenmarkt, in dem nationale Steuerhoheiten fortbestehen und es gerade kein einheitliches Umsatzsteuergebiet gibt, für einen Verbraucher in einem Mitgliedstaat umsatzsteuerlich irrelevant sein, ob er seine Leistung aus seinem Heimatstaat oder aus einem anderen Mitgliedsstaat bezieht[1103]. Dieses Missverständnis der deutschen Ursprungslandkommission, die maßgeblich auf die Sicht des Unternehmers abstellte, für den es gleichgültig sein soll, in welches Land er liefert, gründete sich zum einen auf die häufig verbreitete Auslegung der Umsatzsteuer als einer materiellen Unternehmersteuer und nicht als eine Besteuerung des Endverbrauchs[1104]. Zum anderen hatte diese Position auch mit den niedrigen deutschen Steuersätzen zu tun[1105], die für deutsche Unternehmer natürlich einen Wettbewerbsvorteil in anderen europäischen Mitgliedsstaaten darstellten, wenn sie einen niedrigeren Umsatzsteueranteil im Preis für ihr Produkt an den Endverbraucher weitergeben konnten.

Jedenfalls hatte sich innerhalb der Harmonisierungsbestrebungen der einzelnen europäischen Länder aus Haushaltsgründen das Bestimmungslandprinzip durchgesetzt[1106]. Im nationalen Gesetzgebungsverfahren hatte die Bundesregierung jedoch von Anfang an betont, dass es sich bei dem nun gefundenen Ergebnis lediglich um eine Übergangsregelung handele, die auf vier Jahre begrenzt sei und am 01. Januar 1997 durch eine Besteuerung im Ursprungsland ersetzt würde[1107]. Trotz erheblicher Vorbehalte gegen das beschlossene System habe man nur zugestimmt, um den freien Waren- und Personenverkehr ohne Grenzkontrollen innerhalb der Gemeinschaft nicht zu gefährden[1108].

1099 GesEntw BRg, BT-Drs. XII/2463, S. 20.

1100 GesEntw BRg, BT-Drs. XII/2463, S. 20.

1101 Vgl. das Gutachten der sog. „Ursprungslandkommission“, Schriftenreihe des BMF, Heft Nr. 52, S. 27, S. 122; Reiß, in: FS Tipke, 433, 442.

1102 Vgl. das Gutachten der sog. „Ursprungslandkommission“, Schriftenreihe des BMF, Heft Nr. 52, S. 27, S. 122.

1103 Reiß, in: FS Tipke, 433, 442.

1104 Zu dieser Vermengung von Steuererhebungstechnik und tatsächlich belastetem Steuergut, siehe Reiß, in: FS Tipke, 433, 434.

1105 Reiß, in: FS Tipke, 433, 442.

1106 GesEntw BRg, BT-Drs. XII/2463, S. 20.

1107 GesEnt BRg, BT-Drs. XII/2463, S. 20.

1108 GesEntw BRg, BT-Drs. XII/2463, S. 20; allerdings sah man nun bei der Koalition das Problem auf sich zu kommen, dass die Grenzkontrollen in die Unternehmen und Finanzämter verlagert und dort zu einem höheren Verwaltungsaufwand beitragen würden, was dazu führe, dass mit dem angestrebten europäischen Binnenmarkt keine Kostenvorteile einträten. So der FDP-Abgeordnete Schüßler in seiner Rede während der zweiten Beratung des Gesetzesentwurfs vor dem Deutschen Bundestag am 26. Juni 1992, vgl. BT-Drs. XII/100, S. 8473 (C).

Mit der Ablehnung des Bestimmungslandprinzips befand sich die Bundesregierung zumindest im Einvernehmen mit der SPD, was neben dem durch die europäischen Vorgaben ohnehin engen Handlungsspielraum[1109] dazu führte, dass das parlamentarische Verfahren frei von größeren Auseinandersetzungen zwischen Koalition und Opposition blieb. Lediglich die im Finanzausschuss aufgestellte Forderung der SPD, wonach das deutsche Bestreben nach einer möglichst kurzen Geltungsdauer der Übergangsregelung nur dadurch am besten zum Ausdruck gebracht werden könne, dass die Regelungen im deutschen Recht befristet würden[1110], zeigte eine kleine inhaltliche Abweichung[1111]. Nur durch diese Befristung, so die SPD, könne der Übergangscharakter und der feste Wille der Bundesrepublik Deutschland gegenüber den Institutionen und anderen Mitgliedsstaaten der EG dokumentiert werden, ab dem 01. Januar 1997 zu einer endgültigen Regelung überzugehen[1112]. Um die nur temporäre Geltung auch nach außen zu dokumentieren, verzichtete die Bundesregierung bewusst auf eine Integration der Neuregelungen in die bisherigen Vorschriften, sondern schuf neue Vorschriften, die den bisherigen Vorschriften systematisch zugeordnet werden konnten[1113].

In gewisser Weise war die deutsche Haltung in der europäischen Umsatzbesteuerung bezüglich des Ursprungslandes durch das Verhalten der EG-Kommission begünstigt worden, die noch in ihrem ursprünglichen Vorschlag den Übergang zu einem Ursprungslandprinzip verkündet hatte. Dieser Vorschlag war jedoch nur verfahrenstechnischer Natur und ging von Voraussetzungen aus (gleicher Steuersatz, gleiche Bemessungsgrundlage und ein funktionierendes Clearing-Verfahren), die noch gar nicht umgesetzt waren. Zwar wurde die Besteuerung technisch im Ursprungsland vorgenommen, die Einnahmen sollten jedoch im Clearing-Verfahren an das Bestimmungsland abgeführt werden, dem weiterhin die Aufkommenshoheit zustand[1114].
Da ab dem 01. Januar 1993 die Grenzkontrollen zu umsatzsteuerlichen Zwecken an den Grenzen zu anderen EG-Mitgliedstaaten entfielen, wurde die Umsatzbesteuerung grundsätzlich auf den Warenverkehr mit Drittstaaten beschränkt[1115].

Die kleinen Verbrauchsteuern auf Leuchtmittel, Salz und Zucker waren durch Art. 5 des Umsatzsteuer-Binnenmarktgesetzes aufgehoben worden, um Wettbewerbsnachteile der inländischen Industrie gegenüber der in den übrigen EG-Mitgliedstaaten ansässigen Konkurrenz zu vermeiden[1116].

Aufgrund der großen Einigkeit zwischen der Koalition und der oppositionellen SPD wurde die Beschlussvorlage am 26. Juni 1992 im Deutschen Bundestag mit großer Mehrheit verabschiedet. Am 10. Juli 1992 stimmte auch der Bundesrat zu.

[1109] So der SPD-Abgeordnete Weißgerber in seiner Rede während der zweiten Beratung des Gesetzesentwurfs vor dem Deutschen Bundestag am 26. Juni 1992, vgl. BT-PlPr. XII/100, S. 8471 (D).
[1110] Bericht des Finanzausschusses, BT-Drs. XII/2906, S. 43.
[1111] Daneben wollte die SPD auch noch die sachfremde Verbesserung der Investitionszulage im Gesetz beschlossen haben, was jedoch nicht durchgesetzt werden konnte, vgl. die Rede des SPD-Abgeordneten Weißgerber während der zweiten Beratung des Gesetzesentwurfs vor dem Deutschen Bundestag am 26. Juni 1992, vgl. BT-PlPr. XII/100, 8471 (D).
[1112] Bericht des Finanzausschusses, BT-Drs. XII/2906, S. 43.
[1113] GesEntw BRg, BT-Drs. XII/2463, S. 20.
[1114] Reiß, in: FS Tipke, 433, 443.
[1115] GesEntw BRg, BT-Drs. XII/2463, S. 20.
[1116] GesEntw BRg, BT-Drs. XII/2463, S. 21.

5.2. Gesetz zur Anpassung von Verbrauchsteuer- und anderer Gesetze (Verbrauchsteuer-Binnenmarktgesetz) vom 21. Dezember 1992[1117]

Erneut stand nach dem Umsatzsteuerbinnenmarktgesetz vom 25. August 1992[1118] innerhalb kürzester Zeit während dieser Legislaturperiode eine Umsetzung europäischer Verbrauchsteuerrichtlinien auf der Tagesordnung des Deutschen Bundestages.

Mit dem Gesetzesentwurf der Bundesregierung vom 19. November 1992 sollten in der Hauptsache die Richtlinie 91/12/EWG vom 25. Februar 1992 sowie einige andere Richtlinien über die Verbrauchsteuern auf Mineralöl, Tabak und alkoholische Erzeugnisse in deutsches Recht umgesetzt werden, um die verbrauchsteuerrechtlichen Regelungen an die Beseitigung der Grenzkontrollen anzupassen[1119].
Aufgrund der langfristig gewachsenen Besteuerungspraxen mit vielen nationalen Besonderheiten war es erklärtes Ziel mit Hilfe der Richtlinien, einerseits nur eine behutsame Annäherung der Strukturen und Sätze vorzunehmen, um die Mitgliedsstaaten nicht zu überfordern, anderseits aber so hinreichend, um Wettbewerbsverzerrungen und betrügerische Handlungen zu verhindern[1120]. Zwar konnten die in Deutschland vorhandenen Steuerstrukturen im Wesentlichen beibehalten werden, allerdings erforderte die Umstellung der bisherigen Systeme der Steuerschuldentstehung durch die Verbrauchsteuerrichtlinien, insbesondere die Richtlinie 92/12/EWG, einige Änderungen[1121].

Parallel zur allgemeinen Umsatzsteuer wurde die Besteuerung bei der Einfuhr sowie die Steuerbefreiung bei der Ausfuhr auf den Warenverkehr mit Drittländern beschränkt, da die Kontrollen zu verbrauchsteuerlichen Zwecken an den Grenzen zu anderen EG-Mitgliedstaaten ab dem 01. Januar 1993 entfielen.

Im Gegensatz zur Umsatzbesteuerung blieb es bei den besonderen Verbrauchsteuern jedoch beim Bestimmungslandprinzip mit der Ausnahme des Warenerwerbs durch private Verbraucher im Reiseverkehr. Das bedeutete, dass ab dem 01. Januar 1993 Waren, die ein Verbraucher zum eigenen Bedarf aus einem anderen EG-Mitgliedsstaat in seine Heimat mitgebracht hatte, in dem EG-Mitgliedstaat besteuert wurden, in dem sie auch erworben worden waren. Da es beim innergemeinschaftlichen Handel aber beim Bestimmungsprinzip blieb, wurden Waren mit einem Begleitdokument unversteuert in ein Steuerlager versandt. Die Steuer sollte erst nach Beendigung des Steueraussetzungsverfahrens, in der Regel mit der Abgabe zum Verbrauch, entstehen[1122].

Darüber hinausgehende Änderungen der Verbrauchsteuern fanden nur in einem sehr geringen Maße statt, so bei den Feinschnittrollen (sog. „Steckzigaretten").
Im ursprünglichen Gesetzesentwurf der Bundesregierung sollten Feinschnittrollen ab dem 01. Januar 1994 verbrauchsteuertechnisch den Zigaretten gleichgestellt werden[1123]. Diese Maßnahme wurde im Finanzausschuss, dem die Gesetzesinitiative am

[1117] BGBl. 1992 I, S. 169.
[1118] Vgl. Kap. 5.1 dieses Hauptteils.
[1119] GesEntw BRg, BT-Drs. XII/3432 S. 1.
[1120] GesEntw BRg, BT-Drs. XII/3432, S. 67.
[1121] GesEntw BRg, BT-Drs. XII/3432, S. 68.
[1122] GesEntw BRg, BT-Drs. XII/3432, S. 67.
[1123] GesEntw BRg, BT-Drs. XII/3773, S. 68.

24. November 1992 zur Beratung überwiesen worden war, einstimmig abgeändert[1124]. Anstelle der Gleichstellung der Steckzigarette mit der Fabrikzigarette wurde ein bis Ende 1995 befristeter Zwischensteuersatz eingeführt, der so bemessen sein sollte, dass die Differenz der Tabaksteuerbelastung von der Fabrikzigarette und der Steckzigarette von aktuell 9, 4 Pf./Stück auf 3 Pf./Stück reduziert wurde. Interessanterweise ließ sich der Finanzausschuss auch von haushaltspolitischen Erwägungen leiten, die trotz anderslautender Begründung im Gesetzesentwurf der Bundesregierung für die Neuregelung eigentlich keine Rolle gespielt hatten[1125].

Die Neuregelung war nach der Auffassung des Finanzausschusses ein vernünftiger Kompromiss zwischen arbeitsmarktpolitischen und haushaltspolitischen Erwägungen. Durch die betroffenen Unternehmen und Landwirten gewährte Übergangsfrist sollten Arbeitsplätze und Produktion gesichert werden, um so die notwendigen strukturellen Anpassungen zu ermöglichen. Andererseits sollte das weitere Anwachsen der Steckzigarettenproduktion aufgrund der daraus resultierenden gravierenden haushaltspolitischen Folgen verhindert werden[1126]. Aufgrund einer Forderung aus den Anhörungen senkte der Finanzausschuss auch den Steuertarif auf Zigarren und Zigarillos von 13 v.H. auf den von der Richtlinie geforderten Mindestsatz von 5 v.H., um Wettbewerbsverzerrungen zu Lasten der deutschen Zigarren- und Zigarilloindustrie gegenüber anderen EG-Staaten zu vermeiden[1127].

Über die Änderungen bei den Verbrauchsteuern hinaus enthielt der Gesetzesentwurf unter anderem auch noch eine Reform des Investitionszulagengesetzes[1128]. Während es bei den Anpassungen der verbrauchsteuerrechtlichen Regelungen keine größeren Meinungsverschiedenheiten gab, wurde die Frage der Zukunft der Investitionszulage sowohl im Ausschuss als auch in den parlamentarischen Debatten ausführlich und kontrovers besprochen[1129]. Die SPD-Fraktion brachte hierzu sogar einen eigenen Entwurf ins parlamentarische Verfahren ein[1130].

Letztlich konnte aber ein Kompromiss gefunden werden, da sowohl die Vorlage, die der Finanzausschuss schließlich dem Bundestag vorlegte, als auch der abweichende Oppositionsantrag vom Ausschuss einstimmig verabschiedet bzw. für erledigt erklärt wurden[1131]. Allerdings erklärte die SPD-Opposition, dass sie das Entgegenkommen der Koalition bezüglich des Investitionszulagengesetzes eigentlich immer noch für unzureichend hielt und eine Zustimmung nur deswegen erfolgt war, weil der Gesetzesent-

---

[1124] Bericht des Finanzausschusses, BT-Drs. XII/3893, S. 153.
[1125] GesEntw BRg, BT-Drs. XII/3773, S. 71.
[1126] Bericht des Finanzausschusses, BT-Drs. XII/3893, S. 153.
[1127] Bericht des Finanzausschusses, BT-Drs. XII/3893, S. 153.
[1128] GesEntw BRg, BT-Drs. XII/3773, S. 1.
[1129] Bericht des Finanzausschusses, BT-Drs. XII/3893, S. 154; während der SPD-Abgeordnete Weißgerber die Einigung als Fortschritt bezeichnete, insbesondere was die neue deutlich gesteigerte Investitionshilfe für die neuen Länder anbelangte, vgl. dessen Rede während der zweiten Beratung des Gesetzesentwurfs vor dem Deutschen Bundestag am 02. Dezember 1992, BT-PlPr. XII/126, S. 10893 (A), mahnte der FDP-Abgeordnete Rind, dass die vorgesehenen Verbesserungen nur aus Haushaltseinsparungen finanziert werden dürften, ebd., S. 10894 (A).
[1130] GesEntw Fraktion der SPD, BT-Drs. XII/3531.
[1131] Bericht des Finanzausschusses, BT-Drs. XII/3893, S. 153 u. 157.

wurf nach den Ausschussberatungen zumindest teilweise einer von ihr seit langem geforderten Verbesserung der Investitionszulage entsprach[1132].

Zur weiteren Förderung der privaten Investitionstätigkeit in den neuen Bundesländern sah die ursprüngliche Regierungsvorlage eine generelle Verlängerung der Investitionszulage für das Beitrittsgebiet für Investitionen in bewegliche Wirtschaftsgüter des Anlagevermögens um weitere zwei Jahre bis zum 31. Dezember 1996 vor. Die Investitionsdynamik war in den neuen Ländern noch nicht so ausreichend in Gang gekommen, um eine rasche Angleichung der Lebensverhältnisse zu ermöglichen, weshalb nach Ansicht der Bundesregierung ein ausgeprägtes aber befristetes Fördergefälle zugunsten der jungen Länder weiterhin gerechtfertigt war, um ihren Aufholprozess weiter zu beschleunigen[1133]. Die künftige Investitionszulage betrug 8 v.H., sofern mit der Investition vor dem 01. Juli 1994 begonnen wurde und 5 v.H. sofern der Investitionsbeginn ab diesem Zeitpunkt erfolgte[1134]. Daneben war auch ein Abbau der Investitionszulagen für Berlin (West) vorgesehen, um einer Entscheidung der EG-Kommission vom 31. Juli 1992 Rechnung zu tragen, nach der diese Förderung ab einem bestimmten Zeitpunkt nicht mehr zulässig war[1135].

Schließlich erweiterte der Finanzausschuss die vom Gesetzesentwurf ohnehin vorgesehene Grundförderung noch um eine erhöhte Investitionszulage von 20 v.H., die ebenfalls nur die Wirtschaftsförderung in Ostdeutschland vor Augen hatte. Diese sollte für Investitionen in bewegliche Wirtschaftsgüter des Anlagevermögens bis zur Höhe von 1 Mio. DM von allen am 9. November 1989 im Beitrittsgebiet ansässigen Investoren gelten, und zwar jährlich von 1993 bis 1996, soweit es sich um Investitionen im Handwerk und im verarbeitenden Gewerbe handelte[1136].
Wesentliche Motivation für die Neuregelung war die Unterentwicklung des gewerblichen Mittelstandes in der DDR zum Zeitpunkt der Grenzöffnung, der trotz erfolgter staatlicher Maßnahmen immer noch nicht ausreichend leistungsfähig war[1137].

Konsequenterweise sollte die Förderung auf solche Wirtschaftsbereiche beschränkt bleiben, die nach Auffassung des Ausschusses besondere Schwierigkeiten im Umstrukturierungsprozess hatten, wie etwa das Handwerk und das verarbeitende Gewerbe[1138]. Eine Einbeziehung des Handelsgewerbes in die Förderung schloss der Ausschuss aus diesem Grunde aus, weil sich in diesem Wirtschaftsbereich bereits eine günstige Entwicklung vollzogen hatte. Zwar wurde ein Vorschlag der SPD-Fraktion, eine Unterscheidung zwischen kleinen und mittleren Handelsbetrieben einerseits und den großen Supermärkten und Filialen der Handelsketten andererseits vorzunehmen, durchaus erwogen, allerdings gab es für die Mehrheit kein sinnvolles Abgrenzungskriterium, um zu einer befriedigenden Lösung zu gelangen[1139].

[1132] Bericht des Finanzausschusses, BT-Drs. XII/3893, S. 156.
[1133] GesEntw BRg, BT-Drs. XII/3773, S. 69.
[1134] GesEntw BRg, BT-Drs. XII/3773, S. 99.
[1135] GesEntw BRg, BT-Drs. XII/3773, S. 69.
[1136] Bericht des Finanzausschusses, BT-Drs. XII/3893, S. 154.
[1137] Bericht des Finanzausschusses, BT-Drs. XII/3893, S. 167.
[1138] Bericht des Finanzausschusses, BT-Drs. XII/3893, S. 167.
[1139] Bericht des Finanzausschusses, BT-Drs. XII/3893, S. 155.

Während die Einbeziehung der Handelsbetriebe von der SPD nur als Vorschlag in die Diskussion eingebracht worden war[1140], konnte sie sich mit einer ihrer zentralen Vorstellungen über die Investitionszulage, nämlich die Erweiterung der Zulage auf Investitionen in Wirtschaftsgebäude, nicht durchsetzen[1141]. Für die SPD-Fraktion waren die ostdeutschen Betriebe gegenüber ihren westdeutschen Konkurrenten im Wettbewerb deshalb benachteiligt, weil sie die Förderabschreibungen nach dem Fördergebietsgesetz in Höhe von 50 v.H. für Investitionen in Betriebsgebäude aufgrund ihrer nachhaltig schlechten Gewinnsituation nicht ausnutzen konnten[1142]. Wegen der zusätzlichen hohen Haushaltsbelastung, die selbst bei einer Absenkung der begünstigten Investitionssumme auf nur noch 250 000 DM immer noch rd. 5, 7 Mrd. DM betragen hätte, sahen die Koalitionsfraktionen jedoch von einer solchen Förderung ab[1143]. Es wurde argumentiert, dass es andere Wege gebe, für Betriebsgebäude Investitionsmittel zu gewinnen, z.B. das staatliche Eigenkapitalhilfsprogramm, das in kürzerer Zeit eine Aufstockung erfahre, aber auch von privater Seite sei Geld günstiger für Betriebsgebäude zu erhalten, da diese leichter zu beleihen seien[1144].

Das Verbrauchsteuerbinnenmarktgesetz wurde mit den vorgenommenen Änderungen vom Deutschen Bundestag am 02. Dezember 1992 einstimmig verabschiedet. Am 18. Dezember stimmte auch der Bundesrat dem Gesetzespaket zu.

5.3 Gesetz zur Änderung des Umsatzsteuergesetzes und anderer Gesetze vom 09. August 1994[1145]

Diese Gesetzesinitiative der Bundesregierung auf dem Gebiet der Umsatzsteuer betraf erneut die Umsetzung von drei europäischen Richtlinien in das nationale Recht[1146]. Schwergewicht der umsatzsteuerrechtlichen Neuregelung war die Ausdehnung der sog. Differenzbesteuerung über gebrauchte Kraftfahrzeuge hinaus auf gebrauchte Gegenstände aller Art sowie auf Kunstgegenstände, Sammlungsstücke und Antiquitäten[1147]. Mit der Einführung der Differenzbesteuerung wurde die Richtlinie 94/5/EG des Rates vom 14. Februar 1994 (Abl. EG 1994 Nr. L 60 S. 16, 14) zur Ergänzung des gemeinsamen Mehrwertsteuersystems und zur Änderung der Richtlinie 77/388/EWG in nationales Recht umgesetzt.

Nach der neuen Richtlinie war bei Lieferungen von Gebraucht-, Kunst- sowie Sammlungsgegenständen und Antiquitäten, die ein Unternehmer von einem nicht zum Vorsteuerabzugberechtigten erworben hatte, nur noch der Unterschied zwischen dem Verkaufs- und dem Ankaufspreis der Umsatzsteuer zu unterwerfen, wobei grundsätzlich der allgemeine Steuersatz gelten sollte[1148].

1140 Bericht des Finanzausschusses, BT-Drs. XII/3893, S. 155.
1141 Bericht des Finanzausschusses, BT-Drs. XII/3893, S. 154.
1142 Bericht des Finanzausschusses, BT-Drs. XII/3893, S. 154.
1143 Bericht des Finanzausschusses, BT-Drs. XII/3893, S. 154.
1144 Bericht des Finanzausschusses, BT-Drs. XII/3893, S. 154.
1145 BGBl. 1994 I, S. 2058.
1146 GesEntw BRg, BT-Drs. XII/7842, S.
1147 Bericht des Finanzausschusses, BT-Drs. XII/7981, S. 11.
1148 GesEntw BRg, BT-Drs. XII/7686, S. 5.

Da sich die Bundesregierung bei den Verhandlungen über die Richtlinie grundsätzlich gegen eine Einführung der Differenzbesteuerung ausgesprochen hatte, weil man ansonsten hohe Steuerausfälle befürchtete, hatte die Richtlinie 94/5/EG der Bundesrepublik eingeräumt, weiterhin das allgemeine Besteuerungssystem anwenden zu können. Die Bundesrepublik nahm diese Sonderregelung deshalb nicht wahr, weil neuere Schätzungen ergeben hatten, dass die Steuerausfälle weit niedriger waren als befürchtet[1149]. Im Gesetzesentwurf wurden die Steuermindereinnahmen durch die Differenzbesteuerung auf 100 Mio. DM jährlich beziffert[1150].

Im Finanzausschuss wurde die Gesetzesvorlage um eine weitere Sachregelung ergänzt. Die durch das Gesetz zur Umsetzung des Föderalen Regierungsprogramms vom 23. Juni 1993[1151] teilweise aufgehobene Steuerermäßigung für Filme, die weder einen pornographischen noch gewaltverherrlichenden Inhalt hatten, wurde wieder eingeführt. Die Ermäßigungsvorschrift des § 12 Abs. 2 Nr. 7 UStG wurde so neu gefasst, dass generell alle Filme, die weder pornographisch noch gewaltverherrlichend waren, nur noch dem ermäßigten Umsatzsteuersatz von 7 v.H. unterlagen[1152].
Daneben wurde außerdem die Richtlinie 94/4/EG ins nationale Recht umgesetzt, nach der die Höchstgrenze von steuerfreien Verkäufen an Bord von Schiffen oder Flugzeugen im innergemeinschaftlichen Reiseverkehr von 115 DM auf 170 DM angehoben wurde[1153]. Weiterhin wurde die Verwaltung von Versorgungseinrichtungen des § 1 Abs. 4 VAG von der Umsatzsteuer befreit. Außerdem wurde eine Änderung bei der Kraftfahrzeugsteuer vorgenommen, um die Umsetzung der Richtlinie 93/89/EWG in nationales Recht durchzuführen. Nach dieser Änderung waren ausländische Fahrzeuge mit einem verkehrsrechtlich zulässigem Gesamtgewicht von mindestens 12 000 kg aus der grundsätzlich bestehenden Kraftfahrzeugsteuerpflicht für das Halten von ausländischen Fahrzeugen zum Verkehr auf öffentlichen Straßen während eines Inlandaufenthaltes ausgenommen[1154].

Daneben enthielt das Gesetz noch Änderungen, die zur Vermeidung von Doppel- bzw. Nichtbesteuerung beitragen sollten[1155].

Inhaltliche Differenzen bestanden innerhalb der Regierungskoalition und dem Großteil der Opposition, wie typischerweise bei Vorlagen, die Gemeinschaftsrecht umsetzten, nicht[1156]. Am 17. Juni 1994 verabschiedete der Bundestag das Gesetz, am 08. Juli 1994 erfolgte die Zustimmung durch den Bundesrat.

[1149] GesEntw, BRg, BT-Drs. XII/7686, S. 5.
[1150] GesEntw, BRg, BT-Drs. XII/7686, S. 6.
[1151] Vgl. Kap. 4.5. dieses Hauptteils.
[1152] Bericht des Finanzausschusses, BT-Drs. XII/7981, S. 13.
[1153] GesEntw BRg, BT-Drs. XII/7842, siehe 7686, S. 5.
[1154] GesEntw BRg, BT-Drs. XII/7842, siehe 7686, S. 5.
[1155] GesEntw BRg, BT-Drs. XII/7842, siehe 7686, S. 5.
[1156] Vgl. Bericht des Finanzausschusses, BT-Drs. 7981, S. 12; der Finanzausschuss stimmte einstimmig für den Gesetzesentwurf bei Abwesenheit von B 90/DIE GRÜNEN und der PDS.

6. Sonstige Steuerreformgesetze

6.1. Verordnung zur Aufhebung von kraftfahrzeugsteuerlichen Sondervorschriften vom 07. Juni 1991[1157]

Es sollte nur etwa anderthalb Jahre dauern, bis die vom liberalen Regierungspartner während der Verabschiedung des Gesetzes über Gebühren für die Benutzung von Bundesfernstraßen mit schweren Lastfahrzeugen vom 30. April 1990 geäußerte Befürchtung zur Einführung einer Verordnungsermächtigung Realität werden sollten[1158].

Die Absenkung der Kraftfahrzeugsteuer für schwere Nutzfahrzeuge gem. §§ 9a und 10 Abs. 6 KraftStG, die erst durch Art. 2 des Gesetzes über Gebühren für die Benutzung von Bundesfernstraßen mit schweren Lastfahrzeugen vom 30. April 1990 am 01. Juli in Kraft getreten war, wurde bereits am 07. Juni 1991 im Verordnungswege mit Wirkung zum 01. März 1991 wieder aufgehoben.
Der Grund für die Aufhebung der kraftfahrzeugsteuerlichen Sondervorschriften lag darin, dass der Europäische Gerichtshof mit einer einstweiligen Verordnung den Gesetzesvollzug bezüglich der Straßengebühr außer Kraft gesetzt hatte. Die danach noch übriggebliebene Senkung der Kraftfahrzeugsteuertarife stellte eine ungerechtfertigte Belastungsveränderung dar, die aus finanz-, umwelt- und verkehrspolitischen Gründen rückgängig zu machen war[1159].
Die für den Erlass der Verordnung erforderliche Zustimmung wurde vom Bundesrat am 07. Juni 1991 erteilt.

6.2. Gesetz zur Neuregelung der Zinsbesteuerung (Zinsabschlagsgesetz) vom 09. November 1992[1160]

Mit der Einbringung einer Gesetzesvorlage für ein Gesetz zur Neuregelung der Zinsbesteuerung[1161] am 30. April 1992 in den Deutschen Bundestag wurde die christlich-liberale Regierung von den Versäumnissen gegen Ende der letzten Legislaturperiode eingeholt, eine befriedigende Lösung für das Problem der Besteuerung von Kapitalerträgen zu finden[1162].

Zur damaligen Zeit hatte die Regierung offensichtlich keinen zwingenden Handlungsbedarf für eine Neuregelung gesehen und die mit dem Steuerreformgesetz 1990 geschaffene Quellensteuer innerhalb eines Jahres wieder abgeschafft. Da in den damaligen Debatten, insbesondere was den Bundesminister der Finanzen anbetraf, keinerlei Ansatzpunkte zu finden waren, dass er bei der Abschaffung besondere verfassungsrechtliche Implikationen befürchtete, verwundert es nicht, dass der Anstoß für diese erneute Initiative nicht von der Regierung ausging, sondern ein Bundesverfassungsge-

---

1157 BGBl. 1991 I, S. 1223.
1158 Vgl. dazu die Maßnahmen der vorangegangenen Legislaturperiode, Kap. V. 5.2.
1159 VO BRg, BR-Drs. 312/91, S. 3.
1160 BGBl. 1992, S. 1853.
1161 GesEntw BRg, BT-Drs. XII/2501.
1162 Eigentlich trifft das Versäumnis alle Regierungen seit dem Jahre 1967, denn schon in diesem Jahr hatte der wissenschaftliche Beirat beim Bundesminister der Finanzen in seinem Gutachten zur Reform der direkten Steuern vorgeschlagen, das Quellenabzugsverfahren auf weitere Kapitaleinkünfte auszuweiten, da eine Nichtanwendung erheblich zur Steuerhinterziehung anrege, vgl. Schriftenreihe des BMF, Heft Nr. 9, 1967, S. 44.

richtsurteil das Finanzministerium zwang, den schon damals beim Steuerreformgesetz 1990 zwar erkannten, aber für nicht so gravierend gehaltenen Zielkonflikt zwischen dem Gleichheitsatz und dem Datenschutz des Steuerpflichtigen zu lösen.

Mit Urteil vom 27. Juli 1991 (2 BvR 1493/89) hatte das Bundesverfassungsgericht den Gesetzgeber verpflichtet, eine Regelung für die Besteuerung von Kapitalerträgen zu erlassen, nach der die Steuerpflichtigen rechtlich und tatsächlich gleich belastet würden. Dabei wiederholte das Bundesverfassungsgericht in seinem Urteil diejenigen Argumente, die bereits beim Deutschen Juristentag im Jahre 1988 vorgebracht worden waren. Das Bundesverfassungsgericht verwies darauf, dass der Gesetzgeber in den § 2 Abs. 1 Nr. 5, § 20 Abs. 1 Nr. 8 EStG 1979 und den entsprechenden späteren Regelungen zwar einen Besteuerungstatbestand geschaffen habe, der die gleichheitsgerechte Besteuerung aller Zinseinkünfte zugrundelege[1163], rügte jedoch gleichzeitig, dass die Durchsetzung dieses Steueranspruchs erhebliche Mängel aufweise, da der Gesetzgeber die Steuerbelastung der Einkünfte aus Kapitalvermögen nicht durch eine Quellensteuer herstelle. In der Veranlagungswirklichkeit hänge die tatsächliche Steuerbelastung der Zinserträge nämlich davon ab, so das Bundesverfassungsgericht weiter, ob der Steuerpflichtige seine Einkünfte aus Kapitalvermögen erkläre oder verschweige[1164]. Der verfassungsrechtliche Grundsatz der Belastungsgleichheit umfasse aber nicht nur die Gleichheit der normativen Steuerpflicht sondern auch die Gleichheit bei deren Durchsetzung in der Steuererhebung[1165]. Eine Steuerbelastung, die aber nahezu allein auf der Erklärungsbereitschaft des Steuerpflichtigen beruhe, weil die Erhebungsregelungen Kontrollen der Steuererklärungen weitgehend ausschlössen, treffe nicht mehr alle Steuerpflichtigen gleichermaßen und verfehle damit die steuerliche Lastengleichheit[1166].

Das Bundesverfassungsgericht hatte weiterhin deutlich gemacht, dass eine solche Ungleichmäßigkeit der Belastung nicht durch gesamtwirtschaftliche Erwägungen, die bei der Abschaffung der kleinen Kapitalertragsteuer auch von der Bundesregierung und der Koalition vorgetragen worden waren, wie etwa die Erfordernisse des Kapitalmarktes, zu rechtfertigen sei[1167]. Diese Rechtsprechung zwang die Bundesregierung, wesentliche Änderungen im Einkommensteuerrecht vorzunehmen, die, abgesehen vom Steuersatz, überwiegend wieder der Konzeption der kleinen Kapitalertragsteuer des Steuerreformgesetzes 1990 entsprachen. Wesentlichster Bestandteil der Neuregelung war wiederum die Einführung eines anrechenbaren Zinsabschlages, wonach ein Quellenabzug in Höhe von 25 v.H. auf Zinsen aus einer Kapitalforderung von Steuerinländern nach dem ursprünglichen Gesetzesentwurf einbehalten werden sollte.

Zusätzlich wurde allerdings der Sparerfreibetrag durch eine Erhöhung auf 6 000 DM/12 000 DM (Alleinstehende/Verheiratete) immerhin verzehnfacht.

Grundlage dieses Gesetzesentwurfs waren die von den Regierungsparteien am 11./12. November vereinbarten Eckdaten, die von einer Koalitionsarbeitsgruppe („Zinskom-

[1163] BVerfGE 84, 239, 275.
[1164] BVerfGE 84, 239, 275.
[1165] BVerfGE 84, 239, 271.
[1166] BVerfGE 84, 239, 273.
[1167] BVerfGE 84, 239, 274.

mission") zur besseren und gleichmäßigeren Erfassung von Zinserträgen erarbeitet worden waren[1168]. Etwaige andere Modelle, die sich zu einer möglichen gleichmäßigeren Besteuerung von Zinseinkünften angeboten hätten, wie etwa verschiedene Varianten eines Kontrollverfahrens, Alternativen eines Steuerabzugsverfahrens – Abgeltungssteuer oder anrechenbarer Steuerabzug mit Vorauszahlungscharakter –, sogar die eventuelle Nichtbesteuerung von Zinserträgen, wurden von der Kommission zugunsten eines anrechenbaren Steuerabzugs mit Vorauszahlungscharakter (Zinsabschlag) sowie einer kräftigen Anhebung der Sparerfreibeträge verworfen [1169].

Das verabschiedete Konzept stellte für die Kommission und die Bundesregierung den besten Weg zur Erfüllung des verfassungsgerichtlichen Auftrages dar. Damit verbunden war die Schonung des Kapitalmarktes sowie die Befreiung kleiner und mittlerer Kapitaleinkommen von der Einkommensteuer. Des Weiteren konnte die Zinsbesteuerung mit einem angemessenen Verwaltungsaufwand durchgeführt sowie eine rückwirkende Gültigkeit auf die Zeit vor 1993 vermieden werden[1170]. Es wurde außerdem argumentiert, dass ein Zinsabschlag auch am ehesten dazu geeignet sei, die Harmonisierung der steuerlichen Erfassung von Zinszahlungen in der Europäischen Gemeinschaft zu berücksichtigen, was im Jahr vor Beginn des gemeinsamen europäischen Binnenmarktes ein ausgesprochen tragfähiges Argument war[1171].
Daneben wurde die neue Quellensteuer durch eine Reihe von erhöhten Freibeträgen flankiert. Der Freibetrag für Kapitalvermögen im Rahmen der Vermögensteuer sollte auf 100 000 DM/200 000 DM verzehnfacht, der Altersfreibetrag auf 50 000 DM bei gleichzeitigem Wegfall der Gesamtvermögensgrenzen auf 50 000 DM vereinheitlicht werden. Parallel dazu sollte ein Freibetrag von insgesamt 100 000 DM für Kapitalvermögen bei einem Erwerb von Todes wegen eingeführt werden. Die Erhöhung bzw. Einführung dieser Freibeträge ergab sich für die Bundesregierung aus der Erhöhung der Sparerfreibeträge, da auf der einen Seite nicht die Erträge eines Vermögens von der Einkommensteuer befreit werden konnten, nur um dann auf der anderen Seite den Vermögensstamm mit Erbschaft- und Vermögensteuer zu belasten[1172].

Schließlich wollte die Bundesregierung auch der zunehmenden Bedeutung der Kapitalbildung und der dadurch erzielbaren Erträge für eine existenzsichernde Versorgung vor allem im Alter gerecht werden, da sie diese Form der Eigenvorsorge insbesondere für den Mittelstand als besonders wichtig erachtete[1173]. Aus diesem Grund sah das Gesetz die Anhebung des Sonderausgaben-Vorwegabzuges von 4 000 DM/8 000 DM (Alleinstehende/Verheiratete) auf 6 000 DM/12 000 DM vor. Der Grundhöchstbetrag für Vorsorgeaufwendungen von Arbeitnehmern und Selbstständigen wurde von 2 340 DM/4 680 DM (Alleinstehende/Verheiratete) auf 2 610 DM/ 5 220 DM angehoben. Zuletzt wurden sowohl der Versorgungs-Freibetrag als auch der Entlastungsfreibetrag auf 6 000 DM erhöht[1174].

[1168] GesEntw BRg, BT-Drs. XII/2501, S. 11.
[1169] GesEntw BRg, BT-Drs. XII/2501, S. 11.
[1170] GesEntw BRg, BT-Drs. XII/2501, S. 11.
[1171] GesEntw BRg, BT-Drs. XII/2501, S. 11.
[1172] GesEntw BRg, BT-Drs. XII/2501, S. 11.
[1173] GesEntw BRg, BT-Drs. XII/2501, S. 11.
[1174] GesEntw BRg, BT-Drs. XII/2501, S. 12.

Die Initiative war vom Bundesrat bereits in seiner ersten Stellungnahme scharf kritisiert worden. Mit seinem Beschluss vom 15. Mai 1992 verurteilte der Bundesrat die Regierungsvorlage aus grundsätzlichen Erwägungen als unannehmbar[1175]. Besonders bemängelt wurde der rechtspraktische Gesichtspunkt, dass bei einem individuellem Steuersatz über 25 v.H. eine vollständige Durchsetzung des Besteuerungsanspruches auf Zinserträge aufgrund fehlender Kontrollmöglichkeiten nach wie vor nicht sichergestellt sei, weil in diesen Fällen eine Steuerhinterziehung immer noch attraktiv bleibe[1176]. Daneben rügte der Bundesrat das Reformpaket auch noch aus zwei fiskalischen Gesichtspunkten. Nach Ansicht des Bundesrates sollten die zu erwartenden Mehreinnahmen nicht zur Verbesserung der Altersvorsorge verwendet werden, sondern vielmehr zur anstehenden Anhebung des Grundfreibetrages sowie zur Sicherstellung der durch das Steueränderungsgesetz 1992 beschlossenen Verbesserung des Familienlastenausgleichs[1177].

Auch die SPD im Bundestag vertrat ein gänzlich gegensätzliches Konzept, dem zufolge die Sicherstellung einer gleichmäßigen Zinsbesteuerung vor allem über das formelle Besteuerungsverfahren zu gewährleisten war. Die Opposition verfolgte im federführenden Finanzausschuss, dem die Gesetzesvorlage in der 91. Sitzung des Deutschen Bundestages am 07. Mai 1992 überwiesen worden war, die Abschaffung des Bankenerlasses, sowie die Einführung umfangreicher Kontroll- und Überprüfungsmöglichkeiten für die Finanzbehörden, die eine möglichst umfangreiche Sicherstellung aller steuerpflichtigen Zinseinkünfte gewähren sollten[1178]. Ebenso wie der Bundesrat bestand für die SPD-Fraktion ein erhebliches Problem des von der Bundesregierung eingebrachten Gesetzesentwurfs darin, dass ein Zinsabschlag in Höhe von 25 v.H. eine Durchsetzung des materiellen Steueranspruchs dann nicht mehr sicherstellen würde, wenn der persönliche Steuersatz des Steuerpflichtigen weit über 25 v.H. liege. In diesem Falle könne eine gleichmäßige Besteuerung nur dadurch erreicht werden, dass die Wahrscheinlichkeit einer Aufdeckung der Steuerhinterziehung durch das Stichprobenverfahren für den Betroffenen so groß sei, dass dieser seine Einkünfte freiwillig deklariere. Die SPD folgte damit der grundsätzlichen Aussage des Bundesverfassungsgerichts, dass das Deklarationsprinzip im Veranlagungsverfahren der Ergänzung durch das Verifikationsprinzip bedürfe[1179].

Die Mehrheit im Finanzausschuss und schließlich auch im Bundestag war jedoch anderer Auffassung. Die Abschaffung des Bankenerlasses sei in der Lage, das Vertrauensverhältnis zwischen Bankkunden und Kreditinstituten so nachhaltig zu erschüttern, dass mit einer erheblichen Kapitalflucht ins Ausland gerechnet werden müsse[1180].
Als Konsequenz sah sich der Bundesrat in seiner Sitzung am 26. Juni 1992 gezwungen, das Gesetz, das der Bundestag am 05. Juni 1992 verabschiedet hatte, abzulehnen und den Vermittlungsausschuss anzurufen[1181].

[1175] Beschluss BR, BR-Drs. 246/92.
[1176] Beschluss BR, BR-Drs. 246/92, S. 2
[1177] Beschluss BR, BR-Drs. 246/92, S. 2.
[1178] Bericht des Finanzausschusses, BT-Drs. XII/2736, S. 31.
[1179] Bericht des Finanzausschusses, BT-Drs. XII/2736, S. 41.
[1180] Bericht des Finanzausschusses, BT-Drs. XII/2736, S. 33.
[1181] Beschluss BR, BR-Drs. 408/92.

Im Vermittlungsausschuss schließlich konnte man sich auf den Kompromiss einigen, den Steuersatz für die Zinsabschlagsteuer auf 30 v.H. anzuheben. Auf die Anhebung der Freibeträge bei der Vermögen- und bei der Erbschaftsteuer wurde ebenso verzichtet wie beim Altersentlastungsbetrag[1182].

Sofern die Opposition über den Bundesrat Politik betreiben wollte, war sie bei der Arbeit zu diesem Gesetz im Vermittlungsausschuss von ihren Parteigenossen aus den Bundesländer im Stich gelassen worden. Denn die SPD-Bundestagsfraktion war mit dem im Vermittlungsausschuss erzielten Ergebniss offensichtlich nicht zufrieden. Anders lässt sich die Kritik zweier prominenter Mitglieder der Bundestagsfraktion[1183] am nun gültigen Gesetz nicht erklären. Der im Vermittlungsausschusses zustandegekommene Kompromiss, so lautete der Vorwurf, habe die gerügten Mängel der ursprünglichen Regierungsvorlage nicht beseitigt. Für Steuerpflichtige, die einem höheren persönlichen Steuersatz als nunmehr 30 v.H. unterlägen, bedeute eine Steuerhinterziehung weiterhin eine attraktive Option, zumal es durch die Beibehaltung der gesetzlichen Verankerung des Bankenerlasses in § 30a AO nach wie vor an effektiven Kontrollmöglichkeiten für die Finanzverwaltung fehle. Damit sei der vom Bundesverfassungsgericht gerügte Gleichheitsmangel im Gesetzesvollzug durch das Gesetz nicht behoben worden[1184]. Plakativ wurde der konstatierte Gerechtigkeitsmangel mit dem Ausspruch: „Der Ehrliche ist immer noch der Dumme“[1185], auf den Punkt gebracht.
Diese Kritik konnte allerdings nicht verhindern, dass der Bundestag am 8. Juli 1992 mit der Koalitionsmehrheit dem Gesetzesentwurf zustimmte, dem der Bundesrat am 24. September 1992 mit der Annahme des Gesetzesentwurfs folgte.

6.3. Gesetz zur Förderung eines freiwilligen ökologischen Jahres (FÖJ - Förderungsgesetz – FÖJG) vom 17. Dezember 1993[1186]

Weil der Bundestag dem gesellschaftsbezogenen Engagement im ökologischen Bereich den gleichen Stellenwert wie anderen freiwilligen gesellschaftlichen Leistungen einräumte, wurde am 1. Juli 1993 das Gesetz zur Förderung eines freiwilligen ökologischen Jahres verabschiedet, mit dem eine Gleichstellung der Förderung von Teilnehmerinnen und Teilnehmern an einem freiwilligen ökologischen Jahr mit den Teilnehmern eines sozialen Jahres erreicht werden sollte[1187]. Als steuerrechtliche Förderung war eine Berücksichtigung über 18 Jahre alter, aber noch nicht 27 Jahre alter Kinder, wenn sie ein freiwilliges ökologisches Jahr nach dem Gesetz zur Förderung eines freiwilligen ökologischen Jahres im Rahmen des § 32 Abs. 4 Nr. 6 EStG ab 1994 leisteten, vorgesehen.

[1182] Beschlussempfehlung des Vermittlungsausschusses, BT-Drs. XII/2988.
[1183] U.a. von der finanzpolitischen Sprecherin der SPD-Fraktion, Matthäus-Maier.
[1184] Vgl. die SchrErkl nach § 31 GeschOBT der SPD-Abgeordneten Matthäus-Maier sowie v. Larcher, BT-Drs. XII/107, 9207 (C) – 9208 (C).
[1185] Ebd.
[1186] BGBl. 1993 I, S. 2118.
[1187] GesEntw BRg, BT-Drs. XI/4716, S. 1.

6.4. Gesetz zur Bekämpfung des Missbrauchs und zur Bereinigung des Steuerrechts (Missbrauchsbekämpfungsgesetz- und Steuerbereinigungsgesetz – StMBG) vom 21. Dezember 1993[1188]

Mit der endgültigen Zustimmung des Bundesrates zum Missbrauchsbekämpfungs- und Steuerbereinigungsgesetz am 12. Dezember 1993 passierte ein typisches Bereinigungsgesetz das parlamentarische Verfahren, das eine Unmenge völlig unterschiedlicher und unzusammenhängender Einzelmaßnahmen zum Inhalt hatte, die teilweise während der Gesetzesberatungen wegfielen oder aber erst hinzu kamen. Insgesamt wurden 26 Gesetze und Verordnungen geändert.

Mit der am 27. September 1993 in den Deutschen Bundestag eingebrachten Regierungsvorlage für ein Missbrauchsbekämpfungs- und Steuerbereinigungsgesetz sollte nach Ansicht der Bundesregierung die Linie aller großen Steueränderungsgesetze der letzten Jahre weiterverfolgt werden, nämlich durch den Abbau ungerechtfertigter Steuervorteile und unerwünschter Steuergestaltungen dem Steuerrechtsmissbrauch entgegenzuwirken[1189]. Durch die gesetzliche Umsetzung des steuerrechtlichen Teils eines von der Bundesregierung beschlossenen Spar-, Konsolidierungs- und Wachstumsförderungsprogramms sollten auch solche Steuerpflichtigen zur dringend nötigen Konsolidierung der öffentlichen Haushalte herangezogen werden, die ihre Steuerbelastung bisher in unangemessener Weise reduzieren konnten[1190]. Daneben enthielt die Gesetzesvorlage Maßnahmen zur Steuervereinfachung und Steuerbereinigung[1191].

Einer der wesentlichsten Punkte zur Steuervereinfachung war die geplante Abschaffung der Arbeitnehmer-Sparzulage für vermögenswirksame Leistungen in den alten Ländern[1192]. Diese Maßnahme sollte sowohl der Steuervereinfachung als auch der Konsolidierung der öffentlichen Haushalte dienen und wurde damit gerechtfertigt, dass der mit der Zulage verbundene Verwaltungsaufwand in keinem Verhältnis zum Zulagevolumen stehe[1193].

Diesen Plänen der Bundesregierung verweigerte allerdings die Koalition in den parlamentarischen Debatten die Gefolgschaft. Im Finanzausschuss wurden mit den Stimmen der Koalitionsfraktionen die Zulagen für alle Anlageformen lediglich auf ein einheitliches Niveau abgesenkt, indem die Zulage für die Anlage vermögenswirksamer Leistungen in Produktivkapital von derzeit 20 v.H. auf 10 v.H. abgesenkt wurde[1194]. Zwar seien auch im Bereich der Vermögensbildung Einsparmaßnahmen unumgänglich, hieß es, allerdings handele es sich bei der vom Finanzausschuss gefundenen Lösung um einen guten Kompromiss, weil immer noch ein guter Beitrag zur Haushalts-

[1188] BGBl. 1993 I, S. 2310.
[1189] GesEntw BRg, BT-Drs. XII/5764, S. 8.
[1190] GesEntw BRg, BT-Drs. XII/5764, S. 8.
[1191] GesEntw BRg, BT-Drs. XII/5764, S. 1.
[1192] GesEntw BRg, BT-Drs. XII/5764, S. 8; in den neuen Bundesländern sollte die Arbeitnehmersparzulage aufrecht erhalten werden, weil dort nach Ansicht der Bundesregierung noch keine ausreichende Vermögensbildung stattgefunden hatte.
[1193] GesEntw BRg, BT-Drs. XII/5764, S. 8.
[1194] Bericht des Finanzausschusses, BT-Drs. XII/6078, S. 117.

konsolidierung geleistet werde, ohne auf die Arbeitnehmer-Sparzulage gänzlich verzichten zu müssen[1195].
Der Opposition gingen auch diese Einschränkungen des ursprünglichen Gesetzesentwurfes nicht weit genug. Die SPD sah trotz der Aufweichung der Abschaffung eine Beeinträchtigung der Beteiligung der Arbeitnehmer am Produktivkapital[1196]. Demgegenüber rechtfertigte sich die Ausschussmehrheit damit, dass das Produktivkapital gegenüber anderen Anlageformen durch § 19a EStG weiterhin verstärkt gefördert werde und Einsparungen auch im Bereich der Vermögensbildung unumgänglich seien[1197].

Zur Steuervereinfachung sah der Gesetzesentwurf weiterhin u.a. die Vereinfachung der Kürzungsregelungen für den Sonderausgaben-Vorwegabzug von Versicherungsbeiträgen, die Vereinfachung der Erhebung des Zinsabschlages auf Stückzinsen durch ein „modifiziertes Netto-Prinzip", die Regelung der Nichtsteuerbarkeit von Geschäftsveräußerungen bei der Umsatzsteuer, die Anhebung der Buchführungspflichten für Gewerbebetriebe sowie die Erweiterung der Möglichkeit, Steuererklärungen auf maschinell verwertbaren Datenträgern abzugeben u.v.m vor[1198].

Zur Konsolidierung, Missbrauchsbekämpfung und Wachstumsförderung enthielt die Vorlage u.a. den Ausschluss des Abzuges fiktiver ausländischer Steuern von der Bemessungsgrundlage, die Verhinderung des „Einlagenmodells" bei der Schenkungsteuer, die Einschränkung steuervermeidender Gestaltungen durch Finanzinnovationen, die Eindämmung bestimmter Steuersparmodelle bei Anteilsveräußerungen und Umwandlungen, die zeitnahe Besteuerung von betrieblichen Veräußerungsgewinnen, die Begrenzung steuersparender Gestaltungen durch Verlagerungen von Gewinnen ins Ausland sowie die Eindämmung des Missbrauchs der Übergangsregelung zur Steuerfreiheit von Zuschlägen für Sonntags-, Feiertags- und Nachtarbeit u.v.m[1199].

Einen weiteren Schwerpunkt des Gesetzesentwurfs bildete die Umsetzung der Regierungsbeschlüsse zur Verkehrsfinanzierung und Abgabenharmonisierung. Auf diesem Gebiet hatte ein Kompromiss der EG-Verkehrsminister vom 19. Juni 1993 für die Bundesregierung verkehrs-, wettbewerbs- und umweltpolitische Handlungsspielräume eröffnet[1200]. Durch die verbindliche Festlegung auf europäische Mindestsätze für die Kraftfahrzeugsteuer konnte die Belastung für LKW ohne EG-rechtliches Risiko auf ein mittleres europäisches Niveau abgesenkt werden. Auf diese Weise gelang es der Bundesregierung einen entscheidenden Wettbewerbsnachteil deutscher Transportunternehmen abbauen, um somit die nicht in diesem Gesetzesentwurf vorgesehene Mineralölsteuererhöhung zur Finanzierung der Bundesbahnreform für die Transportunternehmen tragbar zu machen[1201]. Da die Bundesregierung allerdings grundsätzlich das verkehrspolitische Ziel einer zunehmenden Verlagerung des Verkehrs von der Straße auf die Schiene nicht durch zu starke Wettbewerbsvorteile der Straße gefährden woll-

---

1195 Bericht des Finanzausschusses, BT-Drs. XII/6078, S. 117.
1196 Bericht des Finanzausschusses, BT-Drs. XII/6078, S. 118.
1197 Bericht des Finanzausschusses, BT-Drs. XII/6078, S. 117.
1198 GesEntw BRg, BT-Drs. XII/5764, S. 3.
1199 GesEntw BRg, BT-Drs. XII/5764, S. 2.
1200 GesEntw BRg, BT-Drs. XII/5764, S. 8.
1201 GesEntw BRg, BT-Drs. XII/5764, S. 8.

te, wurde ebenfalls auf der Grundlage des Beschlusses der EG-Verkehrsminister eine LKW-Vignette eingeführt, die sowohl für deutsche als auch für ausländische LKW verbindlich war[1202].

Neben diesen materiell-rechtlichen Änderungen erschienen der Bundesregierung auch verfahrensrechtliche Neuerungen erforderlich, deren Notwendigkeit sich im Anschluss an die letzten Änderungen durch das Steuerbereinigungsgesetz 1986 erwiesen hatten[1203]. Wichtigste Vorschrift in diesem Zusammenhang war die Schaffung einer Rechtsgrundlage für vorläufige Steuerfestsetzungen nach § 165 AO für den Fall, dass das Bundesverfassungsgericht die Unvereinbarkeit eines Steuergesetzes mit dem Grundgesetz feststellte und der Gesetzgeber zu einer Neuregelung verpflichtet war[1204].

Waren die in der Gesetzesvorlage geplanten steuerrechtlichen Änderungen bereits vor der Einbringung in den Bundestag unübersichtlich, so nahm dies in den Finanzausschussberatungen noch zu. Die Mehrheit im Ausschuss vertrat nämlich die Meinung, dass die Vorlage weiter verändert werden müsse. So wurde auf viele im ursprünglichen Gesetzesentwurf noch vorhandene Maßnahmen verzichtet, u.a. auf die Erweiterung der sog. Großspendenregelung auf Spenden für mildtätige Zwecke, auf die Verlängerung des begrenzten Schuldzinsenabzuges sowie auf die Einschränkung des Werbungskostenabzuges für zurückgezahlte Vorsteuerbeträge insbesondere bei ununterbrochener Immobilienvermietung etc[1205]. Zusätzlich wurde durch den Finanzausschuss u.a. die Verkürzung der Schädlichkeitsfrist beim sog. „Dividenstripping“ von 30 auf 10 Tage, die Begrenzung des Abzuges von anschaffungsnahem Erhaltungsaufwand auf 15 v.H. der Anschaffungskosten beim selbstgenutzen Wohneigentum, Befreiung mittelständischer Beteiligungsgesellschaften in den neuen Bundesländern von der Gewerbe- und Vermögensteuer, etc. in den Gesetzesentwurf aufgenommen[1206].

Die Opposition lehnte das Gesetz insgesamt ab, da es dem Ziel der Bundesregierung, Missbrauch im Steuerrecht zu bekämpfen und Steuervergünstigungen abzubauen, nicht gerecht werde. Aus diesem Grund hatte die Opposition in den Beratungen des Finanzausschusses einen eigenen Entschließungsantrag vorgelegt, in dem sie ihrerseits gänzlich andere Vorstellungen über den Abbau von Steuervergünstigungen geäußert hatte. Die Liste enthielt u. a. die Abschaffung des Bewertungsabschlages in Höhe von 25 v.H. beim Betriebsvermögen, Abschaffung der Kinderfreibeträge, Aufhebung der Vermögensteuerbefreiung in den neuen Bundesländern, Wiederherstellung des Freibetrages bei der Vermögensteuer auf die vor 1992 geltende Höhe von 125 000 DM sowie die Rückgängigmachung des Ansatzes der Steuerbilanzwerte bei der Vermögensteuer und der Gewerbekapitalsteuer. Des Weiteren ging es um die Abschaffung des sog. „Dienstmädchenprivilegs“, d.h. des Sonderausgabenabzuges für hauswirtschaftliche Beschäftigungsverhältnisse, eine Einschränkung der im internationalen Vergleich zu

[1202] GesEntw BRg, BT-Drs. XII/5764, S. 8.
[1203] GesEntw BRg, BT-Drs. XII/5764, S. 9.
[1204] GesEntw BRg, BT-Drs. XII/5764, S. 9.
[1205] Bericht des Finanzausschusses, BT-Drs. XII/6078, S. 116.
[1206] Bericht des Finanzausschusses, BT-Drs. XII/6078, S. 4.

großzügigen angesehenen Rückstellungs- und Wertberichtigungsmöglichkeiten, eine bessere steuerliche Erfassung von Spekulationsgewinnen etc.[1207].

Mit diesen Maßnahmen wollte die SPD allein im Jahre 1994 Mehreinnahmen von bis zu 20 Mrd. Euro realisieren, um diejenigen Einsparungen überflüssig zu machen machen, die die Bundesregierung zeitgleich mit Hilfe anderer Gesetzesinitiativen durchgeführt hatte und die nach Ansicht der SPD einen zutiefst ungerechten und zudem ökonomisch verfehlten Einschnitt in das soziale Netz darstellten[1208].

Vollends unübersichtlich wurde die Situation, als der Bundesrat am 26. November 1998 beschloss, wegen einer Vielzahl von Steuerrechtsänderungen in dem Bereinigungsgesetz den Vermittlungsausschuss anzurufen[1209]. Darunter befanden sich auch Forderungen, die der Bundesrat bereits in seiner ersten Stellungnahme zu dem Gesetzesentwurf geäußert hatte und die die SPD-Fraktion im Bundestag bereits berücksichtigt hatte, wie etwa die Abschaffung des Dienstmädchenprivilegs sowie die Einschränkung des Abzuges von Bewirtungskosten, aber auch die Einführung einer verkehrsmittelunabhängigen Entfernungspauschale.
Als Kompromiss des Vermittlungsverfahrens wurden u.a. betriebliche Bewirtungskosten nur noch mit maschinellem Beleg anerkannt sowie die ebenfalls im Gesetzesbeschluss enthaltene Erhöhung der Kilometerpauschale anstatt auf 75 Pf. auf 70 Pf. beschränkt.

Allerdings lagen die hauptsächlichen Kompromissschwerpunkte zwischen Bund und Ländern eher bei den beiden zeitgleich verabschiedeten Gesetzen zur Umsetzung des Spar-, Konsolidierungs- und Wachstumsprogramms, die beträchtliche Umstrukturierungen und Einschnitte im sozialen Leistungstransfer zur Folge hatten, was schon bei den Beratungen des Finanzausschusses seitens der SPD deutlich geworden war[1210].

6.5. Sechstes Gesetz zur Änderung des Parteiengesetzes und anderer Gesetze vom 28. Januar 1994[1211]

Erneut musste der Bundestag aufgrund einer Entscheidung des Bundesverfassungsgerichts vom 9. April 1992 (2 BvE 2/69)[1212] auf dem Gebiet der Parteienfinanzierung - nun bereits schon zum vierten Mal innerhalb der Regierungszeit von Bundeskanzler Kohl - tätig werden.
Am 28. September 1993 brachten CDU/CSU, FDP sowie SPD einen interfraktionellen Gesetzesentwurf über die Neuregelung der Parteienfinanzierung ein, der auch Änderungen hinsichtlich der mittelbaren Förderung über steuerliche Vergünstigungen von Spenden und Mitgliedsbeiträgen enthielt[1213].

[1207] Bericht des Finanzausschusses, BT-Drs. XII/6078, S. 143.
[1208] Bericht des Finanzausschusses, BT-Drs. XII/6078, S. 143.
[1209] Beschluss des Bundesrates, BR-Drs. 788/93.
[1210] Vgl. z.B. den Bericht des Berichterstatters für den Bundestag, Blens, BT-PlPr. XII/200, S. 17314 (A) ff.; bei diesen Gesetzen ging es letztlich um einen grundsätzlichen Finanzstreit zwischen Bund, Ländern und Kommunen, angesichts der Tatsache, dass die Finanzdecke für den Staat insgesamt immer dünner wurde, vgl. BT-PlPr. XII/200, S. 17314 (D).
[1211] BGBl. 1994 I, S. 142.
[1212] BVerfGE 85, 264.
[1213] GesEntw Fraktionen von CDU/CSU, FDP und SPD, BT-Drs. XII/5774.

Während des gesamten parlamentarischen Verfahrens verlief die Trennlinie zwischen Befürwortern und Gegnern der Gesetzesvorlage nicht wie üblich zwischen Koalitions- und Oppositionsfraktionen. Vielmehr ging es den Parlamentariern mit Ausnahme der Grünen und der PDS diesmal darum, die von ihnen gefundenen Lösungen zur Parteienfinanzierung in der Öffentlichkeit zu verteidigen. So bemerkte der Berichterstatter der FDP im federführenden Innenausschuss, Hirsch[1214], während der zweiten Beratung des Gesetzesentwurfs vor dem Deutschen Bundestag am 12. November 1993, dass die Diskussion über die Parteienfinanzierung insbesondere in der Öffentlichkeit mit wenig Verständnis dafür geführt werde, dass die Demokratie ohne politische Parteien weder handlungs- noch funktionsfähig sei[1215].
Dem Gesetzesentwurf war die Arbeit einer unabhängigen Sachverständigenkommission vorausgegangen, die der Bundespräsident als Reaktion auf das Gerichtsurteil eingesetzt hatte. Das Bundesverfassungsgericht hatte aus dem strikten Gebot der Chancengleichheit der Parteien sowie dem Recht des Bürgers auf gleiche Teilhabe an der politischen Willensbildung das Verbot der steuerlichen Begünstigung von Spenden von Körperschaften, Personenvereinigungen und Vermögensmassen an Parteien abgeleitet und dementsprechend § 9 Nr. 3 Buchst. b KStG für verfassungswidrig erklärt[1216]. Die Kommission nahm daraufhin ihre Arbeit auf und hatte am 17. Februar 1993 ihre Vorschläge zur Umsetzung der verfassungsrechtlichen Vorgaben vorgelegt[1217].

Wesentlicher Inhalt der Fraktionsvorlage war die nach dem Urteil gebotene Streichung des § 9 Nr. 3 Buchst. b KStG. Daneben sollten in Zukunft nur noch Zuwendungen (Spenden und Mitgliedsbeiträge) natürlicher Personen abziehbar sein. Spenden von juristischen Personen blieben zwar zulässig, wurden aber steuerlich nicht begünstigt. Auf Zuwendungen von steuerbefreiten Berufsverbänden wurde eine Körperschaftsteuer von 50 v.H. der gezahlten Summe erhoben, sofern diese nicht mehr als 10 v.H. der Einnahmen betrugen. Zuwendungen natürlicher Personen an politische Parteien und unabhängige Wählervereinigungen konnten bis zur Höhe von insgesamt 3 000 DM (6 000 DM bei Zusammenveranlagung) nach § 34 EStG geltend gemacht werden, d.h. es wurden 50 v.H. des zugewendeten Betrages von der Steuerschuld abgezogen. Darüber hinaus waren bei Zuwendungen an politische Parteien weitere 3 000/6 000 DM als Sonderausgaben nach § 10b EStG abziehbar[1218]. Damit setzte die Gesetzesvorlage die verfassungsrechtlichen Vorgaben aus Karlsruhe um, dass die Gewährung steuerrechtlicher Vorteile für Zuwendungen natürlicher Personen nur dann unbedenklich sei, wenn die Zuwendungen in Größenordnungen verblieben, die auch für den durchschnittlichen Einkommensbezieher erreichbar seien[1219].

[1214] Burkhard Hirsch, geb. am 29. Mai 1930, Studium der Rechts- und Staatswissenschaften, seit 1960 Rechtsanwalt, seit 1949 Mitglied der FDP, seit 1973 Mitglied des Bundesvorstandes, 1979 – 1983 Vorsitzender des Landesverbandes Nordrhein-Westfalen der FDP, 1975 – 1980 Innenminister des Landes Nordrhein-Westfalen, 1979 – 1980 stellvertretender Minsterpräsident des Landes Nordrhein-Westfalen, Mitglied des Deutschen Bundestages von 1972 bis 1975 und von 1980 bis 1998.
[1215] Vgl. BT-PlPr. XII/190, S. 16404, (A).
[1216] BVerfGE 85, 264, 316.
[1217] GesEntw Fraktionen von CDU/CSU, FDP und SPD, BT-Drs. XII/5774, S. 12.
[1218] GesEntw Fraktionen von CDU/CSU, FDP und SPD, BT-Drs. XII/5774, S. 12.
[1219] GesEntw Fraktionen von CDU/CSU, FDP und SPD, BT-Drs. XII/5774, S. 12.

Schließlich musste auch die Publizitätsgrenze von Spenden und Zuwendungen von 40 000 DM auf 20 000 DM herabgesenkt werden, um dem Wähler noch besser als bisher die Möglichkeit zu gewähren, sich über diejenigen Kräfte zu unterrichten, die durch finanzielle Leistungen Einfluss auf die Politik der Parteien nahmen[1220].

Aufgrund der überparteilichen Einigkeit kam es im Laufe des parlamentarischen Verfahrens weder zu größerer Kritik noch zu wesentlichen Änderungen der Beschlussvorlage. Der Innenausschuss, dem die Vorlage federführend am 01. Oktober 1993 zur Beratung überwiesen worden war, betonte nochmals die Angemessenheit der mit diesem Entwurf gefundenen Lösung und zeigte sich erstaunt über die doch starke Einschränkung der Grenzen der steuerlichen Geltendmachung durch das Urteil des Bundesverfassungsgerichts, das die alte Abzugsregelung für verfassungswidrig erklärt hatte, mit der sich zumindest die Regierungskoalition im Rahmen der Vorgaben des Urteils von 1986 gewähnt hatte[1221].
Am 12. November 1993 stimmte der Bundestag der Vorlage zu, am 17. Dezember folgte die Zustimmung des Bundesrates.

6.6. Gesetz zur sozialen Absicherung des Risikos der Pflegebedürftigkeit (Pflege-Versicherungsgesetz – PflegeVG) vom 26. Mai 1994[1222]

Mit der Einführung einer zusätzlichen allgemeinen Versicherung wollte die Bundesregierung dem unabhängig vom Lebensalter bestehenden allgemeinen Risiko gerecht werden, dass durch angeborene Behinderung, aber auch durch Unfall oder Krankheit jederzeit eine Pflegebedürftigkeit eintreten könne. Dies bedeute, so die Bundesregierung, regelmäßig eine hohe Kostenbelastung, die in den meisten Fällen zu einer wirtschaftlichen Überforderung der Betroffenen und damit verbunden zum Verlust von Vermögen und zum sozialen Abstieg führe[1223]. Zur Sicherung dieses Pflegerisikos wurde eine weitere Versicherung als eigenständige Säule der sozialen Sicherheit unter dem Dach der gesetzlichen Krankenversicherung geschaffen[1224].

Da die Bundesregierung aber neben der Einführung einer Zwangsversicherung auch die Selbstverantwortung und Eigenvorsorge stärken wollte, wurden steuerliche Anreize geschaffen, um ergänzend zu den Leistungen der Pflegeversicherung im Wege einer freiwilligen privaten Vorsorge einen weiteren Versicherungsschutz aufzubauen[1225].
Zu diesem Zweck sah das Gesetz eine entsprechende Ergänzung des Katalogs begünstigter Versicherungsbeiträge gem. § 10 Abs. 1 Nr. 2 EStG vor. Zusätzlich wurde ein Sonderausgaben-Höchstbetrag in Höhe von 360 DM für Pflegeversicherungsbeiträge für Steuerpflichtige, die nach dem 31. Dezember 1957 geboren waren, gem. § 10 Abs. 3 Nr. 4 EStG eingeführt.

1220 GesEntw Fraktionen von CDU/CSU, FDP und SPD, BT-Drs. XII/5774, S. 12.
1221 Bericht des Finanzausschusses, BT-Drs. XII/5774, S. 22; so auch der FDP-Abgeordnete Hirsch zu Beginn seiner Rede während der zweiten Beratung des Gesetzesentwurfs vor dem Deutschen Bundestag am 12. November 1993, vgl. BT-PlPr. XII/190, S. 16403 (C).
1222 BGBl. 1994 I, S. 1014.
1223 GesEntw BRg, BT-Drs. XII/5617, S. 1.
1224 GesEntw BRg, BT-Drs. XII/5617, S. 2.
1225 GesEntw BRg, BT-Drs. XII/5617, S. 4.

Insgesamt war die Einführung der Pflegeversicherung höchst umstritten[1226], musste sogar nachdem der Bundestag dem Entwurf mit den Stimmen der Koalition am 22. Oktober 1993 zugestimmt hatte, mehrmals in den Vermittlungsausschuss, weil der Bundesrat zweimal seine Zustimmung verweigert hatte, bis schließlich ein tragfähiger Kompromiss gefunden wurde, dem der Bundesrat am 22. April 1994 endlich zustimmen konnte. Allerdings standen die steuerrechtlichen Vorschriften dabei nicht im Mittelpunkt der Diskussion[1227].

6.7. Gesetz zur Förderung des Wohnungsbaues (Wohnungsbauförderungsgesetz – WoBauFördG 1994) vom 06. Juni 1994[1228]

Ausschließlich auf eigene Initiative brachten die Koalitionsfraktionen am 21. Januar 1994 einen Gesetzesentwurf für ein Wohnungsbauförderungsgesetz in den Deutschen Bundestag ein. Ziel des Wohnungsbauförderungsgesetzes war eine grundlegende Neuorientierung des sozialen Wohnungsbaues, der sich wesentlich stärker als bisher an einer einkommensorientierten Wohnungsbauförderung ausrichten sollte[1229].

Einzige steuerrechtliche Vorschrift innerhalb dieses Reformentwurfs war eine neu zu schaffende Nummer 59 in § 3 EStG, wonach Mietvorteile aufgrund der Förderung nach dem zweiten Wohnungsbaugesetz von der Lohn-/Einkommensteuer freigestellt werden sollten. Notwendig war diese Ergänzung des Einkommensteuergesetzes dadurch geworden, dass in den Fällen der Förderung nach § 88 e II. WoBauG beim Mieter Einkünfte aus wiederkehrenden Bezügen vorlagen, welche zu versteuern gewesen waren[1230].

Was diese steuerrechtliche Komponente anbetraf, gab es während des parlamentarischen Verfahrens weder irgendwelche Änderungen noch wurde er von der Opposition kritisiert. Am 28.April 1994 stimmte der Deutsche Bundestag dem Gesetzesentwurf zu, am 20. Mai erfolgte die Zustimmung des Bundesrates.

6.8. Sechstes Gesetz zur Änderung des Steuerberatergesetzes vom 24. Juni 1994[1231]

Am 3. Februar 1994 brachte die Bundesregierung eine Initiative zur Novellierung des Steuerberatergesetzes in den Deutschen Bundestag ein. Mit diesem Gesetzesentwurf sollte der bereits beim Fünften Steuerberatungsänderungsgesetz erkennbaren Notwendigkeit einer Fortführung der Entwicklung des Berufsrechtes in einem weiteren Änderungsgesetz Rechnung getragen werden[1232].
Kernanliegen der Reform war die Aufnahme einer Ermächtigungsgrundlage ins Steuerberatungsgesetz für die Schaffung von Standesrecht durch die Selbstverwaltungsor-

[1226] Vgl. Bericht des Ausschusses für Arbeit und Soziales, BT-Drs. XII/5952, 17 ff.
[1227] In den Beratungen des Ausschusses für Arbeit und Soziales etwa spielten sie überhaupt keine Rolle, vgl. Bericht des Ausschusses für Arbeit und Soziales, BT-Drs. XII/5952, S. 17 ff.
[1228] BGBl. 1994 I, S. 1184.
[1229] GesEntw Fraktionen CDU/CSU und FDP, BT-Drs. XII/6616, S. 1.
[1230] GesEntw Fraktionen CDU/CSU und FDP, BT-Drs. XII/6616, S. 31.
[1231] BGBl. 1994 I, S. 1387.
[1232] GesEntw BRg, BT-Drs. XII/6753, S. 11.

gane des steuerberatenden Berufsstandes. Nachdem der Versuch des Bundesfinanzministeriums einer Einführung bereits mit dem Fünften Steuerrechtsänderungsgesetz im Jahr 1990 am Widerstand auch der eigenen Koalition im Finanzausschuss gescheitert war, sollte nun, parallel zu den entsprechenden Änderungen der Bundesrechtsanwalts- und Patentanwalts- sowie der Wirtschaftsprüferordnung, der Rechtsprechung des Bundesverfassungsgerichts endlich Genüge getan werden, eine hinreichend bestimmte, verfassungsgemäße Ermächtigungsgrundlage zu verabschieden[1233]. Im Rahmen der Satzungskompetenz sollte der Erlass der Standesrichtlinien aber weiterhin der Selbstverwaltung des Berufsstandes überlassen bleiben[1234].

Die neue Satzungskompetenz lag bei einer bei der Steuerberaterkammer angesiedelten Satzungsversammlung. Deren Mitglieder sollten aus gewählten Delegierten sowie den Präsidenten der Bundessteuerberaterkammern sowie der Berufskammern bestehen. Ebenfalls näher geregelt wurde das Zustandekommen von Beschlüssen der Kammer[1235].

Weiterhin griff der Gesetzesentwurf die Empfehlungen der Gruppe „Deregulierung" auf, die aus Mitgliedern der Regierungskoalition gebildet worden war. Ziel dieser Vorschläge war, die Leistungs- und Wettbewerbsfähigkeit durch maßvolle Lockerungen berufsrechtlicher Regulierungen zu stärken, um so die Chancen im Binnenmarkt zu erhöhen[1236]. Das neue Standesrecht enthielt u.a. die Erlaubnis zum örtlichen und überörtlichen Zusammenschluss in Sozietäten und Bürogemeinschaften mit allen anderen rechts- und wirtschaftsberatenden Berufen auch in internationalen Sozietäten, die Erlaubnis in sachlicher Weise auf berufliche Tätigkeiten hinzuweisen, die Erlaubnis als Steuerberater auch als Angestellter ausländischer rechts- und wirtschaftsberatender Berufe zu arbeiten, die Erlaubnis neben der hauptberuflichen Niederlassung weitere Beratungsstellen zu unterhalten sowie eine Lockerung der Wohnsitzbestimmung[1237]. Ferner beinhaltete das Gesetz Vorschriften zur Fortentwicklung des Berufsrechts, wie etwa bestimmte Tätigkeitsbestimmungen zur Qualifikationssicherung sowie detaillierte Regelungen über den Praxisvertreter bei Verhinderung des Steuerberaters, Vorschriften über die Ortsbestimmung der beruflichen Niederlassung bei gleichzeitiger selbstständiger und nichtselbstständiger Arbeit sowie gesetzliche Regelungen zur Haftungsbeschränkung gegenüber Mandanten[1238].

Alle diese Maßnahmen traten ab dem 01. Juli 1994 in Kraft.

Im parlamentarischen Verfahren herrschte weitgehend Einmütigkeit über die Gesetzesvorlage. Einziger Streitpunkt war ein Antrag der SPD-Fraktion im federführenden Finanzausschuss, auch Bilanzbuchhaltern und Buchführungshelfern zu gestatten, die Buchführung einzurichten und die laufenden Umsatzsteuervoranmeldungen vorzunehmen. Die Erweiterung des Tätigkeitsfeldes sei nicht nur aufgrund der Qualifikation

---

[1233] GesEntw BRg, BT-Drs. XII/6753, S. 1; siehe zur Rechtsprechung des Bundesverfassungsgerichts das Fünfte Steuerrechtsänderungsgesetz, Kap. V. 6.8.
[1234] GesEntw BRg, BT-Drs. XII/6753, S. 11.
[1235] GesEntw BRg, BT-Drs. XII/6753, S. 1.
[1236] GesEntw BRg, BT-Drs. XII/6753, S. 11.
[1237] GesEntw BRg, BT-Drs. XII/6753, S. 11.
[1238] GesEntw BRg, BT-Drs. XII/6753, S. 12.

möglich, sondern auch aus bildungspolitischen Erwägungen gerechtfertigt, argumentierte die SPD[1239].
Der Vorschlag wurde jedoch von der Regierungskoalition im Finanzausschuss abgelehnt. Grund für diese Entscheidung war die Vermutung der Bundesregierung, dass es der SPD nicht allein um die konkrete Erweiterung des Tätigkeitsbereiches gehe, dieser Vorschlag vielmehr nur einen Zwischenschritt darstelle, den genannten Berufsgruppen die rechtliche Möglichkeit zur selbstständigen Erstellung eines kompletten Jahresabschlusses sowie der betrieblichen Steuererklärung einzuräumen. Dies ziele aber letztlich auf eine Aushöhlung des Berufsrechtes hin und führe dazu, dass eine Steuerberatung ohne den Nachweis einer entsprechenden Prüfung und damit Befähigung möglich würde [1240].

Obwohl der eigene Vorschlag gescheitert war, stimmte die SPD für den Gesetzesentwurf, so dass der Bundestag das Gesetz am 19. Mai 1995 verabschieden konnte.

6.9. Gesetz zur einkommensteuerrechtlichen Entlastung von Grenzpendlern und anderen beschränkt steuerpflichtigen natürlichen Personen und zur Änderung anderer gesetzlicher Vorschriften (Grenzpendlergesetz) vom 24. Juni 1994[1241]

Bereits mit der Verabschiedung des Steuerbereinigungsgesetzes 1986 am 06. Dezember 1985 hatte der Deutsche Bundestag die Bundesregierung aufgefordert, möglichst bald einen Gesetzesentwurf zur Neuordnung der Besteuerung beschränkt einkommensteuerpflichtiger Grenzgänger vorzulegen, der eine angemessene Berücksichtigung der familiären Belastungen dieser Personengruppe in größtmöglichem Umfange sicherstellen sollte[1242]. Insbesondere angesichts des Wegfalls des Kinder- und Haushaltsfreibetrages durch das Steuersenkungsgesetz 1986/88 teilte der Bundestag die Sorge der Grenzgänger und hielt die Forderung nach einer familiengerechten Besteuerung für gerechtfertigt[1243].

Bereits in seiner Sitzung vom 4. Dezember 1985 hatte der Finanzausschuss den Bundesminister der Finanzen aufgefordert, eine Übersicht der betroffenen Fallgruppen von Grenzgänger- und Grenzbewohnerproblemen zu erstellen und ihre einkommen-/lohnsteuerrechtliche Behandlung zu erläutern. Dieser Bericht konnte dem Finanzausschuss allerdings erst am 13. Februar 1990 vorgelegt werden. Am 09. Mai 1990 bat der Finanzausschuss die Bundesregierung, auf der Grundlage der genannten Entschließung und als Konsequenz aus dem Grenzgängerbericht Regelungen zur Besteuerung der Grenzgänger zu treffen[1244].

Mit der Einbringung der Gesetzesvorlage am 21. Dezember 1993 löste die Bundesregierung schließlich nach etwa acht Jahren ihre Zusage ein, einen Gesetzesentwurf zur Neuordnung der Grenzgängerbesteuerung zu erarbeiten, der der persönlichen und familiären Situation der Grenzgänger in verstärktem Maße Rechnung tragen sollte.

[1239] Bericht des Finanzausschusses, BT-Drs. XII/7545, S. 23.
[1240] Bericht des Finanzausschusses, BT-Drs. XII/7545, S. 23.
[1241] BGBl. 1994 I, S. 1395.
[1242] Vgl. Bericht des Finanzausschusses, BT-Drs. XII/4498, S. 5.
[1243] Vgl. Bericht des Finanzausschusses, BT-Drs. XII/4498, S. 5.
[1244] GesEntw BRg, BT-Drs. XII/6476, S. 8.

Grundlage der Neuregelung war, entsprechend dem Beschluss des Finanzausschusses vom 09. Mai 1990, das sog. „Tätigkeitsstaatsprinzip“[1245]. Nach den anerkannten Grundsätzen des internationalen Steuerrechts kam eine Abweichung vom Besteuerungsrecht des Wohnsitzstaates für das Welteinkommen einschließlich aller personen- und familienbezogenen Abzüge nur ausnahmsweise dann in Betracht, wenn im Wohnsitzstaat nicht genügend steuerpflichtige Einkunftsmasse vorhanden war[1246].

Im Mittelpunkt des Gesetzes stand die Einführung einer der unbeschränkten Steuerpflicht weitgehend angenäherten Sonderform der beschränkten Einkommensteuerpflicht. Sofern ein beschränkt Steuerpflichtiger fast seine gesamten Jahreseinkünfte im Inland erzielt hatte[1247], sollte er auf Antrag die Möglichkeit erhalten, personen- und familienbezogene einkommensmindernde Abzüge weitgehend wie ein unbeschränkt Steuerpflichtiger, dessen Ehepartner, Kinder und sonstige Angehörige im Ausland lebten (sog. Gastarbeiter), geltend machen zu können[1248].

Diese umfassende Gleichstellung beruhte auf mehreren Erwägungen. Da die Bundesregierung die weithin als zu hoch empfundene Besteuerung der Grenzgänger durch das Pendlergesetz für alle Gruppen absenken wollte, wäre eine Beschränkung auf EG-Angehörige nicht angemessen gewesen. Ebensowenig sollte der Kreis der Begünstigten, der sich aus den beschränkt Steuerpflichtigen ergab, durch Mindestarbeitszeiten oder bestimmte Grenzzonen eingeengt werden.

Ausdrücklich ausgenommen hatte das Gesetz die unbeschränkt Steuerpflichtigen jedoch vom Ehegattensplitting. Ansonsten wären die Grenzpendler steuerlich besser gestellt worden als die Gastarbeiter, denen das Ehegattensplitting ebenfalls versagt wurde. Damit stellte die Bundesregierung sich bewusst gegen die Forderungen, insbesondere der EG-Kommission, das Ehegattensplitting auch für Gastarbeiter und Grenzpendler zuzulassen. Nach Ansicht der Bundesregierung bestand die maßgebliche Aufgabe des Ehegattensplittings in der Verteilung der gemeinsam erzielten Einkünfte auf die Eheleute, unabhängig davon, wer die Einkünfte tatsächlich erwirtschaftet hatte. Daraus ergab sich, dass ein sinnvolles Splittingverfahren nicht möglich war, sofern der Ehegatte im Ausland lebte und auch im Ausland seine Einkünfte erzielte[1249].

Die Position der Kommission hatte sich im Finanzausschuss, dem die Vorlage in der Bundestagssitzung am 13. Januar 1994 federführend überwiesen worden war, auch die SPD in Übereinstimmung mit dem Ergebnis eines Expertengesprächs vom 07. März 1994 zu eigen gemacht[1250].

Da sich die Ausschussmehrheit den Bedenken hinsichtlich der Berücksichtigung des Aufwands für den Ehegattenunterhalt nicht gänzlich verschließen wollte, obwohl sie eine Ausdehnung der Vorschriften über das Ehegattensplitting auf Gastarbeiter und Grenzpendler ebenso wie die Bundesregierung ablehnte, entschloss man sich für eine

---

1245 GesEntw BRg, BT-Drs. XII/6476, S. 8.
1246 GesEntw BRg, BT-Drs. XII/6476, S. 9.
1247 Die Unschädlichkeitsgrenze lag bei 10 v.H. der gesamten Einkünfte bei einer absoluten Grenze von 12 000 DM.
1248 GesEntw BRg, BT-Drs. XII/6476, S. 8.
1249 GesEntw BRg, BT-Drs. XII/6476, S. 9.
1250 Bericht des Finanzausschusses, BT-Drs. XII/7427, S. 28.

Berücksichtigung der Unterhaltsaufwendungen im Rahmen der außergewöhnlichen Belastungen. Danach wurde der Höchstbetrag für den Abzug von Unterhaltsleistungen für bedürftige volljährige Angehörige, für die ein Kinderfreibetrag nicht in Betracht kam, von 6 300 DM auf 7 200 DM angehoben. Zugleich erfolgte eine Anhebung des Betrages, ab dem eigene Einkünfte und Bezüge der unterhaltsberechtigten Person auf den Höchstbetrag anzurechnen waren, von 4 500 DM auf 6 000 DM gem § 33a Abs. 1 EStG[1251].
Ursprünglich war die Regierungsvorlage lediglich unter dem Titel „Gesetz zur steuerlichen Entlastung von Grenzpendlern und anderen beschränkt steuerpflichtigen Personen" eingebracht worden, da der ursprüngliche Gesetzesentwurf auch ausschließlich diese Materie zum Inhalt hatte. Erst der Finanzausschuss hatte die Beschlussvorlage erweitert.

Einstimmig hatte der Ausschuss eine Reform des außergerichtlichen Rechtsbehelfsverfahrens der Abgabenordnung mit Wirkung zum 01. Januar 1996 beschlossen. Inhaltlich entsprachen die Neuerungen den Vorschlägen, die der Bundesrat im Rahmen seiner Stellungnahme zum Entwurf eines Dritten Gesetzes zur Durchführung der versicherungsrechtlichen Richtlinien des Rates der Europäischen Gemeinschaften gemacht hatte. Ziel war eine wesentliche Vereinfachung und Beschleunigung des Rechtsbehelfsverfahrens[1252].

Insbesondere war die Zusammenfassung von Einspruch und Beschwerde zum einheitlichen Rechtsbehelf des Einspruchs, die Neuregelung der Anfechtungsbefugnis bei einheitlichen Feststellungen, eine Hinzuziehungserleichterungen für Massenverfahren, die „Zwangsruhe" von Einspruchsverfahren bei Berufung auf einen anhängigen Musterprozess, das Angebot einer mündlichen Erörterung sowie die Möglichkeit der Fristsetzung mit Ausschlusswirkung für den Tatsachenvortrag vorgesehen.
Die Neuregelung des außergerichtlichen Rechtsbehelfsverfahrens machte Folgeänderungen des Einführungsgesetzes zur Abgabenordnung, der Finanzgerichtsordnung, des Gesetzes über das Branntweinmonopol sowie des Gesetzes zur Durchführung der gemeinsamen Marktorganisation erforderlich[1253].

Darüber hinaus war auch das Investitionszulagengesetz erneut Gegenstand einer Gesetzesinitiative der christlich-liberalen Koalition, nachdem eine Neufassung erst durch das Verbrauchsteuerbinnenmarktgesetz vom 21. Dezember 1992[1254] erfolgt war. Allerdings beruhte die nun eingebrachte Novelle nicht allein auf der Initiative der Regierungsfraktionen, sondern vielmehr auf einer Beanstandung der Europäischen Kommission wegen einer Diskriminierung von EU-Ausländern. Die Änderungen der Investitionszulage bildeten einen Schwerpunkt der Ausschussberatungen, die von den Bemühungen gekennzeichnet waren, einen Ausgleich zwischen dem Diskriminierungsvorwurf der EU-Kommission und der Beibehaltung einer haushaltspolitisch vertretbaren Förderung der bisher begünstigten ostdeutschen Investoren zu finden[1255].

[1251] Bericht des Finanzausschusses, BT-Drs. XII/7427, S. 30.
[1252] Bericht des Finanzausschusses, BT-Drs. XII/7427, S. 32.
[1253] Bericht des Finanzausschusses, BT-Drs. XII/7427, S. 32.
[1254] Vgl. Kap. VII. 5.2.
[1255] Bericht des Finanzausschusses, BT-Drs. XII/7427, S. 31.

Im Wesentlichen ging es um die vorzeitige Beendigung der auf 20 v.H. erhöhten Investitionszulage für Betriebe des verarbeitenden Gewerbes und des Handwerks, die überwiegend in der Hand von natürlichen Personen mit Hauptwohnsitz in der ehemaligen DDR waren und die die Kommission im Widerspruch zur Niederlassungsfreiheit gem. Art. 52 EG-Vertrag sah.
Da der Finanzausschuss allerdings nicht auf eine gesonderte Investitionsförderung in den neuen Ländern verzichten wollte, musste eine Regelung gefunden werden, die nicht mehr auf den Wohnsitz des Investors abstellte. Die neue Investitionszulage sollte nach der Vorstellung der Koalitionsfraktionen auf die bisher in die Aufstockung der Zulage einbezogenen Wirtschaftsbereiche beschränkt bleiben, gezielt kleinere und mittlere Betriebe fördern sowie weitgehend haushaltsneutral erfolgen[1256]. Konkret sah der Ausschuss dies durch die Einführung einer auf 10 v.H. abgesenkten Investitionszulage für Betriebe des verarbeitenden Gewerbes und des Handwerks verwirklicht, die nicht mehr als 250 Arbeitnehmer beschäftigten und deren Investitionsvolumen im Wirtschaftsjahr 10 Mio. DM nicht überstieg. Die Förderung war unabhängig vom Wohnsitz der an den Betrieben beteiligten Personen ausgestaltet.
Die Bestimmung der Bemessungsgrundlage hielt der Ausschuss aufgrund der Angaben der Kreditanstalt für Wiederaufbau, die in den Jahren 1992/1993 eine beträchtliche Anzahl von Kreditzusagen in einem Intervall von 5-10 Mio. DM erteilt hatte, für angemessen[1257].

Um eine Verzögerung der in den ostdeutschen Ländern geplanten Investitionen zu verhindern, trat die neue Förderung nicht erst zum 01. Januar 1995, sondern bereits zum 01. Juli 1994 in Kraft, also genau zu dem Tag, an dem die die Absenkung der für das Beitrittsgebiet geltenden Grundzulage von 8 v.H. auf 5 v.H. wirksam wurde. Dadurch sollte verhindert werden, dass Investitionen, die bereits für das zweite Halbjahr 1994 geplant waren, nicht deshalb ausgesetzt wurden, weil der Investor auf die erhöhte Investitionszulage warten wollte[1258].

Der SPD-Fraktion ging der Erhalt der Förderung nicht weit genug. Sie kritisierte mit Nachdruck, dass das Fördervolumen durch die Absenkung der Investitionszulage von bisher 20 v.H. auf 10 v.H. für die ostdeutschen Unternehmen um insgesamt 3 000 Mio. DM sinken werde, was in einem krassen Gegensatz zu der tatsächlichen Situation der Betriebe stehe. Die Haushaltsbelastungen, die durch die höhere Investitionszulage entstünden, sollten nach Ansicht der SPD durch die Einführung eines Verbotes der Kumulation mit den Sonderabschreibungen nach dem Fördergebietsgesetz ausgeglichen werden[1259]. Hierin sah die Ausschussmehrheit jedoch keine ausreichende finanzielle Entlastung, um eine noch weiter erhöhte Investitionszulage finanzieren zu können. Trotz der inhaltlichen Differenzen stimmte die SPD nicht gegen die Änderungen des Investitionszulagengesetzes, sondern enthielt sich nur der Stimme[1260].

[1256] Bericht des Finanzausschusses, BT-Drs. XII/7427, S. 31.
[1257] Bericht des Finanzausschusses, BT-Drs. XII/7427, S. 31.
[1258] Bericht des Finanzausschusses, BT-Drs. XII/7427, S. 31.
[1259] Bericht des Finanzausschusses, BT-Drs. XII/7427, S. 31.
[1260] Bericht des Finanzausschusses, BT-Drs. XII/7427, S. 32.

Obwohl die Enthaltung der SPD-Fraktion gezeigt hatte, dass sie das Gesetz nicht verhindern wollte und es am 28. April 1994 vom Bundestag verabschiedet wurde, kam es am 20. Mai 1994 aufgrund der von der SPD im Finanzausschuss geäußerten Kritik zur Anrufung des Vermittlungsausschusses durch eine parteiübergreifende Initiative des Bundesrates.
Der Bundesrat folgte der Empfehlung seines Finanzausschusses, der die verzehnfachte Bemessungsgrundlage für die Investitionszulage von 10 Mio. DM für nicht gerechtfertigt hielt. Bemängelt wurde, dass sie die Investitionsvolumen von kleinen und mittelständischen Unternehmen bei weitem übersteige und eindeutig mittelstandspolitischen Erwägungen widerspreche. Weiterhin spielten auch haushaltspolitische Erwägungen eine Rolle für die Ablehnung. Trotz einer Halbierung des Investitionszulagensatzes, so der Bundesrat, habe sich durch die Einbeziehung mittelständischer westdeutscher Investoren der Kreis der Begünstigten erheblich erweitert[1261].

Als Kompromisslösung wurde schließlich die auch vom Bundesrat als angemessen empfundene Investitionshöhe von 5 Mio. DM festgelegt. Weiterhin sprach sich der Vermittlungsausschuss für eine Verlängerung der durch das Missbrauchsbekämpfungs- und Steuerbereinigungsgesetz eingeführten Frist für den Wegfall der degressiven AfA für betrieblich genutzte Gebäude des Privatvermögens um ein weiteres Jahr aus, die aufgrund eines vor dem 01. Januar gestellten Bauantrages hergestellt oder aufgrund eines vor diesem Zeitpunkt abgeschlossenen Kaufvertrags angeschafft worden waren.

Der Bundestag verabschiedete schließlich diese Kompromisslösung am 27. Mai 1994, der Bundesrat stimmte am 10. Juni 1994 zu.

6.10. Gesetz über den Wertpapierhandel und zur Änderung börsenrechtlicher und wertpapierrechtlicher Vorschriften (Zweites Finanzmarktförderungsgesetzes) vom 26. Juli 1994[1262]

Die zunehmende Öffnung der internationalen Märkte zur Mitte der neunziger Jahre und die damit verbundene Steigerung des Wettbewerbs zwang die Bundesregierung neben spezifisch steuerrechtlicher Reformen auch zu einer Neugestaltung der Finanzmärkte, da die internationale Wettbewerbsfähigkeit einer Marktwirtschaft nach Ansicht von CDU/CSU und FDP auch in hohem Maße von der Funktionsfähigkeit ihrer Finanzmärkte abhing. Nur ein funktionierender Finanzmarkt gewährleiste eine effiziente Ressourcenallokation und sei damit ein Motor für Wachstum und Strukturwandel[1263].
Im Mittelpunkt der Regierungsvorlage, die am 27. Januar 1994 dem Deutschen Bundestag zugeleitet worden war, standen drei große Reformziele, nämlich Maßnahmen zur Vertrauensbildung in die Finanzmärkte, Deregulierungsmaßnahmen sowie Maßnahmen zur Berücksichtigung des technischen Fortschritts von elektronischen Informations- und Handelssystemen[1264].

1261 Beschluss des Finanzausschusses, BR-Drs. 359/1/94, S. 2.
1262 BGBl. 1994 I, S. 1749.
1263 GesEntw BRg, BT-Drs. XII/6679, S. 33.
1264 GesEntw BRg, BT-Drs. XII/6679, S. 33

Im ursprünglichen Gesetzesentwurf waren keine besonderen steuerrechtlichen Änderungen enthalten. Diese wurden erst während der Beratungen im Finanzausschuss, dem die Regierungsvorlage am 03. Februar 1994 zur federführenden Beratung vom Bundestag überwiesen worden war, in den Gesetzesentwurf eingefügt.

6.10.1. Einkommensteuergesetz

Für spezielle, nicht für einen marktmäßigen Handel bestimmte Wertpapiere wurde eine von der Grundregel abweichende Herabsetzung der Ersatzbemessungsgrundlage von 50 v.H. auf 30 v.H. der Einnahmen aus der Veräußerung oder Einlösung von bestimmten Wertpapieren gem. § 43a Abs. 2 EStG verabschiedet[1265]. Diese Neuregelung war durch bisher nicht gelöste Probleme, die in den Beratungen des Missbrauchsbekämpfungs- und Steuerbereinigungsgesetzes im Jahr 1993 angeklungen waren, notwendig geworden. In den damaligen Anhörungen hatten Bundesbank, Bundesschuldenverwaltung und die Bankverbände darauf aufmerksam gemacht, dass es Wertpapiere und Kapitalforderungen gab, die nicht marktmäßig, d.h. unter Einschaltung der Kreditinstitute gehandelt wurden. Da die Bundesschuldenverwaltung sowie die Kreditinstitute in Übertragungsfällen den Einkaufspreis nicht kannten, konnte ein Steuerabzug nur von der Pauschalbemessungsgrenze vorgenommen werden, die jedoch wesentlich ungenauer war als der jeweils zufließende volle Kapitalertrag[1266].

Ein Formulierungsvorschlag, der auf eine Erfassung des vollen Kapitalertrages als Bemessungsgrundlage für den Zinsabschlag gerichtet war, konnte aufgrund der Geschäftsordnung während des damaligen Vermittlungsverfahrens nicht behandelt werden. Das Bundesfinanzministerium hatte aus diesem Grund im Einvernehmen mit den obersten Finanzbehörden der Länder eine entsprechende Vorgriffsregelung getroffen, die nun gesetzlich abgesichert werden sollte[1267]. Grund für die Absenkung von bisher 50 v.H. auf 30 v.H. war nach Auffassung des Finanzausschusses die Tatsache, dass dieser Betrag den tatsächlich erzielten Kapitalertrag häufig übersteige[1268].

6.10.2. Gesetz über Kapitalanlagegesellschaften

Die grundsätzliche Zulassung von Geldmarkt-Sondervermögen im Rahmen der Finanzausschussberatungen machte eine Erweiterung der steuerrechtlichen Regelungen der §§ 38 ff. KAGG, die sich bisher lediglich auf Wertpapier-, Beteiligungs- und Grundstücks-Sondervermögen bezogen hatten, auf das neu zugelassene Geldmarkt-Sondervermögen erforderlich[1269]. Der Regierungsvorlage in seiner durch den Finanzausschuss einstimmig geänderten Form[1270] stimmte der Bundestag in seiner 234. Sitzung in dieser Legislaturperiode am 17. Juni 1994 zu. Ein knappen Monat später erfolgte auch die Zustimmung des Bundesrates.

[1265] Bericht des Finanzausschusses, BT-Drs. XII/7918, S. 125
[1266] Bericht des Finanzausschusses, BT-Drs. XII/7918, S. 126
[1267] Bericht des Finanzausschusses, BT-Drs. XII/7918, S. 126.
[1268] Bericht des Finanzausschusses, BT-Drs. XII/7918, S. 126.
[1269] Bericht des Finanzausschusses, BT-Drs. XII/7918, S. 117.
[1270] Bericht des Finanzausschusses, BT-Drs. XII/7918, S. 95.

6.11. Gesetz zur Neuordnung des Postwesens und der Telekommunikation (Postneuordnungsgesetz – PTNeuOG) vom 14. September 1994[1271]

Durch dieses am 29. Juni 1994 vom Parlament verabschiedete Gesetz wurden die öffentlichen Unternehmen der Deutschen Bundespost privatisiert, indem sie in eine Aktiengesellschaft umgewandelt wurden. Die Gleichstellung dieser Unternehmen mit der Rechtsform anderer Wettbewerber sollte die Post in die Lage versetzen, in einem weltweit zunehmend liberalisierten Markt für Post- und Kommunikationsdienstleistungen bestehen zu können[1272]. Zur angemessenen Sicherstellung einer flächendeckenden und ausreichenden Erbringung von Dienstleistungen wurde durch das Postneuordnungsgesetz gleichzeitig der ordnungspolitische Rahmen abgesteckt, sowie die dem Bund verbleibenden Aufgaben geregelt[1273].

Steuerrechtlich bedeutsam wurde die am 01. Februar 1994 in den Deutschen Bundestag eingebrachte fraktionsübergreifende Gesetzesvorlage erst durch die im federführenden Ausschuss für das Postwesen beschlossenen Änderungen. Der Ausschuss hatte auf Vorschlag des mitberatenden Finanzausschusses eine Neufassung des § 3 EStG vorgenommen. Danach sollten Aufwandsentschädigungen und Reise- und Umzugskostenvergütungen, die Beamte bei den Postunternehmen erhielten, gem. § 3 Nr. 35 EStG in dem Umfang von der Lohn- und Einkommensteuer freigestellt werden, in welchem sie auch ohne die Neuordnung des Postwesens steuerfrei gewesen wären[1274].

6.12. Gesetz zur Änderung des Umwandlungssteuerrechts vom 28. Oktober 1994[1275]

Infolge einer grundlegenden Reform der handelsrechtlichen Umwandlungsvorschriften durch das Gesetz zur Bereinigung des Umwandlungsrechts (UmwBerG) vom 28. Oktober 1994 wurden zahlreiche neue Möglichkeiten der Umwandlung der Rechtsform von Unternehmen eröffnet, um ihnen die Anpassung an die veränderten Umstände des Wirtschaftslebens zu erleichtern. Dies erforderte auch eine Anpassung des Steuerrechts an die veränderten zivilrechtlichen Gegebenheiten, weshalb die Bundesregierung zeitgleich mit dem Entwurf zur Bereinigung des Umwandlungsrechts am 14. April 1994 auch einen Gesetzesentwurf zur Änderung des Umwandlungssteuerrechts in den Deutschen Bundestag einbrachte[1276].

Mit der umfassenden Regelung handelsrechtlicher Umwandlungsvorgänge wurde die Möglichkeit eröffnet, diese Umstrukturierungen stärker als bisher steuerneutral zu stellen und Verlustvorträge zuzulassen, soweit diesen nicht spezifische Belange des Steuerrechts entgegenstanden. Dadurch wurde vermieden, dass betriebswirtschaftlich erwünschte und handelsrechtlich zugelassene Umstrukturierungen der Wirtschaft durch steuerliche Folgen behindert wurden, die ohne die besonderen Regelungen des Umwandlungssteuerrechts eingetreten wären.

[1271] BGBl. 1994 I, S. 2325.
[1272] GesEntw BRg, BT-Drs. XII/6718, S. 1.
[1273] GesEntw BRg, BT-Drs. XII/6718, S. 1.
[1274] Bericht des Ausschusses für das Postwesen, BT-Drs. XII/8060, S. 170.
[1275] BGBl. 1994 I, S. 3267.
[1276] GesEntw BRg, BT-Drs. XII/7263, S. 1.

Das neue Umwandlungssteuergesetz enthielt insbesondere folgende Rechtsänderungen:
Die steuerneutrale Verschmelzung von Körperschaften auf Personengesellschaften und natürliche Personen, die steuerneutrale Spaltung von Körperschaften, die Möglichkeit des Verlustvortrags bei der Verschmelzung oder Spaltung einer Körperschaft auf eine andere Körperschaft sowie die entsprechende Anwendung der steuerlichen Vorschriften für die übertragende Umwandlung beim Formwechsel von einer Kapitalgesellschaft in eine Personengesellschaft und umgekehrt.

Die SPD enthielt sich im Finanzausschuss der Stimme, weniger weil sie die neuen steuerlichen Vorschriften ablehnte, sondern weil sie das Gesetz zur Bereinigung des Umwandlungsrechts als Verletzung der Mitbestimmungsrechte der Arbeitnehmer verstand. Durch den Entwurf des Umwandlungssteuerrechts, so argumentierte die SPD, würde diesen mitbestimmungsschädlichen Vorgängen infolge der eintretenden steuerlichen Entlastung noch Vorschub geleistet[1277]. Aus dem gleichen Grund empfahl auch der Finanzausschuss des Bundesrates in seiner Empfehlung vom 27. Juni 1994, den Vermittlungsausschuss anzurufen[1278]. Der Bundesrat rief jedoch nicht den Vermittlungsausschuss an, sondern verweigerte am 08. Juli 1994 seine Zustimmung gänzlich[1279].

Am 23. September stimmte der Bundesrat schließlich dem unveränderten Gesetzesbeschluss des Bundestages nach dem Vermittlungsverfahren zu. Grund für die Bestätigung des Gesetzesbeschlusses im Vermittlungsverfahren war die zwischenzeitlich ebenfalls im Vermittlungsverfahren erfolgte Sicherung der Arbeitnehmermitbestimmung bei der Umwandlung eines Unternehmens nach dem neuen Umwandlungsrecht[1280].

1277 Bericht des Finanzausschusseses, BT-Drs. XII/7945, S. 61.
1278 Empfehlung des Finanzausschusses des Bundesrates, BR-Drs. 587/1/94, S.1.
1279 Beschluss BR, BR-Drs. 587/94.
1280 Vgl. Bericht des Berichterstatters für den Bundesrat im Vermittlungsverfahren, Ermisch, BR-PlPr. 674, Anlage 17,S. 536.

VIII. Rückblick auf die zwölfte Legislaturperiode

In der zwölften Legislaturperiode stand die christlich-liberale Koalition vor der schwierigen Aufgabe, auf der einen Seite das selbst gesetzte Ziel zu verwirklichen, Bürger und Wirtschaft von einer zu hohen Steuerlast zu befreien, und auf der anderen Seite die notwendigen Haushaltsmittel bereitzustellen, um den wirtschaftlichen Aufschwung und Anschlussprozess in den neuen Bundesländern zu fördern. Zu Beginn der zwölften Legislaturperiode war die Steuergesetzgebung in Deutschland daher von einer großen Unruhe geprägt, insbesondere was die verschiedenen Steuererhöhungen anbetraf. Bei den Steueränderungsgesetzen 1991[1281] und 1992[1282] sowie dem Solidaritätsgesetz,[1283] aber auch beim FKP-Gesetz[1284] schienen die Prognosen über finanzielle Konsequenzen, die sich aus der deutschen Wiedervereinigung ergaben, nur vorläufigen Charakters gewesen zu sein, folgte doch in kürzesten Abständen eine Finanzierungsmaßnahme der Bundesregierung auf die nächste.

Ursprünglich sollten diese Gesetzesinitiativen die erste Stufe der Umsetzung einer umfassenden Reform der Unternehmensbesteuerung darstellen. Die Notwendigkeit einer grundlegenden Reform war bereits gegen Ende der elften und zu Beginn der zwölften Legislaturperiode insbesondere von Fachleuten umfassend diskutiert und erörtert worden[1285].
Allerdings kam die Umsetzung der Vorgaben der Unternehmenssteuerreformkommission nur ausgesprochen schleppend in Gang, was zum einen an der Opposition lag, die die Gesetzesvorhaben im Bundesrat blockierte, zum anderen aber auch aufgrund des geringen Handlungsspielsraums wegen der zunehmend schlechten Haushaltslage nach der Wiedervereinigung.

Als wichtiger positiver Schritt bei der Umsetzung der Unternehmenssteuerreform kann die Aussetzung der Vermögen- und Gewerbekapitalsteuer in den neuen Bundesländern gewertet werden. Gerade die Abschaffung von Substanzsteuern, deren Belastung als Sollertragsteuern oftmals kein Spiegelbild der tatsächlichen Leistungsfähigkeit darstellte und sich insbesondere in wirtschaftlich schwierigen Zeiten krisenverschärfend auswirkte[1286], war eine konsequente Folge der propagierten Steuersenkungspolitik, zumal diese Aussetzung als indirekte Wirtschaftsförderung auch den ertragsschwachen ostdeutschen Betrieben zugute kam. Trotz einer Rezession in den alten Bundesländern trug diese Maßnahme der Steuerpolitik in Form von Sonderentlastungen auch wesentlich zu einem realen Wirtschaftswachstum im Beitrittsgebiet von immerhin 9,7 v.H. im Jahre 1992, 7,1 v.H. im Jahre 1993 und einem erwarteten Wirtschaftswachstum zwischen 6 und 8 v.H. im Jahre 1994 bei[1287].

Dass sich bei der Bewertung der Neuregelung der Unternehmensbesteuerung trotzdem ein geteiltes Bild ergab, lag zum einen daran, dass die Abschaffung der Substanzbe-

[1281] Vgl. Kap. VII. 4.2.
[1282] Vgl. Kap. VII. 4.4.
[1283] Vgl. Kap. VII. 4.3.
[1284] Vgl. Kap. VII. 4.5.
[1285] Vgl. die Vorarbeiten für eine Unternehmenssteuerreform, Kap. VII. 4.1.
[1286] Ritter, StBJb 1987/1988, S. 47, 63.
[1287] Zeitler, in: FS Klein, 271, 272.

steuerung als eine der Hauptforderung der Debatte um die Unternehmenssteuerreform auf das Beitrittsgebiet beschränkt blieb. Ausgangspunkt der Diskussion war darüber hinaus, dass vor allem eine umfassende und deutliche finanzielle Entlastung für die Wirtschaft aufgrund der im internationalen Vergleich außerordentlich hohen Besteuerung gewerblicher Erträge und Vermögen zu erfolgen habe [1288].

Die Forderung nach einer spürbaren finanziellen Entlastung der Wirtschaft blieb jedoch in Regierungskreisen ungehört. Insbesondere bei der Unternehmensbesteuerung verließ die christlich-liberale Regierung mit dem Verzicht auf Nettoentlastungen den Erfolgskurs der 80er Jahre und folgte dem Dogma der „Aufkommensneutralität", indem der Absenkung der Steuerbelastung durch Gegenfinanzierungsmaßnahmen an anderer Stelle entgegengewirkt wurde. So erfolgte zwar eine Senkung des Steuersatzes bei der gewerblichen Einkommensteuer und der Körperschaftsteuer sowie besondere Abschreibungsmöglichkeiten bzw. Freibeträge für den Mittelstand, allerdings wurden diese Vergünstigungen anderenorts wieder kompensiert. Hier ist insbesondere das FKPG zu nennen. Ausgesprochen problematisch an diesem Gesetz war die Tatsache, dass Steuererhöhungen ausgerechnet an der Stelle statt fanden, den die Bundesregierung eigentlich zurückführen wollte, nämlich im ertragsunabhängigen Bereich.

Negativ in diesem Zusammenhang war auch die Bildung der Schwerpunkte der steuerlichen Entlastung, die im Steueränderungsgesetz ihren Anfang nahmen und im Gesetz zur Finanzierung des föderalen Konsolidierungsprogramms zur Finanzierung der ersten beiden Stufen der Unternehmenssteuerreformen ihre Fortsetzung fanden. Bei diesen gesetzgeberischen Maßnahmen bildete sich eine steuerrechtliche Tendenz der Bundesregierung heraus, die sich in der nächsten Legislaturperiode noch verstärken sollte, Steuersenkungen aufgrund immer höherer Ausgaben und immer kleineren finanziellen Möglichkeiten primär den Unternehmen zugute kommen zu lassen.

Die positiven Ansätze der Unternehmensbesteuerung wurden zudem durch die Einführung des Solidaritätszuschlages beeinträchtigt. An diesem Befund ändert auch die Tatsache nichts, dass Vertreter von Regierung und Koalitionsfraktionen immer wieder betonten, dass der Solidaritätszuschlag nur eine Übergangsregelung sei, die ausschließlich der kurzfristigen Mittelbeschaffung diene. Selbst ein Jahrzehnt nach Einführung dieser Sonderabgabe und einem politischen Wechsel in der Regierungsverantwortung gibt es immer noch keine konkreten Anzeichen für eine Initiative zur Abschaffung des Solidaritätszuschlages. Der häufige Verweis auf die Kurzfristigkeit dieser steuerpolitischen Maßnahme, die teilweise schon selbstbeschwörend wirkte[1289], belegt, dass den bürgerlichen Politikern die Gefahr durchaus bewusst war, dass der Staat einmal erschlossene Finanzierungsquellen nicht einfach wieder aufgibt, sondern dass es hierfür einer besonderen Entschlossenheit und eines zähen Ringens in den parlamentarischen Debatten bedarf.

[1288] Vgl. nur die Reformvorschläge der Unternehmenssteuerkommission sowie Ritter, StbJb 1987/1988, 47, 49.

[1289] vgl. nur die Rede des FDP-Abgeordneten Solms während der Beratungen zum Solidaritätsgesetz 1991, siehe Kap. VII. 4.3.

Erschwerend kam für die Bundesregierung hinzu, dass die deutsche Wirtschaft 1991 nach einem Konjunkturaufschwung Ende der 80er Jahre in die schwerste Rezession nach dem Zweiten Weltkrieg geraten war.

Neben der finanziellen Herausforderung durch die deutsche Einheit und die Rezession wurde die Bundesregierungen in ihren Bemühungen dadurch behindert, dass Einsparungen, die zu Spielräumen für mögliche Steuersenkungen hätten führen können, von der Opposition ebenso wie die Steuerentlastungspläne der Bundesregierung mit heftigster Polemik angegriffen wurden. „Die Tinte unter den politischen Vereinbarungen zum Föderalen Konsolidierungsprogramm ist noch nicht trocken, da plant die Bundesregierung in einem beispiellosen Akt sozialer Piraterie die Ausplünderung der kleinen Leute“[1290], ist nur ein Beispiel für die oft fehlende sachliche Auseinandersetzung im Bundestag.

Zudem hatte die Bundesregierung die Option für die erforderliche Sparpolitik, die die finanziellen Möglichkeiten für eine deutliche Nettoentlastung für alle Steuerpflichtigen gebracht hätte, durch eigenes Verschulden erheblich eingeschränkt, indem man im Wahlkampf zum einen eine Finanzierung der Wiedervereinigung durch Steuererhöhungen ausgeschlossen hatte und zum anderen auch die Vorteile des westdeutschen Wohlstandes in nicht allzu ferner Zukunft in Aussicht stellte. Die Aussage Helmut Kohls von den „blühenden Landschaften“, spiegelt dieses im Wahlkampf geäußerte Versprechen, die neuen Bundesländer in kürzester Zeit westdeutschen Verhältnissen anzugleichen, wider.

Nachdem die Bundesregierung dann das erste Versprechen von ausbleibenden Steuererhöhungen nicht halten konnte, sollten die blühenden Landschaften wenigstens durch massive Finanztransfers gesichert werden. Aus steuerrechtlicher Sicht sind hier vor allem die Sonderabschreibungen nach dem Fördergebietsgesetz sowie die speziellen Investitionszulagen nach dem Investitionszulagengesetz zu nennen.

Die finanz- und steuerpolitischen Maßnahmen, die auf Initiative der Bundesregierung als Reaktion auf die Herausforderungen der Deutschen Wiedervereinigung zu Beginn der 90er Jahre in den Deutschen Bundestag eingebracht wurden, lösten zum ersten Mal handfestere Meinungsverschiedenheiten über die grundsätzlichen Ziele der Finanzpolitik zwischen den Koalitionspartnern aus.
Während der Bundesfinanzminister und Vertreter der Union eine höhere Nettoneuverschuldung der öffentlichen Haushalte als unausweichliche Folge der Lasten der Einheit rechtfertigten[1291], betonte der liberale Koalitionspartner die Notwendigkeit von Einsparungen und warf der CDU/CSU vor, dieses Ziel nicht mit der nötigen Konsequenz zu betreiben[1292]. Die Regierung habe, so die FDP, bei dem ihrer Meinung nach einzig

[1290] So der SPD-Abgeordnete Wieczorek in seiner Rede während der zweiten Beratung des Gesetzesentwurfs vor dem Deutschen Bundestag am 27. Mai 1993, vgl. BT-PlPr. XII/161, S. 13717 (D).

[1291] Vgl. die Rede des Bundesfinanzministers vor dem Deutschen Bundestag am 27. Mai 1993, BT-PlPr. XII/161, S. 13733 (D); sowie die Rede des CSU-Landesgruppenführer, Glos, am gleichen Tag vor dem Deutschen Bundestag, vgl. BT-PlPr. XII/161, S. 13714.

[1292] Vgl. die Rede des Abgeordneten Graf Lambsdorf (FDP) vor dem Deutschen Bundestag am 27. Mai 1993, der mit seiner Kritik an der Union die grundsätzliche Aussprache für die FDP in der zweiten Beratung der Gesetzesentwürfe zur Umsetzung des Föderalen Regierungsprogramms sowie des Standortsicherungsgesetzes errichtigen Signal, nämlich dem Sparen und Umschichten von konsumtiven Ausgaben, das „Klassenziel" weitgehend verfehlt[1293]. Bei diesen Auseinandersetzungen ist nicht zu übersehen, dass die FDP in den parlamentarischen Debatten teilweise so auftrat, als sei sie nicht an der Regierung beteiligt, sondern würde vielmehr Oppositionspolitik betreiben. Die allerletzte Konsequenz, nämlich einen Austritt aus der Regierung und der Koalition, hatte die Partei aber trotz einer Stärkung aufgrund des guten Wahlergebnisses bei der Bundestagswahl vermieden.

Politisch problematisch war für die FDP sicherlich auch, dass die im Rahmen des Gesetzes zur Umsetzung des Föderalen Konsolidierungsprogramms gefundenen Kompromisse im Wesentlichen auf außerparlamentarischen Vereinbarungen beruhten, die durch prominente Vertreter der Regierungs- und Oppositionsparteien sowohl von Bundes- als auch von Landesebene getroffen wurden. Entscheidend war, dass auch die SPD die gefundenen Ergebnisse mitgetragen hatte[1294], so dass sich die FDP in diesen Fragen der breiten Gegnerschaft einer faktischen „Großen Koalition" gegenübersah. Das machte für die Liberalen die Androhung eines Regierungsaustritts wesentlich schwieriger, auch wenn sie scharfe Kritik am grundsätzlichen Regierungskurs übte.

Parallel zu der speziellen nationalen Situation nach dem Beitritt der DDR kam immer stärker auch der Wettbewerbsdruck aufgrund des europäischen Binnenmarktes und den nunmehr in immer zunehmenderen Maße konkurrierenden Volkswirtschaften hinzu. Diese Konkurrenzsituation zwang auch den deutschen Gesetzgeber, bestehende gesetzliche Vorschriften zu liberalisieren, um den deutschen Unternehmen die Handlungsmöglichkeiten zu geben, um diesem Wettbewerb stand zu halten. Beispiele hierfür ist die Privatisierung und Liberalisierung des Postwesens.

Mit dem Zinsabschlagsgesetz hatte die christlich-liberale Regierung endlich einen tragfähigen Versuch unternommen, eine gerechtere Erfassung von Kapitalerträgen zu gestalten. Damit war zumindest vorerst einer der problematischsten Punkte des Einkommensteuerrechts, nämlich die fehlende Belastungsgleichheit zwischen Kapitalerträgen und beispielsweise Lohn bzw. sonstigen Einkünften, zumindest teilweise gelöst. Gleichzeitig enthüllt dieses Gesetz aber auch deutlich, wie schwierig es war, und zwar über alle Parteigrenzen hinweg, in bestimmten steuerrechtlichen Fragen einen durchsetzungsfähigen Konsens zu finden[1295].
Immerhin waren die verfassungsrechtlichen Implikationen einer Nichtsicherstellung der Zinsbesteuerung seit den Ergebnissen der Kommission im Jahre 1967 im Bundesfinanzministerium bekannt. Trotzdem mussten über zwanzig Jahre vergehen, bis das

öffnete, BT-PlPr. XII/161, S. 13725 (C), S. 13724 (A), und den Koalitionspartner davor warnte, auf die sozialdemokratische „Leimrute" zu gehen.

[1293] So der Abgeordnete Gattermann (FDP) vor dem Deutschen Bundestag am 27. Mai 1993, vgl. BT-PlPr. XII/161, S. 13763 (D).

[1294] Zwar wurde jede Gelegenheit seitens der SPD genutzt, um der Regierung in den Debatten immer wieder grundsätzliche Verfehlungen und Versäumnisse in der Steuer- und Finanzpolitik vorzuwerfen, die sich auch im FKP fortgesetzt hätten. Letztlich wurde dem FKP jedoch zugestimmt, weil die Finanzen der ostdeutschen Länder und Gemeinden damit auf eine tragfähige Grundlage gestellt würden, so der Abgeordnete Wieczorek (SPD) am 27. Mai 1993, vgl. BT-PlPr. XII/161, S. 13717 (D). Der Abgeordnete Graf Lambsdorf (FDP) nannte dies ein Musterbeispiel einer Rede, „warum ich nein sagen möchte und anschließend doch ja sage". Vgl. BT-PlPr. XII/161, S. 13722 (A).

[1295] Es sei dahin gestellt, ob sich diese Schwierigkeiten auf Unwillen oder Unfähigkeit gründeten.

Gesetz zur Neuregelung der Zinsbesteuerung im Jahre 1992 verabschiedet werden konnte und zwar erst unter Druck eines Beschlusses des Bundesverfassungsgerichts.

Für die deutsche Umsatzsteuergesetzgebung in dieser Wahlperiode war charakteristisch, dass sie mittlerweile fast ausschließlich durch die Vorgaben der Europäischen Gemeinschaft bestimmt wurde. In der zwölften Legislaturperiode stand dabei die Umsetzung der 6. Richtlinie im Mittelpunkt der Mehrwertsteuerreformen. Die für die Bundesregierung erfolglos verlaufene inhaltliche Auseinandersetzung mit der EG-Kommission über das „Ursprungslandprinzip" führte zu der seltenen Konstellation, dass Koalition und Opposition während des parlamentarischen Verfahrens den Vorgaben der Richtlinie in einmütiger Ablehnung gegenüberstanden . Dabei täuschten sich allerdings beide Seiten über die nur vorübergehende Geltung des „Bestimmungslandprinzips".

IX. Steuergesetzgebung in der dreizehnten Legislaturperiode (1994-1998)

1. Politische und wirtschaftliche Verhältnisse zu Beginn der dreizehnten Legislaturperiode

Die christlich-liberale Regierung konnte ihren Erfolg aus dem Wahlkampf im Jahr der Wiedervereinigung nicht wiederholen. Zwar behaupteten CDU/CSU ihren Stimmenanteil von 41, 8 v.H. und blieben mit insgesamt noch 294 der 672 Sitze im Deutschen Bundestag weiterhin stärkste Fraktion. Dramatisch waren jedoch die Stimmenverluste der FDP, die nur noch auf 6, 9 v.H. der abgegebenen Stimmen kam und deren Mandate sich mit nur 47 Sitzen fast halbierten.
Leicht zulegen konnte die SPD, deren Sitze sich auf 252 erhöhten, was 36, 4 v.H. der abgegebenen Stimmen entsprach. Deutlicher Gewinner der dreizehnten Bundestagswahl waren jedoch B90/Die Grünen, die mit 7, 3 v.H. der abgegebenen Stimmen und 49 Sitzen ihre Mandatszahl im Deutschen Bundestag verachtfachten. Deutlich stärker wurde mit 30 Sitzen auch die Gruppe der PDS, die zwar an der 5-v.H.-Hürde scheiterte, aber in Ostdeutschland drei Direktmandate erringen konnte.
Somit war von dem deutlichen Vorsprung der christlich-liberalen Koalition von 134 Stimmen aus dem Jahre 1990 nur noch 10 Mandate übrig geblieben. Zum Bundeskanzler wurde Helmut Kohl gewählt. Zum Finanzminister wurde Theo Waigel berufen.

Die finanzwirtschaftliche Situation war im Gegensatz zu den beiden Legislaturperioden der christlich-liberalen Koalition in den 80er Jahren seit der Wiedervereinigung deutlich schlechter geworden. Die Finanz- und Haushaltspolitik der Bundesregierung hatte sich nach der Deutschen Wiedervereinigung in ihr genaues Gegenteil verkehrt. Zur Verdeutlichung und Darstellung dieses Umstandes sollen zwei besonders markante Daten genügen. Innerhalb von vier Jahren wuchs die Staatsquote auf ein neues Nachkriegsrekordniveau um 5,6 Prozentpunkte auf 51, 2 v.H.[1296]. Die jährliche Zuwachsrate der Verschuldung lag seit der Wiedervereinigung kontinuierlich im zweistelligen Bereich[1297].

2. Regierungserklärung des Bundeskanzlers vom 23. November 1994 [1298]

Die Regierungserklärung von Bundeskanzler Kohl zu Beginn der dreizehnten Legislaturperiode blieb in Bezug auf die zu erwartendende Steuerpolitik der christlich-liberalen Koalition ausgesprochen vage. Im Zentrum stand jedoch eindeutig die Erkenntnis, dass die mittlerweile erreichte Staatsquote für die Schaffung von Arbeitsplätzen zu hoch sei.

„... Die Bundesregierung wird ihre wachstumsorientierte, leistungsgerechte, familien- und mittelstandsfreundliche Steuerreform fortsetzen...Diese Abgabenquote ist eindeutig zu hoch. Wir müssen sie senken; denn sie droht den Leistungswillen des einzelnen zu erdrücken und erschwert das Entstehen von mehr Arbeitsplätzen in Deutsch-

---

[1296] IFSt, Grüner Brief Nr. 328, S. 13.
[1297] IFSt, Grüner Brief, Nr. 328, S. 13.
[1298] Vgl. BT-PlPr. XIII/5, S. 37 (B) ff.

land....Im Vordergrund müssen solche steuerpolitische Maßnahmen stehen, die die Schaffung von Arbeitsplätzen in Deutschland erleichtern...."

Dabei sollten Reformen bei den nach Ansicht des Bundeskanzlers im internationalen Vergleich wettbewerbsverzerrenden Sonderlasten, wie etwa der Gewerbekapitalsteuer und der betrieblichen Vermögensteuer, erfolgen. Wie diese Pläne konkret aussahen, darüber schwieg sich der Bundeskanzler aus und verwies, auf die erforderliche Abstimmung mit den Kommunen im Rahmen einer umfassenden Gemeindefinanzreform. Ebenso unverbindlich blieb die Absichtserklärung, den Solidaritätszuschlag baldmöglichst abzubauen. Auch hier sollten die entsprechenden Rückführungsmöglichkeiten zuerst in Gesprächen mit den Ländern abgestimmt werden.
Als einzig konkrete Ankündigung blieb die steuerliche Freistellung des Existenzminimums.

3. Große Steueränderungsgesetze bzw. Jahressteuergesetze

3.1 Jahressteuergesetz 1996 vom 11. Oktober 1995[1299]/Jahressteuerergänzungsgesetz 1996 vom 18. Dezember 1995[1300].

Gesetzesentwürfe für ein Jahressteuergesetz 1996 waren sowohl von den Koalitionsfraktionen am 27. März 1995 als auch von der Bundesregierung am 24. April 1995 in den Deutschen Bundestag eingebracht worden[1301]. Während der Fraktionsentwurf Grundlage für das Jahressteuergesetz 1996 wurde, verblieb der Regierungsentwurf im parlamentarischen Verfahren und wurde Grundlage eines Jahressteuerergänzungsgesetzes 1996[1302]. Ein zusätzliches Ergänzungsgesetz war notwendig geworden, weil das Jahressteuergesetz in einigen Punkten zu ergänzen und redaktionell zu ändern gewesen war[1303]. Bis zur endgültigen Verabschiedung des Jahresteuerergänzungsgesetzes 1996 am 15. Dezember 1995 befand sich diese Steuerreform somit fast neun Monate im parlamentarischen Verfahren. Insgesamt waren sowohl das Zustandekommen als auch der Inhalt des Jahressteuergesetzes 1996 eines der unrühmlichsten Kapitel der deutschen Steuergesetzgebung während der sechzehnjährigen Amtszeit der christlich-liberalen Koalition und war wenig hilfreich, Vertrauen in das ohnehin mit einer schwindenden Akzeptanz der Bürger verbundene Steuerrecht zu bringen.

Das gesamte parlamentarische Verfahren war geprägt von einer ständigen Hektik, da das Bundesfinanzministerium auf jeden Fall einen Konsens über das Jahressteuergesetz vor der parlamentarischen Sommerpause erreichen wollte, um die reibungslose Anwendung der Neuregelungen bis zum 01. Januar 1996 zu gewährleisten[1304]. Die Regierung stand mit der Durchsetzung ihrer Steuerpläne unter einem so enormen Zeitdruck, dass sie bereits zu Beginn des Verfahrens einen Konflikt mit dem Bundesrat riskierte, obwohl das Gesetz abschließend noch den Bundesrat passieren musste. Ab-

[1299] BGBl. 1995 I, S. 1250.
[1300] BGBl. 1995 I, S. 1959.
[1301] Vgl. BT-Drs. XIII/901 und BT-Drs. XIII/1173.
[1302] Bericht des Finanzausschusses, BT-Drs. X/3084, S. 14.
[1303] Bericht des Finanzausschusses, BT-Drs. XIII/3084, S. 1.
[1304] So der Bundesfinanzminister in seiner Rede während der ersten Beratung des Gesetzesentwurf vor dem Deutschen Bundestag am 31. März 1995, vgl. BT-PlPr. XIII/32, S. 2473 (A).

weichend vom üblichen Procedere brachte das Kabinett seinen Entwurf in den Deutschen Bundestag ein, ohne eine vorherige Stellungnahme des Bundesrates abzuwarten, dem die Regierungsvorlage am 31. März 1995 gem. Art. 76 Abs. 2 Satz 4 GG als besonders eilbedürftig zugeleitet worden war.

Der Bundesrat hatte über seine Stellungnahme jedoch erst am 02. Juni 1995 beschlossen[1305], weil er von seinem Recht auf Verlängerung der Frist zur Stellungnahme gem. Art. 76 Abs. 2 Satz 3 GG Gebrauch gemacht hatte. Zu diesem Zeitpunkt war der Entwurf der Koalition von CDU/CSU und FDP jedoch schon durch den Finanzausschuss in die zweite parlamentarische Beratung eingegangen. Umgehend rügten die Länder diesen „Alleingang" der Bundesregierung. Der Bundesrat sah in dem Vorgehen der Bundesregierung einen Verstoß gegen seine verfassungsmäßig garantierten Mitwirkungsrechte, weil er befürchtete, dass sich der Gesetzesentwurf der Bundesregierung durch das schnelle Vorgehen mit dem Koalitionsentwurf im weiteren parlamentarischen Verfahren erledigen werde und somit keine Stellungnahme zur ersten Beratung vorliege[1306].

Die Bundesregierung entgegnete hierauf, dass das Grundgesetz die Möglichkeit einräume, einen Gesetzesentwurf aus der Mitte des Parlaments einzubringen, ohne zuvor den Bundesrat einzubeziehen. Insofern könnten durch das Einbringen des Koalitionsentwurfs keine verfassungsgemäßen Beteiligungsrechte des Bundesrates betroffen sein[1307].

Das rasche Vorantreiben der Gesetzesvorlage setzte sich in den Beratungen im Deutschen Bundestag fort. Auch Vertreter der Regierungskoalition bedauerten den erheblichen Zeitdruck, unter dem die Verabschiedung des Jahressteuergesetzes gestanden hatte, stellten aber fest, dass ein Gesetz dieses Umfangs eben ein halbes Jahr Vorlaufzeit brauche[1308]. Darüber hinaus entstand während der Verhandlungen der Eindruck einer gewissen Plan- und Konzeptlosigkeit der Regierung, weil fundamentale Teile der Regierungsvorlage permanent geändert wurden und zwar nicht nur aufgrund des äußeren Drucks der Opposition[1309].

Neben dem ständigen inhaltlichen Zerren von Koalition und Opposition im Vermittlungsausschuss, der insgesamt zweimal angerufen werden musste, weil kein tragfähiger Kompromiss gefunden werden konnte, kam hinzu, dass das endgültige Ergebnis erheblich vom Ausgangsentwurf abwich. Problematisch war außerdem, dass die Ände-

---

[1305] Beschluss, BR-Drs. 171/95

[1306] Stellungnahme des Bundesrates, BT-Drs. XIII/1686, S. 2.

[1307] Stellungnahme des Bundesrates, BT-Drs. XIII/1686, S. 75.

[1308] So der CDU-Abgeordnete Hauser in seiner Rede während der ersten Beratung der Regierungsvorlage vor dem Deutschen Bundestag am 31. März 1995, vgl. BT-PlPr. XIII/32, S. 2483 (B).

[1309] Prägnantestes Beispiel hierfür war die Neuregelung des steuerfreien Existenzminimums, das in allen Stationen des parlamentarischen Verfahrens, vom Referentenentwurf bis zum abschließenden Ergebnis des Vermittlungsausschusses, geändert wurde sowie die Neuregelung des Familienleistungsausgleichs; noch in der Sitzung des Finanzausschusses vom 10. Mai 1995 wurden Anträge der SPD, die die Bundesregierung aufforderten, sowohl einen neuen Vorschlag zur Steuerfreistellung des Existenzminimums vorzulegen als auch die Gesetzesformulierung zu der vorgesehenen Neuregelung des Familienleistungsausgleich, von der Koalitionsmehrheit abgelehnt. Nur eine Woche später am 17. Mai 1995 konkretisierte das Bundesfinanzministerium die Eckpunkte eines künftigen Familienleistungsausgleich und legte nach der Einigung mit den finanzpolitischen Sprechern von CDU/CSU und FDP einen neuen Einkommensteuertarif zur Freistellung des Existenzminimums vor.

rungen nicht im normalen Gesetzgebungsverfahren behandelt wurden, sondern aus sog. geheimen „Gift- oder Steinbruchslisten“ stammten, die in politischen Runden verabredet wurden, so dass praktisch keinerlei Planungssicherheit gegeben war[1310].

Inhaltlich dominierten drei Themenfelder. Zunächst musste eine endgültige, verfassungsgemäße Lösung für die steuerliche Freistellung des Existenzminimums gefunden werden, nachdem im FKPG nur eine Übergangslösung geregelt worden war[1311].

Erstaunlicherweise fand sich in der Gesetzesvorlage kein einziger Vorschlag der unabhängigen Kommission zur Einkommensteuer wieder, die vom Bundesminister der Finanzen nach dem Urteil des Bundesverfassungsgericht im November 1993 zur Vorbereitung der Gesetzgebung eingesetzt worden war[1312]. Neben einer neuen Tarifgestaltung hatte die Kommission auftragsgemäß auch noch Vorschläge zu einer grundlegenden Reform der Einkommensteuer, wie etwa zur Verbreiterung der Bemessungsgrundlage sowie zu einer Systematisierung und Vereinfachung, unterbreitet, die allerdings ebenfalls keinen Eingang in das Gesetzeswerk fanden[1313].

Die Regierung scheute die politischen Konsequenzen einer Umsetzung der Kommissionsvorschläge, wobei nicht an der steuerrechtlichen Sinnhaftigkeit der einzelnen Vorschläge gezweifelt wurde. Vielmehr hielt es die Koalition für illusorisch, in der kurzen Zeit, die für die parlamentarische Beratung zur Verfügung stand, einen Konsens für derartig tiefe Einschnitte in das bestehende Steuerrecht zu finden[1314]. Über die Beurteilung der politischen Erfolgsaussichten einer Umsetzung der Kommissionsvorschläge waren sich Koalition und Bundesfinanzministerium einig[1315].

Weiterhin sollte durch das Jahressteuergesetz 1996 die dritte Stufe der Unternehmenssteuerreform einhergehend mit einer Konzentration der steuerlichen Förderung der neuen Bundesländer verabschiedet werden. Schließlich enthielt das Jahressteuergesetz auch noch Änderungen zur Steuervereinfachung, wie etwa die vereinfachte Gewinnermittlung bei Gewerbetreibenden und Freiberuflern durch Pauschalierung bei den Betriebsausgaben, eine Verdoppelung der Höchstbeträge für den Sonderausgabenabzug von Ausbildungskosten, eine vereinfachte Bewertung von Sachbezügen im

[1310] Zitzelsberger, BB 1995, 2296, 2297.

[1311] Vgl. Kap. VII. 4.5.1.2.

[1312] Vgl. Thesen der Einkommensteuerreform, BB 1994, Beilage 24, S. 2.

[1313] Ebd., z.B. durch Herausnahme von Lenkungsnormen, wie etwa Abschreibungsvergünstigungen, Wohnungsbauförderung, Sondervergünstigungen für Land- und Forstwirtschaft sowie die Förderung der Vermögensbildung von Arbeitnehmern und dem umfangreichen Abbau von Steuervergünstigungen im Rahmen des § 3 EStG, S. 4 u. 5.

[1314] Dies nannte jedenfalls der Abgeordnete Hauser während der ersten Beratung der Gesetzesvorlage vor dem Deutschen Bundestag am 31. März 1995 als Grund für das Nichtaufgreifen der Kommissionsvorschläge, vgl. BT-PlPr. XIII/32, S. 2484 (C). Der ursprünglich von der Kommission vorgeschlagene Tarif hätte, so Hauser, eine Nettoentlastung von 40 Mrd. DM gebracht, wobei die Vorschläge zur Gegenfinanzierung der Koalition nicht durchsetzbar erschienen. In einem ähnliche Sinne äußerte sich auch die FDP-Abgeordnete Frick, vgl. BT-PlPr. XIII/32, 2490, 2490 (C).

[1315] Der Parlamentarische Staatssekretär beim Bundesministerium der Finanzen, Faltlhauser, erkannte zwar ausdrücklich an, dass die einzelnen Reformvorschläge aus steuersystematischer Sicht begründet waren, die Durchsetzung der Gegenfinanzierungsvorschläge der Bareis-Kommission sei jedoch insbesondere im Hinblick auf die Zustimmungspflicht des Bundesrates mit hoher Sicherheit zum Scheitern verurteilt, so argumentierte er, was letztlich die gesamte Freistellung des steuerrechtlichen Existenzminimums gefährden würde, vgl. Wirtschaftsdienst 1995, 22, 27.

Lohnsteuerverfahren sowie eine Anhebung der umsatzsteuerlichen Freigrenze für Kleinunternehmen etc[1316].

3.1.1. Einkommensteuertarifreform

Die Neuregelung des Einkommensteuertarifs war von Beginn an kein Glanzstück der deutschen Steuergesetzgebung, da die Reform seitens der Bundesregierung ausschließlich fiskalisch motiviert war.

Die Entscheidung des Bundesverfassungsgerichts hatte dazu geführt, dass die Bundeshaushalte zukünftig einer erheblichen finanziellen Belastung ausgesetzt sein würden. Der Bundesminister der Finanzen führte in der ersten Beratung des Gesetzesentwurfs vor dem Deutschen Bundestag am 31. März 1995 aus, dass eine Umsetzung der verfassungsrechtlichen Vorgaben im bisherigen Tarif zu einem Steuerausfall von mindestens 40 Mrd. DM führen würde. Um Öffentlichkeit und Opposition zu verdeutlichen, dass es keine Alternativen zu den Reformplänen der Regierung gab, führte er weiter aus, dass eine Gegenfinanzierung politisch nicht durchsetzbar sei. Wer wolle schon, so der Bundesfinanzminister, die vollständige Besteuerung von Arbeitslosengeld und Arbeitslosenhilfe, von Zuschlägen für Feiertags- und Nachtarbeit oder die Abschaffung der steuerlichen Begünstigung von Spenden[1317].

Die Berücksichtigung des gestiegenen Existenzminimums sollte nach den Plänen von Bundesregierung und Regierungskoalitionen durch eine grundsätzliche Umgestaltung des Einkommensteuertarifs erfolgen. Die Steuerfreistellung des Existenzminimums in Höhe von 12 095 DM/24 191 DM (Alleinstehende/Verheiratete) sollte durch Einführung einer sogenannten „Grundentlastung" außerhalb des Tarifs erfolgen, wobei diese Grundentlastung mit steigendem Einkommen stetig abgebaut werden sollte und bei einem zu versteuernden Einkommen von 43 361 DM/86 723 DM gänzlich auslief. Gleichzeitig war geplant, die Steuerbelastung mit einem Anfangssatz von 2,82 v.H. „von der ersten Mark" an beginnen und linear bis zu einem Steuersatz von 19,5 v.H. bei einem zu versteuerndem Einkommen von 12 095 DM/24 191 DM ansteigen zu lassen. Die sich daran anschließenden Progressionszone sollte parallel zum bisherigen Progressionsverlauf linear weitergeführt werden, bei einer jedoch um 0,7 v.H.-Punkte abgesenkten Grenzbelastung. Der unveränderte Spitzensteuersatz von 53 v.H. bzw. 47 v.H. bei gewerblichen Einkünften sollte erst bei einem um ebenfalls 2 322 DM/ 4 644 DM erhöhten Einkommen von 122 346 DM/244 728 DM bzw. 102 546 DM/205 092 DM einsetzen[1318].

Obwohl der Bundesfinanzminister zu Beginn des parlamentarischen Verfahrens noch voller Überzeugung verkündet hatte, die Bundesregierung habe eine verfassungsgemäße Reform der Freistellung des Existenzminimums vorgelegt[1319], war gegen diese

[1316] GesEntw Fraktionen von CDU/CSU und FDP, BT-Drs. XIII/901, S. 126.
[1317] Vgl. BT-PlPr. XIII/32, S. 2473, S. (C).
[1318] GesEntw Fraktionen von CDU/CSU und FDP, BT-Drs.XIII/901, S. 123.
[1319] So der Bundesfinanzminister in seiner Rede während der ersten Beratung der Regierungsvorlage vor dem Deutschen Bundestag am 31. März 1995, vgl. BT-PlPr. XIII/32, S. 2473 (B); Noch einen Schritt weiter ging der parlamentarische Staatssekretär beim Bundesministerium der Finanzen, Faltlhauser, der den Tarif des Bundesfinanzministeriums als den zu dieser Zeit einzig vernünftigen bezeichnete, vgl. Wirtschaftsdienst 1995, 22, 27.

Neuregelung von verschiedenster Seite von Anfang an Sturm gelaufen worden. Einer der heftigsten Kritiker war Prof. Bareis, der Vorsitzende und Namensgeber der Kommission, die die Bundesregierung speziell für die Neuregelung der Steuerfreistellung des Existenzminimums eingesetzt hatte und die sich für die Beibehaltung des bisherigen Systems bei allerdings deutlich erhöhtem Grundfreibetrag aussprach[1320]. Die Umsetzung der Pläne der Bundesregierung, so Bareis, stelle eine Umwertung aller bisherigen Einkommensteuerprinzipien dar. Der Zustand der Besteuerung nach Gutdünken rücke immer näher, die Steuersystematik werde gezielt ausgehöhlt[1321]. Zu diesem Ergebnis kam Bareis, weil nach dem neuen Tarif bereits bei rund 15 000 DM ein Grenzsteuersatz von 29 v.H. vorliegen würde.

Die Regierung hatte das Problem offensichtlich erkannt und rechtfertigte die Änderung einerseits damit, dass eine von bis zu 7 Prozentpunkte erhöhte Grenzsteuerlast kaum Auswirkungen auf die Leistungsbereitschaft habe, wenn gleichzeitig die hohe Durchschnittsentlastung berücksichtigt werde. Außerdem gebe es im Steuerrecht sowie bei der Gewährung von Sozialleistungen eine Reihe ähnlicher Bestimmungen, die eine Verringerung bzw. einen Abbau von Entlastungsmaßnahmen bzw. Transfers vorsähen, wenn bestimmte Einkommensgrenzen überschritten würden. Auch bei Steuern, Sozialabgaben und Sozialtransfers sei das geltende Recht überwiegend nicht durch einen linearen Verlauf der effektiven Grenzbelastung charakterisiert[1322].

Die von Prof. Bareis vorgebrachte Kritik verwies allerdings auf ein grundlegendes Problem der Steuergesetzgebung. Es ging um die oft und schon seit längerer Zeit beklagte, fehlende Abstimmung zwischen Transfer- und Steuerrecht[1323]. In der Konzeption der Bundesregierung diene dieser offensichtliche Mangel dieses Bereichs des Steuerrechts sogar als Begründung für den neuen Tarif, lautete der Vorwurf. Es herrsche „Konfusion anstatt Konzeption", das „Prinzip der Beliebigkeit" setze sich auch im Steuerrecht durch[1324]. Unmissverständlich wies Bareis daher darauf hin, dass das Bundesfinanzministerium diesen Tarifvorschlag zurücknehmen müsse[1325].

Versteckte Kritik kam auch vom Koalitionspartner. Zwar war sich die FDP des Umstandes bewusst, welche Umsetzungsschwierigkeiten für eine Fülle notwendiger Gegenfinanzierungsmaßnahmen aufgrund des Widerstandes der Opposition bestehen würden, der neue Tarif sei jedoch keine „Herzensangelegenheit", die man mit Zähnen und Klauen verteidigen würde[1326].

Nachdem sich der sachliche Widerstand an der Konzeption der Bundesregierung auch in den Anhörungen des federführenden Finanzausschusses fortgesetzt hatte, nahm dieser schließlich die neue Grundentlastung zurück und kehrte zum alten System des

[1320] Bareis-Kommission, BB 1994 II, Sonderbeilage Nr. 24, S. 2.
[1321] Bareis, BB 1996, 645, 645.
[1322] So der Parlamentarische Staatssekretär Faltlhauser, vgl. Wirtschaftsdienst 1995, 22, 27.
[1323] So etwa Mitschke, StuW 1994, 153 und auch Haller, in: FS Klein, 409, 409.
[1324] Bareis, BB 1996, 645, 646.
[1325] Bareis, BB 1996, 645, 648.
[1326] So die Abgeordnete der FDP, Frick, in ihrer Rede während der ersten parlamentarischen Beratung des Gesetzesentwurfs vor dem Deutschen Bundestag am 31. März 1995, vgl. BT-PlPr. XIII/32, S. 2490 (D).

Grundfreibetrages zurück, so dass es bei der Integration des steuerfreien Existenzminimums innerhalb des Tarifs blieb[1327].

Unverändert übernommen hingegen hatte der Finanzausschuss gegen den Widerstand der Oppositionsparteien die neu ermittelte Höhe des steuerfreien Existenzminimums von 12 095 DM/ 24 191 DM, die lediglich knapp 600 DM über der letzten Stufe der Übergangslösung durch das FKPG lag. Die SPD-Fraktion war der Auffassung, dass ein Grundfreibetrag von rund 12 000 DM nicht ausreichend sei, um das Existenzminimum steuerfrei zu stellen. Den verfassungsrechtlichen Vorgaben entspreche lediglich ein Grundfreibetrag, der mindestens bei 13 000 DM liege[1328]. Diesen Wert hatte auch die Einkommensteuerkommission zur Deckung des Existenzminimums errechnet[1329], wobei ausdrücklich die Überlegung mit einbezogen wurde, dass der für 1996 als Existenzminimum errechnete Wert mehrere Jahre beibehalten werden konnte, ohne dass das sozialhilferechtliche Existenzminimum unterschritten werde[1330].

Die Koalitionsfraktionen zogen sich in den Ausschussberatungen zur Verteidigung ihres niedrigeren Grundfreibetrages auf haushaltspolitische Argumente der finanziellen Realisierbarkeit zurück. Während eine weitere Erhöhung des Grundfreibetrages bei einem verheirateten Normalverdiener (zu versteuerndes Einkommen im Bereich von 30 000 bis 60 000 DM) lediglich zu einer um 500 DM geringeren Steuerschuld führe als der in den Gesetzesentwürfen vorgesehene Tarif, stünden dieser Entlastung der Steuerpflichtigen Mindereinnahmen von 4,5 bis 5 Mrd. DM im Haushalt gegenüber[1331].

Als Ergänzung zum ursprünglichen Gesetzesentwurf sahen die Pläne des Finanzausschusses auch eine grundlegende Änderung des Familienlastenausgleichs vor[1332]. Schlagwort dieser Reform war die Umgestaltung des Familienlastenausgleichs zu einem Familienleistungsausgleich[1333].

Wesentlichstes Merkmal des neuen Familienleistungsausgleichs war die Einführung einer alternativen Inanspruchnahme von Kindergeld und Kinderfreibetrag, wobei darauf verwiesen wurde, dass von Amts wegen die für den Bürger günstigere Lösung zu realisieren sei. Vom Leistungsvolumen her sollte der Kinderfreibetrag von 4 104 DM auf 6 264 DM, das Kindergeld für das erste und zweite Kind auf 200 DM, für das dritte Kind auf 300 DM monatlich und für jedes weitere Kind auf 350 DM angehoben werden. Zusätzlich erfolgte eine Vereinheitlichung der Kindesbegriffe im Einkommensteuer- und Kindergeldrecht. Der Kindergeldzuschlag sollte komplett entfallen.
Als Ausgleich für die durch diese gesetzlichen Maßnahmen eintretende Lastenverschiebung zwischen Bund und Ländern (einschließlich Kommunen) wurde der Anteil der Länder am Umsatzsteueraufkommen um 4,6 v.H.-Punkte erhöht[1334].

1327 Bericht des Finanzausschusses, BT-Drs. XIII/1558, S. 138.
1328 Bericht des Finanzausschusses, BT-Drs. XIII/1558, S. 138.
1329 BB 1994, Beilage 24, S. 2.
1330 BB 1994, Beilage 24, S. 2.
1331 Bericht des Finanzausschusses, BT-Drs. XIII/1558, S. 139.
1332 Bericht des Finanzausschusses, BT-Drs. XIII/1558, S. 7.
1333 Bericht des Finanzausschusses, BT-Drs. XIII/1558, S. 139.
1334 Bericht des Finanzausschusses, BT-Drs. XIII/1558, S. 139.

Die Regelungen über das steuerfreie Existenzminimum sowie der neu geschaffene Familienleistungsausgleich bildeten die Hauptstreitpunkte des Reformpaketes. Eine Einigung über die Höhe des steuerfreien Existenzminimums konnte allerdings erst im Vermittlungsausschuss erzielt werden. Der Bundesrat hatte dem vom Bundestag am 02. Juni 1995 beschlossenen Gesetz am 23. Juni 1995 die Zustimmung verweigert[1335]., allerdings nicht, wie in der ersten Stellungnahme, aufgrund der Höhe des steuerfreien Existenzminimums[1336] sondern aufgrund der Unternehmensbesteuerung[1337].

Als Ergebnis des ersten Vermittlungsverfahrens sollte das steuerfreie Existenzminimum auf rund 13 000 DM angehoben werden, bei gleichzeitiger Aufstockung des Kindergeldes von 200 DM auf 220 DM ab dem Jahre 1996 sowie einer weiteren Anhebung auf DM 250 ab dem Jahre 1999. Diese Aufstockung des Volumens von Existenzminimum und Kindergeld wurde von den Regierungsparteien im Bundestag abgelehnt. Begründet wurde dies erneut vor allem mit haushaltspolitischen Erwägungen. Das Haushaltsdefizit würde sich, so Finanzminister Waigel, im Vergleich zum Bundestagsbeschluss im Finanzplanungszeitraum von 1996 bis 1999 um über 45 Mrd. DM erhöhen[1338]. Dieser Vorwurf zielte darauf ab, dass die Opposition durch unrealistische Forderungen ein Ziel riskierte, das im Ergebnis von beiden Seiten zwar gewollt und angestrebt sei, aber in dieser Höhe nicht umsetzbar sei.

Als endgültiger Kompromiss im zweiten Vermittlungsverfahren erfolgte die stufenweise Anhebung des steuerfreien Existenzminimums. In den Jahren 1997 und 1998 wurde der Freibetrag auf 12 400 DM angehoben und abschließend auf 13 000 DM in den Jahren 1999 und 2000. Für das erste und zweite Kind sollte eine Verbesserung des Kindergeldes im Jahr 1997 erfolgen.

Diese Einigung war allerdings auf Kosten der Steuersystematik teuer erkauft worden. Die Finanzierung dieser Leistungen erreichte der Vermittlungsausschuss vor allem durch Einführung einiger steuerrechtlicher Abzugsbeschränkungen im Einkommensteuergesetz. Obwohl die Opposition diese Änderungen der Bemessungsgrundlage als „steuerlichen Subventionsabbau“[1339] verstand, handelte es sich zum überwiegenden Teil um erhebliche Einschränkungen des objektiven Nettoprinzips. Zudem kamen sie für die Steuerpflichtigen völlig überraschend.

Die Neuregelung der § 4 Abs. 5 Nr. 6b, § 9 Abs. 5 EStG sah die grundsätzliche steuerliche Irrelevanz der Kosten des häuslichen Arbeitszimmers vor. Ausnahmsweise sollten Kosten für ein häusliches Arbeitszimmer in Höhe von 2 400 DM abziehbar sein, wenn die betriebliche oder berufliche Nutzung des Arbeitszimmers mehr als 50 Prozent der gesamten betrieblichen und beruflichen Tätigkeit ausmachte oder wenn für die betriebliche oder berufliche Tätigkeit kein anderer Arbeitsplatz zur Verfügung stand. Bei einer unbegrenzten Abzugsmöglichkeit sollte es in den Fällen bleiben, in

[1335] Beschluss, BR Drs. 304/95.
[1336] Beschluss, BR-Drs. 304/95; vgl. unten 1.1.3. dieses Kapitels.
[1337] Stellungnahme des Bundesrates, BT-Drs. XIII/1686, S. 2.
[1338] Vgl. BT-PlPr. XIII/49, S. 4047 (A).
[1339] So die Bundestagsabgeordnete Matthäus-Maier (SPD) bei der Debatte über das Ergebnis des ersten Vermittlungsverfahren in der Sondersitzung des Deutschen Bundestages am 13. Juli 1995, vgl. BT-PlPr. XIII/49, 4050 (D).

denen das Arbeitszimmer den Mittelpunkt der gesamten beruflichen oder betrieblichen Tätigkeit bildete.

Die Bareis-Kommission, die ebenfalls eine typisierte Beschränkung der steuerlichen Berücksichtigung auf 2 000 DM vorsah, bei der Anerkennung der Aufwendungen für das häusliche Arbeitszimmer dem Grunde nach aber alles beim Alten lassen wollte, begründete die Einschränkung damit, dass hiermit der Bereich der privaten Lebensführung berührt würde. Außerdem sollten Rechtsstreitigkeiten vermieden werden[1340]. Bei den gesetzgeberischen Motiven stand aber hauptsächlich der Missbrauchsgedanke im Vordergrund, wobei verhindert werden sollte, die private Nutzung eines Arbeitszimmers durch betriebliche oder berufliche Vorwände zu verschleiern [1341].

Neben den Zweifeln an der verfassungsrechtlichen Zulässigkeit dieser Vorschrift aufgrund des Verstoßes gegen das Nettoprinzip aufgrund einer Überspannung des Missbrauchsgedankens[1342] wurde bei dieser Neuregelung ebenfalls das Erreichen des gesetzgeberischen Ziels einer weitgehenden Steuervereinfachung in Frage gestellt[1343]. Der Bundesfinanzhof hatte die Durchbrechung des Nettoprinzips mit der Begründung gerechtfertigt, der Gesetzgeber dürfe zumindest im Fall des häuslichen Arbeitszimmers die Möglichkeit eines Missbrauchs ausschließen, da der in der Privatwohnung liegende Raum „tatsächlich ohne jegliche Kontrollmöglichkeit für die Finanzbehörden auch für andere als berufliche Zwecke genutzt werden könne“[1344].

Ebenfalls eingeschränkt wurde die Abziehbarkeit für die Kosten der doppelten Haushaltsführung sowie für Fahrten zwischen Wohnung und Arbeitsplatz. Während auch bei diesen Abzugsbeschränkungen der Vorwurf des Verstoßes gegen das Nettoprinzip geäußert wurde[1345], vertrat die Bareis-Kommission, was die steuerliche Geltendmachung von Fahrtkosten anbetraf, die Auffassung, dass, wie im amerikanischen Steuerrecht, die „Arbeit erst am Fabriktor beginnt“, so dass ein Abzug als Werbungskosten überhaupt nicht geboten sei[1346].

Außerdem wurden die Ansparabschreibung zur Förderung kleinerer und mittlerer Betriebe sowie die Steuervergünstigungen bei der Veräußerung und Aufgabe von Betrieben sowie bei Veräußerung von Kapitalanteilen begrenzt.

3.1.2. Steuerliche Maßnahmen zur Umsetzung der Dritten Stufe der Reform der Unternehmensbesteuerung

Obwohl die Bundesregierung mit dem Jahressteuergesetz 1996 gleich zu Beginn der Legislaturperiode die Umsetzung der umfangreichen Ankündigungen aus der Regierungserklärung, was die Absenkung der betrieblichen Steuerbelastung insbesondere im

---

1340 BB, 1994, Beilage 24, S. 9.
1341 So Tipke/Lang, § 9, Rz. 255, Fn. 114.
1342 Tipke/Lang, § 9, Rz. 255.
1343 Vgl. zum erhöhten Verwaltungsaufwand und den möglichen Komplikationen der neuen Vorschrift, Karrenbrock, DStZ 1996, 727.
1344 BFH (VI R 47/96), BStBl. 1997 II, 68, 70, womit der BFH allerdings auch feststellt, dass es sich bei der Maßnahme nicht um Subventionsabbau handelte, sondern vielmehr um eine, wenn auch gerechtfertigte, Einschränkung des Nettoprinzips.
1345 Tipke/Lang, § 9, Rz. 900.
1346 BB 1994, Beilage 24, S. 9.

ertragsunabhängigen Bereich anbetraf, in Angriff nehmen wollte, erhielten diese Bemühungen einen ersten Dämpfer durch die Opposition.

Ursprünglich beinhaltete der Gesetzesentwurf der Bundesregierung noch umfangreiche Maßnahmen zur Reform der Unternehmensbesteuerung, insbesondere die Abschaffung der Gewerbekapitalsteuer, die Senkung der Gewerbeertragsteuer, die Beteiligung der Gemeinden am Umsatzsteueraufkommen sowie mittelstandsfreundliche Erleichterungen bei der Erbschaft- und Schenkungsteuer sowie mittelstandsfreundliche Erhöhungen der Einheitswertgrenzen, bis zu denen Sonderabschreibungen in Anspruch genommen werden konnten [1347]. Zur aufkommensneutralen Ausgestaltung der Unternehmenssteuerreform sah der Entwurf u.a. vor, die degressive Abschreibung für bewegliche Wirtschaftsgüter des Anlagevermögens, die nach dem 31. Dezember 1995 angeschafft oder hergestellt wurden, von 30 v.H. auf 25 v.H. abzusenken. Außerdem sollte der Betriebsausgabenabzug für Zuwendungen an rückgedeckte Kassen eingeschränkt werden[1348].

Auf Vorschlag der Koalitionsfraktionen und entsprechend einer Forderung der SPD-Fraktion koppelte der Finanzausschuss diesen Teil des Reformpaketes jedoch vom Jahressteuergesetz insgesamt ab, weil die für die Umsatzsteuerbeteiligung der Kommunen erforderliche Grundgesetzänderung im Deutschen Bundestag am 12. Mai 1995 nicht zustande gekommen war[1349]. Einen entsprechenden Antrag auf die erforderliche Änderung des Art. 106 GG war von den Koalitionsfraktionen zeitgleich mit der Gesetzesvorlage für das Jahressteuergesetz 1996 am 27. März 1995 in den Deutschen Bundestag eingebracht worden[1350].

Die SPD verweigerte jedoch ihre für eine Grundgesetzänderung erforderliche Zustimmung, so dass es nicht zu einer Zwei-Drittel-Mehrheit kam. Obwohl die Vorlagen von Bundesregierung und Koalition sich bereits im parlamentarischen Verfahren befunden hatten, wollte die Opposition der Regierung keinen Blanko-Scheck ausstellen für ein, wie es der Vorsitzende der SPD-Bundestagsfraktion, Scharping, in seiner Rede während der 36. Sitzung des Deutschen Bundestages am 12. Mai 1995 ausdrückte, völlig zerfleddertes Steuerkonzept[1351].

Ausdrücklich beibehalten im Jahresteuergesetz 1996 wurden hingegen die steuerlichen Maßnahmen zur Konzentration des steuerlichen Förderinstrumentariums für Unternehmen in den neuen Bundesländern[1352].

3.1.3. Konzentration des steuerlichen Förderinstrumentariums in den neuen Bundesländern

Obwohl die Bundesregierung eine besondere Initiative zum Abbau steuerlicher Subventionen für diese Legislaturperiode nicht speziell angekündigt hatte[1353], war zumin-

[1347] GesEntw BRg, BT-Drs. XIII/901, S. 124
[1348] GesEntw Fraktionen von CDU/CSU und FDP, BT-Drs. XIII/901, S. 125.
[1349] Bericht des Finanzausschusses, BT-Drs. XIII/1558, S. 137.
[1350] GesEntw Fraktionen der CDU/CSU und FDP, BT-Drs. XIII/900.
[1351] Vgl. BT-PlPr. XIII/36, S. 2822 (A).
[1352] Bericht des Finanzausschusses, BT-Drs. XIII/1558, S. 137.
[1353] Vgl. hierzu die Regierungserklärung Kap. 2 dieses Hauptteils.

dest die Absichtsbekundung Bestandteil jeder größeren Steuerreform bis zu diesem Zeitpunkt gewesen[1354]. Trotz dieser Ankündigungen endete auch das Jahressteuergesetz 1996 allerdings wieder mit einem erheblichen Ausbau der staatlichen Subventionierung.

Der ursprüngliche Regierungsentwurf begründete die neue Subventionsinitiative damit, dass der begonnenene wirtschaftliche Aufbau in den neuen Ländern mit dem vordringlichen Ziel der Schaffung von Arbeitsplätzen fortgeführt werden sollte. Nach der Vorstellung der Regierungskoalition sollten die Maßnahmen zur Förderung der Wachstums- und Beschäftigungsgrundlagen jedoch gestrafft werden und durch gezielte und effektive steuerliche Maßnahmen ersetzt werden. Im Übrigen aber wollten CDU/CSU und FDP die Subventionen zurückführen, wobei der Zusatz „unter Berücksichtigung struktureller Gegebenheiten" darauf hinwies, dass noch ein Hintertürchen für eine Beibehaltung im Einzelfalle offen blieb[1355]. Offensichtlich war die Bundesregierung der Auffassung, bereits der ursprüngliche Referentenentwurf habe bei der Straffung der steuerlichen Förderung die strukturellen Gegebenheiten nicht hinreichend berücksichtigt, denn im Gegensatz zur Regierungsvorlage sah der Referentenentwurf einen wesentlich weitergehenden Subventionsabbau vor[1356].

Im Einzelnen beinhaltete der schließlich ins parlamentarische Verfahren eingebrachte Entwurf u.a. noch folgende Maßnahmen: Die Investitionszulage in Höhe von 5 v.H. wurde durch eine befristete Verlängerung auf Problembereiche der Industrie ausschließlich des verarbeitenden Gewerbes bis 1998 konzentriert. Ebenfalls bis 1998 sollte die sog. Mittelstandszulage nach dem Investitionszulagengesetz in Höhe von 10 v.H. für kleine und mittlere Betriebe des verarbeitenden Gewerbes und des Handwerks verlängert werden. Daneben wurde die im Referentenentwurf noch ausdrücklich vorgesehene Streichung der bis 1996 befristeten Sonderabschreibung nach dem Fördergebietsgesetz in Höhe von bis zu 50 v.H. im verarbeitenden Gewerbe sowie für Modernisierungs- und Sanierungsmaßnahmen in Höhe von 40 v.H. um weitere zwei Jahre verlängert[1357].

Darüber hinaus nahm auch der Finanzausschuss noch einige weitere zeitliche und sachliche Ausdehnungen der Subventionierung vor; etwa die Einbeziehung von mittelständischen Groß- und Einzelhandelsbetrieben in die Investitionszulage sowie die mit 25 v.H. deutlich geringer ausfallende Absenkung der Sonderabschreibungen nach dem Fördergebietsgesetz für den Mietwohnungsbau. Die SPD hatte darüber hinaus noch weitergehende Vorschläge, die sich im Finanzausschuss jedoch nicht durchsetzen ließen[1358].

[1354] Im Jahreswirtschaftsbericht für das Jahr 1996 hieß es hierzu noch: „Strukturerhaltende Subventionen lähmen die Anpassungsfähigkeit des Standortes Deutschland und die Möglichkeiten zur Schaffung neuer Arbeitsplätze. Alle Subventionen gehören auf den Prüfstand." Vgl. BT-Drs. XIII/3601, S. 31.

[1355] GesEntw der Fraktionen von CDU/CSU und FDP, BT-Drs. XIII/901, S. 125.

[1356] Zu den Änderungen gegenüber dem Referentenentwurf, siehe Kruhl, BB 1995 I, 1161, 1165; der Referentenentwurf sah insbesondere die Streichung der Sonderabschreibungen für Ausrüstungsinvestitionen, für Betriebsgebäude im verarbeitenden Gewerbe sowie für Modernisierung und Sanierung von Gebäuden vor.

[1357] GesEntw Fraktionen von CDU/CSU und FDP, BT-Drs. XIII/901, S. 125.

[1358] Bericht des Finanzausschusses, BT-Drs. XIII/1558, S. 141.

Weiterhin wurde die steuerneutrale Wiederanlage betrieblicher Veräußerungsgewinne gem. § 6b EStG auf den Erwerb von Anteilen an mittelständischen Kapitalgesellschaften in den neuen Ländern befristet ausgedehnt sowie die im Referentenentwurf ebenfalls nicht enthaltene Anhebung der Umsatzgrenze auf 1 Mio. DM, unterhalb derer die Umsatzsteuer erst nach Bezahlung der erbrachten Leistung abzuführen war, bis Ende 1998 verlängert[1359].

Das bedeutsamste Vorhaben der steuerrechtlichen Förderung speziell des Beitrittsgebiets war die Aussetzung der Gewerbekapitalsteuer in den neuen Bundesländern für ein weiteres Jahr. Diese Befreiung, die mit dem Steueränderungsgesetz 1991 für ursprünglich zwei Jahre eingeführt und durch das Standortsicherungsgesetz bis Ende 1995 fortgeschrieben worden war[1360], war im ursprünglichen Gesetzesentwurf der Koalitionsfraktionen nicht enthalten gewesen. Dort war zwar eine gänzliche Abschaffung der Gewerbekapitalsteuer im gesamten Bundesgebiet vorgesehen, dies jedoch nicht als Fördermaßnahme für die neuen Bundesländer sondern als Fortführung der Unternehmenssteuerreform, die, wie bereits ausgeführt, im Finanzausschuss vom Gesetzesentwurf abgekoppelt wurde[1361]. Die Verlängerung der Aussetzung der Gewerbekapitalsteuer in den neuen Ländern war erst im Jahressteuerergänzungsgesetz 1996 enthalten und wurde von allen Parteien mitgetragen[1362]. Die Initiative ging vom Bundesrat aus, der mit seinem ersten Beschluss dem Jahressteuergesetz 1996 die Zustimmung zu versagen, die Bundesregierung gleichzeitig aufgefordert hatte, eine Initiative zur Aussetzung der Steuer im Beitrittsgebiet einzubringen[1363].

Die Erhebung der Gewerbekapitalsteuer in den neuen Bundesländern hätte, so der Bundesrat, zu schwerwiegenden Konsequenzen für Unternehmen, Arbeitsplätze und die Steuerverwaltung geführt. Vorübergehende Steuerausfälle seien gerechtfertigt, da aufgrund einer rückständigen Infrastruktur in Ostdeutschland steuerliche Präferenzen mit ihrer Anreizwirkung für Unternehmer im Interesse einer kommunalen Entwicklung mittelfristig erforderlich seien. Weiterhin sei im Hinblick auf eine bundesweite Reform der Unternehmensbesteuerung zu bedenken, dass eine aufwändige Ermittlung des Gewerbekapitals für die Unternehmen im Beitrittsgebiet mit einem erheblichen personellen und finanziellen Aufwand verbunden sei. Dieser sei aber lediglich für einen begrenzten Übergangszeitraum nicht vertretbar[1364]. Auch die SPD-Fraktion, die die Maßnahme noch beim Steueränderungsgesetz 1991 abgelehnt hatte[1365], griff den Gedanken des Bundesrates auf und brachte am 29. Juni 1995 eine eigene Beschlussaufforderung an die Bundesregierung in den Deutschen Bundestag ein[1366]. Was die Verlängerung der Sonderregelung für die neuen Bundesländer anbetraf, hatte sich die

---

[1359] GesEntw Fraktionen von CDU/CSU und F.D.P., BT-Drs. XIII/901, S. 125.
[1360] Vgl. in der zwölften Legislaturperiode Kap. VII 4.1.1. und 4.6.4.
[1361] Vgl. GesEntw der Fraktionen von CDU/CSU und FDP, BT-Drs. XIII/901, S. 1.
[1362] Bericht des Finanzausschusses, BT-Drs. XIII/3084, S. 1.
[1363] Vgl. Beschluss, BR-Drs. 304/95.
[1364] Beschluss, BR-Drs. 304/95.
[1365] Vgl. dazu die Maßnehman der zwölften Legislaturperiode, Kap. VII. 4.2.1.
[1366] Antrag Fraktion der SPD, BT-Drs. XIII/1856.

SPD dabei selbst unter Zugzwang gesetzt, indem sie die Verhinderung der Aussetzung der Gewerbekapitalbesteuerung im gesamten Bundesgebiet betrieben hatte[1367].

Das zusammenfassende Ziel einer Straffung der steuerlichen Fördermaßnahmen unter der die Bundesregierung diese steuerlichen Einzelmaßnahmen zu fassen versuchte, verschleiert, dass die Reformvorhaben in den Ausschussberatungen von der eigenen Koalitionsmehrheit um einen weiteren wesentlichen Punkt ergänzt wurden, nämlich um eine Wiedereinführung bzw. Fortführung der Berlin-West- Förderung, womit die Fördermöglichkeiten erneut anstiegen. So sollten auch Betriebe des verarbeitenden Gewerbes und des Handwerks in Westberlin mit nicht mehr als 250 Beschäftigten in den Genuss der 10 %-igen Investitionszulage kommen.
Ebenso wurde die Möglichkeit der Sonderabschreibungen in Höhe von 40 v.H. auf Gebäude und bewegliche Wirtschaftsgüter im verarbeitenden Gewerbe und Handwerk ausgedehnt, sofern es sich um kleine und mittlere Betriebe mit nicht mehr als 250 Mitarbeitern handelte. Als Begründung für diese Maßnahmen wurde auf eine deutliche Verschlechterung der Wirtschaftslage in Berlin (West) verwiesen, die weit hinter dem Ostteil der Stadt zurückgeblieben war, was insbesondere zu einer höheren Arbeitslosigkeit im Westteil der Stadt geführt habe [1368].

3.2 Jahressteuergesetz 1997 vom 20. Dezember 1996[1369]

Die Maßnahmen der am 5. Juli 1996 in den Deutschen Bundestag eingebrachten Regierungsvorlage eines Jahressteuergesetzes 1997 erschienen der Bundesregierung aufgrund verschiedener Ursachen notwendig zu sein. Im Vordergrund standen die steuerrechtlichen Maßnahmen des Aktionsprogramms für Investitionen und Arbeitsplätze der Bundesregierung und des Programms für mehr Wachstum und Beschäftigung der Koalitionsfraktionen[1370].

Das bereits im Januar 1996 von der Bundesregierung verabschiedete Programm war eine Reaktion auf die weiterhin miserable Situation am deutschen Arbeitsmarkt. Nach Einschätzung der Bundesregierung fehlten zu dieser Zeit etwa fünf Millionen Arbeitsplätze. Der Verabschiedung des Programms war am 23. Januar 1996 eine Gesprächsrunde zur Zukunftssicherung und für mehr Beschäftigung beim Bundeskanzler vorangegangen, an der sich auch Vertreter von Gewerkschaften und Wirtschaft beteiligt hatten. Diese Gesprächsrunde hatte sich zum ehrgeizigen Ziel gesetzt, die Zahl der registrierten Arbeitslosen bis zum Ende des Jahrzehnts zu halbieren[1371].
Zur Erreichung dieses Ziels mussten nach Auffassung der Bundesregierung die Produktions-, Investitions- und Beschäftigungsbedingungen des Standorts Deutschland durchgreifend verändert werden[1372], wozu sowohl eine wachstumsfreundliche und ar-

[1367] Antrag Fraktion der SPD, BT-Drs. XIII/1856, S. 2.
[1368] Bericht des Finanzausschusses, BT-Drs. XIII/1558, S. 141, 142.
[1369] BGBl. 1996 I, 2049.
[1370] GesEntw BRg, BT-Drs. XIII/5359, S. 1.
[1371] Aktionsprogramm für Investitionen und Arbeitsplätze, BT-Drs. XIII/3629, S. 1.
[1372] Aktionsprogramm für Investitionen und Arbeitsplätze, BT-Drs. XIII/3629, S. 1.

beitsplatzfördernde Vereinfachung des Steuersystems gehören sollte als auch eine mittelfristige Senkung der Steuerlast[1373].

Dabei handelte es sich bei der entscheidenden Maßnahme dieses Programms, die mit diesem Gesetzesentwurf umgesetzt werden sollte, nämlich der Absenkung des Solidaritätszuschlages, eigentlich schon um den zweiten Schritt zur Verwirklichung des Aktionsplans der Bundesregierung. Die erste Stufe, nämlich die aufkommensneutrale Verwirklichung der Unternehmenssteuerreform sollte ursprünglich bereits mit dem Jahressteuergesetz 1996 verabschiedet werden , befand sich aber noch als Gesetz zur Fortsetzung der Unternehmenssteuerreform im parlamentarischen Verfahren[1374].

Die weiterhin in dieser Gesetzesinitiative enthaltene Neuregelung der Erbschaft- und Schenkungsteuer sowie die Abschaffung der Vermögensteuer waren einem Beschluss des Bundesverfassungsgerichts geschuldet[1375].
Daneben enthielt die ursprüngliche Regierungsvorlage auch noch die Umsetzung von EU-Recht im Rahmen des Umsatzsteuergesetzes sowie einen weiteren Abbau von Steuervergünstigungen und Maßnahmen der Steuervereinfachung[1376]. Als sich jedoch abzeichnete, dass die parlamentarischen Verhandlungen zum Jahressteuergesetz 1997 ausgesprochen langwierig werden würden, entschloss sich der Finanzausschuss, den umsatzsteuerlichen Teil des Entwurfs von der übrigen Initiative abzukoppeln. Um der deutschen Wirtschaft ausreichend Zeit zur Vorbereitung auf diese Rechtsänderungen zu geben, sollte der umsatzsteuerliche Teil vorab verabschiedet werden[1377].

3.2.1. Umsetzung der Programme von Regierung und Koalitionsfraktionen

Nach der Auffassung von Regierung und Koalitionsfraktionen war der zentrale Ansatzpunkt für eine Beschäftigungsdynamik die Stärkung der von ihr genannten Selbstständigkeits- und Innovationskultur[1378]. Die Förderung privater Beschäftigungsinitiativen sollte nicht auf den betrieblichen Bereich beschränkt bleiben, sondern auch im Privathaushaltsbereich erfolgen.
Letztgenanntem Ziel diente die Verbesserung der steuerlichen Rahmenbedingungen durch eine Ausweitung des Sonderausgabenabzuges gem. § 10 Abs. 1 Nr. 8 EStG für Aufwendungen für ein hauswirtschaftliches Beschäftigungsverhältnis. Die bisherigen Voraussetzungen für den Abzug, nämlich die Haushaltszugehörigkeit von Kindern oder hilflosen Personen, sollte abgeschafft werden und gleichzeitig die Obergrenze der Abziehbarkeit von 12 000 DM auf 24 000 DM verdoppelt werden[1379]. Im parlamentarischen Verfahren konnte sich allerdings nur eine Obergrenze von 18 000 DM durchsetzen. Dies war Ergebnis der Beratungen im Vermittlungsausschuss, der vom Bundesrat am 15. November 1996 angerufen worden war.

[1373] Aktionsprogramm für Investitionen und Arbeitsplätze, BT-Drs. XIII/3629, S. 3.
[1374] Vgl. die Abkoppelung beim Jahressteuergesetz, Kap. 3.1.2. dieses Hauptteils, sowie die Umsetzung im Gesetz zur Fortsetzung der Unternehmenssteuerreform, Kap 3.3. dieses Hauptteils.
[1375] GesEntw BRg, BT-Drs. XIII/5359, S. 1.
[1376] GesEntw BRg, BT-Drs. XIII/5359, S. 1.
[1377] Bericht des Finanzausschusses, BT-Drs. XIII/5758, S. 1; siehe Umsatzsteuerjahresgesetz 1997, Kap. 4.3. dieses Hauptteils.
[1378] GesEntw BRg, BT-Drs. XIII/5359, S. 38.
[1379] GesEntw BRg, BT-Drs. XIII/5359, S. 39.

Insbesondere die Neuregelung des § 10 Abs. 1 Nr. 8 EStG war in der Empfehlung des Finanzausschusses des Bundesrates scharf attackiert worden, wobei der Bundesrat sogar die gänzliche Abschaffung dieser Vorschrift forderte[1380]. Er kritisierte, dass es sich bei dieser Vorschrift um das sog. „Dienstmädchen-Privileg" handele, das eine nicht gerechtfertigte Subventionierung der privaten Lebenshaltung einkommensstarker Haushalte darstelle und auch die in sie gesetzte Erwartung der Schaffung von sozialversicherungspflichtigen Arbeitsplätzen bisher nicht erfüllt hätte[1381].

Speziell für den betrieblichen Bereich sollte die mit dem Steuersenkungserweiterungsgesetz 1986/1988 erstmals eingeführte Möglichkeit der Ansparabschreibung gem. § 7g EStG verbessert werden. Die steuerliche Entlastung von Existenzgründern diente der höheren Attraktivität von Unternehmensgründungen, indem durch eine stärkere Eigenkapitalbildung in den Anfangsjahren das Insolvenzrisiko verringert wurde[1382].

Zum steuerlichen Beschäftigungsprogramm durch die Förderung privater Initiative ist auch die ursprünglich im Gesetzesentwurf enthaltene Absenkung des Solidaritätszuschlages zu rechnen. Obwohl zahlreiche Vertreter von Regierung und Koalition[1383], ja selbst der Opposition[1384], immer wieder den nur temporären Charakter dieser Sonderabgabe betonten, war jedoch auch in dieser Gesetzesinitiative lediglich eine Reduzierung des Umfanges des Solidaritätszuschlages vorgesehen und keine gänzliche Abschaffung. Immerhin konnte sich die Bundesregierung aber zu einer zweistufigen Absenkung auf 6, 5 v.H. zum 01. Januar 1997 sowie auf 5, 5 v.H. zum 01. Januar 1998 durchringen[1385].

Allerdings war auch diese Initiative der Bundesregierung zur schrittweisen Rückführung des Solidaritätszuschlages bereits im Finanzausschuss am Widerstand der eigenen Fraktionen gescheitert. Diese beschlossen einvernehmlich, die Änderungsvorschriften betreffend den Solidaritätszuschlag aus der Gesetzesvorlage zu nehmen. Eine Rückführung sollte erst ab 1998 beginnen, wobei keine konkreten Maßnahmen getroffen wurden, sondern es lediglich bei der unverbindlichen Aussage blieb, der noch im parlamentarischen Verfahren befindliche Teil des Jahresteuergesetzes 1997 könne für eine solche Reform genutzt werden[1386].

Bemerkenswerterweise wurde die Beschlussempfehlung von Bündnis 90/Die Grünen an den Deutschen Bundestag, die Rückführung des Solidaritätszuschlages an die Fortschritte des Aufbaus Ost und eine deutliche Senkung der Arbeitslosigkeit zu koppeln[1387], von den Koalitionsfraktionen mit der Begründung abgelehnt, der Entwurf widerspräche der Gesamtlinie ihrer auf Steuersenkung und damit auf Abbau des Solidaritätszuschlages gerichteten Steuerpolitik[1388]. Die SPD enthielt sich der Stimme mit dem

[1380] Empfehlungen des Finanzausschusses, BR-Drs. 804/1/96, S. 20.
[1381] Empfehlungen des Finanzausschusses, BR-Drs. 804/1/96, S. 20.
[1382] GesEntw BRg, BT-Drs. XIII/5359, S. 38.
[1383] Vgl. Kap. VII 4.2. sowie 3.4.4.
[1384] Vgl. das Verhalten der Opposition im Finanzausschuss während der Beratungen zum Gesetz zur Umsetzung des Föderalen Regierungsprogramms in der letzten Legislaturperiode, siehe Kapitel VII. 4.5.4.
[1385] GesEntw BRg, BT-Drs. XIII/5359, S. 2.
[1386] Bericht des Finanzausschusses, BT-Drs. XIII/5952, S. 31.
[1387] GesEntw Fraktion von BÜNDNIS 90/DIE GRÜNEN, BT-Drs. XIII/4871, S. 2.
[1388] Bericht des Finanzausschusses, BT-Drs. XIII/5952, S. 32.

Hinweis, dass eine konsequente Steuersenkungspolitik zwar begrüßenswert sei, der erforderliche Spielraum im Bundeshaushalt hierfür allerdings nicht vorhanden sei [1389].

3.2.2. Neuregelung von Erbschaft- und Schenkungsteuer/Abschaffung der Vermögensteuer

Mit der Neuregelung von Erbschaft- und Schenkungsteuer zog die Bundesregierung die Konsequenzen aus der neueren Rechtsprechung des Bundesverfassungsgerichts vom 22. Juni 1995 (2 BvL 37/91 u. 2 BvR 552/91), wonach § 10 Nr. 1 VStG sowie § 12 Abs. 1 und 2 EStG in Verbindung mit dem I. und II. Teil des Bewertungsgesetzes insofern nicht mit Art. 3 Abs. 1 GG vereinbar waren, als bei gleichem Steuertarif als Bemessungsgrundlage für das Kapitalvermögen aufgrund des Nominalwertprinzips Gegenwartswerte zugrunde gelegt wurden, während für Grundbesitz die Einheitswerte von 1964 galten[1390]. Dieses Bewertungsproblem wollte der Gesetzgeber durch Einführung einer sog. Bedarfsbewertung lösen[1391]. Danach sollte in Übereinstimmung mit einem Beschluss der Finanzministerkonferenz der Länder vom 21. Dezember 1995 keine allgemeine Neubewertung des Grundbesitzes erfolgen, sondern lediglich eine Bewertung anlässlich einer konkreten Erbschaftsteuerveranlagung[1392].

Über diese zwangsläufigen Schlussfolgerungen aus der höchstrichterlichen Rechtsprechung hinaus enthielt die Regierungsvorlage bei der Erbschaft- und Schenkungsteuer allerdings auch noch weitere umfangreiche Steuersenkungen, die sich im Laufe des parlamentarischen Verfahrens jedoch noch erheblich verringerten.

Zur Entlastung des üblichen Familiengebrauchsvermögens sollten die persönlichen Freibeträge nach dem ursprünglichen Regierungsentwurf z.B. von Ehegatten von 250 000 DM auf 1 000 000 DM, für Kinder von 250 000 DM auf 750 000 DM deutlich angehoben werden, womit man insbesondere das übliche Familienwohnheim im Blick hatte[1393].

Auf Initiative der Koalitionsfraktionen waren diese Freibeträge allerdings wiederum deutlich gesenkt worden. Dies geschah als Konsequenz aus der zwischenzeitlichen Einführung des sog. Ertragswertverfahrens[1394], bei dem es, so die Koalitionsfraktionen, nur zu einem durchschnittlichen Wertniveau von 50 v.H. des Kaufpreises käme, während das noch in der Regierungsvorlage vorgesehene Wohn-/Nutzflächenverfahren ein durchschnittliches Wertniveau von 60 v.H. des Kaufpreises erreiche. Aus diesem Grund reiche es aus, die Freibeträge in der Gesetzesvorlage bei Ehegatten nur noch auf 600 000 DM, bei Kindern nur noch auf 400 000 DM, bei den übrigen Personen der Steuerklasse I nur noch auf 100 000 DM statt auf 150 000 DM, bei Personen der Steuerklasse II statt auf 50 000 DM nur noch auf 20 000 DM und bei Personen der Steuerklasse III nur noch auf 10 000 DM statt auf 25 000 DM zu erhöhen[1395].

[1389] Bericht des Finanzausschusses, BT-Drs. XIII/5952, S. 32.
[1390] BVerfGE 93, S. 165.
[1391] GesEntw BRg, BT-Drs. XIII/4839, S. 38.
[1392] GesEntw BRg, BT-Drs. XIII/4839, S. 38.
[1393] GesEntw BRg, BT-Drs. XIII/4839, S. 38.
[1394] Siehe dazu gleich in diesem Kapitel.
[1395] Bericht des Finanzausschusses, BT-Drs. XIII/5952, S. 29.

Geändert wurde vom Finanzausschuss auch die ursprünglich vorgesehenen Tarifreform im Rahmen von Schenkung- und Erbschaftsteuer. Der Finanzausschuss bekannte hierzu, dass der geänderte Erbschaftsteuertarif sich einzig daran orientierte, im Zusammenspiel mit den Änderungen bei der Bemessungsgrundlage und den Steuerbefreiungen ein angestrebtes Steueraufkommen von 5, 3 Mrd. DM zu erzielen[1396]. Zwar wurde gegenüber dem ursprünglichen Gesetzesentwurf aus mittelstandspolitischen Erwägungen zur Abflachung zwei weitere Tarifstufen im mittleren Bereich eingefügt, gleichzeitig aber wurde der Spitzensatz in der Steuerklasse I von 25 v.H. auf 30 v.H. angehoben[1397].

Mit dieser Tariferhöhung war jedoch das Ende noch nicht erreicht, da im Vermittlungsverfahren die Steuersätze für alle drei Steuerklassen gegenüber dem Beschluss des Bundestages um weitere 2 v.H. erhöht wurden.

Um den Unternehmensübergang im Wege des Erwerbs von Todes wegen steuerlich zu erleichtern, wurde der Bewertungsabschlag für Betriebsvermögen sowie für Anteile an sog. Familienkapitalgesellschaften von 25 v.H. auf 50 v.H. erhöht[1398]. Weiterhin sollten auch land- und forstwirtschaftliche Vermögen in die Freibetrags- und Abschlagsregelungen einbezogen werden[1399].
Eine zusätzliche Begünstigung von Betriebsvermögen und wesentlichen Beteiligungen an Kapitalgesellschaften erhielt der Gesetzesentwurf in den Ausschussberatungen. Mit den Stimmen der Koalitionsfraktionen sowie der SPD-Fraktion wurden Betriebsvermögen und Beteiligungen an Kapitalgesellschaften, unabhängig vom Verwandtschaftsgrad, bei der Erbschaft- und Schenkungsteuer immer der Steuerklasse I unterworfen. Mit dieser Maßnahme sollte der Forderung des Bundesverfassungsgerichts Rechnung getragen werden, die Gemeinwohlgebundenheit und Gemeinwohlverpflichtung der Betriebe als Garant von Produktivität und Arbeitsplätzen unabhängig von der verwandtschaftlichen Nähe zwischen Erben und Erblasser zu berücksichtigen[1400].
Einer der im Rahmen dieses Gesetzgebungsverfahrens besonders ausführlich beratenen Punkte war die Frage des zukünftigen Bewertungsverfahrens für Grundbesitz[1401]. Während sowohl der ursprüngliche Regierungsentwurf[1402] als auch die oppositionelle SPD-Fraktion und die PDS ein Wohn-/Nutzflächenverfahren mit einer Option für ein Ertragswertverfahren für Mietgrundstücke vorsahen[1403], änderte die Koalitionsmehrheit mit Unterstützung der Fraktion von Bündnis 90/Die Grünen die Gesetzesvorlage dahingehend ab, dass ausschließlich ein Ertragswertverfahren bei der Bewertung von Grundvermögen zur Anwendung gelangen sollte[1404].

Da die bereits angesprochene Rechtsprechung des Bundesverfassungsgerichts zur Vermögensbewertung für die Regierung nicht überraschend kam, hatte sich bereits im

[1396] Bericht des Finanzausschusses, BT-Drs. XIII/5952, S. 30.
[1397] Bericht des Finanzausschusses, BT-Drs. XIII/5952, S. 30.
[1398] GesEntw BRg, BT-Drs. XIII/4839, S. 38.
[1399] GesEntw BRg, BT-Drs. XIII/4839, S. 38.
[1400] Bericht des Finanzausschusses, BT-Drs. XIII/5952, S. 30.
[1401] Bericht des Finanzausschusses, BT-Drs. XIII/5952, S. 27 ff.
[1402] GesEntw BRg, BT-Drs. XIII/4839, S. 44.
[1403] Bericht des Finanzausschusses, BT-Drs. XIII/5952, S. 29.
[1404] Bericht des Finanzausschusses, BT-Drs. XIII/5952, S. 29.

Vorfeld eine Expertengruppe gebildet (Bund-Länder-Arbeitsgruppe „Neubewertung Grundvermögen“ unter Beteiligung von Industrie-, Verbands- und Kommunalvertretern), die sich nahezu einhellig für das Sachwertverfahren der Bundesregierung ausgesprochen hatte[1405]. Die Koalition verteidigte ihre Änderung, indem sie auf das Ergebnis der Sachverständigenanhörung verwies. Da die Bedarfsbewertung im Wesentlichen für die Erbschaft- und Schenkungsteuer durchgeführt werde, müsse auch das Bewertungsverfahren von dem Faktum ausgehen, dass das im Erb- und Schenkungsfall übergehende Grundvermögen in aller Regel nicht zur Veräußerung bestimmt sei. Wenn aber Grundvermögen in erster Linie für Vermietung und Verpachtung genutzt werde, bestimme sich auch der Wert aus den danach zu erzielenden Beträgen[1406].

Obwohl durch den Beschluss des Bundesverfassungsgerichts nicht zwangsläufig gefordert, sah die Regierungsvorlage zudem die gänzliche Abschaffung der Vermögensteuer vor. Aufgrund des besonders ausgeprägten umverteilungspolitischen Charakters hatte die Vermögensteuer bei der Opposition gesellschaftspolitisch einen hohen Stellenwert, weswegen die Abschaffung dieser Steuer ein besonderes Reizthema bei den Beratungen darstellte. Obgleich sich die Verfassungswidrigkeit der Vermögensteuer ebenfalls aus der Bewertungsproblematik ergab, beriefen sich die Koalitionsfraktionen als Begründung für die Abschaffung ausdrücklich auf den vom Bundesverfassungsgericht postulierten sog. „Halbteilungsgrundsatz“, der besagt, dass die Belastungsobergrenze für private Erträge in der Nähe einer hälftigen Teilung zwischen privater und öffentlicher Hand liegen müsse[1407].

Aus diesem Grund verbiete sich eine Besteuerung großer Vermögen mit der Vermögensteuer, weil die Belastung unter Berücksichtigung der Einkommensteuer jenseits der hälftigen Teilung läge. Da aber gleichzeitig auch das persönliche Gebrauchsvermögen gegen eine Besteuerung geschützt werden sollte, bliebe lediglich eine auf mittelständisch geprägte Steuerpflichtige begrenzte „Sandwichsteuer“, gegen die sich die Fraktionen von CDU/CSU und FDP wehrten[1408]. Die noch im ursprünglichen Gesetzesentwurf vorgesehene[1409] Aufspaltung der Steuer auf Betriebs- und Privatvermögen hatte der Finanzausschuss aufgehoben[1410].

Als sich aufgrund von Gesprächen zwischen Bundes- und Landesvertretern von CDU/CSU und FDP einerseits sowie Bundes- und Landesvertretern der SPD andererseits abzeichnete, dass eine Abschaffung der Vermögensteuer politisch nicht durchsetzbar war, musste die Regierungsfraktion zur Umsetzung auf einen gesetzgeberischen Trick zurückgreifen.[1411]. Die Koalition beschloss im Finanzausschuss, die Auf-

---

[1405] Bericht des Finanzausschusses, BT-Drs. XIII/5952, S. 29.
[1406] Bericht des Finanzausschusses, BT-Drs. XIII/5952, S. 27.
[1407] Bericht des Finanzausschusses, BT-Drs. XIII/5952, S. 23.
[1408] Bericht des Finanzausschusses, BT-Drs. XIII/5952, S. 24; daneben berief man sich auch auf die schon lange allseits bekannten Argumente, die gegen eine Vermögensteuer sprachen, so etwa ihre Konjunkturanfälligkeit, der hohe Verwaltungsaufwand im Verhältnis zum Ertrag etc.
[1409] GesEntw BRg, BT-Drs. XIII/4839, S. 38; wobei die Vermögensteuer auf das „Privatvermögen“ mit der Erbschaft- und Schenkungsteuer zusammengefasst werden sollte, um erhöhte Erhebungskosten zu vermeiden, .
[1410] Bericht des Finanzausschusses, BT-Drs. XIII/5952, S. 25; dieser ursprüngliche Plan der Bundesregierung stellte den bis dahin sicherlich weitestgehenden Versuch der Bundesregierung dar, Betriebsvermögen gegenüber dem privaten Vermögen zu privilegieren.
[1411] Bericht des Finanzausschusses, BT-Drs. XIII/5952, S. 25.

hebung der Vermögensteuer komplett aus der Gesetzesvorlage zu nehmen[1412]. Dies führte dazu, dass die Steuer wegen der Ungleichbehandlung der verschiedenen Vermögen nicht mehr erhoben werden durfte, ihr grundsätzliches Bestehen aber eine mögliche Gesetzesinitiative von SPD-geführten Länder zugunsten einer Ländervermögensteuer im Rahmen der konkurrierenden Gesetzgebungskompetenz sperrte[1413]. Damit hatte der Bund in verfassungswidriger Weise von seiner Gesetzgebungszuständigkeit Gebrauch gemacht.

Dieses Vorgehen der Koalition im Finanzausschuss wurde in den Debatten des Bundesrates von den SPD-geführten Ländern auf das Schärfste kritisiert[1414]. Diese sahen durchaus einen verfassungsrechtlichen Spielraum für eine Vermögensteuer, insbesondere im privaten Bereich, der keiner Gewerbesteuerbelastung ausgesetzt war[1415]. Dabei beriefen sich die Ländervertreter auch auf Aussagen des Bundesfinanzministeriums[1416], in dessen Entwurf eine solche Aufspaltung noch vorgesehen war. Obwohl auch die Unions-geführten Länder für die Anrufung des Vermittlungsausschusses stimmten, machten sie deutlich, dass es an einer inhaltlichen Übereinstimmung mit dem Bundestagsbeschluss nicht fehlte. Im Gegenteil wurde eine Nichterhebung der Vermögensteuer ausdrücklich begrüßt, wobei allerdings davon ausgegangen wurde, dass nicht genügend Ausgleich für die Einnahmeausfälle in den Länderhaushalten geschaffen worden war[1417].

Für die Regierung hätte bei einer Blockadehaltung der Länder im Vermittlungsverfahren gegenüber dem gesamten Jahressteuergesetz 1997 einiges auf dem Spiel gestanden. Nach der Vorstellung der Regierung sollte die Nichterhebung der Vermögensteuer zum 01. Januar 1997 durch ein Bündel von Maßnahmen im Rahmen des Jahressteuergesetzes 1997 kompensiert werden, die ebenfalls alle nicht hätten umgesetzt werden können. Die Regierung stand unter enormem Zeitdruck. Erst am 15. November 1996 beschloss der Bundesrat die Einberufung eines Vermittlungsausschusses. Finanzminister Waigel beschwor die SPD-Länder keinen „Crash-Kurs" zu fahren, weil dies zu einem „Trümmerhaufen der Finanzpolitik" führen würde[1418].
Erst als für die Steuermindereinnahmen bei den Ländern durch den Wegfall der Vermögensteuer in Höhe von 3, 4 Mrd. DM durch eine Grunderwerbsteuererhöhung von 2 v.H. auf 3 v.H.[1419] ein Ausgleich geschaffen worden war, der im Vermittlungsverfahren noch auf 3,5 v.H. angehoben wurde, konnte mit den Ländern ein Kompromiss gefunden werden.

1412 Bericht des Finanzausschusses, BT-Drs. XIII/5952, S. 27.
1413 Bericht des Finanzausschusses, BT-Drs. XIII/5952, S. 25.
1414 So durch den 1.Bürgermeister von Hamburg, Voscherau, in der Bundesratsdebatte vom 15. November 1996, vgl. BR-PlPr. 705, S. 600 (C).
1415 Ebd, S. 600 (D).
1416 Insbesondere auf eine Stellungnahme des Parlamentarischen Staatssekretärs beim Bundesminister der Finanzen, Hauser, vom 2. Oktober 1996, die auch dem Finanzausschuss des Bundestages vorlag.
1417 So der bayerische Staatsminister Huber, BR-PlPr. 705, S. 609 (D).
1418 So geschehen während der Beratung des Gesetzesentwurfs vor dem Bundesrat am 15. November 1996, vgl. BR-PlPr. 1996/705, S. 607 (B).
1419 Bericht des Haushaltsausschusses, BT-Drs. XIII/5952, S. 27.

3.2.3. Aussetzung der Erhöhung des Grundfreibetrages sowie der Kinderfreibeträge

Wie schon beim Jahressteuergesetz 1996 waren auch beim Jahressteuergesetz 1997 die Grund- und Kinderfreibeträge einer der umstrittensten Punkte während des parlamentarischen Verfahrens. Hatte sich die christlich-liberale Regierung in der Vergangenheit aufgrund ihres Familienbildes jedoch stets für eine finanzielle Ausweitung der Grund- und insbesondere der Kinderfreibeträge ausgesprochen, sah der aktuelle Entwurf die Verlangsamung der Geschwindigkeit des Anstiegs der Freibeträge vor.

Aufgrund der angespannten Lage der öffentlichen Haushalte beabsichtigte die Bundesregierung die erst im Jahressteuergesetz 1996 für das Jahr 1998 festgelegte Erhöhung des Grundfreibetrages sowie der Kinderfreibeträge um ein Jahr auf den 1. Januar 1999 zu verschieben[1420]. Diese Maßnahme favorisierte grundsätzlich auch die Koalition im Finanzausschuss, insbesondere weil sowohl der Grundfreibetrag als auch der Familienlastenausgleich nach ihrer Ansicht durch die im Rahmen des Jahressteuergesetzes 1996 bereits durchgeführten Erhöhungen deutlich verbessert worden waren[1421].

Dennoch konnte sich die christlich-liberale Mehrheit im Ausschuss nicht gegen den oppositionellen Widerstand durchsetzen, weil in den Gesprächen zwischen Bundes- und Landesvertretern aus dem Regierungslager und der SPD erneut deutlich wurde, dass diese Maßnahme auf keinen Fall den Bundesrat passieren würde[1422]. Die SPD begründete den von ihr durchgesetzten Verzicht auf die Aussetzung der Erhöhung mit der Argumentation der Koalitionsfraktionen bei den Beratungen zum Jahressteuergesetz 1996, wonach die verfassungsrechtliche Zulässigkeit des Grundfreibetrages und des Familienlastenausgleichs gerade auch mit der gleichzeitigen Verabschiedung der Erhöhung der Beträge für das Jahr 1998 begründet war[1423]. Aus diesem Grund blieb es bei der für den 01. Januar 1998 vorgesehenen Erhöhung der beiden Freibeträge.

3.3. Gesetz zur Fortsetzung der Unternehmenssteuerreform vom 29. Oktober 1997[1424]

Mit der endgültigen Verabschiedung dieses Gesetzes am 05. September 1997 durch den Deutschen Bundesrat wurde im Wesentlichen der zweite Teil des Fraktionsentwurfs des Jahressteuergesetzes 1996 unter dem neuen Titel „Fortsetzung der Unternehmenssteuerreform" umgesetzt und somit auch mit einiger Verspätung der nunmehr dritte und letzte Teil der bereits in der zwölften Legislaturperiode begonnenen Unternehmenssteuerreform der Bundesregierung[1425] sowie die Vollendung des ersten Schritts des bereits Anfang 1996 von der Bundesregierung verabschiedeten Aktionsprogramms für Investitionen und Arbeitsplätze[1426].

1420 GesEntw BRg, BT-Drs. XIII/4839, S. 1.
1421 Bericht des Finanzsausschusses, BT-Drs. XIII/5952, S. 33.
1422 Bericht des Finanzausschusses, BT-Drs. XIII/5952, S. 33.
1423 Bericht des Finanzausschusses, BT-Drs. XIII/5952, S. 34.
1424 BGBl. 1997 I, S. 2590.
1425 Bericht des Finanzausschusses, BT-Drs. XIII7000, S. 2.
1426 Aktionsprogramm für Investitionen und Arbeitsplätze, BT-Drs. XIII/3629, S. 3.

Die Fraktion von Bündnis 90/Die Grünen hatte in einem Beschlussantrag an den Deutschen Bundestag die Bundesregierung bereits am 12. Juni 1996 aufgefordert, eine umfassende Reform der Gemeindefinanzen vorzubereiten, die auch eine Neuordnung der Gewerbesteuer beinhalten sollte[1427]. Der Bundesrat hatte in einer Entschließung[1428], der sich die SPD mit einem gleichlautenden Antrag angeschlossen hatte[1429], gefordert, dass angesichts der schwierigen finanziellen Situation der Kommunen von Bundestag und Bundesrat eine gemeinsame Kommission zu einer umfassenden Reform der Gemeindefinanzen eingesetzt werden sollte.

Von einer derartigen umfassenden Lösung war der Gesetzesentwurf der Bundesregierung, der als abgetrennter Teil des Jahressteuergesetzes 1996 am 19. Februar 1997 durch den Finanzausschuss wieder in den deutschen Bundestag eingebracht wurde, allerdings weit entfernt. Immerhin sah das Konzept der Bundesregierung in Entsprechung mit den nun schon etwa sieben Jahre alten Vorschlägen der Unternehmenssteuerreformkommission die Abschaffung der Gewerbekapitalsteuer zum 01. Januar 1998 vor. Die Maßnahme basierte auf der schon von der Unternehmenssteuerkommission geäußerten Erkenntnis, dass diese Steuer eine erhebliche Substanzbelastung für die betroffenen Unternehmen mit sich bringe, die sich gerade bei jüngeren, noch ertragsschwachen Betrieben nachteilig auswirke[1430].

Daneben erfolgte die Fortsetzung der mittelstandsfreundlichen Reform der Gewerbeertragsteuer[1431]. Zu diesem Zwecke beinhaltete der Regierungsentwurf eine Ausdehnung des Freibetrages bei der Gewerbeertragsteuer von 48 000 DM auf jeden vollhaftenden Gesellschafter-Geschäftsführer einer Personengesellschaft sowie eine stärkere Spreizung der Messzahlen einhergehend mit einer generellen Absenkung der Steuermesszahlen um 10 v.H. Die ursprüngliche Regierungsvorlage hatte noch eine mittelstandsfreundliche Verbesserung der Erbschafts- und Schenkungsbesteuerung für die Unternehmensnachfolge enthalten, in Form eines 25 v.H.-igen Bewertungsabschlags auf Betriebsvermögen sowie einer Einbeziehung von Anteilsbesitz im Privatvermögen über 25 v.H. an einer Kapitalgesellschaft in den Freibetrag und Bewertungsabschlag zur Begünstigung sog. familienbezogener Kapitalgesellschaften[1432]. Diese Änderungen waren jedoch in der Vorlage des Finanzausschusses nicht mehr enthalten[1433].
Zur aufkommensneutralen Gegenfinanzierung wurde eine Reduzierung der degressiven Abschreibung für bewegliche Wirtschaftsgüter des Anlagevermögens von 30 v.H. auf 25 v.H.[1434] vorgenommen. Erneut erfolgte demnach keine Nettoentlastung, der Finanzausschuss erwartete durch die Steuermehreinnahmen für die Jahre 1999 bis 2001 sogar eine Überkompensation[1435]. Die Koalition wollte den bereits bei der zweiten Stu-

---

1427 Antrag Fraktion von BÜNDNIS 90/DIE GRÜNEN, BT-Drs. XIII/4870, S 1.
1428 Beschluss BR, BT-Drs. XIII/5760.
1429 GesEntw Fraktion der SPD, BT-Drs. XII/5776.
1430 GesEntw BRg., BT-Drs. XIII/901, S. 124.
1431 GesEntw BRg, BT-Drs. XIII/901, S. 1.
1432 GesEntw BRg, BT-Drs. XIII/901, S. 124.
1433 Im Jahressteuergesetz 1997 war schließlich schon ein Bewertungsabschlag von 50 v.H. eingeführt worden, vgl. Kap. 3.2.2. dieses Hauptteils.
1434 Bericht des Finanzausschusses, BT-Drs. XIII/7000, S. 2.
1435 Bericht des Finanzausschusses, BT-Drs. XIII/7000, S. 3.

fe der Unternehmenssteuerreform eingeschlagenen Weg des Vorrangs der mittelbaren Investitionsförderung vor der unmittelbaren Investitionsförderung fortsetzen[1436].

Neben dem allgemeinen „gesamtdeutschen" Argument eines Wettbewerbsnachteils aufgrund der Substanzbelastung und der damit einhergehenden arbeitsplatzgefährdeten Wirkung[1437] hoben Vertreter von Koalition und Regierung immer wieder auch die Bedeutung einer grundsätzlichen Beibehaltung der Gewerbekapitalsteuer insbesondere für die ostdeutschen Bundesländer hervor, denen in diesem Fall die seit dem Steueränderungsgesetz 1991 ausgesetzte[1438] Erhebung drohe[1439]. Bereits im Vermittlungsverfahren zwischen Bundestag und Bundesrat zum Jahressteuergesetz 1997 hatte das Land Thüringen unter dem Ministerpräsidenten der CDU, Vogel[1440], einen Versuch unternommen, eine dauerhafte Aussetzung der Gewerbekapitalsteuer für die ostdeutschen Bundesländer zu erreichen, war aber mit diesem Unterfangen auch am Widerstand aus den eigenen Reihen, insbesondere der westdeutschen Ministerpräsidenten, gescheitert[1441].

Eine der größten Gefahren für die Durchsetzung der Steuerpläne der christlich-liberalen Regierung ging nach wie vor von der Frage aus, wie ein finanzieller Ausgleich der Gemeinden für die aus der Abschaffung der Gewerbekapitalsteuer resultierenden Einnahmeausfälle aussehen sollte. Bereits im ursprünglichen Entwurf für ein Jahressteuergesetz 1996 war die Gewährung einer Umsatzsteuerbeteiligung in Höhe von 2,1 v.H. des Aufkommens vorgesehen[1442]. Nach Ansicht der Koalitionsfraktionen war diese Regelung für die Gemeinden sogar vorteilhaft, weil die Aufkommensbeteiligung an der Umsatzsteuer nicht nur eine reine Kompensationsregelung darstellte, sondern diese Ersatzfinanzierung eine deutliche Verbesserung der Einnahmestruktur der Kommunen bedeutete, weil damit dauerhafte Steuereinnahmen verbunden waren [1443].

Ebenso wie beim Jahressteuergesetz 1996, standen Regierung und Koalition vor dem Problem, dass das entscheidende Hindernis für eine Gewerbesteuerreform, nämlich die Zustimmung der Opposition für die notwendige Grundgesetzänderung[1444], nicht gelöst

---

[1436] Bericht des Finanzausschusses, BT-Drs. XIII/7000, S. 22.

[1437] So z.B. die Koalitionsmehrheit im Finanzausschuss, BT-Drs. XIII/7000, S. 19.

[1438] Siehe Kapitel VII. 4.2.1.

[1439] Der Bundesfinanzminister bezeichnete in seiner Rede während der Beratung des Gesetzesentwurfs vor dem Deutschen Bundestag am 28. Februar 1997 eine Erhebung der Gewerbekapitalsteuer als Gift für Wachstum und Beschäftigung in den neuen Bundesländern, vgl. BT-PlPr. XIII/161, S. 14510 (D). Der FDP-Abgeordnete Thiele führte aus, dass die Gewerbekapitalsteuer die Eigenkapitalbasis der Betriebe auszehre, was insbesondere die Betriebe und Arbeitsplätze in den neuen Bundesländern in einer ohnehin äußerst schwierigen Situation noch zusätzlich belasten würde, vgl. BT-PlPr. XIII/161, S. 14520 (B).

[1440] Bernhard Vogel, geb. am 19. Dezember 1932, Studium der Politischen Wissenschaft, Geschichte, Soziologie und Volkswirtschaft, 1967-1976 Kultusminister in Rheinland-Pfalz, 1976-1988 Ministerpräsident von Rheinland-Pfalz, 1979-1992 Vorsitzender des Verwaltungsrates des ZDF, seit 1992 Ministerpräsident in Thüringen.

[1441] Dies lag nicht etwa darin begründet, dass die Länder sich für die Beibehaltung der Gewerbekapitalsteuer ausgesprochen hatten, vielmehr wurde die Exklusivität der Aussetzung ausschließlich im Beitrittsgebiet abgelehnt. Der bayerische Staatsminister Huber hielt die ohnehin bereits seit sechs Jahren bestehende Rechtslage einer unterschiedlichen Gesetzesanwendung für rechtsstaatlich sehr bedenklich, vgl. BR-PlPr. 1997/711, S. 131 (C).

[1442] Bericht des Finanzausschusses, BT-Drs. XIII/7000, S. 20.

[1443] Bericht des Finanzausschusses, BT-Drs. XIII/7000, S. 20.

[1444] Vgl. Kap. 3.1.2. dieses Hauptteils.

war und es auch zu Beginn des Verfahrens nicht so aussah, als ob sich daran bei der aktuellen Steuerinitiative etwas ändern sollte. Zwar gab man sich in den Reihen der Opposition inhaltlich einsichtig. Hatte die oppositionelle SPD einer gänzlichen Abschaffung der Gewerbekapitalsteuer sowohl bei der Verabschiedung des Steueränderungsgesetzes 1991 in der vorangegangenen Wahlperiode[1445] als auch bei dem ersten Versuch der Bundesregierung einer gesamtdeutschen Gewerbesteuerreform im Jahre 1995 ablehnend gegenübergestanden[1446], mehrten sich nun während der parlamentarischen Beratungen die Anzeichen, dass es in den Reihen der SPD zu einem Sinneswandel gekommen war[1447].

Erstaunlicherweise hatten sich nun aber bei der Opposition bezüglich einer Grundgesetzänderung die Vorzeichen gewechselt. Während die SPD bei den Debatten um eine Reform des Art. 106 GG im Rahmen des Jahressteuergesetzes 1996 noch argumentierte, dass man keinen „Blankoscheck“ ausstellen könne[1448], hieß es nun, man könne dem Gesetzesentwurf nicht zustimmen, ohne dass im Vorfeld eine Grundgesetzänderung erfolgt sei. Teilweise unternahm die Opposition sogar den Versuch, das nun von der Regierung gewählte Verfahren, vor der Grundgesetzänderung erst das inhaltliche Steuergesetz zu verabschieden, als verfassungsrechtlich fragwürdig und gegebenenfalls sogar missbräuchlich abzuqualifizieren[1449].

So schien das Gesetz zur Fortsetzung der Unternehmenssteuerreform das gleiche Schicksal zu ereilen wie bereits das Jahressteuergesetz 1996. Nachdem der Finanzausschuss mit der Mehrheit der Koalitionsstimmen seine Beschlussempfehlung für das zu verabschiedendende Gesetz dem Deutschen Bundestag am 19. Februar 1997 vorgelegt hatte, kamen die Abgeordneten der Koalition und der oppositionellen SPD interfraktionell in der 158. Sitzung des Deutschen Bundestages in dieser Legislaturperiode am 21. Februar überein, das Gesetz zur Fortsetzung der Unternehmenssteuerreform von der Tagesordnung zu nehmen[1450].
Während die SPD die Vorlage des Finanzausschusses für verfassungswidrig hielt, weil sie eine Ausgleichsregelung für die Kommunen in Form einer Mehrwertsteuerbeteiligung enthielt, für die es immer noch keine Grundgesetzänderung gab[1451], hoffte die Koalition immer noch auf eine überparteiliche Einigung durch Gespräche, die am 24. Februar 1997 beginnen und vor der Verabschiedung abgewartet werden sollten [1452]. Offensichtlich war diese Einigung ausgeblieben, denn auch im Bundesrat traf die erneute Initiative zur Reform der Gewerbebesteuerung, nachdem der Bundestag die Vor-

---

[1445] Vgl. Kap. VII. 4.2.1.
[1446] Vgl. nur die Rede des damaligen Fraktionsvorsitzenden der SPD, Scharping, während der damaligen Debatten um eine Grundgesetzänderung am 12. Mai 1995, BT-PlPr. XIII/2822, S. 2822 ff.
[1447] Vgl. die Rede der Abgeordneten Hendricks (SPD) während der Beratung der Gesetzesinitiative vor dem Deutschen Bundestag am 28. Februar 1997, die für ihre Fraktion ausführte, dass diese sich mit einer Abschaffung der Gewerbekapitalsteuer einverstanden erkläre, sofern gewisse Bedingungen erfüllt würden, die sie allerdings nicht näher konkretisierte, vgl. BT-PlPr. XIII/161, S. 14512 (D), sowie den ersten Bürgermeister der Stadt Hamburg, Voscherau (SPD), in seiner Rede während der ersten Beratung des Gesetzes am 04. April 1997 vor dem Bundesrat, BR-PlPr. 1997/711, S. 129 (A).
[1448] Vgl. Kap. 3.1.2. dieses Hauptteils.
[1449] Bericht des Finanzausschusses, BT-Drs. XIII/7000, S. 21.
[1450] Vgl. BT-PlPr. XIII/158, S. 14239 (A).
[1451] So der Abgeordnete Poß (SPD), BT-PlPr. XIII/158, S. 14240 (A).
[1452] So der Abgeordnete Hörster (CDU/CSU), BT-PlPr. XIII/158, S. 14243 (B).

lage schließlich doch am 28. Februar 1997 verabschiedet hatte, auf Widerstand. Der Finanzausschuss des Bundesrates übernahm die Kritik der Opposition und empfahl dem Bundesrat, dem Gesetz aufgrund der fehlenden Grundgesetzänderung nicht zuzustimmen[1453].

Innerhalb der CDU/CSU-geführten Länder fiel die Reaktion auf das Gesetz zur Fortsetzung der Unternehmenssteuerreform wesentlich differenzierter aus. Während das Land Bayern die Gewerbesteuerreform inklusive der Abschaffung der Gewerbekapitalsteuer uneingeschränkt begrüßte[1454], hatte Thüringen den Bundesrat aufgefordert, den Vermittlungsausschuss anzurufen, weil man angesichts der kritischen Haushaltslage der Kommunen in den neuen Ländern die vorgesehenen Kompensationsregelungen für unzureichend hielt[1455].

Eigentlich hätte die Gewerbekapitalsteuer bereits zu Beginn des Jahres 1997 abgeschafft werden müssen, um Komplikationen in den neuen Bundesländern zu vermeiden. Der thüringische Ministerpräsident, Vogel, nannte in seiner Rede während des Durchgangs des Gesetzes durch den Bundesrat am 25. April 1997 die Optionen, die insbesondere die ostdeutschen Länder bei einer Zustimmung hatten, einen Schildbürgerstreich. Es sei, so der Ministerpräsident, sowohl unsinnig eine Steuer, die man einstimmig als abschaffenswert befinde, beizubehalten. Ebenso unsinnig sei es aber dem konkreten Abschaffungsgesetz zuzustimmen. Würde der Bundesrat zustimmen, so Vogel, würde dies dazu führen, dass die Ausgleichsregelung erst ab 1998 greifen würde, während es für 1997 keine Kompensationen gab, obwohl den westdeutschen Kommunen für dieses Jahr immer noch der Ertrag der Gewerbekapitalsteuer zustehe[1456].

Das Land Berlin griff sogar eine während der parlamentarischen Debatten immer wieder geäußerte Forderung der Opposition auf[1457], indem es eine verfassungsrechtliche Absicherung der Gewerbeertragsteuer forderte[1458]. Die Koalitionsmehrheit hatte eine solche verfassungsrechtliche Verankerung der Gewerbesteuer in Art. 28 GG bisher abgelehnt, weil es zum einen die einzige Steuerart mit institutioneller Garantie gewesen wäre, zum anderen wollten CDU/CSU und FDP nicht die mittelfristige Option einer gänzlichen Abschaffung auch der Gewerbeertragsteuer, die in der Koalitionsvereinbarung noch zu Beginn der Legislaturperiode ins Auge gefasst worden war, aufgeben bzw. stark erschweren[1459].

Im Bundesrat setzte die SPD ihre Verzögerungstaktik fort. Obwohl die SPD davon ausging, dass es zu einem Vermittlungsverfahren kommen würde, in dem über eine Neuregelung der Gemeindefinanzen im Hinblick auf die Gewerbesteuer entschieden

---

[1453] BR-Drs. 221/1/97, S. 1.
[1454] Vgl. Antrag Bayern, BR-Drs. 221/3/97.
[1455] Vgl. Antrag Thüringen, BR-Drs. 221/2/97.
[1456] Vgl. BR-PlPr. 1997/711, S. 127 (D).
[1457] So etwa die SPD-Abgeordnete Hendricks in ihrer Rede während der Beratung des Gesetzesentwurfs am. 28. Februar 1997 vor dem Deutschen Bundestag, BT-PlPr. XIII/161, S. 14514 (C).
[1458] Vgl. Antrag des Landes Berlin vom 25. April 1997, BR-Drs. 221/4/97.
[1459] So der Abgeordnete Merz (CDU) in seiner Rede während der Beratung des Gesetzesentwurf am 28. Februar 1997 vor dem Deutschen Bundestag, BT-PlPr. XIII/161, S. 14517 (B).

würde[1460], wurde die Anrufung des Vermittlungsausschusses aus formalen Gründen verweigert und erneut darauf verwiesen, dass man ohne eine vorangehende Grundgesetzänderung die „Katze im Sack kaufen“ würde[1461]. Im Vermittlungsausschuss, der nach der Ablehnung der Zustimmung durch den Bundesrat von der Bundesregierung am 28. April 1997 angerufen worden war[1462], konnte schließlich doch noch eine Einigung erzielt werden. Trotz des enormen Zeitdrucks, unter dem die Abschaffung der Gewerbekapitalsteuer stand, war das Verfahren im Vermittlungsausschuss äußerst langwierig gewesen. Nachdem am 28. April der Vermittlungsausschuss eingesetzt worden war, konnten die Ergebnisse erst am 04. August 1997 vorgelegt werden[1463].

Im Ergebnis blieb es bei der bundesweiten Abschaffung der Gewerbekapitalsteuer zum 01. Januar 1998. Die ostdeutschen Bundesländer konnten sich auch mit ihrer Forderung durchsetzten, die Gewerbekapitalsteuer im Jahre 1997 weiterhin auszusetzen, und erhielten gleichzeitig bereits für ihre Kommunen eine finanzielle Kompensation, die darin bestand, dass Bund und Länder auf die bisherige Gewerbesteuerumlage verzichteten[1464]. Der von der Opposition bereits in den parlamentarischen Debatten als zu niedrig kritisierte neue Anteil der Gemeinden am Umsatzsteueraufkommen wurde auf 2,2 v.H. angehoben[1465]. Der nun größer ausfallende Verlust von Bund und Ländern an der Umsatzsteuer war jedoch nur für den Preis weiterer Gegenfinanzierungsmaßnahmen zu erlangen[1466]. So wurde die sog. willkürliche Bildung von Rückstellungen für drohende Verluste eingeschränkt sowie die Möglichkeit rein steuerlich motivierter Mantelkäufe. Weiterhin sah das Ergebnis des Vermittlungsausschusses eine Begrenzung des halben Steuersatz auf Veräußerungsgewinne bei natürlichen Personen nur noch bis 15 Mio. DM vor.

Auch über den dieses Gesetzgebungsverfahren insgesamt dominierenden Streitpunkt, nämlich die Frage einer möglichen Grundgesetzänderung, konnte Einvernehmen erzielt werden. Bemerkenswerterweise hatten die Länder- und Parlamentsvertreter der SPD im Ausschuss keinerlei Bedenken mehr, dem einfachgesetzlichen Vermittlungsergebnis zuzustimmen, obwohl zu diesem Zeitpunkt noch keine Grundgesetzänderung umgesetzt worden war. Allerdings hatten die Bundestagsfraktionen[1467] zwischenzeitlich einen eigenes Gesetzgebungsverfahren auf den Weg gebracht[1468], dessen Inhalt

---

[1460] So der Erste Bürgermeister der Stadt Hamburg, Voscherau (SPD), BR-PlPr. 1997/711, S. 130

[1461] Ebd., S. 129.

[1462] BT-Drs. XIII/7579.

[1463] Beschlussempfehlung des Vermittlungsausschusses, BT-Drs. XIII/8325; selbst wenn die Tatsache berücksichtigt wird, dass die parlamentarische Sommerpause in der Beratungszeit lag, bleibt es ein langer Verhandlungszeitraum. Zum Vergleich: Beim Jahressteuergesetz 1997 stand das Vermittlungsergebnis innerhalb eines Zeitraumes von weniger als einem Monat fest. Beim Jahressteuergesetz 1996 dauerten die Verhandlungen für beide Beschlussempfehlungen nur jeweils etwa zwei Wochen und insgesamt für beide nur etwa sechs Wochen.

[1464] Vgl. Berichterstattung aus dem Vermittlungsausschuss, BR-Drs. 1997/715, S. 321 (C).

[1465] Zur grundsätzlichen Kritik an dem „Tauschgeschäft“ Gewerbekapitalsteuer gegen Umsatzsteuerbeteiligung und der Frage der nachhaltigen Verbesserung der Gemeindefinanzen vgl. Hidien, DVBl. 1998, 620.

[1466] Wobei das Bundesfinanzministerium beim endgültigen Ergebnis des Vermittlungsverfahrens sogar von einer Überdimensionierung der Gegenfinanzierung ausging. So der Parlamentarische Staatssekretär beim Bundesminister für Finanzen, Hauser (CDU), vor dem Deutschen Bundestag am 11. September 1997, BT-PlPr. XIII/189, S. 17157 (A).

[1467] Mit Ausnahme der PDS.

[1468] GesEntw Fraktionen von CDU/CSU, FDP, SPD und B90/DIE GRÜNEN, BT-Drs. XIII/8340.

beim Vermittlungsverfahren bereits feststand und eine Absicherung der Gewerbeertragsteuer im Grundgesetz vorsah[1469]. Konkret ging es bei dieser Initiative zur Änderung des Art. 28 GG um die Einfügung eines neuen Halbsatzes, der den Gemeinden eine mit Hebesatzrecht versehene wirtschaftskraftbezogene Steuerquelle als Grundlage ihrer finanziellen Eigenverwaltung gewähren sollte[1470]. Diese Ergänzung sollte die verbleibende Gewerbeertragsteuer rechtlich absichern, bzw. den Gemeinden zumindest eine andere an der Wirtschaftskraft oder am Wirtschaftsleben der in der jeweiligen Gemeinde Beteiligten anknüpfende Steuer gewährleisten[1471].

Am 11. September 1997 stimmte der Deutsche Bundestag dann mit einem deutlichen Ergebnis von 618 Ja-Stimmen für die Grundgesetzänderung. Trotz dieser Grundgesetzänderung und anders lautender Äußerungen von Oppositionspolitikern, glaubte man im Finanzministerium jedoch immer noch an die künftige Verwirklichung des Ziels einer gänzlichen Abschaffung der Gewerbesteuer[1472].

Die Beseitigung der ertragsunabhängigen Komponente der Gewerbesteuer, die nach Ansicht des Bundesfinanzministers neben der Vermögensteuer die letzte abzuschaffende „Arbeitsplatzvernichtungssteuer" gewesen war, hatte das Regierungslager, ähnlich wie bei der Abschaffung der Vermögensteuer, unter einen enormen Zeitdruck gesetzt. Denn die Nichtabschaffung der Gewerbekapitalsteuer in den alten Bundesländern hätte unweigerlich eine Einführung der Gewerbekapitalsteuer in den neuen Ländern[1473] zur Folge gehabt. Als am 05. August 1997 das Ergebnis des Vermittlungsverfahrens im Deutschen Bundestag feststand, war die Versendung der vorbereiteten Vorauszahlungsbescheide für den 15. August bereits geplant[1474].

Am 05. August 1997 war eine Sondersitzung des Deutschen Bundestages zur Debatte über die Ergebnisse des Vermittlungsverfahrens angesetzt gewesen. Allerdings warf hier schon das letzte große Steuervorhaben der christlich-liberalen Regierung seinen Schatten über das Gesetz zur Fortsetzung der Unternehmenssteuerreform. Die Kontroverse war ähnlich wie einen Monat später im Bundesrat praktisch von den Auseinandersetzungen um das Steuerreformgesetz 1998/1999 überlagert[1475].

[1469] Stolz verkündete die Berichterstatterin für den Bundesrat, die brandenburgische Ministerin Simon, bereits am 5. September 1997, man habe der Regierungskoalition, die eine Änderung des Art. 28 GG wegen weiterer Schritte in Richtung einer gänzlichen Abschaffung der Gewerbesteuer gerne vermieden hätte, den Weg versperrt. Eine Grundgesetzänderung sei lediglich aus verfahrenstechnischen Gründen nicht Gegenstand dieses Gesetzes.
[1470] GesEntw BT-Drs. XIII/8340, S. 1.
[1471] Vgl. Bericht des Finanzausschusses, BT-Drs. XIII/8488, S. 5; ob mit der Grundgesetzänderung tatsächlich eine wesentliche rechtliche Verbesserung des finanziellen Selbstverwaltungsrechts der Kommunen eingetreten war, abgesehen von einer Festschreibung irgendeines Steuerertragsrechts, wurde allerdings sehr stark bezweifelt, vgl. hierzu Hidien, DVBl. 1998, 617, 620.
[1472] So der Parlamentarische Staatssekretär beim Bundesminister der Finanzen, Hauser (CDU), in seiner Rede vor dem Deutschen Bundestag am 11. September 1997, vgl. BT-PlPr. XIII/189, S. 17157 (A). Diese Ansicht wird auch in der Fachwelt geteilt, vgl. Hidien, DVBl. 1998, 617, 620.
[1473] Vgl. dessen Rede bei der Beratung des Ergebnisses des Vermittlungsverfahrens am 05. August 1997, BT-PlPr. XIII/186, S. 16835 (B).
[1474] So der Bundesfinanzminister in seiner Rede bei der Beratung des Ergebnisses des Vermittlungsverfahrens am 05. August, vgl. BT-PlPr. XIII/186, S. 16835 (B).
[1475] Vgl. dazu Kap. 3.5. dieses Hauptteils.

3.4 Gesetz zur Absenkung des Solidaritätszuschlages vom 21. November 1997[1476]

Kurze Zeit bevor der Bundesrat am 17. Oktober 1997 endgültig seine Zustimmung zu dem letzten großen Steuerreformvorhaben der christlich-liberalen Koalition, das unter anderem eine Absenkung des Solidaritätszuschlages von 7,5 v.H. auf 5,5 v.H. vorsah[1477], verweigerte, brachte der Finanzausschuss mit den Stimmen der Koalitionsmehrheit am 07. Oktober 1997 einen gleichlautenden Gesetzesentwurf in den Deutschen Bundestag ein[1478]. Diese Initiative stammte ursprünglich noch aus dem Regierungsentwurf des Jahressteuergesetzes 1997, die damals aber nach dem Willen der Koalition nicht mitverabschiedet wurde[1479]. Nunmehr glaubten die Regierungsfraktionen, ein wie sie sich selbst im Ausschussbericht bescheinigten, überzeugendes Konzept für die Absenkung der Abgabe vorgelegt zu haben[1480]. Geplant war die Absenkung des Solidaritätszuschlages zum 1. Januar 1998 in einem Schritt. Damit wurde die Anpassungsphase der öffentlichen Haushalte auf die neue Einnahmesituation verkürzt, die nach dem Jahressteuergesetz 1997 ursprünglich noch in zwei Schritten erfolgen sollte.

Obwohl die Regierung in der Gesetzesvorlage auf direkte Maßnahmen zur Gegenfinanzierung der Einnahmeausfälle aus volkswirtschaftlichen Gründen bewusst verzichtete[1481], sah der Finanzausschuss die Kompensation der Steuerausfälle durch eine Verringerung der Bundeszuführung an den Erblastentilgungsfonds in Höhe von 5 Mrd. DM als gesichert an. In jedem Falle sei die Absenkung des Solidaritätszuschlages konjunkturell richtig, hieß es, weil sie dem gegenwärtig zu verzeichnenden wirtschaftlichen Aufwärtstrend weitere Impulse verleihe. Als Koalition der Deutschen Einheit durfte bei den Fraktionen natürlich nicht der Hinweis fehlen, dass es sich bei der Rückführung der Sonderabgabe nicht um einen Abbau der Solidarität mit den neuen Bundesländern handele, weil keine zweckgebundenen Mittel abgebaut würden, so dass keine Verringerung der finanziellen Unterstützung des Bundes für Ostdeutschland erfolge[1482]. Allerdings verzichtete die Ausschussmehrheit auf eine nähere Begründung, wie sich die wirtschaftlichen und haushaltspolitischen Umständen so wesentlich verändert hatten, dass die noch bei den Verhandlungen zum Jahressteuergesetz 1997 abgelehnte Maßnahme nun richtig und überzeugend sei.

Vielmehr schienen die Regierungsfraktionen, nachdem sie mit dem Steuerreformgesetz 1998/1999 und einem wesentlich größeren Entlastungsvolumen gescheitert waren, ihre letzte große Chance gesehen zu haben, sich mit einem erheblich bescheidenerem Finanzumfang noch vor der Bundestagswahl als Steuersenkungskoalition zu präsentieren[1483]. Unumwunden gab die Koalition zu, dass man sich nach dem Scheitern des

---

[1476] BGBl. 1997 I, S. 2743.
[1477] Vgl. Kap. 3.5.2. dieses Hauptteils.
[1478] Beschlussempfehlung des Finanzausschusses, BT-Drs. XIII/8701.
[1479] Vgl. Kap. 3.2.1. dieses Hauptteils.
[1480] Bericht des Finanzausschusses, BT-Drs. XIII/8701, S. 6.
[1481] So der Bundesfinanzminister in der 197. Sitzung des Deutschen Bundestages am 09. Oktober 1997, vgl. BT-PlPr. XIII/197, S. 17743 (C).
[1482] Bericht des Finanzausschusses, BT-Drs. XIII/8701, S. 6.
[1483] Der CDU-Abgeordnete Krziskewitz führte in der 197. Sitzung des Deutschen Bundestages am 9. Oktober 1997 aus: „ ....Die Absenkung des Solidaritätszuschlages ist kein Minimalersatz für eine Steuerreform. Aber sie

Steuerreformgesetzes 1998/99 im Bundesrat beim Abbau des Solidaritätszuschlages in einem nicht zustimmungspflichtigen Teil der Einkommensteuer bewege[1484].

Der äußere Druck, noch vor der Bundestagswahl eine für die Steuerpflichtigen spürbare Entlastung auf den Weg zu bringen, verlieh Regierung und Koalition angesichts der politischen Brisanz des Solidaritätszuschlages eine enorme Geschlossenheit und Handlungsfähigkeit. Der Bundestag verabschiedete das Gesetz am 9. Oktober 1997, also nur zwei Tage nachdem es in den Bundestag eingebracht worden war. Erstaunlicher war jedoch, dass das Konzept der Koalitionsfraktionen erst eine Woche zuvor in der Presse vorgestellt worden war[1485].

Obwohl es neben dem Widerstand der Opposition im Bundestag auch im Bundesrat Ablehnung gegen die verabschiedete Senkung des Solidaritätszuschlages gab, verzichtete der Bundesrat in seiner Sitzung vom 07. November 1997 darauf, Einspruch einzulegen und den Vermittlungsausschuss anzurufen. Dabei kam der Widerstand gegen das Vorhaben nicht nur von den SPD-geführten Ländern, sondern auch von den ostdeutschen, Unions-geführten Ländern. Die Ministerpräsidenten befürchteten, dass von der Senkung des Solidaritätszuschlages ein falsches politisches Signal ausgehen könne und dass die Ostförderung im Gegensatz zu den Aussagen von Regierung und Koalition in Zukunft nicht hinreichend gewährleistet sei[1486].

3.5. Steuerreformgesetz 1998 und Steuerreformgesetz 1999

Zu Beginn des Jahres 1997 überschlugen sich die Steuerinitiativen der bürgerliche Regierung zur Verbesserung der steuerlichen Rahmenbedingungen in Deutschland. Hatte erst am 19. Februar 1997 der Finanzausschuss die zweite Beschlussempfehlung zu der vom Jahressteuergesetz 1996 abgekoppelten dritten Stufe der Unternehmenssteuerreform vorgelegt[1487], folgten kurz darauf mit den Gesetzesvorlagen für ein Steuerreformgesetz 1998 und ein Steuerreformgesetz 1999 zwei weitere große Steuerinitiativen, die ebenfalls einen wesentlichen Beitrag zu einem höheren Wirtschaftswachstum und zu mehr Arbeitsplätzen leisten sollten.

Überraschend an diesen beiden Initiativen war lediglich der Zeitpunkt ihrer Einbringung. Ebenso wie die Maßnahmen im Gesetz zur Fortsetzung der Unternehmenssteuerreform waren die grundsätzlichen Eckpunkte der nun eingebrachten Steuerinitiativen bereits im Aktionsprogramm der Bundesregierung für Investitionen und Arbeitsplätze aus dem Jahre 1996 angekündigt gewesen, allerdings erst für die kommende Legislaturperiode[1488]. Am 18. März 1997 brachten die Koalitionsfraktionen einen Entwurf für ein Steuerreformgesetz 1998 in den Deutschen Bundestag ein, innerhalb nur etwa ei-

---

dokumentiert den Willen der Koalition, Bürger und Wirtschaft zu entlasten, wo immer es geht, um letztlich die Attraktivität des Standortes Deutschland zu verbessern......", vgl. BT-PlPr. XIII/197, S. 17734 (A).

[1484] Bericht des Finanzausschusses, BT-Drs. XIII/8701, S. 6.

[1485] So jedenfalls der Bundesminister der Finanzen in der 197. Sitzung des Deutschen Bundestages am 9. Oktober 1997, vgl. BT-PlPr. XIII/197, S. 17742 (D).

[1486] So der thüringische Ministerpräsident Vogel (CDU) und der sächsische Staatsminister Meyer (CDU) in der 718. Sitzung des Deutschen Bundesrates am 7. November 1997, vgl. BR-PlPr. 1997/718, S. 503 (D) sowie S. 505 (C).

[1487] Vgl. Kap. 3.3. dieses Hauptteils.

[1488] BT-Drs. XIII/3629, S. 3.

nes guten Monats später folgte der Koalitionsentwurf für ein Steuerreformgesetz 1999. Entsprechende Regierungsinitiativen folgten nach der ersten Stellungnahme durch den Bundesrat wenige Zeit später. Die beiden Gesetzesentwürfe, die das letzte große Reformvorhaben der christlich-liberalen Regierung in dieser Legislaturperiode bildeten, waren vom Umfang, sowohl was Einzelregelungen angeht, aber auch in Bezug auf das finanzielle Entlastungsvolumen die bedeutsamste Steuerinitiative nach der deutschen Einheit im Jahr 1990, vergleichbar nur noch mit dem Steuerreformgesetz 1990 Ende der 80er Jahre. Grundlage für beide Gesetzesvorhaben waren die sog. „Petersberger Beschlüsse", einer Regierungskommission unter dem Vorsitz des Bundesfinanzministers Waigel[1489].

Ziel des von der Bundesregierung eingeleiteten Reformwerks war die Verbesserung der steuerlichen Rahmenbedingungen für Investitionen zur Schaffung neuer Arbeitsplätze, eine Verbesserung der Steuergerechtigkeit durch Rückbesinnung auf die tragenden Prinzipien des Steuerrechts und eine transparentere und einfachere Steuergesetzgebung für Bürger, Wirtschaft und Verwaltung[1490].

Der Auftrag der Kommission lautete: „Tiefgreifende Veränderungen im internationalen Wettbewerb stellen Politik, Wirtschaft und Gesellschaft in unserem Land vor die Aufgabe, den Standort Deutschland zu sichern. Die von der Bundesregierung im vergangenen Jahr ergriffenen Initiativen – das „Aktionsprogramm für Investitionen und Arbeitsplätze", konkretisiert durch das „Programm für mehr Wachstum und Beschäftigung" – zielen darauf ab, durch ein umfassendes wirtschafts-, finanz- und sozialpolitisches Konzept die Produktions-, Investitions- und Beschäftigungsbedingungen am Standort Deutschland durchgreifend zu verbessern, dadurch eine Wachstumsdynamik der Wirtschaft zu ermöglichen und wettbewerbsfähige Arbeitsplätze zu erhalten und zu schaffen. Zur Zukunftssicherung gehört insbesondere – neben der Weiterentwicklung der Rentenversicherung – eine grundlegende Reform der Einkommensbesteuerung....."[1491].

Die Reform der Einkommensbesteuerung war folglich nur ein Bestandteil einer umfassenden Offensive der Bundesregierung, die darauf abzielte, endlich eine wesentliche Verbesserung der wirtschaftlichen Rahmenbedingungen herbeizuführen, um zu einem deutlichen Beschäftigungsaufschwung zu gelangen. Ähnlich wie die Steuerreformen Ende der 80er Jahre, folgte auch der aktuelle Steuerentwurf der Regierung dem Prinzip einer deutlichen Absenkung der Steuertarife bei gleichzeitiger Verbreiterung der Bemessungsgrundlage durch Abbau von Ausnahmevorschriften im Tatbestand des zu versteuernden Einkommens[1492].

1489 Vgl. für das Steuerreformgesetz: 1998 GesEntw BRg, BT-Drs. XIII/7775, GesEntw Fraktionen von CDU/CSU und FDP, BT-Drs. XIII/7242; für das Steuerreformgesetz 1999: GesEntw BRg, BT-Drs. XIII/7917, GesEntw Fraktionen von CDU/CSU und FDP, BT-Drs. XIII/7480.

1490 GesEntw Fraktionen von CDU/CSU und FDP, BT-Drs. XIII/7480, S. 154; GesEntw BRg, BT-Drs. XIII/7917, S. 154.

1491 Vorschläge der Steuerreformkommission, NJW 1997, Beilage Heft 13, 5, 5.

1492 Vgl. nur den GesEntw BRg, BT-Drs. XIII/7917, S. 2.

Ursprünglich getrennt ins parlamentarische Verfahren eingebracht, hatte der Finanzausschuss beide Initiativen in den Beratungen zum Steuerreformgesetz 1999 verbunden und zusammen am 20. Juni 1997 verabschiedet[1493].

Entsprechend ihrem politischen Auftrag hatte die Kommission bewusst darauf verzichtet, Vorschläge zum Abbau von Steuervergünstigungen zu machen, die außerhalb des Einkommensteuerechts lagen, wie z.B. die Bergmannsprämie und die Arbeitnehmer-Sparzulage[1494]. Damit war jedoch ein bedeutender Teil finanzieller staatlicher Vergünstigungen von Anfang an aus der Reformdebatte herausgenommen. Die Ausklammerung bestimmter Bereiche staatlicher Förderung aus der Reformdebatte setzte sich bei Überlegungen zur Wirtschaftsförderung fort. So wollte die Kommission auch keine Vorschläge zur Rückführung der Vergünstigungen nach dem Fördergebietsgesetz machen. Zwar wäre eine Debatte über dieser Förderung nicht unbedingt notwendig gewesen, da diese nach der damaligen Gesetzeslage ohnehin zum Ende des Jahres 1998 ausgelaufen wäre. Allerdings ließ die Kommission auch keinen Zweifel daran, dass gezielte Maßnahmen zur Verbesserung der wirtschaftlichen Situation in den neuen Ländern aufgrund einer im Vergleich zu den westdeutschen Ländern noch über Jahre geringeren Wirtschaftskraft weiterhin notwendig waren[1495].

Obwohl die Steuerinitiative trotz der bereits im Vorfeld getroffenen zahlreichen Einschränkungen immer noch einen erheblichen Abbau von Steuervergünstigungen vorsah, sollte der Gang der ursprünglichen Entwürfe durch das parlamentarische Verfahren zeigen, dass viele Maßnahmen, die auf die Verbreiterung der Bemessungsgrundlage abzielten, nicht oder nur in einer stark abgeschwächten Version Eingang in den eigentlichen Entwurf fanden, über den am 26. Juni 1997 im Parlament abgestimmt wurde. Mit dem Bekenntnis zum Prinzip der Leistungsfähigkeit war nach Auffassung der Reformkommission auch eine deutliche Absage an die Reformmodelle einer sog. konsumorientierten Einkommensbesteuerung erteilt. Zwar fand die Förderung von Sparen und Investieren grundsätzlich auch Zustimmung innerhalb der Kommission, doch sollte dies entsprechend der steuerpolitischen Leitlinie erfolgen, was bei einer konsumorientierten Besteuerung nicht zu machen sei[1496].
Wie groß der Anspruch der Gesetzesvorlagen von Regierung und Koalitionsfraktionen war, das Steuerrecht zu vereinfachen und die Steuerstruktur insgesamt zu verbessern, zeigte sich auch daran, dass eine völlige Neuordnung mit neuer Nummerierung des Einkommensteuergesetzes vorgesehen war. Insbesondere sollten die sogenannten „Buchstabenparagraphen“ entfallen[1497].

[1493] Bericht des Finanzausschusses, BT-Drs. XIII/8023, S. 3.
[1494] Vorschläge der Steuerreformkommission, NJW 1997, Beilage Heft 13, 5, 9.
[1495] Vorschläge der Steuerreformkommission, NJW 1997, Beilage Heft 13, 5, 9; bis Ende 1997 sollten der Bundesminister der Finanzen und der Bundesminister für Wirtschaft ein Konzept über die Weiterführung der Förderung Ost entwickeln.
[1496] Waigel, in: FS Offerhaus, 983, 987; hier findet sich auch eine detaillierte Auflistung der Kritikpunkte, die nach Auffassung der Kommission gegen eine konsumorientierte Einkommensbesteuerung gesprochen hatten; vgl. grundsätzlich zur Konsumbesteuerung und einer umfassenden Gegenüberstellung von einkommens- und konsumorientierter Ausgestaltung des Steuersystems, Rose, StuW 1990, 88.
[1497] GesEntw Fraktionen von CDU/CSU und FDP, BT-Drs. XIII/7480, S. 155; die Buchstabenparagraphen wurden in vielen Kommentaren als nahezu auffälligstes Sinnbild für den systematischen Niedergang der Steuergesetzgebung und der Chaotisierung des Einkommensteuerrechts gesehen. Bezeichnenderweise wurde die Neuord-

Während in der etwa zeitgleich in den Deutschen Bundestag eingebrachten Vorlage für ein Gesetz zur Fortsetzung der Unternehmenssteuerreform ausdrücklich Maßnahmen der Gegenfinanzierung vorgesehen waren, die zu einer vollständigen Aufkommensneutralität führen sollten[1498], beinhalteten die beiden nun eingebrachten Steuerreformgesetze eine Nettoentlastung von Bürgern und der Wirtschaft von immerhin rund 30 Mrd. DM[1499]. Eine teilweise Gegenfinanzierung der Entlastungsmaßnahmen sollte durch eine Umschichtung innerhalb des Steuerrechts erfolgen, durch die der Anteil der konsumabhängigen indirekten Steuern am Gesamtaufkommen verstärkt werden sollte[1500].

Die sich hinter dieser Umschreibung verbergende Frage einer möglichen Mehrwertsteuererhöhung war einer der neuralgischsten Punkte für die bürgerliche Regierung, was maßgeblich auch daran lag, dass die Haltung der Regierung und der Koalition zu einer möglichen Mehrwertsteuererhöhung bis zum Ende des parlamentarischen Verfahrens ausgesprochen unsicher und zweideutig war, wobei eine Erhöhung ohnehin nicht in der aktuellen Steuerinitiative erfolgt wäre, da beide Vorlagen von Beginn an keine Mehrwertsteuererhöhungen vorsahen.

Noch im April des Jahres 1996 hatte der Bundeskanzler eine Mehrwertsteuererhöhung für diese Legislaturperiode kategorisch ausgeschlossen[1501], wobei jedoch schon im Investitionsprogramm der Bundesregierung für Investition und Arbeitsplätze vom 31. Januar 1996 eine „schrittweise Veränderung der Steuerstruktur in Richtung einer Entlastung bei den direkten Steuern und somit eines stärkeren Gewichts bei den indirekten Steuern“ angekündigt worden war[1502]. Ob diese Umschichtung mit einer Erhöhung verbunden sein sollte oder nur mit einer Veränderung des Anteils am Aufkommen, blieb unklar. Allerdings führte auch die Petersberger Kommission die Problematik der „Umschichtung“ schon unter der Überschrift „Finanzierung“[1503].

Auch während der Debatten im Deutschen Bundestag war die Einstellung zur Mehrwertsteuererhöhung bei CDU/CSU und FDP nicht eindeutig bestimmbar[1504]. Der von

---

nung des Einkommensteuerrechts in den Sachverständigenanhörungen abgelehnt, weil diese nur bei einer weitreichenden Systemänderung gerechtfertigt sei, welche aber nicht vorliege, vgl. Bericht des Finanzausschusses, BT-Drs. XIII/8023, S. 20.

1498 Vgl. Kap. 3.3. dieses Hauptkapitels.

1499 Bericht des Finanzausschusses, BT-Drs. XIII/8023, S. 3.

1500 So z.B. GesEntw Fraktionen von CDU/CSU und FDP, BT-Drs. XIII/7480, S. 2.

1501 So der Bundeskanzler in seiner Regierungserklärung für das Programm für mehr Wachstum und Beschäftigung am 26. April 1996 vor dem Deutschen Bundestag, vgl. BT-PlPr. XIII/102, S. 8982 (A).

1502 Vgl. BT-Drs. XIII/3629, S. 3.

1503 Vorschläge der Steuerreformkommission, NJW 1997, Beilage Heft 13, 5, 9.

1504 Der Vorsitzende des Finanzausschusses, Thiele (FDP), sprach noch in seiner Rede während der zweiten Beratung des Gesetzesentwurfs vor dem Deutschen Bundestag am 26. Juni 1997 lediglich abstrakt von der Planung, im Zuge der Steuerreform von direkten auf indirekte Steuern umzuschichten, um im Anschluss daran generell jegliche weitere Steuererhöhung abzulehnen, vgl. BT-PlPr. XIII/184, S. 16534 (A). In der gleichen Debatte räumte der Bundesfinanzminister zwar die Notwendigkeit der Erweiterung der Gegenfinanzierung für 1998 ein, bezog sich dabei aber auf bereits im Finanzausschuss beschlossene Maßnahmen, die hauptsächlich die betriebliche Besteuerung betrafen. Von einer geplanten Mehrwertsteuererhöhung war zu diesem Zeitpunkt allerdings keine Rede, vgl. BT-PlPr. XIII/184, S. 16543 (B). Auch der Vorsitzende der CDU/CSU-Bundestagsfraktion, Schäuble (CDU), sprach nur davon, dass man um ein „Element der Umschichtung zwischen direkten und indirekten Steuern“ nicht herumkomme, vgl. BT-PlPr. XIII/184, S. 16548 (D).

der Opposition von Anfang an gehegte Vorwurf[1505], die Regierung plane eine Erhöhung der indirekten Steuern, wurde durch Vertreter der Regierung erstmals im Laufe des Vermittlungsverfahrens bestätigt. So konkretisierte Bundesfinanzminister Waigel die Vorstellungen der Bundesregierung von einer Umschichtung von direkten zu indirekten Steuern, indem er auf eine Erhöhung der Umsatzsteuer um einen Prozentpunkt verwies.[1506]. Vielfach wurde von Vertretern der Regierungsparteien auch die Hoffnung ausgesprochen, dass sich die Steuerreform durch stimulierende Auswirkungen auf das Wirtschaftswachstum zum Teil selbst finanzieren würde. Ebenso wie in anderen Ländern sollte auch in Deutschland eine deutliche steuerliche Entlastung der Wirtschaft zu mehr Arbeitsplätzen und damit zu mehr Steuereinnahmen führen[1507].

Während der Debatten im parlamentarischen Verfahren wurde immer wieder deutlich, dass die steuerlichen Streitfragen maßgeblich von den verschiedenen wirtschaftlichen Grundauffassungen von Regierung und Opposition geprägt waren. So kritisierte die SPD-Fraktion nicht nur etliche Einzelfragen, sondern machte der Regierung den Vorwurf, dass der Gesetzesentwurf mit angebotsorientierten Maßnahmen einen verfehlten Ansatz verfolge. Das gegenwärtige Problem der Bundesrepublik Deutschland liege in einer schwachen Binnennachfrage, die nur durch eine Stärkung der Kaufkraft breiter Einkommensschichten mit hoher Konsumneigung gesteigert werden könnte. Aus diesem Grunde müssten bei einer Steuerreform Entlastungsmaßnahmen der mittleren und unteren Einkommensschichten im Vordergrund stehen[1508].

Keiner der beiden Reformentwürfe wurde Gesetz, weil das Steuerreformgesetz 1998/1999 am Widerstand der Länder im Bundesrat scheiterte und im Vermittlungsausschuss kein tragfähiger Kompromiss gefunden werden konnte.
Der Bundesrat lehnte beide Gesetzesentwürfe mit der gleichen Begründung wie die Opposition im Bundestag[1509] zum ersten Mal ab, da sie finanzpolitisch unsolide, sozial unausgewogen und wirtschaftspolitisch verfehlt seien[1510]. Deshalb wäre das Gesetz nicht geeignet, die Arbeitslosigkeit zu bekämpfen. Des Weiteren wies der Bundesrat darauf hin, dass er eine Senkung der Lohnnebenkosten, finanziert durch einen Einstieg in eine ökologische Steuerreform, spätestens zum 1. Januar 1998 für notwendig erachte. Weiterhin sei zur Stärkung der Binnennachfrage insbesondere eine Entlastung bei den unteren und mittleren Einkommen vorzunehmen, der Gesetzesbeschluss hingegen entlaste aber überproportional höhere Einkommen[1511]. Die Steuerausfälle durch das Steuerreformgesetz seien für die öffentlichen Haushalte nicht zu verkraften. Zwar gäbe es Andeutungen zur Gegenfinanzierung in Form einer Mehrwertsteuererhöhung, die

---

[1505] Vgl. nur die Rede des Abgeordneten von Larcher (SPD) während der zweiten Beratung des Steuerreformgesetzes 1999 am 26. Juni vor dem Deutschen Bundestag, BT-PlPr. XIII/187, S. 16527 (C).
[1506] Vgl. BT-PlPr. XIII/186, S. 16838 (C).
[1507] So der baden-württembergische Finanzminister, Meyer-Vorfelder (CDU), in der Bundesratssitzung vom 04. Juli 1997, vgl. BR-PlPr. 1997/714 S. 271 (D); in diesem Sinne äußerten sich auch schon bereits in den Bundestagsdebatten der Bundesfinanzminister, vgl. dessen Rede während der ersten Beratung der Regierungsvorlage für ein Steuerreformgesetz 1999 am 25. April 1997 vor dem Deutschen Bundestag, vgl. BT-PlPr. XIII/173, 15559 (A).
[1508] Bericht des Finanzausschusses, BT-Drs. XIII/8023, S. 19.
[1509] Bericht des Finanzausschusses, BT-Drs. XIII/8020, S. 37.
[1510] Beschluss BR, BR-Drs. 479/97, S. 1.
[1511] Beschluss BR, BR-Drs. 479/97, S. 1.

aber nicht konkret genug seien[1512]. Schließlich sei das Steuerreformgesetz 1998 abzulehnen, weil es eine Erhöhung des Umsatzsteueranteils des Bundes zu Lasten der Länder vorsehe[1513].

Im Vermittlungsverfahren schließlich ersetzte die Opposition kraft ihrer Mehrheit im Bundesrat den Gesetzesentwurf der Regierung und der Koalitionsfraktionen gänzlich durch ein eigenes Konzept, welches im Grundsatz dem entsprach, was sie in der Regierungsverantwortung in der vierzehnten Legislaturperiode durchsetzen sollte[1514]. Dieser vollständige Austausch der Gesetzesvorhaben durch die Opposition im Bundesrat zeigt, dass eine Einigung über die Steuerreform der Koalition von Anfang an nicht gewollt war. Desavouierend war in diesem Zusammenhang die Aussage des Sprechers der Fraktion von Bündnis 90/Die Grünen, Fischer[1515], der davon sprach, dass der Einigungsversuch zur großen Steuerreform auch in der zweiten Runde im Vermittlungsausschuss gescheitert sei[1516].

Der vollständige Bruch mit dem ursprünglichen Gesetzesvorhaben zeigt sich schon bei der vorgenommenen Titeländerung. Der nach der Vorstellung der Mehrheit des Vermittlungsausschusses zu verabschiedende Entwurf sollte in „Gesetz zur Senkung der Lohnnebenkosten" umbenannt werden[1517]. Inhaltlich sah die Beschlussempfehlung eine Reduzierung der Beiträge zur Arbeitslosen- und Rentenversicherung vor, um die Kosten für die Schaffung von Arbeitsplätzen zu verringern[1518]. Konkret sah der Oppositionsvorschlag seinerseits im wesentlichen vor, die Sozialabgaben zum 01. Oktober 1997 um zwei Beitragspunkte in Höhe von rd. 30 Mrd. DM zu senken, sowie Arbeitnehmer und Familien durch eine Erhöhung des steuerlichen Grundfreibetrages auf 14 000DM/ 28 000 DM durch eine Senkung des Eingangssteuersatzes auf 15 v.H. sowie durch eine Erhöhung des Kindergeldes zu entlasten[1519].

Allerdings sah das Konzept auch deutliche Maßnahmen zur Gegenfinanzierung der Abgabenreform vor. So sollte der Energieverbrauch deutlich verteuert werden, um die Absenkung der Lohnnebenkosten zu finanzieren. Außerdem sollte sowohl die Mehrwertsteuer erhöht werden, als auch die erst ab 1997 abgeschaffte Vermögensteuer auf Privatvermögen wieder eingeführt werden[1520]. Den Schwerpunkt der Gegenfinanzierungsmaßnahmen bildete jedoch die Beseitigung ungerechtfertigter steuerlicher Vergünstigungen und Sonderregelungen. Insbesondere sollten die im internationalen Vergleich als beispiellos empfundenen Gestaltungsmöglichkeiten der Unternehmen bei der Gewinnermittlung auf internationale Standards begrenzt werden[1521].

1512 Beschluss BR, BR-Drs. 479/97, S. 2.
1513 Beschluss BR, BR-Drs. 479/97, S. 2.
1514 Vgl. Kap. XII. dieser Arbeit.
1515 Joseph Fischer, geb. am 12. April 1948, 1968-1975 aktives Mitglied des militanten Teils der Studentenbewegung, seit 1982 Mitglied der GRÜNEN, 1985-1987 hessischer Staatsminister für Umwelt und Energie, 1991-1994 hessischer Staatsminister für Umwelt, 1994-1998 Fraktionssprecher von Bündnis 90/Die Grünen, seit 1998 Außenminister.
1516 Vgl. BT-PlPr. XIII/195, S. 17589 (A).
1517 Beschlussempfehlung des Vermittlungsausschusses, BT-Drs. XIII/8327.
1518 Beschlussempfehlung des Vermittlungsausschusses, BT-Drs. XIII/8327.
1519 Bericht des Finanzausschusses, BT-Drs. XIII/8020, S. 38.
1520 Bericht des Finanzausschusses, BT-Drs. XIII/8020, S. 40.
1521 Bericht des Finanzausschusses, BT-Drs. XIII/8020, S. 40.

Erstaunlich auch, dass die Opposition die Erhöhung der Mehrwertsteuer nun als sinnvolle Maßnahme erachtete, während sie diese im Finanzausschuss und in den Bundestagsdebatten noch so vehement abgelehnt hatte. Der Vorsitzende der SPD-Bundestagsfraktion, Scharping, ließ noch in der Beratung zum zweiten Vorschlag des Vermittlungsausschusses die Frage der Mehrwertsteuererhöhung gänzlich außer Acht und beschränkte sich auf die Aussage, dass eine Senkung der Lohnnebenkosten durch eine Verteuerung der Ressourcen erfolgen sollte[1522], womit er offensichtlich auf die Erhöhung der Mineralölsteuer anspielte.

3.5.1. Tarifabsenkungen bei der Einkommen- und Körperschaftsteuer

Parallel zu der großen Steuerreform durch das Steuerreformgesetz 1990 bestand eine der wichtigsten Einzelmaßnahmen der beiden aktuellen Steuerinitiativen darin, eine Neugestaltung des Einkommensteuertarifs auf einem doch deutlich abgesenktem Niveau vorzunehmen. Für die durch die Bundesregierung eingesetzte Kommission war die Frage der Absenkung der Steuertarife der entscheidende Dreh- und Angelpunkt für eine durchgreifende Reform mit Vereinfachungswirkung, um für die notwendige Akzeptanz in Wirtschaft und Bevölkerung zu sorgen. Nur auf diesem Weg könne der erforderliche Freiraum für einen Verzicht auf Steuervergünstigungen und Sonderregelungen geschaffen werden, hieß es[1523].

Der neu gestaltete Tarif sollte entsprechend den Kommissionsvorschlägen nach einem Grundfreibetrag in Höhe von 13 000 DM/26 000 DM (Alleinstehende/Verheiratete) mit einem Eingangssteuersatz von 15 v.H. bei steuerpflichtigem Einkommen bis 18 000 DM/36 000 DM beginnen. Danach sollte sich ein linear-progressiver Tarifverlauf anschließen, beginnend mit 22, 5 v.H. bis zu einem Höchstsatz von 39 v.H. bei steuerpflichtigem Einkommen ab 90 000 DM/180 000 DM[1524]. Der Höchstsatz für gewerbliche Einkünfte sollte von 47 v.H. durch das Steuerreformgesetz 1998 auf 40 v.H. ab dem Jahr 1998, durch das Steuerreformgesetz 1999 ab dem Jahre 1999 auf 35 v.H. begrenzt werden. Von der Steuerreformkommission war auch die Einführung eines Stufentarifs diskutiert worden, der aufgrund seiner progressiven Ausgestaltung ebenfalls dem Prinzip der Besteuerung nach der Leistungsfähigkeit entsprochen hätte. Nach einer sorgfältigen Abwägung der Vor- und Nachteile plädierte die Kommission jedoch, allerdings erst in der letzten Sitzung auf dem Petersberg am 22. Januar 1997, für einen linear-progressiven Tarif[1525].

Die Opposition kritisierte, dass der neue Tarif immer noch den wegen seiner Höhe von 13 000 DM verfassungsrechtlich bedenklichen Grundfreibetrag enthalte[1526], wobei dieser Grundfreibetrag dem Kompromiss entsprach, dem die SPD selbst im Vermittlungsausschuss beim Jahressteuergesetz 1996 ausdrücklich zugestimmt hatte[1527].

[1522] Vgl. BT-PlPr. XIII/195, S. 17582 (B).
[1523] Vorschläge der Steuerreformkommission, NJW 1997, Beilage Heft 13, 5, 5.
[1524] GesEntw, BT-Drs. XIII/7480, S. 154.
[1525] Waigel, in: FS Offerhaus, 983, 990; vorgestellt wird eine Auflistung der Argumente, die gegenübergestellt worden waren.
[1526] Bericht des Finanzausschusses, BT-Drs. XIII/8023, S. 19.
[1527] Vgl. Kap. 3.1.1. dieses Hauptteils.

Parallel zur Absenkung der tariflichen Belastung in der Einkommensteuer war auch eine Senkung der Steuersätze innerhalb des Körperschaftsteuergesetzes geplant[1528]. Der Körperschaftsteuersatz für einbehaltene Gewinne sollte durch das Steuerreformgesetz 1998 von 45 v.H. ab dem Jahre 1998 auf 40 v.H., durch das Steuerreformgesetz 1999 ab dem Jahre 1999 auf 35 v.H. abgesenkt werden, der ermäßigte Körperschaftsteuersatz sollte von 42 v.H. auf 37 v.H. und dann schließlich auf 32 v.H. abgesenkt werden. Der Körperschaftsteuersatz für ausgeschüttete Gewinne sollte für das Jahr 1998 28 v.H., für das Jahr 1999 dann schließlich nur noch 25 v.H. betragen.

Anders als bei der Einkommensteuer, bei deren Reformbemühungen für die christlich-liberale Regierung stets auch das steuersystematische Argument der Belastungsgerechtigkeit eine Rolle gespielt hatte, begründete die Kommission die deutliche Absenkung der Körperschaftstarife insbesondere mit wirtschafts- und konjunkturpolitischen Argumenten. Im Vordergrund stand dabei vor allem die internationale Verflechtung der deutschen Wirtschaft. Zum einen waren die nominell hohen Steuersätze für die Kommission ein psychologisches Problem, das ausländische Investoren vor allem in Verbindung mit der Gewerbesteuer davon abhielt, Investitionen in Deutschland zu tätigen. Zum anderen ging es um die Überlegung, dass international operierende Kapitalgesellschaften einen Großteil ihrer Erträge im Ausland erwirtschafteten und somit von der deutschen Steuer unbelastet blieben[1529].

Mit der Ausgestaltung der neuen Tarife im Einkommen- und Körperschaftsteuerrecht, die unverändert in die Regierungs- und Koalitionsentwürfe übernommen worden waren, hoffte die Reformkommission gleichzeitig eines der größten Probleme der Tarifgestaltung dieser Steuerarten gelöst zu haben. Um eine möglichst umfassende Rechtsform- und Finanzierungsneutralität zu gewährleisten, durfte angesichts der Tatsache, dass neun von zehn Unternehmen in der Bundesrepublik Deutschland Personengesellschaften waren, der Höchststeuersatz für gewerbliche Einkünfte im Rahmen der Einkommensteuer nicht über dem Körperschaftsteuersatz für ausgeschüttete Gewinne liegen. Gleichzeitig durfte innerhalb der Einkommensteuer aufgrund ihres Charakters als Einheitssteuer das Verhältnis der verschiedenen Einkunftsarten nicht aus den Augen verloren werden. Das grundsätzliche Problem der Spreizung der Steuersätze innerhalb der Einkunftsarten hatte sich durch die weitere Verringerung der Gewerbesteuerbelastung, die als Sonderbelastung für gewerbliche Einkünfte als Legitimation für die Spreizung angeführt wurde[1530], aufgrund des Gesetzes zur Fortsetzung der Unternehmenssteuerreform noch weiter verstärkt.

Da eine generelle Vereinheitlichung des Einkommensteuersatzes auf 35 v.H. aber aus fiskalischen Gründen ausschied, erschien eine Spreizung von insgesamt 4 Prozentpunkten vertretbar, da schließlich die ursprüngliche Spreizung von sechs Prozentpunkten seit dem Standortsicherungsgesetz vom 13. September 1993 sogar verringert wurde[1531].

[1528] GesEntw BT-Drs. XIII/7917, siehe 7480, S. 155.
[1529] Vorschläge der Steuerreformkommission, NJW 1997, Beilage Heft 13, 5, 5.
[1530] Vgl. Kap. VII. 4.6.2.
[1531] Waigel, in: FS Offerhaus, 983, 990.

3.5.2. Abschaffung des Solidaritätszuschlages

Nachdem der erste Versuch der schwarz-gelben Regierung einer Rückführung des Solidaritätszuschlages während des parlamentarischen Verfahrens zum Jahressteuergesetz 1997 am Widerstand aus den eigenen Reihen im Finanzausschuss gescheitert war[1532], wollte die Bundesregierung erneut einen Versuch unternehmen, die Sonderabgabe, wie angekündigt, nicht zu einem Dauerfinanzierungsmittel des Staats zu machen[1533]. Als erster konkreter Schritt war eine Absenkung des Solidaritätszuschlages von damals 7, 5 v.H. auf 5, 5 v.H. zum 01. Januar 1998 angedacht.

Allerdings gingen bereits die weiteren Absenkungspläne, die in der Tendenz grundsätzlich weitergehend und radikaler waren, als die, die sich später konkret in der Regierungsvorlage wiederfanden, nicht über bloße Absichtserklärungen hinaus. Eine so schnell wie möglich erfolgende stufenweise Rückführung des Solidaritätszuschlages mit einer gänzlichen Abschaffung sei zwar wünschenswert, so hieß es, ein vollständiger Wegfall zum 01. Januar 1999 aber gleichzeitig mit der Nettoentlastung durch die Einkommen- und Körperschaftsteuerreform für die öffentlichen Haushalte nicht vertretbar[1534].

3.5.3 Verbreiterung der Bemessungsgrundlage

Die Gesetzesentwürfe der Bundesregierung waren mit dem Anspruch ins parlamentarische Verfahren eingebracht worden, die Bemessungsgrundlage der Einkommensteuer deutlich zu verbreitern. Durch den Abbau von Vergünstigungen und Sonderregelungen sollten alle punktuell belastet werden; Arbeitnehmer, Selbstständige, Gewerbetreibende, Land- und Forstwirte ebenso wie die Wohnungswirtschaft und die Kapitalbesitzer[1535]. Dies entsprach der Mängelanalyse der Reformkommission, die im Bezug auf die Bereinigung der Bemessungsgrundlage festgestellt hatte, dass nur ein radikaler Schnitt die Akzeptanz der Einkommensbesteuerung wieder herstellen könne[1536]. Allerdings gab es für die Regierung selbst in den eigenen Reihen keine einheitliche Linie zur Umsetzung dieser Reformvorschläge.

So kam es insbesondere im Finanzausschuss aufgrund der Intervention der Regierungsparteien, teilweise auch auf Vorschlag angehörter anderer Ausschüsse, zu einer Aufweichung des selbst anvisierten Ziels einer konsequenten Verbreiterung der Bemessungsgrundlage. Interessanterweise wurde der Vorwurf der „Verwässerung“ der „Petersberger Beschlüsse“ auch von der Opposition erhoben[1537], die ebenfalls viele Punkte des Gesetzespaketes nicht umgesetzt hätte, sofern sie in der Mehrheit gewesen wäre. Rückendeckung für die Abweichungen vom Ausgangsentwurf durch die Parlamentarier gab insofern erneut die Reformkommission, die, trotz des von ihr selbst geforderten radikalen Schnitts, einen vollständigen Abbau aller Sonderregelungen ablehnte, weil man das Auftreten wirtschaftlicher Störungen vermeiden wollte und

[1532] Vgl. Kap. 3.2.1. dieses Hauptteils.
[1533] Vgl. Kap. VII. 4.3. und 4.5.4.
[1534] Vorschläge der Steuerreformkommission, NJW 1997, Beilage Heft 13, 5, 6.
[1535] GesEntw Fraktionen von CDU/CSU und FDP, BT-Drs. XIII/7480, S. 155.
[1536] Vorschläge der Steuerreformkommission, NJW 1997, Beilage Heft 13, 5, 6.
[1537] Bericht des Finanzausschusses, BT-Drs. XIII/8023, S. 19.

Mehrbelastungen bei bestimmten Gruppen befürchtete[1538]. Damit trug aber das Reformvorhaben von Anfang an den Ansatzpunkt und den Spielraum in sich, den die Kommission durch ihre eigene Argumentation eröffnet hatte, für die unterschiedlichsten Interessengruppen, sowohl auf Partei- als auch auf Verbandsseite, auf mögliche Änderungen und Aufweichungen hinzuwirken.

Beispielhaft hierfür waren die Einlassungen der mitangehörten Ausschüsse. Diese verliefen überwiegend nach dem gleichen Schema. Erst folgte eine kurze Ausführung, warum die Initiative der Bundesregierung zur Verbesserung der Besteuerung insbesondere der Einkommensteuer grundsätzlich richtig und wichtig sei, nur um dann im folgenden zu begründen, warum das eigene Interessenklientel von den geplanten Maßnahmen auf jeden Fall ausgenommen werden müsse[1539].

3.5.3.1. Unselbstständige Tätigkeit/Arbeitnehmerbereich

Einer der wesentlichsten Änderungen des Gesetzesentwurfs, die der Finanzausschuss vornahm, war die Stufenlösung im Hinblick auf die Abschaffung der Steuerfreiheit von Zuschlägen für Sonntags-, Nacht- und Feiertagsarbeit. Im Gesetzesentwurf des Steuerreformgesetzes 1999, mit dem die Bundesregierung nach dem Steuerreformgesetz 1990 erneut versucht hatte, dieses steuerrechtliche Problem zu lösen, war noch die vollständige Abschaffung der Steuerfreiheit bereits für das Jahr 1999 vorgesehen[1540], während nach den Vorstellungen des Finanzausschusses die Steuerbefreiungen für alle der genannten Zuschläge, erst zum Jahre 2003 auslaufen sollten[1541].

Bei Zuschlägen für Sonntagsarbeit, die nach der damaligen Gesetzeslage zu 50 v.H. des Grundlohns steuerfrei blieben, erfolgte die Absenkung der Steuerfreiheit in den Jahren 1999 und 2000 auf 40 v.H. und in den Jahren 2001 und 2002 auf 20 v.H. des Grundlohns. Zuschläge für Feiertagsarbeit, die derzeit zu 125 v.H. des Grundlohns steuerfrei waren, sollten in den Jahren 1999 und 2000 zu 100 v.H. und in den Jahren 2001 und 2002 zu 50 v.H. steuerfrei bleiben. Bei Zuschlägen für Nachtarbeit, die nach der aktuellen Gesetzeslage bis zu 25 v.H. des Grundlohns steuerfrei blieben, sollte die Steuerfreiheit in den Jahren 1999 und 2000 auf 20 v.H. und auf 10 v.H. in den Jahren 2001 und 2002 gesenkt werden[1542].

Grundsätzlich herrschte im Regierungslager Einigkeit darüber, dass die bisherige Steuerfreiheit der Zuschläge nicht weiter aufrecht erhalten werden konnte, weil sie mit den Prinzipien der Besteuerung nach der Leistungsfähigkeit und der steuerlichen Gleichbehandlung unvereinbar waren. Es sei nicht Aufgabe des Gesetzgebers, einen möglicherweise durch ungünstige Arbeitszeiten durchaus gerechtfertigten Lohnzuschlag durch die Allgemeinheit subventionieren zu lassen. Trotzdem wurde darauf hingewiesen, dass die Stufenlösung einen schonenden Übergang zur Steuerpflichtig-

---

[1538] Vorschläge der Steuerreformkommission, NJW 1997, Beilage Heft 13, 5, 6.

[1539] Vgl. Bericht des Finanzausschusses, BT-Drs. XIII/8023, S. 8 ff; siehe insbesondere die Ausschüsse für Ernährung, Landwirtschaft und Forsten, für Arbeit und Sozialordnung sowie die Ausschüsse für Verkehr und für Raumordnung, Bauwesen und Städtebau.

[1540] GesEntw BRg, BT-Drs. XIII/7480, S. 186.

[1541] Bericht des Finanzausschusses, BT-Drs. XIII/8023, S. 21.

[1542] Bericht des Finanzausschusses, BT-Drs. XIII/8023, S. 21.

keit ermöglichen solle, da die bisherige Steuerbefreiung ein solches Gewicht habe und alles andere als eine Stufenlösung nicht angemessen sei[1543].
Die Oppositionsparteien von SPD, PDS und Bündnis 90/Die Grünen lehnten diese Abschaffung der Steuerfreiheit, unabhängig davon, ob mit sofortiger Wirkung oder mehreren Schritten, durchweg ab, weil sie die Maßnahme als einseitige Belastung der Arbeitnehmerschaft verstanden. Befürchtet wurde, dass eine Verbreiterung der Bemessungsgrundlage nur zu Lasten der Lohnsteuerpflichtigen gehe, während der Gesetzesentwurf bei anderen Einkünften erhebliche Besteuerungslücken beibehalte. Schließlich sei zur Zeit kein Spielraum für Tarifanpassungen vorhanden und eine Besteuerung der Schichtzuschläge führe zu einer Erhöhung der Lohnnebenkosten[1544]. Interessanterweise vertrat aber keine der Oppositionsparteien, wie bei früheren Reformvorhaben[1545], die grundsätzliche Rechtfertigung der Steuerbefreiungen für Schichtzuschläge unter dem Gesichtspunkt der sozialen Gerechtigkeit. Es wurden lediglich insoweit Aspekte der Besteuerungsgerechtigkeit angeführt, als dass die Arbeitnehmerschaft als einzige Gruppe den Abbau von Besteuerungslücken zu tragen habe.

Gänzlich beibehalten wurde vom Finanzausschuss auch die Steuerfreiheit für sog. Lohnersatzleistungen nach § 3 Abs. 1 und Abs. 2 EStG, die nach der ursprünglichen Regierungsvorlage auf 50 v.H. begrenzt werden sollte bei gleichzeitiger Herausnahme dieser Leistungen aus dem Progressionsvorbehalt gem. § 32b EStG. Die Begrenzung der Steuerfreiheit trug dem Umstand Rechnung, dass die Leistungsansprüche regelmäßig zur Hälfte auf Beiträgen beruhten, die von den Leistungsberechtigten nicht aus versteuertem Einkommen aufgebracht worden waren[1546]. Einstimmig hatte der Ausschuss auf diese Maßnahme aus dem Regierungsentwurf verzichtet. Zwar hätte sich aus einer hälftigen Besteuerung bei gleichzeitiger Herausnahme aus dem Progressionsvorbehalt der genannten Bezüge für die betroffenen Arbeitnehmer insgesamt eine Entlastung von rd. 250 Mio. DM ergeben. Dieser Betrag stellte sich aber als Saldo aus Mehrbelastungen und Entlastungen verschiedener Fallgruppen dar, so dass eine kurzfristige Analyse der Auswirkungen der geplanten Maßnahmen im Detail nicht zu machen war. Aus diesem Grund schlossen sich die Unionsfraktionen der Auffassung der SPD an, die die Beibehaltung der Steuerfreiheit für die Lohnzuschläge bereits in ihrem Programm vom 26. Mai 1997 gefordert hatte[1547].

Nicht durchsetzen konnte sich die Opposition jedoch mit der Beibehaltung der Freibeträge für Abfindungen von Arbeitnehmern, da die Regierungsfraktionen im Finanzausschuss einen gegensätzlichen Kurs vertraten, obwohl auch der in den eingebrachten Gesetzesentwürfen eingeschlagene Weg der gänzlichen Abschaffung dieser Freibeträge nicht fortgesetzt wurde. Im Regierungsentwurf wurde die Abschaffung der Freibeträge damit begründet, dass eine Entschädigung für die Entlassung eines Arbeitnehmers ebenso wie die Lohnzahlung in einem bestehenden Arbeitsverhältnis eine entsprechende Leistungsfähigkeit des Empfängers begründe und Abfindungsfreibeträge

[1543] Bericht des Finanzausschusses, BT-Drs. XIII/8023, S. 21.
[1544] Bericht des Finanzausschusses, BT-Drs. XIII/8023, S. 22.
[1545] Vgl. nur die Debatten zum Steuerreformgesetz 1990, Kap. V. 3.2.1.3.
[1546] GesEntw Fraktionen von CDU/CSU und FDP, BT-Drs. XIII/7480, S. 187.
[1547] Bericht des Finanzausschusses, BT-Drs. XIII/8023, S. 20.

somit gegen den Grundsatz der Besteuerung nach der Leistungsfähigkeit verstießen[1548].
Daraufhin wählte der Finanzausschuss einen Mittelweg, indem die Freibeträge für Abfindungen bis 36 000 DM halbiert wurden, während gleichzeitig eine Auslaufgrenze eingeführt wurde, um die Steuerentlastung ab einer Abfindungshöhe von 50 000 DM allmählich abzubauen. Damit sollte sichergestellt werden, dass bei hohen Abfindungen, die z.T. Millionenhöhe erreichten, keine Freibeträge mehr gewährt wurden, gleichzeitig aber kleinere Abfindungen begünstigt wurden[1549].

Unverändert aus der Gesetzesvorlage übernommen hatte der Finanzausschuss das Absenken des Arbeitnehmerpauschbetrages auf 1 300 DM bei gleichzeitiger Einführung einer verkehrsmittelunabhängigen Entfernungspauschale für Fahrten zwischen Wohnung und Arbeitsstätte. Das Absenken des Pauschbetrages sollte dem Umstand gerecht werden, dass Fahrtkosten, die bisher im alten Pauschbetrag enthalten gewesen waren, nun gesondert durch eine neue Entfernungspauschale berücksichtigt wurden[1550]. Angesichts der gesonderten Verrechnung der Entfernungspauschale sei der neue Arbeitnehmerpauschbetrag immer noch großzügig bemessen[1551], da bei der überwiegenden Mehrheit der Arbeitnehmer die tatsächlichen Werbungskosten den Betrag von 1 300 DM nicht überschritten[1552].
Die Einführung einer Entfernungspauschale ging auf eine Aufforderung des Deutschen Bundestages an die Bundesregierung bei der Verabschiedung des Jahressteuergesetzes 1996 zurück, zu prüfen, ob die allein auf den Individualverkehr abgestellte Kilometerpauschale in eine Entfernungspauschale umgewandelt werden könnte[1553]. Aufgrund der Geltendmachung der tatsächlich entstanden Fahrtkosten bei der Inanspruchnahme öffentlicher Verkehrsmittel, während bei Nutzung des eigenen Kraftfahrzeuges eine Kilometerpauschale von 0, 70 DM zu berücksichtigen war, galt die alte Regelung als Anreiz, den Weg zwischen Wohnung und Arbeitsstätte mit dem eigenen Kraftfahrzeug zurück zu legen[1554].

Die neue verkehrsmittelunabhängige Entfernungspauschale von 0, 40 DM sollte demgegenüber Umweltgesichtspunkten Rechnung tragen, weil durch sie die Benutzung von Kraftfahrzeugen nicht gefördert wurde[1555]. Allerdings galt diese neue Regelung erst ab einer Entfernung von über 15 Kilometern, da ein Arbeitsweg bis zu dieser Länge angesichts der vorherrschenden Siedlungs- und Verkehrsstruktur als normal angesehen werden konnte[1556]. Deshalb lehnte der Finanzausschuss auch einen Antrag der SPD, die im Gesetzesentwurf vorgesehene Streichung der Steuerfreiheit für Zuschüsse des Arbeitgebers für Fahrten zwischen Wohnung und Arbeitsstätte aufzuheben, ab[1557].

1548 GesEntw Fraktionen von CDU/CSU und FDP, BT-Drs. XIII/7480, S. 190.
1549 Bericht des Finanzausschusses, BT-Drs. XIII/8023, S. 21.
1550 GesEntw Fraktionen von CDU/CSU und FDP, BT-Drs. XIII/7480, S. 197.
1551 Bericht des Finanzausschusses, BT-Drs. XIII/8023, S. 23.
1552 GesEntw Fraktionen von CDU/CSU und FDP, BT-Drs. XIII/7480, S. 197.
1553 GesEntw Fraktionen von CDU/CSU und FDP, BT-Drs. XIII/7480. S. 196.
1554 GesEntw Fraktionen von CDU/CSU und FDP, BT-Drs. XIII/7480, S. 196.
1555 GesEntw Fraktionen von CDU/CSU und FDP, BT-Drs. XIII/7480, S. 196.
1556 GesEntw Fraktionen von CDU/CSU und FDP, BT-Drs. XIII/7480, S. 196.
1557 Bericht des Finanzausschusses, BT-Drs. XIII/8023, S. 22.

3.5.3.2. Besteuerung privater Veräußerungsgewinne

Eine weitere Änderung des ursprünglichen Gesetzesentwurfs nahm der Finanzausschuss bei der Frage der Spekulationsfrist für die Besteuerung privater Veräußerungsgewinne vor. Ursprünglich war in der Regierungsvorlage vorgesehen, dass sich die Spekulationsfrist bei der Veräußerung von Gebäuden im Privatbesitz auf zehn Jahre verlängerte, wobei auch selbstgenutztes Wohneigentum mit einbezogen wurde[1558]. Hierzu hatte bereits der Ausschuss für Raumordnung, Bauwesen und Städtebau in einem Antrag dem federführenden Finanzausschuss empfohlen, die Spekulationsfrist für die Veräußerung von Grundstücken aus dem Privatbesitz lediglich zu verdoppeln, also auf vier Jahre auszudehnen und Erlöse aus der Veräußerung von selbstgenutztem Wohneigentum gänzlich von der Besteuerung auszunehmen[1559].

In der ursprünglichen Gesetzesvorlage war die Verlängerung der Spekulationsfrist von Regierung und Koalitionsfraktionen nicht begründet worden. Vielmehr wurde ausdrücklich darauf hingewiesen, dass von dem umfassenderen Vorschlag der Steuerreformkommission, private Gewinne durch Grundstücksveräußerungen generell in die Besteuerung einzubeziehen, abgesehen worden war. Obwohl es bei Investitionen in Grundstücke in der Regel um eine langfristige Anlage gehe, sei eine Verlängerung der Spekulationsfrist auf zehn Jahre ausreichend. Schließlich falle somit auch eine Fülle von Rechtsproblemen weg, die Finanzverwaltung und Rechtsprechung in den letzten Jahren beschäftigt hätten, wie beispielsweise die „Drei-Objekte-Formel" bei der Abgrenzung von gewerblichem zu privatem Grundstückshandel[1560].

Schon die Reformkommission und ihr folgend die Bundesregierung verstanden daher die bisherige Ausklammerung privater Veräußerungsgewinne als eine Steuersubvention bzw. einen Sondertatbestand, denn nicht die Verlängerung der Spekulationsfrist auf zehn Jahre wurde begründet, sondern vielmehr, warum künftig nicht grundsätzlich alle privaten Veräußerungsgewinne durch Grundstückskauf steuerlich erfasst werden sollten[1561].

Damit kündigte sich ein grundsätzlicher Paradigmenwechsel im deutschen Steuerrecht an, denn mit dieser Auffassung wäre der Gesetzgeber doch deutlich vom sog. „dualen System", also der prinzipiellen Erfassung aller betrieblicher Veräußerungseinkünfte und der prinzipiellen Nichterfassung privater Veräußerungsgeschäfte[1562], abgewichen. Allerdings darf diese Entwicklung nicht überbewertet werden, hatte sich doch die Reformkommission bei der Frage der Anzahl der Einkunftsarten im Rahmen der Einkommensteuer[1563] deutlich für die Beibehaltung des Dualismus der Gewinn- und Überschusseinkünfte ausgesprochen, um einen starken Bruch gegenüber dem geltenden

[1558] GesEntw BRg, BT-Drs. XIII/7480, S. 196.
[1559] Bericht des Finanzausschusses, BT-Drs. XIII/8023, S. 14.
[1560] GesEntw BRg, BT-Drs. XIII/7480, S. 198.
[1561] Die Steuerreformkommission sprach sich gegen eine generelle Besteuerung der Gewinne aus Grundstücks- und Wertpapierveräußerungen aus, um insbesondere den Finanzplatz Deutschland nicht übermäßig zu belasten, Vorschläge der Steuerreformkommission, NJW 1997, Beilage Heft 13, 5, 8.
[1562] Tipke/Lang, § 9, Rz. 597.
[1563] Diskutiert wurde, ob man den Steuervorschlägen von Kirchhof (57. Deutscher Juristentag) sowie Lang (Entwurf eines Steuergesetzbuches, Schriftenreihe des BMF, Heft 49, Rz. 501 ff.) folgt und die Einkunftsarten auf zwei bzw. drei reduziert, vgl. hierzu Waigel, in: FS Offerhaus, 983, 987.

Einkommensteuerrecht zu vermeiden und die Akzeptanz der Reform nicht zu gefährden[1564].

Weiterhin erhöhte der Finanzausschuss die lineare Abschreibung bei Mietwohnungsneubauten von 2 v.H. auf 3 v.H.[1565]. Damit folgte der Finanzausschuss dem Votum des mitangehörten Ausschusses für Raumordnung, Bauwesen und Städtebau, der eine Gleichbehandlung von Wohnungs- und Gewerbebauten gefordert hatte. Diese schien gerechtfertigt, obwohl Wohngebäude deutlich länger genutzt wurden, aber im Vergleich zu Gewerbebauten deutlich unrentabler waren . Zwar führe eine moderatere Verringerung der Abschreibungen zu Steuermindereinnahmen von etwa 600 Mio. DM, so der Finanzausschuss, dies löse allerdings durch die positiven baukonjunkturellen und beschäftigungspolitischen Wirkungen gleichzeitig einen Selbstfinanzierungseffekt aus[1566].

3.5.3.3. Einkünfte aus betrieblicher Tätigkeit

Auch im betrieblichen Bereich wollte die Bundesregierung eine Verbreiterung der Bemessungsgrundlage vornehmen. Im Zentrum der Reform der Besteuerung betrieblicher Gewinne stand dabei die unter der Überschrift „Objektivierung der Gewinnermittlung" laufende, folgenschwere Feststellung der Steuerreformkommission, dass das Leistungsfähigkeitsprinzip eine weitergehende als die bisher übliche Abweichung des Steuerrechts von den handelsrechtlichen Rechnungslegungsvorschriften gebiete, um insbesondere die Bildung von umfangreichen stillen Reserven zu vermeiden sowie eine bessere Erfassung der tatsächlichen Gewinne sicherzustellen[1567].

Die wesentlichsten Vorschläge der Kommission, die zu der geforderten Objektivierung beitragen sollten und auch von den Regierungsentwürfen übernommen worden waren, war die Einführung eines Wertaufholungsgebotes gem. § 6 Abs. 1 Nr. 1 S. 4, Nr. 2 S. 3 EStG, die Einführung eines Verbotes für die Bildung von Drohverlustrückstellungen gem. § 6 Abs. 1 Nr. 3 EStG, eine realitätsnähere Bewertung der Schadensrückstellung für noch nicht abgewickelte Geschäfte gem. § 341g HGB sowie die gänzliche Streichung des Importwarenabschlags gem. § 80 EStDV[1568]. Schon nach Veröffentlichung der „Petersberger Beschlüsse" äußerten nicht nur Vertreter von Wirtschaftsinteressen sondern auch Steuerrechtler aus der Wissenschaft Missfallen an den geplanten Vorhaben. Im Mittelpunkt der Kritik stand vor allem die unter Aufgabe des Maßgeblichkeitsprinzips vorgenommene Einschränkung der Bildung von steuerrelevanten Rückstellungen für Drohverluste[1569].

Auch der vom Finanzausschuss mitangehörte Rechtsausschuss äußerte bereits während der Beratungen zum Jahressteuergesetz 1998 einstimmig rechtspolitische Bedenken gegen eine zunehmende Aufweichung des Maßgeblichkeitsprinzips zwischen Handels-

---

1564 Waigel, in: FS Offerhaus, 983, 987.
1565 Bericht des Finanzausschusses, BT-Drs. XIII/8023, S. 23.
1566 Bericht des Finanzausschusses, BT-Drs. XIII/8023, S. 14.
1567 Vorschläge der Steuerreformkommission, NJW 1997, Beilage Heft 13, 5, 6.
1568 Vorschläge der Steuerreformkommission, NJW 1997, Beilage Heft 13, 5, 6.
1569 Tipke, NJW 1997, 848, 849; der dies als revolutionäres Anziehen der Steuerschraube zu Lasten allein der gewerblichen Wirtschaft bezeichnete.

und Steuerbilanz[1570]. Im Einvernehmen aller Parteien degradierte der Finanzausschuss diese systematischen Bedenken des Rechtsausschusses jedoch zu reinen Praktikabilitätserwägungen. Da die von der Neuregelung insbesondere betroffenen großen Unternehmen in der Regel ohnehin eine Handels- und eine Steuerbilanz führen würden, entstünde kein unvertretbarer Mehraufwand[1571].

Darüber hinaus beschloss der Finanzausschuss eine Einschränkung des Verlustabzuges nach § 10d EStG, so dass ein Verlustrücktrag künftig nur noch für den vorangegangen Veranlagungszeitraum zulässig sein sollte. Beim Verlustvortrag wurde eine Beschränkung auf 2 Mio. DM eingeführt, darüber hinaus nur bis zur Hälfte des Gesamtbetrages der Einkünfte[1572]. Mit der Verlängerung des Zeitraums, über den Rückstellungen für die Verpflichtung, ein Kernkraftwerk stillzulegen und abzubauen, zu bilden waren, sowie das generelle Verbot von der Bildung von Rückstellungen für Anschaffungs- und Herstellungskosten traf der Finanzausschuss gezielt die Energiewirtschaft[1573].

Auch die allgemeinen Abschreibungsbedingungen wurden von der Steuerreformkommission überprüft. Dem grundsätzlichen Ziel der Steuerreform folgend, nämlich einer Besteuerung nach der Leistungsfähigkeit, stellte die Kommission fest, dass die Abschreibungen der Anschaffungs- oder Herstellungskosten der abnutzbaren Wirtschaftsgüter ihrer tatsächlichen Wertminderung entsprechen müssten, so dass keine stille Reserven durch unangemessen hohe Abschreibungen gebildet werden könnten[1574]. Der Gesetzesentwurf übernahm die Vorschläge der Kommission, die degressive Abschreibung für bewegliche Wirtschaftsgüter des Anlagevermögens in zwei Stufen durch das Steuerreformgesetz 1998 um 3 v.H.-Punkte sowie durch das Steuerreformgesetz 1999 um 2 v.H.-Punkte auf 20 v.H. abzusenken[1575].

Weiterhin beabsichtigte die Regierung, die lineare Abschreibung für Gebäude des Betriebsvermögens von jährlich 4 v.H. auf 3 v.H. bei Betriebsgebäuden und auf 2 v.H. bei Wohngebäuden zu verringern[1576]. Gänzlich abgeschafft werden sollten die Sonder- und Ansparabschreibungen für kleine und mittlere Betriebe[1577] sowie der Freibetrag in Höhe von 60 000 DM bei Gewinnen aus der Veräußerung oder Aufgabe von Betrieben, Teilbetrieben oder Mitunternehmeranteilen[1578].

Allgemein festzustellen war, dass es bei den Maßnahmen zur Verbreiterung speziell der betrieblichen Bemessungsgrundlage kaum Aufweichungen innerhalb des Gesetzgebungsverfahrens gab, was den immer wieder zu hörenden Vorwurf des zu großen Einflusses von Verbände und Interessengruppen bei einem parlamentarischen Verfah-

[1570] Bericht des Finanzausschusses, BT-Drs. XIII/8020, S. 23.
[1571] Bericht des Finanzausschusses, BT-Drs. XIII/8020, S. 26.
[1572] Bericht des Finanzausschusses, BT-Drs. XIII/8020, S. 26.
[1573] Auch vom generellen Verbot der Bildung von Rückstellungen war nach Auffassung des Finanzausschusses hauptsächlich die Energieversorgungswirtschaft betroffen. Mit dieser Klarstellung wollte der Finanzausschuss einen Streit zwischen Finanzamt und Steuerpflichtigen klären, der aus der bisherigen Rechtsprechungspraxis des BFH herrührte, vgl. Bericht des Finanzausschusses, BT-Drs. XIII/8020, S. 26.
[1574] Vorschläge der Steuerreformkommission, NJW 1997, Beilage Heft 13, 5, 7.
[1575] GesEntw BRg, BT-Drs. XIII/7917, S. 193.
[1576] GesEntw BRg, BT-Drs. XIII/7917, S. 193.
[1577] GesEntw BRg, BT-Drs. XIII/7917, S. 185.
[1578] GesEntw BRg, BT-Drs. XIII/7917, S. 196.

ren relativiert. Was den Einfluss der Verbände einer Interessengruppe auf die tatsächlich erfolgten Änderungen in der Gesetzesvorlage anbetrifft, so kann zumindest für das Steuerreformgesetz 1998/1999 festgestellt werden, dass die Möglichkeit der Wirtschaftsverbände, ändernd auf die Vorlage einzuwirken, wesentlich geringer war als der Einfluss von Vertretern der Arbeitnehmerinteressen.

Einzige Ausnahme bildete erneut die Besteuerung von Einkünften aus land- und forstwirtschaftlichen Betrieben. Wie schon beim Steuerreformgesetz 1990 blieben diese wiederum von Reformmaßnahmen zur Verbreiterung der Bemessungsgrundlage weitgehend verschont. Dabei war der politische Wille zu Beginn, als sich die Pläne einer großen Steuerreform verdichteten, auch im Bereich der Land- und Forstwirtschaft Steuersubventionen abzubauen, durchaus vorhanden.
So sollte nach der Vorstellung der Reformkommission beispielsweise die Steuerermäßigung nach § 34e EStG sowie der einkunftsspezifische Freibetrag nach § 13 EStG gänzlich entfallen. Die Gewinnermittlung nach Durchschnittssätzen sollte zielgenauer und vereinfachter ausgestaltet werden. Die ermäßigten Steuersätze sollten auf die Gewinnanteile aus Kalamitätsnutzung beschränkt werden[1579].

Der Finanzausschuss begründete seine Entscheidung für die durchgeführten Einschränkungen beim vorgesehenen Abbau der Steuervergünstigungen für die Land- und Forstwirtschaft insbesondere mit Standortnachteilen und der Sozialpflichtigkeit land- und forstwirtschaftlicher Flächen bzw. mit der Notwendigkeit der Vermeidung besonderer Härten bei gewinnschwachen Betrieben, die außerhalb der Durchschnittssatzermittlung lagen und deren Gewinn nicht geschätzt wurde.So schlug der Ausschuss weiterhin vor, den Freibetrag für land- und forstwirtschaftliche Einkünfte in Höhe von 2 000 DM/4 000 DM nicht, wie es die Gesetzesvorlage vorsah[1580], abzuschaffen, sondern lediglich auf 1 300 DM/2 600 DM zu verringern. Die Steuerermäßigung von 2 000 DM sollte unter bestimmten Bedingungen für die Jahre 1999 und 2000 zur Hälfte beibehalten werden[1581].

Die Abschaffung der Freibeträge für land- und forstwirtschaftliche Einkünfte war in der ursprünglichen Gesetzesvorlage mit der Gleichbehandlung mit Gewerbetreibenden und Freiberuflern begründet gewesen[1582]. Mit der grundsätzlichen Beibehaltung wurde also ein wesentliches Ziel steuerrechtlicher Gleichstellung nicht erreicht. Der Finanzausschuss übernahm die Vorschläge des Ausschusses für Ernährung, Landwirtschaft und Forsten, der die Beibehaltung eines Freibetrages insbesondere zum Ausgleich von Belastungen im mittleren Einkommensbereich für notwendig und gerechtfertigt hielt[1583].
Der Ausschuss für Land- und Forstwirtschaft konnte sich im Übrigen in fast allen Punkten gegen den Abbau steuerlicher Sondervorschriften für land- und forstwirtschaftliche Betriebe durchsetzen. So wehrte sich der Ausschuss erfolgreich gegen die Beschränkung der Möglichkeit, Gewinne aus der Veräußerung von Wirtschaftsgütern

---

[1579] Vorschläge der Steuerreformkommission, NJW 1997, Beilage Heft 13, 5, 7.
[1580] GesEntw Fraktionen von CDU/CSU und FDP, BT-Drs. XIII/7480, S. 194.
[1581] Bericht des Finanzausschusses, BT-Drs. XIII/8023, S. 20.
[1582] GesEntw Koalitionen CDU/CSU und FDP, BT-Drs. XIII/7480, S. 194.
[1583] Bericht des Finanzausschusses, BT-Drs. XIII/8023, S. 10.

aus dem Anlagevermögen auf Re-Investitionen zu übertragen. Eine Beschränkung dieser Möglichkeiten, so der Ausschuss sehr unpräzise, werde den land- und forstwirtschaftlichen Besonderheiten nicht gerecht[1584].

3.5.3.4. Besteuerung von Alterseinkünften

Intensiv auseinandergesetzt hatte sich die Steuerreformkommission auch mit einer Regelung der zukünftigen Besteuerung von Altersbezügen insbesondere angesichts des Bundesverfassungsgerichtsurteils vom 24. Juni 1992 (1 BvR 459, 467/87)[1585], demzu folge ein eindeutiger Auftrag zur Neuregelung gegeben war[1586].

An erster Stelle stand eine Neuordnung der Rentenbesteuerung, die die Reformkommission in ihrer bisherigen Form aufgrund der Besteuerung nach dem Ertragsteil für unsystematisch und nicht tauglich hielt, um zu befriedigenden Ergebnissen zu gelangen. Je nach Rentenart und Rentenbeginn falle das steuerliche Ergebnis unterschiedlich aus, so die Kommission, was den Betroffenen einen Vergleich der verschiedenen Altersbezüge nicht verständlich mache[1587]. Mit dem Jahressteuergesetz 1996 hatte sich diese Situation noch verschärft, da Renten durch die Erhöhung des Grundfreibetrages mit dem Ertragsteil in noch höherem Maße steuerfrei blieben als bisher[1588]. Aus diesem Grund sollte durch die Einführung des sog. „nachgelagerten Korrespondenzprinzips" eine grundsätzliche Umstellung der geltenden Rentenbesteuerung erfolgen, so dass nur in dem Umfange besteuert werden sollte, in dem die Beiträge zum Erwerb des Rentenrechts steuerfrei waren[1589].

Nach den Vorschlägen der Kommission, die dann von der Bundesregierung übernommen wurden,[1590] sollte jedoch mit Blick auf die Akzeptanz und einer guten Verständlichkeit der Neuregelung künftig wesentlich stärker pauschaliert und typisiert werden. Nach dem vorgeschlagenen Modell sollten Rentenbezüge mit 50 v.H. erfasst werden, sofern der Rentenanspruch insbesondere bei der gesetzlichen Rentenversicherung mit mindestens hälftigem Arbeitgeberbeitrag erworben worden war. Mit 30 v.H. sollten die Bezüge erfasst werden, sofern der Rentenanspruch ausschließlich auf eigenen Beiträgen beruhte[1591].

Die Steuerreformkommission hielt es weiterhin für ein zwingendes Gebot, Lebensversicherungen, die ähnlich wie eine gesetzliche Rentenversicherung aufgebaut waren, auch wie diese zu behandeln[1592]. Da jedoch Erträge aus Versicherungsverhältnissen, die lediglich eine besondere Sparform darstellten, wie Erträge aus anderen Sparanlagen zu erfassen waren, sahen die Vorschläge der Kommission weiterhin die Steuerfreiheit für Zinsen aus Rentenversicherungen ohne Kapitalwahlrecht in der Ansparphase vor. Bei allen anderen Lebensversicherungen mit einer Laufzeit von mindestens

[1584] Bericht des Finanzausschusses, BT-Drs. XIII/8023, S. 10.
[1585] BVerfGE 86, 369.
[1586] GesEntw, BRg, BT-Drs. XIII/7917, S. 198.
[1587] Vorschläge der Steuerreformkommission, NJW 1997, Beilage Heft 13, 5, 8.
[1588] GesEntw BRg, BT-Drs. XIII/7917, S. 198.
[1589] Vorschläge der Steuerreformkommission, NJW 1997, Beilage Heft 13, 5, 8.
[1590] GesEntw BRg, BT-Drs. XIII/7917, S. 198.
[1591] Vorschläge der Steuerreformkommission, NJW 1997, Beilage Heft 13, 5, 8.
[1592] Vorschläge der Steuerreformkommission, NJW 1997, Beilage Heft 13, 5, 8.

12 Jahren, die nicht steuerschädlich verwendet wurden, sollte eine jährliche absolute Abgeltungssteuer in Höhe von 10 v.H. eingeführt werden, um eine Besteuerung der rechnungs- und außerrechnungsmäßigen Zinsen aus den Sparanteilen der Beiträge zu gewährleisten[1593].

Der Finanzausschuss verzichtete auf die im ursprünglichen Gesetzesentwurf enthaltene Abgeltungssteuer von 10 v.H. auf Erträge aus Kapitallebensversicherungen. Stattdessen sollte der Risiko- und Verwaltungskostenanteil von Lebensversicherungsprämien mit Ausnahme von Rentenversicherungen ohne Kapitalwahlrecht mit einem Steuersatz in Höhe von 3 v.H. in die Versicherungsteuer einbezogen werden[1594]. Die Bundesregierung hatte die aus ihrer Sicht nur maßvolle Belastung mit dem Erfordernis einer andauernden steuerlichen Begünstigung für die angemessene Bildung einer privaten Altersvorsorge durch langlaufende Kapitallebensversicherungen gerechtfertigt, weshalb Zinsen aus derartigen Lebensversicherungen nur in bescheidenem Umfange zu besteuern seien[1595]. Den Koalitionsfraktionen war diese bescheidene Besteuerung der Kapitalerträge aus Lebensversicherungen offenbar schon zu umfangreich, begründeten sie ihre Ablehnung dieser steuerlichen Maßnahme doch damit, dass selbst die moderate Besteuerung den Aufbau einer privaten Alters- und Hinterbliebenenversorgung verhältnismäßig stark erschwere[1596].

Schließlich sollten auch die Freibeträge für die Versorgungsbezüge der Beamten und anderer Empfänger von Bezügen aus einem früheren Dienstverhältnis und der Abgeordneten sowie für originäre Alterseinkünfte um 50 v.H. gesenkt werden[1597].

4. Umsatz- und Verbrauchsteuerreformen

4.1. Gesetz zur Änderung von Verbrauchsteuergesetzen und des EG-Amtshilfegesetzes vom 12. Juli 1996[1598]

Durch das am 23. Mai 1996 vom Deutschen Bundestag verabschiedete Gesetz zur Änderung von Verbrauchsteuergesetzen und des EG-Amtshilfegesetzes wurden erneut weitere Richtlinien der EG umgesetzt, insbesondere die in der Arbeitsgruppe „Finanzfragen" des Rates als 2. Verbrauchersteuer-Vereinfachungsrichtlinie bezeichnete Richtlinie 94/74/EG des Rates vom 22. Dezember 1994 zur Änderung der Richtlinien 92/12/EWG vom 22. Februar 1992 über das allgemeine System, den Besitz, die Beförderung und die Kontrolle verbrauchsteuerpflichtiger Waren, 92/81/EWG vom 19. Oktober 1992 zur Harmonisierung der Struktur der Verbrauchsteuern auf Mineralöle und 92/82/EWG vom 19. Oktober 1992 zur Annäherung der Verbrauchsteuersätze für Mineralöle in deutsches Recht.

Im Mittelpunkt der Änderungen stand der innergemeinschaftliche Beförderungsverkehr für verbrauchsteuerpflichtige Waren. Für alle Verbrauchsteuern wurde der Kreis

---

[1593] Vorschläge der Steuerreformkommission, NJW 1997, Beilage Heft 13, 5, 8.
[1594] Bericht des Finanzausschusses, BT-Drs. XIII/8023, S. 24.
[1595] GesEntw Fraktionen von CDU/CSU und FDP, BT-Drs. XIII/7480, S. 197.
[1596] Bericht des Finanzausschusses, BT-Drs. XIII/8023, S. 24.
[1597] Vorschläge der Steuerreformkommission, NJW 1997, Beilage Heft 13, 5, 8.
[1598] BGBl. 1996 I, S. 962.

der Verfahrensbeteiligten erweitert, indem künftig auch Beförderer und Eigentümer von steuerpflichtigen Waren eigenständig anstelle des Steuerlagerinhabers Sicherheit für die innergemeinschaftliche Beförderung leisten konnten[1599].

Durch Ergänzung des EG-Amtshilfegesetzes wurde die Rechtsgrundlage für den in der EG-Amtshilfe-Richtlinie 77/799/EWG vorgesehenen automatischen Auskunftsverkehr in Steuersachen mit EU-Staaten im Bereich der Einkommens- und Vermögensbesteuerung geschaffen[1600].
Daneben mussten noch Verfahrensänderungen und Maßabstimmungen des Mineralölsteuergesetzes, des Gesetzes über das Branntweinmonopol sowie des Tabaksteuerrechts und des Schaumweinsteuerrechts vorgenommen werden[1601].

4.2. Gesetz zur Änderung des Umsatzsteuergesetzes vom 22. März 1996[1602]

Mit der Verabschiedung der Anhebung des umsatzsteuerlichen Durchschnittssatzes für die pauschalierenden Landwirte von 9 v.H. auf 9,5 v.H. am 01. Februar 1996 kam der Deutsche Bundestag seiner durch europäische Vorgaben bestimmten Verpflichtung nach, die pauschalierten Durchschnittssätze den ökonomischen Entwicklungen anzupassen.
Grundsätzlich war es den Mitgliedstaaten nach der 6. EU-Richtlinie gestattet, die in einem land- und forstwirtschaftlichen Betrieb ausgeführten Umsätze jeweils mit einem Durchschnittssteuersatz zu belasten. Da diese Festsetzung nicht dazu führen durfte, dass pauschalierende Landwirte Steuererstattungen erhielten, mussten die Steuersätze aufgrund der allein für Landwirte geltenden makroökonomischen Daten alle drei Jahre angepasst werden, wobei Rundungen auf einen halben Punkt erlaubt waren. Auf der Basis der vorläufigen Ergebnisse für das Wirtschaftsjahr 1994/95 betrug die Vorsteuerbelastung in der Landwirtschaft in den Wirtschaftsjahren 1992/93 bis 1994/95 durchschnittlich 9,41 v.H.[1603].

4.3. Umsatzsteuer-Änderungsgesetz 1997 vom 12. Dezember 1996[1604]

Bei dem am 10. Oktober 1996 einstimmig vom Deutschen Bundestag verabschiedeten Umsatzsteuer-Änderungsgesetz 1997 handelte es sich um den abgespaltenen, umsatzsteuerrechtlichen Teil des Jahressteuergesetzes 1997.

Den Schwerpunkt der Änderungsmaßnahmen dieses Reformpaketes bildete die Neuregelung der umsatzsteuerrechtlichen Behandlung des Reihengeschäfts einschließlich einer vereinfachten Umsatzsteuerregelung für das Dreiecksgeschäft sowie die Zulassung eines Fiskalvertreters. Das mit diesem Gesetzesentwurf zu ändernde Reihengeschäft war erst mit dem Umsatzsteuer-Binnenmarktgesetz im Jahre 1992 eingeführt worden[1605]. Die vorgesehenen Rechtsänderungen sollten der Anpassung des deutschen

---

[1599] GesEntw BRg, BT-Drs. XIII/3845, S. 23.
[1600] GesEntw BRg, BT-Drs. XIII/3845, S. 23.
[1601] GesEntw BRg, BT-Drs. XIII/3845, S. 23.
[1602] BGBl. 1996 I, S. 526.
[1603] GesEntw Fraktionen CDU/CSU und FDP, BT-Drs. XIII/3495, S. 3.
[1604] BGBl. 1996 I, S. 1851.
[1605] Vgl. Kap. VII. 5.1.

Rechts an die in den übrigen Mitgliedsstaaten in diesem Bereich geltenden Rechtslage dienen, was in den Anhörungen zum Jahressteuergesetz 1997 von der deutschen Wirtschaft gefordert worden war[1606]. Die bisherige deutsche Sonderregelung im innergemeinschaftlichen Handel, die im Ergebnis auf eine Besteuerung „nach dem Rechnungslauf" hinauslief, wurde durch eine Besteuerung der tatsächlichen Warenbewegung ersetzt. Danach führte der erste Unternehmer in der Kette in dem Mitgliedstaat, in dem die Warenbewegung beginnt, eine innergemeinschaftliche steuerfreie Lieferung aus. Für die übrigen Lieferungen verlagerte sich der Lieferort in den Mitgliedstaat, in dem die Warenbewegung endete[1607].

Zusätzlich hatte der Finanzausschuss die ursprüngliche Regierungsvorlage noch um einige Punkte erweitert. So wurde bei Leistungen auf dem Gebiet der Telekommunikation als Ort der umsatzsteuerlichen Leistung nicht der Firmensitz des steuerpflichtigen Unternehmers, sondern der Firmensitz des Leistungsempfängers und damit der Ort, an dem die Leistung genutzt wird, zugrundegelegt.

Trotz der von der Bundesregierung geäußerten Bedenken hatte der Ausschuss nach intensiver Beratung auch beschlossen, Umsätze der staatlichen Hochschulen aus der sog. Drittmittelforschung von der Umsatzsteuer zu befreien[1608]. Angeregt wurde diese Erweiterung der Gesetzesvorlage durch einen interfraktionellen Antrag des mitberatenden Ausschusses für Bildung, Wissenschaft, Forschung, Technologie und Technikfolgenabschätzung[1609], der wiederum auf die Stellungnahme des Bundesrates zum Entwurf der Bundesregierung zum Jahressteuergesetz 1997 zurückging[1610]. Mit der Steuerbefreiung wollte der Ausschuss der Kritik der Bundes- und Länderfinanzminister zuvor kommen, die der Ansicht waren, dass die Auftragsforschung nach damaligem Recht der Umsatzsteuer unterworfen werden müsste[1611]. Es bestand die Befürchtung, dass unter dieser Maßnahme die gesamte Forschungstätigkeit der staatlichen Hochschulen leiden würde, die mit der Drittmittelforschung eng verzahnt war[1612].

Die von der Bundesregierung erwogenen Bedenken, eine solche Befreiung verstoße gegen die 6. EG-Umsatzsteuerrichtlinie, wobei ausdrücklich auf ein Schreiben der EU-Kommission gleichen Inhalts vom 24. März 1995 verwiesen wurde, wurden im Ausschuss zwar diskutiert, konnten aber wegen der uneinheitlichen umsatzsteuerlichen Rechtslage in anderen Mitgliedstaaten keine Mehrheit finden. Wettbewerbsverzerrungen zu Lasten privater Forschungseinrichtungen waren durch die Befreiung nach Auffassung des mitberatenden Ausschusses für Bildung, Wissenschaft, Forschung, Technologie und Technikfolgenabschätzung nicht zu befürchten, weil die Industrie als Hauptauftraggeber vorsteuerabzugsberechtigt war, so dass sie durch eine an den Auftragnehmer zu zahlende Umsatzsteuer auf keinen Fall belastet würde[1613]. Insbesondere die fehlende Mitteilung des Prüfungsergebnisses der Rechtslage in zwei anderen Mit-

---

[1606] Bericht des Finanzausschusses, BT-Drs. XIII/5758, S. 15.
[1607] Bericht des Finanzausschusses, BT-Drs. XIII/5758, S. 15.
[1608] Bericht des Finanzausschusses, BT-Drs. XIII/5758, S. 15.
[1609] Bericht des Finanzausschusses, BT-Drs. XIII/5758, S. 13.
[1610] Stellungnahme des Bundesrates, BT-Drs. XIII/5359, S. 129.
[1611] Bericht des Finanzausschusses, BT-Drs. XIII/5758, S. 13.
[1612] Bericht des Finanzausschusses, BT-Drs. XIII/5758, S. 14.
[1613] Bericht des Finanzausschusses, BT-Drs. XIII/5758, S. 14.

gliedsstaaten durch die EU-Kommission, machte die Befreiung für den Ausschuss vertretbar[1614].

Außerdem wurden im Ausschuss bestimmte landwirtschaftliche Erzeugnisse vom ermäßigten Umsatzsteuersatz befreit sowie die Einkommensgrenzen innerhalb des Wohnungsbauprämiengesetzes verdoppelt[1615].

4.4. Gesetz zur Datenermittlung für den Verteilungsschlüssel des Gemeindeanteils am Umsatzsteueraufkommen und zur Änderung steuerlicher Vorschriften vom 23. Juni 1998[1616]

Die mit dem Gesetz zur Fortsetzung der Unternehmenssteuerreform vom 29. Oktober 1997 einhergehende Neuregelung der Beteiligung der Gemeinden am Umsatzsteueraufkommen[1617] machte nach Ansicht der Bundesregierung auch eine Neuregelung für einen endgültigen fortschreibungsfähigen Verteilungsschlüssel ab dem Jahre 2003 erforderlich. Der am 02. April 1998 in den Deutschen Bundestag eingebrachte Gesetzesentwurf definierte die erforderlichen Schlüsselmerkmale und bestimmte die zu ermittelnden Daten, auf deren Grundlage das Statistische Bundesamt Berechnungen zu den Verteilungswirkungen durchführen konnte[1618].

Das neue Gesetz sah vor, die erforderlichen Daten zu den Schlüsselmerkmalen „Sachanlagen", „Vorräte" und „Löhne und Gehälter" im Rahmen der jährlichen Gewerbesteuererklärung zu erheben. Nach sorgfältigen Überlegungen verzichtete die Bundesregierung auf die Aufnahme von „Finanzanlagen" und „Beteiligungen" als Schlüsselmerkmale, da der ohnehin fragliche Erfolg dieser Maßnahme nicht im Verhältnis zu dem erheblichen bürokratischen Aufwand stand, der notwendig geworden wäre, um Doppelerfassungen bei Mutter- und Tochterunternehmen bzw. Beteiligungen zu verhindern[1619]. Nach Abwägung zwischen dem Informationsverlust einerseits und einem praktikablen Verfahren andererseits verzichtete die Bundesregierung außerdem auf die Erfassung von Betrieben, die von der Gewerbesteuer befreit waren sowie solchen, die aufgrund eines Freibetrages keine Gewerbesteuer zu zahlen hatten. Auch die Freien Berufe wurden nicht in die Ermittlung aufgenommen[1620].

Die Fassung dieses Gesetzesentwurfs war das Ergebnis der Tätigkeit einer Arbeitsgruppe aus Vertretern des Bundesfinanzministeriums, der Länder, der Statistik sowie der kommunalen Spitzenverbände, die, nachdem die Einkommen- und Körperschaftsteuerstatistik von 1995 keine brauchbaren Ergebnisse für die Festlegung eines ab 2000 gültigen, fortschreibungsfähigen Verteilungsschlüssels gebracht hatte, zusammengekommen waren[1621].

1614 Bericht des Finanzausschusses, BT-Drs. XIII/5758, S. 16.
1615 Bericht des Finanzausschusses, BT-Drs. XIII/5758, S. 16
1616 BGBl. I, S. 1496.
1617 Vgl. Kap. 3.3. dieses Hauptteils.
1618 GesEntw BRg, BT-Drs. XIII/10343, S. 1.
1619 GesEntw BRg, BT-Drs. XIII/10343, S. 6.
1620 GesEntw BRg, BT-Drs. XIII/10343, S. 1.
1621 GesEntw BRg, BT-Drs. XIII/10343, S. 6.

Mit Ausnahme der PDS wurde der Gesetzesentwurf von allen Bundestagsfraktionen mitgetragen. Einstimmig nahmen diese jedoch im federführenden Finanzausschuss noch einige Veränderungen vor. Entsprechend dem Vorschlag des Bundesrates sollte auch die Zahl der in einer Gemeinde sozialversicherungspflichtigen Beschäftigten als Schlüsselmerkmal in das neue Gesetz aufgenommen werden. Damit sollte nach Ansicht des Ausschusses ein Korrektiv dafür geschaffen werden, dass nach dem Gesetzesentwurf der Bundesregierung nur ein Teil der Wirtschaftskraft erfasst wurde, so dass die Gefahr bestand, dass insbesondere kleine Gemeinden bei der Verteilung unter Umständen leer ausgingen[1622].
Weiterhin wurde gesetzlich klargestellt, dass die im Vergleich zu den neuen Ländern höheren Einnahmen der alten Länder aus der ihnen zufließenden Gewerbesteuerumlage bei der Ermittlung der Steuereinnahmen nach dem Gesetz über den Finanzausgleich zwischen Bund und Ländern ausschließlich in dem Umfange unberücksichtigt blieben, in dem die von den Gemeinden der alten Länder abzuführende Gewerbesteuerumlage auf die gesetzliche Umsetzung der Neugestaltung des bundesstaatlichen Finanzausgleichs zurückzuführen war[1623].
Aus diesem Grund zog der Ausschuss noch Konsequenzen im Bereich der Umsatzsteuer aus der Rechtsprechung des Europäischen Gerichtshofes. Deshalb wurden Restaurationsumsätze ab dem 27. Juni 1998 in Anlehnung an das EG-Recht umsatzsteuerlich nicht mehr als Lieferungen, sondern als sonstige Leistungen behandelt. Für die Umsatzbesteuerung vieler Betriebe im Gaststättengewerbe änderte sich hierdurch allerdings nichts. Außerdem wurde die Übergangsregelung des ermäßigten Steuersatzes für die Beförderung von Personen mit Schiffen bis zum 31. Dezember 2001 verlängert[1624]. Schließlich wurden vom Ausschuss noch zwei Änderungen der Abgabenordnung sowie eine Regelung zur Sicherstellung des Bestandes von bestehenden Steuerberaterkammern vorgenommen[1625].

5. Sonstige Steuerreformgesetze

5.1 Gesetz zur steuerrechtlichen Neuregelung der Wohneigentumsförderung vom 15. Dezember 1995[1626]

Mit dem Gesetz zur steuerrechtlichen Neuregelung der Wohneigentumsförderung wurde der seit der Abschaffung der Nutzungswertbesteuerung durch das Wohneigentumsförderungsgesetz vom 15. Mai 1986[1627] schwelende Grundsatzstreit zwischen Koalition und Opposition über eine angemessene Förderung von selbstgenutztem Wohneigentum zugunsten des von der SPD favorisierten Steuerabzuges beendet [1628]. Mit der Ablösung des progressionswirksamen Abzuges des § 10e EStG durch ein neu zu

[1622] Bericht des Finanzausschusses, BT-Drs. XIII/10635, S. 11.
[1623] Bericht des Finanzausschusses, BT-Drs. XIII/10635, S. 11.
[1624] Bericht des Finanzausschusses, BT-Drs. XIII/10635, S. 12.
[1625] Bericht des Finanzausschusses, BT-Drs. XIII/10635, S. 12.
[1626] BGBl. 1995 I, 1783.
[1627] Vgl. Kap. III. 6.7.
[1628] Noch in den Debatten zum Steueränderungsgesetz 1991 und 1992 war die von den Koalitionsfraktionen vorgenommene Wohnungseigentumsförderung von der Opposition angegriffen worden, wobei allerdings auch schon damals eine gewisse Gesprächsbereitschaft seitens der Koalition bestanden hatte, die allerdings aus pragmatischen Gründen nicht zu einer Reform genutzt werden konnte. Vgl. Kap. VII. 4.1.4. und 4.3.4.

schaffendes Eigenheimzulagegesetz, das im Wesentlichen die Einführung einer progressionsunabhängigen Eigenheimzulage vorsah[1629], hatten sich die Vorstellungen der SPD, die auf eine einkommensunabhängige Förderung abzielten, durchgesetzt.

Die Opposition hatte die Regierung unter Zugzwang gesetzt, indem sie bereits am 29. Mai 1995 einen Gesetzesentwurf in den Deutschen Bundestag eingebracht hatte[1630]. Der Gesetzesentwurf der Bundesregierung folgte dann am 04. September 1995. Anders als bei der Opposition standen für die Bundesregierung allerdings keine sozialen Erwägungen für die Neuregelung im Vordergrund, vielmehr wollte man einen Beitrag leisten, um die Wohneigentumsförderung wesentlich zu vereinfachen und damit auch einen weiteren Anreiz für Bauwillige zu schaffen[1631]. Ziel der Neuregelung war die verstärkte Förderung der sog. „Schwellenhaushalte". Durch die Umgestaltung der bisherigen Förderung sollten die Voraussetzungen dafür geschaffen werden, auch Haushalten mit geringerem Einkommen, die an der Schwelle zur Wohneigentumsbildung standen, den Erwerb zu erleichtern. Aus diesem Grunde sah die neue Förderung nach dem Eigenheimzulagegesetz eine für alle Bürger gleich hohe Zulage vor, die durch die Finanzverwaltung ausgezahlt werden sollte[1632].

Unverändert übernommen wurde die bisherige Einkommensgrenze, bis zu der eine Förderung erfolgte, von 120 000 DM/240 000 DM (Ledige/Verheiratete)[1633]. Die neue Förderung betrug bis zu einem förderungsfähigen Höchstbetrag von 100 000 DM der Herstellungs- und Anschaffungskosten einschließlich der Anschaffungskosten von Grund und Boden 5 v.H. dieser Bemessungsgrundlage für den Hersteller einer eigenen Wohnung, sowie 2, 2 v.H. für den Erwerber eines Altbaues[1634]. Neben dieser Grundförderung wurde die Familienfreundlichkeit der neuen Wohneigentumsförderung durch eine erhöhte Kinderkomponente verbessert. Nach der bisherigen Rechtslage war ein Abzug von der Steuerschuld in Höhe von 1 000 DM zulässig, sofern die übrigen Voraussetzungen der Wohneigentumsförderung vorlagen. Diese Förderung wurde durch die Regierungsvorlage auf eine Zulage umgestellt, die auf je 1 500 DM für jedes Kind, das im Förderzeitraum zum Haushalt des Eigentümers der eigengenutzten Wohnung gehörte oder gehört hatte, erhöht wurde[1635].

Eine ökologische Komponente war ursprünglich nicht Teil der neuen Förderung. Im Gegenteil erfolgte die unterschiedliche Förderung von Alt- und Neubauten ganz bewusst zur Aufrechterhaltung der Neubauförderung, die bei einer einheitlichen Förderung unvermeidlich absinken würde[1636]. Allerdings wurde der Gesetzesentwurf im federführenden Finanzausschuss um einige kleine ökologische Zusätze erweitert. So

---

[1629] GesEntw BRg, BT-Drs. XIII/2235, S. 1.
[1630] GesEntw Fraktion der SPD, BT-Drs. XIII/1501, S. 2.
[1631] Vgl. die Rede des Parlamentarischen Staatssekretärs beim Bundesminister der Finanzen, Faltlhauser (CDU), während der zweiten Beratung des Gesetzesentwurfs vor dem Deutschen Bundestag am 27. Oktober 1995, der direkt zu Beginn seiner Ausführungen die Vereinfachung der neuen Regelung herausstellte gegenüber der alten Förderung, die er mit zu den kompliziertesten, wenn nicht sogar die komplizierteste Materien im Steuerrecht zählte, vgl. BT-PlPr. XIII/65, S. 5608 (A).
[1632] GesEntw BRg, BT-Drs. XIII/2235, S. 14.
[1633] GesEntw BRg, BT-Drs. XIII/2235, S. 14.
[1634] GesEntw BRg, BT-Drs. XIII/2235, S. 14.
[1635] GesEntw BRg, BT-Drs. XIII/2235, S. 14.
[1636] GesEntw BRg, BT-Drs. XIII/2235, S. 14.

sollte es über einen Zeitraum von acht Jahren eine jährliche Zusatzförderung von bis zu 500 DM pro Jahr geben für den Einbau von Solaranlagen, Wärmepumpen und Wärmerückgewinnungsanlagen in Neu- und Altbauten.

Neben der steuerlichen Förderung war in dem Gesetzesentwurf der Bundesregierung auch noch eine Verbesserung der Ansparabschreibung nach dem Wohnungsbau-Prämiengesetz vorgesehen. Die deutliche Verbesserung der Einkommensgrenzen sowie eine Anhebung der Prämiengesetze sollte die finanzielle Grundlage zur Schaffung von Wohneigentum spürbar stärken[1637].

5.2. Gesetz zur stärkeren Berücksichtigung der Schadstoffemissionen bei der Besteuerung von PKW (Kraftfahrzeugsteueränderungsgesetz 1997 – KraftStÄndG 1997)[1638]

In der letzten Legislaturperiode der christlich-liberalen Regierung unter Helmut Kohl setzten sich wieder verstärkt umweltpolitische Motivationen in der Steuergesetzgebung durch[1639]. Mit der Verabschiedung des Kraftfahrzeugsteueränderungsgesetzes 1997 durch den Deutschen Bundestag am 4. November 1996 sollte auf den Straßenverkehr eingewirkt werden, von dem nach der Vorstellung der Bundesregierung immer noch deutlich feststellbar umweltschädigende Emissionen, insbesondere Abgase und Partikel, ausgingen[1640].
Im Mittelpunkt der Regierungsvorlage standen erneut umweltpolitische Akzente bei der Kraftfahrzeugsteuer. Damit knüpfte die Bundesregierung an die schon bereits beim Gesetz über steuerliche Maßnahmen zur Förderung des schadstoffarmen PKW vom 22. Mai 1985[1641] sowie beim Gesetz zur Verbesserung der steuerlichen Förderung schadstoffarmer PKW vom 22. Dezember 1989[1642] und beim Gesetz zur Förderung besonders schadstoffarmer PKW mit Dieselmotoren vom 19. Dezember 1990[1643] praktizierte Übung an, die Förderung des Umweltschutzes über das Steuerrecht zu verwirklichen.

Die Anpassung der emissionsbezogenen Besteuerungsmerkmale an die aktuelle technische Entwicklung dieser Zeit sollte allerdings nur eine so maßvolle umweltorientierte Lenkung darstellen, dass der Hauptzweck der Kraftfahrzeugsteuer, nämlich zur Finanzierung der Staatsausgaben beizutragen, nicht in Frage gestellt wurde[1644]. Konkret sah die Regierungsvorlage eine Differenzierung der PKW in mehrere Klassen vor. Für die Gruppe von PKW, die nach dem neusten Stand der Technik verbrauchsgünstig und emissionsarm ausgestattet waren, sollte die Kraftfahrzeugsteuer gesenkt werden. Die Steuerbelastung für die übrigen PKW, die bei Ozonalarm fahren durften, sollte unver-

---

1637 GesEntw BRg, BT-Drs. XIII/2235, S. 14.
1638 BGBl. 1997 I, S. 805.
1639 Die jedoch verglichen mit der ökologischen Steuerreform der rot-grünen Regierung nach 1998 immer noch sehr bescheiden ausfällt, vgl. Kap. XII.
1640 GesEntw BRg, BT-Drs. XIII/4918, S. 8.
1641 Vgl. Kapitel III. 6.4.
1642 Vgl. Kapitel V. 5.1.
1643 Vgl. Kapitel V. 5.4.
1644 GesEntw BRg, BT-Drs. XIII/4918, S. 8.

ändert bleiben, während für die PKW mit einem darüber hinausgehenden Schadstoffausstoß eine stärkere Kraftfahrzeugsteuerbelastung erfolgen sollte[1645].

Gänzlich steuerbefreit, allerdings nur für einen befristeten Zeitraum, wurden solche Fahrzeuge, die bereits vor Inkrafttreten der geplanten sog. „Euro-3-Grenzwerte"-Richtlinie bei der erstmaligen Zulassung diese Grenzwerte schon einhielten. Da die entsprechende Richtlinie noch nicht beschlossen war, wurden im Gesetzesentwurf die von der Bundesrepublik Deutschland bei der Beratung der Richtlinie vorgeschlagenen Werte unterstellt[1646].

Nachdem das Parlament den Gesetzesentwurf nach der ersten Beratung am 20. Juni 1996 dem Finanzausschuss zur federführenden Beratung überwiesen hatte, verzögerte sich das parlamentarische Verfahren aufgrund einer schriftlichen Stellungnahme der Europäischen Kommission vom 25. September 1996 kurz vor dem ursprünglich geplanten Ende der Beratungen. Die Kommission war der Ansicht, dass die von der Regierung geplante Steuerbefreiung gegen Artikel 3 und 4 der Richtlinie 94/12/EWG zur Begrenzung der Schadstoffemissionen verstoße. Steueranreize, die für PKW gewährt würden, die strengere als die in der bislang ausschließlich geltenden Richtlinie 94/12/EWG festgelegten Grenzwerte („Euro-2-Norm") einhielten, seien nicht zulässig. Die Kommission drohte deswegen sogar mit der Einleitung eines Vertragsverletzungsverfahrens gegen die Bundesrepublik Deutschland[1647].

In den darauffolgenden Gesprächen zwischen der Bundesregierung und der EG-Kommission konnte jedoch eine Einigung erzielt werden. Da auf europäischer Ebene nach dem Kabinettsbeschluss der Bundesregierung weitere Planungen zur Verschärfung der Grenzwerte in zwei Stufen stattgefunden hatten, sollten nunmehr die Grenzwerte des Richtlinienvorschlages der Europäischen Kommission in den Gesetzesentwurf aufgenommen werden. Sofern in der konkreten Richtlinie andere Grenzwerten festgesetzt würden, sollte die Bundesregierung sofort eine Anpassung des Kraftfahrzeugsteuergesetzes vornehmen[1648].

Aufgrund dieser Gespräche konnte der Finanzausschuss seine Beratungsergebnisse erst am 14. November 1996 vorlegen.

Als Ergebnis dieser Beratungen ergaben sich noch einige kleinere Änderungen. So wurde beispielsweise eine abgestufte Steuerersparnis für das sog. „5-Liter-Auto" eingeführt, um die Entwicklung verbrauchsgünstiger PKW nicht nur in dem schmalen Marktsegment des „3-Liter-Autos" zu fördern. Weiterhin wurden die Steuersätze für nicht schadstoffarme PKW vereinheitlicht, was aufgrund des damit verbundenen Wegfalls umfangreicher Datenerfassungs- und Anzeigepflichten gegenüber den Zulassungsbehörden zu einer erheblichen Verwaltungsvereinfachung führte[1649].

Schließlich musste der Finanzausschuss auf die eingetretene Verzögerung der Verabschiedung des Gesetzesentwurfs reagieren. Deshalb wurde das Inkrafttreten der emis-

---

[1645] GesEntw BRg, BT-Drs. XIII/4918, S. 8.
[1646] GesEntw BRg, BT-Drs. XIII/4918, S. 9.
[1647] Bericht des Finanzausschusses, BT-Drs. XIII/6112, S. 21.
[1648] Bericht des Finanzausschusses, BT-Drs. XIII/6112, S. 21.
[1649] Bericht des Finanzausschusses, BT-Drs. XIII/6112, S. 21.

sionsbezogenen Elemente des Gesetzes vom 01. Januar 1997 auf den 01. April des gleichen Jahres verschoben, um den Finanz- und Verkehrsbehörden eine ausreichende Frist zur Umsetzung der neuen Regelung zur Verfügung zu stellen[1650].

Die Opposition stand dem gesamten Gesetzesvorhaben ablehnend gegenüber. Die SPD hielt den Inhalt sowohl in umwelt- und verkehrspolitischer als auch in finanzpolitischer Hinsicht für unzureichend, insbesondere in den von der Bundesregierung bewusst maßvoll gestalteten Lenkungseffekten sah sie den größten Mangel des Gesetzesentwurfs[1651]. Auch der Bundesrat stand dem Gesetz, allerdings parteiübergreifend, kritisch gegenüber, weil die haushaltspolitischen Belange der Länder nicht ausreichend berücksichtigt schienen. Bereits in seiner ersten Stellungnahme vom 5. Juli 1996 hatte der Bundesrat zur Verstärkung der ökologischen Wirkung und zur Sicherung des Steueraufkommens der Länder eine Änderung der Steuersätze in der Beschlussvorlage gefordert[1652]. Argumentiert wurde, dass die von der Bundesregierung gewählten Sätze nur für vier Jahre eine Aufkommensneutralität gewähren würden, danach sei mit Mindereinnahmen für die Länder zu rechnen[1653].

Ein viel gewichtigeres Problem für die Länder stellte jedoch die im ursprünglichen Gesetzesentwurf nur angekündigte Möglichkeit einer Beschlussfassung über die Zusammenfassung der Kraftfahrzeugsteuer auf die Mineralölsteuer bis zum 31. Dezember 2002 dar[1654]. Der Bundesrat hatte diese Umlegung schon in seiner ersten Stellungnahme abgelehnt, da zur Sicherstellung der Aufkommensneutralität über eine Zusammenlegung allenfalls unter der Voraussetzung einer grundgesetzlich abgesicherten Beteiligung der Länder am Mineralölsteueraufkommen nachgedacht werden könne[1655]. In den Beratungen hatte sich der Konflikt noch verschärft, da der Finanzausschuss aus der bloßen Ankündigung einer Umlegung einen Gesetzesbeschluss gemacht hatte, ohne irgendwelche Lösungsmöglichkeiten für die von den Ländern befürchteten Haushaltsprobleme anzubieten[1656]. Da die Länder allein aufgrund dieser Maßnahme Mindereinnahmen von 14 Mrd. DM befürchteten[1657], wurde in der Bundesratssitzung vom 19. Dezember 1996 der Vermittlungsausschuss angerufen.

Im Vermittlungsausschuss blieb es bei der Beibehaltung der von der Bundesregierung gewählten Steuersätze, allerdings konnte sich der Bundesrat mit seiner Forderung durchsetzen, dass die Kfz-Steuer nicht auf die Mineralölsteuer umgelegt wurde, so dass der Bundesrat am am 13. März 1997 die Zustimmung zu diesem Gesetz erteilte .

[1650] Bericht des Finanzausschusses, BT-Drs. XIII/6112, S. 22.
[1651] Bericht des Finanzausschusses, BT-Drs. XIII/6112, S. 21.
[1652] Stellungnahme des Bundesrates, BT-Drs. XIII/5360, S. 3.
[1653] Beschluss, BR-Drs. 902/96, S. 4.
[1654] GesEntw BRg, BT-Drs. XIII/4918, S. 8.
[1655] Stellungnahme des Bundesrates, BT-Drs. XIII/5360, S. 6.
[1656] Bericht des Finanzausschusses, BT-Drs. XIII/6112, S.22.
[1657] Beschluss, BR-Drs. 902/96, S. 5.

5.3. Gesetz zur Fortsetzung der wirtschaftlichen Förderung in den neuen Ländern vom 18. August 1997[1658]

Bei dem vom Bundestag am 20. Juni 1997 mit großer Mehrheit verabschiedeten Gesetz zur Fortsetzung der wirtschaftlichen Förderung in den neuen Ländern handelte es sich um eines der wenigen bedeutenderen Gesetze während der Amtszeit der christlich-liberalen Regierung in ihrer bisher letzten Amtszeit, denen der Bundesrat ohne vorherige Durchführung eines Vermittlungsverfahrens sofort zustimmte.

Erneut stand die Frage der Zukunft der finanziellen Förderung der ostdeutschen Wirtschaft im Mittelpunkt eines Gesetzesentwurfs, denn nach wie vor bestand für die Regierungskoalition beim Aufbau einer leistungsfähigen Wirtschaft in den neuen Bundesländern ein sehr großer Handlungsbedarf.
Obwohl sich Regierung und Koalition beim wirtschaftlichen Anpassungsprozess der neuen Bundesländer seit der Wiedervereinigung große Fortschritte bescheinigten, registrierten sie weiterhin schwerwiegende Probleme. Der Aufbau einer leistungs- und wettbewerbsfähigen Wirtschaft, die aus eigener Kraft am Markt bestehen konnte und ausreichende Einkommens-, Investitions- und Beschäftigungsmöglichkeiten bieten würde, erforderte nach Ansicht der Bundesregierung auch weiterhin eine Förderung auf hohem Niveau. Aus diesem Grund brachten die Regierungsfraktionen am 03. Juni 1997 einen Gesetzesentwurf in den Deutschen Bundestag ein, allerdings auch mit der ausdrücklichen Willensbekundung, dass mit der Verabschiedung dieser Vorlage die Voraussetzungen dafür geschaffen werden sollten, dass die hohen sozialen Transfers mittelfristig zurückgeführt werden könnten[1659]. Im Zentrum der neugestalteten Förderung sollten Unternehmen stehen, die sich im internationalen Wettbewerb behaupten mussten und deren Investitionsfähigkeit und Eigenkapitalausstattung aus diesem Grund zu verbessern waren[1660].

Mit der Neuregelung der wirtschaftlichen Förderung durch eine Konzentration auf die Investitionszulage ab 1999 und dem planmäßigen Auslaufen der Sonderabschreibungen nach dem Fördergebietsgesetz zum Ende des Jahres 1998 griff die Regierung einen von der SPD schon seit vielen Jahren geforderten Punkt auf[1661]. Auch bei CDU/CSU und FDP hatte sich die Erkenntnis durchgesetzt, dass die Sonderabschreibungen aufgrund der Gewinnsituation der mittelständischen Unternehmen nur in sehr geringen Umfange genutzt werden konnten. Darüber hinaus sollte durch diese Maßnahme das Fördersystem vereinheitlicht und transparenter gestaltet werden[1662].

Bei der Koalitionsvorlage handelte es sich um einen der wenigen steuerrechtlichen Gesetzesentwürfe, der mit ausreichendem Vorlauf und damit auch mit angemessener Dispositionsmöglichkeit für die Betroffenen ins parlamentarische Verfahren eingebracht worden war, sollten doch die Bestimmungen nach dem Gesetzesentwurf erst im Jahr 1999 in Kraft treten.

[1658] BGBl. 1997 I, S. 2070.
[1659] GesEntw Fraktionen von CDU/CSU und FDP, BT-Drs. XIII/7792, S. 1.
[1660] GesEntw Fraktionen von CDU/CSU und FDP, BT-Drs. XIII/7792, S. 1.
[1661] Vgl. bereits die Debatten während der vorangegangenen Legislaturperiode zum Steueränderungsgesetz 1991, Kap. VII. 4.2.1.
[1662] GesEntw Fraktionen von CDU/CSU und FDP, BT-Drs. XIII/7792, S. 1.

Um Unternehmen und Investoren eine klare zeitliche Perspektive zu geben, wurde das Förderkonzept für einen Zeitraum von sechs Jahren bis einschließlich 2004 angelegt[1663]. Bei der Ausgestaltung der Förderung sollte vor allem eine noch stärkere Ausrichtung auf die Bereiche der Wirtschaft erfolgen, die nach Ansicht der Koalition für den Aufbau einer wettbewerbsfähigen Wirtschaft entscheidend waren.

Zunächst enthielt der Gesetzesentwurf der Regierungsfraktionen keine Einschränkung der Investitionszulage, sondern noch eine Ausweitung. Neben den Unternehmen des verarbeitenden Gewerbes sowie kleineren und mittleren Handwerksbetrieben sollten in Zukunft nämlich auch die sog. produktionsnahen Dienstleistungen die Investitionszulage in Anspruch nehmen können, weil Bereiche wie Forschung und Entwicklung, Entwurf und Gestaltung sowie Werbung und Markterkundung für eine moderne und international wettbewerbsfähige Wirtschaftsstruktur in den neuen Ländern immer bedeutender wurden.
Die Koalition wollte damit dem Strukturwandel der modernen Industriegesellschaft hin zur Dienstleistungsgesellschaft Rechnung tragen[1664]. Erst ab dem Jahre 2002 sollte die Investitionszulage für den Handel und das Handwerk entfallen[1665]. Des Weiteren sollte der Zulagensatz für den Neubau von Betriebsgebäuden des verarbeitenden Gewerbes und der produktionsnahen Dienstleistungen ab 2002 eingeschränkt werden, für den Handel und das Handwerk bereits ab 2001[1666].
Die Regierungsmehrheit selbst nahm in Übereinstimmung mit den Oppositionsfraktionen im Finanzausschuss, dem der Gesetzesentwurf zur federführenden Beratung in der Bundestagssitzung vom 06. Juni 1996 überwiesen worden war, noch einige Erweiterungen vor. So wurden u.a. die steuerbefreiten Vermietungsgenossenschaften in die Investitionszulage aufgenommen sowie auf die gesetzliche Festschreibung der Absenkung der Investitionszulage verzichtet. Man beließ es bei einer Aufforderung durch den Bundestag an die Bundesregierung, zu prüfen, ob und in welchem Umfange eine Absenkung der Investitionszulage ab 2002 in Betracht käme[1667].

Schließlich befolgte der Finanzausschuss noch eine europarechtliche Vorgabe, indem eine Entscheidung der Kommission der Europäischen Gemeinschaften in dem Hauptprüfverfahren nach Art. 93 Abs. 2 EG-Vertrag zur steuerlichen Förderung von Investitionen in Berlin (West) in den Jahren 1996 bis 1998 (Investitionszulage von 10 v.H. für kleine und mittlere Betriebe des verarbeitenden Gewerbes und des Handwerks sowie Sonderabschreibungen nach dem Fördergebietsgesetz) umgesetzt wurde. Nachdem die Förderung von Berlin (West) nach dem Investitionszulagengesetz und dem Fördergebietsgesetz während des Hauptprüfverfahrens ausgesetzt worden war, konnte diese nun wieder fortgesetzt werden [1668].

Vor dem Hintergrund der schwierigen finanziellen Situation vieler mittelständischer Unternehmen in den neuen Ländern wurde die erhöhte Umsatzgrenze von 1 Mio. DM,

1663 GesEntw Fraktionen von CDU/CSU und FDP, BT-Drs. XIII/7792, S. 2.
1664 GesEntw Fraktionen von CDU/CSU und FDP, BT-Drs. XIII/7792, S. 7.
1665 GesEntw Fraktionen von CDU/CSU und FDP, BT-Drs. XIII/7792, S. 7.
1666 GesEntw Fraktionen von CDU/CSU und FDP, BT-Drs. XIII/7792, S. 7.
1667 Bericht des Finanzausschusses, BT-Drs. XIII/8059, S. 20.
1668 Bericht des Finanzausschusses, BT-Drs. XIII/8059, S. 20.

unterhalb derer die Umsatzsteuer erst nach Bezahlung der erbrachten Leistung zu entrichten war, bis Ende des Jahres 2004 verlängert[1669].

Die Zustimmung des Bundesrates erfolgte am 04. Juli 1997.

5.4. Gesetz zur Finanzierung eines zusätzlichen Bundeszuschusses zur gesetzlichen Rentenversicherung vom 19. Dezember 1997[1670]

Noch während sich die Gesetzesentwürfe für ein Steuerreformgesetz 1998/99 im parlamentarischen Verfahren befanden[1671], brachte die Koalition am 07. Oktober 1997 eine Beschlussvorlage zur Anhebung der Umsatzsteuer in den Deutschen Bundestag ein.Im Gegensatz zu den ursprünglichen Plänen der Regierungsfraktionen, eine Mehrwertsteuererhöhung als Gegenfinanzierung zu den beträchtlichen Steuerausfällen des Steuerreformgesetzes durchzuführen,[1672] enthielt diese Vorlage nun eine gänzlich andere Begründung für die Mehrwertsteuerinitiative.

Die Umsatzsteuererhöhung sollte dem gemeinsamen Ziel von Bundesregierung, Koalition, Gewerkschaften und Arbeitgeberverbänden dienen, die Lohnzusatzkosten zu senken. Durch die Rückführung der Sozialversicherungsbeiträge hoffte man die Arbeitskosten niedrig zu halten, um damit wettbewerbsfähige Arbeitsplätze zu erhalten[1673]. Eine Stützung der Sozialversicherungssysteme durch Zufuhr von Drittmitteln in Form von Steuergeldern war dringend nötig geworden, hatten doch die Beiträge zur gesetzlichen Rentenversicherung mittlerweile besorgniserregende Ausmaße angenommen[1674]. Durch die Anhebung des Mehrwertsteuersatzes von 15 auf 16 v.H. zum 01. April 1998 sollten die fiskalischen Voraussetzungen dafür geschaffen werden, dass der Bund einen Zuschuss in gleicher Höhe an die gesetzliche Rentenversicherung leisten konnte[1675]. Allerdings war die Mehrwertsteuererhöhung nicht das alleinige Mittel, um den explodierenden Beitragssätzen Herr zu werden. Bereits am 24. Juni 1997 hatten die Koalitionsfraktionen ein umfassendes Gesetzespaket zur Strukturreform der Rentenversicherung in den Deutschen Bundestag eingebracht[1676].

Während des Verfahrens vor dem Deutschen Bundestag herrschte bezüglich der steuerlichen Fragen zwischen den großen Parteien weitgehend Einmütigkeit, gingen doch die Vorschläge der SPD zur Senkung der Lohnnebenkosten sogar noch weiter, indem zusätzlich noch Mineralöl- und Heizölsteuer angehoben werden sollten. Obwohl sie sich damit nicht durchsetzen konnte, verweigerte sie dem Koalitionsentwurf nicht die Gefolgschaft [1677]. Bedenken hatte jedoch der kleine Koalitionspartner, da die FDP

[1669] GesEntw Fraktionen von CDU/CSU und FDP, BT-Drs. XIII/7792, S. 7.
[1670] BGBl. 1997, S. 3121.
[1671] Am 21. Oktober 1997 sollte die endgültige Verweigerung der Zustimmung durch den Bundesrat erfolgen.
[1672] Vgl. Kap. 3.5. dieses Hauptteils.
[1673] GesEntw Fraktionen von CDU/CSU und FDP, BT-Drs. XIII/8704, S. 8.
[1674] Am 30. Oktober 1997, nur einen Tag vor der zweiten Beratung dieses Gesetzesentwurfs musste der Bundesminister für Arbeit, Blüm, verkünden, dass der Beitragssatz zur Rentenversicherung auf 21 Prozent angestiegen war.
[1675] GesEntw Fraktionen von CDU/CSU und FDP, BT-Drs. XIII/8704, S. 8
[1676] GesEntw Fraktionen von CDU/CSU und FDP, BT-Drs. XIII/8011.
[1677] Bericht des Finanzausschusses, BT-Drs. XIII/8704, S. 5; die Streitpunkte zwischen Koalition und Opposition lagen nicht bei der Finanzierung des Bundeszuschusses, sondern bei den weiteren Sparmaßnahmen zur Stabili-

Steuererhöhungen grundsätzlich ablehnte, was jedoch trotzdem nicht dazu führte, dass sie dem Gesetz die Unterstützung verweigerte[1678].

Am 18. November 1997 rief der Bundesrat den Vermittlungsausschuss an, mit dem Ziel die Lohnkosten durch Herausnahme versicherungsfremder Leistungen aus der gesetzlichen Rentenversicherung bereits 1998 zu senken. Die Ablehnung des Gesetzesbeschlusses kam parteiübergreifend von allen Ländern. Stein des Anstoßes war in erster Linie die Frage, ob mit der Mehrwertsteuererhöhung sog. versicherungsfremde Leistungen finanziert werden sollten und ob die Mehreinnahmen einer dauerhaften zukünftigen Bezuschussung der Rentenkasse dienen sollten[1679]. Für den Bundesrat hatte vor allem das Problem der Rentenkassenbezuschussung Priorität, so dass die Frage geklärt werden musste, ob eine Erhöhung des Bundeszuschusses an die Rentenversicherung nicht schon auf das Jahr 1998 vorgezogen werden könne[1680].

In den Beratungen des Vermittlungsausschusses kam es allerdings nicht zu einem Kompromiss. Auf Wunsch der SPD wurde der zeitliche Zusammenhang zwischen der Mehrwertsteuererhöhung und dem Inkrafttreten der Strukturreform entkoppelt. Die SPD wollte nicht, dass mit der Zustimmung zur Mehrwertsteuererhöhung auch die zeitgleich verhandelte Strukturreform verabschiedet wurde, für die sie aufgrund ihrer inhaltlichen Kritik nicht die Verantwortung übernehmen wollte[1681]. Die isolierte Mehrwertsteuererhöhung zum 01. April 1998 konnte allerdings den damaligen Rentenbeitragssatz nur stabil halten, ohne jedoch eine Absenkung zu erreichen. Im Ergebnis bedeutete dies lediglich eine weitere Erhöhung der Steuer- und Abgabenlast, die von einigen CDU-Abgeordneten in der damaligen wirtschaftlichen Lage als völlig kontraproduktiv angesehen wurde[1682].

Durch das Gesetz sollte weiterhin sichergestellt werden, dass die Verabschiedung der Umsatzsteuererhöhung Voraussetzung für die Verabschiedung des Bundeszuschusses wurde, sowie dass das Mehraufkommen aus der Erhöhung allein dem Bund zustand[1683].

Als Folge der Anhebung des allgemeinen Umsatzsteuersatzes von 15 v.H. auf 16 v.H. mussten die landwirtschaftlichen Durchschnittsteuersätze für bestimmte Sägewerkserzeugnisse, Getränke und alkoholische Flüssigkeiten, die Pauschalsätze für den Vor-

---

sierung der Rente etwa den Rentenkürzungen, vgl. die Rede des SPD-Abgeordneten Dressler während der zweiten Beratung des Gesetzesentwurfs vor dem Deutschen Bundestag am 31. Oktober 1997, BT-PlPr. XIII/201, S. 18168 (A).

1678 Vgl. die Rede der FDP-Abgeordneten Babel während der zweiten Beratung des Gesetzesentwurfs vor dem Deutschen Bundestag am 31. Oktober 1997, BT-PlPr. XIII/201, S. 18175 (A); während der Beratungen des Finanzausschusses war die FDP abwesend, vgl. Bericht des Haushaltsausschusses, BT-Drs. XIII/8869, S. 5.

1679 So der sächsische Ministerpräsident während der Beratungen des Gesetzes vor dem Bundesrat am 28. November 1997, vgl. BR-PlPr. 1997/719, S. 546 (B).

1680 So der hessische Ministerpräsident Eichel (SPD) während der Beratungen des Gesetzes vor dem Bundesrat am 28. November 1997, vgl. BR-PlPr. 1997/719, S. 548 (A).

1681 So der Berichterstatter im Bundesrat, Vogel, am 19. Dezember 1997 vor dem Bundesrat, vgl. BR-PlPr. 1997/720, S. 578 (B).

1682 Aus diesem Grund verweigerten die CDU-Abgeordneten Merz und Schulz dem Ergebnis des Vermittlungsausschusses ihre Zustimmung, vgl. BT-PlPr. XII/210, S. 19240 (B).

1683 GesEntw Fraktionen von CDU/CSU und FDP, BT-Drs. XIII/8704, S. 8.

steuerabzug aus Reisekosten sowie für bestimmte kleinere Unternehmer ebenfalls erhöht werden. Der ermäßigte Steuersatz blieb unverändert bei 7 v.H[1684].

5.5. Gesetz zur Anpassung steuerlicher Vorschriften der Land- und Forstwirtschaft vom 29. Juni 1998[1685]

Die von den Regierungsfraktionen am 24. März 1998 eingebrachte Gesetzesinitiative zur Anpassung steuerlicher Vorschriften der Land- und Forstwirtschaft war ausschließlich auf deren finanziellen Belange ausgerichtet. Um die nach Ansicht der christlich-liberalen Koalition immer noch bestehenden Hemmnisse im Bereich der Entwicklung von bäuerlichen Betrieben zu wettbewerbsfähigeren Strukturen zu beseitigen, wurde die Vieheinheiten-Staffel zur Abgrenzung der gewerblichen von der nicht-gewerblichen Tierhaltung in § 13 EStG und § 51 BewG angepasst. Mit dieser Maßnahme sollten in erster Linie landwirtschaftliche Betriebe bei ihren Ausbau- und Erweiterungsbemühen unterstützt werden. Die Bundesregierung ging davon aus, dass der Großteil der Betriebe mit gewerblicher Tierhaltung die zulässigen Vieheinheitengrenzen erheblich überschritt, so dass die Anzahl der „Rückführbetriebe, d.h. gewerbliche Betriebe, die nach Öffnung der Vieheinheiten-Staffeln in den landwirtschaftlichen Status zurückgeführt würden, gering bleiben würde[1686].
Das Vorhaben stieß während der parlamentarischen Debatten nur auf den Widerstand der kleinen Oppositionsfraktion. Ein Vorschlag der SPD, die dem Vorhaben grundsätzlich zustimmte, den Vieheinheiten-Schlüssel auf dem die Staffel beruhte, ebenfalls zu überarbeiten und auf einen stärkeren Einklang von Agrar- und Umweltpolitik hinzuwirken, wurde von der Bundesregierung und der Koalitionsmehrheit im Ausschuss abgelehnt. Da eine Aktualisierung des Vieheinheitenschlüssels die Wertverhältnisse im Hauptfeststellungszeitraum betreffe, so hieß es zur Begründung, könne eine Überarbeitung nur bei einer grundsätzlichen Überprüfung der Einheitsbewertung erfolgen. Beim Umweltschutz würde durch den Gesetzesentwurf der Entstehung unerwünschter „Agrarfabriken" mit Massentierhaltung entgegengewirkt, da für die großen Betriebe kein Anreiz bestünde, diese in einen gewerblichen Betrieb umzuwandeln, weil dann die steuerlichen Vorteile für landwirtschaftliche Betriebe verloren gehen würden, die nach der Novelle in erheblich weiterem Umfange gewährt würden[1687].

Daneben enthielt der Gesetzesentwurf wiederum eine bereits ein Jahr zuvor schon einmal vorgenommene Anpassung des pauschalen Durchschnittssteuersatzes der Umsatzsteuer für Land- und Forstwirte von 9,5 v.H. auf 10 v.H. bzw. von 5 v.H. auf 6 v.H. aufgrund der vom 01. April 1998 geltenden allgemeinen Mehrwertsteuererhöhung auf 16 v.H[1688].

[1684] GesEntw Fraktionen von CDU/CSU und FDP, BT-Drs. XIII/8704, S. 8.
[1685] BGBl. 1998 I, S. 1692.
[1686] GesEntw Fraktionen von CDU/CSU und FDP, BT-Drs. XIII/10187.
[1687] Bericht des Finanzausschusses, BT-Drs. XIII/10315, S. 5.
[1688] GesEntw Fraktionen von CDU/CSU und FDP, BT-Drs. XIII/10187, S. 5.

5.6. Gesetz zur Änderung des Wohngeldgesetzes vom 16. Juli 1998[1689]

Das am 19. Juni 1996 vom Bundestag verabschiedete Gesetz zur Änderung des Wohngeldgesetzes enthielt neben Maßnahmen des sozialen Wohnrechts auch eine Verlängerung der ursprünglich auf Ende 1998 befristeten, ökologischen Zusatzförderung für bestimmte Energiesparmaßnahmen und Niedrigenergiehäuser bei nach dem Eigenheimzulagengesetz begünstigten Wohnobjekten bis Ende 2000. Mit dieser Verlängerung musste dass ursprünglich bei Einführung dieser Förderung vorherrschende Ziel eines nur kurzfristig wirkenden Anreizes aufgegeben werden. Es hatte sich herausgestellt, dass in vielen Fällen aufgrund von Bauverzögerungen eine Verlängerung geboten war. Aus diesem Grund erschien der Koalition bei Einbringung des Gesetzesentwurfs in den Deutschen Bundestag am 26. Mai 1998 die zweijährige Verlängerung zur Verstetigung der Förderung sachgerecht[1690].

Die Opposition stimmte mit diesem Ansatz inhaltlich voll überein, wobei diese ebenfalls gleichlautende Gesetzesinitiativen bzw. Anträge eingebracht hatte, die aber im federführenden Ausschuss für Raumordnung, Bauwesen und Städtebau übereinstimmend für erledigt erklärt wurden[1691].
Am 10. Juli 1998 erteilte auch der Bundesrat seine Zustimmung.

5.7. Drittes Finanzmarktförderungsgesetz vom 24. März 1998[1692]

Die Maßnahmen des Dritten Finanzmarktförderungsgesetzes, das von der Bundesregierung am 6. November 1997 in den Deutschen Bundestag eingebracht wurde, waren Teil des „Aktionsprogramms für Investitionen und Arbeitsplätze", das die Bundesregierung im Jahreswirtschaftsbericht von 1996 vorgelegt hatte. In diesem Aktionsprogramm spielte auch das Finanzmarktförderungsgesetz eine wichtige Rolle. Durch eine umfassende Deregulierung und Modernisierung insbesondere des Deutschen Risikokapitalmarkts sollte die Attraktivität der Eigenkapitalfinanzierung gegenüber der Aufnahme von Fremdkapital gestärkt werden, was sich positiv auf die Investitions- und Innovationsdynamik auswirken sollte. Ein effizienter Finanzplatz war nach Ansicht der Bundesregierung unerlässlich für Wachstum, Beschäftigung und eine funktionierende Wirtschaft[1693].

Eine wesentliche steuerliche Neuregelung war die Einbeziehung der mit diesem Gesetz neu zugelassenen Vermögen aus Investmentfondanteilen, gemischten Wertpapieren sowie Grundstücks- und Altersvorsorge-Sondervermögen in die steuerlichen Vorschriften des Investmentfonds. Weiterhin erfolgte auch eine Stärkung der Unternehmensbeteiligungsgesellschaften u.a. durch eine Verlängerung der Fristen für eine steuerfreie Veräußerung von Unternehmensbeteiligungen[1694]. Um zu vermeiden, dass etwa Industrieunternehmen, Banken, Versicherungen und vermögende Privatpersonen ihre nicht börsennotierten Beteiligungen missbräuchlicherweise in einer Unternehmensbe-

1689 BGBl. 1998 I, S. 1860.
1690 GesEntw Fraktionen von CDU/CSU und FDP, BT-Drs. X/10792, S. 4.
1691 Bericht des Ausschusses für Raumordnung, Bauwesen und Städtebau, BT-Drs. XIII/11036, S. 2.
1692 BGBl. 1998 I, S. 529.
1693 GesEntw BRg, BT-Drs. XIII/8933, S. 54, 55.
1694 GesEntw BRg, BT-Drs. XIII/8933, S. 65.

teiligungsgesellschaft zusammenfassten, wurden entsprechende Sicherungen in das UBGG eingebaut[1695]. Im Finanzausschuss erfolgte noch eine dem Anliegen des Gesetzesentwurfs an sich sachfremde Änderung des Investitionszulagengesetzes 1996, mit denen erneut europarechtlichen Vorgaben entsprochen werden musste. Der erst durch das Jahressteuergesetz 1996 vorgenommenen Verlängerung des Begünstigungszeitraums für vor dem 1. Juli 1994 begonnene Investitionen um zwei Jahre bis zum 31. Dezember 1998 hatte die EU-Kommission widersprochen und sie nicht mit dem Gemeinsamen Markt vereinbar erklärt, weshalb der Rechtszustand vor der Änderung hergestellt werden musste[1696].

5.8. Gesetz zur Anpassung der technischen und steuerlichen Bedingungen in der Schifffahrt an den internationalen Standard – Seeschifffahrtsanpassungsgesetz vom 09. September 1998[1697]

Das letzte Gesetz, das in der sechzehnjährigen Regierungszeit der christlich-liberalen Koalition verabschiedet wurde und das zumindest teilweise steuerrechtlich relevante Materien behandelte, war das am 29. Januar 1998 in den Deutschen Bundestag eingebrachte Seeschifffahrtsanpassungsgesetz. Ziel dieses Gesetzes war es, die einem starken internationalen Wettbewerb ausgesetzte deutsche Handelsflotte durch eine Anpassung der Rahmenbedingungen zu stärken[1698]. Danach mussten Arbeitgeber, die eigene oder gecharterte Handelsschiffe betreiben, 40 v.H. der Lohnsteuer, die sie vom Arbeitslohn der Besatzungsmitglieder einbehielten, nicht an das Finanzamt abzuführen.

[1695] GesEntw BRg, BT-Drs. XIII/8933, S. 67.
[1696] Bericht des Finanzausschusses, BT-Drs. XIII/9874, S. 137.
[1697] BGBl. 1998 I, S. 1158.
[1698] GesEntw BRg, BT-Drs. XIII/9722, S. 1.

X. Rückblick auf die dreizehnte Legislaturperiode

Die Steuergesetzgebung in der Bundesrepublik Deutschland war in der dreizehnten Legislaturperiode entscheidend dadurch bestimmt, der immer bedrohlicher werdenden Situation auf dem deutschen Arbeitsmarkt durch eine steuerliche Entlastung der Betriebe zur Belebung der Investitionsbereitschaft Herr zu werden.
„Alle wirtschafts- und finanzpolitischen Entscheidungen müssen sich in diesen Tagen an einem einzigen Ziel orientieren, nämlich daran, ob sie der Erhaltung und Schaffung von Arbeitsplätzen, der Stärkung des Wirtschaftsstandortes Deutschland gerecht werden", führte die finanzpolitische Sprecherin der CDU/CSU-Bundestagsfraktion, Hasselfeldt[1699], in einer Rede zum Jahressteuergesetz 1997 aus[1700].

Zur Durchsetzung dieses Zieles hatte die sich bereits in der zwölften Legislaturperiode abzeichnende Tendenz, angesichts der angespannten Situation der öffentlichen Haushalte, das Betriebsvermögen gegenüber dem Privatvermögen stärker zu entlasten bzw. zu fördern, sich weiter verstärkt. Einzige Ausnahme war die Abschaffung der Vermögensteuer, bei der das Regierungslager der Versuchung widerstand, eine Aufspaltung der Vermögensteuer in eine Privatvermögensteuer und eine nicht anzuwendende Betriebsvermögensbesteuerung vorzunehmen.

Obgleich diese Steuergesetzgebung beschäftigungspolitisch begründet war, war sie mit steuersystematischen Grundsätzen nur schwer zu vereinen. Denn das Prinzip der Leistungsfähigkeit kennt keine „guten" und „bösen" Erträge, was von Regierung und Koalitionsfraktionen in anderen Fällen, z.B. während der Debatten im Rahmen des Steuerreformgesetzes 1990 bei der Frage der Abschaffung der Steuerfreiheit für Schichtzulagen, stets betont wurde[1701]. Weiterhin ließ eine solche Differenzierung in der Steuergesetzgebung das Potential eines möglichen „Arbeitsmarkts" in Privathaushalten ungenutzt, das nicht nur durch an für sich unsystematische Freibeträge für Haushaltspersonal hätte gefördert werden können[1702], sondern auch durch eine generelle steuerliche Entlastung privater Haushalte. Selbst wenn eine derartige finanzielle Entlastung nicht unmittelbar zu neuen Arbeitsplätzen geführt hätte, so wäre durch einen gesteigerten Konsum eine Stärkung der Binnennachfrage möglich gewesen[1703].

[1699] Gerda Hasselfeldt, geb. am 07. Juli 1950, 1969-1975 Studium der Volkswirtschaftslehre, 1975-1987 Mitarbeiterin bei der Bundesanstalt für Arbeit, zuletzt Leiterin der Abteilung Berufsberatung im Arbeitsamt Deggendorf, seit 1969 Mitglied der CSU, seit 1987 Mitglied des Deutschen Bundestages, 1989-1991 Bundesministerin für Raumordnung, Bauwesen und Städtebau, 1991-1992 Bundesministerin für Gesundheit, 1995-2002 finanzpolitische Sprecherin der CDU/CSU-Bundestagsfraktion.

[1700] Vgl. BT-PlPr. XIII/135, S. 12040 (D).

[1701] Vgl. Kap. V. 3.2.1.3.

[1702] Die Petersberger Steuerreformkommission hatte sich bewusst für eine Beibehaltung des Aufwendungsabzuges für hauswirtschaftliche Beschäftigungsverhältnisse ausgesprochen, um die mit diesem Instrument beabsichtigten positiven Auswirkungen auf dem Arbeitsmarkt nicht zu behindern, vgl. Vorschläge der Steuerreformkommission, NJW 1997, Beilage Heft 13, 5, 9.

[1703] Zum Ende der Regierungszeit von Bundeskanzler Kohl während der Debatten zu den Steuerreformgesetzen 1998/1999 wurde jedoch vom kleinen Koalitionspartner im Hinblick auf einen beschäftigungswirksamen Effekt deutlicher Unmut geäußert über die Verkürzung der Diskussion auf ausschließlich gewerbliche Einkünfte. Auch in den anderen Einkunftsbereichen seien Beschäftigungsverhältnisse bzw. Potentiale für derartige Verhältnisse vorhanden. Vgl. die Rede des Abgeordneten Solms (FDP) während der ersten Beratung des Steuerreformgesetzes 1999 vor dem Deutschen Bundestag am 25. April 1997, BT-PlPr. XIII/173, 15609 (C).

Selbstverständlich kann aber eine Bewertung dieser Differenzierung in der Steuergesetzgebung die Situation der öffentlichen Haushalte nicht außer Acht lassen. Da nur ein eingeschränkter finanzieller Spielraum für steuerliche Entlastungen vorhanden war, sollte dieser allein den Unternehmen zugute kommen, da nur betriebliche Investitionen die Schaffung einer größeren Zahl von Arbeitsplätzen garantierten.
Obwohl von der Regierung nicht explizit darauf verwiesen wurde, liegt die Annahme nahe, dass sich die Regierung der durch die Differenzierung von privatem und betrieblichem Vermögen entstehenden steuersystematischen Nachteile sehr wohl bewusst war[1704]. Eine der Entlastung der Betriebsvermögen vergleichbare Absenkung der steuerlichen Belastung im privaten Bereich wäre aber vermutlich am politischen Widerstand der Opposition gescheitert. Diese hatte schließlich bei der Absenkung des Spitzeneinkommensteuersatzes auf gewerbliche Einkünfte immer wieder davor gewarnt, die Reduzierung der gewerblichen Einkommensteuer als Einstieg in eine allgemeine Reduzierung der Spitzensteuersätze zu nutzen. Diese aus „sozialen“ Gerechtigkeitsvorstellungen resultierende Grundeinstellung der Opposition erscheint allerdings mit Blick auf andere Bekundungen der SPD, mit denen z.B. eine Stärkung der Binnennachfrage gefordert wurde, sehr widersprüchlich.

Die Steuergesetzgebung war zu Beginn der Legislaturperiode ähnlich wie bereits in der 12. Legislaturperiode durch eine gewisse Hektik und Konzeptlosigkeit geprägt. Mit dem Jahressteuergesetz 1996 hatte die Steuergesetzgebung in Deutschland unter der christlich-liberalen Regierung allerdings einen Tiefpunkt erreicht. Dem Gesetz fehlte jegliche innere Struktur bzw. größerer systematischer Zusammenhang. Hinzu kam eine Unberechenbarkeit für die Betroffenen, da bedeutende Teile des Reformpaketes während des gesamten parlamentarischen Verfahrens immer wieder geändert wurden. Charakteristisch für dieses „Steuerchaos“ war die Frage der steuerlichen Berücksichtigung des Existenzminimums, aber auch die Maßnahmen der Opposition im Bundesrat, durch die auf einmal z.B. Änderungen bei der einkommensteuerrechtlichen Bemessungsgrundlage vorgenommen wurden, die teilweise sogar dem objektiven Nettoprinzip widersprachen.

Erst die großen Gesetzesinitiativen gegen Ende der Legislaturperiode wurden dabei dem Anspruch, eine umfassende Steuerreform mit einem systematischen Neuordnung auf den Weg zu bringen, zu einem gewissen Maß gerecht. Allerdings war auch diese Steuerreform, wie der Auftrag an die Petersberger Kommission zeigt, nicht aus der Einsicht geboren, dass man in Deutschland wieder zu einer einfachen und verständlichen Einkommensteuer finden müsse[1705], sondern war vielmehr als Belebung und Stärkung der deutschen Wirtschaft, die unter großem internationalem Druck stand, gedacht[1706]. Nicht von ungefähr nannte die Petersberger Kommission als erstes Re-

[1704] Allerdings gab es eine Aussage des CSU-Landesgruppenvorsitzenden, Glos, während der zwölften Legislaturperiode im Rahmen der Debatten um den Solidaritätszuschlag, dass der Spitzensteuersatz der Einkommensteuer in Verbindung mit dem Solidaritätszuschlag bei 58 v.H. liegen würde, was für den privaten Bereich vertretbar, für die gewerbliche Wirtschaft aber zu hoch sei, vgl. BT-PlPr, XII/161, S. 13716 (A).
[1705] Was über alle positiven Wirkungen für Wirtschaft und Beschäftigung hinaus, einer der substantiellen Grundaufträge einer verfassungsmäßigen Steuergesetzgebung ist, siehe hierfür z.B. Lang, Entwurf einer Reform der Einkommensbesteuerung, Münsteraner Symposium Band II.
[1706] Vgl. Kap. 3.5. dieses Hauptteils.

formziel, die steuerlichen Rahmenbedingungen für Investitionen zu verbessern, damit *Arbeitsplätze*[1707] gesichert und neue Arbeitsplätze geschaffen werden konnten[1708]. Erst danach wurde die Schaffung von Steuergerechtigkeit und Vereinfachung genannt.

Finanzminister Waigel verdeutlichte diese Haltung in der zweiten Beratung der beiden nun zusammengeführten Gesetzesentwürfe in der 184. Sitzung des Deutschen Bundestages am 26. Juni 1997: „Es geht jetzt um die Frage, ob wir in der Lage sind, den Standort Deutschland in einer gemeinsamen Kraftaktion für das 21. Jahrhundert zu rüsten oder ob wir im internationalen Wettbewerb zurückfallen. Das bedeutet: Schaffen wir die Wende auf dem Arbeitsmarkt, oder begleitet uns die Massenarbeitslosigkeit für lange Zeit?“[1709].

Wie schon die Steuergesetze Ende der 80er Jahre basierte auch der letzte Versuch einer großen Steuerreform der christlich-liberalen Regierung auf dem grundsätzlichen Leitansatz einer Bereinigung bzw. deutlichen Reduzierung der steuerlichen Bemessungsgrundlage von Subventionen und Lenkungsvorschriften bei gleichzeitiger deutlicher Absenkung der Steuertarife.

Getrübt wurden die positiven Ansätze, die in weiten Teilen den bereits in der zehnten Legislaturperiode von einem Großteil der Steuerrechtswissenschaft geforderten Prinzipien entsprachen, durch die Erkenntnis, dass es, wie bereits beim Steuerreformgesetz 1990, keinen durchgehaltenen systematischen Anknüpfungspunkt für eine Verbreiterung der steuerlichen Bemessungsgrundlage gab[1710]. Beispiele für diese Betrachtung lassen sich bereits im Gesetz zur Fortsetzung der Unternehmenssteuerreform vom 29. Oktober 1997 finden. Die Untersagung von Drohverlustrückstellungen durch den neu eingefügten § 5 Abs. 4a EStG stellte eine fundamentale Durchbrechung des Imparitätsprinzips dar und bewirkte in Wahrheit keine echte Verbreiterung der Bemessungsgrundlage, sondern einen vorzeitigen Zugriff auf künftige Besteuerungsgrundlagen[1711].

Das Steuerreformgesetz 1998/1999 war aber neben seinem steuersystematischen Ansatz noch unter einem anderen Gesichtspunkt beachtlich. Obwohl es ebenfalls Maßnahmen zur Gegenfinanzierung der durch die Tarifabsenkung verursachten steuerlichen Ausfälle vorsah, verabschiedete sich die Bundesregierung mit einem Nettoentlastungsvolumen von unter den gegebenen haushaltspolitischen Bedingungen beachtlichen 30 Mrd. DM[1712] vom „Dogma“ der Aufkommensneutralität einer Steuerreform, das weite Teile der größeren steuerlichen Reformvorhaben in den neunziger Jahren geprägt hatte[1713]. Die geplante Durchführung einer deutlichen Nettoentlastung durch das Steuerreformgesetz 1998/1999 wirft zudem ein schlechtes Licht auf die Steuervorhaben der Jahre zuvor. Letztlich implizierte diese auch ein Eingeständnis früherer Versäumnisse der Bundesregierung, denn die Rechtfertigung einer aufkommensneutralen

---

1707 Hervorhebung durch die Kommission.
1708 Vgl. Vorschläge der Steuerreform-Kommission, NJW 1997, 5, 5.
1709 Vgl. BT-PlPr. XIII/184, S. 16539, (C).
1710 Raupach, StbJb 1998/99, 1, 12.
1711 Raupach, StbJb 1998/99, 1, 12.
1712 GesEntw BRg, BT-Drs. XIII/7917, S. 2.
1713 Vgl. nur das Gesetz zur Fortsetzung der Unternehmenssteuerreform in dieser Legislaturperiode, Kap. 3.3. des vorangegangenen Hauptteils, sowie die Maßnahmen zur Gegenfinanzierung der Unternehmensentlastungen beim Standortsicherungsgesetz in der zwölften Legislaturperiode, Kap. VII. 4.6.5.

„Steuerentlastung“ in der Vergangenheit war immer mit einer Belastung der öffentlichen Hand verbunden gewesen. Die Situation in den öffentlichen Haushalten hatte sich jedoch im Vergleich zu den vergangenen Gesetzesinitiativen nicht wesentlich verändert, so dass sich die Bundesregierung fragen lassen musste, warum nun plötzlich eine Nettoentlastung möglich war, während diese zuvor an der angespannten Finanzsituation gescheitert war.

Insbesondere das Jahressteuergesetz 1996 hätte durch die Umsetzung der Vorschläge der „Bareis-Kommission“ [1714] bereits eine große Steuerreform enthalten können, die in der wesentlichen Grundausrichtung mit den „Petersberger Beschlüssen“ übereingestimmt hätte. Diese Chance hatte die Bundesregierung jedoch aus Furcht vor den Konsequenzen und mangelnder politischer Durchsetzungsfähigkeit vertan, wie der Fraktionsvorsitzende der CDU/CSU, Wolfgang Schäuble, während der ersten Beratung der Koalitionsvorlage für ein Steuerreformgesetz 1999 in der 173. Sitzung des Deutschen Bundestages am 25. April 1997[1715] einräumte, nur um schließlich zwei Jahre später unter dem Druck der äußeren Umstände erneut handeln zu müssen[1716].

Als sich die Regierung zu einer Umsetzung der Steuerpläne entschloss, war es bereits zu spät. Die Erfahrungen der vergangenen Legislaturperioden, insbesondere was das Steuerreformgesetz 1990 anbetraf, hatten gezeigt, dass eine Steuerreform dieses Ausmaßes im Laufe des parlamentarischen Verfahrens einem außerordentlichen Druck der verschiedensten Interessengruppen ausgesetzt war. Die Koalition wollte in zu kurzer Zeit einen für die politischen Verhältnisse zu radikalen Schnitt in das bestehende Steuerrecht. Schließlich kam als finaler Hinderungsgrund die bereits angesprochene Blockadepolitik der oppositionsgeführten Ländermehrheit im Bundesrat dazu, die allerdings auch nur aufgrund der bereits weit vorangeschrittenen Legislaturperiode möglich war. Ein Politik des Verhinderns hätte die Opposition über eine ganze Legislaturperiode höchstwahrscheinlich nicht durchhalten können.

Dass insbesondere der Union unter den schlechten Bedingungen der angespannten Haushaltssituation die nötige Kraft für eine umfassende Reform gefehlt hatte, zeigen vor allem die steuerpolitischen Initiativen zur Vermögensteuer. Obwohl der Wille zur Abschaffung bereits 1990 geäußert wurde und die Absicht für eine grundsätzliche Rückführung der ertragsunabhängigen Besteuerung schon zu Beginn des Regierungsantritts Anfang der 80er Jahre erkennbar war, hätte die Vermögensteuer ohne die besonderen Umstände wahrscheinlich nicht abgeschafft werden können. Erst durch einen Beschluss des Bundesverfassungsgerichts gezwungen, brachte die Bundesregierung die Abschaffung durch eine Regierungsvorlage überhaupt auf die politische Tagesordnung und erst der Beschluss eröffnete der Koalition die rechtliche Möglichkeit, zu einer Nichtanwendung des Vermögensteuergesetzes zu gelangen.
Rückblickend wirkt das letzte wirklich umfassende Steuerreformvorhaben der bürgerlichen Regierung wie das letzte verzweifelte Aufbäumen eines angeschlagenen Bo-

[1714] Vgl. Kap. IX 3.1.
[1715] Vgl. BT-PlPr. XIII/173, S. 15618 (A).
[1716] Der Fraktionsvorsitzende nannte hier vor allem die weiterhin gravierenden Schwierigkeiten auf dem Arbeitsmarkt sowie die tiefgreifenden Veränderungen aufgrund der Globalisierung, die verbesserte Rahmenbedingungen dringend erforderlich machten, vgl. BT-PlPr. XIII/173, S. 15618 (A).

xers. Die Regierung wollte mit den letzten großen Reformen, die sich nicht nur auf das Steuerrecht beschränkten, noch einmal das Ruder herumreißen und ihr zu dieser Zeit angeschlagenes Image verbessern.
Festzustellen bleibt jedoch, dass sich die christlich-liberale Koalition trotz anders lautender Lippenbekenntnisse nach der Wiedervereinigung nie zu einer wirklich umfassenden Steuerreform durchringen konnte. Positive Ansätze einer Steuerpolitik waren zumeist nur punktuell auf die Wirtschaft gerichtet und hatten ausschließlich beschäftigungswirksame Effekte als Ziel und nicht eine umfassende systematische Bereinigung des Steuerrechts. Zudem waren sie oft von Gegenfinanzierungsmaßnahmen begleitet, die den Entlastungseffekt an anderer Stelle konterkarierten.

Das Steuerreformgesetz scheiterte maßgeblich am Widerstand der Opposition im Bundesrat. Das Verhalten der A-Länder im Bundesrat zum Ende der bürgerlichen Regierung von CDU/CSU und FDP wurde in politischen Kommentaren oft als Blockadepolitik beschrieben. Zumindest was die Steuerreformgesetze 1998 und 1999 anbetrifft, ist diese Aussage zutreffend, denn entgegen anderslautender Aussagen der Oppositionspolitiker von SPD oder Bündnis 90/Die Grünen bestand im Bundesrat und im Vermittlungsausschuss keine Kompromissbereitschaft, um zumindest das grundlegende Ziel der Regierung mitzutragen. Dies zeigte sich bereits daran, dass die Opposition im Vermittlungsausschuss einfach ihr eigenes Konzept eines Steuerreformgesetz durchsetzte, das sie bereits als Entschließungsantrag im Finanzausschuss vorgelegt hatte und mit dem ein völlig anderer Ansatz verfolgt wurde als mit dem Regierungskonzept[1717].

Neu war dieses Verhalten der SPD allerdings nicht. Bereits beim Steueränderungsgesetz 1992 hatte der Vorsitzende des Finanzausschusses die Opposition angehalten, den Bundesrat nicht parteipolitisch zu instrumentalisieren[1718]. Während eine Einigung über das zu verabschiedende Steuergesetz in den Jahren zuvor jedoch nicht scheiterte, wurde bei den Steuerreformgesetzen 1998 und 1999 von Beginn an auf die Verhinderung der Verabschiedung hingearbeitet.

Bevor die christlich-liberale Regierung mit der Umsetzung der „Petersberger Beschlüsse" im Bundesrat scheiterte, war es ihr zuvor allerdings endlich gelungen, mehrere Vorgaben einer Unternehmenssteuerreform umzusetzen. So konnte mit der Abschaffung der Vermögensteuer und der Gewerbekapitalsteuer einer langjährigen Forderung aus der Wirtschaft nach Rückführung der ertragsunabhängigen Besteuerung gerecht werden.
Allerdings mangelte es auch diesen Reformen, insbesondere bezüglich der Änderungen der Gewerbesteuer, an einer grundsätzlichen Einbettung in eine umfassende Finanzstrukturreform, so dass es letztlich bei Einzelmaßnahmen blieb. Lediglich die finanziellen Ausgleichsmaßnahmen für Kommunen und Länder durch eine Anhebung der Grunderwerbsteuer sowie eine Änderung der Gewerbesteuerumlage wurden umgesetzt. Was zum Gelingen einer durchgreifenden Gewerbesteuerreform notwendig gewesen wäre, nämlich die Entstrickung des staatlichen Finanzierungssystems, das über

[1717] Vgl. Bericht des Finanzausschusses, BT-Drs. XIII/8020, S. 37.
[1718] Vgl. Kap. VII 4.4.2.

alle drei Ebenen sowohl auf Einnahmen- als auch auf der Ausgabenseite verflochten war, blieb jedoch aus.
Die Reform der Gewerbesteuer ließ weiterhin unberücksichtigt, dass jede nachfolgende Änderung der Bemessungsgrundlage der Einkommensteuer, die schließlich von der Koalition selbst in großem Umfang durch das Steuerreformgesetz 1998/99 geplant war, auch wenn sie ausschließlich der Verwirklichung des Nettoprinzips gedient hätte, zu einer Erhöhung der Gewerbesteuerbelastung für die Unternehmen führen würde. Während jedoch bei der bundesstaatlichen Steuerreform eine Verbreiterung der Bemessungsgrundlage mit der Absenkung der Steuertarife einhergehen konnte, würden die Hebesätze der Gemeinden unberührt bleiben.

XI. Faktoren der Steuergesetzgebung

Auch und vor allem für die deutsche Steuergesetzgebung während der Amtszeit der christlich-liberalen Regierung von 1983 bis 1998 ist die Feststellung zutreffend, dass die Steuergesetzgebung nicht von den geforderten, großen Reformen gekennzeichnet war, sondern vielmehr durch deren gänzliches Ausbleiben bzw. der nur halbherzig durchgeführten Umsetzung der Änderungsvorschläge. Dass eine umfassende Steuerreform scheiterte, hatte allerdings nicht damit zu tun, dass die Parlamentarier im Unklaren darüber waren, wie zumindest die wesentlichen Eckpfeiler einer wirklichen Strukturreform auszugestalten sein müssten . Immerhin gab es eine Vielzahl von Problemanalysen und Lösungsvorschläge aus der Fachwelt. Die Steuergesetzgebung litt keineswegs an einem Erkenntnisproblem. Vielmehr gab es im Deutschen Bundestag ein Umsetzungsproblem.

Einer der wesentlichsten Faktoren für die deutsche Steuergesetzgebung stellte die Situation der öffentlichen Haushalte dar. So konnte in der elften Legislaturperiode überhaupt nur an das Steuerreformgesetz 1990 mit seiner umfassenden Tarifreform gedacht werden, weil die christlich-liberale Koalition seit ihrem Amtsantritt im Jahre 1983 durch eine konsequente Sparpolitik die notwendigen finanziellen Spielräume geschaffen hatte, um eine umfangreiche Nettoentlastung vorzunehmen. Die gegenläufige Entwicklung wurde nach der Wiedervereinigung deutlich, als die Bundesregierung der Versuchung erlag, den wirtschaftlichen und sozialen Problemen in den neuen Bundesländern durch eine expansive Transferpolitik zu begegnen. Ab diesem Zeitpunkt wurde auch der Begriff der „Aufkommensneutralität“ einer Steuerreform geprägt.

Das Problem der Finanzierbarkeit einer umfassenden Steuerreform wurde verstärkt durch die äußerst komplizierte bundesrepublikanische Finanzverfassung, bei der sich die Auswirkungen fast aller wesentlicher steuerrechtlicher Entscheidungen auf allen drei staatlichen Ebenen bemerkbar machten, womit sich der Kreis der betroffenen Interessen erheblich vergrößerte. Besonders deutlich wurde dies bei der Reform der Gemeindesteuern. Eine wirklich große Steuerreform hätte aus diesem Grund auch das föderale Finanzierungsgeflecht entwirren müssen und zwar nicht nur auf der Einnahmeseite, sondern auch auf der Ausgabenseite. Anderenfalls werden die Kommunen nur schwerlich auf Finanzquellen und Finanzmittel verzichten, wenn es für sie keine Gewähr gibt, dass nicht beispielsweise der Bund zukünftig durch Bundesgesetz den Gemeinden Aufgaben zuweist, deren Finanzierung durch die Gemeinden nicht gesichert werden kann.

Ein nicht zu vernachlässigender Aspekt für den Erfolg einer sog. „Großen Steuerreform“ ist in jedem Falle die persönliche Überzeugungskraft sowie die absolute Identifikation des verantwortlichen Regierungsmitglieds, sei es der Bundeskanzler persönlich oder der Bundesfinanzminister, mit der geplanten Neuregelung. Aufgrund des parlamentarischen Systems, in dem so unterschiedliche Verbands- und Partikularinteressen, und zwar nicht nur durch Verbände in den öffentlichen Anhörungen, sondern auch Abgeordnete aus den eigenen Reihen oder dem Koalitionspartner, auf das Reformwerk einwirken, ist dieses hohe Maß an persönlicher Standfestigkeit zur Durchsetzung einer entscheidenden Reform dringend notwendig. Wird daher nur ein halbherziger Versuch gewagt, ist ein wirklich großer Wurf von Anfang an zum Scheitern verurteilt[1719].

Das Bedürfnis an Leidensfähigkeit der Reformprotagonisten wird zum anderen aber auch durch die Komplexität der Materie „Steuerrecht" noch verstärkt. Aufgrund einer immer wieder diagnostizierten fehlenden Sachkenntnis und zwar nicht nur bei der breiten Öffentlichkeit, sondern auch in Medienkreisen, sind gerade Fragen des Steuerrechts ausgesprochen anfällig für verkürzende Darstellungen und Stimmungsmache.

Unrühmlich in diesem Zusammenhang hat sich in der Regierungszeit der christlich-liberalen Koalition vor allem die SPD gezeigt. Bestes Beispiel hierfür war die Erhöhung der Kinderfreibeträge. Während in der juristischen Fachwelt weitgehend Einigkeit darüber bestand, dass Kinderfreibeträge der Verwirklichung des subjektiven Nettoprinzips dienen[1720], weil sie der geminderten Leistungsfähigkeit des Steuerpflichtigen durch zwangsläufige Unterhaltsverpflichtungen am ehesten entsprechen, prangerte die Opposition sie aufgrund einer angeblich sozialen Schieflage besonders heftig an[1721]. Dabei verwies die SPD ausschließlich auf absolute Entlastungszahlen, die natürlich im Rahmen eines progressiven Steuersatzes bei steigendem Einkommen immer höher ausfallen. Griffig formuliert brachte es die SPD auf die Aussage: „Jedes Kind muss dem Staat gleich viel wert sein." Ähnlich verfuhr die Opposition bei den durchgeführten Tarifsenkungen. Hier beschränkte sie sich ebenfalls darauf, die prozentuale Entlastung von sog. Spitzenverdienern der Entlastung von Beziehern kleinerer und mittlererer Einkommen gegenüberzustellen, ohne dabei zu erwähnen, wie hoch der jeweilige Anteil dieser Gruppen am Gesamtsteueraufkommen war. Die verkürzende Darstellung, dass auch „die starken Schultern" ihren Beitrag zur Finanzierung der notwendigen Reformen leisten müssten[1722], was auch in den aktuellen Debatten zur Steuer- und Finanzpolitik immer wieder zu hören ist, verschleiert, dass bereits über 50 v.H. des gesamten Steueraufkommens von nur etwa 10 v.H. der Steuerpflichtigen getragen werden[1723]. Die Feststellungen der Opposition waren zwar nicht falsch, schilderten jedoch nur ein Bruchstück der Gesamtsituation. Dadurch entstand das Zerrbild, die christlich-liberale Regierung betreibe ausschließlich eine Interessenpolitik ohne jedwede sachliche Motivation, die einseitig die sog. Besserverdienenden begünstige.

[1719] Der Parlamentarische Staatssekretär beim Bundesministerium der Finanzen, Häfele (CDU), führte hierzu bereits kurz nach dem Regierungsantritt der christlich-liberalen Koalition aus: .....Der Regierungswechsel 1982 hat für die Bundesrepublik Deutschland die Chance eröffnet, sich an diesen neuen, „alten" Erkenntnissen auszurichten. Vermutlich wäre es gleich nach dem Regierungswechsel möglich gewesen, mit noch mutigeren „Befreiungsschlägen", auf verschiedenen Feldern,....auch in der Finanzpolitik, die Wachstumskräfte stärker und nachhaltiger zu entfalten. Der gewählte vorsichtigere Weg bedarf größerer Geduld. Es geht nicht von heute auf morgen. Es ist ein mühsamer, langer Weg, der Kraft und Durchhaltevermögen voraussetzt. Wir stehen in einem Jahrzehnt des Jätens und Säens." Vgl. Hamburger Jahrbuch für Gesellschafts- und Wirtschaftspolitik 1985, 85, 86.

[1720] Vgl. die Sachverständigenanhörungen während der Verabschiedung des Steuersenkungserweiterungsgesetzes 1986/1988, Kap. III. 3.2.2.

[1721] Siehe hierzu bereits in der zehnten Legislaturperiode das Steuersenkungsgesetz 1986/1988, Kap. III. 3.2.2.

[1722] So etwa der ehemalige niedersächsische Ministerpräsident Gabriel (SPD), vgl. FAZ vom 30. April 2003, S. 15.

[1723] Vgl. die Veröffentlichungen des Bundesministeriums der Finanzen aus dem Jahre 2003, FAZ vom 30. April 2003, S. 15.

Dabei verfolgte die SPD in der Ablehnung der Steuervorhaben der christlich-liberalen Regierung jedoch auch keinen konsequenten Kurs. So bediente sie sich steuersystematischer Einwände und Begründungen für bestimmte Gesetzesänderungen, wie es ihr gerade beliebte, und vor allem wie es für ihre Rolle als Oppositionspartei opportun erschien. So griff sie die Bevorzugung des Betriebsvermögens im Rahmen der erbschaft- und schenkungsteuerrechtlichen Bemessungsgrundlagen, wie beispielsweise beim Standortsicherungsgesetz 1994[1724], als unsystematisch und einen Verstoß gegen Art. 3 GG an, während sie z.B. bei der Frage der Besteuerung von Lohnzuschlägen für Nacht- und Feiertagsarbeit systematische Argumente nicht gelten lassen wollte.

Allerdings ist festzuhalten, dass die parteipolitischen Unterschiede bei der Steuergesetzgebung in der konkreten Parlamentsarbeit oftmals nicht sehr deutlich hervortraten. Obwohl auch Vertreter der christlich-liberalen Koalition immer wieder eine umfassende Steuerreform angekündigt hatten, die gerade zum Abbau lobbyistisch begründeter Steuervergünstigungen führen sollte, betrieb die Regierung teilweise selbst eine ausgeprägte Klientelpolitik. Hier ist vor allem die steuerliche Bevorzugung der Land- und Forstwirtschaft zu nennen, vor deren weiterer Ausweitung bereits beim Steuerbereinigungsgesetz 1985 gewarnt wurde, deren Förderung aber dann durch die christlich-liberale Koalition in der Folgezeit doch weiter betrieben und sogar ausgebaut wurde. Dabei gab es durchaus auch innerhalb der Regierungskoalition erhebliche Meinungsverschiedenheiten, wobei sich in der Regel die FDP deutlich stärker für eine Absenkung der Steuerlast und eine Rücknahme staatlicher Leistungen aussprach. Allerdings blieb es häufig auch auf der Seite der FDP nur bei Ankündigungen, die jede Kehrtwende des größeren Koalitionspartners letztlich doch mitgetragen hatte.

Zudem ist festzustellen, dass die steuerpolitische Argumentation der Fraktionen stark davon abhing, ob sie sich in der Regierungsverantwortung befanden oder die Oppositionsrolle innehatten. So war die Koalition während der gesetzlichen Umsetzung der „Petersberger Beschlüsse" in der dreizehnten Legislaturperiode davon überzeugt, dass die umfassende Absenkung der Steuerbelastung und die dadurch eintretende Wirtschaftsbelebung, die letztendlich zu höheren Steuereinnahmen führen würde, einen Selbstfinanzierungseffekt nach sich ziehe, was von der Opposition als unsolides Finanzierungskonzept gebrandmarkt wurde. Die Debatten um das Vorziehen der dritten Steuerreformstufe der rot-grünen Steuerreform von 2005 auf 2004 standen im Gegensatz zu den damaligen Diskussionen unter umgekehrten Vorzeichen. Es waren insbesondere CDU/CSU, die eine Finanzierung der Steuerreform aufgrund des miserablen Zustands der öffentlichen Haushalte über eine höhere Schuldenaufnahme lange Zeit ablehnten und konkrete Finanzierungsvorschläge verlangten[1725].
Auch in den parlamentarischen Verfahren zu den großen Steuerreformgesetzen waren es die Parlamentarier der Koalition, die im federführenden Finanzausschuss die Steu-

---

[1724] Vgl. Kap. VII. 4.6.

[1725] Die Beliebigkeit der Argumente wird noch deutlicher, wenn man sich vor Augen führt, dass die Union noch im Wahlkampf des Jahres 2002 umfangreiche Steuersenkungen versprochen hatte. Selbst wenn man zugunsten der Union in Rechnung stellt, dass sie sich aufgrund ihrer Oppositionsrolle kein hundertprozentig sicheres Bild über den Zustand des Bundeshaushaltes machen konnte, so musste auch ihr bewusst sein, dass es um die Staatsfinanzen keineswegs so rosig bestellt ist, dass man umfangreiche Steuerentlastungen quasi hätte im Handumdrehen schultern können.

erinitiative des Bundesfinanzministeriums, insbesondere bei der Frage des Abbaues von Steuersubventionen innerhalb der Bemessungsgrundlage, doch deutlich entschärften. Zumindest für den Bereich des Steuerrechts wäre damit auch das Vorurteil beseitigt worden, die Gesetzesinitiativen seien im Wesentlichen von der Exekutive bestimmt worden, während den Parlamentariern lediglich die Funktion der „Abnicker" zukomme.

Ein weiterer prägender Faktor der Steuergesetzgebung in den Jahren der bürgerlichen Regierung war das Bundesverfassungsgericht, das durch zahlreiche Beschlüsse in der Zeit von 1983 bis 1998 den Gesetzgeber auf den steuerlichen Pfad der Tugend zwang. Von überragender Bedeutung waren die Entscheidungen zur Familienbesteuerung und zur steuerlichen Freistellung des Existenzminimums, weil sie entscheidend zur Durchsetzung des subjektiven Nettoprinzips beitrugen. Weitere zentrale Beschlüsse waren vor allem diejenigen zur Zinsbesteuerung und zur Einheitsbewertung bei der Erbschaft- und Vermögensteuer. Während es bei der Regierungsinitiative zur Durchsetzung der Besteuerung von Kapitalerträgen um eine schon seit Beginn der Regierungszeit von Bundeskanzler Kohl[1726] geforderte Frage der materiellen Belastungsgleichheit ging[1727], zu der es eigentlich keine Alternative gab, mussten die Einheitswertbeschlüsse des Bundesverfassungsgerichts nicht notwendigerweise zur Abschaffung der Vermögensteuer führen.

Hier sprang das Bundesverfassungsgericht der Regierung bei der Umsetzung eines schon seit langem geäußerten steuerpolitischen Ziels zur Seite[1728]. Die Verhandlungen zum Jahressteuergesetz 1997 zeigten, dass die Regierung nicht die Kraft und den politischen Durchsetzungswillen hatte, die Nichterhebung der Vermögensteuer gegen den Widerstand im Bundesrat durchzusetzen. Die von der Regierung ursprünglich verfolgte Abschaffung wurde im Laufe des Gesetzgebungsverfahrens aufgegeben, um durch eine juristische Finte unter Ausnutzung der Wirkung des Gerichtsbeschlusses die gleiche faktische Wirkung der Abschaffung zu erreichen[1729].

Die Einheitswertbeschlüsse des Bundesverfassungsgerichts stellten jedoch auch noch unter einem anderen Aspekt einen bemerkenswerten Faktor der Steuerrechtsprechung dar. Zum ersten Mal in der Geschichte der Bundesrepublik hatte das oberste deutsche Gericht mit der Postulierung des Halbteilungsgrundsatzes versucht[1730], eine Quantifizierung des verfassungsrechtlichen Übermaßverbots im Steuerrecht vorzunehmen und damit der Politik einen konkreten Leitfaden in die Hand zu geben.

1726 Diese Aussage ist nicht ganz korrekt, denn das Problem wurde natürlich nicht erst mit Beginn der Regierungszeit der christlich-liberalen Koalition diskutiert. Bereits im Jahre 1962 hatte die Bundesregierung eine Kommission zur Frage der Zinsbesteuerung eingesetzt.

1727 Siehe hierzu die Mängelanalyse in der Zustandsbeschreibung der Steuergesetzgebung zu Beginn der zehnten Legislaturperiode, vgl. Kap. II.

1728 Selbstverständlich war es nicht die politische Absicht des Bundesverfassungsgerichts, auf eine zumindest nicht zwangsläufig erforderliche Abschaffung der Vermögensteuer hinzuwirken.

1729 Siehe hierzu Kap. IX. 3.2.2.

1730 In Anbetracht des erheblichen persönlichen Aufwands, den der damalige Berichterstatter im 2. Senat des Bundesverfassungsgerichts, Kirchhof, sowohl vor als auch nach der Entscheidung betrieb, um den sog. „Halbteilungsgrundsatz" zu begründen, kann man in diesem Fall wohl tatsächlich von einem bewussten Versuch des Verfassungsgerichts sprechen.

Allerdings konnte sich der Halbteilungsgrundsatz in der Folgezeit in der Praxis nicht durchsetzen. Obwohl er in der Fachwelt ein überwältigendes, positives Echo gefunden hatte, spielte er bereits in den Debatten zum Jahressteuergesetz 1997 keine große Rolle mehr. Engültig verworfen wurde der Halbteilungsgrundsatz mit einer Entscheidung des Bundesfinanzhofes (XI R 77/97), der das Postulat der „hälftigen Teilung" als für nicht justiziabel befand[1731]. Von einer Wiederbelebung von politischer Seite ist zur Zeit nichts erkennbar[1732], die einzige Chance bestünde realistischerweise ausschließlich wohl nur bei einem weiteren Beschluss des Bundesverfassungsgerichts[1733].
Deutlich geringer war demgegenüber der Einfluss der Rechtsprechung des Bundesfinanzhofes, was vor allem daran lag, dass sich die Koalitionsmehrheit durch eine schlichte Änderung des einfachen Gesetzes den Folgen eines Urteilsspruches entziehen konnte, während ihr dieser Weg bei verfassungsrechtlichen Vorgaben verwehrt blieb.

Einen enorm wichtigen Faktor der Steuergesetzgebung stellten die finanziellen Folgen der deutsche Wiedervereinigung im Jahr 1990 dar. Obwohl die daraus resultierenden Haushaltsbelastungen eigentlich nur ein Bestandteil des Faktors „Wirtschafts- und Haushaltslage" waren, rechtfertigt die historische Einmaligkeit der Wiedervereinigung, insbesondere angesichts der damit einhergehenden, singulären Finanzströme von West nach Ost, eine gesonderte Darstellung.

Die Bundesregierung hatte durch die umfangreichen Versprechungen im Wahlkampf des Jahres 1990 enorme Erwartungen im Beitrittsgebiet geweckt, denen in der Folge durch erhebliche Geldzahlungen entsprochen werden musste. Damit reduzierte sich der ohnehin bereits geringe Handlungsspielraum für Ausgabenkürzungen auf ein Minimum. Weitere finanzielle Möglichkeiten wären aber notwendig gewesen, um die seit Ende der 80er Jahre geplante Unternehmenssteuerreform mit einer tatsächlichen Nettoentlastung der Betriebe durchzuführen. So war in den Jahren bis 1996 bei den Maßnahmen zur Reform der Unternehmensbesteuerung die sog. „Aufkommensneutralität" das oberste Gebot der Stunde für die Bundesregierung.

Die unabhängige Kommission zur Reform der Unternehmensbesteuerung hatte bei der Bekanntgabe ihrer Ergebnisse im Juni 1991 vorgeschlagen, die steuerliche Belastung der Unternehmen im Interesse der Wettbewerbsfähigkeit deutlich abzusenken, obwohl sie sich bewusst war, dass es für die Umsetzung dieser Forderung ein erhebliches Maß an politischem Mut bedurft hätte[1734]. Dieser politische Mut fehlte der Regierung Kohl in hohem Maße. Im Gegensatz zu der Empfehlung der Kommission wollte man sich nicht auf die „Selbstheilungskräfte" der Wirtschaft verlassen, sondern setzte auf staatliche Transfers. Daraus ergab sich ein erhöhter Finanzbedarf, der z.B. durch die Einführung des Solidaritätszuschlages gedeckt werden musste.

[1731] BFH, FR 1999, 1303, 1305.

[1732] Ein solcher Akt der Selbstbeschneidung der eigenen Möglichkeiten ist im Übrigen auch nicht sonderlich wahrscheinlich.

[1733] Hiergegen spricht jedoch, dass der damalige Berichterstatter Kirchhof, mit dessen Namen der Halbteilungsgrundsatz aufs engste verbunden ist, nicht mehr Richter am Bundesverfassungsgericht ist.

[1734] Vgl. Kap. VII. 4.1.

Allerdings darf auch nicht übersehen werden, dass durch die Deutsche Einheit auch solche Handlungszwänge für die Bundesregierung begründet wurden, die ihr halfen, geplante Steuermaßnahmen umzusetzen. Bestes Beispiel hierfür ist die Aussetzung der Gewerbekapitalsteuer im gesamten Bundesgebiet durch das Gesetz zur Fortsetzung der Unternehmenssteuerreform aus dem Jahr 1997[1735]. Dabei wird jedoch auch deutlich, dass das Bundesfinanzministerium nach der Wiedervereinigung das Heft aus der Hand gegeben hatte. Während in den ersten beiden Amtsperioden der Regierung Kohl die Steuergesetzgebung noch einem konsequenten Programm zugeordnet werden konnte, das Bestandteil einer übergeordneten Finanzpolitik war, fielen in den letzten beiden Legislaturperioden die immer wieder aufs Neue postulierten Reformabsichten und die dann tatsächlich verwirklichten Maßnahmen immer deutlicher auseinander.

Neben den Haushaltsbelastungen durch die Wiedervereinigung kam in immer stärker werdendem Maße auch die fortschreitende europäische Integration und die Einführung des Europäischen Binnenmarktes als weitere Einflussfaktoren hinzu. Vor allem die Harmonisierungsbestrebungen der Europäischen Kommission auf dem Gebiet der indirekten Besteuerung hatten erheblich zugenommen. Abgesehen von steuerlichen Maßnahmen, die sich lediglich in einer Steuererhöhung erschöpften und damit ausschließlich fiskalisch motiviert waren[1736], gingen alle Änderungen der verbrauchsteuerrechtlichen Systematik auf den europäischen Einfluss zurück, entweder weil die Bundesregierung dazu gezwungen war, eine Gemeinschaftsrichtlinie umzusetzen oder aber weil Änderungen im Hinblick auf zu erwartendes Gemeinschaftsrecht bzw. Urteile des Europäischen Gerichtshofes durchgeführt werden mussten.

[1735] Vgl. Kap. IX. 3.3.

[1736] Diese Aussage ist nicht ganz korrekt, da zumindest die Umsatzsteuererhöhungen von der Bundesregierung teilweise auch mit dem Streben nach Angleichung der Steuersätze innerhalb der Europäischen Gemeinschaft begründet wurden.

XII. Aussicht für die Steuergesetzgebung

Auch unter der neuen rot-grünen Koalition, die seit der vierzehnten Legislaturperiode in der politischen Verantwortung steht, ist eine qualitative Verbesserung der Steuergesetzgebung nicht in Sicht.

Nachdem die rot-grüne Opposition unter der Führung des saarländischen Ministerpräsidenten Lafontaine die große Steuerreform zum Ende der Regierungszeit von Bundeskanzler Kohl in der dreizehnten Legislaturperiode zu Fall gebracht hatte, verabschiedete sie in ihrer Regierungsverantwortung mit dem Steuerentlastungsgesetz 1998 vom 19. März 1998, dem Steuerentlastungsgesetz 1999/2000/2002 vom 24. März 1999 und dem Steuersenkungsgesetz 2000 vom 32. Oktober 2000 drei Gesetzesinitiativen im Deutschen Bundestag, die die Vorstellungen der neuen Regierung von einer großen Steuerreform verwirklichen sollten.
Ähnlich wie bei der schwarz-gelben Regierung war eine Neustrukturierung des Einkommensteuertarifs Kernstück dieser Gesetzesinitiativen. So wurde mit dem Steuerentlastungsgesetz 1998 der Grundfreibetrag auf 13 067 DM angehoben. Das Steuerentlastungsgesetz 1999/2000/2002 senkte den Eingangssteuersatz auf 23, 9 v.H. ab. Durch das Steuersenkungsgesetz 2000 erfolgte eine weitere Anhebung des Grundfeibetrages sowie eine Absenkung des Eingangs- und Spitzensteuersatzes einschließlich einer neuen Tarifformel.

Auch die rot-grüne Regierung verband die Senkung des Einkommensteuertarifs mit einer Verbreiterung der Bemessungsgrundlage und einer vermeintlichen Objektivierung der Gewinnermittlung. Dabei wiederholte sie den gleichen Fehler der vorangegangenen Regierung, nämlich die Verbreiterung der Bemessungsgrundlage ausschließlich unter dem Gesichtspunkt der Gegenfinanzierung vorzunehmen. Dies hatte zur Folge, dass die von der rot-grünen Regierung vorgenommenen Einschränkungen der Lenkungspolitik und der Eingriffe in die Gewinnermittlung ebenfalls unsystematisch erschienen[1737].
Der Zustand des geltenden Steuerrechts, insbesondere der Einkommensteuer, wird aus diesem Grund von Steuerrechtsexperten nach wie vor als chaotisch empfunden[1738]. Die Probleme, die zu Beginn der Ära Kohl diskutiert wurden, sind auch von der amtierenden Bundesregierung bisher noch nicht gelöst worden und werden wieder verstärkt diskutiert[1739]. Mittlerweile wird sogar die Kodifizierung eines eigenen Steuergesetzbuches verlangt, um ein auf die verfassungsrechtlichen Grundprinzipien zurückgeführtes, einfaches und gerechtes Steuerrecht zu verwirklichen. Vorreiter dieser Entwicklung ist der ehemalige Verfassungsrichter Kirchhof, der bereits das Gutachten für den 57. Deutschen Juristentag 1988 in Mainz verfasst hat und eigens eine Forschungsstelle Bundessteuergesetzbuch eingerichtet hat[1740].

[1737] HHR, Steuerreform I, Einführung R 8.
[1738] Kirchhof, BB 2002, Heft 30, S. 1.
[1739] Vgl. hierzu nur den 24. Band der Deutschen Steuerjuristischen Gesellschaft, der sich ausschließlich und umfassend mit der Besteuerung von Einkommen befasst.
[1740] Kirchhof, BB 2002, Heft 30, S. 1.

Die Regierung Schröder hat, ebenso wie die Regierung Kohl vor ihr, die Verbesserung des Wirtschaftsstandortes Deutschland insbesondere im Hinblick auf steuerrechtliche Faktoren in den Mittelpunkt ihres steuerpolitischen Programms gestellt.
Aus diesem Grund stellte eine grundlegende Reform des Körperschaftsteuerrechts den wesentlichsten Punkt rot-grüner Steuerpolitik dar. Das bisherige Anrechnungsverfahren wurde durch ein klassisches Körperschaftsteuersystem mit einem niedrigen Satz von 25 v.H. ohne eine Spaltung in Thesaurierungs- und Ausschüttungssteuersatz ersetzt, kombiniert mit einem „Halbeinkünfteverfahren" auf Gesellschafterebene, die nur die Hälfte des ihnen ausgeschütteten Gewinns versteuern müssen.
Im Übrigen blieb es bei der bisherigen Unternehmensbesteuerung mit der Unterscheidung zwischen der dem Transparenzsystem folgenden Besteuerung der Personenunternehmen und der dem Trennungsprinzip unterliegenden Besteuerung der Kapitalgesellschaften[1741]. Ansonsten war das Unternehmensbesteuerungsmodell der rot-grünen Regierung geprägt von dem Gedanken, dass gesparte Gewinne besser seien als konsumierte, weswegen diese steuerlich begünstigt wurden[1742].

Bei der Einkommensteuer hatte die rot-grüne Bundesregierung auf eine entsprechend großzügige Absenkung der Tarife aus fiskalischen Gründen verzichtet. Um für die damit einhergehende Benachteiligung von Personenunternehmen gegenüber Kapitalgesellschaften einen Ausgleich zu schaffen, wurde die Möglichkeit der pauschalierten Anrechnung der Gewerbesteuer auf die Einkommensteuer eingeführt. Gleichzeitig wurde jedoch die Tarifspreizung der gewerblichen Einkünfte gegenüber den anderen Einkunftsarten aufgegeben.

Handwerkliche Fehler bei der Gesetzgebung machten allerdings schon bald wieder Korrekturarbeiten erforderlich. Während des Gesetzgebungsverfahrens war die rot-grüne Regierung davon ausgegangen, dass die betroffenen Körperschaften ihren Verlustvortrag, den sie nach dem Systemwechsel weiterhin geltend machen durften, strecken und nicht auf einmal geltend gemacht würden. Dies war jedoch ein Irrtum, da die Unternehmen aufgrund der wegen der lahmenden Konjunktur schlechten Ertragslage ihr Vortragspotential im wesentlichen sofort auflösten. Aus diesem Grund kam es trotz guter Bilanzergebnisse der Unternehmen zu dramatischen Steuereinbrüchen, die das Bundesfinanzministerium im Frühjahr 2003 dazu veranlassten, durch Einführung einer sog. „Mindeststeuer" Gegenmaßnahmen einzuleiten, um die notwendigsten Einnahmen für die öffentlichen Haushalte zu sichern. Insbesondere die Haushaltslage der

---

1741 HHR, Steuerreform I, Einführung R 1; Der damalige Finanzminister Lafontaine griff zu Beginn der Reformarbeiten einen Gedanken der Steuerrechtswissenschaft auf, der bereits bei den Kommissionsarbeiten unter der christlich-liberalen Regierung diskutiert worden war, nämlich die rechtsformneutrale Unternehmenssteuer, nach der alle Unternehmenseinkünfte einheitlich besteuert werden sollten. Am 16. Dezember 1998 wurde die „Kommission zur Reform der Unternehmensbesteuerung" eingesetzt, die ein Konzept für eine grundlegende Steuerreform erarbeiten sollte, wobei ausdrücklich das Ziel der Einführung einer rechtsformneutralen Unternehmenssteuer mit einem einheitlichem Tarif von höchstens 35 v.H. bereits ab dem Jahr 2000 berücksichtigt werden sollte, vgl. Brühler Empfehlungen, BMF Schriftenreihe, Heft 66, S. 14; Die Kommission lehnte dieses Ansinnen jedoch ab. Bei einem kurzfristig zu bewältigenden Einstieg in die Unternehmenssteuerreform zum 01. Januar 2000 sei eine grundlegende Umgestaltung des deutschen Steuerrechts nicht zu verwirklichen, so hieß es, vgl. Brühler Empfehlungen, BMF Schriftenreihe, Heft 66, S. 15. Der Verbesserung der Wettbewerbsfähigkeit des Standortes Deutschland habe im Hinblick auf die fortschreitende europäische Integration und die globale Verflechtung Vorrang vor der Rechtsformneutralität.

1742 Vgl. das Vorwort der Brühler Empfehlungen, S. 3.

Kommunen hatte sich bis zum Sommer 2003 dramatisch verschlechtert. Der Gesetzesentwurf von Finanzminister Eichel sah dabei vor, durch Streckung des Verlustvortrags mindestens die Hälfte des aktuellen Unternehmensgewinns zu versteuern. Die bisher geltende Möglichkeit, frühere Verluste unbeschränkt geltend machen zu können, sollte nur noch bis zu einem Sockelbetrag von 100 000 EUR möglich sein[1743].

Einen Fehlschlag, gemessen an den eigenen Zielen, nämlich einer Absenkung der Lohnnebenkosten zur Schaffung von Arbeitsplätzen, erlitt die rot-grüne Bundesregierung bei einem ihrer zentralsten Anliegen, der sog. „ökologischen Steuerreform". Obwohl die Regierung versprochen hatte, durch eine massive Anhebung bzw. Einführung von Verbrauchsteuern auf den Energieverbrauch zu einer dauerhaften Absenkung der Lohnnebenkosten zu gelangen, konnten die Lohnnebenkosten nur für einen kurzen Zeitraum stabilisiert werden[1744].

Nachdem es im Verlauf der vierzehnten Legislaturperiode den Anschein hatte, dass die Steuergesetzgebung der rot-grünen Bundesregierung zumindest ruhige und berechenbare Bahnen eingeschlagen hatte, überschlagen sich zu Beginn der fünfzehnten Legislaturperiode die steuerpolitischen Wendungen sowohl der Bundesregierung als auch der Opposition. Neben den bereits erwähnten Korrekturen bestanden nach wie vor auch noch Unsicherheiten bei der Einkommensteuer. Nachdem insbesondere Bundeskanzler Schröder noch zu Beginn des Jahres 2003 ein Vorziehen der ursprünglich erst für 2005 geplanten dritten Stufe der Steuerreform, die erst im Jahre 2002 aus fiskalischen Gründen um ein Jahr nach hinten verschoben worden war, vehement abgelehnt hatte, kam es nach langer Debatte im Sommer 2003 doch zu einem Meinungsumschwung. Nach Ansicht der Regierung sollte die Gegenfinanzierung der Steuersenkungen insbesondere durch eine höhere Neuverschuldung und durch Privatisierungserlöse erfolgen.

Nachdem zunächst mit Widerstand der Union deshalb zu rechnen war, weil CDU/CSU vor allem aufgrund der nach wie vor unzureichenden Finanzierungskonzepte der rot-grünen Koalition diese nicht unterstützten wollten und insbesondere mehrere Länderchefs der Union eine Finanzierung des Vorziehens der dritten Stufe der Steuerreform generell und uneingeschränkt abgelehnt hatte[1745], erfolgte im Dezember 2003 eine Kehrtwende der Opposition, indem diese im Vermittlungsausschuss den Plänen der Regierung zustimmte.

Tatsächlich erscheint das Misstrauen in die fiskalische Disziplin der Parlamentarier im Hinblick auf die bisherige bundesrepublikanische Haushaltspolitik nicht ganz ungerechtfertigt. Auch der überparteilich geäußerte Vorschlag der beiden Ministerpräsidenten aus Baden-Württemberg und Nordrhein-Westfalen, Teufel (CDU) und Steinbrück (SPD), durch eine gesetzliche Regelung Bund und Länder zu binden, mögliche Mehreinnahmen aus einer Konjunkturbelebung tatsächlich für die Schuldentilgung einzusetzen[1746], ist nicht dazu angetan, Vertrauen in die Haushaltsdisziplin der politischen

1743 FAZ vom 11. August 2003, S. 9.

1744 Mittlerweile steigen die Lohnzusatzkosten wieder drastisch an; zur grundsätzlichen Kritik an sog. Ökosteuern vgl. Karl-Bräuer-Institut des Bundes der Steuerzahler, Heft 87.

1745 FAZ vom 11. August 2003, S. 9.

1746 FAZ vom 11. August 2003, S. 9.

Entscheidungsträger zu fördern, denn er verdeutlicht, wie wenig Vertrauen auch auf Seiten der Politiker in die eigene Einsichtsfähigkeit ökonomischer und fiskalischer Notwendigkeiten vorhanden ist.
Unsicherheit besteht nach wie vor auch bei der Substanzbesteuerung, die in Anbetracht leerer öffentlicher Kassen insbesondere den linken Flügel der Regierung reizen könnte, sich zusätzliche Einnahmequellen zu erschließen.
Eine Renaissance könnte dabei die Vermögensteuer erleben. Anlässlich des Sonderparteitages der SPD vom 01. Juni 2003 zur Verabschiedung der „Agenda 2010" von Bundeskanzler Schröder wurde folgende Aufforderung im Parteitagsbeschluss gegen die ausdrücklichen Warnungen von Bundesfinanzminister Hans Eichel als Konzession an die Parteilinke festgeschrieben:

„Im Übrigen ist sicherzustellen, dass ausgehend vom Urteil des Bundesverfassungsgerichts große Einkommen und Vermögen in ausreichender Weise ihren gerechten Beitrag für die Sicherung der Zukunft unserer Gesellschaft leisten."[1747]

Ein wenig Bewegung schien es unter der rot-grünen Regierung zunächst auf dem Gebiet der Kommunalsteuern zu geben. Das Problem einer umfassenden Gemeindefinanzreform ist nach wie vor aktuell, da Städte und Gemeinden immer weniger Geld zur Verfügung steht und sie über die Strukturkrise in der Gemeindefinanzierung klagen. Nach Berechnungen des Deutschen Städtetags ist das Gesamtdefizit in den etwa 14 000 Städten und Gemeinden im Jahr 2002 um weitere 2, 7 Mrd. Euro angestiegen. Während das Defizit für 2002 noch 6, 5 Mrd. Euro betrug, rechnete der Städtetag bereits für das Jahr 2003 mit einem Defizit von 9,9 Mrd. Euro[1748].

Diskutiert wurden im Wesentlichen zwei Modelle. Zum einen ging es um einen Vorschlag des Bundesverbandes der Deutschen Industrie, der eine Abschaffung der Gewerbesteuer vorsah. Kompensiert werden sollte der Einnahmeausfall durch einen Gemeindeanteil an der Einkommen- und Körperschaftsteuer, der aber nach den Vorstellungen des BDI durch eine „direkte Einkommensbesteuerung der Bürger" ersetzt werden soll.
Auf der anderen Seite stand das sogenannte „NRW-Modell", das auch vom Deutschen Städtetag bevorzugt wurde. Dieses Konzept, das in wesentlichen Zügen auch schon in den Sachverständigenkommissionen zur Unternehmenssteuerreform der christlich liberalen Regierung Ende der 80er Jahre diskutiert worden war[1749], sieht eine Erweiterung der Steuerpflicht auf Selbstständige und Freiberufler vor, sowie eine Ausdehnung der Bemessungsgrundlage auf Zinsen, Leasingraten, Mieten und Pachten. So sollen gleichzeitig die Tarife für die Steuerpflichtigen gesenkt werden und die Einnahmen für die Kommunen verstetigt werden[1750].
Innerhalb der rot-grünen Regierung setzte sich dann allerdings ein Mischsystem zwischen beiden diskutierten Konzepten durch, wobei diesen Plänen ähnlich wie beim Vorziehen der Steuerreform zunächst eine Verweigerung der Zustimmung im Bundesrat drohte. So hatte bereits der bayerische Ministerpräsident Stoiber (CSU) angekün-

[1747] FAZ vom 02. Juni 2003, S. 11.
[1748] FAZ vom 14. Februar 2003, S. 4.
[1749] Vgl. Kap. VII 4.1.
[1750] FAZ vom 14. Februar 2003, S. 4.

digt, die Zustimmung im Bundesrat insbesondere aufgrund der im „NRW-Modell“ vorgesehenen Einbeziehung der Freiberufler in die neue „Gemeindewirtschaftssteuer“ zu verweigern[1751]. Tatsächlich wurden die Freiberufler im Vermittlungsausschuss als Kompromiss aus der Gewerbesteuer ausgenommen.

Das entscheidende Hindernis für eine große „Gemeindefinanzreform“ ist aber auch im Rahmen dieser Gesetzesinitiative nicht angegangen worden. Eines der Hauptargumente der christlich-liberalen Koalition für die Abschaffung der Gewerbesteuer war die international einmalige steuerliche Zusatzbelastung der Gewerbetreibenden[1752]. Will der Gesetzgeber diesen Wettbewerbsnachteil abschaffen, darf nicht eine Einnahmequelle durch eine andere, wenn auch möglicherweise effizientere, ersetzt werden. Notwendig wäre demnach ein Steuermodell, das den Gemeinden eine dauerhafte Einnahmequelle sichert, aber gleichzeitig aus dem bisherigen Einkommen- und Körperschaftsteueraufkommen erbracht wird, also gerade nicht aufkommensneutral ist. Um dies umzusetzen, wäre aber eine umfassende Reform der Finanzverfassung der Bundesrepublik Deutschland notwendig, wobei ein erheblicher Prüfungsbedarf bei den gesamten Ausgaben aller Gebietskörperschaften hinzukäme. Denn auch die Gemeindefinanzreform der rot-grünen Regierung steht vor dem Problem, dass sich aufgrund der bestehenden Finanzverfassung jede Veränderung der Einnahmensituation einer Steuer auf alle Gebietskörperschaften auswirkt und dass keine umfassende Finanzreform ohne Berücksichtigung auch der Aufgabenzuständigkeiten und der betreffenden Ausgaben gelingen kann.

Ob der politische Wille bei allen politischen Parteien zur Bewältigung dieser Mammutaufgabe vorhanden ist, darf bezweifelt werden. Bereits kurz nach der Vorstellung der Gemeindefinanzreform durch Finanzminister Eichel war eine Verhandlungsrunde der Bundesländer zur Reform der Strukturen des Föderalismus im Hinblick auf Veränderungen der Zuständigkeiten im Steuerrecht gescheitert. Insbesondere kleinere und ostdeutsche Bundesländer wandten sich gegen die Vorschläge, Ländern und Gemeinden eigene Gesetzgebungskompetenzen zur Erhebung ihnen zustehender Steuern einzuräumen. Eine solche Initiative hätte folglich auch keine Aussicht auf die für die Verfassungsänderung erforderliche Zweidrittelmehrheit gehabt. Während Vertreter der größeren und reicheren Bundesländer eine größere Autonomie bei Einnahmen und Ausgaben befürworteten, befürchteten vor allem finanzschwache Länder, die Einführung eines derartigen Wettbewerbsföderalismus führe zu einem Wettlauf um Steuersenkungen zu Lasten der bedürftigen Länder[1753].

Einer konsequenten Steuersenkungs- und Vereinfachungspolitik droht zu Beginn der 15. Legislaturperiode möglicherweise eine weitere sehr ernst zu nehmende Gefahr.
Bereits im Jahr 2002 hatte die Bundesrepublik mit einer Nettoneuverschuldung von über drei Prozent das Maastrichter Konvergenzkriterium überschritten. Für das Haushaltsjahr 2003 musste Finanzminister Eichel bereits ein Rekorddefizit von deutlich über 40 Mrd. Euro Neuverschuldung feststellen.

[1751] FAZ vom 6. August 2003, S. 1.
[1752] Vgl. Kap. IX. 3.3.
[1753] FAZ vom 11. August 2003, S. 1.

Insgesamt ist bei der Bundesregierung die Tendenz festzustellen, das Konvergenzkriterium in Frage zu stellen. So hatte Bundeskanzler Schröder in einer SPD-Vorstandssitzung geäußert, dass die Debatten über das Drei-Prozent-Kriterium berechtigt seien[1754]. Eine Aufweichung dieses Kriteriums würde aber einen schweren Rückschlag für die Haushaltskonsolidierung bedeuten, weil ein wesentlicher stabilisierender Faktor der Ausgabenbegrenzung wegfiele.

Zwar könnten höher anfallende Ausgaben nicht nur über Steuererhöhungen, sondern auch über eine Neuverschuldung finanziert werden. Langfristig kann aber nur eine strenge Ausgabendisziplin die finanziellen Spielräume in den Haushalten schaffen, die dann über Steuersenkungen an die Bürger zurückgegeben werden. Darauf verweist der ehemalige Parlamentarische Staatssekretär beim Bundesminister der Finanzen, Häfele, wobei er argumentiert, dass erst die Sanierung der Staatsfinanzen die Voraussetzung für gestaltende Steuerpolitik schaffen kann[1755].

Auch der Reformdruck, der sich zum Ende des Jahres 2003 durch ein viel gelobtes und diskutiertes Konzept des Vizevorsitzenden der CDU/CSU-Fraktion, Merz, sowie einem ähnlichen Entwurf des ehemaligen Bundesverfassungsrichters, Kirchhof, aufgebaut hatte und dem sich auch die Bundesregierung nicht entziehen zu können schien, wurde von der Opposition durch die Demontage der eigenen Vorschläge zerstört. Beiden Entwürfen war ein dreistufiger Einkommensteuertarif sowie die umfassende Bereinigung der Bemessungsgrundlage gemeinsam.

Vor diesem Hintergrund ist weiter nicht mit einer grundlegenden großen Steuerreform zu rechnen.

[1754] FAZ vom 11. Februar 2003, S. 2.

[1755] Hamburger Jahrbuch für Wirtschafts- und Gesellschaftspolitik 1985, 85, 87.

Ralf Erich Schauer

Die Steuergesetzgebung des Nationalsozialismus als Mittel der Machtpolitik

Vom Steuerrecht zum Steuerunwesen

Frankfurt am Main, Berlin, Bern, Bruxelles, New York, Oxford, Wien, 2003.
296 S., 14 Tab., 4 Graf.
Europäische Hochschulschriften: Reihe 3
Geschichte und ihre Hilfswissenschaften. Bd. 960
ISBN 3-631-50318-0 · br. € 51.50*

Dieses Buch vermittelt dem Leser einen detaillierten Einblick in die Steuergesetzgebung des Nationalsozialismus und analysiert die dazu ergangene Rechtsprechung des Reichsfinanzhofs im Hinblick auf die Intentionen der damaligen Machthaber im Rahmen des Gesamtgeschehens der Zeit von 1933 bis 1945. Der Autor untersucht, ob und inwieweit der Steuergesetzgebung und Steuerrechtsprechung zur Zeit des Dritten Reichs eine Funktion als machtpolitisches Instrument zukam. Eine Reihe von Fragen stellen sich in diesem Zusammenhang, die aus heutiger Sicht zum großen Teil eindeutig beantwortet werden können: Wie wirkte sich die Steuergesetzgebung ab 1933 auf den Einzelnen aus? Bedeutete sie für jeden Staatsbürger dasselbe oder gab es Unterschiede? Wurde etwa ein Unternehmer mehr belastet als ein Arbeiter? Ein Jude mehr als ein Arier? Kann man insgesamt noch von Recht sprechen oder wäre Steuerunrecht die treffendere Bezeichnung?

Aus dem Inhalt: Verfassungsrechtliche, ideologische und wirtschaftliche Grundlagen · Nationalsozialistische Steuergesetzgebung · Das Reichsfinanzministerium und die Radikalisierung der Politik gegen „Fremdvölkische" · Der Reichsfinanzhof im Nationalsozialismus und die unbegrenzte Auslegung

FSC
www.fsc.org
MIX
Papier | Fördert gute Waldnutzung
FSC® C083411

Kolibri 360 GmbH
Ferdinand-Jühlke-Straße 7
99095 Erfurt, Deutschland
produktsicherheit@kolibri360.de

Druck:
CPI Druckdienstleistungen GmbH
im Auftrag der
Kolibri 360 GmbH
Ferdinand-Jühlke-Str. 7
99095 Erfurt